新都年鉴

XINDU YEARBOOK

2018

（总第16卷）

成 都 市 新 都 区 人 民 政 府　主办
成都市新都区地方志编纂委员会办公室　　编

方志出版社
Publishing House of Local Records

图书在版编目（CIP）数据

新都年鉴. 2018 / 成都市新都区地方志编纂委员会办公室编. -- 北京 : 方志出版社, 2019.6
ISBN 978-7-5144-3764-5

Ⅰ. ①新… Ⅱ. ①成… Ⅲ. ①新都区－2018－年鉴 Ⅳ. ①Z527.14

中国版本图书馆 CIP 数据核字(2019)第 179937 号

新都年鉴（2018）

编　　者：成都市新都区地方志编纂委员会办公室
责任编辑：宁　芳
出 版 者：方志出版社
地址　北京市朝阳区潘家园东里 9 号（国家方志馆 4 层）
邮编　100021
网址　http://www.fzph.org
发　　行：方志出版社图书经销中心
电话（010）67110500
经　　销：各地新华书店
印　　刷：成都市新都华兴印务有限公司

开　　本：889×1194　1/16
印　　张：26.625
字　　数：740 千字
版　　次：2019 年 9 月第 1 版　2019 年 9 月第 1 次印刷
印　　数：001～500 册

ISBN　978-7-5144-3764-5　**定价：**268.00 元

图

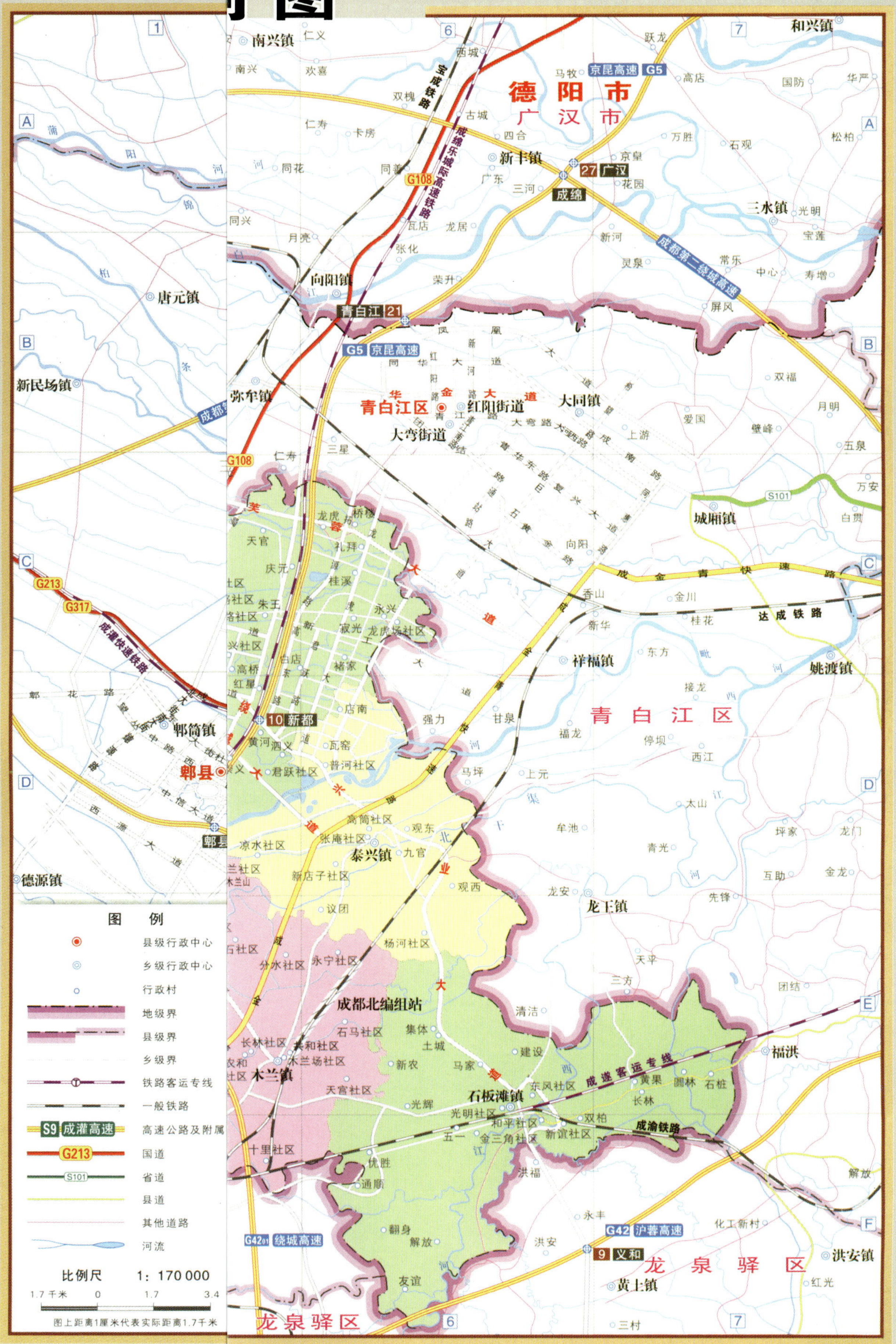

成都市新都区民政局 成都市地图出版社 联合编制 2014年8月 图川审（2017）104号

政治

1月5日，区委书记刘任远（左一）到大丰街道调研社区“两委”换届工作

1月23日，新都区2016年度镇（街道）及行业系统、产业园区党（工）委书记抓党建工作述职评议会召开

2月27日，中共成都市新都区第十四届纪律检查委员会第三次全体会议召开

3月7日，金牛区党政考察团到新都区考察轨道交通产业发展工作

3 月 18 日，新都街道新桥村召开第十届村民委员会换届选举大会，选举村委会干部

3 月 20 日，中国共产党成都市新都区党员代表会议召开

3 月 21 日，成都市新都区工商业联合会(商会)第十一次代表大会召开

3 月 24 日，新都区党政考察团到新津县考察学习天府新区西区产业园规划建设工作

5 月 10 日，成都市新都区工会第十一次代表大会召开

5 月 27 日至 6 月 2 日，新都区 2017 年优秀年轻干部人才培训班在区委党校举行第三阶段专题培训

6月1日，成都市新都区、金堂县，甘孜州理塘县对口援藏工作第二次三方联席会议在新都区召开

6月24日，新都区学习贯彻省第十一次党代会精神土城村宣讲报告会举行

6 月 27 日，区委副书记、区长李云（前排右一）调研香城颐养中心项目推进情况

6 月 27 日，泰兴镇议团村召开村民坝坝会，开展专项治理“微腐败”工作

6月29日,新都区“精品微党课”大赛(决赛)现场

7月25日,市委第13督导组到新都区开展专项督导

8 月 8 日，新都区举办“践行新发展理念　建设国家中心城市”群众知识竞赛电视擂台赛

8 月 10 日，郑州市党政考察团到新都区考察

8月14日，新都区举行纪念黄霖兄妹活动暨《八一征程路漫漫》赠阅仪式

9月13日，新都区召开"三破除三主动"专题活动动员大会

10 月 9 日，新都区举行首届人才高峰论坛，正式发布“新都人才新政 24 条”

10 月 18 日，新都区组织收听收看中共十九大开幕式直播

10 月 26 日，石板滩镇召开“三破除三主动”专题活动动员会

10 月 30 日，新都区举行城乡社区发展治理大讨论

11 月 1 日，新都区召开传达学习党的十九大精神大会

12 月 1 日，新都区 2017 年村级党组织书记后备干部遴选笔试考场

经济

1 月 16 日，市委常委谢瑞武(右四)率队到新都区调研农业农村工作

1 月 25 日，成都市新都区人民政府与中铁城市发展投资集团有限公司签订战略合作协议

2 月 6 日，区委书记刘任远（前右二）一行到龙桥镇调研经济社会发展工作

2 月 20 日，资阳市考察团到新都区调研毗河供水一期工程（新都段）建设情况

2 月 24 日，副市长田蓉（前排右二）一行调研新都区工业东区建筑工业化研发及生产基地建设情况

2 月 24 日，京东“亚洲一号”成都新都物流园工程开工典礼举行

3 月 16 日，成都市新都区工业项目集中开工仪式在新都轨道交通产业园举行

3 月 21 日，成都市新都区人民政府与株洲中车时代电气股份有限公司举行轨道交通关键子系统、新能源汽车核心系统西南生产基地项目签约仪式

4 月 20—24 日，首届成都国际家居创新博览会在新繁镇香江全球家居 CBD 馆举行

6 月 7 日，成都市新都区人民政府、成都香城投资集团有限公司分别与成都农商银行、成都农商银行新都支行举行战略合作协议签约仪式

6 月 21 日，2017 年四川省重大招商引资项目集中开工暨安博新都国际物流港项目开工仪式在新都区举行

7 月 2 日，成都国家中心城市产业发展大会召开，图为新都区分会场

8月4日，新民镇天星村村民在落户该村的四川华双达农业开发有限公司的鲜花基地包花

9月12日，成都市新都区人民政府与广东国通克诺尔轨道车辆系统设备有限公司、丹纳车钩有限公司、广州国通工业设备有限公司举行克诺尔项目、丹纳项目签约仪式

9 月 27—28 日,2017 国际轨道交通产业发展峰会在新都区举行

10 月 13 日,新都区举行城市动力专题讨论会

10月29日，专家到泰兴镇杨河社区龙兴家庭农场对羊肚菌苗种植进行指导

11月1日，区委书记许兴国(右二)率队调研重点工业企业，在巴鲁夫传感器成都有限公司了解生产经营情况

11 月 17 日，区人才领导小组承办的“‘蓉漂’人才荟·走进西安”系列活动在西安交通大学拉开序幕

12 月 7 日，成都市新都区人民政府与成都金融控股集团有限公司签订战略合作协议

12 月 12 日，四川省 2017 年第四季度重大项目暨污染防治“三大战役”重大项目集中开工仪式在新都区举行

12 月 17 日，区委书记许兴国(左二)到马家镇调研乡村振兴特色小镇打造情况

文 化

1 月 11 日，“传家风 立家规 树新风”主题活动·2017 年新都区元旦春节“走基层”文化惠民系列活动走进成都中航研究院

3 月 26 日，《艾芜故里·明珠清流》发布会暨新都区“区域图书馆联盟”全民阅读活动启动仪式在清流镇翠云村艾芜故居举行

3月30日，马家镇“三月三”庙会暨首届“升庵文化节”开幕

5月11日，北京阳光艺术团《阳光之歌》大型公益演出在西南石油大学体育馆举行

5 月 27 日，谕亭小学举办“童心向党　花儿竞放”庆“六一”活动

6 月 2 日，“一带一路”国家形象与城市品牌论坛暨新都“升庵文化城市品牌与文化产业发展”专题研讨会在新都区举行

6月12日，第六届中国成都国际非物质文化遗产节新都区分会场开幕式在黄桷树广场举行

7月29—30日，“2017成都国际友城青年音乐周”新都区分会场音乐会在桂湖公园挹锦门举行

8 月 22 日，在 2017 年新都区"走基层"文化惠民暨"百姓故事会"主题巡讲巡演活动中，演出展示杨升庵家训的川剧折子戏《江陵别妻》

9 月 1 日，新都四中举行 2017 年秋季开学典礼

9月16日,2017中国(成都)女性文创产业发展论坛暨成都市第六届蜀绣创意大赛颁奖典礼在新都锦门丝绸小镇举行

9月28日,新都区“庆国庆·迎中秋”群众美术书法摄影作品展在区文化馆举行

10 月 28 日，新都区第四届运动会开幕

10 月 31 日，庆重阳——新都区第三届村、社区老年人文体健身项目展演

11 月 1 日，2017 年新都区第二届全民文化艺术周开幕

11 月 3 日，新都区 2017 年中小学生运动会开幕

11 月 16 日，新都一中迁校典礼上，教师代表集体宣誓

12 月 14 日，新都街道状元街社区举办第四届“身边好人　状元榜样”颁奖典礼暨文艺汇演

12 月 21 日，新都区非公有制企业及援藏干部庆祝中共十九大暨新年文艺晚会现场

12 月 22 日，新都区 2017 年“快乐周末 百姓舞台”年度冠军总决赛现场

社 会

1 月 10 日，区残联与雅丽幼儿园联合举办“2017 特殊儿童新春联欢会”

1 月 10 日，区公安分局开展以“公安 110 为民保安宁”为主题的“110 宣传日”活动

1月12日，新都区第三届“道德模范·新都好人”颁奖晚会在黄桷树广场举行

1月18日，新都区召开优秀人才新春慰问座谈会

3 月 2 日，新都区 2017 年“我爱成都·我为成都做公益”学雷锋志愿服务活动在黄桷树广场启动

3 月 17 日，新都区 2017 年“三下乡”集中服务活动在清流镇启动

3月31日，中国成都（家居鞋业）知识产权快速维权中心授牌仪式在成都家具产业园区举行

石板滩镇土城客家风情园（4月18日摄）

4月19日,“绿化全川·新都行动”启动仪式在泥巴沱森林公园举行

新繁镇城区(5月3日摄)

5月10日,新都区成熟型特需人才引进启动复审。图为优秀人才参加"创新未来 扎根新都"植树活动合影

5月12日,大丰街道举行党员河长、青年河长、小小河长活动启动仪式

6 月 26 日，三河街道举行以“珍爱生命　远离毒品”为主题的文艺会演

7 月 17 日，区委书记许兴国（右三）调研毗河沿线水生态环境治理和“河长制”工作推进情况

8月16日,新都区对口帮扶理塘县“十百千万”工程启动暨捐赠仪式在理塘县上木拉乡举行

泰兴镇城乡面貌(9月21日摄)

新繁镇高院村玲珑锦苑(9 月 26 日摄)

10 月 20 日，军屯镇召开坝坝会听民意

11月2日，新都街道桂东路社区党员参观新都督桥河红色教育基地黄霖故居·罗氏兄妹革命历程陈列室

11月3日，"为爱汇聚 拥抱未来 无毒无悔"2017年秋季学期禁毒宣传文艺节目巡演进校园

11 月 9 日，香投集团兴城公司举行消防演练

11 月 16 日，成都市纪念爱国卫生运动 65 周年暨新农村居民健康知识决赛在新都区举行

新都主城区香城大道马超东路段片区(11 月 19 日摄)

11 月 21 日,斑竹园镇回南社区举办运动会,图为乒乓球比赛

12 月 16 日，区委书记许兴国(前排左二)一行在小城故事小区调研社区发展治理工作

成都静雅养老服务中心(6 月 2 日摄)

数字新都

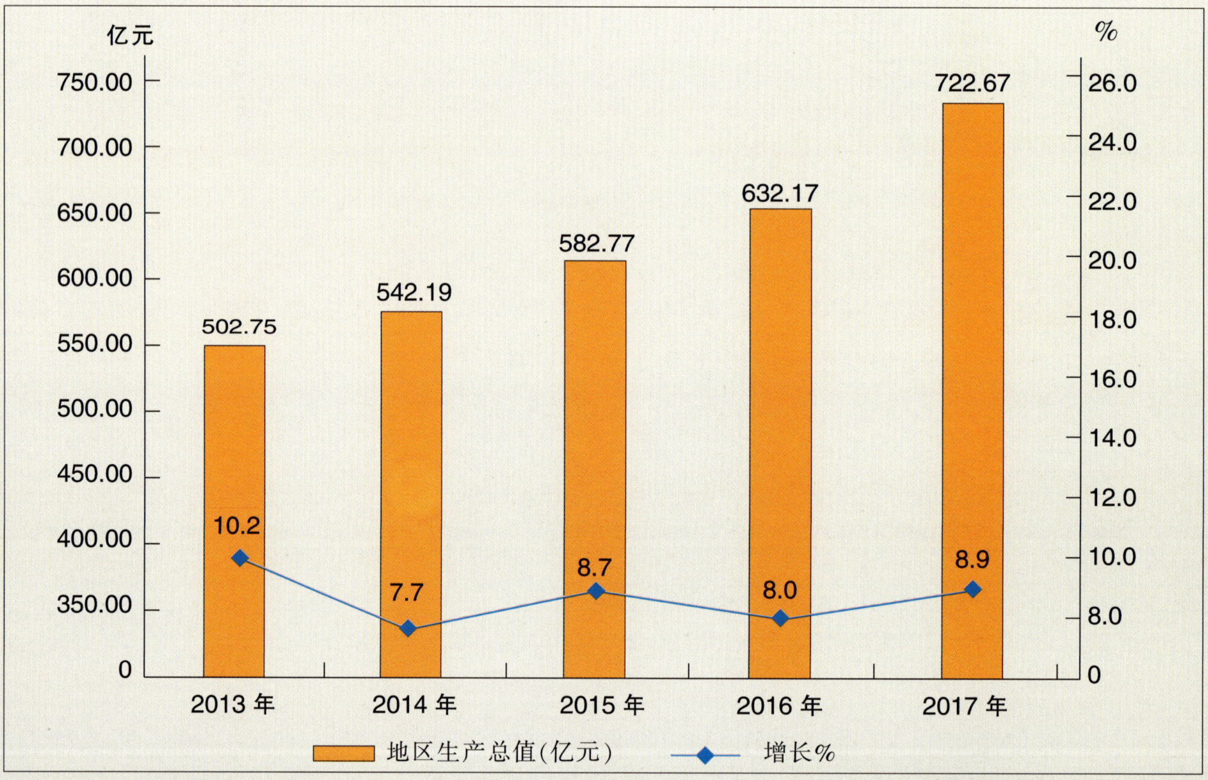

图 1　2013 — 2017 年新都区地区生产总值示意图

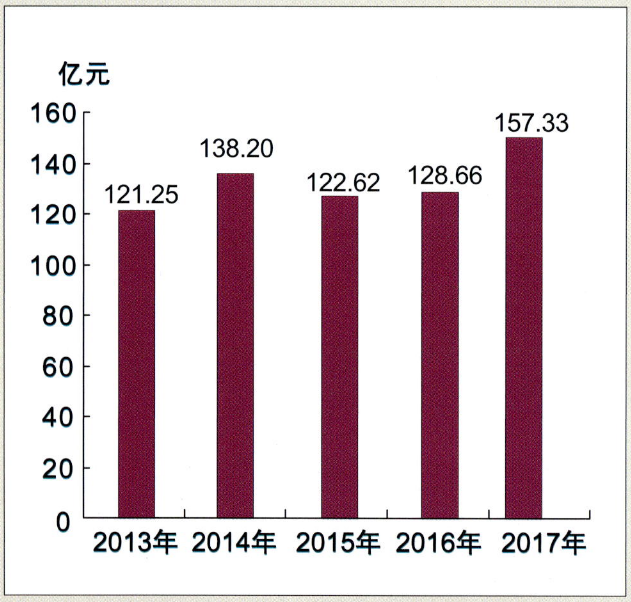

图 2　2013 — 2017 年
新都区全口径财政收入示意图

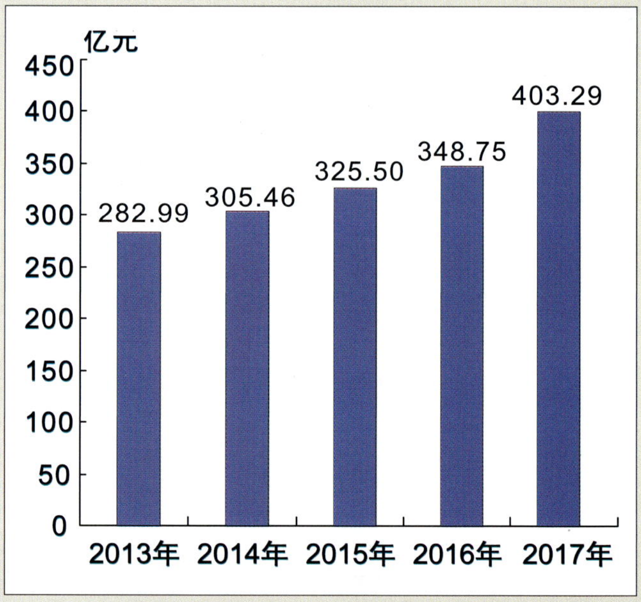

图 3　2013 — 2017 年
新都区工业增加值示意图

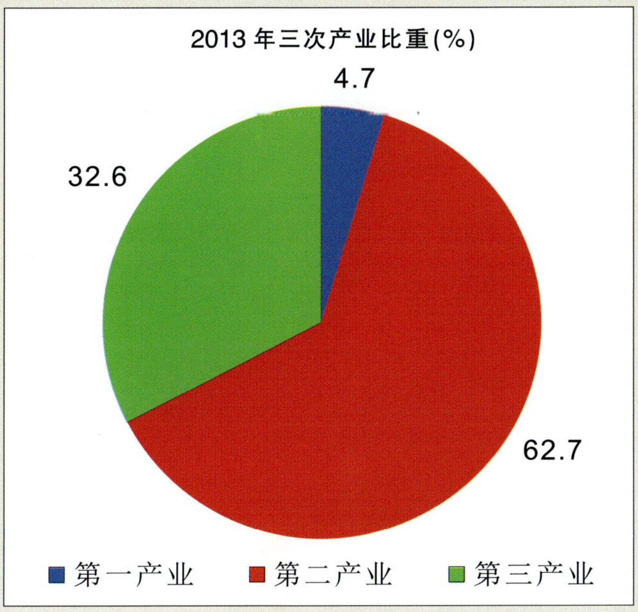

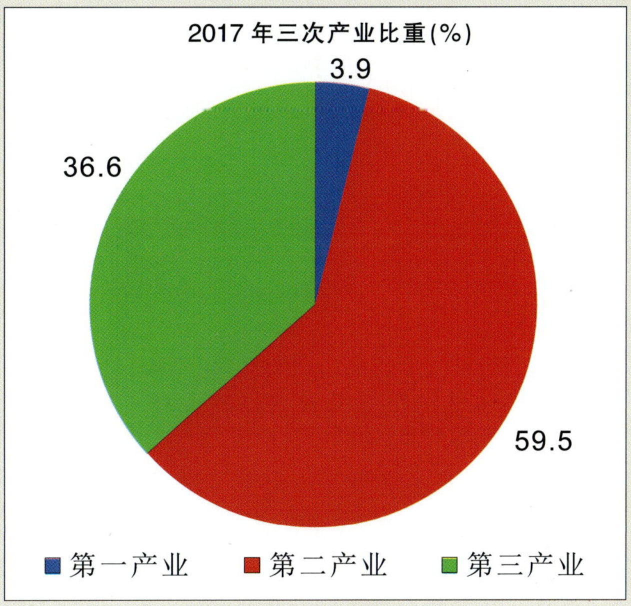

图 4 2013 年、2017 年新都区三次产业结构示意图

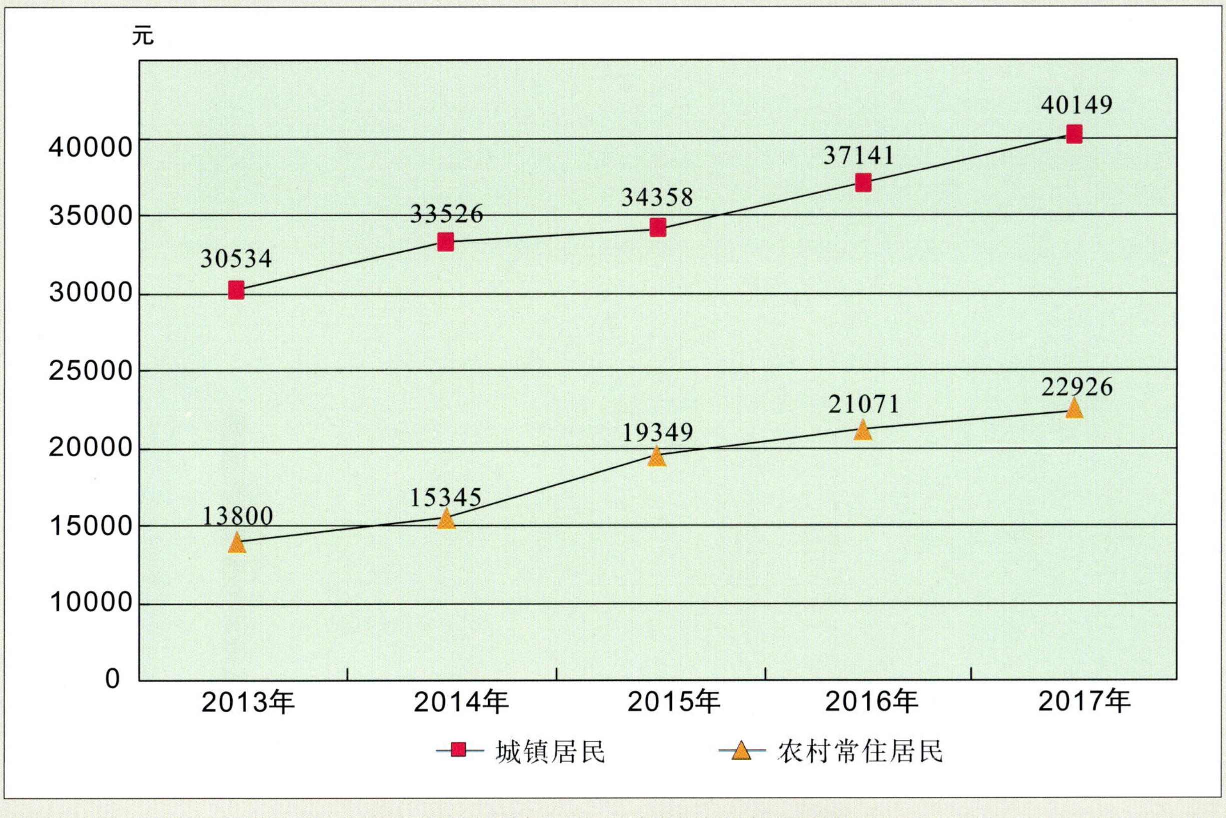

图 5 2013 — 2017 年新都区

城镇居民、农村常住居民人均可支配收入示意图

数字解读新都(2017)

- 行政区域土地面积:496 平方公里
  - 年末耕地面积: 385034 亩
- 户籍人口:77.15 万人
- 地区生产总值(GDP): 722.67 亿元
  - 第一产业增加值:27.88 亿元
  - 第二产业增加值:429.95 亿元
    - 工业增加值:403.29 亿元
  - 第三产业增加值:264.84 亿元
- 第一、二、三产业构成:3.9:59.5:36.6
- 人均地区生产总值(以常住人口计算):80962 元
- 民营经济增加值:509.49 亿元
- 建筑业增加值:34.24 亿元
- 全口径财政收入:157.33 亿元
  - 其中地方财政收入:104.93 亿元
- 地方财政支出:111.68 亿元
- 全社会固定资产投资:525.24 亿元
- 社会消费品零售总额:176.01 亿元
- 实际利用外资:19997 万美元
- 外贸出口:23.37 亿元
- 货物运输量:25680 万吨
- 旅客运输量:9522 万人
- 邮电业务量:7781 万元
- 旅游总收入:32.17 亿元
- 各类学校:289 所
  - 幼儿园:211 所
  - 小学所:31 所
  - 普通中学:39 所
  - 特殊教育学校:1 所
  - 中等职业教育学校:4 所
  - 驻区普通高等学校:3 所
- 各类卫生机构共有床位:5880 张
- 建成区绿化覆盖率:48.55%
- 全社会存款余额:866.87 亿元
- 全社会贷款余额:424.79 亿元
- 保险费收入:90835 万元
- 城镇在岗职工年平均工资:68574 元
- 城镇居民人均可支配收入:40149 元
- 城镇居民人均消费性支出:25510 元
- 农村常住居民人均可支配收入:22926 元
- 农村居民人均生活消费支出:15850 元

(摘自《新都统计年鉴(2017)》)

《新都年鉴》编审领导小组

顾　　　问：许兴国

组　　　长：李　云

常务副组长：刘　清

副 组 长：王　亮　薛　明　杨明根

组　　　员：汪　强　唐　婷　黄礼镈　曾义娟　宋昌文　刘跃江

李　娜(区发改局)　陈桂胜　席　敏　冯　敏　严家林

张雪梅　杨永国　代明海　何宇生　刘传银　郭亚强

徐　鹏　陈光明　杨　鞭

办公室主任：李琳琳

《新都年鉴》编纂人员

主　　　编：刘　清

常务副主编：杨明根　李琳琳

副 主 编：曾顺达　张仲辉

责任编辑：张仲辉　邱晋南　张　玲　董　莉　王维忠

编　　　辑：黄春茂　吴　晓　李　玲　石　继　谢　颖

总　　　纂：张仲辉

图片编辑：王维忠

图片提供：区广播电视台及相关单位和个人

《新都年鉴》撰稿单位及人员名单

区委办公室　冯曼勤
区人大常委会办公室　景能文
区政府办公室　颜泳航
区政协办公室　李传术　乐惠蓉
区纪委(区监察局)　李　康　张　晗
区法院　兰　竹　梁　康　刘淋汭　蒋林森
区检察院　杨　涌　刘彩霞
区人武部　周凌云　袁　宇
区委组织部　胡　月　舒　枫　雷晓琴　林盛波
区委宣传部(区文明办)　李金懋　成　娅
区委统战部　胡风健
区委台办(区台侨办)　张明磊
区民宗局　谢会明　廖品才
区委政法委　王拓飞
区委巡察办　杨　婧
区社治委　王新培
区直机关工委　李晓勇
区委编办　刘学斌　杨立祥
区委群工局(区信访局)　陈　义
区目督办　王道强
区委保密办(区保密局)　张　楷
区委政研室　邓俊松
区档案局(区档案馆)　郭亚强　任文贞
区委老干局　周　明
区委党史研究室(区地志办)　董　莉
区委党校(区行政学校)　李　进
区发改局(区粮食局)　黄平娟　代　琳
区统计局　杨　丽　曹雪原
区经信局(区科技局)　张西贝　程　亚　代效孔　马　强　肖　强　李　乔
区投促中心　陶朝安
区教育局　邓　韦
区民政局　袁永康　韦学骏　姚军利
区司法局　胡　森
区财政局(区国资办)　张之军　陈少銮
区交易中心　张锦勇
区人社局(区公务员局)　袁　莎
区国土局(区不动产登记局)　何松华
区环保局　陈　微
区城乡建设局(区人防办、区防震减灾局)　乔朝磊　何　刚
区规划局　刘　刚
区房管局　谭潇蒲
区城管局　范春风
区交通运输局　陆　勇
区水务局　贾　超
区农林局　王俊波　王　强　杨林枝
区供销社　周厚彬
区商务旅游局　赵凯明
区文体广新局　刘立昭
区卫计局　瞿家松　何　昆　陈冬梅　曾艳梅
区安监局　杨　兆
区审计局　钟金良
区市场和质量监管局　朱月　黄伟　陈飞　谭静

物流中心管委会　黄小梅

北部商城管委会　付春燕

工业区管委会　徐玲燕　陈　曦

家具园区管委会　邹　兵

区大数据和电子政务办(区应急办)

廖雅玲　王明国　王光福

区机关事务局　杨永明

区行政审批局　游　勇

区总工会　尹昕屹

团区委　曾成林

区妇联　肖　婷

区科协　唐　文

区工商联(商会)　彭先周　李庆波

区社科联　曾刚勇

区文联　赵美发

区残联　苏　东

区红十字会　李　迅　王肖霞

民盟新都总支　邹聚芬

民建新都总支　兰宜平

民进新都总支　王立正

农工党新都支部　曹雪原

九三学社新都支社　袁　方

区公安分局　刘　宇

区公安消防大队　瞿方超

武警支队新都中队　陈　钟

区国税局　杨　洋　赵修荃

区地税局　蒋德光

区气象局　郑　俊　叶如辉

新都调查队　陈　霞

区广播电视台　魏　樑　陈兆刚

四川广电网络新都分公司　廖静思

香投集团　陈思宏　李　青　杜　齐　邓　怡

曹砾文　杨　琴　刘　刚　薛　敏

蔡春新　李金芳

人行新都支行　魏　军　李景君

新都银监办　李和平

国金证券新都营业部　汪艳萍

中投证券新都营业部　魏　崴

人保新都支公司　孙　露

寿险新都支公司　李　强

新都供电分公司　庄娅敏

新都区邮政分公司　汪文华

区烟草专卖局　何　瑛

盐业公司新都支公司　魏盛文

电信新都分公司　周　玉

移动新都分公司　陈艺旋

联通新都分公司　宁　红

成都公积金中心新都部　何婷婷

新都街道　王颖华

新繁镇(新繁街道)　干　波

石板滩镇(石板滩街道)　喻　成　罗　丹

大丰街道　王　婷　叶　丹

三河街道　谢　潇　刘　艺

龙桥镇(龙桥街道)　陶　峥

斑竹园镇(斑竹园街道)　卫　勤

新民镇(新民街道)　陈国湾

马家镇(马家街道)　陈　娟

军屯镇(军屯街道)　沈大明　陈冬梅

泰兴镇(泰兴街道)　刘继镛

木兰镇(木兰街道)　刘峰廷　许万福

清流镇(清流街道)　张亚婕

西南石油大学　邓大庆

四川音乐学院新都校区　林中泉

成都医学院　范方仕

编 辑 说 明

一、《新都年鉴(2018)》是全面、客观地记述新都区行政区域内2017年度自然、政治、经济、文化、社会等各方面情况的资料性文献，是新都区2002年以来的第16部综合年鉴。本年鉴由成都市新都区地方志编纂委员会办公室组织编写，经成都市新都区人民政府批准出版。

二、本年鉴根据中华人民共和国国务院颁布的《地方志工作条例》、四川省人民政府颁布的《四川省地方志工作条例》编纂，以马克思主义、毛泽东思想、邓小平理论、“三个代表”重要思想、科学发展观、习近平新时代中国特色社会主义思想为指导，坚持改革开放，为“三个文明”建设服务，为下一轮编纂《新都区志》辑存资料。

三、本年鉴所称省委、省政府、市委、市政府、区委、区政府，分别为中国共产党四川省委员会、四川省人民政府、中国共产党成都市委员会、成都市人民政府、中国共产党成都市新都区委员会、成都市新都区人民政府的简称。

四、本年鉴设卷首、正文、卷尾三部分。卷首设要闻彩照、特载、专文、大事记、新都区概况等。正文采用“类目—分目—条目”三级结构层次(个别条目下设子目)，共设类目18个、分目160个、条目若干。条目为主要信息载体和记事单元。条目由责任单位参照区地志办制发的《新都年鉴(2018)编写提纲》设置，并指定专人撰稿，单位负责人审定。条目标题加注【 】表示(子目标题用加粗楷体字表示)。分类目文末署撰稿人姓名。卷尾设文存、附录。文存包括区委、区政府文件目录，关于人大代表建议办理和政协委员提案回复情况的报告，2017年主要统计资料；附录辑存重要文稿、先进单位及部门领导名录等。图、表分设在卷首、正文、卷尾各部分中。

五、计量单位通常使用公制。对于土地面积，考虑到习惯，仍采用亩。

六、本年鉴的所有资料(文稿、图、表)由各单位提供。主要数据由区统计局提供，相关资料由各责任单位保密员审核。

目　　录

特　载 …………………………………………… 1
拥抱新时代　践行新思想　勇担新使命　实现新跨越　为加快建设现代化国际范成北新中心城区而努力奋斗 …………………………………… 1
政府工作报告 …………………………………… 12
专　文 …………………………………………… 22
立足新时代　开启新征程　在建设全面体现新发展理念的国家中心城市展现新都新作为 …………………………………………………… 22
科学把握产业政策的时度效　为建设现代化经济体系保驾护航 ………………………… 23
解决好“三个问题”全力做好新形势下人大工作 …………………………………………… 25
新都区校地联合搭建大学生创新创业平台的调查报告 ……………………………………… 27
大事记 …………………………………………… 30
新都区概况 …………………………………… 44
表1　2017年新都区十大民生工程 …… 45
中共成都市新都区委员会 ……………… 53
书记、副书记、常委名录 ………………… 53
常务委员会会议 ………………………… 53
概况 ………………………………………… 53
区委十四届第一次常委会(扩大)会议 · 53
区委十四届第二次常委会会议 ……… 53
区委十四届第三次常委会会议 ……… 53
区委十四届第四次常委会(扩大)会议 · 53
区委十四届第五次常委会(扩大)会议 · 54
区委十四届第六次常委会会议 ……… 54
区委十四届第七次常委会会议 ……… 54
区委十四届第八次常委会(扩大)会议 · 54
区委十四届第九次常委会会议 ……… 55
区委十四届第十次常委会会议 ……… 55
区委十四届第十一次常委会会议 …… 55
区委十四届第十二次常委会会议 …… 55
区委十四届第十三次常委会(扩大)会议 …………………………………………… 55
区委十四届第十四次常委会会议 …… 55
区委十四届第十五次常委会会议 …… 55
区委十四届第十六次常委会会议 …… 55
区委十四届第十七次常委会会议 …… 55
区委十四届第十八次常委会会议 …… 56
区委十四届第十九次常委会会议 …… 56
区委十四届第二十次常委会会议 …… 56
区委十四届第二十一次常委会会议 … 56
区委十四届第二十二次常委会会议 … 56
区委十四届第二十三次常委会(扩大)会议 …………………………………………… 56
区委十四届第二十四次常委会(扩大)会议 …………………………………………… 56
区委十四届第二十五次常委会会议 … 56
区委十四届第二十六次常委会(扩大)会议 …………………………………………… 57
区委十四届第二十七次常委会会议 … 57
区委十四届第二十八次常委会会议 … 57
区委十四届第二十九次常委会(扩大)会议 …………………………………………… 57
区委十四届第三十次常委会会议 …… 57
区委十四届第三十一次常委会(扩大)会议 …………………………………………… 57

区委十四届第三十三次常委会会议 … 57
区委十四届第三十四次常委会(扩大)会议 …… 58
区委十四届第三十五次常委会会议 … 58
区委十四届第三十六次常委会会议 … 58
区委十四届第三十七次常委会会议 … 58
区委十四届第三十八次常委会(扩大)会议 …… 58
区委十四届第三十九次常委会会议 … 58
区委十四届第四十次常委会会议 …… 58
区委十四届第四十一次常委会会议 … 58
区委十四届第四十二次常委会会议 … 59
区委十四届第四十三次常委会会议 … 59
区委十四届第四十八次常委会会议 … 59
区委十四届第四十九次常委会(扩大)会议 …… 59
区委十四届第五十次常委会会议 …… 59
区委十四届第五十一次常委会会议 … 59
全体委员会会议 …… 60
概况 …… 60
区委第十四届第二次全委会会议 …… 60
区委第十四届第三次全委会会议 …… 60
区委第十四届第四次全委会会议 …… 60
区委办公室工作 …… 60
办文办会 …… 60
信息参谋 …… 60
督查工作 …… 60
纪检监察 …… 60
概况 …… 60
组织协调 …… 61
纪律监督 …… 61
作风监督 …… 61
源头治理 …… 61
纪律审查 …… 61
组织建设 …… 62
概况 …… 62
政治建设 …… 62
思想建设 …… 62
基层组织建设 …… 62
干部队伍建设 …… 62
人才队伍建设 …… 63
宣传思想工作 …… 63
概况 …… 63
理论学习 …… 63
文化活动 …… 63
文化产业 …… 63
舆论导向 …… 64
对外宣传 …… 64
互联网信息管理 …… 64
精神文明建设 …… 64
概况 …… 64
文明城市建设 …… 64
成都文明热线 …… 64
公民思想道德建设 …… 64
志愿服务活动 …… 64
未成年人思想道德建设 …… 65
文明新都网建设 …… 65
统战工作 …… 65
概况 …… 65
民主党派工作 …… 65
民族宗教工作 …… 65
民营经济工作 …… 66
党外人士工作 …… 66
海外统战工作 …… 66
援藏工作 …… 67
信息调研工作 …… 67
巡察工作 …… 67
概况 …… 67
政治巡察 …… 67
制度机制 …… 67
考评工作 …… 68
宣传工作 …… 68
创新工作 …… 68
机关党建 …… 68

概况 …… 68
组织建设 …… 68
学习教育 …… 69
党员培训 …… 69
发展党员 …… 69
帮扶工作 …… 69
机构编制管理 …… 69
概况 …… 69
政府职能转变 …… 69
体制机制创新 …… 69
公益服务水平 …… 70
机构编制监管 …… 70
表2　2017年新都区党政群机关、局级事业单位和镇(街道)机构设置一览表 …… 70
政策研究 …… 71
概况 …… 71
调查研究 …… 71
政策拟定 …… 71
文稿起草 …… 72
材料编撰 …… 72
目标管理督查 …… 72
概况 …… 72
目标管理 …… 72
目标督查 …… 72
测评工作 …… 72
对标管理 …… 73
督导工作 …… 73
信访工作 …… 73
概况 …… 73
来信来访 …… 73
基层信访 …… 73
信访宣传 …… 73
业务培训 …… 73
保密管理 …… 73
概况 …… 73
保密宣传 …… 73
保密管理 …… 74
保密培训 …… 74
档案管理 …… 74
概况 …… 74
业务培训 …… 74
档案宣传 …… 74
馆务工作 …… 74
安全管理 …… 74
档案服务 …… 74
党校工作 …… 74
概况 …… 74
干部培训 …… 75
理论研究 …… 75
党史与志鉴编纂 …… 75
概况 …… 75
党史编研 …… 75
地方志编纂 …… 75
《艾芜年谱》编辑 …… 75
升庵文化研究传承工程 …… 75
地情资源开发与利用 …… 75
信息报送 …… 75
成都市新都区人民代表大会常务委员会 …… 76
主任、副主任名录 …… 76
代表大会会议 …… 76
十八届二次会议 …… 76
常务委员会会议 …… 76
概况 …… 76
区第十八届人大常委会第一次会议 …… 76
区第十八届人大常委会第二次会议 …… 76
区第十八届人大常委会第三次会议 …… 77
区第十八届人大常委会第四次会议 …… 77
区第十八届人大常委会第五次会议 …… 77
区第十八届人大常委会第六次会议 …… 77

区第十八届人大常委会第七次会议 …… 77
区第十八届人大常委会第八次会议 …… 78
区第十八届人大常委会第九次会议 …… 78
主要工作 …… 78
概况 …… 78
法律监督 …… 78
工作监督 …… 78
人事任免 …… 79
代表工作 …… 79
自身建设 …… 79
专门委员会工作 …… 80
概况 …… 80
区人大法制委 …… 80
区人大财经委 …… 80
区人大社会事业委 …… 81
区人大城环委 …… 82
区人大农业委 …… 82
机关工作 …… 83
概况 …… 83
区人大常委会办公室 …… 83
区人大常委会人代工委 …… 83
区人大常委会预审工委 …… 84
资料：区人大常委会通报表扬2017年度优秀建议及先进承办单位名单 …… 85
成都市新都区人民政府 …… 86
区长、副区长名录 …… 86
常务会议 …… 86
概况 …… 86
第一次常务会议 …… 86
第二次常务会议 …… 86
第三次常务会议 …… 87
第四次常务会议 …… 87
第五次常务会议 …… 87
第六次常务会议 …… 87
第七次常务会议 …… 88
第八次常务会议 …… 88
第九次常务会议 …… 88
第十次常务会议 …… 88
第十一次常务会议 …… 88
第十二次常务会议 …… 88
第十三次常务会议 …… 89
第十四次常务会议 …… 89
第十五次常务会议 …… 89
第十六次常务会议 …… 89
第十七次常务会议 …… 89
第十八次常务会议 …… 89
第十九次常务会议 …… 90
第二十次常务会议 …… 90
区政府办公室工作 …… 90
政务工作 …… 90
信息调研 …… 90
督察督办 …… 90
法制工作 …… 90
外事管理 …… 90
大数据和电子政务管理 …… 91
概况 …… 91
政务公开 …… 91
区长公开电话 …… 91
网站建设 …… 91
行政效能建设 …… 92
应急管理 …… 92
概况 …… 92
应急值守 …… 92
应急预案 …… 92
应急准备 …… 92
应急演练 …… 92
应急知识宣传 …… 93
应急知识培训 …… 93
人事管理 …… 93
概况 …… 93
公务员管理 …… 93

专业技术人员管理 …………………… 93
事业单位人员管理 …………………… 93
人才管理 ………………………………… 93
志愿者管理 …………………………… 93
军队转业干部安置工作 ……………… 94
工资福利 ………………………………… 94
政务服务 ………………………………… 94
概况 ……………………………………… 94
审批事项办理 ………………………… 94
服务标准化建设 ……………………… 94
服务功能建设 ………………………… 95
机关事务 ………………………………… 95
公务车管理 …………………………… 95
会务工作 ………………………………… 95
公共节能 ………………………………… 95
财务管理 ………………………………… 96
物业管理 ………………………………… 96
综合管理 ………………………………… 96
台侨事务 ………………………………… 96
概况 ……………………………………… 96
台侨服务 ………………………………… 97
联络联谊 ………………………………… 97
宣传活动 ………………………………… 97
区侨联换届 …………………………… 97
政协成都市新都区委员会 …………… 98
主席、副主席、秘书长名录 ………… 98
主席会议 ………………………………… 98
概况 ……………………………………… 98
区政协十一届第一次主席(扩大)会议
……………………………………………… 98
区政协十一届第二次主席(扩大)会议
……………………………………………… 98
区政协十一届第三次主席(扩大)会议
……………………………………………… 98
区政协十一届第四次主席(扩大)会议
……………………………………………… 98
区政协十一届第五次主席(扩大)会议
……………………………………………… 98
区政协十一届第六次主席(扩大)会议
……………………………………………… 98
区政协十一届第七次主席(扩大)会议
……………………………………………… 98
区政协十一届第八次主席(扩大)会议
……………………………………………… 98
区政协十一届第九次主席(扩大)会议
……………………………………………… 98
常务委员会会议 ……………………… 98
概况 ……………………………………… 98
区政协十一届第一次常委会会议 …… 99
区政协十一届第二次常委会会议 …… 99
区政协十一届第三次常委会会议 …… 99
区政协十一届第四次常委会会议 …… 99
委员会全体会议 ……………………… 99
主要工作 ………………………………… 99
工作机构 ………………………………… 99
会议协商 ………………………………… 99
专题协商 ……………………………… 100
界别协商 ……………………………… 100
特约监督 ……………………………… 100
重点视察 ……………………………… 100
社情民意 ……………………………… 100
提案工作 ……………………………… 100
专题调研 ……………………………… 100
文史工作 ……………………………… 100
对外宣传 ……………………………… 100
表3 2017年区政协优秀提案名录一览表
……………………………………………… 101
民主党派 …………………………… 102
中国民主同盟成都市新都区总支部委员会
……………………………………………… 102
概况 …………………………………… 102
学习活动 ……………………………… 102
组织建设 ……………………………… 102

参政议政 …… 102
调查研究 …… 102
宣传工作 …… 102
社会服务 …… 102
盟员成果 …… 102
中国民主建国会成都市新都区总支部委员会 …… 103
概况 …… 103
学习活动 …… 103
组织建设 …… 103
参政议政 …… 103
专题调研 …… 103
组织活动 …… 103
对外宣传 …… 103
社会服务 …… 103
中国民主促进会成都市新都区总支部委员会 …… 104
概况 …… 104
参政议政 …… 104
课题调研 …… 104
社会服务 …… 104
中国农工民主党成都市新都区支部委员会 …… 104
概况 …… 104
参政议政 …… 105
社会服务 …… 105
主要活动 …… 105
九三学社成都市新都支社 …… 105
概况 …… 105
参政议政 …… 105
社会服务 …… 105
社员成果 …… 106
社会团体 …… 107
区总工会 …… 107
概况 …… 107
组织建设 …… 107
创建活动 …… 107
民主管理 …… 107
帮困扶贫 …… 107
职工活动 …… 108
劳动竞赛 …… 108
团区委 …… 108
概况 …… 108
组织建设 …… 108
青年就业创业 …… 108
青年志愿者活动 …… 108
“青年文明号”活动 …… 109
青少年文化活动 …… 109
关工委工作 …… 109
青少年维权 …… 109
少先队活动 …… 109
青少年宫工作 …… 109
“一村一大”管理工作 …… 109
区妇联 …… 109
概况 …… 109
学教活动 …… 110
组织建设 …… 110
主题活动 …… 110
志愿服务 …… 110
妇女创业就业 …… 111
创建活动 …… 111
家教活动 …… 111
民生工程 …… 111
区科协 …… 111
概况 …… 111
创建工作 …… 111
科普宣传 …… 111
科技活动 …… 111
培训工作 …… 112
设施建设 …… 112
农技协会 …… 112
咨询活动 …… 112
老年科协工作 …… 112
区工商联(商会) …… 112

概况 …… 112
宣传教育 …… 112
组织建设 …… 112
参政议政 …… 112
经济服务 …… 113
光彩事业 …… 113
区社科联 …… 113
概况 …… 113
社科活动 …… 113
社科普及 …… 113
区文联 …… 113
概况 …… 113
文艺创作 …… 113
文艺活动 …… 113
获奖作品 …… 114
区残联 …… 114
概况 …… 114
帮扶残疾人 …… 114
扶持残疾人就业 …… 114
残疾人医疗康复 …… 114
残疾人教育 …… 115
文化宣传活动 …… 115
区红十字会 …… 115
概况 …… 115
组织建设 …… 115
传播红十字精神 …… 115
助贫济困 …… 116
社会救助 …… 116
依法捐募 …… 116
救护培训 …… 116
慈善活动 …… 116
法治·军事 …… 117
政法委及社会治安综合治理 …… 117
概况 …… 117
稳定工作 …… 117
“大调解”工作 …… 117
治安防范 …… 117
惩治违法犯罪 …… 117
院落整治 …… 117
创建活动 …… 118
专项行动 …… 118
群防群治 …… 118
执法监督 …… 118
公　安 …… 118
概况 …… 118
维护稳定 …… 118
惩治刑事犯罪 …… 118
治安整治 …… 118
行政管理 …… 118
户籍管理 …… 119
交通安全 …… 119
“110”服务 …… 119
特色工作 …… 119
法　院 …… 119
概况 …… 119
刑事审判 …… 119
民商事审判 …… 119
行政审判 …… 119
执行工作 …… 119
司法改革 …… 120
检　察 …… 120
概况 …… 120
刑事检察 …… 120
诉讼监督 …… 121
查办和预防职务犯罪 …… 121
检察工作改革 …… 121
司法行政 …… 121
概况 …… 121
依法治区 …… 121
法制宣传 …… 121
人民调解 …… 122
社区矫正 …… 122
法律援助 …… 122
律师服务 …… 122

公证服务 …… 123
基础建设 …… 123
创建活动 …… 123
军　事 …… 123
概况 …… 123
思想建设 …… 123
应急应战 …… 123
国防教育 …… 124
参建参治 …… 124
扶贫帮困 …… 124
征兵工作 …… 124
后勤保障 …… 124
维稳工作 …… 124
人民防空 …… 124
概况 …… 124
人防工程建设及管理 …… 124
人防指挥通信管理 …… 124
人防执法 …… 124
人防宣传 …… 124
消防安全 …… 125
概况 …… 125
灭火抢险救援 …… 125
消防基础设施 …… 125
消防监督检查 …… 125
消防宣传 …… 125
武装警察 …… 125
概况 …… 125
政治教育 …… 126
军事训练 …… 126
后勤建设 …… 126
城乡建设·环境保护 …… 127
社区发展治理 …… 127
概况 …… 127
社区发展 …… 127
社区治理 …… 127
改革统筹 …… 128
城乡统筹 …… 128
概况 …… 128
统筹城乡示范建设 …… 128
农村产权制度改革 …… 128
村级公共服务和社会管理改革 …… 128
城乡建设规划 …… 128
规划编制 …… 128
规划管理 …… 129
规划执法 …… 130
城乡建设实施 …… 130
概况 …… 130
主城区建设 …… 130
新型城镇化建设 …… 130
环城生态区建设 …… 130
北城改造工程 …… 131
表4　2017年建成项目一览表 …… 131
北部商城建设 …… 131
概况 …… 131
经济指标 …… 131
基础设施建设 …… 131
项目建设 …… 131
招商引资 …… 131
电子商务 …… 132
自来水生产与供应 …… 132
概况 …… 132
饮水安全 …… 132
节水宣传 …… 132
表5　2017年新都区供水一览表 …… 132
表6　2017年新都区自来水水费一览表 …… 132
电力供应与生产 …… 133
概况 …… 133
电网建设 …… 133
经营管理 …… 133
安全生产 …… 133
市场服务 …… 133
小水电运营 …… 133
油气供应 …… 133

概况 …… 133
油气站管理 …… 133
全区供气 …… 133
表7　2017年新都区天然气公司一览表 …… 134
表8　2017年新都区加油站一览表 …… 134
交通运输 …… 136
概况 …… 136
交通建设 …… 136
综合运输 …… 137
行业监管 …… 137
公路设施 …… 137
交通执法 …… 137
公路养护 …… 137
环境整治 …… 137
公交改革 …… 137
轨道建设 …… 137
共享单车 …… 137
电动汽车分时租赁 …… 138
表9　2017年新都区建成村社道路一览表 …… 138
蓉桂公司 …… 140
概况 …… 140
调度指挥中心 …… 140
汽车客运站 …… 140
公交“村村通”工程 …… 140
“三进”惠民生 …… 140
抑尘车 …… 140
城市管理 …… 140
概况 …… 140
市容秩序管控 …… 141
环境卫生管理 …… 141
生活垃圾处理 …… 141
市政设施管护 …… 141
城区园林和绿地管控 …… 141
户外广告管理 …… 141
城区路灯管理 …… 141
城区公园管理 …… 142
数字化智能化管理 …… 142
城乡环境综合治理 …… 142
扬尘污染治理 …… 142
老旧院落改造 …… 142
环境保护 …… 142
概况 …… 142
生态文明建设 …… 143
大气环境治理 …… 143
水环境治理 …… 143
建设项目环境管理 …… 143
环境专项整治 …… 143
环保执法 …… 143
环保宣传 …… 143
环境质量 …… 143
降耗管理 …… 144
防震减灾 …… 144
概况 …… 144
地震监测预报 …… 144
地震灾害预防 …… 144
地震应急管理 …… 144
防震减灾法规宣传 …… 144
农　业 …… 145
综　述 …… 145
概况 …… 145
农业经济 …… 145
农业设施装备水平 …… 145
农村生活环境 …… 145
农村基础设施建设 …… 145
农村扶贫开发 …… 145
移民和毗河工程 …… 146
农村信息化服务 …… 146
新农村建设 …… 146
表10　2017年新都区财政对“三农”投入统计表 …… 146
农业科技 …… 147
农技技术培训 …… 147

农业新技术推广 …… 147
农业科技宣传 …… 147
农业科技协作 …… 147
农业质量安全 …… 148
农产品质量安全监管 …… 148
农产品生产基地及认证产品 …… 148
农产品质量检测 …… 148
种植业 …… 148
概况 …… 148
农业龙头企业 …… 148
农村专合组织和家庭农场 …… 148
农业项目招引和建设 …… 148
土地规模化经营和农村改革 …… 149
农业惠农政策 …… 149
农业行政执法 …… 149
畜牧水产业 …… 149
概况 …… 149
畜禽标准化规模生产 …… 149
动物防疫检疫 …… 149
生猪屠宰管理 …… 149
政策性养殖保险 …… 150
养殖污染综合治理 …… 150
兽药与饲料监管 …… 150
养蜂业 …… 150
水产养殖 …… 150
禁渔期及水生野生动物保护 …… 150
农业机械 …… 150
概况 …… 150
农机服务体系 …… 150
农机科技 …… 150
农机技术培训 …… 151
跨区作业 …… 151
农机安全 …… 151
农机工业 …… 151
农机购机补贴 …… 151
林业园林 …… 151
概况 …… 151
义务植树 …… 151
天保工程养护 …… 151
野保工作 …… 151
行业服务 …… 152
新农村绿色家园建设 …… 152
森林资源管理 …… 152
森林病虫害防治 …… 152
林权制度改革 …… 152
古树名木保护工作 …… 152
林地变更调查工作 …… 152
水　务 …… 152
概况 …… 152
水利建设 …… 152
水政执法 …… 152
防汛抗旱 …… 152
水资源管理 …… 153
水环境治理 …… 153
污水处理项目建设 …… 153
毗河整治 …… 153
“河长制”工作 …… 153
气象监测 …… 153
概况 …… 153
气候概况 …… 154
气候特点 …… 154
气象灾害 …… 154
气象服务 …… 154
人工影响天气 …… 154
防雷减灾 …… 154
气象业务现代化建设 …… 154
依法行政 …… 154
工业·建筑房地产业 …… 155
工业综述 …… 155
概况 …… 155
工业集中发展 …… 155
运行态势 …… 155
企业融资 …… 155
企业培训 …… 155

工业投资 …… 155
节能技改 …… 155
扶持地方名优产品 …… 156
民营经济 …… 156
机械工业 …… 156
概况 …… 156
行业发展 …… 156
骨干企业 …… 156
食品工业 …… 156
概况 …… 156
行业发展 …… 156
骨干企业 …… 156
医药工业 …… 157
概况 …… 157
行业发展 …… 157
骨干企业 …… 157
电子工业 …… 157
概况 …… 157
行业发展 …… 157
骨干企业 …… 157
家具工业 …… 157
概况 …… 157
环保治理 …… 157
项目推进 …… 157
营销宣传 …… 158
管理服务 …… 158
其他工业 …… 158
概况 …… 158
行业发展 …… 158
骨干企业 …… 158
表11　2017年新都区地方名优产品推荐名录一览表 …… 158
新都工业区 …… 162
概况 …… 162
企业效益 …… 162
产业发展 …… 162
轨道航空产业新城建设 …… 162
科技创新 …… 162
基础设施建设 …… 162
招商引资 …… 163
项目建设 …… 163
劳动保障 …… 163
规范服务 …… 163
环境保护 …… 163
创建和谐劳动关系企业 …… 163
安全生产 …… 163
接访回复 …… 163
表12　2017年新都区重点优势企业一览表 …… 163
表13　2017年新都区四川名牌产品一览表 …… 164
表14　2017年新都区主营业务收入和利税前20名工业企业一览表 …… 165
四川现代农机产业园 …… 166
概况 …… 166
经济指标 …… 166
基础设施建设 …… 166
招商选资 …… 166
项目促建 …… 166
招商引资 …… 166
概况 …… 166
招引项目 …… 166
体制改革 …… 166
招商措施 …… 167
表15　2017年新都区引进投资5亿元以上工业项目一览表 …… 167
建筑业 …… 168
行业管理 …… 168
工地监管 …… 168
扬尘治理 …… 168
民工权益保障 …… 169
房地产业 …… 169
概况 …… 169
商品房市场 …… 169

房地产开发 …… 169
房屋交易中介机构管理 …… 169
表16　2017年新都区房地产开发商销售金额前20名企业一览表 …… 169
表17　2017年新都区房屋中介机构规模前20名一览表 …… 170
房产管理 …… 170
概况 …… 170
住房保障 …… 170
房地产市场管理 …… 170
农村房屋产权制度改革 …… 171
房屋安全管理 …… 171
房屋维修资金监管 …… 171
物业管理 …… 171
表18　2017年新都区物业管理资质一级、二级公司一览表 …… 171
住房公积金管理 …… 172
概况 …… 172
公积金运行情况 …… 172
窗口服务 …… 172
住房保障 …… 172
商贸业·信息业 …… 173
商贸业 …… 173
概况 …… 173
主要经济指标 …… 173
商贸流通业运行态势 …… 173
服务业 …… 173
电子商务 …… 173
商贸流通体系 …… 174
连锁超市 …… 174
再生资源市场 …… 174
安全工作 …… 174
信访工作 …… 174
商贸市场 …… 174
表19　2017年新都区农贸市场一览表 …… 174
外贸出口 …… 176
概况 …… 176
出口结构 …… 176
出口管理 …… 176
表20　2017年新都区主要外贸出口企业一览表 …… 177
粮油购销 …… 177
粮食收购 …… 177
储粮安全 …… 177
驻军粮油供应 …… 177
粮食企业监管 …… 177
供销合作商业 …… 178
概况 …… 178
新网工程建设 …… 178
供销经营服务 …… 178
安全工作 …… 178
信访工作 …… 178
创建工作 …… 178
表21　2017年新都区三星级及以上农资放心店一览表 …… 179
盐　业 …… 180
概况 …… 180
经营管理 …… 180
盐业管理 …… 180
烟草专卖 …… 180
概况 …… 180
卷烟营销服务 …… 180
烟草市场管理 …… 180
物流业 …… 181
经济指标 …… 181
项目建设 …… 181
转型升级 …… 181
物流研究 …… 181
园区治理 …… 181
旅游业 …… 181
概况 …… 181
旅游业管理 …… 181
旅游项目建设 …… 181
旅游宣传 …… 181

旅游线路 …… 181
主要旅游产品 …… 182
品牌创建 …… 182
旅游节庆活动 …… 182
表22 2017年新都区境内星级农家乐一览表 …… 182
邮政业 …… 182
概况 …… 182
经营业务 …… 182
经营管理 …… 182
提升服务 …… 183
电信业 …… 183
概况 …… 183
优化服务 …… 183
基础服务 …… 183
网络建设与维护 …… 183
通信市场经营 …… 183
信息化工作 …… 183
移动通信 …… 183
概况 …… 183
移动新都分公司 …… 183
联通新都分公司 …… 184
有线广播电视网络 …… 184
概况 …… 184
广电网络公共文化服务 …… 184
智慧广电融入社会信息化 …… 184
安全播出保障 …… 184
金融业 …… 185
中国人民银行新都支行 …… 185
概况 …… 185
货币信贷政策传导 …… 185
农村金融综合改革 …… 185
维护金融稳定 …… 185
金融统计 …… 185
窗口服务 …… 185
支付便民 …… 186
金融宣传 …… 186
新都银监办 …… 186
概况 …… 186
银行概况 …… 186
法人监管 …… 186
风险监管 …… 186
表23 2017年末新都区银行机构一览表 …… 186
证券营业部 …… 191
概况 …… 191
国金证券 …… 191
中投证券 …… 191
人保新都支公司 …… 191
概况 …… 191
保险业务 …… 191
保险服务 …… 191
寿险新都支公司 …… 191
概况 …… 191
业务发展 …… 191
保险服务 …… 191
队伍建设 …… 191
香投集团 …… 192
概况 …… 192
香城公司 …… 192
兴城公司 …… 193
兴水公司 …… 194
地产公司 …… 194
财税·审计 …… 195
财政管理 …… 195
概况 …… 195
三次产业 …… 195
培植财源 …… 195
环境建设 …… 195
国有资产监管 …… 195
财政改革 …… 195
民生工程 …… 196
金融保障 …… 196
“双随机一公开”执法检查 …… 196

国家税务 …… 196
概况 …… 196
国税收入 …… 196
国税征管 …… 197
依法治税 …… 197
税制改革 …… 197
纳税服务 …… 197
表24　2017年新都区国税纳税额前20名企业一览表 …… 197
地方税务 …… 198
概况 …… 198
地税收入 …… 198
税收征管 …… 198
税务稽查 …… 198
纳税服务 …… 199
表25　2017年新都区地税纳税额前20名纳税户一览表 …… 199
审　计 …… 199
概况 …… 199
财政预算审计 …… 199
政府投资审计 …… 199
经济责任审计 …… 200
民生资金审计 …… 200
审计整改落实检查 …… 200
公共资源交易服务 …… 200
概况 …… 200
资产类交易 …… 200
政府集中采购 …… 200
建设工程交易 …… 201
土地拍卖 …… 201
电子交易服务平台建设 …… 201
综合管理 …… 202
发展改革工作 …… 202
概况 …… 202
综合经济指标 …… 202
计划管理 …… 202
项目管理 …… 202
调查研究 …… 202
物价管理 …… 202
收费管理 …… 202
价格监测 …… 202
价格管理 …… 203
价格监督 …… 203
价格认定 …… 203
成本监审 …… 203
国土管理 …… 203
概况 …… 203
用地保障 …… 204
耕地保护 …… 204
土地整治 …… 204
土地经营 …… 204
地籍管理 …… 204
国土执法监察 …… 204
国土改革 …… 204
地质灾害防治 …… 204
不动产登记 …… 204
统计管理 …… 204
概况 …… 204
统计基础 …… 204
统计监测 …… 205
统计服务 …… 205
统计执法 …… 205
普查工作 …… 206
统计改革 …… 206
社会经济调查 …… 206
概况 …… 206
常规调查 …… 206
调查服务 …… 206
专项调查 …… 207
市场和质量监管 …… 207
概况 …… 207
工商行政管理 …… 207
表25　2017年新都区“守合同　重信用”企业一览表 …… 208

质量技术监督管理 …………………… 209
食品药品监管 ………………………… 210
安全生产监管 …………………………… 212
概况 …………………………………… 212
安全生产责任制 ……………………… 212
执法监察和事故查处 ………………… 212
安全隐患排查治理 …………………… 212
安全专项整治 ………………………… 212
安全生产宣传和教育培训 …………… 212
安全生产标准化企业和安全社区建设 …………………………………………… 213
表26 2017年新都区安全生产标准化建设三级企业一览表伤亡事故 …………………… 213
表27 2017年新都区安全生产事故统计一览表 …………………………………………… 214

社会事业 ………………………………… 215
教育事业 ………………………………… 215
概况 …………………………………… 215
重点项目建设 ………………………… 215
学校安全管理 ………………………… 215
教师队伍建设 ………………………… 215
教育科研 ……………………………… 215
体育卫生艺术教育 …………………… 215
学前教育 ……………………………… 216
九年义务教育 ………………………… 216
普高教育 ……………………………… 216
职业教育 ……………………………… 216
成人教育和社区教育 ………………… 216
教育惠民 ……………………………… 217
教育国际化建设 ……………………… 217
教育信息化 …………………………… 217
创新推进现代学校制度改革试点 …… 217
电大新都分校 ………………………… 217
表28 2017年新都区教育经费收支统计表 …………………………………………… 217
表29 2017年新都区高考各校上线情况统计表 …………………………………………… 218
驻区高校简介 …………………………… 218
西南石油大学 ………………………… 218
四川音乐学院新都校区 ……………… 219
成都医学院 …………………………… 221
科学技术 ………………………………… 222
概况 …………………………………… 222
科技项目管理与实施 ………………… 222
发展科技企业 ………………………… 222
科技宣传和科教兴区 ………………… 222
创新创业 ……………………………… 223
知识产权保护 ………………………… 223
表29 2017年新都区获国家级、省级科技进步奖一览表 ……………………………… 224
表30 2017年新都区境内高新技术企业一览表 ……………………………………… 225
文化艺术 ………………………………… 226
概况 …………………………………… 226
文化服务设施建设 …………………… 226
群众文化活动 ………………………… 226
文化下乡 ……………………………… 227
文艺创作与获奖 ……………………… 227
对外文化交流 ………………………… 227
文物保护 ……………………………… 227
非遗保护 ……………………………… 227
考古发掘 ……………………………… 227
体　育 …………………………………… 227
体育设施 ……………………………… 227
体育组织 ……………………………… 228
体育活动 ……………………………… 228
体育产业 ……………………………… 228
青少年体育 …………………………… 228
体育赛事 ……………………………… 228
惠民健身工程 ………………………… 228
体质监测 ……………………………… 228
广播电影电视 …………………………… 228
广播电视民生工程 …………………… 228
公益电影放映 ………………………… 228

新闻出版(版权) …………………………… 229
印刷业管理 …………………………… 229
出版物市场管理 ……………………… 229
版权保护 ……………………………… 229
农家书屋 ……………………………… 229
工地书屋 ……………………………… 229
文化市场执法管理 …………………… 229
文化市场专项整治 …………………… 229
网吧专项整治 ………………………… 229
“双随机”抽查机制 …………………… 229
新闻媒体 ……………………………… 229
概况 …………………………………… 229
新都电视台 …………………………… 229
《新都资讯》…………………………… 230
新都人民广播电台 …………………… 230
新都视界网 …………………………… 230
桂城文化传播公司 …………………… 231
香城管家 ……………………………… 231
新闻作品创优 ………………………… 231
医疗卫生 ……………………………… 232
概况 …………………………………… 232
医改工作 ……………………………… 232
人才队伍建设 ………………………… 232
医政管理 ……………………………… 232
公共卫生 ……………………………… 233
妇幼保健 ……………………………… 233
中医药工作 …………………………… 234
卫生执法监督 ………………………… 234
行政许可 ……………………………… 234
爱国卫生 ……………………………… 234
表31 2017年新都区民营医院一览表 … 235
社会生活 ……………………………… 236
人口与计划生育 ……………………… 236
概况 …………………………………… 236
计划生育奖励扶助 …………………… 236
计划生育“三结合” …………………… 236
计生服务 ……………………………… 236
流动人口服务管理 …………………… 236
区计划生育协会 ……………………… 236
人力资源和社会保障 ………………… 236
概况 …………………………………… 236
就业与再就业工作 …………………… 236
社会保险工作 ………………………… 236
医疗保险工作 ………………………… 237
劳动监察 ……………………………… 237
企业最低工资保障 …………………… 237
人力资源市场 ………………………… 237
和谐劳动关系创建 …………………… 237
表32 2017年新都区境内职业介绍机构表
…………………………………………… 238
民政事务 ……………………………… 238
概况 …………………………………… 238
最低生活保障 ………………………… 238
社会救助 ……………………………… 238
专项社会事务管理 …………………… 238
社会组织管理 ………………………… 238
区划地名管理 ………………………… 238
双拥工作 ……………………………… 238
优抚安置 ……………………………… 239
基层政权和社区建设 ………………… 239
民族宗教 ……………………………… 239
概况 …………………………………… 239
民族事务管理 ………………………… 239
宗教事务管理 ………………………… 239
宗教文化活动 ………………………… 240
离退休干部管理 ……………………… 240
概况 …………………………………… 240
政治待遇 ……………………………… 240
生活待遇 ……………………………… 240
文体活动 ……………………………… 240
老龄工作 ……………………………… 240
概况 …………………………………… 240
社会养老服务体系建设 ……………… 241
老年优待工作 ………………………… 241

维护老年人权益 …… 242
争先创优工作 …… 242
“敬老月”活动 …… 242
老年教育工作 …… 243
表33 2017年12月新都区百岁老人一览表 …… 243
妇女儿童权益保护 …… 245
概况 …… 245
法治宣传 …… 245
困难救助 …… 245
信访工作 …… 245
消费者权益保护 …… 245
受理投诉 …… 245
商品质量监督 …… 245
维权站建设 …… 245
打假治劣 …… 245
打击传销 …… 246
残疾人权益保护 …… 246
关爱残疾人 …… 246
法律援助 …… 246
镇(街道) …… 247
新都街道 …… 247
概况 …… 247
农业 …… 247
经济发展 …… 247
项目促建 …… 247
拆迁安置 …… 247
基础设施建设 …… 247
社会保障 …… 247
社会事业 …… 247
精神文明建设 …… 247
生态文明建设 …… 248
城乡环境综合整治 …… 248
党建工作 …… 248
法治建设 …… 248
规范化服务型政府建设 …… 249
公共服务资金 …… 249
社会治安综合治理 …… 249
城乡社区发展治理 …… 249
督桥河“红色家族”党性教育项目 …… 249
新繁镇(新繁街道) …… 249
概况 …… 249
农业 …… 249
工业 …… 249
第三产业 …… 250
新农村建设 …… 250
环境保护 …… 250
拆迁安置 …… 250
社会保障 …… 250
计划生育 …… 250
教育 …… 250
食品安全 …… 250
医疗卫生 …… 251
就业工作 …… 251
精神文明建设 …… 251
党建工作 …… 251
规范化服务型政府建设 …… 251
社会治安综合治理 …… 251
工会工作 …… 252
共青团工作 …… 252
妇女儿童工作 …… 252
农村文化活动 …… 252
石板滩镇(石板滩街道) …… 252
概况 …… 252
农业 …… 252
工业 …… 252
服务业 …… 252
轨道航空产业新城建设 …… 252
环境治理 …… 252
民生事业 …… 253
社会治安 …… 253
社区治理 …… 253
基层党建 …… 253
“双向移送”机制 …… 253

大丰街道 …… 254
概况 …… 254
农业 …… 254
工业 …… 254
第三产业 …… 254
新农村建设 …… 254
环境治理 …… 254
拆迁安置 …… 254
社会事业 …… 255
精神文明建设 …… 255
党建工作 …… 255
规范化服务型政府建设 …… 255
信访工作 …… 256
社会治安综合治理 …… 256
妇女工作 …… 256
共青团活动 …… 256
农村文化活动 …… 256
三河街道 …… 256
概况 …… 256
三产服务业 …… 256
劳动保障 …… 257
社会保障 …… 257
教育卫生 …… 257
文化体育 …… 257
环境综合整治 …… 257
社区发展治理 …… 257
综治维稳 …… 257
党的建设 …… 257
龙桥镇(龙桥街道) …… 258
概况 …… 258
农业 …… 258
工业 …… 258
商贸服务业 …… 258
基础设施建设 …… 258
环保治理 …… 258
城乡社区发展治理 …… 258
平安建设 …… 258
市场监管 …… 258
公共服务 …… 259
社会保障 …… 259
计生服务 …… 259
法治建设 …… 259
文化教育 …… 259
党的建设 …… 259
妇儿工作 …… 260
共青团活动 …… 260
斑竹园镇(斑竹园街道) …… 260
概况 …… 260
农业 …… 260
新农村建设 …… 260
工业商业 …… 261
安全生产 …… 261
环境保护 …… 261
党建工作 …… 261
规范化服务型政府建设 …… 261
信访工作 …… 262
城乡环境综合整治 …… 262
计生工作 …… 262
卫生工作 …… 262
民政工作 …… 262
社会治安综合整治 …… 263
社会保障 …… 263
文体工作 …… 263
妇儿工作 …… 263
共青团工作 …… 263
残联工作 …… 263
红会工作 …… 264
新民镇(新民街道) …… 264
概况 …… 264
农业 …… 264
工业 …… 264
第三产业 …… 264
基础设施建设 …… 264
新农村建设 …… 264

环境保护 …… 265
劳动保障 …… 265
社会保障 …… 265
民政工作 …… 265
残联工作 …… 265
学校教育 …… 265
医疗卫生 …… 265
计划生育 …… 266
安全生产 …… 266
食品药品安全 …… 266
党建工作 …… 266
精神文明建设 …… 266
规范化服务性政府建设 …… 266
社会治安综合治理 …… 267
工会工作 …… 267
共青团工作 …… 267
妇联工作 …… 267
农村文化活动 …… 267
马家镇(马家街道) …… 267
概况 …… 267
景区建设 …… 267
尖锋运动特色小镇 …… 267
升庵书香小镇 …… 267
民生事业 …… 268
基层党建 …… 268
军屯镇(军屯街道) …… 268
概况 …… 268
农业 …… 268
工业 …… 268
第三产业 …… 268
新农村建设 …… 269
环境保护 …… 269
社会事业 …… 269
精神文明建设 …… 269
规范化服务型政府建设 …… 269
社会治安综合治理 …… 270
妇联工作 …… 270
农村文化活动 …… 270
泰兴镇(泰兴街道) …… 270
概况 …… 270
农业 …… 270
工业 …… 270
商贸服务 …… 270
招商引资 …… 270
新农村建设 …… 270
环境保护 …… 271
党政建设 …… 271
综合治理 …… 271
老龄工作 …… 271
妇女工作 …… 271
共青团工作 …… 272
教育培训 …… 272
文化体育 …… 272
医疗卫生 …… 272
计划生育 …… 272
残疾人工作 …… 272
民政工作 …… 272
木兰镇(木兰街道) …… 273
概况 …… 273
产业经济 …… 273
环境整治 …… 273
城镇建设 …… 273
文体活动 …… 273
社会民生 …… 273
社会治理 …… 274
政务服务 …… 274
法治建设 …… 274
基层党建 …… 274
清流镇(清流街道) …… 274
概况 …… 274
农业 …… 274
工业 …… 274
第三产业 …… 274
生态文明建设 …… 275

公共服务建设 …………………………… 275
市场监管 ………………………………… 275
党建工作 ………………………………… 276
社会保障 ………………………………… 276
计划生育 ………………………………… 276
民政优抚 ………………………………… 276
残联工作 ………………………………… 276
表34 2017年新都区镇(街道)、社区、村一览表 ………………………………………………… 276
表35 2017年新都区镇(街道)基本情况统计表 ………………………………………………… 277
表36 2017年新都区镇(街道)规模以上工业生产情况统计表 ………………………………… 278
先进人物 ………………………………… 279
曾仲达 …………………………………… 279
高 秋 …………………………………… 280
表37 2017年新都区获部、省级先进个人一览表 ………………………………………………… 281
表38 2017年新都区获部门、市级先进个人一览表 ……………………………………………… 281
文 存 …………………………………… 283
2017年区委、区委办公室文件目录 …… 283
2017年区政府、区政府办公室文件目录 ………………………………………………… 285
关于成都市新都区第十八届人民代表大会第一次会议以来人大代表建议办理工作情况报告 ………………………………………………… 288
中国人民政治协商会议第十一届成都市新都区委员会常务委员会关于十一届一次会议以来提案工作情况的报告 …………………… 290
2017年新都区主要数据统计表 ……… 292
附 录 …………………………………… 299
成都市新都区人大常委会工作报告 --- 299
中国人民政治协商会议第十一届成都市新都区委员会常务委员会工作报告 …………… 304
成都市新都区2017年国民经济和社会发展计划执行情况及2018年计划(草案)的报告 --- 308
关于成都市新都区2017年财政预算执行情况和2018年财政预算草案的报告 …………… 316
在“三破除三主动”专题活动动员大会上的讲话 ………………………………………… 323
非洲大叔迪亚拉来华坐堂二十年 …… 329
新校址 新机遇 续写强大一中梦 …… 331
一线的“博士工匠”,让我们为这个曾在新都求学的娃儿点赞! ……………………………… 335
退休老党员夫妇乐于助人获评成都市“最美家庭” …………………………………………… 337
2017年新都区设置的历史文化地标 ………………………………………………… 338
表47 2017年新都区获部、省级先进单位一览表 ………………………………………………… 341
表48 2017年新都区获省级部门、市级先进单位一览表 …………………………………… 342
区级部门及镇(街道)主要领导名录 --- 344

特 载

拥抱新时代 践行新思想 勇担新使命 实现新跨越 为加快建设现代化国际范成北新中心城区而努力奋斗

——2018年1月23日在区委十四届五次全会第一次全体会议上的讲话

中共成都市新都区委书记 许兴国

区委十四届五次全会，是新都成为中心城区、站上新的发展起点召开的一次十分重要的会议。会议的主题是，拥抱新时代、践行新思想、勇担新使命、实现新跨越，加快建设现代化国际范成北新中心城区。会议的主要任务是，深入学习贯彻党的十九大和省委十一届二次全会、市委十三届二次全会精神，总结一年来区委常委会工作，审议《新都区四级规划体系成果（送审稿）》，深入分析新都当前面临的形势任务，落实党中央和省委、市委要求，谋划新都未来发展，安排部署2018年重点工作。

一、客观总结一年来区委常委会工作

一年来，区委常委会认真贯彻中央、省市系列决策部署，团结带领全区广大党员干部群众，扎实推进"五位一体"和党的建设，较好地完成了各项既定目标任务，保持了经济社会平稳发展、各项事业协调并进的良好态势。2017年，完成地区生产总值722.7亿元，增长（同比，下同）8.9%；一般公共预算收入54.4亿元，增长12.1%；社会消费品零售总额176亿元，增长14.6%；固定资产投资525.2亿元。入选2017年全国工业百强区、投资潜力百强区、综合实力百强区。

我们开展规划大会战，围绕重塑城市空间结构和经济地理，新编修编总规、城市设计等114项规划，初步构建了四级规划体系。我们大抓产业功能区建设，新都工业区获批省级高新技术产业园区，总投资35.78亿元的轨道交通产业园起步区PPP项目和总建筑面积20万平方米的标准化厂房一期开工，研究制定轨道交通产业生态圈建设"三步走"策略，今创等8个轨道交通关键配套项目、624研发总部、安博、京东亚洲一号开工建设。我们突出招商引资"一号工程"，成功举办"中国西部国际投资大会新都推介会""国际轨道交通产业发展峰会"等投资促进活动，新签约引进吉林金越、德国克诺尔等省市重点项目14个，两次承办全省重大项目集中开工仪式。我们加快推动新旧动能转换，电子竞技、音乐文创等新经济业态已具备先发优势，国家知识产权示范区加快建设，科技对经济增长的贡献率提升至62.4%；大力淘汰落后产能，依法关闭"散乱污"企业1025家，发展方式加快转变。我们持续深化改革开放，和谐劳动关系评价地方标准、人民调解等级化管理等一批成果在全国推广，香城公司成为全省首家区县级中期票据注册公司，积极参与承办中国国际非物质文化遗产节、成都国际友城青年音乐周等国家级活动。我们实施人才优先战略，出台"人才新政24条"，创新推出"青年人才公屋"，首批11.4万平方米人才公寓启动建设，获全市人才公寓考核唯一满分，实施"一校（院、企）一策"精准人才政策，引进各类高层次人才266人，吸引1780名本科以上青年人才落户新都。我们着力做优城市功能，香城体育中心开工，地铁3号、5号线新都段，马超东路东延线，新都500千伏输变电线路等一批项目加快建设，新（改）建农村道路67公里，交通、通信、能源、物联网等基础设施网络不断完善。我们切实加强生态保护修复，扎实抓好中央、省环保督察问题整改，全面落实"三治一增"[1]四十条，泥巴沱森林公园、毗河水环境治理等43个生态项目加快推进，空气质量优良天数较2016年增加46天，大气污染物PM10、PM2.5同比下降幅度居全市前

列，清白江断面水质由Ⅳ类提升为Ⅲ类，环境质量整体好转。我们深入落实乡村振兴战略，积极推进“十大重点工程”[2]“五项重点改革”[3]，着力建设一批特色小镇、林盘聚落，新繁镇高院村获评全国改善农村人居环境示范村，城乡融合发展局面加快构建。我们大力推进城乡社区发展治理，创新形成“三联+”[4]“红湖模式”等以党组织为核心的新型基层治理体系，深入实施“五大行动”[5]，完成50个老旧院落、3个城中村改造，74条背街小巷整治，大力开展信访维稳“百日攻坚”，深化“雪亮”工程和“大联动·微治理”，社区治理能力和治理水平进一步提升。我们着力民生改善，完成省市区民生工程180项。实施“安居工程百日攻坚行动”，完工安置房24.2万平方米，新安置2万余人。工伤预防试点管理暂行办法在全市推广，全民参保登记计划在全市先行试点。新都一中完成迁建，香城健康养老中心主体竣工，高龄老人津贴提标为全市最高，全区普惠性学前教育资源覆盖率由36%提升到86.1%，区级公立医院药品零加成让利惠民3448万元，公共服务满意度测评跃居全市第3名。我们高度重视发挥各方面积极性，支持人大、政协依法依章履职，支持政府依法依规行政，法检两院职能作用切实发挥，工会、共青团、妇联、科协、残联、社科联、红十字会、文联等人民团体桥梁纽带作用增强，统战、民宗、台侨等工作推进有力，党管武装工作和国防后备力量建设进一步加强。我们全面加强党的建设，深入学习贯彻党的十九大精神，扎实推进“两学一做”学习教育常态化制度化，深入开展“三破除三主动”专题活动，党员干部精气神发生积极变化。扎实开展区级巡察，重拳治理“微腐败”“怠懒庸”，立案查处违纪案件205件、234人，良好政治生态进一步巩固。

在总结成绩的同时，我们也深刻认识到新都当前还面临不少挑战和问题：从高质量发展要求来看，传统粗放的发展方式难以为继，经济增长的新动力尚未形成，主导产业不强、单位产出不高、剩余空间受限、项目落地周期长、科技转化率低等问题较为突出；从人民群众对美好生活的期盼来看，与主城联系通而不畅，心理距离较远，交通拥堵、环境污染等城市病依然存在，教育医疗等优质公共服务供给不足，城市治理的能力水平亟待提升；从全面从严治党来看，干部队伍在思想意识、担当精神、专业素养上还不能很好适应新形势新任务，“四风”问题和群众身边的“微腐败”现象仍需大力整治，基层基础还存在薄弱环节，管党治党的力度还需加大。对这些问题，我们必须高度重视，在今后的工作中切实加以解决。

二、全面贯彻党的十九大精神，坚定推动中央、省委、市委决策部署在新都落地落实

党的十九大精神是强大的思想武器，是我们做好一切工作的总遵循。我们必须在学懂弄通做实上下功夫，自觉把思想和行动统一到十九大精神上来，把智慧和力量凝聚到十九大确定的各项目标任务上来。

（一）深刻认识党的十九大的重大意义

党的十九大，是在全面建成小康社会决胜阶段、中国特色社会主义进入新时代的关键时期召开的一次十分重要的大会。大会提出的重要思想、作出的科学论断、描绘的宏伟蓝图、谋划的重大部署，进一步指明了党和国家事业的前进方向，开启了在新时代坚持和发展中国特色社会主义、建设社会主义现代化强国的新征程，是党和国家事业发展史上划时代的重要里程碑。认真学习贯彻党的十九大精神，对于全区各级党组织和全体党员更加紧密地团结在以习近平同志为核心的党中央周围，以“不忘初心、牢记使命”的坚定信念、“永不懈怠、一往无前”的精神状态，满怀信心地为决胜全面建成小康社会，奋力夺取新时代中国特色社会主义伟大胜利而奋斗，意义重大。

（二）坚持用习近平新时代中国特色社会主义思想武装头脑、指导实践

习近平新时代中国特色社会主义思想，内涵丰富、思想深邃、博大精深，是党的十九大的灵魂，是对马克思列宁主义、毛泽东思想、邓小平理论、“三个代表”重要思想、科学发展观的继承和发展，是马克思主义中国化的最新成果，是中国特色社会主义理论体系的重要组成部分，是全党全国人民为实现中华民族伟大复兴而奋斗的行动指南。我们必须把习近平新时代中国特色社会主义思想，作为长期坚持的指导思想统揽新都工作全局，全面对表、坚定贯彻，确保新都各项事业沿着正确方向前进。要在发展理念上全面对表，准确把握经济由高速增长阶段转向高质量发展阶段的重大判断，努力探索新都实现更高质量、更有效率、更加公平、更可持续的方法路径；要在战略谋划上全面对表，准确把握“四个伟大”工程、“两个一百年”奋斗目标和“两个阶段”战略安排，科学确定新都未来发展的战略目标和努力方向；要在实践行动上

全面对表，准确把握“八个明确”[6]的核心要义和“十四个坚持”[7]的基本方略，立足新都实际，找准转方式调结构的突破口、补短板提品质的着力点，努力在实现更充分更均衡发展上走在前列。

（三）坚定贯彻中央、省委、市委重大部署

党的十九大，明确了建设社会主义现代化强国的各项任务。省委十一届二次全会、市委十三届二次全会立足全面贯彻十九大精神，对建设美丽繁荣和谐四川和建设全面体现新发展理念国家中心城市，进行了全面动员和系统部署，为新都在新时代肩负新使命、实现新目标提供了重要遵循。全区各级党组织和广大党员干部要把学习贯彻省委、市委全会精神和党的十九大精神结合起来，准确把握省委治蜀兴川、市委治蓉兴蓉的重大部署，围绕省委“一个愿景、两个跨越、三大发展战略、四项重点工程”战略谋划，围绕市委新时代“三步走”战略目标、“五个坚持”实现路径和“三转一提”具体要求，强化责任担当、积极主动作为，始终与中央、省委、市委步调一致、同频共振，在走好新时代新都“三步走”征程中，为服务全国、全省、全市改革发展大局作出新的更大贡献。

第一步：到 2020 年，在高标准全面建成小康社会基础上，初步建成现代化国际范成北新中心城区。以轨道交通、航空、现代物流为主导的现代产业体系基本构建，城市综合交通体系、公共服务设施体系更加健全，生态环境质量明显好转，城市竞争力、宜居度、幸福感显著提升。

第二步：到 2035 年，加快建设高品质宜居宜业生活城区，全面建成面向泛欧泛亚有重要影响力的国际门户枢纽城市重要节点。建成轨道交通之都、航空动力之城、电子竞技乐园、音乐文创基地，国际商贸物流枢纽地位巩固，智能家居研发制造跻身世界一流，实现向高质量发展、生态化城区的全面转型，人民生活水平和质量达到全国前列。

第三步：到本世纪中叶，全面实现现代化，建成可持续发展世界城市典范区。构建全方位国际化融汇格局，智慧智造、文化文艺、生活生态成为城市标签，在全球产业分工中话语权和影响力显著提升，充分彰显现代化品质、国际范气质，成为建设现代化新天府和可持续发展世界城市的重要一极。

三、切实担负起成北新中心城区的发展重任

市第十三次党代会以来，成都聚焦建设全面体现新发展理念国家中心城市总体目标，推动城市空间结构和经济地理重塑，决定打破圈层结构，将中心城区范围扩大至新都、双流等 11 个行政区加高新区、天府新区，形成“11+2”中心城区+郊区新城的空间层次，这是成都从区域性中心城市向国家中心城市跃升演变的现实需要，也标志着新都发展站上了新的历史起点，城市定位从新型卫星城转变为中心城区，在成都城市架构中的地位更加凸显。

这一变化意味着，新都迎来了实现城市能级提升的重大历史性机遇。当前，我们正处于国力增强、国运上升的新时代，中国前所未有地走近世界舞台中央。站在建设国家中心城市新起点的成都，参与国际竞争的“势”与“场”正不断增强。成为成都中心城区，让新都更有优势在更宽领域、更高层次参与全球资源流转和配置，深度融入全球价值链；更有机会争取更多国家、省市重大政策资源和生产力布局，承接更多核心区功能，进一步增强集聚能力和辐射作用；更有实力吸引更多高端产业、高端人才、高端服务落户，推动城市品质能级快速提升。

这一变化也意味着，新都进入了与主城区无缝对接、等高融合的新发展阶段。纵观新都历史沿革，从“古蜀三都”之一，到驿路设站，成为成都北向门户、北出咽喉，再到成都新型卫星城，今天，又成为新中心城区，新都经历了都—驿—城—区的城市演进过程，体现了新都随着交通环境不断改善，综合实力不断增强，在全市发展全局中战略地位的不断提升。当前，新都已经具备了建设成北新中心城区的基本条件，进入了从近郊区向核心区转型升级的新发展阶段，我们要准确把握“一尊重五统筹”[8]要求，按照特大城市中心城区标准，全面落实好“北改”“中优”双重任务，高质量推进“三减三增”[9]、城市有机更新、改善人居环境等工作部署，尽快缩小与主城区在空间融合、发展质效、功能品质上的差距，实现无缝对接、等高融合，谋求跨越发展、后发先至，努力成为全面体现新发展理念国家中心城市的中心城区典范区。

这一变化还意味着，市委对新都的发展提出了更高要求，人民群众对新都的发展有了更大期待，需要我们以更好的精神状态肩负起新的历史使命。要以一流眼界谋事，全面破除自我设限、甘居人后的“圈层意识”，把新都摆在全省、全国甚至更大的发展格局中去定位，去竞争，以全球视野、长远眼光、整体思路来谋划新都的未来发展。要以

一流担当干事，全面破除被动等靠、坐等发展的“码头意识”，主动向上争取更多更高层面的功能载体、产业项目布局新都；主动对外招商，力争在质量高、带动效应强的大项目上取得更大突破；主动下沉服务，为企业、群众解决更多更实在的难题。要以一流标准成事，全面破除标准不高、手艺不精的“将就意识”，大力提升专业素养，用工匠精神打磨新都标准，成就新都质量，积极在全市、全省、全国工作中争上游、当先进。总之，就是要切实增强与国家中心城市相匹配的思想理念、政治站位、境界格局和能力水平，以一流眼界、一流担当、一流标准建一流城区，向市委、向新都人民交上满意答卷。

着眼建设“成北新中心城区”这一新的历史使命，区委常委会研究提出，在当前和今后一个时期实施“154”总体部署。

“1”个总体定位——成北新中心城区。要把新都建设成为成都北部现代化国际范城市新区。

“5”大功能支撑——“四中心一屏障”。立足市委“五中心一枢纽”建设、主体功能区战略和新都资源禀赋，全力做强五大功能，增强国家中心城市“极核”支撑。

做强现代轨道交通航空装备研发制造中心。夯实高新技术产业园发展载体，加快“补链成群”，聚集一批核心院所、企业。按照跟跑动车市场、竞跑城轨市场、领跑磁浮市场的“三步走”策略，形成“产品研发—生产制造—运维服务—物流配套”全产业链轨道交通产业集群，加快轨道交通产业功能区建设，助力成都打造世界轨道交通之都。按照“小核心、大协作”思路，主攻航空发动机研发制造，构建军民深度融合、特色优势突出的航空产业集群。以“双引擎”构建现代轨道交通航空装备研发制造中心。

做强国际商贸物流中心。深度融入“一带一路”建设，依托紧邻自贸区、国际铁路港腹地优势和物流产业集聚优势，推动商贸与物流两业联动、融合发展，构建链接泛欧泛亚的贸易投资网络、公铁联运物流枢纽，重点发展商贸会展、跨境电商、公铁联运、城市配送、信息交互、供应链管理等业态，把物流园区、北部商城整合打造为功能配套完善，物流、商流、信息流、资金流汇集的“蓉欧新城”国际商贸物流中心。探索形成对接国际贸易投资规则的制度体系，让“成都品牌”走出去，把“国际资源”引进来，打造蓉欧商贸物流供应链基地、国内一流的跨境电商集聚区、中西部国际贸易中心。

做强天府文化音乐文创中心。依托历史文化名城的厚重底蕴和川音等驻区高校丰富的艺术资源，以教育培训、动漫游戏、音乐创作和演艺为主要业态，在香城中心和特色小镇遍植音乐文化，打响“乐创新都”城市品牌，让音乐成为新都城市名片。建设音乐文创特色街区、音乐大剧院、音乐培训中心和一批原创音乐演艺驿站，打造环川音音乐中心，构建全产业链的泛音乐产业和“音乐+”跨界文创产业，成为“国际音乐之都”的重要支撑。

做强国际智能家居研发制造中心。紧跟物联网、大数据、人工智能等技术发展趋势，把家居智能化作为推动家具园区转型升级的主攻方向，统筹利用家具制造基础，嫁接全球智慧家居龙头，带动传统家具制造向“智能制造+智慧家居”转型，打造研发设计、柔性生产、商贸展示、互动体验、人才培养于一体的中国智能家居产业基地。

筑牢成北生态屏障。坚守地处成都上风上水的生态安全护卫职责，把生态建设和环境保护当成“生命工程”来抓，严控城市开发边界，严守成彭、新青两条一级通风廊道，加大全域增绿治污力度，构建自身吐故纳新的生态系统和生物多样性保护网络，筑牢成都北部城市安全的生态屏障。

“4”大发展目标——国际开放新城区、创新智造新城区、品质魅力新城区、生态宜居新城区。建设成北新中心城区，要把新发展理念转化为新都建设发展的生动实践，推动新都开放层级、发展质量、功能品质、人居环境全面提升。

建设国际开放新城区。坚持以深度开放推动加快发展，以国际商贸和公铁联运为突破，构建法治化、国际化、便利化营商环境，增强国际资源要素吸附力和整合力，提升开放型经济水平，打造面向泛欧泛亚的内陆门户。更加密切国际人文交流、友城交往，推进公共设施与国际接轨，全面提升国际范形象，让不同国家、不同地域、不同文化的人“来不陌生、行无障碍、归有回味”。

建设创新智造新城区。把创新作为引领发展的第一动力，依托制造业基础打造创新生态链，汇集创新资源和要素，构建转化通道和平台，以质量和标准引领战略性新兴产业做大做强，传统优势产业提档升级，新经济蓬勃发展，推动“新都制造”向“新都智造”全面转型提升。传承弘扬新都敢为人先、创新求变的精神，营造尊重创新、鼓励创新的氛围，厚培支持创新、包容创新的土壤，让人人争当创客，事事皆可创新。

建设品质魅力新城区。坚持“精明增长”“紧凑城市”理念，精细管理城市各类空间，在老城有机更新中保留历史记忆、亮出文化名片，在香城中心建设中重塑城市肌理、展现时代魅力，打造一批精品建筑、特色街区、魅力空间，让地域特色和国际潮流有机融合、历史文化与现代文明交相辉映，彰显“古蜀新都、香城宝地、大气文气、精致秀美”的城市气质，成就城市别样精彩。

建设生态宜居新城区。坚持“生活城市”根本追求，以城乡融合发展塑造“乡村里的现代都市生活，都市里的生态田园景观”，推动生态环境持续改善，绿色生态空间、生产方式、生活习惯基本形成，还生态以生机，让乡愁可延续。以城乡社区发展治理打造和谐、便捷、舒适的生活环境，强化社会保障，加大优质公共服务供给，推进生活性服务业多元化发展，让每一个人在新都都能过得体面、得到发展。

同志们，实施“154”总体部署契合上级精神、符合新都实际、贴合群众期盼，是贯彻新思想，全面落实中央、省委、市委重大决策部署的主动作为和具体抓手；是立足新方位，科学回答“建设什么样的新都、怎样建设新都”这个重大命题的理性思考和系统部署；是把握新要求，解决新都现实问题，开创高质量发展新局面的着力重点和工作路径；是顺应新期待，努力满足人民群众对美好生活向往的责任担当和不懈追求，必须摆在最重要、最核心的位置，务实推进、全面推进、加快推进。

四、对 2018 年工作的总体安排

2018 年是深入贯彻党的十九大精神的第一年，是改革开放 40 周年，也是成都加快建设全面体现新发展理念的国家中心城市、新都加快建设成北新中心城区的关键之年，做好 2018 年各项工作责任重大、意义重大。

2018 年，全区工作的指导思想是：高举中国特色社会主义伟大旗帜，全面贯彻党的十九大和十九届二中全会精神，以习近平新时代中国特色社会主义思想为指导，全面落实中央、省委、市委重大决策部署，统筹推进“五位一体”总体布局，协调推进“四个全面”战略布局，贯彻落实省委“三大发展战略”，紧紧围绕成都建设全面体现新发展理念的国家中心城市总体目标，坚定践行新发展理念，大力推进“154”总体部署，遵循规律、稳中求进，解放思想、创新竞进，为高标准全面建成小康社会，高质量建设现代化国际范成北新中心城区而努力奋斗！

功崇惟志，业广惟勤。2018 年，全区上下要坚持改革创新、稳中求进的工作总基调，保持主动有为、实干争先的干事精气神，确保地区生产总值增长 7.8%以上；一般公共预算收入增长 7.8%以上；城乡居民人均可支配收入分别增长 8.0%、8.5%以上，社会生产力水平和人民群众生活水平持续提升，努力开创新都发展新境界。

当前和今后一个时期，头等大事和重中之重，就是要把学习宣传贯彻党的十九大精神作为首要政治任务抓紧抓好。要在前期学习、宣传、调研、讨论、督导的基础上，推动学习宣传贯彻向广度拓展、向深度延伸，坚决做到深钻细研笃行、学懂弄通做实，把十九大精神转化为加快建设成北新中心城区的有力举措和务实行动，大力实施“六大工程”。

（一）实施产业功能区建设工程，加快迈向高质量发展

贯彻新发展理念，落实中央、省委、市委经济工作会议精神，围绕率先实现经济高质量发展总目标，以产业功能区建设为核心，加快构建现代化经济体系，打造生态最优、配套完备、产城融合的现代产业新城。

以高新技术产业园为载体，做强先进制造业。强化轨道航空产业新城载体，突出抓好基础设施建设、功能配套提升和标准化厂房供给，保障项目即签约即落地即投产；加强工业园区低效闲置土地清理，探索工业用地弹性出让制度，为主导产业发展腾退空间。突出发展轨道交通和航空两大高端装备制造业，重点推进轨道交通产业生态圈建设，全力支持中车成都公司提能升级，抢占动车组高级修市场，加快实现城际动车组本地制造，启动磁浮产业园规划，支持轨道交通质量基础平台、城市轨道交通维保基地、成都轨道交通技师学院、今创大部件制造出口基地建设，着力打造世界级国际化轨道交通生产基地。加快建设 624 研发总部，启动航空产业园起步区建设，力促成飞、成发军民融合产业园开工，聚焦大型发动机、中小推力通用航空发动机、无人机发动机三大领域，争取更多国家重大项目布局。加快传统优势产业转型升级，推动家具产业智能化，建设数字化车间、智能工厂，大力发展智慧家居，提升家居

产品综合附加值和市场竞争力。促进建筑业绿色发展，推动建筑工业化。

以国际公路物流港为依托，做优现代服务业。加快物流园区和北部商城业态提升、融合发展，着力打造服务成都、面向欧亚的“蓉欧新城”。实施城际物流调迁，引导增加过境干线负荷的功能外移，实现空间资源腾笼换鸟，加快安博、京东亚洲一号等项目建设，推动传统物流转型升级。积极盘活专业市场、存量用地和楼宇等资源，构建定制空间、仓储物流和三方服务为支撑的电商生态系统，发展国际商贸、跨境电商、供应链金融[10]。打造跨境电商展示体验平台，实现“在成都，逛欧洲”的全新体验。推动生活性服务业向精细化和高品质转变，促进七一国际广场等重点项目建设，加快布局一批休闲购物、教育医疗、健康养老、家庭服务等高端服务业。推动生产性服务业向专业化和价值链高端延伸，支持会展、金融、咨询和信息等产业发展，完善产业生态圈配套。

以“一带两区多园”[11]为重点，做精都市现代农业。深入推进农业供给侧结构性改革，优化经营体系、生产体系、产业体系，提高农业单位产出、生产效率和资源效益。突出适度规模经营，推广“农业共营制”“大园区+小业主”经营方式，实施集中连片发展。突出标准化生产，围绕技能评定、特色产品、加工工艺三个标准，推动农业生产职业化、标准化、系统化。突出精品路线，以“六优”[12]“五品”[13]为核心，加快建设“省农科院科技创新示范园”等一批科技创新孵化载体，提升“蠡都味”“新都柚”“白玉苦瓜”等品牌价值，让新都农产品引领消费时尚。突出产业跨界融合，培育农业+音乐、文创、体育等新业态，推进新繁泡菜(食品)园区转型升级，推动传统生产向研发中心、展示中心、营销中心转型。探索构建利益联结机制，盘活农村集体建设用地、宅基地以及集体资产等资源要素，为农业发展不断注入新活力。

以“五大行动”为抓手，做大新经济。围绕市委聚焦“六大形态”[14]、构建“七大应用场景”[15]总体要求，强化战略研究，坚持有所为有所不为，加快构建具有新都特色的新经济体系。重点实施轨道交通航空智造领先区、智慧物流示范区、电竞产业样板区、音乐文创集聚区、智能家居典范区“五大行动”，着力培育新技术新组织新产业新业态新模式。整合咨询、营销、评级服务等专业机构资源，形成利益共同体。支持建立新经济行业协会和行业俱乐部，鼓励探索股权投资、设立引导基金等多种方式助力新经济企业发展壮大。

（二）实施动力结构优化工程，加快培育竞争新优势

新旧动能的顺利更替决定着城市的可持续发展。要以解放思想为先导，以改革、创新、人才、开放为驱动，着力调优动力结构，增强城市持续发展能力。

全面深化改革。坚持系统思维和问题导向谋划推进改革，问需于民、问计于民、问效于民，梳理启动一批事关群众切身利益的改革事项，加快推进一批重点领域和关键环节改革，推动形成一批有价值、有分量的改革成果，向改革开放40周年献礼。聚焦重大战略部署，推进经济工作“五项制度改革”[16]和乡村振兴“五项重点改革”，形成一套有利于高质量发展的体制机制。深化供给侧结构性改革，促进企业降本增效，提高全要素生产率。试点推进员额制、园区体制改革，提升机构运行效率。深化国资国企改革，发挥国企服务民生、投融资创新的重要作用。深化“放管服”改革，持续推进文化教育卫生、生态等公共服务和民生领域改革，不断释放改革红利。

坚持创新驱动。突出抓好全面创新改革，深入推进政产学研用合作，支持环高校知识经济圈建设，强化科技成果转化，促进科技与实体经济紧密结合。推进军民深度融合发展，围绕轨道交通、航空产业构建军民融合协同创新平台，争创国家级军民融合创新示范区。大力培育创新主体，积极培育引进高新技术企业、研发中心和顶尖创新团队，加快中车成都公司西南研发中心、新誉集团西南技术中心、西南交大国地实验室[17]建设。加快构建绿色金融[18]载体和绿色金融体系，建设成都绿色金融中心。持续深化创新创业政策扶持、载体支撑，多渠道增加创新投入，营造创新创业良好生态环境。

践行新人才观。聚焦人才第一资源，完善人才工作机制，启动“人才新政24条”政策申领平台建设，深化校(院、企)地人才合作，建立人才工作差异化考核体系。加大引才力度，创建海外人才离岸创新创业基地。实施“产业领军人才计划”，强化本土人才培育。优化人才发展环境，建设“蓉城人才绿卡”智能化服务体系，实施“人才公寓+人才公屋+人才驿站”三级安居计划，建立领导干部联系优秀专家制度，营造重才、爱才、惜才的社会氛围。

践行新开放观。加快“走出去”步伐，鼓励支持本土企业参与国际分工。加大“引进来”力度，积极策划组织区域推介和投资促进活动，狠抓招商引资“一号工程”，瞄准“6类500强企业[19]”、行业龙头、“独角兽”企业[20]，开展产业链、生态圈招商，力争在百亿级项目招引上实现突破。加强区域联动发展和深度合作，与金牛、新津携手做大轨道交通产业集群，与青白江共同打造成都公铁联运国际物流枢纽和国际贸易平台，大力发展开放型经济、口岸经济[21]、适欧适铁经济。增强对外文化交流和科技教育合作力度，扩大与瑞典利德雪平市、日本泉佐野市等国际友城交往。

（三）实施城乡融合发展工程，加快建设典范新城区

新都地处中心城区，风贯南北、水润东西，兼有广阔农村区域，这是一笔宝贵财富。我们要围绕成北新中心城区的新定位，大力实施乡村振兴战略，走新都特色城乡融合发展之路，打造城与乡、人与自然、产业与生态和谐相融的典范新城。

推动城乡空间结构有机融合。坚持以精准规划引领城乡融合发展，按照“多规合一”“四态融合”[22]，推动城乡规划全域覆盖、有机衔接。塑造“一城两翼”[23]的生活空间、“一带三圈”[24]的生产空间和“两楔六脉、多廊成网”[25]的生态空间，构建以新都城区为核心、城乡统筹单元为重点、特色小镇为支点、多个林盘聚落和田园综合体环绕分布的“1+3+100”城镇体系[26]，形成梯次分明、结构合理、功能互补的城乡融合发展格局。重点抓好泥巴沱片区香城中心建设，宝光—桂湖片区老城有机更新，打造新繁（含清流、龙桥）、新军马、石板滩（含木兰、泰兴）三个城乡统筹单元，三河天府沸腾、斑竹园乡村音乐、马家尖峰运动、新繁蔬菜电商等特色小镇和林盘聚落。

推动城乡功能一体化发展。实施“快联内畅贯通”工程，完善“7高7快13轨”[27]综合交通体系，构建新都连接市中心、辐射两翼的15分钟快速交通圈。启动实施金凤凰高架新都段项目，保障地铁3号线、5号线新都段建设，配合实施成南高速扩容、五环快速等高快速路建设，协助成华区开展蜀龙路入城端改造。实施蓉都大道、新都大道、香城大道等主干道“内畅”工程和“绿波”[28]智能化改造，完成三木大道、龙石路等干线建设，推进农村公路提档升级和联网加密，整体提升区域路网通行效率。启动东起石板滩、中连主城区、西至新繁轨道交通示范线规划研究，提高东西两翼通行能力。加快公共服务设施均衡覆盖，规划布局科技馆、博物馆等一批重要功能支撑项目，推动水电气视讯等基础设施和金融购物、文体娱乐、垃圾处理等公共服务配套向乡村延伸，打造15分钟生活服务圈。加快大数据平台建设，深入实施智慧政务、智慧出行、智慧社区等示范应用工程，打造高效、便捷、普惠的智慧新都。

推动城乡生态环境整体提升。划定生态保护红线、永久基本农田、城镇开发边界三条控制线，执行最严格的产业准入和环境保护制度。狠抓中央、省环保督察反馈问题整改，全面落实“三治一增”，坚决打赢“三大战役”。实施大气雾霾治理攻坚行动，加快泥巴沱森林公园建设、毗河流域水环境综合整治，继续推进“绿化全川·新都行动”，沿成绵高速、四环快速等交通干线布局100~1000米宽的生态廊道，有序推进13处城市公园[29]、460公里香城绿道建设，再造全域大地景观，留住香城青山绿水，延续新都美好乡愁。

（四）实施文化根脉浸润工程，加快塑造城市新品格

文化是城市的灵魂和软实力。要依托新都文源深、文脉广、文气足的优势，以文化人、以文兴业、以文立城。

以价值观为引领，涵养城市文明。培育践行社会主义核心价值观，继承弘扬“红船”精神，深入开展爱国主义、社会主义教育，让主流思想扎根人心。实施“历史名人传承创新工程”，深度挖掘“新乡贤”故事，选树好“最美新都人”，让榜样力量浸润人心。大力培育生态文化，倡导低碳、环保、简朴的生活方式，让绿色理念深入人心。牢牢把握意识形态工作主动权，讲好“新都故事”，发好“新都声音”，不断提升城市知名度、美誉度。

以品牌化为路径，繁荣文化事业。深挖“三香”文化内涵，结合新时代新要求不断传承创新，引导全区作家、艺术家积极投身创作，打造一批看得见、摸得着的文化精品，让优秀传统文化展现时代风采。完善现代公共文化服务体系，深入实施文化惠民工程，加快香城体育中心等文化功能载体建设，启动升庵祠堂重建、升庵博物馆建设，打造“书香小镇”。大力开展好“快乐周末·百姓舞台”“音约香城·乐动新都”等文化活动，不断丰富群众精神文化生活。

以市场化为导向，发展文创产业。坚持政府引导、企业主体、市场运作，鼓励社会资本进入文化产业，促进文化与科技、商贸、旅游等融合发展，加快构建以音乐为重点的现代文创产业体系。实施“音乐+”计划，挖掘四川音乐学院、西南石油大学资源，萃取一批适应市场需求的文化IP[30]，培育一批有梦想的文化创客，做强一批引领性的文创企业，推进一批有带动力的重点项目，建成一批有特色的文化聚落，让文化资源优势转化为文化创造和文化产业优势，形成新的经济增长点。

（五）实施民生改善提质工程，加快增强人民获得感

民生是百姓幸福之基、社会和谐之本。要坚持以人民为中心的发展思想，加快启动新一轮民生工程，在共建共享中让发展更有温度、幸福更有质感。

在贫有所济、弱有所扶、困有所帮上取得新突破，让人民更有保障地生活。完善社会保障体系，加强社会保障服务能力建设，扎实推进全民参保计划，保持城乡居民社会养老保险和基本医疗保险参保全覆盖。健全社会救助体系，推动政府救助与社会援助无缝衔接，消除救助“盲区”，加强对残疾人、困难儿童、低保户等特殊群体的关爱救助，实施贫困患者“先诊疗后付费”等惠民政策。坚决打赢精准脱贫攻坚战，抓好理塘、简阳对口帮扶工作，为如期全面建成小康社会贡献新都力量。

在力有所劳、劳有所得、住有所居上取得新突破，让人民更加体面地生活。落实就业扶持政策，开发公益性岗位，动态消除零就业家庭。深化校政企三方合作，强化就业创业培训，搭建“互联网+就业创业”平台，实现更高质量和更充分就业，推动城乡居民收入增长与经济增长同步。加强全国和谐劳动关系综合试验区建设成果应用，完善工资支付保障机制和集体协商机制，切实维护劳动者权益。坚持“房子是用来住的、不是用来炒的”，加快建立租购并举的住房制度，构建以租赁补贴为主的住房保障新模式，启动新东小区二期等4个安置房项目建设，完成工业东区100套公共租赁住房竣工交付。

在学有优教、病有良医、老有颐养上取得新突破，让人民更加舒心地生活。启动新都三幼、大丰三小、北星中学等18个学校项目建设，围绕教育“四化”[31]，深化现代学校制度改革，均衡配置教育资源，加强优质教育供给，提升教育质量进入全市前列。实施特殊教育提升计划，推进特殊教育融合发展。围绕“健康新都”建设，深化公立医院综合改革，加快建立现代医院管理制度，构建分级诊疗新秩序。大力推进国家中医药综合改革试验区建设，巩固全国基层中医药先进单位成果，打造中医药特色街区，振兴中医药事业。加快区第二人民医院、木兰镇卫生院等4个医院配套建设，提高城乡医疗保障水平。加强养老服务体系建设，推动居家、社区、机构医养融合发展。

（六）实施社会治理创新工程，加快构建和谐新气象

坚持把党的领导和社会主义制度优势转化为社会治理优势，着力推进社会治理系统化、科学化、法治化，不断提升社会治理效能，确保人民安居乐业、社会和谐稳定。

全面推进依法治区。加强法治政府建设，完善行政决策机制、权力运行制约和监督体系，落实权力和责任清单，确保“清单之外无权力，清单之内必须为”。推进司法体制改革，提高司法公信力，努力让人民群众在每一个司法案件中感受到公平正义。加快完善法律援助、司法救助等公共法律服务体系。深入开展法治宣传教育和“七五”普法，引导崇尚“规则之治”，推动形成良好法治氛围和法治习惯。加强社会信用体系建设，树立守信激励、失信惩戒的信用导向，提高社会诚信水平。

持续开展平安建设。健全社会治安防控体系，构建“1+3+N”[32]专群协作治安联动模式，全面实施物业小区平安建设。依法打击和惩治黄赌毒、黑拐枪、盗抢骗等违法犯罪活动，增强对非法传销、网络犯罪和危害信息安全等新型违法行为的打击能力。强化社会稳定风险评估，构建矛盾纠纷多元化解机制，落实依法处理信访事项“责任图”，及时就地解决群众合理诉求。健全突发事件应急响应机制和防灾减灾体系，加快推进综合减灾标准化社区建设，严格落实企业安全生产主体责任。加强食品药品行政执法与刑事司法衔接，创建“国家食品安全示范城市”。坚决守牢社会稳定、安全生产、食品药品监管“三条底线”。

深化社区发展治理。持续推进“五大行动”，突出抓好棚户区、城中村、背街小巷和老旧院落改造提升，增强群众归属感、安定感。加快构建以基层党组织建设为核心的“一核多元、共享共治”治理体系，以丰富“三联+”为主线“求通民情”，以推进“三治[33]融合”为重点提升社区治理水平，加快整合全区网格力量，全面深化网格化服务管理体系建设，推动社区治理科学化精细化。大力提升社区服务能力，推动社区职能归位，抓好社区人才发展，规范基层群众性自治组织，建设枢纽型社会组织，夯实社区治理基层基础。

五、不断提高党的领导水平和建设质量

党政军民学，东西南北中，党是领导一切的。要牢牢把握加强党的执政能力建设、先进性和纯洁性建设这条主线，坚定不移推进全面从严治党，充分发挥党委总揽全局、协调各方的作用，为建设成北新中心城区凝聚磅礴力量，提供坚强保证。

（一）坚定落实讲政治的根本要求，强化政治建设

把维护习近平总书记的核心地位、维护党中央权威和集中统一领导作为最大的政治，牢固树立“四个意识”，自觉在思想上政治上行动上同以习近平同志为核心的党中央保持高度一致。要学习、尊崇和维护党章，认真执行新形势下党内政治生活若干准则，严格遵守党的政治纪律和政治规矩，切实把讲政治贯穿于政治实践全过程，坚决贯彻中央大政方针和省委市委决策部署。切实履行“两个责任”，深化完善“1+2”领导干部党建责任述职[34]评议体系，不断把全面从严治党引向深入。

（二）把坚定理想信念作为首要任务，强化思想建设

深入推进“两学一做”学习教育常态化制度化，精心组织“不忘初心、牢记使命”主题教育，全面深化领导班子思想政治建设，加强和改进党委中心组学习，以微党课、固定党日等为载体，持之以恒抓好党性教育、宗旨教育，切实增强“四个自信”，自觉做共产主义远大理想和中国特色社会主义共同理想的坚定信仰者、忠实践行者。持续抓好“三破除三主动”专题活动，加大“三破除”力度，保持“三主动”韧劲，进一步提升干事创业的情怀和境界。

（三）明确高素质专业化选人用人导向，强化干部队伍建设

坚持党管干部原则，按照“好干部标准”“三重”导向和市委“十二字”要求[35]，系统构建干部“选育用管”工作链。坚持一线考察识别干部，注重以事择人、人岗相适。紧扣改革发展稳定一线历练干部，实现重要部门和关键岗位干部交流常态化，创新实施“三个一百”[36]年轻干部递进培养计划，分层分类开展干部专业素能培训，推动干部“下深水、抓落实、转作风、提能力”。

（四）以提升组织力为重点，强化基层组织建设

要着力增强政治功能，健全镇（街道）党（工）委第一书记制度和“三联+”“1+N+N”[37]党建工作机制，重点推进产业园区、商圈楼宇、专业市场、建筑工地等新兴领域党组织建设，开展“温暖物业”创建行动，进一步扩大党组织和党的工作覆盖面。着力增强服务功能，深化村级后备干部“区选镇管村用”三级联培机制，加强基层党组织带头人队伍建设，实施示范型党组织书记培养工程，持续整顿软弱涣散基层党组织，抓实抓好经常性群众服务，全方位提升基层党建质量。

（五）坚持标本兼治，强化党风廉政建设

持之以恒正风肃纪，坚决落实中央八项规定精神及省市相关规定，深挖细查严处“四风”及其隐形变异，不断厚植群众基础。坚定不移惩贪治腐，坚持无禁区、全覆盖、零容忍，坚持重遏制、强高压、长震慑，多元管控“微权力”，长效治理“微腐败”。有效运用监督执纪“四种形态”，扎实推进区级巡察全覆盖，深入推进国家监察体制改革，以党内监督带动其他监督。深化党风党纪教育，打造杨升庵家风家规省级廉政文化教育基地。坚持用制度管权治吏，加强重点领域和关键环节廉政风险防控机制建设，让在制度下用权履职成为习惯。

（六）凝聚各方力量，巩固团结干事的大好局面

支持和保证人大依法行使职权，支持政协按章履行职能。积极发展最广泛爱国统一战线。扩大公民有序政治参与，推动工会、共青团、妇联、科协、残联、社科联、红十字会、文联等群团组织改革发展，加强党管武装和“双拥”工作，为新都走好新时代新征程凝聚智慧力量。

同志们，历史总是在继往开来中谱写，事业总是在接续奋斗中成就。在推进中国特色社会主义的伟大实践中，我们要传承好共产党人的光荣与梦想，永怀赤子之心，永葆奋斗激情。让我们更加紧密地团结在以习近平同志为核心的党中央周围，不忘初心，继续前进，以更加坚定的信心、更加昂扬的斗志、更加务实的作风、更加爱民的情怀，为高标准全面建成小康社会，高质量建设现代化国际范成北新中心城区而努力奋斗！

名词解释

【1】三治一增：治霾、治水、治堵，增绿。

【2】十大重点工程：全域城乡规划提升工程、特色镇(街区)建设工程、川西林盘保护修复工程、大地景观再造工程、农村人居环境整治工程、农业品牌建设工程、乡村人才培育集聚工程、农民增收促进工程、农村文化现代化建设工程、城乡社区发展治理工程。

【3】五项重点改革：农业供给侧结构性改革、农村集体产权制度改革、农村金融服务综合改革、深化公共产品服务生产供给机制改革、农村行政管理体制改革。

【4】三联+：三联系(镇党委委员联系党支部、村支委委员和党代表联系党员、党员联系群众)+基层重点或中心工作。

【5】五大行动：老旧城区改造行动、背街小巷整治行动、特色街区创建行动、社区服务提升行动、平安社区建设行动。

【6】八个明确：明确坚持和发展中国特色社会主义；明确新时代我国社会主要矛盾；明确中国特色社会主义事业总体布局、战略布局；明确全面深化改革总目标；明确全面推进依法治国总目标；明确党在新时代的强军目标；明确中国特色大国外交要推动构建新型国际关系，推动构建人类命运共同体；明确中国特色社会主义最本质特征、中国特色社会主义制度最大优势、最高政治领导力量和新时代党的建设总要求。

【7】十四个坚持：坚持党对一切工作的领导，坚持以人民为中心，坚持全面深化改革，坚持新发展理念，坚持人民当家作主，坚持全面依法治国，坚持社会主义核心价值体系，坚持在发展中保障和改善民生，坚持人与自然和谐共生，坚持总体国家安全观，坚持党对人民军队的绝对领导，坚持“一国两制”和推进祖国统一，坚持推动构建人类命运共同体，坚持全面从严治党。

【8】一尊重五统筹：尊重城市发展规律；统筹空间、规模、产业三大结构，提高城市工作全局性；统筹规划、建设、管理三大环节，提高城市工作的系统性；统筹改革、科技、文化三大动力，提高城市发展持续性；统筹生产、生活、生态三大布局，提高城市发展的宜居性；统筹政府、社会、市民三大主体，提高各方推动城市发展的积极性。

【9】三减三增：减开发强度、减居住人口、减非核心功能，增加开敞空间、增加旅游设施、增加文化功能。

【10】供应链金融：指银行将核心企业和上下游企业联系在一起提供灵活运用的金融产品和服务的一种融资模式。

【11】一带两区多园：一带，北星都市现代农业示范带；两区，西北农业生产功能区和东南农业生态保护区；多园，多个现代农业产业园和农村产业融合发展园。

【12】六优：优土、优耕、优种、优品、优质、优效。

【13】五品：品种、品质、品相、品味、品牌。

【14】六大形态：数字经济、智能经济、绿色经济、创意经济、流量经济、共享经济。

【15】七大应用场景：与新经济发展高度契合的多元应用场景，即大力提升服务实体经济能力、大力推进智慧城市建设、大力推进科技创新创业、大力推进人力资本协同、大力推进消费提档升级、大力推进绿色低碳发展、大力推进现代供应链创新应用。

【16】五项制度改革：以绩效为导向的财政预算制度改革、以效率为导向的国资经营评价制度改革、以产出为导向的土地资源配置制度改革、以利民为导向的基本公共服务清单管理和动态调整制度改革、以成长为导向的企业扶持激励制度改革。

【17】西南交大国地实验室：指高速铁路运营安全空间信息技术国家地方联合工程实验室。

【18】绿色金融：金融部门把环境保护作为一项基本政策，在投融资决策中考虑潜在的环境影响，把与环境条件相关的潜在的回报、风险和成本都融合进银行的日常业务中，在金融经营活动中注重对生态环境的保护以及环境污染的治理，通过对社会经济资源的引导，促进社会的可持续发展。

【19】6类500强企业：世界500强、美国500强、中国500强、中国民营500强、中国服务业500强、新经济500强。

【20】“独角兽”企业：成立10年以内、估值超过10亿美元、获得过私募投资且尚未上市的企业。

【21】口岸经济：以口岸为载体，以进出口贸易

和加工贸易为基础，通过人力流、资金流、物质流、信息流等经济元素双向反馈而带动贸易、加工、仓储、经济技术合作、电子商务、旅游购物、商贸金融、交通及服务行业、基础设施建设等经济活动发展，从而显现整体功能的经济系统。

【22】四态融合：形态、业态、文态、生态融合。

【23】一城两翼：一城，顺接中心城区的功能融合新城区；两翼，新繁、石板滩。

【24】一带三圈：一带，毗河现代服务业创新发展带；三圈，商贸物流产业生态圈、先进装备制造产业生态圈、智慧家居产业生态圈。

【25】两楔六脉、多廊成网：两楔，成彭绿楔、新青绿楔；六脉，清白江、毗河、蟆水河、饮马河、锦水河、西江河6条水系生态控制区；多廊，成绵高速、绕城高速等交通干线沿线100~1000米宽的生态廊道；成网，全长460公里的香城绿道系统。

【26】"1+3+100"城镇体系：1个主城区，以新都、三河、大丰、斑竹园4个街道（镇）形成88平方公里的主城区；3个城乡统筹单元，新繁（含清流、龙桥）、新军马、石板滩（含木兰、泰兴）3个城乡统筹单元；100个聚居点，依托新型社区和林盘聚落形成100个聚居点。

【27】7高7快13轨：7高，成绵高速、成绵复线、成青高速、成南高速、成南E线、绕城高速、第二绕城高速；7快，成彭快速、货运大道北延、青淮快速、青金快速、成金简快速、五环路、成德大道；13轨，3号、5号、8号、16号、23号、27号、28号、32号、34号、36号、40号线、宝成铁路、成绵乐城际铁路（公交化）。

【28】绿波：绿波交通，是一种信号灯多点控制技术，指在一个区域或一条道路上实行统一的信号灯控制，将纳入控制范围的信号灯全部连接起来，通过计算机加以协调控制，使车流在干道上行驶的过程中，连续得到一个接一个的绿灯信号，畅通无阻地通过沿途所有交叉路口。

【29】13处城市公园：商贸城公园、诺贝尔公园、锦水河公园、桂湖公园、体育森林公园、行政中心公园、泥巴沱森林公园、毗河生态公园、五龙山公园、工业区公园、三斗渠公园、大丰中心公园、廖家河湾公园。

【30】文化IP：指那些被广大受众所熟知的、可开发潜力巨大的文学和艺术作品，既可以是一个完整的故事，也可以是一个概念、一个形象，甚至一句话，可以应用于音乐、影视、游戏等多个领域，通过对热门IP的多元化开发、多渠道推广，使文化产品价值链得到延伸，最大化发挥其价值。

【31】四化：均衡化、现代化、国际化、优质化。

【32】1+3+N："1"，社区民警；"3"，辅警、网格员、综治队员；"N"，楼栋长、单元长、平安志愿者等。

【33】三治：法治、德治、自治。

【34】"1+2"领导干部党建责任述职："1"，区级领导同级党建责任述职；"2"，党建分管负责人抓党建"直接责任"述职、党组（党委）班子成员抓党建"一岗双责"述职。

【35】"十二字"要求：成都市第十三届二次全会指出，要培养造就讲政治、懂城市、会经济、善治理的高素质专业化干部队伍。

【36】三个一百：每年选派100名年轻干部一线锤炼、安排100名年轻干部轮岗历练、选调100名年轻干部后备培训。

【37】1+N+N："1"，搭建平台的党组织；"N"，提供服务的党组织；"N"，需求方党组织。

政府工作报告

——2018年2月6日在成都市新都区第十八届人民代表大会第二次会议上

成都市新都区人民政府代理区长　李　云

2017年政府工作回顾

2017年，在市委、市政府和区委的领导下，在区人大、区政协的监督支持下，区政府认真贯彻落实党中央国务院和省委省政府、市委市政府系列决策部署，强化责任担当，推进“中优”“北改”在新都落地实施，全区经济社会保持平稳发展。全年完成地区生产总值722.7亿元，增长（同比，下同）8.9%；一般公共预算收入54.4亿元，增长12.1%；固定资产投资525.2亿元；城镇常住居民人均可支配收入40149元，增长8.1%；农村常住居民人均可支配收入22926元，增长8.8%。连续23年保持全省县域经济十强，位列第四；2017年排名全国综合实力百强区县第40位，入选全国投资潜力百强区，被省委、省政府表彰为县域经济发展先进县。

一、经济发展稳中有进，城市产业竞争力不断增强

（一）现代制造业稳步提升

实现工业增加值403.3亿元，增长8.6%，规模以上工业增加值增长9.0%，工业投资173.3亿元，获评四川省第二批工业强县示范区。着力发展轨道交通、航空两大主导产业，轨道交通产业实现产值21亿元，增长17.8%，中车地铁7号线44辆铝合金A型车辆全部交付使用，中航发涡轮院研发总部项目开工建设。工业区城投城建、中电锦江等14个项目建成投产，今创、新誉等8个轨道交通配套项目开工建设，奥凯川龙等11个项目顺利推进，获批省级高新技术产业园区。机电、家具、医药、食品、包装五大传统产业能级优化提升，完成产值766.4亿元，增长18.9%。

（二）现代服务业加快发展

实现服务业增加值264.8亿元，增长11.5%，社会消费品零售总额176亿元，增长14.6%，服务业投资219.7亿元，外贸进出口总额26.5亿元。物流中心阿里巴巴（菜鸟）等项目竣工投运，京东亚洲一号、安博物流等项目全面动工，具备跨境贸易、跨境电商功能的国际公路港及城市配送中心初具规模，荣获“一带一路”物流建设与发展贡献奖。全区电子商务交易额突破450亿元，中小企业电子商务应用率达85.0%。成功举办两届成都（国际）家居创新博览会，家居外贸市场持续拓展。泉映梨花成功创建国家AAA级旅游景区，花香果居国家AAAA级旅游景区、樱薇花美国家AAA级旅游景区创建工作扎实推进。全区旅游总收入32.2亿元，增长21.4%。

（三）都市现代农业提质增效

实现农业增加值29亿元，增长3.8%。农业全产业链加快发展，精品型都市现代农业提质升级，“蠡都味”农业公用品牌核心竞争力不断增强。“菜易通”“云图生活”等农村电商平台实现农产品销售2亿元，新型农产品流通体系逐步完善。白碾渔村、顺锦花卉等农业项目加快推进，辰希缘入选市级“十佳”农业项目。全域高标准农田建设试点全面启动，新增有机农产品认证12个。省级农产品质量安全监管示范区通过复查验收，粮食安全省长责任制全面落实。农机产业园获农业部“农村创业创新园区”称号。新增市级龙头企业1家，省市级示范合作社8家、家庭农场4家。

二、改革创新强力推动，城市发展新动能加快培育

（一）创新驱动全面推进

高新技术产业产值达256.3亿元，R&D[1]经费占比持续提高，新增省市级企业技术中心11个。“国家级军民融合示范区”加快创建，成发集团军民融合经验入选全国创新改革推广案例。国内首

个高铁运营安全空间信息技术实验室落户新都，西南石油大学科技园获批国家级科技企业孵化器，“帮创空间”获批国家级众创空间。“蜂云谷”聚集孵化器和研发实验室8家，入驻企业93家。成量工具、成发科能入选国家“两化融合”管理体系贯标试点企业。科伦药业、华润雪花等18个重点技改项目顺利实施。国家知识产权示范区加快建设，全年申请专利7557件。全省第一家知识产权快维中心挂牌投运。“新都人才新政24条”出台，在全市率先开展“人才绿卡”制度，新引进“千人计划”专家4人、其他各类高层次人才262人，木兰人才小镇启动建设。

(二)改革攻坚持续深入

“三去一降一补”[2]深入实施，降低制度性交易成本经验在全市推广。新一轮镇级财税体制改革深入推进，在全市首创行政决策资金来源审查制度，并率先建立财政监督“双随机”[3]工作机制。投融资体制改革成效明显，政府和社会资本合作中心建立。整合54家国有独资、控股、参股企业组建香投集团，香城公司成为全省首家区县级中期票据注册公司。新一轮机构改革启动实施，组建行政审批局、大数据和电子政务办、农业和林业局、投资促进服务中心。“员额制”[4]干部人事制度改革启动。在全市率先落实企业投资项目备案承诺制，被省政府批准为相对集中行政许可改革试点区。现代学校制度改革试点工作经验被教育部专刊印发。医药卫生体制改革持续深化，成立全国首家混合所有制治未病医院。在全国探索建立首个和谐劳动关系考核评价地方标准。

(三)开放合作成效显著

全域招商体系初步构建，新签约引进吉林金越、北京鼎汉、中车时代电气等省市重点项目14个，德国克诺尔、瑞典丹纳等行业龙头企业注册落地。全区实际到位内资293.1亿元，利用外资实际到位2亿美元。承办全省第二、第四季度重大项目集中开工仪式。成功举办“2017中国西部国际投资大会新都区专题投资推介会”“2017国际轨道交通产业发展峰会”。赴日本、澳大利亚、俄罗斯等国家开展国际经济文化交流。成功承办“2017成都国际友城青年音乐周分会场活动”，代表成都市赴莫桑比克和南非开展“PANDA成都走进非洲”活动。与瑞典利德雪平市、日本泉佐野市等国际友好城市交流持续深入。与攀枝花西区签订战略合作协议，与金牛、成华等区域合作持续推进，新青连片发展加快推动。

三、空间格局加快重塑，城市功能品质逐步提升

(一)城市规划体系更加优化

围绕“中优”“北改”，完成五年行动计划编制。在全市率先启动规划大会战，新编、修编《新都区空间战略发展规划及分区详细规划》等114项规划。四级城市体系建设稳步推进，主城区七一国际广场、百郦锦城等18个重点项目完成投资32亿元，小北街旧城改造有序实施。静安社区市场、佳雪仓储物流、湖滨路等违法建设拆除专项行动逗硬动真，拆除违法建设10.62万平方米。完成50个老旧院落改造和74条背街小巷整治。整治农村散居院落9059个。石板滩镇以打造轨道航空产业新城为牵引，产业功能区构建和基础配套升级稳步推进。新繁镇获评成都市2017年重点支持小城市遴选第一名。军屯、新民等5个市级特色镇加快发展，小城镇建设70个重点项目完成投资25亿元。建成幸福美丽新村38个，高院村获评全国改善农村人居环境示范村。

(二)城市基础配套不断完善

地铁3号、5号线新都段加快建设，7个地铁市政同体工程顺利推进。马超东路东延线、大石路延伸线主体完工，石木路中车段综合改造、新洛路下穿等项目建成投用，龙石路、三木大道延伸线启动建设。新都一中配套道路等“断头路”建设有序推进。新(改)建农村道路67公里。三河长龙、狮子湖等公交站建成投用，大丰等5个公交场站建设加快推进。万科五龙山农贸市场、斑竹园回南社区服务中心等22个公共配套项目建成投用。金海、工业东区等5座污水处理厂完成扩建，建成污水管网27公里。新都500千伏和中车110千伏输变电线路建设大力推进。新建4G基站130个。

(三)城市文化品牌逐步彰显

成功举办“一带一路”国家形象与城市品牌论坛、荷桂文化旅游节、第二届全民文化艺术周等城市文化艺术活动；第六届中国成都国际非物质文化遗产节新都分会场系列活动受到省政府通报表扬。城市文明加快培育，入选2017年成都市家规家风示范试点区县，评选中国好人榜1人、市级道

德模范4人。杨升庵入选首批十大四川历史名人，艾芜文化建设工程深入开展。“抗战文化社科普及基地”被评为市级科普基地。《成都市新都区文创艺术人才引育实施细则》颁布实施，《新都区文创产业发展规划》启动编制。新都资讯新浪微博排名“全国十大党政新闻发布微博”第七名。

四、生态建设全面加强，城市环境质量明显改善

（一）全域生态格局逐步优化

严控国土红线、水岸蓝线、生态绿线，“两楔六脉、多廊成网”生态格局不断优化。《新都区生态体系规划》编制完成，强化成彭、新青绿楔一级通风廊道功能，以毗河、清白江等6条水系为生态脉络划定生态控制区。严控城市开发边界，调减828亩建设用地，第二绕城高速生态带启动规划建设。《新都区环境保护总体规划》启动编制，统筹全域的生态环境治理和修复体系逐渐形成。《香城绿道总体规划》加快编制，全面对接天府绿道和市域绿道体系，规划绿道460公里，“一带三网四廊”[5]的绿道体系结构初步形成。

（二）环境污染治理强力突进

顺利完成中央、省环保督察迎检工作，完成交办群众信访环保问题整改137件，依法关闭“散乱污”工业企业1025家、非法砂石场51家和商混站40家，立案查处环境违法行为181件。雾霾治理重拳实施，修订实施《重污染天气应急预案》，在中西部率先推行机动车尾气遥感检测，在全市率先开展42家企业挥发性有机物治理，全区主要污染物PM10、PM2.5分别下降30.7%、23.0%，空气质量优良天数较2016年增加46天，全市排名上升6位。全力攻坚水环境治理，在全市率先推行“河长制”[6]，整治河渠86条，引入46.6亿元社会资本，启动实施毗河流域水环境综合治理。毗河、清白江水质明显改善，总磷、氨氮降幅均超25%。建立疑似污染地块名录及开发利用负面清单，土壤污染防治有序推进。

（三）生态保护和修复切实加强

制定《新都区环境保护工作职责分工方案》《新都区生态环境损害责任追究实施细则》，生态环境保护责任体系不断完善。“绿化全川·新都行动”全面推进，实施见缝插绿、立体增绿、森林覆盖，成绵高速新都出入口、蜀龙大道转盘等24个重要节点及廊道增绿提质，栽种各类树木3.5万株。泥巴沱森林公园建设加快推进，五龙山百花谷建成开园。城市建成区绿化覆盖率达49.0%，增长66.1%。城乡生活垃圾分类源头减量持续推进，装配式建筑、绿色建筑逐步推广。实施企业清洁生产改造17家，全区主要污染物COD[7]总量削减625.8吨，氮氧化物削减440.8吨。低碳绿色消费和生活方式广泛普及，2万余辆共享单车和200余辆分时租赁电动汽车投放租用。

五、社会民生保障有力，城市发展成果共创共享

（一）社会保障更加有力

圆满完成省市区三级民生工程180项。城乡居民养老保险参保率保持在95%以上，城乡居民基本医疗保险参保率达99.96%。启动工伤预防和长期照护保险试点。城镇新增就业6030人，农村劳动力新增转移就业5726人，城镇登记失业率控制在4%以内。和谐劳动关系综合实验区建设经验在全国交流。帮困助医、助学和临时救助扎实推进，发放低保、特困供养等救助金3201万元，社会关爱援助中心建成。工业东区和大丰街道保障性住房项目加快建设。“安居工程百日攻坚行动”顺利完成，新安置2万余人。养老服务体系更加完善，新增筹建社会化养老床位1326张，香城健康养老中心主体竣工。扶贫攻坚深入开展，援建理塘县工作有序推进，简阳市、金堂县、岳池县帮扶项目加快实施。

（二）社会事业繁荣发展

教育资源优化配置，成都实验外国语学校五龙山校区、新都一中、北星小学等13所教育项目顺利投用，新增学位13792个。全区高考一次性本科上线率达76%，创历史新高。清流镇卫生院住院部扩建工程竣工投用，区中医医院扩建等14个医疗卫生项目加快实施。新增与华西二院、市二院合作办医，在全市率先推行同级医疗机构医学检查检验结果互认。成功创建全市首家区县级三级乙等疾控中心。建成四川省妇幼健康优质服务示范区。新增公交车267辆，新开行公交线路7条、优化公交线路22条，公交“一卡通”刷卡乘车基本实现。香城体育中心启动建设，石板滩全民健身中心纳入全省首批标准化试点，成功举办新都区第四届全民运动会。开展惠民演出活动153场，放映

各类公益电影3053场，群众公共文化服务质量不断提高。

（三）社会治理有序推进

平安新都建设稳步实施，严打"盗抢骗"和"黄赌毒"等违法犯罪，成立特巡警大队，社会治安防控水平显著提高。"雪亮"工程[8]深入推进，建成投用2030个监控点位。人民调解创新试点项目被中央综治办评为11个优秀成果之一。区级应急联动指挥中心建成，反恐维稳专业队伍持续壮大，"处突"水平显著提高。"信访责任落实年"活动扎实开展，领导信访包案和专项督导工作机制全面落实。城市管理分类管控、分时管理、联合执法机制更加健全。安全生产"党政同责、一岗双责、齐抓共管"有效落实，全年未发生重特大安全生产事故。食品信息化溯源平台和"食安新都"微信公众平台建立，食品安全社会共治加快形成。

红十字会、台侨、民宗、保密、档案、双拥、兵役、气象、残疾人、地方志等事业进一步发展。

六、政府建设扎实推进，城市治理水平显著提高

（一）政务服务不断优化

政务服务和市民服务标准化建设持续推进。大力推行"互联网+政务服务"，率先在全市实现政府网站集约化。通过网络理政受理群众来电来信4.48万件、人民网网民留言1070条，办结率均达100%。全面提升政务质量和效率，在全市率先实施"周末服务常态化"和"政务夜办"，24小时智能化自助服务逐步推行。镇、村两级便民服务室标准化建设全面完成，在全市率先推行"村村快办"[9]便民服务。全面推进决策、执行、管理、服务、结果公开和重点领域信息公开，主动公开政府信息27.3万条，是2016年的2.5倍。香城新都网获得全国"2017年政府网站最佳管理者、最佳实践者""最佳精品栏目奖"。

（二）法治建设不断深化

认真执行区人大决议、决定，自觉接受区人大及其常委会法律监督、工作监督和区政协民主监督。办理人大代表建议111件、政协委员提案147件，办结率、满意率均为100%。不断加强与民主党派、工商联和工会、共青团、妇联、科协等人民团体的沟通联系，自觉接受各方面监督。进一步完善常务会议事决策规则，政府重大工作公开性、合法性审查全面制度化。政府常务会议学法、重大决策专家咨询论证、公示听证等制度全面落实，行政复议、执法监督工作深入实施，政府民主决策、科学决策扎实推进。"七五"普法[10]深入推进，全国法治示范区创建通过验收，企业劳动关系法治化建设被评为"四川省依法治省特色创新工作"。

（三）廉政建设不断强化

深入贯彻中央八项规定和省市相关要求，持续聚焦"四风"问题，狠抓整改落实和建章立制，扎实推进政府系统"两学一做"学习教育常态化制度化。积极推进经济责任审计全覆盖，完成各类审计项目259个，节约财政资金1.56亿元。公务接待、办公用房、公务出访管理规范有序，公务用车改革全面完成，"三公"经费持续下降。专项治理"微腐败"，继续保持惩治腐败高压态势，"三破除三主动"[11]专题活动扎实开展，干部队伍作风建设进一步深化。

各位代表，过去的一年，我区经济社会发展取得的成绩可喜，也来之不易，这是市委、市政府和区委正确领导的结果，是区人大、区政协大力关心和支持的结果，是全区广大干部群众辛勤劳动、共同努力的结果。在此，我谨代表区人民政府，向各位人大代表、政协委员、离退休老同志，向辛勤工作在各条战线上的广大工人、农民、知识分子，向驻区部队、武警官兵、公安干警和所有关心、支持、参与新都经济社会建设的干部群众和各界人士表示衷心的感谢，并致以崇高的敬意！

在看到成绩的同时，我们也清醒地认识到，全区经济社会发展还存在一些问题和不足，主要是：经济增长的新动力尚未形成，主导产业不强、单位产出不高、剩余空间受限、项目落地周期长、科技转化率低等问题较为突出；与主城联系通而不畅，心理距离较远，交通拥堵、环境污染等城市病依然存在；满足群众对生态环境质量的期望任重道远，"散乱污"企业还未完全消除，环境污染治理任务艰巨；保障经济社会发展的维稳压力仍然较大，征地拆迁安置、房地产领域不少遗留问题尚待解决；适应新时代的政府作风建设还需进一步加强，主动作为、敢于担当的干事氛围还不够浓厚，"四风"问题还不同程度地存在，政务服务环境还需要优化。对此，我们将采取有力措施，切实加以改进。

2018年政府工作安排

当前和今后一段时期，区政府将认真贯彻落实区委十四届五次全会精神，围绕新时代“三步走”战略目标[12]，以“154”总体部署[13]为统揽，谋划和安排工作，全力推进现代化国际范成北新中心城区建设。聚焦轨道交通、航空两大主导产业，构建以轨道航空产业新城为核心的产业功能区，做强现代轨道航空装备研发制造中心；依托紧邻自贸区、国际铁路港腹地优势和物流产业集聚优势，推动商贸与物流两业联动、融合发展，整合打造物流园区、北部商城，做强国际商贸物流中心；以音乐产业“一中心三基地”[14]为核心，构建全产业链的泛音乐产业和“音乐+”跨界文创产业，打响“乐创新都”城市品牌，做强天府文化音乐文创中心；紧跟物联网、大数据、人工智能等技术发展趋势，带动传统家具制造向“智能制造+智慧家居”转型，做强国际智能家居研发制造中心；坚守地处成都上风上水的生态安全护卫职责，严控城市开发边界，严守成彭和新青两条一级通风廊道，全域增绿治污，筑牢成北生态屏障。努力把新都建设成为国际开放新城区、创新智造新城区、品质魅力新城区、生态宜居新城区。

2018年是深入贯彻党的十九大精神的第一年，是改革开放40周年，也是成都加快建设全面体现新发展理念的国家中心城市、新都加快建设成北新中心城区的关键之年，责任重大、意义重大。区政府工作的指导思想是：高举中国特色社会主义伟大旗帜，全面贯彻党的十九大和十九届二中全会精神，以习近平新时代中国特色社会主义思想为指导，全面落实中央、省委、市委、区委重大决策部署，统筹推进“五位一体”[15]总体布局，协调推进“四个全面”[16]战略布局，贯彻落实省委“三大发展战略”[17]，紧紧围绕成都建设全面体现新发展理念的国家中心城市总体目标，在区委领导下，坚定践行新发展理念，大力推进“154”总体部署，深入实施“六大工程”[18]，遵循规律、稳中求进，解放思想、创新竞进，为高标准全面建成小康社会，高质量建设现代化国际范成北新中心城区而努力奋斗！

2018年全区经济社会发展的主要目标是：地区生产总值增长7.8%以上；一般公共预算收入增长7.8%以上；固定资产投资增长5.0%以上；社会消费品零售总额增长9.5%以上；城镇常住居民人均可支配收入增长8.0%以上；农村常住居民人均可支配收入增长8.5%以上。

围绕上述目标，区政府将重点做好以下六个方面的工作：

一、提升产业层次、促进转型发展，加快构建现代经济体系

贯彻落实新发展理念，围绕率先实现经济高质量发展总目标，深入实施产业功能区建设工程，加快构建现代化经济体系，打造生态最优、配套完备、产城融合的现代产业新城。

（一）大力发展先进制造业

聚焦主导产业，提升传统产业，着力建设创新智造新城区，力争实现规模以上工业增加值增长9.0%。建成20万平方米标准化厂房，保障项目即签约即落地即投产。加快建设以轨道交通和航空为主导产业的高新技术产业园区，建成国家新型工业化产业示范基地。轨道交通聚焦高速动车、城际动车、磁浮领域，加快中车电机、新誉项目建设，推动株洲电机等项目动工，力促中车成都公司城际动车生产线落户新都。航空产业聚焦大型发动机、中小推力通用航空发动机、无人机发动机领域，建设“小核心、大协作”[19]的军民融合航空产业园，促进中航发涡轮院研发总部项目加快建设，力促成飞、成发军民融合产业园开工。推动传统产业提质增效，延长生命周期，推进达利食品、同仁堂药业、正恒动力等项目技术改造，促进九牧、鸿昌塑胶、道森电气等项目加快建设。加快推动家具产业园转型升级，加快建设国际智能家居研发制造中心。

（二）加快发展现代服务业

突出现代服务业高端发展，着力推动传统服务业与新兴服务业双提升，力争实现服务业增加值增长9.0%。大力发展生活性服务业，聚焦休闲购物、健康养老、教育医疗、家庭服务等领域，形成布局合理、功能完备、优质高效的生活服务体系。加快现代物流业集聚区建设，促进京东亚洲一号竣工投产，安博项目加快建设，国美、嘉民、传化智联项目动工。强化物流电商深度融合，依托菜鸟等领军企业，重点发展总部经济、供应链金融，培育云图生活、四川长德等本土电商平台

做大做强。打造跨境电商展示体验平台，实现“在成都，逛欧洲”的全新体验。建立完善电竞产业扶持政策，加快推进云图电竞馆等项目建设。加快商贸业提档升级，促进科伦医贸总部项目动工，推进合能地产等项目加快建设，促进家具展贸向创意设计高端发展。整合提升旅游资源，强化旅游项目包装推介，塑造新都特色旅游品牌。扩大有效需求，力争分类精准调控，促进房地产业健康平稳发展。

(三)优化发展都市现代农业

以乡村振兴战略为牵引，以农业供给侧结构性改革为主线，优化“一带两区多园”总体功能布局，着力培育农业农村发展新动能。力争实现农业增加值增长3.5%。推进清流、新民等镇3万亩高标准农田建设。加快新繁泡菜产业园、农机产业园转型发展。实施农业品牌化战略，提升“蠢都味”“新繁泡菜”自主品牌影响力。大力发展新产业新业态，促进新繁蔬菜电商小镇、北星花博园等项目建设。加强与省农科院合作，推进种苗基地和高端化种苗中心建设。重点发展乡村旅游和休闲创意农业，加快打造三河天府沸腾、斑竹园乡村音乐、马家尖峰运动等都市农业文体主题项目。

二、完善城市功能、提升监管水平，全面优化城市空间格局

围绕成北新中心的新定位，坚持完善城市体系与提升城市功能互促共进，深入实施城乡融合发展工程，重塑城乡空间结构，增强城乡承载能力。

(一)着力优化城市空间格局

加强规划大会战成果运用，高质量推进“三降两提”[20]，落实规划刚性约束。主城区以泥巴沱森林公园为核心，毗河生态带为串联，规划布局科技馆、博物馆等一批重要功能支撑项目，打造“以人为本、功能叠合、有机统一”的金融商务生态圈和香城中心。老城区以宝光桂湖片区有机更新为引领，着力提升商业和文化创意功能。新繁以省级特色小镇创建工作为抓手，强化基础设施配套，加快小城市转型升级。整合石板滩片区资源，强化区域联动，加快推进中车安置小区、龙石路等基础设施建设，连片打造产业新城。加快建设龙桥、新民、军屯等一批业态鲜明、文化独特、环境优美的特色镇。统筹实施“山水林田湖”整治，加快打造清流泉乡三尺新村和马家世耕香园等新型社区和林盘聚落。

(二)健全完善城市功能配套

加快实施“快联内畅贯通”工程，着力构建快速交通、地铁等“7高7快13轨”全域交通网络格局。启动实施金凤凰高架新都段项目，加快推进成绵高速扩容、成南高速E线扩容、五环路、成金简快速路新都段建设，实施蓉都大道、新都大道、香城大道“内畅”工程和“绿波”智能化改造，推进成彭高速扩容建成通车，保障地铁3号线新都段开通运营、5号线新都段加快建设。新(改)建农村公路40公里，整治旧危桥12座。打通五四街、毗河中学东侧道路等“断头路”。启动五桂等5个公交场站建设，新建投用公交站亭20个，升级改造新都交通调度指挥中心。新、改(扩)建污水处理厂6座，新建污水管网24公里。全面推进光网城市和无线城市建设，继续加大公共区域Wi-Fi覆盖面。完成中车110千伏变电站等项目建设，提升能源保障能力。实施毗河、清白江堤防加固工程，提高城市防汛排涝能力。

(三)全面提升城市管理水平

加快推进“两拆一增”[21]，拆除公共区域违法建筑，拆除有碍开放空间的围墙，增加城市公共绿地20万平方米以上。持续推进老旧城区改造、背街小巷整治、特色街区创建等城乡社区发展治理“五大行动”，实施新都街道团结片区、大丰街道旭光片区棚户区改造，完成10个老旧院落整治及提档升级，开展74条背街小巷整治行动，打造中医医院、繁湖盛肆等4条特色街区。深入开展垃圾分类管理工作，力争垃圾分类覆盖率达40%。推进“厕所革命”[22]和环卫设施完善升级，新建公厕17个、改建公厕18个。深入推进科学治堵，实施机动车限行绕行，重点抓好地铁施工期间缓堵保畅。完善城市基础设施智能化管理体系，加大市政设施管护和市容秩序管控力度。开展城郊接合部环境攻坚行动，抓好环境优美示范城镇村创建。持续强化土地和规划卫片执法。

三、推进创新驱动、深化改革开放，持续增强城市发展动能

深入实施动力结构优化工程，以创新、改革、开放、人才为驱动，培育城市发展新动能，促进城市可持续发展，加快建设国际开放新城区。

（一）全面加强开放合作

围绕轨道交通、航空、现代物流等主导产业，大力实施“补链、强链、扩链”定向招商，积极对接丰盛集团、狄邦教育等企业，力争引进重大项目15个，完成实际到位内资333亿元、利用外资实际到位2.2亿美元。抢抓“一带一路”、“蓉欧+”和四川内陆自由贸易区机遇，依托成都国际铁路港等外向通道，加快发展跨境贸易。与青白江区共建国际公铁联运物流枢纽和国际贸易平台，探索跨区域规划建设陆港产业区。与金牛区、新津县合作做大轨道交通产业集群。与广汉市合作构建“研发总部在新都、装备制造在广汉”的能源装备制造合作模式。深入开展国际交流合作，深化与瑞典利德雪平市、日本泉佐野市、哈萨克斯坦阿拉木图市等国际城市的友好往来。

（二）持续深化改革攻坚

完善财税激励机制，夯实招商引资“一号工程”[23]基础。加强企业上市辅导和扶持，推动经济证券化，新增进入上市辅导期企业1家、“新三板”企业2家。深化投融资体制改革，探索设立产业投资基金，继续推进与社会资本合作。深化区域特色金融，搭建绿色金融载体，加快成都绿色金融中心建设。推进绩效导向财政预算制度改革，建立全过程绩效管理体系。深化国资国企改革，健全效率导向国资经营评价制度，深入推进香投集团内部管控和子公司分类改革。扎实推进工管委、投促中心等单位“员额制”管理体制改革，做实做强新经济局。推进司法行政体制改革，全面推进城市行政执法体制改革，设立城市综合执法机构，整合综合执法力量。深入实施公立医院综合改革，健全现代医院管理制度，全面提升公立医院的服务能力和水平。深化现代学校制度改革，建立干部教师监测评价机制。

（三）深入实施创新驱动

实施建设轨道交通航空智造领先区、智慧物流示范区、电竞产业样板区、音乐文创集聚区、智能家居典范区“五大行动”，着力培育新技术、新组织、新产业、新业态、新模式，力争促成王者互娱、青桔科技、驾了么等项目落地。加快建设西南石油大学国家科技园、电子科大“新都智能制造协同创新中心”，打造环高校知识经济圈。加快中航发涡轮院研发总部项目建设，着力打通军民融合创新双向通道。加快推进高铁运营安全空间信息技术实验室、中车成都西南研发中心等项目，着力建设轨道交通智造高地。全面清理低效闲置工业土地，探索土地混合使用和工业用地弹性出让制度。积极培育科技型企业，力争新增高新技术企业15家，新增省、市级企业技术中心5个，继续提升R&D经费占比。加快市级创新创业载体创建，建设新都“蜂云谷”新型人才工作站。完善人才激励机制和流动服务机制，全面落实“新都人才新政24条”，推进人才发展规划和“香城人才工程”实施，加快木兰人才小镇建设，完成“兴香城”人才公寓建设。

四、筑牢生态屏障、彰显城市魅力，着力打造宜居生活城市

着眼人民日益增长的优美生态环境需要，围绕成都美丽中国典范城市的建设目标，全面加强生态建设，深入实施文化根脉浸润工程，塑造城市文化特质，推进生态与文化融合。

（一）扎实推进生态环境改善

围绕建设成北生态屏障目标，构建完善“两楔六脉、多廊成网”全域生态格局，打造生态宜居新城区。严守城市增长边界，严控成彭、新青绿楔241平方公里的城乡建设，严锁160平方公里城市规模。加强生态保护和修复，实施“通廊见林、封山育林、退建还林”三大工程，推进“绿化全川·新都行动”，沿成绵高速、四环快速等交通干线布局100~1000米宽的生态廊道。加快泥巴沱森林公园、毗河水环境综合治理等重大生态环保项目建设，启动香城绿道建设，有序推进13处城市公园建设，加快推进小游园、微绿地建设。加大环境污染治理力度，持续抓好央督反馈问题整改。坚持打好污染防治“三大战役”[24]，着重抓好机动车尾气、扬尘、挥发性有机物污染治理，推动PM2.5、PM10指数持续下降；全面推进“河长制”管理，加快毗河、清白江流域水环境综合治理；系统推进土壤污染治理，开展土壤污染防控与地力提升工程。

（二）构建绿色低碳发展体系

推动绿色科技创新，重点支持循环利用、新能源开发、污染治理、生态修复等领域技术创新。抓好绿色建筑、装配式建筑、成品住宅、BIM[25]等推广，推动城投科技等建筑工业化项目规模化应用。发展智慧旅游、有机生态农业等绿色产业，实施

3500亩高效节水灌溉工程，鼓励节地、节水、节能技术研发利用，加快建立循环产业体系。推进传统产业优化提升和低效业态疏解转移，全面清理整治“散乱污”企业，力争主要污染物削减6%。倡导绿色生活，发展绿色交通，推动新能源公交车推广应用，支持共享单车、新能源汽车分时租赁等产业发展。

（三）强力塑造城市文化品牌

依托新都文源深、文脉广、文气足的优势，激发文化创造活力，深度挖掘“三香”文化[26]、红色文化等特色文化内涵，以文化人、以文兴业、以文立城。继承弘扬“红船精神”[27]，建设旃檀寺红色遗址公园，打造督桥河黄霖故居。大力实施“历史名人文化传承创新工程”，编辑出版升庵文化、艾芜文化系列丛书，推动升庵故里、艾芜故里等特色文化小镇建设。大力发展文化创意产业，提升三河锦门特色街区和九街音乐文创基地品质，加快打造天府文化音乐文创中心。健全基本公共文化服务标准化体系，加快推进市级基层文化服务示范点建设。持续开展“快乐周末·百姓舞台”等群众文化活动，丰富公共文化产品，提高文化服务质量。大力开展城市品牌营销，举办“创新中国·2018新都论坛”等活动，提升新都知名度。出版发行《新都区志（1986—2005）》《新都民俗志》。

五、加强社会治理、做实民生事业，切实提升居民幸福指数

坚持以人民群众对美好生活的向往为奋斗目标，深入实施民生改善提质工程，在共建共治共享中，让发展更有温度、幸福更有质感。

（一）提升社会保障水平

实施更加积极就业政策，完善就业创业服务平台，正式上线“就业创业直通车”，力争新增就业5300人。深化与人社部以及中国人民大学等5所高校的合作，积极培育劳动关系领域社会组织和专业服务机构，探索多元共治模式。着力“应救尽救、主动救助”，实施贫困住院患者区域内“先诊疗后付费”等惠民政策。健全社会保险制度体系，实施全民参保计划，推进城乡居民养老和医疗保险银行代扣代缴。新建城乡社区日间照料中心20个，维修改造公办养老机构床位300张。完善保障性住房管理体系，完成工业东区100套续建公共租赁住房竣工交付。启动粮食物流小区二期、新东小区二期等4个安置房项目建设。持续推进脱贫攻坚，扎实做好简阳市贫困乡（村）脱贫对口帮扶，深入开展甘孜州理塘县对口援助。

（二）健全公共服务体系

全面实施公服设施三年攻坚行动，推进毗河中学、大丰三小等教育项目建设。持续推动学前教育、义务教育城乡均衡优质发展，促进普通高中多元特色办学，加快建设国家级职业教育和成人教育示范区、全国责任督学挂牌督导创新区。推进外来务工人员随迁子女共享教育公共服务。优化医疗资源布局，加快中医医院、第二人民医院、木兰卫生院、妇幼保健院改扩建。推进成都医学院校地合作，强化医疗卫生教育健康服务，巩固全国基层中医药先进单位成果，加快推进中医综合改革试验区建设，完善区、镇、村三级中医治未病服务体系，提升卫生医疗技术水平。健全药品集中采购监管机制，持续落实药品零差率惠民政策。全面推进“医养融合”模式，推进“智慧养老”试点，新建2个社区养老院。新开行公交线路5条，新增（更新）公交车150辆。开展电影“八进”[28]活动，完成放映各类公益电影3000场。

（三）完善社会治理机制

深入推进“大联动·微治理”[29]，推行“1+3+N”网格化专群协作联动模式，完成60%的村（社区）综治中心规范建设。依法惩治“盗抢骗”等违法犯罪行为，维护辖区安全和社会稳定。建成6个基层安全生产工作站暨微型消防站，搭建安全生产应急指挥中心，推动企业风险分级分类管控，夯实安全生产基础。完善食品安全风险监测预警机制，持续推进国家食品安全城市创建。全面提升应急处置能力和日常管理水平，建设综合应急示范村（社区）20个。争创首批全国综合减灾标准化建设示范区，新增1~2个示范村（社区）。建立分类处理信访投诉机制，畅通区长信箱、公开电话等群众诉求渠道，着力解决民生突出问题。

持续推进红十字会、台侨、民宗、保密、档案、双拥、兵役、气象、残疾人、地方志等事业发展。

六、强化自身建设、完善体制机制，大力建设高效廉洁政府

坚持以人为本、法治为基，推动政府效率水平双提升、作风职能双转变，深入实施社会治理创新工作，增强政府执行力和公信力，努力提高为人民

服务的能力。

（一）不断深化依法行政

扎实推进依法治区战略，深入实施“七五”普法，营造全社会尊法、学法、守法、用法良好氛围。坚决执行区人大决议、决定，自觉接受区人大及其常委会法律监督、工作监督和区政协民主监督。不断加强与民主党派、工商联和工会、共青团、妇联、科协等人民团体的沟通联系，虚心接受社会监督。认真落实“三重一大”制度，严格执行公众参与、专家论证、风险评估、合法性审查、集体讨论决定等重大行政决策法定程序。全面推进政府信息公开，加大行政权力运行、公共资源配置、重大项目建设、公共服务等重点领域信息公开力度。完善执法程序，严格规范行政执法行为。加强政府内部权力制约，规范权力运行流程。

（二）全面提升行政效能

按照审管分离原则，搭建审管协同办事平台，进一步理顺审批和监管部门权责。实行并联审批和特别重大项目审批“零前置”，探索“模拟审批”及重大项目承诺制，实现80%以上的行政审批和服务事项一次性办结，让群众“仅跑一次”。持续深入推进国家级市民服务标准化建设，完成达标验收。全面推进政策兑现“一窗式”服务，充分释放改革红利。搭建“五十百千”[30]政务服务监测工作机制，不断提高政务服务水平。完善“社区商业+政务服务”工作模式，打造15分钟社区政务服务圈。依托互联网平台持续推进智慧政务建设，不断创新“互联网+政务服务”。深入推行网络理政，依托政府网站、微博微信、新闻媒体等平台和渠道，实现政府服务、民生反映同频共振，力争办结率、满意率达100%。

（三）纵深推进廉政建设

在政府系统扎实开展“不忘初心、牢记使命”主题教育。不断强化“四个意识”，持之以恒反“四风”，巩固落实中央八项规定实施细则和省、市相关规定。持续推进“微腐败”治理，着力解决人民群众反映强烈的问题。积极探索权力监督制约新模式，扎实推进重点领域和关键环节廉政风险防控机制建设，健全重大决策终身追究制和责任倒查制。加大经济责任审计力度，开展自然资源资产离任审计试点工作。健全政府债务管控机制和国有企业监管机制，提升国资监管能力。促进公共资源交易电子化、网络化，提高交易公开透明度。着力抓好“三破除三主动”成效转化，进一步提升干部队伍执行力。

各位代表，做好2018年工作，使命光荣、任务艰巨、责任重大。让我们在市委、市政府和区委的坚强领导下，高举中国特色社会主义伟大旗帜，全面贯彻党的十九大和十九届二中全会精神，以习近平新时代中国特色社会主义思想为指导，振奋精神、同心同向、抢抓机遇、乘势而上，用昂扬的姿态、坚定的信心、扎实的工作，大力推进“154”总体部署，为高标准全面建成小康社会，高质量建设现代化国际范成北新中心城区而努力奋斗！

名词解释

【1】R&D：研究与发展。

【2】三去一降一补：去产能、去库存、去杠杆、降成本、补短板。

【3】财政监督“双随机”：通过完善被检查对象信息库和执法检查人员名录库，通过摇号等方式随机抽取财政监督检查对象，随机选派执法检查人员。

【4】员额制：建立以员额总控和岗位管理为核心的新型干部人事管理制度体系。

【5】一带三网四廊：“一带”即毗河绿谷活力带；“三网”即田园浪漫网、都市活力网、森林休闲网；“四廊”即新龙清走廊、北星大道廊、成新青走廊、客家休闲廊。

【6】河长制：由中国各级党政主要负责人担任“河长”，负责组织领导相应河湖的管理和保护工作。

【7】COD：以化学方法测量水样中需要被氧化的还原性物质的量。

【8】“雪亮”工程：利用农村现有电视网络，将公共安全视频监控信息接入农户家庭数字电视终端，发动群众、依靠群众、专群结合，通过实时监控、一键报警、分级处置、综合应用，实现农村地区社会治安防控和群防群治工作无缝覆盖。

【9】村村快办：辖区内群众不受村（社区）的限制，就近选择到本镇（街道）内任何一个村（社区）

便民服务室办理部分服务事项。

【10】“七五”普法：中央宣传部、司法部关于在公民中开展法治宣传教育的第七个五年规划(2016—2020年)。

【11】三破除三主动：破除圈层意识、码头意识、将就意识；主动向上争取，主动对外招商，主动下沉服务。

【12】三步走战略目标：第一步，到2020年，在高标准全面建成小康社会基础上，初步建成现代化国际范成北新中心城区。第二步，到2035年，加快建设高品质宜居宜业生活城区，全面建成面向泛欧泛亚有重要影响力的国际门户枢纽城市重要节点。第三步，到本世纪中叶，全面实现现代化，建成可持续发展世界城市典范区。

【13】154总体部署：“1”是1个总体定位，即成北新中心城区。“5”是四中心一屏障，即现代轨道航空装备研发制造中心、国际商贸物流中心、天府文化音乐文创中心、国际智能家居研发制造中心、成北生态屏障。“4”是4大发展目标，即建成国际开放新城区、创新智造新城区、品质魅力新城区、生态宜居新城区。

【14】一中心三基地：“一中心”即环川音音乐文创中心；“三基地”即音乐教育培训基地、动漫游戏音乐基地、流行音乐演绎基地。

【15】五位一体：经济建设、政治建设、文化建设、社会建设、生态文明建设。

【16】四个全面：全面建成小康社会、全面深化改革、全面依法治国、全面从严治党。

【17】三大发展战略：多点多极支撑发展战略、“两化”互动城乡统筹发展战略、创新驱动发展战略。

【18】六大工程：产业功能区建设工程、动力结构优化工程、城乡融合发展工程、文化根脉浸润工程、民生改善提质工程、社会治理创新工程。

【19】小核心、大协作：做强小的核心竞争力，开展大范围的协作。

【20】三降两提：降低中心城区开发强度、降低中心城区建筑尺度、降低人口密度，提高中心城产业的层次、提升城市的品质。

【21】两拆一增：拆除违法建筑、拆除围墙，增加城市绿地。

【22】厕所革命：对发展中国家的厕所进行改造的一项举措，最早由联合国儿童基金会提出。厕所是衡量文明的重要标志，改善厕所卫生状况直接关系到这些国家人民的健康和环境状况。

【23】招商引资“一号工程”：即把招商引资工作作为区域经济转型升级和持续发展的主动力，作为首要任务。

【24】三大战役：大气、水、土壤污染防治。

【25】BIM：建筑信息模型。

【26】三香文化：花香、佛香、书香。

【27】红船精神：中国共产党开天辟地、敢为人先的首创精神，坚定理想、百折不挠的奋斗精神，立党为公、忠诚为民的奉献精神。

【28】电影八进：公益电影进社区、进敬老院、进军营、进校园、进工地、进留守儿童、进广场、进企业园区。

【29】大联动·微治理：“大联动”即实现线上的数据信息整合，“微治理”即在线下最大限度地推动服务治理向社区、院落、楼栋覆盖，向每个居民延伸。

【30】五十百千：在全区选取50名代办员(信息监测员)，完善百家行政效能信息监测点运行机制，组织1000名群众进行政务服务满意度测试。

专 文

立足新时代　开启新征程
在建设全面体现新发展理念的国家中心城市展现新都新作为

区委书记　许兴国

市委十三届二次全会，高举习近平新时代中国特色社会主义思想伟大旗帜，全面贯彻落实党的十九大和省委十一届二次全会精神，鲜明提出新时代成都“三步走”战略目标，全景描绘成都未来发展蓝图愿景和空间脉络，科学回答“怎样建设国家中心城市”重大命题，对成都未来发展做出全面安排部署，是今后一个时期成都迈步新时代、开启新征程的具有划时代意义的里程碑。锐平书记在全会上作的报告，站位高、格局大、思路清、落点实，为我们加快建设全面体现新发展理念的国家中心城市、进而全面建设现代化新天府提供了重要遵循、基本路径和实践方法，具有重大的现实针对性和指导意义，是我们立足新时代新起点，向着成都建设发展新的伟大目标奋力前行的纲领性文件。

新时代确立新目标，新目标就是动员令。作为全市“中优”“北改”重点区，全面深入贯彻落实市委十三届二次全会精神，推动经济社会转型发展，努力走在高标准全面建成小康社会前列，为省委治蜀兴川、市委治蓉兴蓉贡献新都力量，必须坚定以习近平新时代中国特色社会主义思想为指引，紧紧围绕成都建设全面体现新发展理念的国家中心城市总体目标，按照主体功能区战略部署加快建设成都北部新中心城区，在朝着建设现代化新天府、可持续发展的世界城市目标前进的伟大征程中展现新都担当、体现新都作为。

在深化改革开放上展现更大作为。认真落实多层次多领域创新要求，坚持以供给侧结构性改革为主线，系统谋划推进改革，统筹抓好行政管理体制、财税体制、投融资体制、国资国企等重点领域和关键环节改革，力争拿出一批立得住、叫得响、标志性的改革成果，向改革开放40周年献礼。深入推进全面创新改革“一号工程”，以政产学研用协同创新和军民融合创新为抓手，着力打通研究、开发、转化到产业化的创新链条，推动科技创新与实体经济深度融合，争创国家级军民融合试验区。全面融入“一带一路”、“蓉欧+”，加强区域联动发展和深度合作，大力发展开放型经济、口岸经济、适欧适铁经济，不断提升开放水平。

在培育产业生态圈上展现更大作为。着眼提高经济质量效益，紧扣产业“集群化、融合化、垂直化、生态化”的重大特征和世界科技创新时代的重大趋势，坚持以产业生态圈和创新生态链为中心组织经济工作，围绕我区三大主导产业，进一步强化精准招商，加快推动集群成链、功能配套和产城融合。重点加快轨道交通产业生态圈建设，按照“以市场换产能，以产能拓市场”的思路，从跟跑动车市场、竞跑城轨市场，到领跑磁浮市场，加快占领未来世界轨道交通制造高地，助力成都打造世界轨道交通之都；聚焦“六大形态”“七大应用场景”谋划发展新经济，加快实施轨交智造、智慧物流、电子竞技、音乐文创“四大建设行动”，全力构筑新的经济增长级；加快构筑创新高地，加强人才引育，完善创新创业的资源配置和政策支持，努力营造国际化法治化便利化营商环境。

在提升城市功能品质上展现更大作为。坚持“一尊重五统筹”理念，树立“生活城市”导向，加快策划实施一批重大基础设施和公共服务项目，加快区域内外道路交通提速加密成网，加快集聚高端生活性服务业，完善城市功能配套，打造营造宜居宜业的城市环境。着眼人民日益增长的优美生态环境需要，全面落实“三治一增”四十条，实施最严格的产业准入和环境保护制度，筑牢成北生态屏障。深挖新都文化特质，重塑宝光桂湖文化名片，以四川音乐学院、文创街区为载体，加快实施“文化+”“音乐+”行动，做亮新都人文标识。落实乡村振兴战略，高标准推进“十大重点工程”、“五项重点改革”，抓好特色镇和新型林盘聚落建设，优化城乡形态和公共服务布局，推动城乡深度融合发展。

在增加民生福祉上展现更大作为。牢牢把握人民群众对美好生活的向往，围绕“幼有所育、学有所教、劳有所得、病有所医、老有所养、住有所居、弱有所扶”，全面提升就业和社会保障水平，加大优质公共服务供给，推动就业、社保、教育、医疗、养老等社会事业高水平发展。以“提升治理能力，增强发展活力”为目标，推广“三联+”“红湖模式”等以党组织为核心的新型基层治理体系，构建“一核多元、共治共享”共建共治共享社会治理格局，深入实施城乡社区发展治理“五大行动”，切实提高人民群众在城乡社区发展治理中的获得感。深化平安新都、法治新都建设，引导崇尚“规则之治”，严守社会稳定、安全生产、食药品安全“三条底线”，确保城市安全、社会和谐。

在全面从严治党上展现更大作为。按照新时代党的建设总要求，紧抓思想政治建设不放松，持续推进“两学一做”学习教育常态化制度化，扎实开展“不忘初心、牢记使命”主题教育，确保班子队伍始终在思想上政治上过得硬。以“三转一提”为方向，深化“三破除三主动”专题活动，着力提升干部队伍干事情怀、站位格局和思维境界。鲜明高素质专业化选人用人导向，用好干部一线考察法，开展优秀年轻干部“递进培养”，着力煅造“好干部”队伍。牢固树立大抓基层导向，提升完善镇(街道)党(工)委第一书记制度和“1+N+N”党建工作机制，加强基层党组织带头人队伍建设，扩大新兴领域党建覆盖，全面增强“两个功能”。持之以恒正风肃纪，严格落实中央八项规定，坚决纠正“四风”及其隐形变异，始终保持高压惩贪治腐，持续巩固风清气正的政治生态。

科学把握产业政策的时度效　为建设现代化经济体系保驾护航

区委副书记、区长　李　云

现代经济的有效运行，需要市场机制与政府共同作用。面对不完美的市场和不完美的政府，产业政策是平衡二者的重要工具。而有效的产业政策，关键在于掌握好政策的“时度效”。“时度效”是习近平总书记在新闻舆论工作座谈会上提出的，他指出“必须认真践行新发展理念，牢牢扭住发展这个第一要务不放松，一切从实际出发，坚持有所为、有所不为，把握好时度效，防止短期行为和急功近利”。“时度效”不仅是衡量新闻舆论工作的重要标准，而且是衡量我国改革发展成果的重要评价尺度。

一、因“时”而动：产业政策的基本点

“时”是“时势、时效、时机”三者的有机统一：时势，是指政策引导要有宏观视野，要有审时度势、总揽全局的把控能力；时效，是指政策在一定时期内能够发生的效用；时机，是指政策引导的客观条件和特殊机会。作为特定时空环境下的产物，产业政策必须同时代发展的新特征、经济社会建设的新特点以及在二者共同作用下政策环境的新变化相结合，从根本上规制产业政策的着眼点和基本点。

一是把握时代趋势，服务中心工作。“势”反映的是一种战略思维，它是政策的切入点和着力点。当前，我们制定产业政策的切入点与着力点在于为成都站稳国家中心城市位置提供支撑。随着经济全球化、世界一体化步伐加快，城市间竞争正从市场竞争向战略竞争转变。中央根据城市竞争新特征，提出产业立城兴城的重大战略判断。面向未来，成都要站稳国家中心城市的位置，就必须坚持以习近平总书记经济思想为根本遵循，加快构建具有国际竞争力和区域带动力的现代产业体系，并以此作为产业政策的着力点，为建设全面体现

新发展理念的国家中心城市夯实产业支撑。

二是集聚产业发展，提升政策时效。纵观全球，发达城市都因拥有强大的产业体系和庞大的经济总量而站到世界舞台中央。当前，成都正以习近平新时代中国特色社会主义思想为指引，开启建设全面体现新发展理念的国家中心城市壮阔征程。站上新起点，能不能肩负国家使命、体现国家意志、代表国家形象、引领区域发展，基础是产业，关键靠产业，核心在产业。在这样的背景下，政府要集聚产业发展，坚定产业立城兴城的战略定力，利用互联网等媒介，传播新政策，提升政策的实效，为建设国家中心城市引领护航。

三是抓住最佳时机，凸显政策价值。国家中心城市是我国城市体系中的“天际线”，是对城市未来规模、层级、地位、形象的制度安排。我市距离真正意义上的国家中心城市仍有一定的差距。成都要站稳国家中心城市的位置，核心在城市功能，关键靠产业支撑。因此必须紧抓构建国家中心城市这一重要机遇，以产业政策加快构建现代产业体系，大力发展先进制造业、高新技术服务业、现代金融服务业、文化创意产业和现代物流业，夯实“五中心一枢纽”功能，实现政策与需求的“无缝对接”。

二、张弛有“度”：产业政策的关节点

“度”是“时度效”方法论科学性的体现，也是其取得实效的根本和关键。“度”包括“尺度”和“程度”两方面内容：尺度，是指政策内容的规范性和引导性；程度，即分寸、火候，是一个量的概念。

一是妥善处理好政府和市场的关系。产业政策是政府运用“有形之手”弥补“市场失灵”的重要工具。在制定产业政策过程中，需要尊重和顺应城市发展规律，积极开展产业发展战略研究和新一轮城市总体规划，为城市长远发展提供蓝图指引和路径遵循。

二是妥善处理好当前和长远的关系。产业政策必须贯彻习近平新时代中国特色社会主义思想，将产业发展的当前任务与长远目标结合起来。这要求我们既要注重“打基础”的工作，即大力推进要素供给侧改革、重塑产业经济地理和激发创业活力提振投资信心，以加快构建具有国际竞争力和区域带动力的现代产业体系；也要善做“谋长远”的工作，特别是管长远、管根本的体制机制建设，为建设全面体现新发展理念的国家中心城市夯实产业支撑。

三是妥善处理好整体推进和重点突破之间的关系。习近平总书记强调，要统筹空间、规模、产业三大结构，提高城市工作的全局性。在制定产业政策时，要遵循这一重要指导原则，注重科学化的顶层设计，制定符合现代产业体系和国家中心城市总体规划的产业政策。同时，需要关注当前产业发展的主要矛盾和关键环节。针对共性问题与个性问题的差异，将整体与局部、渐进与突破有机结合起来，增强现代产业政策制定工作的系统性、整体性和协同性。

三、务求实“效”：产业政策的落脚点

“效”的内涵主要有两层含义：一是产业政策措施的实效，二是体制机制的长效。二者相互联系、相互作用，统一于现代产业体系和国家中心城市建设的实践活动之中。如果说因“时”而动、张弛有“度”解决的是产业政策的出发点和原则问题，那么务求实“效”则侧重于探讨产业政策的落脚点和归宿问题。

一是注重政策措施的实效。在产业政策的内容上，政府要加强产业政策的系统集成和实质创新，系统梳理和评估前期产业政策，稳定有效政策，调整无效政策，创新低效政策，推动产业政策加快向普惠性、功能性、结构性转变。在产业政策的推广上，政府要在各项政策措施“落细、落小、落实”上下功夫：落细的关键在于将政策与发展需要、氛围营造相结合；落小的要义在于聚焦于小、久久为功；落实的根本在于扎实开展政策调研，着力破解产业发展的政策难题，使政策能够“接地气、切实际”。

二是追求体制机制的长效。国家中心城市建设，既涵盖目标设定、内容架构，也包括实践探索与理论研究，并非一蹴而就。为此，政府既要加强动力机制和保障机制等建设，大力发展配套企业和中介服务，构建布局合理、功能齐全、适度超前的公共配套体系；同时也要坚持以文化人、以文兴业、以文塑城，进一步擦亮天府文化品牌，在产业政策制定中着力依托城市文化，提升文化对产业发展的引领性，增强我市以产立城兴城的自觉性坚定性。

解决好“三个问题”全力做好新形势下人大工作

区人大常委会党组书记、主任　戴　军

党的十八大以来，党中央对人大工作提出了新要求，人民群众对人大工作有了新期待，人大工作者面对新形势，要解决好“三个问题”，做新形势下有新状态的人大工作者，全力做好人大工作。

一、坚持思想决定行动，解决怎么认识的问题

做好新形势下的人大工作，前提条件是要深化对人大工作的认识。目前，部分人大工作者对人大制度、对人大职能认识不清，导致自信不足，对自身角色定位不准，在工作上自我看轻、地位上自我降格、行为上自我放逐，甚至存在把人大当二线等严重错误的思想，解决好这些思想问题，需要我们不断深化、转变对人大工作的认识。

一要充分认识到做好人大工作是宪法法律的具体要求。我们国家的一切权力属于人民，人民行使国家权力的机关是全国人民代表大会和地方各级人民代表大会，是我国的根本政治制度，这是宪法对人民代表大会制度的定位，是历史和人民的选择；“一府两院”由人大产生、对人大负责、受人大监督，是宪法对我们国家政权组织形式的基本规定。这一切，奠定了人大的职能基础，决定了人大工作的重要性，决定了我们要严格按照宪法法律规定做好人大工作，保证人大发挥国家权力机关的职能作用。贯彻好、执行好、维护好、宣传好人民代表大会制度，就是人大工作者的神圣天职，我们要牢固树立做好人大工作就是遵守和执行宪法法律的意识，依法履职行权。

二是要充分认识到做好人大工作是党的重要要求。人民代表大会制度，是我们党在国家政权中充分发扬民主、贯彻群众路线的最好实现形式，它解决了党的意志上升为人民意志、国家意志的问题，解决了政府和政府行为的合法性问题，是支撑我们国家治理体系和治理能力的根本政治制度。我们党作为执政党，始终坚持人民代表大会制度，坚持通过人民代表大会制度对国家事务实行领导，积极支持人民当家作主，保证国家权力最终掌握在全体人民手中。在我们党的领导下，实行人民代表大会制度，是经过历史和实践证明，符合中国实际的，最有效的民主政治制度。

2015 年 6 月，中共中央首次以文件的形式转发了《关于加强县乡人大工作和建设的若干意见》，这是党中央为不断适应新形势，对人大工作提出的新要求，也为我们积极开展好人大工作和建设指明了方向，提供了方法论。习近平总书记也指出：“人民代表大会制度是中国特色社会主义制度的重要组成部分，也是支撑中国国家治理体系和治理能力的根本政治制度。新形势下，我们要毫不动摇坚持人民代表大会制度，也要与时俱进完善人民代表大会制度。”今年 7 月，中央电视台热播的大型政论专题片《将改革进行到底》第三集——人民民主新境界，大篇幅对党的十八大以来人大工作的新成果进行了展示。这都是以习近平同志为核心的党中央对人大工作高度重视的具体体现，全体同志要深刻领会党对人大工作提出的重要要求，把思想和行动统一到党中央对做好人大工作的具体要求上来，坚决贯彻执行好党中央对加强和改进人大工作和建设的各项举措，全力做好人大工作，牢固树立做好人大工作就是坚持和维护党的领导的意识，主动履职行权。

三是要充分认识到做好人大工作是人民的现实需要。人大及其常委会的一切权力来自于人民，是人民赋予；人民当家作主的权力，也需要通过人大及其常委会来实现。随着我们国家经济社会的发展，人民群众民主、法治、政治参与的积极性和能力水平不断提高，人民群众希望通过人大来参与国家事务管理，行使当家做主的权力，并且这样的要求也会越来越强烈。我们党积极回应人民群众现实需求，提出要不断加强和改进人大工作和建设，这是我们做好人大工作最现实、最迫切的需求。只有充分发挥好人民赋予的权力作用，做好人大工作，才能更好的满足人民群众的新要求。所以要牢固树立做好人大工作就是实现和保障人民当家作主权力的意识，充分履职行权。

二、坚持打铁还需自身硬，解决怎么干的问题

做好人大工作是现实需要，但不得不正视，我们仍然存在基层人大工作规范化水平还不高、乡镇人大负责人专职不专业、部分人大工作者宪法意识还不强、整体能力素质亟需提升等问题，并成为了制约我们进一步做好人大工作的瓶颈。

一是要抓规范建设。无规矩不成方圆。失去规范，只会让人大工作失去法律性、庄严性和神圣性。

以新都区人大常委会为例，今年以来，新都区人大常委会制定印发了《各项活动规范化流程图》，对常委会开展的会前调研、执法检查、工作视察等活动进行了规范，并先后对常委会会议、主任会议和“一府两院”向常委会报告工作、“代表之家”管理运行等工作的程序要点、步骤流程进行了再梳理、再规范，通过规范化建设，人大监督的法律性和严肃性得到有效彰显。人大常委会要积极在会议、调研、任免、监督等工作上下深功夫，不断完善规范化建设。乡镇人大可以重点在基层人大组织、“代表之家”建设、代表小组活动、代表监督上下大力气，力争在乡镇人大工作的规范化建设上取得突破，要通过抓规范化建设，改变大家对人大工作的惯性思维。

二是要讲主动作为。人大工作者要主动作为，不能当牙膏，挤一下动一下。在新形势下，人大工作者要学会主动将人大工作同党委中心工作相结合，服务中心工作；更要主动把人大工作放在首位，做好本职本业。近年来，新都区人大常委会在工作各方面都有新进步，比如机关建设、队伍建设和干部形象、新媒体运用、对外宣传、代表履职等工作都有了较大进步，这些都是常委会主动作为带来的可喜变化。实践证明，唯有主动作为，才能更好地发挥人大工作的作用，体现人大工作者的价值，反映人大工作者的水平。

三是要强干部队伍。事业成败，关键在人。各级人大常委会应高度重视干部队伍工作，始终把干部队伍建设摆在突出位置，强调新形势下人大干部要有新状态。要主动争取党委支持，配齐配强人大及其常委会各委（办）负责同志，要重点加强引进素质高、能力强、想干事、能干事的年轻干部，促进干部队伍年龄结构和知识结构得到有效优化。采用轮训等方式，常态化、制度化开展好人大专业知识学习，努力提升干部队伍的专业水平和工作水平，力争打造一支作风好、业务精、能力强、水平高的人大干部队伍；要主动促进干部进得来、出得去，形成良好的干部培养循环机制。乡镇人大应保持人大工作者的稳定性，支持基层人大工作者参与理论和工作学习，提高干部队伍的整体能力素质，为进一步适应好新形势下的人大工作奠定坚实基础。

三、坚持实干才能出成绩，解决怎样干好的问题

习近平总书记深刻指出，一张蓝图绘就后，关键是实干苦干，稳扎稳打，最后总会出成效。各项工作目标和计划，都必须落到实干上，坚持立足于行、着力于干，扎扎实实推进人大工作与时俱进、完善发展。

一是要立足本职认真干。要把宪法法律规定的本职工作干好，具体而言，就是要开好“三会”，贯彻好党的人事安排，执行好对“一府两院”的监督，服务好代表履职。要扭转以往只求过得去的工作态度，务必认真按照法定程序落实好、推进好，不断提高人大工作的水平。上级人大常委会也要加大对下级人大工作的联系和指导力度，强化各级人大的工作协同，形成工作合力，实现全区各级人大工作的整体推进、同步发展。

二是要对标先进加油干。今年以来，市委全面开展对标管理工作，要求全市各级各部门都要对标先进，补足短板。近年来，人大工作虽然取得了一些进步，但同先发地区相比，还有很多不足，所以更需要对标学习，对标先进找准差距，找出不足，促使大家摒弃追求安逸、骄傲自满的思想，突破惯性思维、经验定势，不断提高人大工作的视野和格局。人大常委会可以把对标管理工作作为一项长期工作来抓，作为推动人大工作再完善、再发展的主要举措来抓，可以组织对标学习小组，前往先发地区，学习他们在民主法制、代表工作、监督工作等方面的成功经验，并制定措施严防对标学习变成走马观花、蜻蜓点水，杜绝学习成果脱离实际、空中楼阁，努力形成一系列能落地、能生根、能结果的举措，坚持做到带着问题去、带着成果回，对标先进加油干，努力实现人大工作与时俱进、完善发展。

三是要站位高远创新干。唯有创新才能创造源源不断的工作动力。要大力支持各级人大在现有法律框架下积极创新工作载体和举措，对标先进，跳起摸高，努力形成同本地区经济社会发展水平相适应的人大工作体系。各级人大常委会要以

促进工作规范化、提高工作效率为目标，在代表工作、监督工作、自身建设等工作上出真招，形成一系列具有本地特色的亮点工作。基层人大要注意结合本地实际，坚持在紧要处发力，从问题处入手，有针对性的创新闭会期间代表小组活动的方式方法，创新“代表之家”管理运行机制，为人大工作的创新发展提供基层实践经验，共同做好新形势下的人大工作。

新都区校地联合搭建大学生创新创业平台的调查报告

区政协党组书记、主席 方正行

大众创业、万众创新是国家推出的旨在激发全社会创新潜能和创业活力、培育和催生经济社会发展新动力的重大举措，对推动经济结构调整、打造发展新引擎、增强发展新动力、走创新驱动发展道路具有重要意义。近年来，新都区认真贯彻落实国发〔2015〕32 号、国办发〔2015〕9 号和省市有关创新创业工作的文件精神，结合辖区内高校资源和产城规划等实际，构建了创新创业政策扶持体系，实现校地联动，共同搭建大学生创新创业平台，推动资金链引导创业创新链、创业创新链支持产业链、产业链带动就业链，有效促进了大学生创新创业工作。

一、大学生创新创业平台及创新创业的现状、问题

（一）大学生创新创业平台建设现状

随着政府支持大众创业万众创新的政策不断加码，龙头企业、中小微企业、科研院所、高校、创客等多方协同，人才、技术、资本不断积聚，有效促进了各类创新要素的高效配置和有效集成，有效促进了平台的运营管理和孵化转化，进一步为大学生创新创业活动提供低成本、全方位、专业化服务。目前，全国已经出现了一批诸如国家级科技创新孵化园、阿里巴巴达摩院等有亮点、有潜力、有特色的大学生创新创业平台，成为大学生创新创业的重要阵地和聚集地，据不完全统计，国家、各省(市区)都分别建设了促进大学生创新创业平台，同时与相关企业、高校共建联建平台数数以万计。

（二）大学生创新创业的现状

在当前的社会经济大环境下，大学生选择创新创业有更多的机会和意愿，大学生自主创新创业已成为常态：一是随着社会的发展，“铁饭碗”已不是就业的首选，自主创新创业成为一个重要的选项。二是经济新常态和大学扩招，使大学生就业压力加大，自主创新创业成为大学生就业的重要途径。三是据有关调查表明，大学生自主创业群体在不断增加，“失业”群体在持续减少。四是创业成功者的引领，使大学生的自主创新创业心理指向更明确。有调查表明，因创业理想而创业才是大学生创业的主体，生存型创业并非大学生创业的主要类型。

（三）大学生创新创业平台及创新创业的问题

大学生创新创业平台建设存在的主要问题：一是对创新创业平台建设的重要性、整体性、系统性认识不足，对创新创业的入围滞后。二是定位不准、气氛不浓，平台建设与学科专业教育脱离，创新创业教育脱离教育大纲，重说教轻体验，重理论轻实践，难以形成整体活力。三是机制缺失、动力不足，平台内部激励机制缺失，特别是对创新创业的引领者——教师，平台内部投融资渠道狭窄，创新主体(校地企、产学研)之间沟通协调不够，整体联动不足。

大学生创新创业存在的问题：一是创新创业成功率低，统计数据显示，中国整体的创业成功率基本达到 30%，而大学生创业成功率仅为 3%左右，只占到了成功创业企业的一成。二是在创新创业行业选择、经验和资本积累等方面相当薄弱。据调查结果显示，当前大学生创业的领域主要集中在销售、餐饮娱乐等服务业，主要原因是门槛较低。三是急于求成、缺乏市场意识及商业管理经验、资金不足等也是大学生开展创新创业和大学生创新创业失败的主要原因。

二、新都区创新创业平台建设情况

近年来，新都区推出了针对大学生的创业园区、创业教育培训中心等，区内高校也创立了创业

园，为学生创业提供支持，鼓励大学生自主创业，同时也加快了校地联合搭建大学生创新创业平台建设。

（一）政府主导建设创新创业平台2个

蜂云谷，主体两幢各10层，建筑面积5万余平方米。目前，蜂云谷已引入上海动点科技等5家孵化器和和部分创新型新经济企业，引进18人。孵化企业成都川三网络科技有限公司获得2017年国际创新峰会大赛成都赛区第一名，成都爱嘿科技有限公司平衡车项目已获得国际订单，成都恒矢科技有限责任公司、成都康邻科技有限公司分别获得天使轮、A轮融资共计440万元。

新都区青年(大学生)创业园区——现代服务业产业园，总建筑面积5000平米，由团区委和聚源投资有限公司共同管理，目前配套有创业咖啡、创业烤鱼等服务，现有入驻项目38个，其中大学生创业项目32个，硕士团队项目4个，博士团队项目2个，产业方向文化创意、生物医疗、现代农业、食品加工、电子商务等。

（二）高校直接主导建设创新创业平台1个

西南石油大学科技园是国家级大学科技园，共有国家级科技企业孵化器、帮创咖啡国家级众创空间等12个子平台，目前有大学生企业89家，创业团队36个，创业大学生714人，硕士以上学历人数占比达23%；产业特色主要围绕石油技术服务、互联网、计算机软件开发、教育培训、电子商务文化传媒等。

（三）企业主导，政府扶持建设创新创业平台2个

与汇融集团共同打造的新创谷，由汇融集团子公司四川汇勤创客空间有限公司整体持有、运营管理，现有公共服务平台及配套服务空间近3000平方米，主要产业方向为电商、信息技术等高科技产业，现入驻大学生创业团队14个，已成功孵化4户(四川古蜀味道商贸有限公司、四川灿森生物科技有限公司、四川广诚医药有限公司、成都市云集药业有限公司)。

与苏州创客邦孵化管理有限公司共同打造“北欧E中心”商贸产业孵化器基地和创新创业中心，建筑面积约1.18万平方米，配套有展示区、服务中心及创客咖啡、孵化区、办公区，主要产业方向是以北欧知识3G创意、电商及大学生自创业小微企业、新兴产业等为主，目前接洽项目20个，入驻项目3个(四川全庆网络科技有限公司、成都白百北食品有限公司、安伽文化传播有限公司)，正在洽谈货车兄弟APP、海外专家博士团队等5个项目。

（四）三所高校的愿望

西南石油大学提出国家级科技园是西南石油大学的，但更是地方政府的，希望与地方政府深入合作。一是建议地方政府为园区增长型高新技术企业设立种子基金和引进风投基金，加快成长孵化进度。二是关于税收返还政策，建议地方政府延长返还期限。三是建议参照西南石油大学与南充市政府合作模式，共同推进西南石油大学科技园发展。(西南石油大学在南充与当地政府合作，由地方政府出资在校区内建设地标性建筑，作为西南石油大学的创新创业基地，目前已进入建设前期准备阶段)

成都医学院提出：一是落实人才新政，对在成都医学院工作的本科、硕士及博士等人员按相关政策解决户口落户新都的事宜。二是学校拟在南大门右侧建设创新创业大厦，用于科技园公司的发展。三是成都医学院大学科技园拟在2018年申报四川省大学科技园，请地方政府政府给予科技园在税收、资金支持、人才引进及奖励等方面的帮助和支持。四是请地方政府对成都医学院2017年获得全国和四川省大学生“互联网+”创新创业大赛铜奖的项目进行奖励，对获国家级、省级立项的大学生创新创业训练计划项目进行一定额度的区财政配套资助。五是请地方政府对大学生创新创业实践基地成功申报的市级以上产学研实验室进行配套资金奖励。六是请地方政府提供一定的创新创业大赛经费，推荐和安排创新创业竞赛方面的评审专家，鼓励学校开展校级、区级间的创新创业大赛。

四川音乐学院提出：一是落实2016年签订的校地合作框架协议，加快推进“一院四馆”(剧院——演艺中心，图书馆、美术馆、博物馆、文化馆)的修建。二是请地方政府支持将川音艺术附中建成独立校园，面向全国招生，建立全国知名、一流的艺术学校。三是建议与地方政府采用“一校(院、企)一策”的方式合作培养人才。四是建议采取地方政府和四川音乐学院共建模式，建立留学生园区。提升新都的文创产业、音乐产业的国际化水平和国际知名度，促进新都的经济、科技和文化的发展。

三、新都区创新创业平台建设存在的问题

尽管大学生创新创业平台建设得到各层面的大力扶持，但是这些支持仍停留在“点”上，没有形

成系统有效的保障体系，具体表现在：

（一）缺牵头汇总部门，“散打”现象突出

在促进创新创业平台建设方面，从新都区来看，组织、团委、人社、经信、商旅、工业区管委会等部门都承担了部分职能，做了很多工作，但没有牵头部门；从学校内部看，招生就业处、教务处等部门都在负责部分工作，也没有牵头部门，都是单打独斗，未形成合力。

（二）信息宣传不够

地方政府向高校宣传区域产业规划和产业定位等不够，导致高校不了解地方产业规划和产业定位，创新创业方向和目的性不强。

（三）创业结合高校优势专业和地方产业方向不够

由于高校不了解区域产业定位和产业方向，导致高校创新创业方向与地方产业规划定位契合度低，高校的专业优势未得到有效发挥。

（四）各平台建设特点不够鲜明

各平台培育产业的优势不突出，未严格甄别招引初创企业，导致各平台培育的产业方向和企业趋同，特点不够鲜明。

（五）政府补助结束后，企业对后续平台建设思考不够

无论是政府（高校）主导，还是政企合作打造的创新创业平台，现阶段都处于政府直接补助扶持阶段，各平台对政府扶持结束后，如何运用市场化手段，继续维持平台运作，继续孵化创新创业企业的体制机制等思考不够，很可能造成政府扶持结束，平台运作终止的局面。

（六）各平台的市场化运作体制机制缺失

目前，各平台基本都是依靠地方政府扶持进行运作，合作企业、高校、创业者更多的是希望地方政府加强扶持力度，对于利用市场化运作思维、方法，充分利用社会力量、社会资金推动平台建设的体制机制尚未建立。

（七）利用对大学生创新创业支持力度薄弱、服务方式单一

地方政府与学校在创新创业方面开展了深入全面的合作，但在大学生就业服务方面的合作还仅仅停留在提供就业岗位、召开校园招聘会等，在资金支持、智力支持等方面明显不足，显得传统和单一。

（八）创新创业比赛过多过频

目前国家、省、市、区以及高校内部各种创新创业大赛名目繁多，过多过频的比赛牵扯创业企业和创业者很多精力。

四、对校地联合搭建大学生创新创业平台的思考与建议

（一）加强领导，完善机构

建议地方政府明确一位区级党政领导和区级部门统一牵头，统筹协调，对接宣传，既强化工作力度，明确职能职责，又方便校(企)及创新创业人员对接联系，协调工作。

（二）各平台要更加突出特点

对各创新创业平台的产业定位和引进初创企业进行认真梳理，明确各平台培育孵化企业的产业定位，细化政策扶持各平台的产业方向，以扶持政策引领平台的产业方向，促进各平台差异化发展。

（三）进一步完善扶持政策

要进一步出台人才新政的实施细则，促进高学历高层次创新创业人才的引进，营造拴心留人的良好环境；要梳理已经出台的各项扶持政策，保持扶持政策的一贯性；要研究以设立种子基金、引进风投基金等方式集聚资金，促进产学研转化和初创企业做大做强。

（四）鼓励更多社会力量和本地企业参与

鼓励和支持创新创业不能成为政府的独角戏，要鼓励社会各界特别是地方龙头企业积极参与，充分发挥各自优势，积极开展资金、技术、人才等合作，促进创新创业平台立足本区域产业定位和本地企业转型升级需要，培育孵化初创企业。

（五）充分发挥本地高校的优势

新都区现有 3 所高校，各具特色，要充分挖掘潜力，激发创业激情，促进区域产业大发展。要结合新都区能源装备建设基地的产业定位，充分发挥西南石油大学在能源装备领域的学科优势，强强联合，推动新都区能源装备产业发展；要结合成都医学院的学科优势，促进新都区康养产业的健康发展，满足人民群众日益提高的医疗卫生需求；要结合四川音乐学院的学科优势，促进新都区文创产业的大发展，提升新都区知名度美誉度，满足人民群众日益提升的休闲文化娱乐需求。

（六）与外地高校进行合作

知识没有国界，更没有省界、市界，新都区要与外地高校充分合作，借智借脑、引资借力、创新创业，助力新都区“双创”工作和产业转型升级、创新驱动发展。

大事记①

1月

3日 江苏省镇江市京口区委常委、常务副区长朱强松率京口区党政考察团到新都区科伦药业、永大电梯等企业考察。

4日至5日 市人大代表、政协委员视察新都工业区中车成都产业园项目，中车成都机车车辆有限公司领导胡彬陪同视察。

5日 区委书记刘任远率有关部门负责人到大丰街道调研社区“两委”换届工作。

10日 区规划委员会召开2017年第一次会议，通报“2016年第五次规委会审定事项执行情况”“成德磁悬浮线路规划研究报告”，审议《成都市新都区城乡规划委员会工作规则》《新都区2017年规划编制计划》议题及近期建设方案。

12日 新都区召开环境污染防治工作推进会，传达学习市委常委会议和省市大气、水、土壤污染防治“三大战役”工作会议精神。环保部西南督查组成员但家文到会指导环境污染防治工作，区级总河长与镇(街道)河长签订河长制管理目标责任书。

同日 新都区在黄桷树广场举行第三届“道德模范·新都好人”颁奖典礼。“道德模范·新都好人”评选活动自2016年3月启动，共评选出“道德模范·新都好人”10人、提名奖10人。

13日 成都市新都区、金堂县，甘孜州理塘县对口援藏工作第一次三方联席会议在金堂县举行。区委书记刘任远、金堂县委书记金城、理塘县委书记格勒多吉分别就2017年对口援藏工作进行安排部署。三方代表签署了成都市新都区、金堂县对口帮扶甘孜州理塘县2017年启动实施重点建设项目确认书。

16日 市委常委谢瑞武率市级相关部门负责人到新都区调研农业农村工作。

同日 新都区召开安全生产工作会议，传达学习中央、省委、市委有关安全生产相关会议精神，区委书记刘任远强调：各镇(街道)、区级相关部门要加强流动人口管理，全面排查安全生产隐患。

17日 新都区人民政府与中国水环境集团举行战略合作协议签约仪式。

同日 区委副书记、区长李云率队到新繁镇检查商混站、砂石场整治工作。

18日 新都区召开全区优秀人才新春慰问座谈会，区委领导刘任远、李云分别为两个首次到新都区的创业团队发放“新都人才计划”创新创业团队2016年度资助资金60万元。

19日 区委书记刘任远参加大丰街道党工委2016年度党员领导干部专题民主生活会。

20日 区委召开常委班子2016年度民主生活会，副市长田蓉到会指导，区委书记刘任远代表区委常委班子作对照检查，班子成员分别进行个人对照检查，区政协主席方正行列席会议。

同日 区委副书记、区长李云参加新都街道党工委2016年党员领导干部民主生活会。

21日 新都区组织收看省纪委十届六次全体会议第一次大会电视电话会议。

22日 区委中心组召开“党的十八届六中全会精神”第三专题学习会，特邀中央党校政研室主任陈述教授作题为“《中国共产党党内监督条例》专题辅导”报告。

同日 新都区召开援藏工作领导小组2017年第一次会议，对做好2017年度援藏工作进行安排部署。

23日 区政协主席方正行率队到三河街道看望慰问部分优抚对象、高龄老人和低保户。

---

①区委常务委员会会议、全体委员会会议，区人大常务委员会会议，区政府常务会议、全体会议，区政协主席会议、常委会会议均列入条目作专门记述；区委和区委办、区政府和区政府办所发文件标题均在附录中记述，大事记中不再记载。

24日 区委书记刘任远率队到新繁镇检查安全生产工作。

同日 新都区召开2017年春节慰问驻区部队座谈会。

同日 区领导刘任远、李云、戴军率队分别到新繁镇、新都街道、大丰街道慰问老支书、复员军人、困难党员、低保户和高龄老人。

25日 中铁城市发展投资集团有限公司与新都区人民政府签订战略合作协议。

同日 区委副书记、区长李云率队看望慰问坚守工作岗位的一线员工及部分离退休老领导。

26日 区委书记刘任远看望慰问坚守工作岗位的一线员工及部分离退休老领导。

同日 区委副书记、区长李云率区级有关部门负责人，到企业和建设工地检查节前安全生产工作。

2月

3日 新都区组织收看省政府召开2017年项目年工作电视电话会议。

同日 日本泉佐野市代表团一行到新都区考察养老、医疗、物流等产业发展情况。

4日 新都区召开国家中医药综合改革试验区建设工作情况汇报会。国家中医药管理局规划财务司司长苏刚强认为，新都区中医药试验区实现中医治未病混合所有制模式引入、健康保险服务拓展探索、强化行业监管等方面有特色、有亮点。

同日 市委副书记、市长罗强到新都区调研打通“断头路”建设有关工作，对新都区基础设施建设工作的成绩给予肯定，要求新都区提高城市承载能力，尽快打通“断头路”，推动国家中心城市建设。

6日 在省发改委印发的《四川省“十三五”特色小城镇发展规划》中，新都区斑竹园镇被确定为商贸物流型特色小城镇。

同日 区委书记刘任远到龙桥镇调研镇域经济社会发展工作。

同日 区委副书记、区长李云率队调研翠微湖森林公园(暂定名)有关工作推进情况，要求相关部门要对项目规划设计、命名、招标、建设等相关工作进行统筹安排，确保稳步推进。

同日 今创集团总裁戈建鸣、新誉集团董事长周立成到石板滩镇考察项目建设。

7日 工业和信息化部副部长辛国斌到新都区成发集团调研。省经信委主任陈新有、副市长苟正礼、区委副书记潘捷陪同调研。

8日 区委书记刘任远到区委组织部调研新都区组织工作，区委常委、组织部部长刘怒海陪同调研。

9日 新都区召开迎接环保督察领导小组会议，传达学习成都市环保督察工作动员会精神，对近期工作进行安排部署，要求各镇(街道)、区级相关部门要加大工作力度，全力迎接环保督察。

10日 区委书记刘任远现场督办新都区污水处理工作。

15日 国家环保部西南督察中心一处处长彭维宇到新都区调研环保工作。

同日 区委副书记、区长李云调研香城体育中心规划建设工作。

16日 省质监局局长罗凉清到新都区调研知名品牌示范区创建工作。

17日 新都区召开环境保护工作推进会，专题研究新都区生态建设和环境保护工作，区委书记刘任远要求各镇(街道)、区级各部门坚持生态、生产、生活联动，全面实施好大气、水、土壤污染防治行动计划。

同日 新都区召开村(社区)“两委”换届工作推进会，传达学习成都市村(社区)“两委”换届选举工作推进会议精神，落实换届选举有关纪律要求，安排部署下一步换届选举工作。

18日至19日 省环保督察组到新都区开展环境保护综合督察工作。督察组通过个别谈话、调查座谈、资料查阅、实地走访等方式对新都区环境保护工作进行督察。省环境督察组组长钟勤建、省环境监察执法总队总队长雷毅、市政府副秘书长唐晓东、市环保局局长王锋君参加督察，区领导刘任远、李云等陪同督察。

20日 新都区组织收看中国共产党成都市第十二届纪律检查委员会第九次全体会议电视电话会议。

同日 资阳市委副书记、市长陈吉明率资阳市党政考察团到新都区，就毗河(新都段)供水一期建设进行专题调研。

21日 区委书记刘任远到区纪委调研新都

区党风廉政建设和反腐败工作。

同日 由市建委、市农委、市文广新局、市财政局联合命名的第一批成都市传统村落授牌仪式上，马家镇升庵村被命名为市级第一批传统村落。

22日 中铁城市发展投资集团有限公司副总经理刘仁智率队到新都区交通产业园区和区规划馆进行实地调研考察，并就有关战略合作事宜进行座谈。区领导刘任远、潘婕、张吉广、吴昊、陈志，中铁成都天府新区投资有限公司总经理肖曦陪同考察。

23日 新都工业东区举行成都市领事服务中心（新都）培训基地揭牌仪式。

24日 副市长田蓉到新都区部分重点企业和重大项目建设现场，调研督导一季度“开门红”工作。

同日 京东亚洲一号成都新都物流园项目在新都物流中心动工。该项目总投资约30亿元，一期项目占地面积365亩，拟建设京东西南电子商务运营及结算中心。

27日 新都区召开第十四届纪律检查委员会第三次全体会议，总结2016年新都区党风廉政建设和反腐败工作，部署2017年工作任务，区委副书记、区长李云宣读2016年落实党风廉政建设主体责任先进单位名单，区委书记刘任远提出三点要求。

28日 新都区组织收看省政府召开的“中共中央国务院关于安全生产领域改革发展的意见”宣讲电视电话会议。

3月

1日 新都区在三河街道锦门景区举办以“新，都在这里”为主题的“巾帼云创”成果展活动，展示13个镇（街道）优秀女性创新创业项目27个。

2日 区委书记刘任远调研新都区宣传思想文化系统工作。

同日 区委书记刘任远率队到石板滩镇就一季度“开门红”工作进行调研督导。

3日 区委中心组召开学习（扩大）会议，特邀环境保护部西南环保督察中心一处处长彭维宇作题为《环境保护督察有关情况解读》的专题报告。

7日 金牛区委书记刘玉泉率金牛区党政考察团到新都区就轨道交通产业发展工作进行考察。

9日 区委书记刘任远到区公安分局就公安工作进行专题调研。

10日 区委书记刘任远率队到新民镇就一季度“开门红”工作进行调研督导。

13日 区规划委员会召开2017年第二次会议，听取2017年第一次规委会审定事项执行情况汇报，审议《新都区历史文化名城保护规划》《新场—三邑—天府新区输气管道工程新繁输气站、濛阳阀室选址方案》议题及近期建设方案。

14日 新都区举办主要领导干部“对标先进素能提升班”，在开班仪式上，区委书记刘任远提出三点要求。

同日 石棉县党政考察团到新都区考察编制人事管理工作。

15日 新都区召开环保工作专题会议，区委书记刘任远要求相关部门做到站位要高、方案要实、管理要细、考核要严，持续做好生态环境建设，构建美好新都。

16日 新都区工业项目集中开工仪式在新都轨道交通产业园举行。今创集团“轨道交通配套装备生产基地”、成都新誉机电有限公司“西南总部研发及制造基地”等13个工业项目集中开工，项目总投资39亿元，占地面积1052.5亩。

20日 区委副书记、区长李云率队，就地铁建设和成彭高速综合改造进行现场办公。

21日 成都市新都区工商业联合会（商会）第十一次代表大会召开。

同日 区政府与株洲中车时代电气股份有限公司举行轨道交通关键子系统、新能源汽车核心系统西南生产基地项目签约仪式。

23日 区政府与四川大学华西医院举行深化合作办医——学科主任授聘仪式。

同日 区委中心组召开学习（扩大）会议，特邀重庆大学赵珂教授作题为《城市生态规划概述》的专题报告。

24日 区委书记刘任远率新都区党政考察团到新津县，考察学习天府新区西区产业园规划建设工作。

25日 新都区召开对标管理工作会议，对标查找当前新都区在对标管理、项目建设等方面工作的短板和不足。

28日 新都区组织收看2017年全国深化医

药卫生体制改革工作电视电话会议。

同日 区委副书记、区长李云率队到成都城投城建科技有限公司调研。

29日 副市长田蓉一行到成都医学院调研学校建设。

30日 区依法治区领导小组召开第十三次(扩大)会议,传达学习省依法治区领导小组第六次会议和依法治市暨法治示范园区建设工作座谈会精神,通报成都市2016年依法治市工作目标考核结果,审议《新都区依法治区2017年工作要点(送审稿)》,安排部署新都区2017年依法治区工作。

同日 区委书记刘任远率队到泰兴镇就一季度"开门红"工作进行调研督导。

31日 中国成都(家居鞋业)知识产权快速维权中心授牌仪式在成都家具产业园区举行。

同日 区委副书记、区长李云到地铁3号线、5号线新都段拆迁点位,对拆迁工作进展情况进行督察。

4月

1日 区委书记刘任远到大丰街道与街道党工委班子成员进行谈心谈话。

6日 区委全面深化改革领导小组第十三次会议召开,传达学习近期中央和省、市改革工作有关会议精神,听取生态文明体制改革领域生态课题成果和重点改革工作汇报,原则通过了《新都区系统推进全面创新改革试验清单(送审稿)》《成都市新都区深化医药卫生体制综合改革试点实施方案(送审稿)》《开展人民调解与治安调解联动机制建设试点创新工作的方案(送审稿)》等专项改革方案,区委书记刘任远提出要求。

同日 区领导刘任远、李云率队到天府动力新城、泥巴沱森林公园现场办公。

7日 区委中心组召开学习(扩大)会议,特邀市统计局总统计师刘忠作《国民经济核算及当前经济增长形势分析》专题报告。

10日 区委书记刘任远率队调研马家镇经济社会发展情况。

同日 新都区组织收看省政府第五次廉政工作、省法治政府建设工作电视电话会议。

11日 市委常委、市总工会主席吴凯率市级有关部门负责人到新都区调研工业和科技工作。

12日 区委副书记、区长李云主持召开新都区工业用地专题汇报工作会。

同日 区政协主席方正行率部分区政协委员赴简阳市就新都区对口帮扶简阳脱贫攻坚工作开展民主监督。

13日 新都区召开环境保护督察整改工作暨城乡环境综合治理和环境污染防治"三大战役"工作推进会,区委书记刘任远提出要求。

14日 市政协与区政协联动视察新都区黑臭水体治理工作开展情况。

同日 区委副书记、区长李云率队到五龙山百花谷就环城生态带建设进行调研。

16日 省委常委、市委书记范锐平到新都区调研经济社会发展情况。

17日 新都区召开维稳工作会,安排部署市党代会期间维稳工作,区委书记刘任远提出要求。

18日 区规划委员会召开2017年第三次会议和土地管理委员会2017年第三次会议,审议并通过区土地储备中心《关于拟供应经营性土地供地方案的请示》等议题。

同日 汶川县委常委、纪委书记杨彬率汶川县党政考察团到新都区就党风廉政建设工作进行考察。

19日 新都区组织收看成都市加快推进河长制管理暨防汛减灾工作电视电话会议。

同日 区委书记刘任远主持召开北部商城阳光壹佰项目座谈会,区委副书记、区长李云提出要求。

同日 "绿化全川·新都行动"启动仪式在泥巴沱森林公园举行。

同日 湖北省襄阳市襄州区委常委、副区长肖平率队到石板滩镇轨道交通产业园区考察。

20日 四川省决策咨询委员会副主任王海林率队到新都区调研食品产业发展情况。

同日 首届成都国际家居创新博览会在成都家具产业园区举行,国内外品牌家具企业1500余家参展,产品达数十万件套。

21日 新都区组织收看市政府第五次廉政工作暨法治政府建设工作电视电话会议。

5月

2日 省投资促进局副局长戴绍泉到新都安

博成都国际物流港项目工地、中国中车成都轨道交通产业园实地调研。

同日 新都区召开领导干部大会，传达学习市第十三次党代会精神，就学习贯彻落实会议精神安排部署，区委书记刘任远提出要求，区领导李云、戴军、方正行等及各镇（街道）、区级各部门主要负责人参加会议。

3日 在《2017年第一季度·人民日报政务指数微博影响力报告》中，区委宣传部官方微博@新都资讯位列全国党政新闻发布微博榜单第10名，是此次榜单中进入前10名的唯一区县政务微博。

4日 新都区召开中心组学习（扩大）会议，特邀中国人民解放军少将、战略学博士生导师金一南教授到会作题为《新挑战、新机遇、新举措，国家安全形势与安全筹划》的专题辅导报告。

同日 区委副书记、区长李云率有关部门主要负责人，对城区主要街道及背街小巷市容市貌整治工作进行专项检查。

9日 全国人大常委会委员、教科文卫委员会主任委员柳斌杰，全国人大教科文卫委员会副主任委员李长才，率全国人大常委会药品管理法执法检查组到新都区开展《中华人民共和国药品管理法》执法检查。

同日 工信部原材料工业司钢铁处处长徐文立带队到新都区检查钢铁行业淘汰落后产能打击“地条钢”工作开展情况。

10日 全国政协常委、省政协副主席赵振铣率调研组到新都区调研基层司法所建设情况。

同日 召开成都市新都区工会第十一次代表大会。

同日 区委召开巡察机构成立暨巡察工作动员部署会议，区委书记刘任远提出要求。

同日 区委书记刘任远专题调研“绿化全川·新都行动”工作推进情况。

11日 北京阳光艺术团“阳光之歌”大型公益演出在西南石油大学举行。

同日 由新都区承办的内蒙古自治区创建和谐劳动关系综合试验区旗县长（区长、市长）培训班在新都开班。

同日 区委书记刘任远就毗河流域水环境综合整治进行专题调研。

14日 新都区在成都市率先启动“人才绿卡”发放工作，发放的主要对象为经新都区引进的急需紧缺博士研究生、获“香城专家”荣誉称号等五类人才。

17日 新都区召开学习贯彻市第十三次党代会精神市委宣讲团宣讲报告会暨区委中心组学习（扩大）会议，特邀市委宣讲团成员、市政府政研室主任王德彰作题为《学习贯彻市第十三次党代会精神》的专题报告。

同日 新都区召开专项治理“微腐败”工作动员部署大会，传达学习市委关于开展专项治理“微腐败”工作动员部署会议精神，对新都区专项治理“微腐败”工作进行思想动员和安排部署。区委书记刘任远提出要求，区领导李云等及各镇（街道）、区级各部门主要负责人出席会议。

同日 新都区召开环境保护大会，贯彻落实省、市环境保护大会精神和市第十三次党代会精神，研究部署新都区生态文明建设和环境保护工作，区委副书记、区长李云提出要求。

18日 新都区基层党组织书记素能提升专题培训班开班，区委书记刘任远作题为《全面提升素能当好基层带头人》的专题报告。

18日至19日 区委书记刘任远率队赴上海开展投资促进工作。

19日 区人大常委会主任戴军率队对新都区“七五”普法启动和实施情况进行专题调研。

22日 区委书记刘任远率队就“绿化全川·新都行动”主要节点和廊道打造进行调研。

同日 新都区召开“规划大会战”工作会，区委书记刘任远提出三点要求。

同日 区委副书记、区长李云率队到中央商务区、马超东路、新都大道、毗河沿线等点位开展规划调研。

24日 区人大常委会主任戴军率部分区人大代表专题调研新都区国土资源执法监察开展情况。

25日 省科技厅副处长刘菊蓉率专家组，到新都区就新都工业区创建省级高新技术产业园区进行现场考察。

同日 新都区召开特邀监察员聘任会议，向12名新聘任的区监察局特邀监察员颁发聘书。

同日 区政协主席方正行率队专题视察区养老服务体系建设情况。

6月

1日 成都市新都区、金堂县,甘孜州理塘县对口援藏工作第二次三方联席会议在新都区召开,区委书记刘任远、金堂县委书记金城、理塘县县委书记格勒多吉分别就2017年对口援藏工作进行安排部署。

2日 “一带一路”国家形象与城市品牌论坛暨新都“升庵文化城市品牌与文化产业发展”专题研讨会在新都区举行。第九届全国工商联副主席、中国西部研究与发展促进会理事长程路,区领导刘任远等出席论坛。

5日 区委书记刘任远率队检查“绿化全川·新都行动”节点提升工作和全区防汛工作开展情况。

同日 区委副书记、区长李云率队就大丰街道凤凰二沟整治和宝光寺片区城乡环境综合治理进行现场督导。

6日 区委书记刘任远率队到石板滩镇就天府动力新城建设进行调研。

同日 区委副书记、区长李云率队到工业区调研华润雪花啤酒分布式能源项目建设运营情况。

7日 区政府与成都农商银行举行战略合作协议签约仪式。

8日 市委副书记、市长罗强到新都区调研环保工作开展情况,察看四川能投华润雪花分步式能源站和正兴车轮有限公司。

同日 市人大常委会副主任仰协率市人大常委会监督检查组到新繁镇督察环境保护工作。

12日 由文化部、省政府、联合国教科文组织、中国联合国教科文组织全国委员会主办,市政府、中国非物质文化遗产保护中心、省文化厅承办,区政府执行的第六届中国成都国际非物质文化遗产节新都分会场活动在新都区黄桷树广场开幕。

同日 新都区组织收看四川省学习宣传贯彻省第十一次党代会精神专项督导动员培训电视电话会议。

同日 成都市召开对标管理工作推进情况电视电话汇报会,区领导刘任远、李云参加成都主会场会议,区领导戴军、方正行等参加新都分会场会议。

同日 区委书记刘任远主持召开成都市产业发展大会新都筹备工作会。

同日 区领导刘任远、李云调研新都区“北改”工作。

同日 区委副书记、区长李云调研重点企业发展情况。

13日 新都区举行空间战略发展规划方案专题汇报会,听取中国城市规划设计研究院专家关于《新都空间战略发展规划》介绍,区委书记刘任远提出要求。

同日 区委书记刘任远到新都物流中心调研省、市重点项目情况。

同日 新都区组织收听收看全国深化简政放权放管结合优化服务改革电视电话会议。

同日 区政协主席方正行率队视察新都区中小微企业发展情况。

14日 市委常委谢瑞武到新都区就环城生态区和天府绿道建设工作进行专题调研。

同日 新都区召开“绿化全川·新都行动”专题研讨会,区委书记刘任远提出要求。

15日 区委中心组召开学习(扩大)会议,特邀东南大学建筑学院副院长段进就城市设计工作进行专题辅导,区领导刘任远、戴军、方正行等及区法院、区检察院领导出席会议。

同日 区委书记刘任远调研新都区专项治理“微腐败”工作。

同日 区委副书记、区长李云率队专题调研“绿化全川·新都行动”开展情况。

同日 区人大常委会专题视察泥巴沱森林公园规划执行情况,区委副书记、区长李云等参加视察。

16日 举行成都市新都规划大会战工作营——城市设计专题研讨会。

20日 新都区组织收看四川省环境保护督察发现问题整改工作电视电话会。

21日 四川省重大招商引资项目集中开工暨安博新都国际物流港项目开工仪式在新都区举行。安博新都国际物流港项目计划总投资8亿美元,为安博中国区最大的投资项目。副省长朱鹤新,美国安博公司中国区总裁康斌,省政府副秘书长赵卫平,副市长刘烈东,区领导刘任远、李云出席开工仪式。

同日 区规划委员会召开2017年度第四次

会议，听取2017年度第三次规委会审定事项执行情况汇报，审议《龙桥镇杏桂村村庄规划》《泰兴小学迁建选址方案》《北部商城相关地块用地调整方案》议题及近期建设方案。

22日 区委书记刘任远到规划大会战工作营现场调研。

23日 新都区组织收听收看成都市品质提升动员电视电话会，区委副书记、区长李云在主会场汇报新都区品牌建设情况。

24日 区委中心组召开学习（扩大）会议，区委书记刘任远就学习贯彻省第十一次党代会精神进行集中宣讲。

同日 区委书记刘任远到石板滩镇就省第十一次党代会报告进行集中宣讲，并走访慰问部分老党员和困难群众。

27日 区委副书记、区长李云调研香城颐养中心项目推进情况。

28日 市纪委副书记、市监察局局长、市预防腐败局局长马琳到新都区督察专项治理“微腐败”工作。

同日 新都区组织收听收看四川省地质灾害隐患排查与防治工作电视电话会议。

同日 区委副书记、区长李云率队到新都街道看望慰问困难老党员和困难群众。

29日 区委中心组召开学习（扩大）会议，邀请全国工商联副主席、传化集团有限公司董事长徐冠巨从传化集团发展现状、未来智能物流发展趋势、智能物流平台等方面进行专题辅导报告。

同日 区委巡察工作领导小组第二次工作会暨区委五人小组会议召开，听取巡察工作开展情况及下一步工作计划，审议进驻区水务局巡察工作报告和问题线索。

30日 区委书记刘任远率队实地查看新都区部分地质灾害隐患点，指导地质灾害防治工作。

7月

1日 全国副省级城市党报新媒体采访团到新都区中车成都轨道交通产业园和新都国际公路物流港进行专题采访。

2日 成都国家中心城市产业发展大会召开，新都区、温江区等11个行政区和高新区、天府新区被正式纳入成都中心城区范围。

6日 区政府与中国水利水电第八工程局有限公司举行战略合作签约仪式。该公司将在新都区投资约50亿元，参与新都区重大基础设施建设、新型城镇化、安居工程等项目建设。

7日 新都区被授牌为成都市首批13个“蓉漂”计划青年人才驿站之一。

10日 区委副书记、区长李云主持召开新都区领导干部大会。市委组织部常务副部长徐云宣布省委、市委决定：根据工作需要，任命许兴国为中共成都市新都区委委员、常委、书记；免去刘任远中共成都市新都区委书记、常委、委员职务。

11日至31日 区委书记许兴国就新都区经济社会发展和贯彻落实省、市党代会精神工作展开调研，先后调研新都国际公路物流港、中车成都机车车辆有限公司、西南石油大学、中国航发四川燃气涡轮研究院、工业区管委会和13个镇（街道）。

12日 区委副书记、区长李云率队看望慰问一线执勤民警、文明劝导员和环卫工人。

13日 省委常委、成都市委书记范锐平到新都国际公路物流港调研成都传化公路港。

同日 区委书记许兴国先后会见浙江永贵电器股份有限公司董事长范纪军、新誉集团有限公司党委书记兼副总裁戈亚琴，双方就相关合作事宜进行交流。

14日 区政协主席方正行率队视察宝光桂湖文化旅游区发展。

15日 国家中医药管理局副局长闫树江一行到新都区调研国家中医药综合改革试验区建设情况，国家中医药管理局规划财务司副司长刘群峰，区委书记许兴国等陪同调研。

17日 区委书记许兴国率队就毗河沿线水生态环境治理和新都区“河长制”工作推进情况进行专题调研。

18日 区委书记许兴国主持召开区委全面深化改革领导小组第十四次会议，学习贯彻近期中央和省委、市委深改组会议精神，审议6个专项改革方案，研究部署近期全面深化改革重点工作。

同日 区委书记许兴国主持召开依法治区领导小组第十四次（扩大）会议，贯彻落实省第十一次党代会、市第十三次党代会精神，安排部署新都区7—12月依法治区工作。

19日 区政府与西南交通大学签订战略合

作协议，双方就推进高速铁路运营安全空间信息技术国家地方联合工程实验室落户新都、共建轨道交通安全科技园区等事项达成共识。

21日至22日 区委书记许兴国看望慰问新都区部分退休老领导。

23日 新都区召开环保信访突出问题排查整改工作暨黑臭水体综合治理工作会。

24日 温江区委副书记、区长陈志勇率队到新都区学习交流规划大会战工作。

同日 新都区举行庆祝建军90周年慰问驻区部队座谈会及文艺晚会。区领导许兴国、戴军等及驻区各部队官兵、复员军人、伤残军人、军队离休干部代表出席座谈会并观看演出。

25日 成都市委贯彻落实省、市党代会精神抓好重大部署重点项目落地落实第13督导组到新都区开展专项督导并召开年轻干部座谈会。

同日 区委副书记、区长李云率队开展消防、交通、环保检查工作。

26日 区委副书记、区长李云调研新都区规划大会战工作推进情况。

27日 区委副书记、区长李云调研清白江"河长制"管理工作。

同日 在住建部公布的2017年全国改善农村人居环境示范村公示名单中，新繁镇高院村被评为全国美丽乡村示范村，是成都市唯一入围的村庄。

28日 新都区召开信访工作专题会议，传达第八次全国信访工作会议精神和市信访工作重要批示，就下一步重点工作进行安排部署。

29日至30日 2017成都国际友城青年音乐周新都分会场音乐会举行。美洲、欧洲、亚洲的8个国家和地区的国际友人、青年艺术家参加演出。

31日 新都区召开环境保护督察工作领导小组第一次会议，区委书记许兴国提出三点要求。

同日 区领导许兴国、李云分别看望慰问优抚对象。

8月

1日 区委书记许兴国到成都医学院调研高校建设工作，对接校地合作有关事宜。

同日 区委副书记、区长李云主持召开新都区绿道建设工作推进会。

2日 区委书记许兴国调研信访、维稳工作。

3日 新都区组织收听收看成都市"六五"普法总结暨"七五"普法启动电视电话会议。

4日 市委副书记、市长罗强到沱江流域新都段综合治理现场办公，副市长刘宏葆，区委副书记、区长李云等参加现场办公。

同日 区委书记许兴国调研教育工作。

同日 区委副书记、区长李云主持召开征地拆迁安置工作会。

5日 成都—西藏四川商会投资恳谈会暨新都投资推介会在拉萨市召开。

同日 新都区召开环保迎检工作专题会议，传达学习成都市环境保护督察工作专题会议精神，安排部署新都区贯彻落实工作，区委书记许兴国提出要求。

6日 新都区召开环保信访突出问题排查整改阶段小结工作会，区委副书记、区长李云提出要求。

8日 区委副书记、区长李云到区政务中心、大丰街道调研。

8日至11日 区委书记许兴国率新都区党政代表团赴甘孜州理塘县开展对口支援工作。

9日 省妇联主席吴旭到新都区调研督导女性创新创业工作。

10日 郑州市党政考察团到成都传化物流公路港考察。

同日 市委副书记、市长罗强到新都区调研。

同日 山东省济南市历城区政协主席寇少杰率队到新都区考察物流产业发展情况。

13日 新都区召开石板滩镇战略规划及总体城市设计方案研讨会，区委书记许兴国提出要求。

14日 新都区举行纪念黄霖兄妹暨《八一征程路漫漫——黄霖参加南昌起义自述》赠阅仪式，黄霖后人向新都街道捐赠黄霖生前用品。

16日 新都区召开"河长制"工作会，总结全区"河长制"工作，安排部署下一阶段工作和新都区水生态环境治理工作，区委书记许兴国提出要求。

同日 新都区与中车成都机车车辆有限公司召开产业生态圈建设工作座谈会。

同日 区委书记许兴国到石板滩镇督导中央环保督察组交办信访件办理工作。

同日 区人大常委会主任戴军到龙桥镇调研环保、产业等重点工作推进情况。

同日 区政协主席方正行率队视察北星示范带建设工作情况。

17日 新都区组织收看省政府边督边改提高环保整改质量电视电话会议。

同日 区委副书记、区长李云到成都云图控股有限公司调研。

同日 区委副书记、区长李云现场督导中央环保督察组交办案件办理工作。

同日 区委理论学习中心组学习(扩大)会召开,特邀国家行政学院姜平教授作题为《习近平总书记治国理政新方略》专题辅导报告。

18日 省环保督察组到成都建工赛利混凝土有限公司大丰分站督察央督案件。

同日 新都区召开四级规划体系方案研讨会,听取中国城市规划设计研究院、天津大学建筑设计规划研究总院等对新都区空间战略暨城市总体规划、总体城市设计、工业西区、泥巴沱片区、物流东区的规划方案。

19日至20日、23日 中央第五环保督察组到新都区督察环保工作。

22日 新都区召开2017年文化产业项目评审会,区委副书记、区长李云提出要求。

24日 省政协副主席张雨东率省、市环保督察组到新都物流园区督察环保问题整改落实情况。

同日 郑州市上街区党政考察团到新都区考察物流园区建设情况。

同日 新都区组织收看成都市中心城区公共服务设施“三年攻坚”行动动员部署电视电话会议。

25日 区人大常委会主任戴军率队开展《中华人民共和国治安管理处罚法》执法检查。

同日 区政协主席方正行率队到联系的重点企业和重点项目开展调研。

26日 区委副书记、区长李云率队到深圳鼎信通达股份公司考察,与深圳鼎信通达股份公司总经理曹丞相等公司高层人员进行座谈并签署战略合作协议。

28日 区委副书记、区长李云率队巡查毗河、九道堰并调研“河长制”管理工作。

30日 区委书记许兴国率队调研香城健康养老中心,督察指导新都区养老服务建设工作。

31日 新都区组织收看省依法治省工作推进电视电话会议。

同日 省文化厅厅长周思源率队到马家镇升庵宗祠就升庵文化传承进行调研。

9月

1日 新都区组织收看省安全生产大检查工作推进暨安全生产改革发展意见宣讲视频会议。

同日 广西灵川县党政考察团到成都传化物流公路港考察。

同日 区规划委员会召开2017年度第六次会议,听取2017年第四、五次规委会审定事项执行情况,审议并通过《新都区主城区形态分区规划》《斑竹园镇消防站选址及调整方案》《成都市新都区天府动力新城龙石路综合管廊工程》议题及近期规划建设方案。

2日 新都区组织收看成都市城乡社区发展治理大会,并进行分组讨论。

3日 新都区召开四级规划体系工作专题会,听取四级规划体系工作推进情况汇报,专家结合新都实际对四级规划体系的核心问题提出意见和建议,区委书记许兴国提出要求。

同日 区委书记许兴国率区级有关部门负责人到石板滩镇调研轨道产业生态圈建设。

6日 区委巡察工作领导小组召开第三次工作会,审议《中共成都市新都区委巡察工作领导小组办公室关于2017年第二轮巡察工作的实施方案》,对第二轮巡察工作进行研究部署,区委书记许兴国提出要求。

7日 市委常委、宣传部部长田蓉率市第13督导组到新都区开展第二阶段专项督导工作。

同日 区领导许兴国、李云分别看望慰问教育系统退休干部和困难教师代表及优秀教师代表。

同日 区政协主席方正行调研新都区房地产市场相关工作。

8日 新都区组织收听收看全省脱贫攻坚全覆盖督导和维稳专项督察培训动员电视电话会议。

8日至11日 区委副书记、区长李云率新都区党政考察团赴甘孜州理塘县参加新都区、金堂县、理塘县三方第三次对口援藏工作联席会议。

11日 区委书记许兴国到达利集团成都达利食品有限公司调研。

同日 成都市建委副主任屈军到新都区就环

城生态区建设及泥巴沱森林公园规划建设情况进行专题调研。

同日 区政协主席方正行率部分政协委员专题视察新都区城乡环境综合治理工作开展情况。

13日 省委改革办督察处处长左志强率省委改革办督察组到新都区督察评估人民调解等级化管理机制试点工作。

同日 市科技局局长卢铁城率队到新都区调研科技创新、知识产权工作。

同日 新都区召开"三破除三主动"专题活动动员大会,并就近期重点工作作安排部署,区领导许兴国、李云、方正行等区级相关职能部门、各镇(街道)主要负责人参加会议。

14日 省纪委副书记郑东风到新都区调研廉政文化建设工作和廉政文化教育基地建设情况。

同日 召开区委理论学习中心组学习(扩大)会,特邀市人防办副主任牟新云作题为"产业生态圈理论与案例简析"辅导报告。

15日 在2017年中国西部(四川)国际投资大会上,新都区举行以"新兴之城中心机遇·你想要的都在这里"为主题的投资推介会。

16日 2017中国(成都)女性文创产业发展论坛暨成都市第六届蜀绣创意大赛颁奖典礼在新都举行。全国总工会副主席崔郁,全国妇联办公厅副主任刘庆,省妇联主席吴旭,省妇联副主席李静,市委常委、市总工会主席吴凯,市政府副秘书长廖成珍,市妇联主席刘霞,区领导许兴国、李云等出席活动。

20日 区委副书记、区长李云会见宝龙集团副总裁洪群峰,双方就项目拟选址地块指标、规划等事宜进行交流。

同日 区人大常委会主任戴军率队就新都区教育经费的投入、管理及使用情况,开展专题调研。

同日 新都区召开"三破除三主动"督导工作动员会,安排部署相关专项督导工作。

21日至22日 区委副书记、区长李云率队赴上海、南京开展投资促进活动。

22日 市发改委主任杨羽到新都区调研产业生态圈工作。

同日 成都市举行中心城区公共服务设施"三年攻坚"行动启动仪式,区领导许兴国、黄安军、刘怒海、杨巧琳、秦天、余朝琼参加新都分会场启动仪式。

23日 成都医学院举行建校七十周年纪念大会及省教育厅、市政府共建成都医学院启动仪式。省委副书记、省长尹力,副省长杨兴平,市委副书记、市长罗强,成都医学院党委书记余小平,区委书记许兴国等出席仪式。

25日 省人民调解工作会议与会代表到新都区就"人民调解组织及调解员等计划管理机制"创新项目示范点位进行现场观摩。

26日 市经信委党组书记施跃华率队就新都区贯彻全市国家中心城市产业发展大会精神落实情况进行调研。

同日 新都区召开城乡社区发展治理大会,组织观看短片《倾听社区群众最真实的声音》,大丰街道高家社区、三河街道等就开展城乡社区发展治理工作作交流发言,区委书记许兴国提出要求。

28日 "2017国际轨道交通产业发展峰会"在新都区举行。

同日 举行"2017新都轨道交通产业投资推介会",副区长吴昊代表区人民政府,分别与新誉集团有限公司、北京鼎汉技术股份有限公司等15家行业龙头企业签约。

同日 区委书记许兴国率队到部分重点企业、重点区域、重点场所,检查节前安全生产工作。

同日 区委书记许兴国走访慰问区内烈士遗属代表。

29日 新都区召开警示教育大会暨党风廉政建设群众满意度工作推进会,观看党风廉政建设警示教育片,通报新都区党风廉政建设相关工作开展情况。区委书记许兴国讲话,区领导李云、戴军、方正行等及区人民法院、区人民检察院领导和各镇(街道)、区级各部门主要负责人参加会议。

同日 区委召开全面深化改革领导小组第十五次会议,传达贯彻中央、省、市近期全面深化改革相关会议精神,审议经济体制改革专项小组《中共成都市新都区委成都市新都区人民政府关于深化区属国有企业负责人薪酬制度改革的实施意见(送审稿)》等议题。

同日 召开区依法治区领导小组第十五次(扩大)会议,传达贯彻全省依法治省工作推进会及全市社区发展治理大会精神,听取依法治区工作汇报,安排部署下一阶段新都区依法治区工作。

30日 区委书记许兴国调研区人大常委会

机关、区政协机关工作。

同日　区委书记许兴国率队调研新都区卫生计生工作，看望一线医护工作者。

同日　区委副书记、区长李云率队开展烈士纪念日慰问活动和安全大检查工作。

10月

8日　区委书记许兴国参加新都街道党工委专题民主生活会，区领导李云、钟思勇、黄安军、刘怒海等参加会议。

9日　举行新都区人才新政暨校（院、企）地人才战略合作协议签约仪式，活动现场正式发布“新都人才新政24条”。签约仪式后，新都区举行以“才赴新都智汇香城”为主题的区首届人才高峰论坛。

10日　区委副书记、区长李云率队到大丰街道调研社区治理工作。

11日　由中央综治办一室副主任徐龙刚带队，交通运输部、商务部、中国民航总局、海关总署等部门相关人员组成的物流安全检查组到成都传化物流基地开展专项检查。

12日　新都区召开家具行业企业座谈会，区委书记许兴国提出要求。

同日　区委书记许兴国主持召开新都区棚户区改造工作专题会议。

同日　由区委组织部、区委宣传部、区人社局、团区委联合主办的第三届新都区青年（大学生）创新创业大赛总决赛暨颁奖典礼举行，共青团四川省委副书记张征、共青团成都市委书记苏呈祥、区委书记许兴国等参加活动。

同日　自贡市大安区党政考察团到新都区考察物流产业工作。

同日　举行“蜂云谷杯”第三届四川省“互联网+”大学生创新创业大赛颁奖典礼暨新都区蜂云谷创新创业中心“科技创新”嘉年华活动，大赛评选出金奖40项、银奖81项、铜奖279项。

14日　新都区举行“三破除三主动”专题活动第一批学习成果测试。

15日　区委书记许兴国主持召开新都区四级规划成果专题研讨会。

16日　新都区召开第四季度经济工作会，传达贯彻市委、市政府决策部署和区委相关要求，安排部署第四季度经济工作。

同日　区委书记许兴国到中粮可口可乐（四川）饮料有限公司调研。

17日　成都市首座社区居民馆在新都区三河街道二台子社区成立。

同日　区委书记许兴国到三河街道调研，走访三河街道桂花林项目、二台子社区和“198”党群服务分中心。

同日　区政协主席方正行率队专题调研媒体融合建设工作。

18日　新都区组织集中收听收看中国共产党第十九次全国代表大会现场直播。

19日　区委副书记、区长李云率队到达利集团成都有限公司调研。

20日　在省统计局通报的2016年四川省县级经济综合评价结果中，新都区位列“十强县”第四名。

同日　市委常委、常务副市长谢瑞武率市级相关部门负责人对新都区经济发展情况进行调研。

20日至22日　由中国县域卫生杂志社主办的第四届中国县域卫生发展论坛暨首届全国医联体建设大会在成都召开，区委副书记、区长李云获中国县域医疗改革领导力奖，区人民医院获得中国县域医院管理创新奖、中国优秀医疗资源下沉标杆医院奖、中国医联体探路先锋奖及医界影像首届中国县域医院“微电影节”故事片类、宣传片类三等奖。

22日　新都区与广安市岳池县举行区域合作座谈会暨签约仪式。

24日　区政府分别与四川省川投航信股权投资基金管理有限公司、中国工商银行四川省分行营业部举行战略合作签约仪式。

25日　新都区召开重大项目包干责任制暨任务分解部署工作会，推出新都区重大“项目包干机制7条”，从领导机制、包干工作安排、项目确定等方面进行安排部署。

同日　区政府与深圳鼎信通达股份有限公司举行鼎信通达智能音视频终端业务中心项目签约仪式。

26日　区委书记许兴国调研农业农村工作。

同日　区人大常委会主任戴军率队专题视察轨道交通产业、航空产业推进情况。

27日　新都区举行“不忘初心跟党走”2017

新都区老干部庆祝中共十九大胜利召开暨欢度重阳佳节专场活动。

同日 区领导许兴国、李云率队到成都特隆美储能技术有限公司开展专题调研。

同日 新都区通过省级血吸虫病消除达标考核评估。

28日至11月5日 新都区第四届运动会在新都一中举行。运动会竞赛项目分14个大项、62个小项,各镇(街道)、区级各部门和驻区单位共2500余名运动员和教练员参加。

30日 新都区召开传达学习贯彻中共十九大精神大会,传达学习中共十九大精神和省委、市委有关会议精神,安排部署新都区学习宣传贯彻工作。

同日 新都区举行城乡社区发展治理大讨论活动,来自党建领域、基层社区治理、规划建设、法律方面的专家学者和新华社、《四川日报》等媒体人士,就新都社区治理工作进行讨论,区委书记许兴国提出要求。

31日 区妇幼保健院被授牌为四川大学华西第二医院区域联盟医院。

11月

1日 区委书记许兴国率队到重点工业企业调研。

2日 新都区通过四川省农产品质量安全监管示范区资格复审验收。

5日 “健康人生·绿色无毒·活力校园——四川省首届大学生社团禁毒文化节”在四川音乐学院新都校区举行。

6日 新都区召开大气污染防治工作专题会,贯彻落实成都市大气污染防治工作领导小组会议精神,通报1月至10月大气质量情况,区委副书记、区长李云在会上提出要求。

7日 成都市创建全国法治县(市)区迎检工作汇报会在新都区召开。

同日 新都区组织收看四川省脱贫攻坚工作电视电话会议。

8日 新都区组织收看成都市学习贯彻中共十九大精神中央宣讲团报告电视电话会议。

同日 新都区召开城乡社区发展治理工作推进会,听取区委社治委和各镇(街道)城乡社区发展治理工作开展情况及下一步工作汇报,区委书记许兴国提出要求。

10日 区规划委员会召开2017年度第七次会议,审议《新都区蓝线规划》《新都区慢行体系及香城绿道总体规划》等议题。

11日 区委副书记、区长李云主持召开重点项目包干工作推进会并提出要求。

同日 由腾讯官方和新都区首次合作主办的第四届王者荣耀城市赛四川赛区总决赛在新都区举行。

12日 新都区组织参观在世纪城新国际会展中心举行的第四届成都创意设计产业展览。

13日 新都区组织收看成都市实施乡村振兴战略推进城乡融合发展电视电话会议,区委领导许兴国、李云参加成都主会场会议。

16日 区人大常委会主任戴军率部分区人大代表,对新都区保障性住房供给管理暨商品房市场管理工作进行调研。

同日 区规划委员会召开2017年第八次会议,审议《香城中心城市设计方案》《泰兴镇九村连片设计方案》等议题。

17日 区委书记许兴国率队调研绿道建设示范带打造情况。

同日 区委副书记、区长李云到天府动力新城调研建设情况。

同日 由区政府主办、工业区管委会承办的“绿色经济·新都行动”启动仪式在成都麦隆电气有限公司举行。

同日 由成都市人才工作领导小组办公室主办,新都区人才工作领导小组承办的“‘蓉漂’人才荟——走进西安”系列活动在西安交通大学举行。

19日 区委书记许兴国主持召开新都区第三次重大项目包干工作推进会。

20日 区领导委书记许兴国、李云分别率队走访区内世界500强企业。

21日 区委书记许兴国到大丰街道第五选区参加区人大代表候选人与选民见面会。

22日 区委书记许兴国率队调研背街小巷整治工作。

同日 区委书记许兴国到中国航发成都发动机有限公司调研,中国航发成都发动机有限公司董事长孙岩峰、总经理杨育武,区级相关部门负责人陪同调研。

22 日至 23 日 区委副书记、区长李云率队赴上海开展投资促进活动。

23 日 新都区“人民调解组织及人民调解员等级化管理机制”项目，被中央综治办验收评审小组评为 2017 年全国 11 个优秀改革试点项目之一。

24 日 副市长刘宏葆率队到毗河新都段调研水环境综合治理工作。

同日 新都区召开“成都南城都汇 8 期‘11·21’火灾事故现场会精神”传达会议，贯彻落实市主要领导批示和安全生产、火灾防控工作电视电话会议精神，部署建筑施工安全生产大检查工作，区委副书记、区长李云提出要求。

26 日 区委书记许兴国率队到简阳市雷家乡、望水乡开展调研和对口帮扶工作。

同日 区领导李云、秦天率区级相关部门负责人及区属国有企业、金融机构参加首届天府金融博览会。

27 日 区委理论学习中心组举行中共十九大精神专题学习会，集中学习中共十九大精神，交流学习体会。

同日 新都区召开交通运输工作专题研究会议，区委书记许兴国提出要求。

28 日 四川省基层政务公开标准化规范化工作研讨会在新都召开，区领导李云等及省级相关部门、8 个试点县（市、区）政府分管负责人参加会议。

同日 区委书记许兴国率队到蜂云谷双创中心调研创新创业企业及双创工作开展情况。

同日 区政协主席方正行主持召开“坚持绿色发展，推进生态护城”专题协商会。

29 日 市委常委、宣传部部长田蓉率市委督导组到新都工业园区，就新都区学习宣传贯彻中共十九大精神抓好重大部署落地落实专项工作进行督导。

同日 区委理论学习中心组召开学习（扩大）会，特邀市委常委、宣传部部长田蓉作中共十九大精神集中宣讲。

30 日 中国城市发展基金会副会长郑小平一行到新都区考察。

同日 新都区召开建立“三联+”工作机制抓实“两学一做”学习教育常态化制度化工作推进会，区委书记许兴国提出要求。

30 日至 12 月 1 日 区委书记许兴国率队到南京开展投资促进活动。

12 月

3 日 区委副书记、区长李云率队到工业园区调研标准化厂房建设。

4 日 区委书记许兴国主持召开建筑业企业健康发展专题研讨会。

5 日 区委巡查工作领导小组召开第五次工作会议，审议并通过《中共成都市新都区第十四届委员会巡察工作规划（2017—2021 年）》《关于开展交叉巡察试点工作的实施方案》等议题。

同日 区委副书记、区长李云率队到成都中车电机有限公司就成都轨道交通产业园电机项目进行调研。

6 日 区政府与攀枝花市西区政府签订结对合作战略协议。

同日 区委召开中心组学习会，传达学习习近平总书记带领中央政治局常委瞻仰上海中共一大会址和浙江嘉兴南湖红船时的重要讲话精神。

7 日 市发改委主任杨羽到新都区调研经济社会发展工作。

同日 区政府与成都金融控股集团签订战略合作协议。

同日 区委书记许兴国会见中欧商业协会会长胡雄哲一行，双方围绕深化友好交流、加强多领域合作，尤其是轨道交通产业领域合作进行深入交流。

8 日 省委党建办副主任程文茂率队到新都区检查党建工作。

12 日 四川省 2017 年第四季度重大项目暨污染防治“三大战役”重大项目集中开工仪式在新都区举行。此次集中开工项目 1390 个，总投资 7132 亿元。

同日 新都区召开实施乡村振兴战略工作推进会，区委书记许兴国提出要求。

13 日 区委书记许兴国到大丰街道检查 2017 年度党风廉政建设主体责任落实情况。

同日 区委副书记、区长李云就环卫工人休息室建设情况进行专题调研。

14 日 中国信息通信研究院发布《2017 年中国工业百强县、百强区发展报告》，新都区名列中国工业百强区第 67 名。

同日 区委副书记、区长李云检查新都街道2017年度党风廉政建设主体责任落实情况。

15日 新都区召开2017年党外人士座谈会，传达学习中共十九大精神，通报新都区2017年1月至10月经济社会发展情况，党外人士代表作交流发言，区委书记许兴国提出要求。

16日 区委书记许兴国到新都街道调研城乡社区发展治理工作，到石板滩镇调研天府动力新城规划建设工作。

17日 新都区召开大气污染防治重点领域整治工作会议，通报省环保督察组近期督察新都区有关环保工作情况，安排部署新都区下一步大气污染防治重点领域整治工作。

同日 区委书记许兴国到马家镇调研乡村振兴特色小镇打造情况。

19日 区政协主席方正行率队对2017年区委、区政府为民办实事工作进行视察。

21日 成都传媒集团董事长连华一行到新都区就推进天府文化发展进行交流座谈。

同日 新都区召开城乡社区发展治理“五大行动”工作调度会安排部署有关工作，传达市委主要领导重要批示和“五大行动”专题调度工作会议精神，听取有关城乡社区“五大行动”工作开展情况的汇报，区委书记许兴国提出要求。

同日 新都区“人大代表讲习所”授牌暨开课仪式在新繁镇举行，区人大常委会主任戴军为新繁镇人大主席团授牌并开讲第一课。

22日 市委常委、统战部部长廖仁松率市第十检查组到新都区就2017年度落实党风廉政建设主体责任情况进行检查。

同日 中央第五环境保护督察组向四川省委、省政府反馈2017年8月7日至9月7日，对四川省开展环境保护督察意见召开电视电话会议，新都区组织收看。

25日 省河长办副主任、省级验收考核工作组组长李勇蔺率队就新都区全面推进“河长制”工作进行检查。

同日 区委书记许兴国率队专题研究重大交通项目规划建设和新都区毗河绿道建设情况。

26日 区规划委员会召开2017年度第十次会议，通报2017年第七次、第八次、第九次规委会审定事项执行情况，通报规委会专家库新增人员情况，审议《新都区香城中心城市设计暨控制性详细规划调整方案》《北部商城、物流东区城市设计暨控规调整方案》《新都区斑竹园镇控制性详细规划》《新都主城区基础公共服务圈规划》等议题。

28日 新都区召开“三破除三主动”专题活动阶段性工作总结暨2017年民生工作总结大会，对2018年工作进行安排部署，区委书记许兴国提出要求。

新都区概况

新都区地处成都北门，位于中国西部最具发展活力的成都平原经济区核心地带，是成都北部的新中心城区。区域面积496平方公里，辖13个镇(街道)、255个村(社区)，户籍人口77.15万人，年末常住人口90余万人。新都属成都平原都江堰灌区，平均海拔510米。气候温和，四季分明，年平均气温17.6°C。新都土壤肥沃，物产丰富，环城生态带、毗河生态带、清白江生态带纵横全境，荣获“国家级生态文明建设示范区”“全国绿化模范区”等称号，素有“文献名都”“香城宝地”之称。

新都建治于春秋末期，是“古蜀三都”之一，距今近2800年历史，是省级历史文化名城。有国家级重点文物保护单位宝光寺、杨升庵祠及桂湖，有省级文物保护单位新繁东湖、龙藏寺、杨慎家族墓、艾芜墓。新都人杰地灵，汉代有教育家任末，宋代有贤吏梅挚，明代有以状元杨慎为主的“杨门七进士”，清代有以思想家费密为代表的“费氏六乡贤”和诗僧雪堂，“五四”时期有著名思想家吴虞，大革命时期有为革命壮烈牺牲的钟炳骥、李永梧，抗日战争时期有以身殉国的著名将领王铭章，解放战争时期有革命烈士黄琪和在重庆“白公馆”英勇就义的周从化。当代有共产主义忠诚战士黄霖、外交家曾涌泉、军旅作家哈华、“流浪文豪”艾芜、神话研究学者袁珂等。

新都地处成都城市发展北中轴线上，是成都、德阳、绵阳城市群的重要节点，“南丝绸之路”起点，毗邻“蓉欧快铁”起始站点，具备融入“一带一路”独特优势。成都火车客运东站、北站和成都国际铁路港、双流国际机场的距离都在30分钟车程内。成绵高速(复线)、成绵乐城际铁路、成都绕城及第二绕城高速等主干道路通达全境，地铁3号线、5号线加快建设，规划有1号、8号、11号、16号等多条地铁线路，形成“7高7快13轨”综合交通体系，实现了与成都主城区的无缝对接。

新都积极融入国家战略，以轨道交通和航空两大“国家队”产业为引领，现代物流、现代金融、现代商务等生产性服务业快速兴起，医药、食品饮料、家具、机械制造等传统产业优势突出，形成了较为完备的现代产业体系。新都加快建设世界轨道交通之都，入驻企业24家，投产企业3家，“九大核心技术和十大关键零部件”配套企业基本完备。新都规划建设有北部新城现代商贸综合功能区、新都工业区、新都物流中心等产业园区9个。区内拥有国家级企业技术中心2个、国家级重点实验室7个、国家级工程技术研究中心4个、国家级大学科技园1个，省级企业技术中心30个、省级重点实验室2个、省级工程技术研究中心2个，以及西南石油大学、四川音乐学院新都校区、成都医学院。

新都拥有规模以上工业企业340家，新都工业区内拥有上市公司及分支机构26家，世界500强企业8家、中国500强企业6家。1994—2017年，连年跻身全省综合经济十强区(县)。近年来，先后荣获“中国十大最具投资价值城市”“最具国际影响力品牌城市”“县域经济发展先进区(市)县”等称号。入选2017年全国工业百强区、投资潜力百强区、综合实力百强区。2017年，实现地区生产总值722.67亿元，三次产业比为3.9:59.5:36.6，一般公共预算收入54.4亿元。社会消费品零售总额176亿元。城镇常住居民人均可支配收入40149元，农村常住居民人均可支配收入22926元。

（区委办公室）

2017 年新都区十大民生工程

表 1

序号	项目内容	牵头单位
一、便利交通出行		
1	完成县乡道改造 5.8 公里	区交通运输局
2	完成旧危桥整治 2 座	
3	完成石木路加宽改造(成青金路—龙石路)	
4	新(改)建农村公路 67 公里	
5	马超东路东延线建设(香城大道张庵路段)	
6	优化公交线路,购置新能源公交车 310 辆	
7	打通断头路 2 处(1430 米)	区城乡建设局
8	打通断头路 3 处(五四街、桂湖名城东侧,龙伏安置小区西侧、南侧)	
二、提高市容环境质量		
9	管护国有林 0.06 万亩	区林业园林局
10	补偿集体和个人所有公益林 15 亩	
11	加快建设北湖水库	区城乡建设局
12	建成网格化空气微站(具体点位、数量,由市上统一规划)	区环保局
13	完成新都街道团结村境内黑臭水体综合治理	区水务局
14	建成赏花基地 3 个	
15	完成城市道路检查窨井盖病害治理 210 座	区城管局
16	新增生活垃圾分类覆盖居民 3 万户	
17	建成环卫工人休息房 9 座	
18	治理村容村貌薄弱村 4 个	
19	泥巴沱森林公园	区城乡建设局
20	毗河绿道(万科双水岸)维修改造工程	
21	安置小区开工 4 个(粮食物流二期、成青苑、桂荷馨苑、南车安置小区)	
22	五龙山百花谷公园一期	
23	水质自动监测站建设	区环保局
24	机动车尾气遥感检测门建设	
25	市级农村污水综合试点工程	区水务局
26	老锦水河综合整治工程,整治河渠 12.74 公里	
27	计划对老旧院落 3647 户电力户表进行改造(以实际改造完成数为准)	区经信投促局
28	拟完成 65 个老旧院落改造(其中 14 个为提档升级)	区城管局
三、促进就业创业		
29	城镇新增就业 5283 人	区人社局
30	城镇失业人员再就业 2452 人	

续表 1

序 号	项目内容	牵头单位
31	就业困难人员就业 571 人	区人社局
32	城镇登记失业率控制在 4%以内	
33	下岗失业人员再就业 200 人	
34	劳务品牌培训 200 人	
35	青年劳动者技能培训 1400 人	
36	2014 级民族地区“9+3”免费教育计划毕业生初次就业率 95%	
37	对创业的在校大学生和毕业 5 年内的高校毕业生给予创业补贴、创业担保贷款等政策扶持，促进其创新创业	
38	城乡残疾人居家灵活就业 3650 人	区残联
39	农村富余劳动力向非农产业转移就业新增 5000 人	区人社局
40	新增吸纳大学生就业创业 2000 人	
41	新增入驻成都青年（大学生）创业园项目 5 个	团区委
42	实现青年创业 60 人	
43	开展创业大篷车创业培训活动 7 场	
44	企业按比例安置 230 名残疾人就业	区残联
45	举办第三届新都区青年（大学生）创新创业大赛	团区委
46	创业培训 300 人，高校毕业生创业 150 人，高技能人才培训 80 人，领取失业金人员培训 4000 人	区人社局
47	招聘“高校毕业生服务基层”计划大学生志愿者 40 人，“农村中小学特设教师岗位计划”在岗志愿者不低于 25 人	
48	新型职业农民培训 80 人	区农发局
四、帮扶困难群众		
49	农村低保对象累计月人均补助 270 元	区民政局
50	新增民办养老机构床位 800 张	
51	维修改造公办养老机构床位 150 张	
52	建设城乡社区日间照料中心 57 个	
53	为 1700 名困难家庭的失能老人和 80 周岁以上高龄老人提供居家养老服务	
54	城市低保对象累计月人均补助 340 元	
55	农村低保对象以户为单位，人均年收入低于当地农村低保标准的，按差额发放低保补助金	
56	对符合医疗救助条件的重点救助对象，经各类医疗保险报销后的政策范围内住院自负费用，在年度救助限额内，救助比例不低于 75%	
57	为 1300 名贫困残疾人适配基本型辅助器具	区残联
58	为 40 名贫困家庭和福利机构内的脑瘫儿童提供康复救助	

续表 1

序号	项目内容	牵头单位
59	为3名贫困家庭听力残疾儿童提供人工耳蜗手术、助听器适配、听力语言康复训练等服务	区残联
60	为4711名重度残疾人发放护理补贴	
61	为120户贫困残疾人提供家庭无障碍改造	
62	提高持有第二代残疾人证的低保对象困难残疾人生活补贴标准至每人每月70元	
63	扶持710名农村残疾人发展生产	
64	城乡居民参保率达到97%	区人社局
65	参保居民住院医疗费用政策范围内报销比例达到75%	
66	为受援人群提供法律援助3080人次	区司法局
67	办理法律援助案件300件	
68	办理其他法律援助事项1600件	
69	对符合住房保障条件的城镇低收入家庭,发放租赁住房补贴40户	区房管局
70	为建档困难职工每人每年提供500元至1000元生活和医疗救助	区总工会
71	对贫困白内障患者实施复明手术10例	区卫计局
72	资助800名重度残疾人参加养老保险	区残联
73	向1401名困难残疾人发放生活补贴	
74	为1500名残疾人提供家庭康复体育服务	
75	为55名残疾儿童提供康复服务	
76	为460名视力和精神残疾人提供医疗康复服务	
77	免费为建档困难职工和环卫工人进行健康体检650人	区总工会
78	免费救助严重精神障碍患者,做到应救尽救,社区管理率85%	区卫计局
79	建立社会关爱援助中心(建立区级援助中心1个,各镇街建立援助站)	区民政局
五、改善教育医疗条件		
80	实现省、市、县三级公立医院全面取消药品加成424.61万元	区卫计局
81	加强艾滋病、包虫病、血吸虫病、结核病以及其他地方病等防治970人	
82	开展城乡居民健康档案管理、健康教育、慢性病管理等12类基本公共卫生服务,城乡居民健康档案电子建档率93%	
83	按每对婚检对象补助240元的标准实行统一的检查项目，婚前医学检查率较2016年提高5%	
84	向城乡符合生育政策计划怀孕夫妇免费提供孕前优生健康检查，目标人群覆盖率在80%以上	区卫计局
85	给予符合条件的计划生育家庭父母每人每年奖扶金960元；给予符合条件的独生子女伤残或死亡家庭父母每人每年扶助金6240元或7800元	
86	提高城乡居民基本医疗保险财政补助标准	区人社局
87	对92700名义务教育阶段学生免除学杂费,免费提供教科书、作业本	区教育局
88	为480名家庭经济困难寄宿学生发放生活补助	

续表 1

序号	项目内容	牵头单位
89	中职学校招生 2300 人	区教育局
90	免除艺术类相关表演专业外的中职学生学费	
91	为 3522 名普通高中家庭经济困难学生发放国家助学金	
92	免除 2347 名非民族自治地区普通高中家庭经济困难学生学费	
93	为中职学校家庭经济困难学生发放生活补助	
94	资助家庭经济困难学生(依据捐方意愿选择资助对象)	
95	选派教师为推动贫困地区、民族地区和革命老区各级各类教育发展提供人才支持	
96	资助家庭经济困难职工子女上学 80 人	区总工会
97	为全市公益性幼儿园保教费实施补助	区教育局
98	建成公办幼儿园 6 所	
99	对全区学前教育、义务教育阶段及普通高中、职业高中教育阶段城乡低保家庭和低保边缘家庭学生实施教育资助	
100	为义务教育阶段在校住宿贫困学生发放生活补助	
101	免除全区家庭经济困难普通高中学生学费，每年人均生活补助 2000 元	
102	对中等职业学校全日制正式学籍一、二年级在校涉农专业学生和非涉农专业家庭经济困难学生按每生每年 2000 元的标准给予生活补助，并免除成都籍学生和非成都籍家庭经济困难学生住宿费	
103	打造优质社区教育学校 1 所	
104	打造示范社区教育工作站 2 个	
105	在乡村建成“留守学生之家”市级示范点 1 个，实现留守学生关爱全覆盖	团区委
106	预防和惩治校园暴力，开展法制安全防范教育和校园周边治安秩序整治，“人防、物防、技防”建设覆盖率 90%	区公安分局
107	家庭医生与居民签约服务率在 35%以上	区卫计局
108	加强医疗机构医疗器械使用管理，全年核查覆盖率、建档率、医疗机构人员培训率 100%	区市场质量监管局
109	新都一中迁建工程	区教育局
110	新都二中扩建工程	
111	木兰中学教育综合楼工程	
112	大丰北延新居小学新建工程	
113	特殊学校新建工程	
114	校园周边环境治理(大丰小学、大丰中学、一中城北校区、升庵中学、一中实验校、西街小学新校区、石犀小学、一中新校区)	
115	进城务工人员随迁子女接受义务教育	
116	成都市实验外国语学校	区城乡建设局
117	金域缇香幼儿园	
118	蓝光花满庭幼儿园	
119	保利狮子湖幼儿园	

续表 1

序号	项目内容	牵头单位
120	计划生育特殊家庭地方扶助	区卫计局
121	同级以上医疗机构检查、检验结果互认	
122	石板镇卫生院住院部扩建工程	
123	清流卫生院业务用房扩建工程	区卫计局
六、加强养老服务		
124	城乡居民养老保险参保覆盖率保持在95%以上	区人社局
125	打造15分钟养老服务圈，建设社区养老院2个	区民政局
七、保障食品安全		
126	建立食品安全信息公众查询平台	区市场质量监管局
127	将全区公立中小学幼儿园、60%以上的私立学校和大专院校纳入食品流通溯源电商平台	
128	中心城区学校食堂和特大型、大型餐馆全部实现“明厨亮灶”	
129	对制作农村群宴的乡村厨师进行食品安全培训，培训率100%	
130	农产品质量检测8万份	区农发局
八、改善居住条件		
131	改造危旧房棚户区50户	区房管
132	发放租赁住房补贴40户	
133	改造城中村348户	区城乡建设局
134	建成省级安全社区1个	区安监局
135	减免非民族地区3838名家庭经济困难在园幼儿保教费	区教育局
136	竣工公租房100套	区房管局
137	建成消防安全社区示范点3个	区公安分局
138	建成消防站1座	
139	新增消防车1台	
140	建成综合减灾标准化社区(村)10个	区民政局
141	建成应急能力示范社区20个	区应急办
142	建成Ⅱ类应急避难场所2个	
143	完成农村电网10千伏改造10公里	区经信投促局
144	新改建农村无害化卫生厕所800个	区卫计局
145	实施“雪亮工程”	区综治办
146	建设救灾物资集散中心(新都街道新桥村)	区民政局
147	斑竹园仁和村农民集中建房项目	区国土局
148	创建无传销社区2个	区市场质量监管局
149	打造2个省级“妇女儿童之家”	区妇联
150	新老城区电力隧道及乡镇场镇电缆下地工程(石板滩片区一期)	区经信投促局

续表 1

序号	项目内容	牵头单位
151	污水处理厂迁扩建项目工程 3 个	区水务局
152	马家镇、斑竹园镇高端经济作物示范基地农田水利设施综合配套工程	
153	在清流镇黄龙、翠云、广泉、飞石、三尺、九龙等 6 个村启动高标准农田 2 万亩	区农发局
九、实施文体惠民		
154	免费开放 1 个图书馆	区文体广新局
155	免费开放 1 个文化馆	
156	免费开放 10 个镇(街道)综合文化站	
157	免费开放 3 个城市社区(街道)文化中心	
158	免费开放 1 个博物馆纪念馆	
159	公共体育场馆向群众免费开放体育锻炼 10 万人次	
160	免费放映农村公益电影 1524 场次	
161	开展文化惠民演出 40 场	
162	开展“成都文化四季风”系列群众文化活动 5 场	
163	开展公益电影进影院放映 52 场	区文体广新局
164	新增镇(街道)基层综合文化服务中心 2 个	
165	建成公益性足球场地 2 块	
166	建成大型法治文化公共设施 1 处	区司法局
十、推进便民服务		
167	实施 2 个小城镇生活垃圾无害化处理	区城管局
168	实施 5 个村的生活垃圾无害化处理	
169	实施 2 个小城镇的污水无害化处理	区水务局
170	新增成都公安“一站式”服务办证点 3 个	区公安分局
171	新改建旅游厕所 2 座	区商旅局
172	新增城市便民利民疏导服务点 2 处	区城管局
173	建成“社区(村)法律之家”3 个	区司法局
174	建成 4G 基站 100 个	区经信投促局
175	建成免费 Wi-Fi 覆盖场所 10 个	
176	万科五龙山农贸市场	区城乡建设局
177	保利狮子湖农贸市场	
178	木兰派出所、龙桥派出所迁建工程	区公安分局
179	招聘协警 300 人，成立特巡警大队	
180	推进区属消防安全重点单位微型消防站建设	区消防大队

（区目督办）

2017年省市区三级民生实事盘点

2017 年，新都区实施省市区三级民生项目 180 项。其中省市民生项目 130 项、区级民生项目 50 项，涉及交通出行、市容环境、就业创业、扶贫解困、教育医疗、养老服务、食品安全、改善居住、文体惠民、便民服务十个方面。至年末，基本完成目标任务，共投入资金 31.86 亿元。

一、交通出行方面

城乡道路联网加密 马超东路东延线道路主体建设完成，成为又一连接成青(金)快速路及石木泰片区的重要交通走廊。启动石木路（成青金路—龙石路)加宽改造,进一步提升石木路交通服务功能。新(改)建农村公路67公里,提高主要乡村道路技术等级水平。打通断头路5处,加强了乡村道路与对外通道、乡村道路间的连接。完成道路改造5.8公里和整治旧危桥2座,确保道路桥梁安全畅通。

公交出行方便快捷 新开行M3路等公交线路5条、优化655路等公交线6条路,解决了群众出行"最后一公里"的问题。发展"绿色公交",新购置新能源公交车310辆,淘汰老旧公交车辆,逐步提高纯电动、混合动力、清洁能源公交车比例。

二、市容环境方面

生态环境持续改善 完成国有林巡查管护0.06万亩,建成赏花基地3个,维修改造毗河绿道(万科双水岸),基本建成五龙山百花谷公园一期工程。完成黑臭水体综合治理主体工程建设,老锦水河12.74公里得到有效整治。完成清白江水质自动监测站建设。安装空气微型自动监测站10台,在全市率先开展固定式机动车尾气遥感检测门试点应用工作。完成金海、工业东区、马家等3座污水处理厂扩建。

城乡环境整洁有序 治理城市道路检查窨井盖210座,新增生活垃圾分类覆盖居民3万户,建成环卫工人休息房9座,完成村容村貌薄弱村治理4个,院落改造50个,对老旧院落电力户表进行改造。

三、就业创业方面

大力促进城乡劳动者就业创业 2017年,城镇新增就业5303人,失业人员再就业2488人,就业困难人员再就业574人,下岗失业人员再就业205人。对创业在校大学生和毕业5年内高校毕业生给予创业补贴、担保贷款等政策扶持。升级青年(大学生)创业园区功能,新征集创业项目25个,入园孵化项目10个,开展青年(大学生)创业培训5场,培训300余人。新增农村富余劳动力向非农产业转移就业5391人,吸纳大学生就业创业2808人。2014级民族地区"9+3"免费教育计划毕业生初次就业率95%,城镇登记失业率控制在4%以内。农民工职业技能培训200人,青年劳动者技能培训1613人,创业培训864人(其中失业保险金人员278人,在校大学生586人),高校毕业生实现创业165人,开展高技能型人才培训91人,领取失业金人员培训4023人。通过开展青年(大学生)创业大赛、创新创业交流会、春节返乡青年座谈会、创业沙龙等形式,对青年(大学生)和新型农民进行创业指导培训,超目标完成新型农民培训100人。在岗"一村一名大学生计划"志愿者153人,"农村中小学特岗教师计划"在岗志愿者47人。

鼓励扶持残疾人就业创业 通过个体就业和从事家庭手工业、发展种养业等方式,帮助4691名残疾人实现居家灵活就业。加强按比例安置残疾人宣传力度,促进企业按比例安置465名残疾人就业,农村残疾人实用技术培训438人。为350户农村残疾人家庭发放种养殖业补贴35万元,为613名居家灵活就业(创业)的残疾人发放直接补贴76.8万元。

四、扶贫解困方面

社会保障精准兜底 执行农村低保标准,农村低保对象累计月人均补助270元,城市低保对象累计月人均补助340元。城乡居民医疗保险参保率99.96%,参保居民住院医疗费用政策范围内报销比例75%。为符合条件的建档困难职工每人每年提供生活医疗救助500元至1000元。

弱势群体受到关爱 发放价值72.8万元基本型辅助器具1356件;为60名脑瘫儿童提供康复救助金115.3万元,为122名残疾儿童提供康复训练;为10名聋儿提供救助和语训,给予救助金11.97万元;资助白内障患者进行免费复明手术400例,发放手术补贴39.36万元;对113名严重精神障碍患者实施阳光救助,给予住院补贴19.01万元;为560名精神病人免费发放价值47.6万元的药品;为1500名重度残疾人提供73.2万元的康复体育进家庭服务和器材;为6327名重度残疾人发放护理费用补贴613.56万元;提高持有第二代残疾人证的低保残疾人生活补贴标准至100元/月,全年为2072名困难残疾人发放生活补贴385.81万元;资助1578名重度残疾人参加养老保险,资助金额2425.5万元;为155户残疾人家庭实施居家无障碍改造,残疾人的生活生产环境进一步改善。免费为建档困难职工和环卫工人进行健康体检650人。免费救助严重精神障碍患者,做到应救尽救,社区管理率85%。为受援人群提供法律援助3080人次,办理法律援助案件300件,办理其他法律援助事项1600件。

五、教育医疗方面

全面实施教育助学工程 为193086名义务教育阶段学生免除学杂费、免费提供教科书和作业本,对549名家庭经济困难寄宿学生发放生活补助，超额完成中职学校招生2300人目标。扎实开展国家助学工作，为3522名普通高中家庭经济困难学生发放国家助学金，为952名中职学校困难家庭学生发放生活补助，637名学前教育、义务教育两类高中教育阶段城乡低保家庭和低保边缘家庭学生享受教育资助资金，实施全市公益性幼儿园保教费补助，为3838名家庭经济困难在园幼儿减免保教费。对接区红十字会，根据捐方意愿，协助27名家庭经济困难学生接受资助。选派20名优秀中青年骨干教师、干部到藏区进行顶岗教学和挂职锻炼。通过就近安置、统筹安置和摇号安置等方式，实现5011名符合条件进城务工人员子女入学。“金秋助学”活动共资助困难大学生107名。为309名留守学生（儿童）建立了个人档案，实现13个镇（街道）全覆盖。建成公办幼儿园6所，新增学位1710个；完成新都一中迁建、新都二中改扩建及木兰中学教学综合楼新建、大丰北延新居小学、特殊教育学校等建设，新增学位6930个；完成大丰街道社区教育学校、新都街道东环路社区教育工作站和马家镇石坝社区教育工作站等市级民生实事创建点位硬件建设；完成大丰小学、大丰中学、一中城北校区、升庵中学、石犀小学、一中新校区周边环境治理。

不断提高医疗卫生水平 公立医院全面取消药品加成，免费治疗艾滋病人、结核病患者930人，城乡居民健康档案电子建档率93.02%。按每对婚检对象补助240元标准实行统一的检查项目，向城乡符合生育政策计划怀孕夫妇免费提供孕前优生健康检查，家庭医生与居民签约服务率50.1%。实现新都区医疗机构检查检验结果互认。完成石板滩卫生院住院部和清流卫生院业务用房扩建工程。提高城乡居民基本医疗保险财政补助标准，缓解城乡居民“看病贵”问题。

六、养老服务方面

全区城乡居民养老保险参保覆盖率保持在95%以上。为1704名困难家庭中的失能老人和80周岁以上高龄老人提供居家养老服务。新增民办养老机构床位800张，筹建养老床位1150张。加快城乡社区日间照料中心布点建设。建设社区养老院2个，打造15分钟养老服务圈。

七、食品安全方面

在清流镇黄龙、翠云、广泉、飞石、三尺、九龙等6个村启动高标准农田建设2万亩。完成马家镇、斑竹园镇高端经济作物示范基地农田水利设施综合配套工程。建立食品安全信息公众查询平台，全区公立中小学幼儿园、60%以上的私立学校和大专院校已经纳入食品流通溯源电商平台。在餐饮单位搭建点位数840户，中心城区学校食堂和特大型、大型餐馆全部实现“明厨亮灶”。登记在册家宴厨师238人，对全区300余名流动厨师及帮厨人员进行了食品安全培训。共检测农产品中农药、兽药、重金属残留样本数量为81465份。

八、改善居住方面

保障性住房全年竣工100套、续建100套，分配公共租赁住房100套，发放租赁补贴40户，新增5户，实施危旧房棚户区改造50户。城中村改造完成拆迁348户。启动中车安置小区、桂荷馨苑、成青苑、粮食物流二期等4个安置小区建设。创建省级安全社区2个，无传销社区2个，打造省级“妇女儿童之家”2个，建成消防安全社区示范点3个、消防站1座，新增消防车1台。建成救灾物资集散中心、综合减灾标准化社区（村）10个、应急示范村（社区）20个、Ⅱ类应急避难场所2个。新改建农村无害化厕所800个。完成“雪亮”工程202个村（社区）监控平台、2030个监控点位建设任务。农村电网10千伏10公里改造项目已完成总目标的70%。

九、文体惠民方面

区图书馆、区文化馆、区博物馆、13个镇（街道）综合文化站（文化服务中心）全部免费开放，全区公共文化服务阵地效能明显提升。积极推动全民健身，成功举办新都区第四届运动会，区级部门、镇（街道）、企事业单位2500余名选手参加了比赛。开展“运动成都、幸福新都”羽毛球、网球、太极拳、足球等各类比赛活动，体育中心免费开放接待全民健身63余万人次。免费放映农村公益电影1524场，开展“成都文化四季风”系列群众文化活动、文化惠民演出165场。推动公益性足球场地建设，建成大型法治文化公共设施1处。

十、便民服务方面

改建旅游厕所2座，实施2个小城镇、5个村生活垃圾无害化处理。新增成都公安“一站式”服务办证点3个、城市便民利民疏导服务点2处、“社区（村）法律之家”3个，4G基站100个，Wi-Fi覆盖场所10个。建成万科五龙山农贸市场，保利狮子湖农贸市场，成立特巡警大队，招聘协警300名，区属消防安全重点单位微型消防站建设顺利推进。

（区目督办）

中共成都市新都区委员会

书记、副书记、常委名录

(2017 年 1 月 1 日至 7 月 6 日)

书　记:刘任远

副书记:李　云　潘　捷(女)

常　委:刘任远　李　云　潘　捷(女)　钟思勇　黄安军　刘刚毅　刘怒海　张吉广　郑自强　刘　斌

(2017 年 7 月 6 日至 12 月 31 日)

书　记:许兴国

副书记:李　云　潘　捷(女)

常　委:许兴国　李　云　潘　捷(女)　钟思勇　黄安军　刘刚毅　刘怒海　张吉广　郑自强　刘　斌

常务委员会会议

【概况】 2016 年 11 月至 2017 年 12 月，召开区委第十四届常委会会议 51 次，其中第一次会议至第三十四次会议由区委书记刘任远主持,第三十五次至第五十一次由区委书记许兴国主持。第一次至第八次(补记),于 2016 年 11 月、12 月召开;第九次至第五十一次,于 2017 年召开。根据有关规定,第三十二次、第四十四次至第四十七次常委会会议内容不予公布。

【区委十四届第一次常委会(扩大)会议】 2016 年 11 月 1 日召开。会议传达学习党的十八届六中全会精神和省委常委会第二百零三次会议、市委十二届第一百九十六次常委会会议精神。会议审议区政府党组《关于审议〈2016 年第一批城市基础设施项目租用计划(送审稿)〉的请示》《关于设立新都城乡一体化建设基金相关事宜的请示》。

【区委十四届第二次常委会会议】 11 月 9 日召开。会前学习《关于新形势下党内政治生活的若干准则》和《中国共产党党内监督条例》。会议传达学习习近平总书记近期系列重要讲话和指示精神、《四川省贯彻〈中国共产党党组工作条例(试行)〉实施细则》精神、市委十二届第一百九十七次常委会会议精神、唐良智在甘孜州考察座谈会上重要讲话精神和在省委藏区工作领导小组《涉藏工作专报》上重要指示精神、省市“走基层”工作会议精神。会议审议区政府党组《关于审议〈关于贯彻落实〈中共中央国务院关于实施“全面两孩”政策改革完善计划生育服务管理的决定〉的通知(送审稿)〉的请示》、区委统战部《关于审议〈成都市新都区政协第十一届委员会换届工作方案〉的请示》、区政协党组《关于召开政协第十一届成都市新都区委员会第一次会议有关问题的请示》。

【区委十四届第三次常委会会议】 11 月 15 日召开。会议传达学习习近平总书记近期系列重要讲话精神、王东明在省全面创新改革试验工作领导小组暨省军民融合发展推进领导小组第三次会议上的讲话精神、罗强在新都区调研经济社会发展情况时的讲话精神,研究部署贯彻落实工作并分别形成具体意见。会议听取区政府党组《关于 2016 年 1—10 月全区安全生产工作情况的报告》、区委群工局关于全区信访维稳工作开展情况的报告、区委党校工作开展情况的报告、团区委工作开展情况的报告，研究部署下一步工作。会议审议区委宣传部《关于审定〈成都市新都区突发公共事件信息发布和舆论引导实施办法(代拟稿)〉的请示》。

【区委十四届第四次常委会(扩大)会议】 11 月 23 日召开。传达学习习近平总书记近期系列重要讲话精神、省委十届九次全会精神、市委十二届第一百九十八次常委(扩大)会会议精神、唐良智在调研全市宣传思想工作时的讲话精神、市委办公厅《关于当前我市意识形态领域情况的通报》、成都市区(市)县宣传部部长座谈会会议精神,研究部署贯彻落实工作。会议听取区政府党组《关于全区环境保护工作情况的报告》。会议审议区政府党组《关于申请简阳市脱贫攻坚对口帮扶资金的请示》、区目督办《关于审定〈2016年新都区镇(街道)和区级部门目标绩效考评实施办法(送审稿)〉的请示》、区委机构编制委员会《关于提请审定成都市新都区〈关于加快推进街道办事处职能转变全面深化街道综合管理体制改革的实施意见〉的请示》、成都市新都区党风廉政建设责任制暨惩治和预防腐败体系建设领导小组建设办公室《关于审定2016年度党风廉政建设主体责任考核有关事项的请示》。

【区委十四届第五次常委会(扩大)会议】 12月7日召开。会议传达学习习近平总书记近期系列重要讲话和指示精神、市委十二届八次全会精神、市委十二届第二百零二次常委会会议精神、市委办公厅和市政府办公厅《关于进一步深入贯彻落实中央八项规定精神的通知》、四川省人才工作会议精神、全市关于省纪委机关省委组织部换届风气督察组反馈问题整改落实部署会议精神、省市村社“两委”换届工作会议精神,研究部署贯彻落实工作。会议审议区委组织部《关于村(社区)党组织换届选举工作有关事项的请示》、区政府党组《关于审议〈成都市新都区第十届村(社区)自治组织换届选举工作实施方案〉的请示》、区总工会党组《关于召开成都市新都区工会第十一次代表大会的请示》、区纪委《关于干部违纪问题的请示》、区委组织部《关于干部工作的请示》。会议听取区直机关工委《关于近期机关党建工作情况的报告》。

【区委十四届第六次常委会会议】 12月9日召开。会议研究讨论区委组织部《关于干部工作的请示》,形成意见:原则同意第十八届成都市新都区人大常委会委员建议人选,按照相关规定和程序办理;原则同意政协成都市新都区第十一届委员会常委建议人选,按照相关规定和程序办理。

【区委十四届第七次常委会(扩大)会议】 12月14日召开。组织全体参会人员观看《警钟——辽宁拉票贿选案警示录》。会议传达学习习近平总书记近期系列重要讲话精神、市委十二届九次全会精神、市委十二届第二百零三次常委会会议精神,研究部署贯彻落实工作并形成具体意见。会议审议区委组织部《关于干部工作的请示》、区人大常委会党组《关于召开成都市新都区第十八届人民代表大会第一次会议有关问题的请示》、区政协党组《关于召开政协第十一届成都市新都区委员会第一次会议有关问题的请示》、区政府党组《关于审议〈政府工作报告(送审稿)〉的请示》《关于审议〈新都区2016年国民经济和社会发展计划执行情况与2017年计划草案的报告(送审稿)〉的请示》《关于审议〈新都区2016年财政预算执行情况和2017年财政预算草案的报告(送审稿)〉的请示》、区法院党组《关于审议〈区法院工作报告(送审稿)〉的请示》、区检察院党组《关于审议〈区检察院工作报告(送审稿)〉的请示》、区纪委《关于干部违纪问题的请示》。

【区委十四届第八次常委会(扩大)会议】 12月28日召开。传达学习习近平总书记近期系列重要讲话、中央经济工作会议精神、省委经济工作会议精神、市委十二届第二百零五次常委会会议、第二百零六次常委(扩大)会会议精神、市委检查新都区2016年度落实党风廉政建设主体责任的情况,研究部署贯彻落实工作。会议听取区财政局党组《关于2016年新都区财政支出绩效评价工作的报告》、区委组织部《关于贯彻落实省市严肃换届纪律通知要求认真抓好村(社区)换届工作的情况汇报》。

会议传达学习全市推荐提名四川省出席党的十九大代表候选人、推荐出席省第十一次党代会和市第十三次党代会代表工作部署培训会议精神,研究部署贯彻落实工作。会议审议区政府党组《关于审议〈中共成都市新都区委成都市新都区人民政府关于实行“河长制”管理工作的意见(代拟稿)〉的请示》《关于审议〈中共成都市新都区委成都市新都区人民政府关于全面加强环境保护深入推进大气、水、土壤污染防治“三大攻坚战”的实施意见(代拟稿)〉的请示》、区委组织部《关于审定〈深化完善村级治理机制的意见(代拟稿)〉的请示》《关于干部工作的请示》、区直机关工委《关于审议〈中共成都市新都区委关于进一步加强和改进机关党的建设的若干办法(送审稿)〉的请示》。

【区委十四届第九次常委会会议】 2017年1月4日召开。会议研究讨论区委组织部《关于审议四川省出席党的十九大代表候选人推荐人选、成都市出席省第十一次党代会代表候选人推荐人选、新都区出席市第十三次党代会代表候选人初步人选考察对象建议人选的请示》。

【区委十四届第十次常委会会议】 1月10日召开。会前学习中共中央办公厅《党委(党组)网络意识形态工作责任制实施细则》。会议传达学习习近平总书记近期系列重要讲话及指示精神、十八届中央纪委七次全会精神、市委经济工作会议精神、市委十二届第二百零九次常委会会议精神和市"两会"精神,研究部署贯彻落实工作。会议审议区政府党组《关于审议拨付四川省印刷制版中心有限公司拆迁补偿款的请示》。

【区委十四届第十一次常委会会议】 1月17日召开。会前学习省委办公厅《四川省党风廉洁建设党委主体责任追究办法(试行)》。会议传达学习习近平总书记对政法工作的重要指示精神、唐良智在市委常委会上对贯彻落实全国机要局长会议精神作出的指示精神,研究部署贯彻落实工作。会议审议区委组织部《关于开展2016年度党组织书记抓党建工作述职评议考核有关事项的请示》、区委组织部《关于审议〈区委常委班子民主生活会对照检查材料(送审稿)〉的请示》。

【区委十四届第十二次常委会会议】 1月22日召开。会议传达学习全省对口帮扶藏区彝区贫困县工作座谈会精神,形成贯彻落实意见:目标要聚焦,准备要抢早,对接要到位。

【区委十四届第十三次常委会(扩大)会议】 1月23日召开。会议听取全区各级党组织书记抓党建工作述职并开展评议。就进一步加强从严治党、抓好基层党建工作作出安排部署:抓好思想政治建设,抓好班子带好队伍,夯实党建基层基础,持续推进作风建设。

【区委十四届第十四次常委会会议】 2月8日召开。会议传达学习习近平总书记在2017年春节团拜会上的讲话精神和在中央全面深化改革领导小组第三十二次会议上的讲话精神、省纪委十届六次全会精神、市委十二届第二百一十二次和第二百一十四次常委会会议精神、全市"三网融合"工作现场会议精神,研究部署贯彻落实工作。会议通报春节期间全区社会稳定、安全生产和值班工作情况,审议区政府党组《关于审定成都市新都区迎接环境保护督察工作方案的请示》《关于审定成都市新都区党政领导干部生态环境损害责任追究实施办法的请示》。

【区委十四届第十五次常委会会议】 2月14日召开。会前学习《中华人民共和国环境保护法》。会议传达学习习近平总书记在省部级主要领导干部学习贯彻十八届六中全会精神专题研讨班上的重要讲话精神、四川省环境保护督察成都市动员汇报会议精神和市委十二届第二百一十五次常委会会议精神,研究部署贯彻落实工作。

【区委十四届第十六次常委会会议】 2月21日召开。会前学习《中国共产党纪律检查机关监督执纪工作规则(试行)》。会议传达学习习近平总书记在国家安全工作座谈会上的重要讲话精神和在全国侨务工作会议上的指示精神、全国省市宣传部长会议精神、市纪委十二届九次全会精神、陈吉宁在河北保定进行空气质量专项督察时的讲话精神,研究部署贯彻落实工作。会议审议区人大常委会党组《关于审定〈成都市新都区人民代表大会常务委员会2017年工作要点〉的请示》、区委办公室《关于审议〈关于在区一级开展谈话提醒工作的实施方案(代拟稿)〉的请示》、区纪委《关于召开区纪委十四届三次全会有关事项的请示》。

【区委十四届第十七次常委会会议】 3月1日召开。会前学习《领导干部报告个人有关事项规定》

和《领导干部个人有关事项报告查核结果处理办法》。会议传达学习习近平总书记在中共中央政治局会议、中共中央政治局第三十九次集体学习、中央财经领导小组第十五次会议和北京考察工作时的重要讲话精神，传达学习中央、省委、市委政法工作会议精神和中央《关于新形势下加强政法队伍建设的意见》精神、中央和省市关于全国“两会”期间维护社会稳定相关会议和文件精神、市委十二届第二百一十九次常委会会议精神、成都市对标管理工作动员会议精神，研究部署贯彻落实工作。会议审议区政府党组《关于审议〈新都区国有企业集团化改造方案（送审稿）〉的请示》。

【区委十四届第十八次常委会会议】 3月7日召开。会议审议区委组织部《关于审议新都区出席市第十三次党代会代表候选人初步人选建议名单的请示》《关于审议成都市出席省第十一次党代会代表候选人推荐人选的请示》。

【区委十四届第十九次常委会会议】 3月7日召开。会议听取区委常委暨区人大常委会、区政府、区政协、区法院、区检察院党组书记抓党建工作述职并开展评议，就进一步加强从严治党、抓好基层党建工作作出两点安排部署。

【区委十四届第二十次常委会会议】 3月10日召开。会议审议区委组织部《关于审定十三届市委委员、候补委员和市纪委委员建议人选的请示》，原则同意刘任远、李云作为十三届市委委员、候补委员建议人选，钟思勇作为市纪委委员建议人选。按照相关规定和程序办理。

【区委十四届第二十一次常委会会议】 3月15日召开。会议传达学习习近平总书记在参加四川代表团审议时的重要讲话精神和四川代表团全体会议精神、王东明书记在省全面创新改革试验工作领导小组暨省军民融合发展推进领导小组第四次会议上的重要讲话精神、全市进一步落实党委（党组）意识形态工作责任制工作会议精神，研究部署贯彻落实工作。会议听取《新都区第十届村（居）民委员会换届选举工作情况报告》。会议审议区委办公室《关于审议〈区委常委会2017年工作要点（送审稿）〉的请示》、区政府党组《关于审议〈成都市新都区2017年经济工作要点（送审稿）〉的请示》《关于审议长德新世贸农副产品（物流）批发中心项目财政扶持有关事项的请示》、区纪委《关于建立我区巡察机构有关事项的请示》、区政协党组《关于审定〈政协成都市新都区委员会2017年工作要点〉的请示》、区委政法委《关于审议〈成都市新都区国家司法救助实施细则（送审稿）〉的请示》。

【区委十四届第二十二次常委会会议】 3月29日召开。学习习近平总书记在参加十二届全国人大五次会议四川代表团审议时的重要讲话精神，传达学习省委、市委安排部署，王东明书记在省脱贫攻坚领导小组第十三次会议上的讲话精神，市委第二百二十一、第二百二十二次常委会会议精神，中共成都市保密委员会《关于两起工作秘密泄露事件的通报》，研究部署贯彻落实工作。会议审议区委办公室《关于审议〈中共成都市新都区党委领导班子及其班子成员2017年落实党风廉政建设主体责任清单（送审稿）〉的请示》、区政府党组《关于审议〈中共成都市新都区人民政府党组领导班子及其班子成员2017年落实党风廉政建设主体责任清单（送审稿）〉的请示》。

【区委十四届第二十三次常委会（扩大）会议】 4月1日召开。会议传达学习全市领导干部大会和市委十二届第二百二十四次常委（扩大）会会议精神。

【区委十四届第二十四次常委会（扩大）会议】 4月17日召开。会议传达学习范锐平书记在调研新都时的指示精神，学习范锐平书记在成都市领导干部大会和市委十二届第二百二十四次常委会（扩大）会议上的讲话精神及近期调研区（市）县工作时的讲话精神。

【区委十四届第二十五次常委会会议】 4月19日召开。会前学习《中国共产党工作机关条例（试行）》。会议传达学习习近平总书记在出席十二届全国人大五次会议解放军代表团全体会议时的重要讲话精神、对廖俊波先进事迹作出的重要指示精神、对全党开展"两学一做"学习教育作出的重要指示精神,传达学习王东明、尹力在全省卫生与健康大会上的讲话精神、四川省加快推进"河长制"暨防洪减灾工作电视电话会议精神、四川省环境保护大会精神,研究部署贯彻落实工作。会议审议区政府党组《关于审议〈成都市新都区环境保护工作职责分工方案〉的请示》、区目督办《关于审议〈关于表扬2016年第四季度重点目标完成情况较好单位的通报(送审稿)〉的请示》《关于审议〈2017年区级十大民生实事重点项目(送审稿)〉的请示》、区纪委《关于干部违纪问题的请示》、区委组织部《关于成都香城投资集团有关事项的请示》《关于干部工作的请示》。

【区委十四届第二十六次常委会(扩大)会议】 4月28日召开。会议传达学习成都市第十三次党代会、十三届市委一次全会精神和范锐平在参加成都天府新区、青羊区、龙泉驿区、简阳市代表团讨论时的讲话精神。

【区委十四届第二十七次常委会会议】 5月10日召开。会议传达学习习近平总书记在中共中央政治局会议上的重要讲话精神、在中共中央政治局第四十次集体学习时的重要讲话精神、考察中国政法大学时的重要讲话精神、范锐平在全面体现新发展理念的国家中心城市规划建设专题培训动员会上的讲话精神,研究部署贯彻落实工作。书面传达王川红在区(市)县巡察工作部署会上的讲话。会议审议区委巡察工作领导小组《关于区委巡察工作有关事项的请示》、区纪委《关于审议〈关于建立健全对镇(街道)党政正职和部门主要负责人加强监督的若干制度机制的意见(试行)〉的请示》。

【区委十四届第二十八次常委会会议】 5月16日召开。会议传达学习习近平总书记在"一带一路"国际高峰论坛开幕式上的重要讲话精神和全市开展专项治理"微腐败"工作动员部署视频会议精神,研究部署贯彻落实工作。会议审议区纪委《关于审议〈新都区开展专项治理"微腐败"工作实施方案〉的请示》。

【区委十四届第二十九次常委会(扩大)会议】 6月3日召开。会议传达学习四川省第十一次党代会精神、王东明讲话精神及范锐平在全市传达贯彻省党代会精神大会上的讲话精神、市委常委会(扩大)会议精神,研究部署贯彻落实工作。会议审议区委办公室《关于审议"马上就办"相关工作机制的请示》、区委组织部《关于干部工作的请示》。

【区委十四届第三十次常委会会议】 6月13日召开。会前学习《中共中央关于加强新形势下党的督促检查工作的意见》。会议传达学习习近平总书记在中共中央政治局第四十一次集体学习时的重要讲话精神、中共中央办公厅国务院办公厅《关于甘肃祁连山国家级自然保护区生态环境问题督查处理情况及其教训的通报》、省委关于学习宣传贯彻省第十一次党代会精神抓好当前有关工作专项督导动员培训会议精神、市委十三届第六次常委会会议精神、全市区(市)县对标管理工作推进情况汇报会精神,研究部署贯彻落实工作并分别形成具体意见。会议审议区纪委《关于审议〈成都市新都区怠政懒政庸政问责办法(试行)(送审稿)〉的请示》、区委宣传部《关于审定〈学习贯彻省第十一次党代会精神宣讲工作方案(送审稿)〉的请示》。

【区委十四届第三十一次常委会(扩大)会议】 6月20日召开。会议传达学习范锐平在全市深化领导班子思想政治建设工作推进会"两学一做"学习教育常态化制度化工作座谈会暨局级主要领导干部读书班开班式上的讲话精神、在区(市)县重大产业化项目推进情况汇报会上的讲话精神,传达学习省环境保护督察发现问题整改电视电话会议,研究部署贯彻落实工作并分别形成具体意见。会议审议区政府党组《关于审议〈关于进一步深化"河长制"管理工作的实施意见〉的请示》《关于审定〈新都区关于推动轨道交通、航空发动机、现代物流三大主导产业发展的实施意见(送审稿)〉的请示》、区委政法委《关于成立新都区法学会有关事项的请示》。

【区委十四届第三十三次常委会会议】 7月4日召开。会议传达学习成都国家中心城市产业发展大会和成都市城市总体规划修编暨“东进”战略规划专家咨询会精神，研究部署贯彻落实工作。

【区委十四届第三十四次常委会（扩大）会议】 7月10日召开。会议研究当前全区重点工作，安排部署下一阶段工作，形成意见：讲政治，顾大局；讲规律，谋发展；讲团结，带队伍；讲统筹，抓重点。会议听取区委常委、副区长工作情况汇报，研究安排相关工作。

【区委十四届第三十五次常委会会议】 7月17日召开。会议传达学习范锐平到新都调研“北改”工作指示精神及全市“北改”“西控”工作推进专题会议精神，研究部署贯彻落实工作。会议审议区委办公室《关于审议〈新都区迎接市委领导专项督导新都区深入贯彻落实省市党代会精神抓好重大部署重点项目落地落实工作有关事项〉的请示》、区党风廉政建设责任制领导小组办公室《关于审议〈2016年党风廉政建设主体责任考核及社会评价结果分析整改报告（送审稿）〉的请示》。

【区委十四届第三十六次常委会会议】 7月19日召开。会前学习《中共中央关于修改〈中国共产党巡视工作条例〉的决定》。会议传达学习四川农业农村改革经验交流暨工作推进会和全省基层党建工作视频会议精神，研究部署贯彻落实工作。会议审议区委组织部《关于审议〈加强农村基层党的建设工作的实施意见（代拟稿）〉的请示》《关于干部工作的请示》、区政府党组《关于拨付老旧院落改造工程进度款的请示》《关于成立成都市新都区环境保护督察工作领导小组的请示》。

【区委十四届第三十七次常委会会议】 7月24日召开。会议传达学习市委十三届第十二次常委会会议精神，听取2017年上半年重点工作情况汇报，分析形势、总结工作，研究部署区下半年工作。传达学习成都市绿道建设工作专题会会议精神，研究部署贯彻落实工作。会议审议区政府党组《关于审定〈成都市新都区生态环境损害责任追究实施细则（试行）〉的请示》。

【区委十四届第三十八次常委会（扩大）会议】 8月3日召开。会议传达学习习近平总书记在省部级主要领导干部专题研讨班上的重要讲话精神及省委常委会（扩大）会议和市委常委会会议精神、第八次全国信访工作会议精神，传达学习近期范锐平书记、罗强市长对信访工作的重要批示精神及朱志宏副书记在全市信访维稳工作会议上的讲话精神，研究部署贯彻落实工作。会议审议区政府党组《关于审定〈成都市新都区深入推进环境问题整改做好中央环保督察工作总体方案〉的请示》《关于审定〈成都市新都区迎接中央环保督察工作方案〉的请示》《关于审议〈中共成都市新都区委成都市新都区人民政府关于全域幸福美丽新村建设的实施意见〉的请示》、区纪委《关于审议〈新都区2017年党风廉政建设和反腐败工作的意见（送审稿）〉的请示》、区委办公室《关于审定〈中共成都市新都区委常委会议事决策规则（送审稿）〉的请示》、区委保密办《关于审定〈中共成都市新都区委关于加强和改进保密工作的实施意见（代拟稿）〉的请示》。

【区委十四届第三十九次常委会会议】 8月15日召开。会议传达学习全市国有企业党的建设暨国资国企改革发展工作会议精神、全市研究产业生态圈建设专题会议精神，研究部署贯彻落实措施。会议审议区政府党组《关于审定〈成都市新都区金堂县对口帮扶甘孜州理塘县规划（2017—2021年）〉的请示》《关于审定〈关于拨付响水湾片区土地地价款〉的请示》《关于审定〈支付公立医院2017年流动资金贷款本息〉的请示》、区委党校《关于审议〈关于加强和改进新形势下党校工作的实施意见（送审稿）〉的请示》、区委组织部《关于干部工作的请示》。

【区委十四届第四十次常委会会议】 8月27日召开。会议专题听取中央环保督察下沉新都区发现问题处置办理情况，研究部署下一步工作并形成意见：要坚定决心，动真碰硬切实整改；要依法依纪，从严从快分类处理；要举一反三，科学有序长效整治。

【区委十四届第四十一次常委会会议】 9月11

日召开。会议传达学习王东明在全省深度贫困县脱贫攻坚会议上的讲话精神、成都市城乡社区发展治理大会会议精神、市委常委(扩大)会会议精神、范锐平在市领导带队集中督导第一阶段工作汇报会上的讲话精神和市委对新都区第一阶段督导反馈意见、市纪委《关于7起违反中央八项规定精神典型问题的通报》精神、田蓉在文明城市建设暨复查迎检动员会上的讲话精神,研究部署贯彻落实工作。会议审议区委办公室《关于审议〈新都区深入贯彻落实省市党代会精神　开展“三破除三主动”专题活动的实施方案(送审稿)〉的请示》、区委宣传部《关于审定〈成都市新都区关于进一步加强和改进新闻发布工作的实施意见(代拟稿)〉的请示》、区委组织部《关于设立新都区城乡社区发展治理机构有关事项的请示(送审稿)》、区委巡察办《关于审定〈2017年第二轮巡察工作实施方案〉的请示》、区政府党组《关于审定〈实施“成都治霾十条”推进铁腕治霾新都工作方案(代拟稿)〉的请示》《关于审定〈实施“成都治水十条”推进重拳治水新都工作方案(代拟稿)〉的请示》《关于增加规划编制经费预算的请示》《关于拨付泰兴镇22.07亩土地收益的请示》《关于追加2017年下半年新建公办幼儿园和移交教育主管部门的公建配套幼儿园运行经费的请示》《关于拨付安博项目土地成本的请示》。

【区委十四届第四十二次常委会会议】 9月21日召开。会议审议区委组织部《关于审议〈关于深化“香城人才工程”实施人才优先发展战略的若干意见(送审稿)〉及配套“一校(院、企)一策”的请示》《关于审议〈新都区党员区领导担任镇(街道)党(工)委第一书记暂行办法〉的请示》、区委编办《关于机构调整设立有关事项的请示》。

【区委十四届第四十三次常委会会议】 9月25日召开。会议传达学习成都市卫生与健康暨健康城市建设推进大会会议精神,研究部署贯彻落实工作。会议审议区委办公室《关于审议〈中共成都市新都区委工作规则(送审稿)〉的请示》、区目督办《关于审定〈新都区2016年目标绩效管理有关事项〉的请示》、区政府党组《关于审定〈实施成都“治堵十条”推进科学治堵新都工作方案〉的请示》《关于审议〈成都市新都区法治宣传教育第七个五年规划(2016—2020年)〉的请示》《关于申请简阳市平窝乡脱贫攻坚对口帮扶资金的请示》《关于申请注入注册资本金的请示》、团区委《关于召开共青团成都市新都区第十四次代表大会的请示》。

【区委十四届第四十八次常委会会议】 12月6日召开。会议传达学习市委常委会会议精神,研究部署贯彻落实工作。会议听取区委常委,区人大常委会、区政府、区政协、区法院、区检察院党组书记落实党风廉政建设主体责任情况汇报。会议审议区党风廉政建设领导小组办公室《关于审定〈2017年度党风廉政建设主体责任考核有关事项〉的请示》。

【区委十四届第四十九次常委会(扩大)会议】 12月12日召开。会议传达学习省委十一届二次全会精神、市委十三届二次全会精神和习近平总书记关于进一步纠正“四风”、加强作风建设重要批示精神以及市委常委会会议精神,研究部署贯彻落实工作。会议审议区委巡察工作领导小组《关于审议〈中共成都市新都区第十四届委员会巡察工作规划(2017—2021年)〉的请示》《关于审议巡察有关事项的请示》、区委组织部《关于干部工作的请示》。

【区委十四届第五十次常委会会议】 12月22日召开。会议审议区政府党组《关于审议〈2017年底财政预算大额资金安排情况〉的请示》,原则同意该请示,按照相关规定和程序办理。

【区委十四届第五十一次常委会会议】 分别于2017年12月28日、2018年1月2日召开第一阶段和第二阶段会议。第一阶段会议传达学习中央经济工作会议、省委经济工作暨全省金融工作会议精神、市委常委会会议精神,研究部署贯彻落实工作。安排部署新都区2018年1月重点工作。审议区目督办《关于审定〈2017年新都区镇(街道)和区级部门目标绩效考评实施办法〉的请示》、区残联《关于召开新都区残联第七次代表大会的请示》。第二阶段会议研究并讨论区委组织部

《关于干部工作的请示》，就干部人事任免形成具体意见。

（冯曼勤）

全体委员会会议

【概况】 2017年，召开区委第十四届第二次至第四次全体会议，共3次。

【区委第十四届第二次全委会会议】 1月4日召开。会议研究讨论区委组织部《关于审议四川省出席党的十九大代表候选人推荐人选、成都市出席省第十一次党代会代表候选人推荐人选的请示》，到会区委委员28人（因公因事请假4人）采用举手表决方式进行表决。形成以下意见：原则同意区委组织部提出的代表候选人推荐人选，按照相关规定和程序办理。

【区委第十四届第三次全委会会议】 3月7日召开。会议研究讨论区委组织部《关于审议成都市出席省第十一次党代会代表候选人推荐人选的请示》，到会区委委员26人（因公因事请假6人）采用举手表决方式进行表决。形成以下意见：原则同意斑竹园镇党委书记刘洁为成都市出席省第十一次党代会代表候选人推荐人选，按照相关规定和程序办理。

【区委第十四届第四次全委会会议】 3月15日召开。投票确定新都区出席市第十三次党代会代表候选人预备人选，到会区委委员23人（因公因事请假9人）采用投票表决方式进行表决。形成以下意见：原则同意刁蜀梅、王万春、印宁波、刘洁、刘任远、刘怒海、李云、李娜、陈春地、钟思勇、徐教勇、黄君德、潘捷、民荣、刘蓉、杜捷、李建、肖本敬、吴晓华、余茂飞、张弛、陈军、周友平、周仕明、彭晓林、潘中华26人为新都区出席市第十三次党代会代表候选人预备人选，由区委组织部负责，及时做好材料上报工作。审议区委组织部《关于召开中国共产党成都市新都区代表会议的请示》，到会区委委员23人（因公因事请假9人）采用举手表决方式进行表决。形成以下意见：原则同意该请示，由区委组织部牵头，区委办公室、区纪委、区委宣传部、区委统战部、区委政法委等相关部门配合，确保党代表会议顺利召开。

（冯曼勤）

区委办公室工作

【办文办会】 进一步优化业务流程和工作机制，确保文件流转更加快捷、服务保障更加高效、公务接待更加规范、督查督办更加有力。进一步规范区委议事规则和程序，健全完善委办与镇（街道）、部门之间工作协调运行机制，修订《区委工作规则》《区委常委会议事决策规则》。制定文稿质量测评办法，并将测评结果纳入目标考核。实施"专人跟签"机制，重要文件、紧急文件24小时内流转签发（签批）。全年制发区委和区委办公室文件500余件。及时梳理完善办文、办会、办事等各项工作制度、流程，并汇编形成《区委办公室工作手册》。把握"会前、会中、会后"三个时间节点，着力提升会务工作"软指标"和"硬指标"，确保每一项工作环节有据可依、有章可循、照章办事。全年接待224批次、3200人次。

【信息参谋】 全年刊发《领导参阅》43期、《综合信息》47期。收集民情民意和工作中出现的新情况、新问题，及时向区委领导决策提供第一手资料，提出参考建议。

【督查工作】 采取挂图督查办法，对督办事项实行项目化、台账式管理，逐项盘点、逐项督查、逐项销账。联合区政府办公室、区目督办，构建大督查机制，开展联合督查，坚持督查到底，确保督办事项"件件有回音、件件有落实"。年内制发《督办通知》70期，向区委提交专项督查报告51件。

（冯曼勤）

纪检监察

【概况】 中共成都市新都区纪律监察委员会（成都市新都区监察局）简称区纪委（区监察局），区纪委机关与区监察局合署办公。内设机构9个：办公室、组织部、宣传部、党风政风监督室、信访室、案件监督管理室、第一纪检监察室、第二纪检监察室、案件审理室，机关行政编制32人。下属事业单位新都区纪检监察信息中心，事业编制5人。派驻(出)区级纪检监察机构56个。

全区“怠政、懒政、庸政”专项治理、党风廉政宣传等工作得到上级纪委肯定，专项治理“微腐败”工作经验在《人民日报》刊登并被省纪委转发。杨升庵廉洁文化教育基地被确定为全省三个廉洁文化教育基地之一。

【组织协调】 协助区委加强党风廉政建设和组织协调反腐败工作，推动主体责任清单全覆盖，创新“清单化管理+项目化推进+平台化监管”工作法，相关做法在中纪委网站刊载。对全区各单位落实党风廉政建设主体责任情况进行全面检查考核，对履行管党治党责任不力的24名领导干部进行问责，对2017年上半年党风廉政建设群众满意度不高的单位进行点名通报，对2016年“两个责任”考核排名靠后的15家单位的党组织和纪检机构主要负责人，实施约谈告诫。

【纪律监督】 立案查处违反政治纪律的党员干部1人，开展党风廉政审查968人次，查处个人有关事项报告不实问题2人。对党的十九大和省、市、区党代会精神贯彻落实情况开展监督检查，对产业发展、城乡社区发展治理、环境保护等重点工作落实情况进行再监督、再检查，参与“三破除三主动”专题活动督导检查。常态化督促各级党组织严肃开展民主生活会和组织生活会，将党内政治生活执行情况作为纪律审查、区委巡察、专项检查的重点内容。

【作风监督】 出台“怠政、懒政、庸政”问责办法，建立“区级相关部门牵头、区领导签署意见”移送机制，查处“靠山吃山”典型案件1件、1人，查处问题12件。抽调纪检组组长组成9个作风督查组，聘请12名特邀监察员参与作风督查，邀请记者不定期参与作风明察暗访，在中央和省、市、区级媒体曝光典型问题68起。聚焦基层治理“微腐败”，拍摄的专题片在《廉洁四川》栏目播出。运用“坝坝会”“圆桌会议”“院落监督哨”等形式收集意见建议，“清仓起底”信访问题线索，快查快处“微腐败”案件105件、132人。探索“三权共治”“27学习议事固定日”等工作机制，运用“三联+”推进“微腐败”治理的做法在全市交流。

【源头治理】 严格执行“一把手”“三重一大”事项决策全程记实、末位表态、经济责任审计等制度，强化国有企业监督，构建制度落实责任网络，制定规范性文件13个。统筹推进市、区两级预防腐败创新项目70个，确定区级廉政专项防控项目59个，在4家单位开展系统化防治腐败，在5家单位运用信息技术和大数据分析试点开展预防腐败“精准防控”。承办成都市《传家宝》“微电影”首映暨《中国家规》赠书活动，在中央、省、市级主要媒体和网站宣传报道全区党风廉政建设成效209篇，杨升庵家风家规被收录入《中国家规》。

【纪律审查】 率先在全市开展信访举报规范化标准化示范建设，全年受理信访举报394件次，办结率100%。全年立案审查205件、234人，立案数比上年增长72.3%，给予党纪政纪处分230人，市纪委提级立案6件、6人。运用监督执纪“四种形态”，全年处理479人次，新都区落实第一种形态做法在全市交流。发挥纪律审查治本功能，做到保护和惩处有机结合，免予纪律处分3人，对谈话函询予以了结的及时通报所在党组织和本人23件次，对调查核实不属实的及时予以澄清。

5月17日，召开新都区专项治理“微腐败”工作动员部署大会

办理涉及纪检监察干部的信访举报和问题线索6件，办结6件，立案查处1件、1人。

（李　康　张　晗）

组织建设

【概况】 2017年，中共成都市新都区委组织部（简称区委组织部）内设机构9个：办公室、组织一科、组织二科、干部科、公务员管理科、干部监督科、人才科、研究室、党建科；下属事业单位2个：区党员教育中心（挂区党员服务中心、区流动党员服务中心牌子）、区党员干部人才档案管理服务中心。

【政治建设】 以党的政治建设为统领，强化各级党员干部“四个意识”，落实《中国共产党廉洁自律准则》等党内各项法规，健全和规范党委（党组）运行规则，执行民主集中制、“三会一课”、民主生活会、领导干部双重组织生活、民主评议党员、谈心谈话等制度，建立党员区领导担任镇（街道）党（工）委第一书记工作机制，以上率下提升复命意识、责任意识和实干意识。构建全覆盖、多层次的“1+2”领导干部党建责任述职评议体系。

【思想建设】 推进“两学一做”学习教育常态化制度化，开展“三个一固定党日”“四查四看”“重温入党誓词”等活动，采用多形式、全覆盖、接地气的宣讲和培训，增强党员干部“不忘初心、牢记使命”的宗旨意识和行动自觉。落实区委“三破除三主动”专题活动部署，推动广大党员干部破除“圈层意识”“码头意识”“将就意识”，形成主动向上争取，主动对外招商，主动下沉服务的自觉行动。传承本土红色教育基因，打造督桥河黄霖兄妹故居红色教育基地。完成全区127个农业村的“微党校”全覆盖，“幺店子”学堂被《人民日报》先后两次报道。

【基层组织建设】 以增强政治功能、提升组织力为核心，统筹推进各领域基层党建基础工作。2017年，全市基层党建务虚会、民办学校党建工作推进会在新都区召开，代表成都市接受全省党建工作督查调研。

城乡社区发展治理 厘清基层党建在城乡社区发展治理中的定位、思路和路径，构建“三联三治三网”的基层治理体系，出台“党建引领15条”，提升党建引领城乡社区发展治理的能力水平。

扩大基层党组织覆盖面 探索扩大党组织在合作社、家庭农场、行业协会等农村新型领域的有形有效覆盖，把党建工作的链条延伸到基层末梢。建立“1+N+N”党建工作机制，推动党员干部前移阵地、下沉服务，提升党组织服务发展的主体作用。推行镇（街道）“兼职委员”和区域化党建联席会议制度，实现基层党建从条块分割、封闭运行向条块结合、共驻共建的转变。开展基层党建“六月会战”“50天攻坚”行动，通过集中建设32个党建实体化示范点，辐射带动各领域党建工作全面进步、全面过硬。

基层党建攻坚突破 坚持党建引领国企，在区属国企香投公司集团化改造过程中，同步建立集团党委，配强专职副书记，推行“双向进入、交叉任职”领导体制，设立党群工作部，完善党组织议事决策机制。突出党建和教育事业主题高度融合，制定中小学校、民办学校（幼儿园）党的建设工作办法，创新“领航者”“燃灯者”“引路者”系列行动。聚焦党建服务“两新”组织健康发展，全面实施“双联系双培育”工程，在产业园区设立专职副书记、党群工作部及企业综合党委。实施机关党建“五大工程”，通过抓支部、强支部，主动将机关党建融入中心工作。

基层基础保障力度 开展深化城乡基层党组织结对共建行动，落实基层党建11项重点任务。推行“区选镇管村用”村级后备干部三级联培机制，遴选村级“两委”后备干部765人，村级后备干部人才培养力度得到增强。以产业工人、青年农民、高知识群体和“两新”组织为重点，发展党员307人。

【干部队伍建设】 按照市委“讲政治、懂城市、会经济、善治理”的总体要求，培养造就政治过硬、本领高强，具有专业能力和专业精神的城市建设中坚力量。

精准科学选干部 推行一线考察识别干部工作法，聚焦重大项目、重大工程，考察领导班子执行力和领导干部专业素养。完成对全区镇（街道）和区级部门领导班子动态考察，加强对领导干部和后备干部队伍的综合分析研判。全年动态调整区管干部3批次，储备市管、区管优秀后备干部人才300余人。

分层分类育干部 围绕提升干部思维眼界和专业素养，开展精品培训和规模培训。围绕提升干部攻坚克难实战水平，开展优秀年轻干部到产业项目、镇村基层、发达地区、沿海驻点招商等“四个一线”挂职培训。围绕优化干部成长路径，破除干部队伍断层现象，实施中层干部跨部门交流任职，优秀年轻干部“递进培养”计划。全年举办各类培训79期次，培训各级干部9216人次。选派优秀干部人才103人，到区内重大项目、重点工作、先进发达地区、贫困地区挂职锻炼。

从严从实管干部 实施干部工作日志管理，细化干部关爱激励措施，深化“1+3”干部监督工作法，构建党政领导干部信用监督体系。加强干部监督员、考察员、观察员三支队伍，对工作推进不力的领导班子开展提醒谈话，及时调整不胜任现职干部。开展各项专项检查治理，完成全区“三超两乱”问题整改，强化区管干部个人有关事项报告填报刚性约束制度。

【人才队伍建设】 以更加积极、开放和有效原则，推动各方面优秀人才队伍建设。

出台新政 出台“新都人才新政24条”，实现对人才、用人主体、人才机构的政策全覆盖。坚持把人才作为促进产业发展的第一要素，实施“一校（院、企）一策”订单式服务，助推高校高端人才集聚、院所项目攻坚和企业产品研发生产。推出“青年人才公屋”计划，重点解决全日制本科学历落户新都和到新都创业的青年人才安居问题。

人才引进 实施“特需人才引进计划”，瞄准海内外高校，引进硕博特需人才31人。实施“双招双引”双轮驱动计划，组建“双招双引”人才服务团。承办西安、宁波“蓉漂‘人才荟’”系列活动，与西安交通大学签订人才战略合作协议。

特色服务 发放人才绿卡，在政务、生活、生产、创业等方面推出新都区特色服务，被市委组织部列为“蓉城人才绿卡”项目建设试点地区。开展人才公寓选房，创新推出青年人才公屋。

（胡　月　舒　枫　雷晓琴　林盛波）

宣传思想工作

【概况】 2017年，全区宣传思想工作着力抓好思想教育和理论学习，提高舆论引导能力，培育和践行社会主义核心价值观，开展文化建设活动，搞好对外宣传，全面唱响主旋律，为加快建设现代化国际范成北新中心城区提供精神食粮。

【理论学习】 将习近平同志为核心的党中央治国理政新理念新思想新战略、“四个全面”战略布局、意识形态工作、党的十九大、省市党代会精神等内容列入学习计划，召开区委理论学习中心组学习（扩大）会20次，开展集中宣讲130余场，分散宣讲500余场。围绕区委中心工作开展社科理论研究。“抗战文化社科普及基地”被评为市级社科普及基地。拟制《关于开展破除“三种意识”大讨论活动的实施意见》，组织中心组学习2场，开展专题大讨论3场，在省市媒体推出宣传报道49篇。

【文化活动】 开展“我推荐、我评议”身边好人和第三届“道德模范·新都好人”评选表彰、宣传推广活动，入选中国好人榜1人、市级道德模范4人，《新都区第三届“道德模范·新都好人”颁奖晚会》荣获第五届全国市县电视台推优活动电视综艺晚会类一等奖。举办荷桂文化旅游节、第二届全民文化艺术周、2017成都国际友城青年音乐周新都分会场等艺术活动。杨升庵入选首批十位四川历史名人，新都区被市委宣传部列为2017年成都市家规家风示范点试点区县。《成都市新都区推进核心价值观落地生根》《凝聚全城力量　弘扬主流价值》《新都区采取措施加强社会主义核心价值观宣传教育》等文章，先后由中宣部、省委宣传部、市委办公厅刊发。传承弘扬好家风好家训经验，在市级社会主义核心价值观现场会上做交流发言。完成全区各镇（街道）、80%的村（社区）基层综合性文化服务中心建设。

【文化产业】 制定《成都市新都区文化产业专项资金管理办法》和《成都市新都区文化产业发展专项资金实施细则》，全面征集区内文创产业项目，评选出文化产业扶持项目20个，文艺体育获奖项目76个，拨付文产专项资金950.65万元。下发《成都市新都区文创艺术人才引育实施细则》《成都市新都区音乐产业生态圈研究及工作推进方案》，启动《新都区“十三五”文创产业发展规划》编制工作。下达省、市、区2017年文产专项扶持资金1200万元，对上争取到市级文化产业资金250万元。

以音乐产业“一中心三基地”（环川音音乐文创中心、音乐教育培训基地、动漫游戏音乐基地、流行音乐演艺基地）为核心，确立“天府文脉，乐创新都”城市文化品牌定位，实施“历史名人传承创新工程”“乡村文化现代化建设工程”“行业特色+

文化”工程，融入“一带一路”“蓉欧+”战略。

【舆论导向】 固化全区落实党委（党组）意识形态工作责任制推进会制度，细化《新都区贯彻落实党委（党组）意识形态工作责任制实施细则》。《先锋》杂志刊登新都区《做到“五个坚持” 牢牢掌握意识形态工作主动权》理论文章。建立意识形态通报制度，先后两次在区委常委会、意识形态工作推进会等相关会议上进行通报。完善突发事件新闻应急处置、网络舆情分级处置等应急预案，完成重大时间节点应急值守工作，向区委、区政府报送《舆情日报》174 期、《舆情月报》9 期，监测、处置舆情1500 起。

【对外宣传】 全国“两会”期间，在《中国新闻周刊》《每日经济新闻》《四川日报》推出专题报道。围绕营造喜迎党的十九大胜利召开，学习贯彻省市区党代会精神浓厚氛围，在中央、省、市级媒体推出宣传报道 1300 余篇。召开新闻发布会 4 场，组织全区新闻发言人赴清华大学开展专题培训。举办“一带一路”国家形象与城市品牌论坛暨新都“升庵文化城市品牌与文化产业发展”专题研讨会、“2017 国际轨道交通峰会”等。动漫作品《风口上奔跑的新都》获网友点击 200 万次。区官方微博@新都资讯新浪微博入选《2017 年上半年〈人民日报〉·政务指数微博影响力报告》“全国十大党政新闻发布微博”排名第七和“四川十大党政新闻发布微博”排名第三。

【互联网信息管理】 年内对全区 4000 余家政务网站及属地商业网站进行巡查 4 轮。开展“护苗2017”“清源 2017”“固边 2017”等专项行动，清理整治网上各类违法有害信息，清朗网络空间。向区委、区政府报送舆情预测预警信息 50 余起、舆情分析报告 12 期。组织全区网评员参加全市网络宣传、舆论引导 70 余次，发布评论 3500 余条。开展网评员业务培训 2 次。 （李金懋 成 娅）

精神文明建设

【概况】 成都市新都区精神文明建设委员会办公室（简称区文明办）下设创建科、未成年人和志愿服务科，机关编制 4 人。区文明办主要抓好文明城市深化巩固、公民道德建设、未成年人思想道德建设、群众性精神文明建设创建活动工作。

【文明城市建设】 建立健全全国文明城市测评和成都综合文明指数测评工作责任体系，在全区范围内深化文明城市、文明村镇、文明单位、文明家庭、文明校园“五大创建活动”。2017 年，被评为省级文明家庭 1 户、市级文明家庭 3 户、新都区文明家庭 10 户。持续开展文明交通、文明出行、文明餐桌、文明上网“四大文明行动”，与《精神文明报》合作，开展“名咖解读文明城”论坛活动，邀请区内外文化“名咖”深入社区（村）、学校、景区、机关单位等点位调研。结合送文化下乡、文化巡演下基层，开展文明城市创建有奖知识问答活动 38 场。年内，3 个“三美”示范村通过市文明办考核验收，市级“三美”示范村增至 24 个。全区市级以上文明村镇 10 个、市级文明户 3 户、区级文明村镇 67 个、区级“三美”示范村 74 个。

【成都文明热线】 区文明办把成都文明热线“96110”信息平台运行管理工作作为加强党风廉政建设、行政效能建设的重要手段和听取群众意见、接受群众监督的重要渠道。2017 年，接到市民反映的关于城乡住房、服务质量、公共设施、规划建设、环境污染、交通问题、社会治安、社区管理、市容面貌、市容秩序、水电气、网络通信、新闻信息、噪音扰民、其他信息等 15 类文明热线“96110”问题 1445 件，其中经相关职能部门处理后回复市民 769 件，市民对处理结果表示满意的 530 件，满意度为 68.9%。

【公民思想道德建设】 结合每周在黄桷树广场举办“快乐周末·百姓舞台”，开展“道德模范”专题巡讲巡演。拍摄微电影“道德模范·新都好人”，在“中国文明在线”上进行展播，并参加四川省道德模范微电影巡展。在第三届“道德模范·新都好人”推荐评选活动中，市民群众评选参与投票 100 余万人，通过现场和电视转播观看道德模范颁奖典礼 50 余万人次。《新都区第三届“道德模范·新都好人”颁奖晚会》在中国视协主办的第五届全国市县电视台推优活动颁奖典礼上，获电视综艺晚会类一等奖。新都国税局曹永能被评为“中国好人榜好人”及全国最美志愿者、四川省优秀志愿者。

【志愿服务活动】 截至年底，全区建成社区志愿服务站128个，覆盖率100%(城市社区为标准化志愿服务站)。在2017年全市社区志愿服务示范站创评活动中,创评一级示范站3个、二级示范站3个。强化专业社工引领和培训,形成“医务社工+志愿者”“心理咨询师+志愿者” 等专业服务模式。在扶贫助困、社区营造等领域开展贴近民生需求志愿者服务项目130余个,其中获得2017年成都市志愿服务优秀项目6个。至年底,新都区在成都志愿者网(APP)上注册志愿者人数为127610人,注册志愿者人数占全区常住人口的14.43%,注册志愿服务队伍1719支，全年发布志愿服务项目6024个。健全志愿者招募制度和志愿服务供需对接制度,进行分级分类培训,提升队伍素质和服务技能。建立志愿服务督查通报制度,定期在成都志愿者信息管理系统提取和统计相关数据，形成分析通报,纳入目标考核。2017年,新都区被评为成都市志愿服务先进单位。

【未成年人思想道德建设】 5所市级文明校园成功创建为省级文明校园。围绕重要时间节点,开展清明祭英烈、学习和争做美德少年、“童心向党”歌咏活动、“向国旗敬礼”网上签名、“我的中国梦”等主题教育活动和“童谣唱家乡”立德童谣征集传唱活动。加强和改进新时期未成年人思想道德建设工作,开展“悦读伴成长·书香飘校园”2017年成都市未成年人阅读习惯养成教育活动。完善13所乡村学校少年宫的网上档案填报工作，新都区未成年人心理成长中心投入使用，常态化开展各种形式的心理健康辅导活动。在“童心绘文明·图画美家乡”2017成都市中小学生校园绘画创作活动和“发展天府文化·传承书法艺术”成都市2017年青少年书法大赛活动中，新都区文明办均获得优秀组织奖。

【文明新都网建设】 以建好用好“新都文明网”为依托,完善新都文明网信息报送系统建设,拓展文明创建网络阵地。加强成都文明网联盟网站打造,开设专栏10个,展示新都区精神文明建设和文明城市深化巩固工作。 （成　娅）

统战工作

【概况】 中共成都市新都区委统一战线工作部(简称区委统战部）挂成都市新都区民族宗教事务局(简称区民宗局)牌子,同中共成都市新都区委对台工作办公室(简称区委台办)、成都市新都区人民政府台侨事务办公室(区台侨办)合署办公。区委统战部内设办公室(挂干部科牌子)、联络科(挂知工科牌子)、民宗台侨科、援藏科,区民宗局内设办公室、民族宗教科。行政编制15人,实有人员21人。

【民主党派工作】 2017年,新都区有民盟、民建、民进、农工党、九三学社民主党派基层组织5个,有民革、致公党无基层组织的党派2个,共有民主党派成员467人。其中,省政协委员1人、市人大代表3人、市政协委员3人、区人大代表15人、区政协委员76人。

协助民主党派考察发展新成员27人,其中民盟4人、民建7人、民进3人、农工党6人、九三学社7人。规范对民主党派活动经费的管理,指导民主党派基层组织开设银行对公账户。推荐民主党派人士8人,参加中央、省、市社会主义学院专题培训，鼓励各民主党派基层组织积极参与理塘援助工作，为12户藏区贫困家庭募集22万元救助款和生活物资。各民主党派基层组织积极参与成都市新都区慈善会举办的新都区2017年“扶贫日”暨“慈善一日捐”活动,共捐善款4万余元。围绕城市布局、产业发展、城市动力、城乡社区发展治理、民生改善等方面内容,展开调研并完成调研报告。

民盟新都总支获民盟成都市委会“思想宣传工作先进集体”称号。民建新都总支获民建成都市委会“先进基层组织”“参政议政工作先进集体”“组织工作先进集体”“思想宣传工作先进集体”称号。农工党新都支部,获农工党成都市委会“先进基层组织”“思想宣传先进集体”“社会服务先进集体”称号。九三学社新都支社,获九三学社成都市委会“坚持和发展中国特色社会主义学习实践活动先进基层组织”“宣传信息先进基层组织”“社会服务先进基层组织”称号。

【民族宗教工作】 组织全区宗教界代表人士、教职人员学习2017年新修订的国务院《宗教事务条例》。规范宗教场所建设,完成新都区宗教活动场所财务审计及督促整改工作。开展民间信仰专题调研工作,对13个镇(街道)的民间信仰情况进行登记建账,重点对“两乱”问题进行梳理并制定处置计划。规范宗教活动场所改建、扩建和迁建,指导龙桥观音寺完成异地迁建，协调泥巴沱天主堂异地迁建相关工作。

组织企业负责人集中参加全市清真食品工作培训会，对全区清真食品企业进行专项检查，完善全区清真食品企业台账，建立“一企一档”档案管理制度。深入社区、学校、清真寺、清真食品生产企业和民族特需品定点生产企业，开展民族团结进步宣传活动，发放《成都市清真食品管理规定》《成都市少数民族服务指南》《四川省城市少数民族流动人员服务指南》等书籍和宣传资料2000余份。签订2017年寺观教堂社会治安综合治理责任书，开展全区宗教场所安全大检查6次，指导部分场所对消防、危旧房安全隐患进行整改，开展宝光寺古建筑群白蚁灭治工作。

对全区宗教三级网络台账进行更新，明确各镇(街道)、村(社区)宗教工作分管领导及联络员255人，指导基层宗教工作分管领导和联络员按照属地管理原则，认真做好辖区宗教政策及法律法规的宣讲教育。落实“法律七进”活动要求，履行“法律进寺庙”牵头单位职责，制定《2017年新都区“法律进寺庙”活动年度计划》，组织全区宗教场所教职人员集中开展法制学习，发放法制宣传资料200余份。出版发行《宝光寺·罗汉堂》画册，编纂《宝光寺·藏珍》和《宝光寺·建筑》分册。

【民营经济工作】 抓好非公经济人士的思想政治教育，推荐民营企业家20余人参加省、市、区级部门组织的在井冈山、延安、杭州、深圳等地的培训。组织召开非公经济迎新座谈会和走访慰问工作，走访会员企业65家，收集意见和建议23条，协调解决相关问题8个，并就会员企业反映的困难形成问题专报5期，报区委、区人大常委会和区政府分管领导。

开展非公经济综合评价工作，建立和完善非公有制经济人士数据库170余人。指导工商联召开换届大会，选举产生新一届领导机构和领导班子141人。筹建区青商会，加强对青年企业家的教育培训培养。举办“一带一路”(中巴经济走廊)新都民营企业家座谈会，鼓励企业走出国门。组织“喜迎十九大　永远跟党走”新都区非公企业庆祝中国共产党成立96周年文艺晚会。实施“十百千万”对口帮扶理塘县精准扶贫工程，动员十家以上行业协会、百家以上企业、千户以上家庭、万名以上爱心志愿者参与对口帮扶藏区工作，为理塘募集价值135万余元的物资。

【党外人士工作】 举办党外人士学习班，召开座谈会、报告会、研讨会等。抓好党外后备人才选拔培养工作，依托浙江大学、深圳公共服务人才学院培训党外人士100余人次，安排党外干部参加区委党校局干班、青干班及选送市委统战部“党外干部菁英培养工程2017年培训班”20余人次。向区法院、区检察院去《关于推荐党外后备干部的函》，向市委统战部和区委组织部报送由不同梯次人员组成的党外干部后备队伍名单26人。

制定《成都市新都区2017年党外知识分子和新的社会阶层人士工作要点》，组织成立成都市新都区新的社会阶层人士联谊会。调整《新都区区级主要领导、区委常委与党外人士联系交友名单》，将党外知识分子和新的社会阶层人士纳入联系交友范畴。组织区党外知识分子和新的社会阶层人士专家服务队，先后两次赴清流镇开展义诊、法律咨询、普法讲座、社保政策宣讲等多种社会服务，并向清流镇捐赠名家画作和价值3万元的防暑降温药品。

【海外统战工作】 在全区范围内进行新一轮涉台资源调查工作，建立健全台胞台属及台资企业数据管理库，并进行动态更新。加强赴台交流的审批

12月12日，成都市新都区新的社会阶层人士联谊会成立大会合影

和管理，严格按规定手续和流程办理赴台交流事宜，印发《因公赴台任务申报通知》，做到赴台交流早计划、早申报、早安排，确保赴台交流交往规范有序开展。依托西部海外高新科技人才洽谈会，开展台侨企业与海外高科技项目交流对接。

集中走访台资企业8家和台商、台干11人，介绍新都区最新出台的产业扶持政策，对提出的困难问题积极协调解决。慰问鸿昌塑胶等台资台企和部分台胞台属代表，送去新春祝福。组织港澳台侨界人士在新都体育场演艺厅举行“欢度国庆喜迎重阳”演出。组织区教育学会团组赴台湾元智大学科学教育中心参加教学管理培训，组织党政代表团赴台湾进行社会救助和养老产业参访考察。

【援藏工作】 修改完善《成都市新都区对口支援甘孜州理塘县规划(2017—2021年)》。2017年拨付援助资金2956万元，额外捐赠脱贫攻坚资金300万元，援助人才专项资金100万元，设立“高原情·教育梦”资助奖励基金100万元。印发《新都区对口支援甘孜州理塘县援助项目资金管理暂行办法》，进一步规范区援助资金使用管理。投入13.3万元，建立远程阅片中心；投入5万元，帮助理塘县妇幼保健院新生儿科提档升级。建立新都区学校与理塘学校“一对一”帮扶机制，蜀龙学校、汉城小学等10余所学校与理塘中小学结对帮扶，捐助资金4.68万元(含物资折价)。

新增派行政管理、医疗卫生、教育等方面的专业技术人员30人，赴理塘开展对口支援工作。先后协调理塘县卫计、住建、国资、农牧等部门到新都开展学习考察活动8次。区援藏干部按照2017年项目清单开展调研活动28次，形成调研报告4篇，提出意见、建议18条。组织新都10余家企业与当地12户贫困户家庭开展结对认亲，向结对帮扶的贫困户捐赠现金23万余元及物品。组织理塘县3批60余名干部、专业技术人才赴新都学习锻炼。举办新都区对口帮扶理塘县旅游从业人员培训班，为理塘县培训旅游从业人员50余人。

【信息调研工作】 成立课题调研领导小组，组织区民主党派、工商联和无党派人士，重点围绕城市空间结构重塑，聚焦“11+2”中心城区布局优化开展调研。完成《新都区工业产业发展分析报告》《关于推进新都轨道交通产业发展的建议》《新都区志愿服务制度化建设现状与对策》《城乡环境综合治理调查及对策研究》《老龄化面临的突出问题及对策》《我区产业园区发展现状的调查研究》《毗河流域水污染现状调查及治理对策研究》《新都区农业污染现状、治理成效及对策建议》《对新都区水环境治理的调查与思考》《石板滩镇区域医疗卫生机构配置调研报告》《清流艾芜故里特色小镇发展建设路径的调查研究》等调研报告11篇。

(胡风健)

巡察工作

【概况】 5月，经区委十四届第二十一次常委会以及区委编委2017年第二次会议审定，成立中共成都市新都区委巡察工作领导小组，由区委书记任组长，区委常委、区纪委书记任第一副组长，区委常委、组织部部长任副组长，区纪委、区委组织部分管巡察工作的负责人和区委巡察工作领导小组办公室主任为成员。下设中共成都市新都区委巡察工作领导小组办公室(简称区委巡察办)，为区委工作部门(设在区纪委)，机构规格正局级，内设机构2个：综合科、巡察科，配备行政编制6人。组建区委第一巡察组、区委第二巡察组、区委第三巡察组，各设组长、副组长设1人。在全区范围内择优选拔组长19人、专业人才115人，按照综合协调、党建工作、财务审计、工程项目四个类别，对入库人员进行动态分组管理。

2017年，区委巡察工作领导小组贯彻落实中央和省委、市委关于巡察工作的决策部署，新都巡察工作经验在全市巡察工作专题会上交流，被市委确定为区(市)县首轮交叉巡察试点单位。

【政治巡察】 将中共十九大及省、市、区党代会精神，“微腐败”专项治理，“三破除三主动”专题活动，扶贫攻坚等贯彻执行情况纳入巡察内容。坚持常规巡察和专项巡察并重，全年启动3轮巡察，完成4家单位的常规巡察和2家单位的专项巡察。

【制度机制】 建立区委巡察工作议事决策规则、巡察工作联席会议等，完善与纪检、组织等部门的协作机制，形成监督合力。建立区委巡察机构办公会和区委巡察机构党支部，制定“三重一大”议事规则，强化办、组之间的协同作战能力。建立周报、专报制度，及时了解掌握巡察进展情况，研究解决

5月10日，新都区委巡察机构成立暨巡察工作动员部署会

巡察中遇到的困难和问题。围绕“一届党委任期内实现巡察全覆盖”硬性目标，制定新都区巡察工作五年规划。向各相关部门发函收集工程、财务审计、党建、涉农资金等相关文件，分类印制成《巡察工作文件选编》，助推巡察工作提质增效。

【考评工作】 建立正反结合的“两评一考”工作机制。每轮巡察结束后，被巡察单位对巡察组在巡察期间工作开展情况、遵守巡察纪律等情况进行评价，巡察组组长组织对组内人员德能勤绩廉等方面的情况进行测评。制定巡察抽调干部考核办法，以百分制的形式对抽调人员参与巡察工作情况进行考核，并按照优、良、中、差四个等级给予考评，考评结果反馈抽调人员所在单位及区委组织部，作为干部评先评优、提拔任用的重要依据。年底，区委巡察工作领导小组评定年度优秀巡察人员并在全区通报表扬。2017年，新都区通报表扬优秀巡察抽调人员16人。

【宣传工作】 以《人民日报》《清廉蓉城》《成都巡察》等媒体为“主阵地”，及时发布巡察信息、工作动态，2017年发布各类信息40余条，被市级媒体采用9条。在《新都资讯》开辟《利剑高悬　震慑常在》巡察工作专栏，推出系列报道，打造极具新都特色的巡察“品牌”。拍摄《首轮巡察专题片》及《交叉巡察专题片》，警示教育党员干部，扩大群众知晓率，提高群众参与度。

【创新工作】 创建“互联网+巡察”信息化平台，打造微信公众平台——“香城探照灯”，及时更新巡察工作动态，设置政策法规、术语解析、工作指南等学习平台，设置理论测试专栏，至12月底，通过微信公众平台进行理论测试178人。

建立以巡察人才库、智库、联络员、监督员为核心的“四位一体”大巡察格局，以“老+中+青”模式完善巡察人才库，将经验丰富的退休干部、业界权威纳入巡察智库，聘请“两代表一委员”为巡察监督员，在区级部门、镇（街道）设立巡察联络员，确保政治巡察横向联动、纵向贯通，切实做到无禁区、全覆盖、长震慑。对问题线索进行“ABC”分层分类管理，巡察机构通过分类汇总、综合研判，2017年梳理共性问题5类31个。

（杨　婧）

机关党建

【概况】 2017年，中共成都市新都区直属机关工作委员会（简称区直机关工委）有直属党委25个、党总支部7个、党支部15个，区直机关党员总数6033人。

【组织建设】 机关工委书记分别与47个直属党组织负责人签订目标责任书。开展机关党组织负责人述职评议工作，由区委、区政府机关党委，区法院，区经信局，区农林局，区司法局，区环保局，区文体广新局，区工管委，区水务局，区国税局等10名党组织负责人进行述职，现场组织民主测评。

对区直机关321个党组织（党委、党总支、党支部）开展“三分类三升级”活动，推进9个后进党组织规范建设和整改提升。严格履行党组织成立和换届审批工作程序，共批复12个党组织换届调整，审批成立基层党组织2个，做到应换尽换、应补尽补。

结合2017年基层党建重点工作督查清单、基层党组织按期换届情况专项检查等工作要求，组建督查小组2个，对直属47个党组织开展党建工作检查。规范党支部工作手册，分批次组织抽查，共发现普遍性问题10个，下发问题反馈及整改通知2次。

【学习教育】 指导各级党组织开展党代会精神系列学习宣讲活动，组建区直机关宣讲小分队，分赴区直部门、龙桥镇开展集中宣讲活动2场，向各党组织发放学习书籍教材150余本。通过领导干部上党课、组织三个专题研讨、研讨制定“四讲四有”机关合格党员标准等，在机关党员中开展“做合格党员”具体标准大讨论，解决机关党员在思想、组织、作风、纪律等方面存在的问题。

强化基层党员理论教育和党性修养，向各党组织发放《中国共产党章程》《习近平谈治国理政》《学习习近平同志关于机关党建重要论述》《怎样坚持“三会一课”制度》等辅导教材共计600余本，选送《习近平的七年知青岁月》《人民的名义》等书籍3300余本。区委组织部部长、区级相关部门负责人、区直机关青年党员共55人参加“提升精神区位 勇当国家中心城市建设主力军”大讨论活动。23名参赛党员干部参加区直机关、镇(街道)复赛专场、全区决赛专场比赛。组织机关创作党风廉政建设宣传画38幅，在全区机关巡回展出。

【党员培训】 分别对党组织书记120人、机关党务干部65人进行专题教育培训。组织机关党员3000多人次，参加古诗词赏析、机关公文写作、政务礼仪等教育培训。通过“送书”送学习，夯实机关党建“责任人”素质和水平。利用“党员e家”平台，实现“线上线下双管理”。组织党务工作人员45人赴山东临沂学习1个星期。开展党务工作培训3期，举办省、市党代会精神学习2次，培训党务干部550余人次，实现党务干部培训“全覆盖”。打造“机关实务党课”品牌，举办普通话培训班3期、公文写作培训班1期、工作摄影培训班1期、古诗词赏析培训班3期。

【发展党员】 落实《中国共产党党员发展工作细则》及区委相关工作制度，制定发展党员计划，做好各基层党组织发展党员工作。举办入党积极分子培训班1期，培训入党积极分子125人，发展预备党员56人，预备党员转正45人。

【帮扶工作】 确定对口联系村(社区)或企业帮扶项目87个。建立健全党内帮扶机制，严格落实困难党员登记和党员扶贫基金集中申报工作，评定基层困难党员27人，发放慰问金和扶贫基金2.4万元。 (李晓勇)

机构编制管理

【概况】 2017年，区委编办围绕市委建设全面体现新发展理念国家中心城市的总体目标，围绕“放管服”和重点领域改革，推进政府职能转变、体制机制创新和机构编制监管常态化，不断提升公益服务水平。

【政府职能转变】 对照省、市政府行政许可项目清单，及时梳理并调整区行政许可目录，抓好简政放权工作，有效降低制度性交易成本，针对基层盖章证明等前置事项过多的问题，开展专项清理，公布村(社区)证明事项保留清单15项。根据“责任清单”明确部门(单位)职责边界，建立跨部门、跨行业综合监管体系。运用大数据、云计算等信息技术，设立区大数据和电子政务办，将区政务服务办、区经信投促局、区城管局相关职责划入区大数据和电子政务办，统筹推进政府部门数据互联互通、开放共享。推进行政许可标准化建设，设立服务大厅建设(维护)类、服务质量类、服务管理类、服务岗位类四大类共1185项标准；对31个部门行政许可前置条件进行清理规范，取消170项，调整57项，精简率23%；精简申请材料及证明67项，减少办事环节50个，承诺时限平均提速82%。

【体制机制创新】 2017年，区委编办从以下5个方面抓好体制机制创新工作。

推进相对集中行政许可权试点 筹建区行政审批局。制定《推进相对集中行政许可权试点工作的实施意见》《筹建区行政审批局的工作方案》以及相关配套文件，按照“审管分离”强化政府部门职责转变，着力构建“流程最优、期限最短、成本最低、服务最好”的行政审批运行机制。

推进街道综合管理体制改革 推进新都、大丰、三河3个街道工作重心从招商引资、协税护税向营造投资发展环境和优化公共服务转变。探索推进城市执法体制改革试点，设立街道综合执法协调机构，实行双重管理体制。结合全市“北改”

"东进"城市发展格局,加强对新繁、石板滩两个经济发达镇的调研指导,着重对事权、财权、人事权进行改革。

推进城乡社区治理能力现代化 围绕转变镇(街道)职能,设立区委城乡社区发展治理委员会(简称区委社治委),将区委组织部、区综治办、区发改局、区民政局相关职责整合划入区委社治委,统筹推进城乡社区发展治理改革工作。

推进服务市场环境效能提升 按照分类推进事业单位改革有关要求,设立区投促中心,统筹协调和督促落实全区投资促进工作,促进机构编制工作服务中心大局。

配合推进纪检监察机构设置改革 按照中央、省委、市委巡视巡察工作一体化的要求,建立健全巡察工作机构,设立区委巡察办和第一、第二、第三巡察组,强化纪检巡视工作。

【公益服务水平】 推进区二医院等5家区级公立医院和旃檀中学、旃檀小学2所公办学校法人治理结构建设试点工作,加强跟踪、指导和督促。推出《公益事业法人治理结构建设理论与实践》一书,推广新都经验模式。制发《成都市新都区事业单位职能运行评估工作操作细则(试行)》,8月至9月,对首批试点的区农发及水务系统30家事业单位进行实地评估,制定出初评报告及优化调整意见。印发《关于进一步规范全区事业单位机构编制调整相关事项的通知》,提升事业单位管理的规范性和科学性。完成2016年度事业单位法人年度报告公示,公示率100%,全区机关、群团统一社会信用代码赋码率100%。办理事业单位信息登记事项72件,机关和群团统一社会信用代码赋码及变更事项29件。

【机构编制监管】 按照"进人须有编、用编先申请""分类管理、专编专用""缺位补岗、合理配置"的原则,对省、市系统数据进行逐一核对,适时更新数据库。完成补充工作人员入编303人,区内调动编制调整120人,退休、辞职等减员下编330人。

按照市委编办建设云平台试点工作安排,成立工作领导小组,结合区实际,制定云平台试点建设实施方案,年内已完成"三定方案信息系统"数据录入工作。参加领导干部经责审计工作,配合区审计局开展领导干部任期经责审计,对群团机关机构编制情况进行督查,并形成问题报告和提出整改优化建议。拟定《进一步加强机关事业单位用编计划管理及人员调动暂行办法》《人才专项事业编制使用管理办法(试行)》《军转干部退役士兵安置意见》《人大政协编制管理意见》《卫生系统人员调动意见》等系列控编、减编的规范性文件,加强机构编制规范管理。

(刘学斌 杨立祥)

2017年新都区党政群机关、局级事业单位和镇(街道)机构设置一览表

表2

序号	系统类别	机构类别	机构名称
1	党委机关(10+1+5)	工作部门(10)	区委办、纪委(监察局)、巡察办、组织部(两新组织党工委、机关工委)、宣传部(文明办)、统战部(民宗局、台侨办)、政法委(综治办、防邪办、维稳办、大调解办)、社治委、编办(审改办)、群工局(信访局)
		部门管理机构(1)	老干局
		保留(挂牌)机构(5)	机要局、保密办(局)、政研室(改革办)、档案局(馆)、目督办
2	人大机关(8)		法制委、财经委、社会事业委、城环委、农业委,常委会办公室、常委会人代工委、常委会预审工委、常委会信访办(副局)
3	政府机关(25+1+2)	工作部门(25)	区政府办(法制办、机关事务局)、发改局(粮食局)、经信局(知识产权局)、教育局、监察局、民政局、司法局、财政局(国资办)、人社局(公务员局)、国土局(不动产登记局)、环保局、城乡建设局(人防办)、规划局、城管局、交通运输局、水务局、农林局、商务旅游局、文体广新局、卫计局、审计局、市场质量监管局(食药监局)、安监局、统计局、行政审批局(政务中心、公管办)
		保留行政机构和独立运行挂牌机构(1)	大数据和电子政务办(应急办)
		派出机构(2)	工管委、家管委

续表 2

序号	系统类别	机构类别	机构名称
4	政协机关(9)		政协办、委员办公室、研究室、提案委、经济(农业)委、社会法制委、教科文卫体委、民宗联谊委、文史学习委
5	审判机关(1)		法院
6	检察机关(1)		检察院
7	工商联机关(1)		工商联
8	社会团体机关(7)		总工会、团委、妇联、科协、残联、社科联、红十字会
9	党委政府直属事业单位(10)		党校(行政学校)、党史研究室(地志办)、房管局、北管委、物管委、供销联社、老龄办、防震减灾局、交易中心、投促中心
10	其他局级事业单位(16)		广播电视台、网信办、事登局、社保局、医保局、就业局、人才中心、土地储备中心、不动产登记中心、环境监测站(领导高配)、城管执法大队、农林综合执法大队、农林技术中心、文化市场执法大队、市场监管执法大队、医院事务服务中心
11	镇(街道)(13)		新都街道、新繁镇、斑竹园镇、石板滩镇、新民镇、泰兴镇、木兰镇、龙桥镇、马家镇、清流镇、军屯镇、大丰街道、三河街道

说明:表列政府工作部门机构排序按市批复新都区政府机构改革方案排序

政策研究

【概况】 2017年,区委政策研究室围绕"紧扣发展全局、紧贴领导思路、紧跟社会热点"核心思想,着力抓好调查研究和重要文稿撰写工作,履行以文辅政职能,完成区委交办的各项工作任务,发挥"智囊团""参谋部"的作用。

【调查研究】 面向全区征集高质量调研成果,编印《2017年新都区优秀调研文集》。围绕产业生态圈、新经济、乡村振兴、改革创新、生态建设、社会民生等重点领域以及群众关切的热点难点问题,开展课题研究,牵头完成的《新都区生态建设的路径研究》报告被省社科院评为优秀课题三等奖。牵头与区经信局、区发改局等单位,完成《打造世界轨道交通之都的新都思考》专报,提出挖潜造势、伺机破局,以"三步走"策略构建世界级轨道交通产业生态圈,得到市委书记范锐平签批肯定,并转发各区(市)县学习。

【政策拟定】 按照《市委全面深化改革领导小组2017年工作要点》安排,制定《区委全面深化改革领导小组2017年工作要点》《2017年度改革落实清单》,梳理出区领导直接抓方案落实清单19项,年度专项改革方案销账清单13项,试点任务35项,14项重大任务57项具体内容,待上会审议方案18个,形成改革台账135条。组织召开全面深化改革领导小组会议4次。供给侧结构性改革、现

9月25日,四川省司法厅副厅长陈爱蓓(左四)一行到木兰镇观摩人民调解等级化管理创新项目示范点位

代学校制度改革、人民调解等级化管理改革经验分别在全市、全省、全国推广。

【文稿起草】 全年完成经济发展类、社会民生类、纪检党建类等全区性大会领导讲话稿和专题工作会主要领导讲话50余篇，完成“升庵文化城市品牌与文化产业发展专题论坛”等重大活动致辞10余篇，完成《关于成都市新都区2017年重点工作的报告》等重大专报以及各类汇报材料、媒体访谈提纲、经验总结等文稿材料共20余篇。历时2个多月，修改10余稿后形成题为《拥抱新时代、践行新思想、勇担新使命、实现新跨越，为加快建设现代化国际范成北新中心城区而努力奋斗》的区委十四届五次全会报告，对区委当前和今后一个时期的工作思路——“154”总体部署进行了全面系统阐述。

【材料编撰】 全年刊发《研究与决策》《内部参阅》6期，其中《浙江省绍兴市、嘉兴市“河长制”管理经验》一文总结两地“治水良方”，对新都区推动“河长制”工作极具借鉴意义。刊发《改革动态》15期，对区内各单位改革探索实践，进行总结推广，其中《新都区开办优惠政策兑现“一窗式”服务》《石板滩镇党组织上下联动创新“四个一”拆迁工作机制》等文，受到区委领导肯定并签批全区学习推广。

（邓俊松）

目标管理督查

【概况】 2017年，区目督办进一步完善目标绩效考评体系和考评办法，抓好目标运行监控，创新目标督查模式，全区各项目标任务运行良好。新都区连续保持“四川省综合经济实力十强县”，入选2017年全国综合实力百强区、全国投资潜力百强区和工业百强区，并获得“第六届中国成都国际非物质文化遗产节组织工作先进集体”“服务业重大项目推进工作先进单位”“2017年人民网网民留言办理工作先进单位”等表彰。

【目标管理】 随着成都市被国家确定为国家中心城市的战略调整，市委、市政府对各区（市）县的目标绩效考评体系和办法与往年相比有较大调整变化，区目督办对2017年目标体系和办法进行相应调整。

优化区级目标绩效考评体系 按照市级目标体系调整要求，进一步提高市级目标考核权重，印发《2017年新都区目标考评体系》。针对镇（街道）、党委、政府部门和园区制定出目标考评体系4套，确定了基本分体系、贡献分体系和加减分体系的目标体系架构，并探索实施“兜底”考核（倒扣分制），确保重要目标不漏不缺。

完善目标考评办法 按照省、市有关“构建差异化分类考核评价机制”要求，印发《2017年新都区镇（街道）和区级部门目标绩效考评实施办法》。对全区所有考评单位实行分序列考评，镇（街道）划分为产业镇（街道）和生态镇（街道）两个序列，区级部门划分为综合部门、党群部门、政府部门、园区和国有公司5个序列进行考评。探索实施“绩效总额可控”目标绩效计发方式，凡纳入加减分体系考评的重点工作，将目标绩效考评由单位延伸到个人。

强化目标运行监控 坚持目标通报制度，定期对主要目标推进情况进行督促检查、分析研判，结合半年、三季度目标完成情况，召开全区目标推进会。针对四季度市通报各区县进度滞后项目，积极向项目分管区领导、责任单位发送温馨提示，建立滞后项目台账，协调解决目标运行中存在的问题，促进全区目标的顺利完成。年内共完成市级下达的目标任务78项。

【目标督查】 开展区委常委会、区政府常务会、区长办公会等重要会议议定事项督查160件次，完成区委、区政府主要领导交办事项督查140件次。组织、参与全区重点项目、经济指标、环保督察、民生工程、服务企业等各类督查活动130余次，办理市级督办件164件，均已全部办结。办理区级督办118件，已办结55件，正在办理63件。督促办理人大代表建议和政协委员提案25件，办结率100%。编发《目标管理督查通报》12期、《督查专报》120期。

【测评工作】 按照“早部署、抓基础、强衔接、重宣传”的公共服务测评工作要求，由区目督办牵头，先后召开工作现场协调会4次，组织牵头单位进行业务培训2次，开展工作督查7次，督促各行业牵头单位、镇（街道）对2016年公共服务测评群众反馈意见进行整改落实，并结合多种形式宣传，赢得广大群众对公共服务工作的理解、支持和信任。2017 年，新都区公共服务测评排名全市第三。

【对标管理】 由发改、组织、宣传、政法、环保等部门牵头组成专项小组 6 个，统筹推进全区对标管理工作。与省社科院专家组成对标管理工作课题组，先后 3 次赴奉贤、江宁、昆山考察学习，形成《新都区对标赶超 3 年总体方案》《新都区对标管理工作可行性评估报告》《新都区对标管理指标体系构建》等研究成果。

【督导工作】 区委成立督导小组 15 个，牵头组织集中督导 3 次，编发活动简报 19 期，争取到政策支持 2 项、资金支持 1.5 亿元、土地指标 228.2 亩。引进"浙江永贵电器股份有限公司轨道交通装备受电弓等生产及维保基地项目""百郦锦城项目"、中铁一局集团有限公司投资的绿色新材料生产基地项目等市级重大项目 4 个，新签约克诺尔、丹纳、本固、南高齿、鼎信通达、传化物流、苏宁易购项目 7 个。全区主动下沉企业服务 430 余次，提供业务指导 65 次，解决问题 83 个，排查信访突出问题 153 件，为群众化解信访问题 33 件，为基层解决问题 43 个。 （王道强）

信访工作

【概况】 2017 年，区委群工局（区信访局）开展"信访责任落实年"活动，推进"阳光信访""责任信访""法治信访""开放信访""和谐信访"，调处矛盾纠纷，反映社情民意，维护群众合法权益，将网上信访和传统信访全部纳入信访自动化管理平台。9 月，被人民网评为网民留言办理先进单位。

【来信来访】 全年，受理群众信件 13483 件，其中网上受理 13462 件，纸质受理 21 件，所有信件到期办结率均为 100%。区内群众进京非正常上访 14 批 15 人次，进京越级走访 53 批 53 人次。接待和办理群众到省、市、区来访共 1593 批 11242 人次，办结省、市交办件 47 件。区排查信访突出问题 153 件，截至 12 月底，化解 23 件。

【基层信访】 成立新都区解决信访和维稳突出问题领导小组，推动信访问题化解，做到"随有随接、随接随处"。坚持区领导和镇（街道）、部门领导定点接访制，领导干部每月至少一次到所挂点单位下访、约访，对国家信访局和省、市信访局交办的重点信访事项和区内信访突出问题全部纳入区领导包案，并及时交办给责任单位。制发《新都区信访和维稳工作办法》，健全法制信访的工作机制，结合法治宣传，引导群众依法逐级反映诉求，使信访问题合理合法地得到及时解决。完善基层社会舆情汇集和信息研判制度，做到每月、每季度对全区信访形势进行总体分析研究，按月、季、年对信访工作情况进行全区通报。

【信访宣传】 利用开展法制宣传日等社会活动，制作小册子，印发宣传资料，宣传《信访条例》、群众和信访工作逐级负责制等政策、法规、制度以及各项信访事项办事程序。2017 年，向群众发放宣传信访、宪法知识、信访漫画等资料 2 万余册，接受群众咨询 4800 余人次。借助网上信访工作平台和 QQ、微信等方式，对新出台的政策法规提供权威的政策解读和释疑，让群众了解最新、最细、最准的信息。在接访中心大厅利用 LED 大屏幕滚动播出信访相关知识，律师及工作人员现场解答群众疑难问题。抓住全国、省、市"两会"及党的十九大等重大会议期间，搞好信访宣传，对信访工作中的重点、难点问题，做好正面宣传，密切党群、干群联系。

【业务培训】 全年，区信访局开展业务培训 4 批 60 人次，信访干部参加市信访局组织的培训 3 批 40 人次，外出参观学习 3 批 30 人次。通过下派和"请上来"学习 5 批、20 人次。 （陈　义）

保密管理

【概况】 2017 年，区委保密办（局）开展保密宣传教育、技术防范、检查监管等工作，确保党和国家秘密的安全。新都区被市委保密委员会评为 2017 年度保密工作先进集体。

【保密宣传】 完成《区委关于加强和改进保密工作实施意见》《新都区"十三五"时期保密事业发展规划》《成都市新都区区级机关、单位工作职责》制发工作，参与宣传、司法、广电、规划等部门的法制宣传教育活动，扩大保密法制宣传教育面。结合"七五"普法宣传，推动保密法律法规进机关、进社区、进校园、进企事业单位，与 420 厂、旭光电子等企业联合开展保密宣传教育。利用"4·15"国家安全教育日、"8·29"测绘法宣传日、"12·4"国家宪法日时机，进行保密法律法规宣传。全区征订保密杂志365份。收集全区机关、单位保密工作信息，向国家、省、市保密刊物和网站报送保密工作宣传信息，其中国家级刊用1篇、省级刊用3篇、市级刊用信息30余条。

【保密管理】 规范保密要害部位管理，完成区委、区政府相关办公室、会议室等47个场所保密检查检测。开展保密大检查1次、专项检查4次。8月10日，召开银行、证券、保险、通信、烟草和水电气等企事业单位保密工作会议，将重点企事业单位纳入保密监管体系。严格执行党政机关和涉密单位网络保密管理规定，加强涉密网络、涉密单机管理，加强微信公众号、政府微博、手机等的监管，落实监管措施，促进信息网络管理规范有序。开展保密法规知识培训，4名工作人员全部取得保密行政执法资格证。按照市保密办(局)目标考核细则制定《新都区保密工作目标考核实施细则》，严格按照细则对各单位部门进行考评。加强涉密人员管理，严把涉密人员定岗、审查、备案等工作环节，完成了涉密人员分类确定、管理工作。落实定密授权和定密责任人制度，对定密违规问题提出整改意见并进行通报，促进定密工作标准化、规范化、科学化。

【保密培训】 抓好领导干部、涉密人员教育培训工作，坚持区常委会学习保密法律法规，专题学习1次，会前学法2次。将保密教育列为青干班、公职人员入职培训、干部考察必要内容，年内举办培训班2期，培训人员200余人。11月，组织50名专(兼)职保密干部赴武汉大学国家保密学院，进行首期保密专题培训。 （张　楷）

档案管理

【概况】 区档案局(馆)内设办公室、业务监督指导科和馆务科，在编人员7人。区档案局(馆)统筹推进档案工作规范化、标准化、信息化建设和档案安全、服务能力，做好全区档案工作的监督指导，收集、征集整理，保管利用等，促进档案事业转型升级、提质增效。

【业务培训】 全年，集中组织业务培训171人次，派人员参加省、市集中培训15人次，以会代训40人次。召开镇(街道)、区级各部门和区属国有公司档案人员培训会，对紫晶文档一体化管理系统V2016基本操作流程、《归档文件整理规则》和《会计档案管理办法》进行业务培训。在清流镇召开镇(街道)档案室规范化建设现场会，全区13个镇(街道)分管档案工作领导与档案员参会，市档案局派馆务处处长周爱武、法规处副处长曾义到会现场指导。

【档案宣传】 结合国际档案日、国家宪法日、区重大活动等时间节点，联合区级相关部门，将民生档案播放LED、挂悬幅、展出展板，到广场、学校、机关办公楼等场所向群众发放宣传册、小知识、购物袋等各1000个(册)，宣传贯彻新制定和修订的有关法律法规，增强社会档案法治意识。

【馆务工作】 2017年，接收全区31个单位的档案1762卷、64014件(2641盒)，其中文书档案49078件(2023盒)、收养档案116件(23盒)、婚姻档案14820件(595盒)，职工档案947卷、纪委案件档案308卷、医保档案507卷，且全部数字化。全年扫描168万页，占馆藏档案的3.9%。

【安全管理】 坚持每日小查，每周重点查，每月普遍查，节假日必查，节假日和双休日期间安排值班，确保档案库室和机房的绝对安全。5月，由区消防大队、兴城公司专业人员，对库房消防设施设备进行全面检测。

【档案服务】 2017年，接待查档者1.2万人次，利用各类档案3054卷、2784件，摘抄复印档案17688页。全年派人员到有关部门采集重要政务活动和重大活动档案62场次，形成照片档案资料492张，为区级部门拷贝照片10次、98张。为经济建设、编史修志、落实政策、调解纠纷等提供档案资料，解决实际问题。 （郭亚强　任文贞）

党校工作

【概况】 区委党校(区行政学校)坚持"党校姓党"根本原则，发挥党校干部培训主渠道主阵地作用，抓好党的理论教育和党性教育主业主课，重点开展培训工作。2017年，申报中央党校图书馆"四大

5 月 16 日，新都区举办公开遴选优秀年轻干部培训班开班

专题数据库”项目立项。

【干部培训】 2017 年，完成区委组织部调训 10 期，培训干部 1023 人次；委托培训 27 期，培训干部 1341 人次；协助培训 2 期，培训 516 人次。宣讲 19 场，计 1325 人次。

【理论研究】 向中央党校申报“成都古镇文化——升庵文化”专题数据库研究、“杨氏家风家训研究”。“关于健全基层党建述职评议考核制度的实践与思考”在省委党校立项。“关于挖掘当地红色资源提高党员理想信念教育实践的探索与思考——以新都区为例”在市委党校立项。2017 年编印《党校通讯》8 期，编印《区情研究》2 期，编纂读本 3 本：《督桥河红色家族》《微言大义》《八一征程路漫漫》。 （李　进）

党史与志鉴编纂

【概况】 2017 年，在成都市党史工作年度考评中，区委党史研究室被市委党史研究室评为一等奖。区地志办在资政服务，部门（专业）志、乡镇（街道）志、村（社区）志编纂工作中，受到市地志办表扬。

【党史编研】 《中共成都市新都区历史》第三卷（1978.12—2002）编撰工作，完成 80% 初稿撰写。《中国共产党新都执政实录（2015 年）》于 8 月出版，《中国共产党成都执政实录新都篇（2016 年）》进入出版程序。继续修改完善新都旃檀寺红色教育基地布展大纲。

【地方志编纂】 《新都区志（1986—2005）》送出版社审查。《新都年鉴（2016 年）》出版发行。完成《新都年鉴（2017 年）》编辑，交印刷厂排版；完成《四川年鉴》《成都年鉴》中新都区部分内容的编写及图片报送工作。《新都区龙桥镇志（1983—2005）》于 11 月公开出版，是新都区首部公开出版的镇志。修改《新都镇志》终审稿。完成 2016 年资料年报整理上报工作。整理完善《新都民俗志》初稿，修改整理《乡镇简志》，完成二轮修志成果统计。

【《艾芜年谱》编辑】 《艾芜年谱》完成书稿 20 万字，全年编辑发行《艾芜资讯》12 期。

【升庵文化研究传承工程】 根据《中共成都市新都区委办公室成都市新都区人民政府办公室关于印发〈新都区升庵文化研究传承实施方案〉的通知》，5 月，启动杨升庵系列文化丛书编写工作。完成三十二集电视连续剧文学剧本《青山依旧在——杨升庵与黄峨》初稿（25 万字），该项目纳入市委宣传部实施四川历史名人文化传承创新工程重点项目。完成小说《杨慎传》（暂名、44 万字）文字录入。

【地情资源开发与利用】 《新都春秋·桂湖碑林专辑》进入出版程序，《新都地名故事》文字录入 7.7 万字，编印 2017 年新都《史志工作研究》3 期。

【信息报送】 向成都党史网站上报新都区重大决策、重大项目、重要视察活动等信息 450 条，向市地志办报送工作信息 10 条，其中被《成都地方志通讯》采用 7 条。 （董　莉）

《新都区龙桥镇志（1983—2005）》于 11 月公开出版

成都市新都区人民代表大会常务委员会

主任、副主任名录

(2017 年 1 月 1 日至 12 月 31 日)

主　任:戴　军

副主任:涂金全　李奇志　杨巧琳(女)

杨盛勇　胡元义

代表大会会议

【十八届二次会议】 2018 年 2 月 5 日至 7 日,成都市新都区第十八届人民代表大会第二次会议在新都街道召开。

会议应到代表 232 人, 实到代表 225 人。区委、区政府、区政协领导,区级有关部门、镇(街道)、驻区单位负责人等共计 125 人列席会议。

会议听取和审查区人大常委会、区政府、区法院、区检察院工作报告,通过了关于这些报告的决议;审查和批准成都市新都区 2017 年国民经济和社会发展计划执行情况及 2018 年国民经济和社会发展计划 (草案) 的报告, 批准成都市新都区 2018 年国民经济和社会发展计划;审查和批准成都市新都区 2017 年财政预算执行情况和 2018 年财政预算(草案)的报告,批准成都市新都区 2018 年财政预算;审议成都市新都区四级规划体系。大会选举新都区出席成都市第十七届人民代表大会代表、成都市新都区监察委员会主任,补选成都市新都区人民代表大会常务委员会委员。大会共收到代表 10 人以上联名提出的议案 7 件, 经议案审查委员会审查, 将代表 10 人以上联名提出的关于加强对区政府实施“快联内畅贯通”工程的监督工作的议案,交由区人大财政经济委员会审议,其余 6 件议案改作建议、批评和意见,与代表提出的 124 件建议转交区人民政府研究办理。

常务委员会会议

【概况】 区第十八届人大常务委员会召开常委会会议 9 次,均由区人大常委会副主任涂金全主持。第一次会议于 2016 年 12 月召开, 其余 8 次会议于 2017 年召开。

第三次至第八次会议,每次邀请人大代表 6~11 人列席,邀请市民代表 3 人旁听。

【区第十八届人大常委会第一次会议】 12 月 27 日召开。会议投票选举李云为新都区出席成都市第十六届人民代表大会代表, 并报成都市人大常委会代表资格审查委员会备案。

【区第十八届人大常委会第二次会议】 1 月 19 日召开。会议决定以下人事任免事项:一、听取区人社局副局长汪学东受区长李云委托所作的关于杨永国等职务任免提名的议案。经审议和表决,决定任命杨永国为区政府办公室主任,李娜(1974 年 6 月生) 为区发改局局长, 席敏为区经信投促局局长, 黄兴文为区教育局局长, 薛明为区监察局局长,黄小敏为区民政局局长,潘兴建为区司法局局长,张雪梅为区财政局局长,刘跃江为区人社局局长,向波(1968 年 10 月生)为区国土局局长,邱明为区环保局局长,梁毅为区城乡建设局局长,张启明为区规划局局长,晋鸿为区城管局局长,代明海为区交通运输局局长,黄宗林为区水务局局长,刘杨军为区农发局局长,张平(1976 年 4 月生)为区商务和旅游局局长,宋昌文为区文体广新局局长,何宇生为区卫计局局长,李俊为区审计局局长,刘传银为区市场和质量监管局局长, 郭亚强为区安监局局长,徐鹏为区统计局局长。决定免去代明海区司法局局长职务、包世福区环保局局长职务。二、听取区法院院长龚桂莲所作的关于蒋建军等职务任命的报告,经审议和表决,决定任命蒋建军、冷枫、廖子汶、蒋园园、唐韵、王洁、廖晶晶、任洪明、赵乐、黄金、李冯、余晨、梁康为区法院审判员。三、听取区检察院检察长向波所作的关于胡启元等任职提名的报告,经审议和表决,决定任命胡启元、邓灿、印梦婕、史贤星、谢立波、邓强、王文露为区检察院检察员。

【区第十八届人大常委会第三次会议】 4月1日召开。会议听取、审议并决定以下事项:一、听取并审议副区长张文豪所作的《成都市新都区人民政府关于攻坚大气、水、土壤污染防治“三大战役”和省环保督察组查出问题整改情况的报告》。二、听取并审议区档案局局长陈全林所作的《成都市新都区人民政府关于档案工作情况的报告》。三、听取并审议区检察院检察长向波所作的《成都市新都区人民检察院关于公诉工作情况的报告》。四、审议并通过《成都市新都区人民代表大会常务委员会议事规则(修订草案)》。五、审议并通过《成都市新都区人民代表大会常务委员会专项工作评议办法(草案)》。六、审议并通过成都市新都区人大常委会关于接受冷晓燕辞去成都市第十六届人民代表大会代表职务的决定(草案)。经审议、表决,会议决定接受冷晓燕辞去成都市第十六届人民代表大会代表职务,并报成都市人大常委会备案。七、人事任免:听取区人社局局长刘跃江受区长李云委托所作的关于秦天挂任职务提名的议案。经审议和表决,决定任命秦天为副区长(挂职时间2年)。听取区法院院长龚桂莲所作的关于朱传生等职务任命的报告,经审议和表决,决定免去张荣文区法院副院长、审判委员会委员、审判员职务;陈伦富、黄连基、陈晓敏、蒋娜娜区法院审判员职务。决定任命朱传生为区法院副院长、审判委员会委员、审判员。

【区第十八届人大常委会第四次会议】 6月9日召开。会前,学习《中华人民共和国土地管理法》相关条款和内容。会议听取、审议以下事项:一、听取副区长刘清所作的《关于换届后分管工作情况的工作报告》。二、听取并审议区商务旅游局局长张平所作的《成都市新都区人民政府关于城乡一体化便民生活服务体系建设的工作报告》。三、听取并审议区国土局局长向波所作的《成都市新都区人民政府关于国土执法监察工作情况的报告》。

【区第十八届人大常委会第五次会议】 8月9日召开。会前,学习《中华人民共和国预算法》相关条款和内容。会议听取、审议并决定以下事项:一、听取常务副区长张吉广所作的《成都市新都区人民政府关于2017年上半年工作情况的汇报》。二、听取并审议区发改局局长李娜所作的《成都市新都区人民政府关于2017年上半年国民经济和社会发展计划执行情况及下半年工作安排的报告》。三、听取并审议区财政局局长张雪梅所作的《成都市新都区人民政府关于2017年上半年财政预算执行情况的报告》。四、听取并审议区水务局局长黄宗林所作的《成都市新都区人民政府关于农村污水治理试点工作情况的报告》。五、听取并审议区司法局局长潘兴建所作的《成都市新都区人民政府关于成都市新都区法治宣传教育第七个五年规划(2016—2020年)的报告》。六、审议并表决通过《成都市新都区人大常委会关于开展第七个五年法治宣传教育的决议》。七、审议并表决通过《成都市新都区人民代表大会常务委员会关于设立成都市新都区第十八届人民代表大会常务委员会代表资格审查委员会的决定》。八、听取区法院有关负责人所作的关于免去李立赋职务的报告,会议表决通过,免去李立赋区法院副院长、审判委员会委员、审判员职务。

【区第十八届人大常委会第六次会议】 10月13日召开。会前,学习《中华人民共和国教育法》和《中华人民共和国审计法》相关条款和内容。会议听取、审议并决定以下事项:一、听取并审议区审计局局长李俊所作的《成都市新都区人民政府关于2016年区财政预算执行和其他财政收支的审计报告》。二、听取并审议区财政局局长张雪梅所作的《成都市新都区人民政府关于2016年财政决算情况的报告》。三、听取并审议区教育局副局长钟超福所作的《成都市新都区人民政府关于教育经费投入、管理及使用情况的报告》。四、听取并审议区法院院长龚桂莲所作的《成都市新都区人民法院关于司法责任制改革工作情况的报告》。五、审议并表决通过《成都市新都区人大常委会关于批准2016年区级财政决算的决议》。六、审议并表决通过《成都市新都区人民代表大会常务委员会关于接受林开志、曹铭辞去成都市新都区第十八届人大代表职务的决定》。七、审议并表决通过《成都市新都区人大常委会关于补选区十八届人大代表的决定》。八、听取区人大常委会人代工委主任吴春华关于免去曾万福职务的议案的说明,会议决定,免去曾万福木兰街道人大工作委员会主任职务。

【区第十八届人大常委会第七次会议】 11月3日召开。会前,学习党的十九大精神。会议评议、决定以下事项：一、评议区环保局工作。听取区环保局负责人杨大伟所作的关于区环保局工作情况的报告，开展工作评议并进行现场满意度测评。二、评议区农林局工作。听取区农林局负责人刘杨军所作的关于区农村农业工作情况的报告，开展工作评议并进行现场满意度测评。三、评议区统计局工作。听取区统计局局长徐鹏所作的关于区统计局工作情况的报告，开展工作评议并进行现场满意度测评。四、审议并表决通过《成都市新都区人大常委会关于加强对审计查出问题整改工作监督的决定》。

【区第十八届人大常委会第八次会议】 12月1日召开。会议听取、审议并决定以下事项：一、听取并审议区政府办公室薛明所作的《成都市新都区人民政府关于区第十八届人大一次会议以来代表建议办理工作情况的报告》。二、听取并审议区财政局局长张雪梅所作的《成都市新都区人民政府关于2017年财政预算调整方案的报告》。三、听取并审议区房管局副局长文安所作的《成都市新都区人民政府关于保障性住房供给管理及商品房市场管理工作情况的报告》。四、审议并表决通过《成都市新都区人大常委会关于批准新都区2017年财政预算调整方案的决议》。五、审议并表决通过《成都市新都区第十八届人民代表大会常务委员会代表资格审查委员会关于成都市新都区第十八届人民代表大会个别代表的代表资格审查报告》。六、审议并表决通过《成都市新都区人大常委会关于接受杨金华、谢纯辞去成都市新都区第十八届人大常委会委员职务的决定》。七、听取区人大常委会人代工委主任吴春华关于戴文涛任职提名的议案说明，会议决定，任命戴文涛为区人大常委会办公室副主任。听取区人社局局长刘跃江受区长李云委托所作的关于薛明等职务任免提名的议案说明，会议决定，免去杨永国区政府办公室主任职务、席敏区经信投促局局长职务、黄宗林区水务局局长职务、刘杨军区农发局局长职务、张平区商务和旅游局局长职务、薛明区监察局局长职务。任命薛明为区政府办公室主任，席敏为区经信局局长，李继承为区水务局局长，刘杨军为区农林局局长，严家林为区商务和旅游局局长，成星莹为区行政审批局局长，谢纯为区监察局局长。

【区第十八届人大常委会第九次会议】 12月20日召开。会议审议并表决通过《成都市新都区人大常委会关于补选区第十八届人民代表大会代表的决定》。

主要工作

【概况】 2017年，区人大常委会组织召开常委会会议9次，听取审议区政府国土执法监察工作、区法院司法责任制改革、区检察院公诉工作等专项工作报告18个，听取区政府半年工作报告1次，听取副区长换届后分管工作情况的报告1次。针对教育经费管理、农村污水处理等民生热点问题开展专题调研34次，针对城乡环境综合治理、特殊群体医疗救助等社会难点问题开展视察20次。发出审议意见18件，收回审议意见办理情况报告18个。全年依法任免地方国家机关工作人员68人次，交办督办代表建议、批评和意见111件。

【法律监督】 2017年，常委会组织开展执法检查3次，发出执法检查报告3份，收回执法检查整改情况报告3份。先后开展了《中华人民共和国食品安全法》《中华人民共和国执业医师法》《医疗机构管理条例》和《中华人民共和国治安管理处罚法》执法检查。配合做好全国人大常委会药品管理法执法检查组到新都区开展执法检查工作，检查组组长、全国人大教科文卫委员会主任委员柳斌杰对新都区执行药品管理法情况予以肯定。协助做好省人大常委会关于《四川省就业创业促进条例》的立法调研工作并得到省人大常委会肯定，将新都区列为全省立法工作调研点。参与做好市人大常委会立法、修法工作，提出立法、修法建议43条。

【工作监督】 依法行使宪法法律赋予的监督权力，突出监督重点，拓展监督内容，完善监督方式，提升监督实效。

用好“审议”职能 健全完善“审前+审中+审后”的全过程审议机制，做到审议前有专题调研，保证常委会组成人员充分了解情况；审议时有规范程序，保证与会人员充分发表意见；审议后有意见督办，保证审议意见得到充分贯彻执行。全年发出审议意见18件，收回审议意见办理情况报告18个。

强化“检查”作用 针对《中华人民共和国食品安全法》到工厂、食堂，开展执法检查，保障新都人民“舌尖上的安全”；开展《中华人民共和国执业

9月20日，区人大常委会主任戴军(左二)率调研组，对新都区教育经费投入、管理及使用情况开展专题调研

医师法》和《医疗机构管理条例》执法检查，要求区政府加快区、镇、村三级医疗体系建设，严厉打击非法行医，为新都人民提供优质医疗服务；开展《中华人民共和国治安管理处罚法》执法检查，要求区政府及公安部门始终做到依法执法、严格执法、文明执法。

履行备案审查职责，成立专门机构，依法审查政府规范性文件11份。

加大"评议"力度 规范专项工作评议动员、谈话、测评、表态、整改全流程机制，保证评议工作做到真评、真问、真改。先后对区统计局、区农发局、区环保局开展专项工作评议，针对评议中发现的问题，及时向有关部门提出意见、建议。

【人事任免】 全年任免人大和"一府两院"工作人员68人次。接受5名市、区人大代表辞去代表职务，接受2名常委会委员辞去委员职务，依法补选区人大代表3人。协同区委有关部门做好市人大代表换届选举工作。规范完善任前法律知识培训考试、任职陈述和宪法宣誓制度，全年组织41人参加干部任前法律知识培训考试，26人次参加宪法宣誓。

【代表工作】 引导、支持、规范和保障人大代表依法履职，发挥代表主体作用。

完善制度 探索实行"选民接待日"，明确代表走基层的方式和职责，完善代表联系选民制度。采用专家培训、"老代表"讲课等形式，常态化开展代表培训，完善代表学习培训制度。建立"1+10+N"督查督办体系，完善建议意见督办制度。2016年"一号建议"——关于规划建设毗河生态保护区的建议，常委会在2017年继续督办落实，泥巴沱森林公园建设、毗河水环境治理已初见成果。

建好平台 制定《关于深化"代表之家"建设的实施意见》，统一"代表之家"规章制度、人员配备和管理运行要求，建好"代表之家"阵地平台。在全市率先建立"新都人大"微信公众号，搭建服务代表的网络平台。划分代表专业小组，增加代表列席常委会会议和各项活动的人数，制定代表小组活动计划，建好代表小组活动平台。

做好评价 在全区开展代表履职效果评价，有序推开"代表述职工作"，将履职情况作为推荐代表连任和评选优秀的重要依据。开展建议意见效果评价，常委会完善代表建议意见筛选制度，严把建议意见"质量关"，建立优秀建议意见评价制度，促进代表建议意见质量的不断提升。开展办理效果评价，建立优秀办理单位评选制度，促使"一府两院"主动落实代表建议意见，提高代表履职成就感。

【自身建设】 开展"三破除三主动·人大对标加油干"和"三破除三主动·人大代表献良策"活动，先后安排4个对标学习小组，分别赴上海、杭州等地区，对标先进找差距，学习借鉴民生项目代表票决制、财政预算联网监督、城市规划、产业发展等先进经验，形成调研报告和建议意见，《代表工作"三三制"》等12篇经验总结报告被省、市人大刊物刊载。

制定《常委会工作规范化流程图》，对会议、检查、审议和评议等进行再完善、再规范，新制定和完善机关管理制度18项，编印《常委会机关工作制度汇编》。健全常委会机关管理制度，引进一批年轻干部，进一步优化人大干部的专业结构和年龄结构，全面完成镇(街道)人大主席(工委主任)专职化配备。

专门委员会工作

【概况】 2017 年，成都市新都区人民代表大会设置专门委员会 5 个：成都市新都区人民代表大会法制委员会（简称区人大法制委）、成都市新都区人民代表大会财政经济委员会（简称区人大财政经委）、成都市新都区人民代表大会社会事业委员会（简称区人大社会事业委）、成都市新都区人民代表大会城乡建设与环境保护委员会（区人大城环委）、成都市新都区人民代表大会农业委员会（简称区人大农业委）。

【区人大法制委】 发挥专委会成员和人大代表积极性，以推进民主法治建设、促进公正司法、创新监督方式、保障和改善民生为重点，履行职责，推进工作。

调研工作 先后对市人大常委会办公厅关于《成都市水污染防治法修正案（草案）》《成都市历史建筑和历史文化街区保护条例（草案第二次审议稿）》《成都市城市综合管理条例（草案第二次审议稿）》《成都市非物质产文化保护条例（第二修订稿）》《成都市城市管理综合行政执法条例（草案修改稿）》《成都市科学技术进步条例（修订草案）》，成都市人大常委会法工委关于《成都市燃气管理条例（修订草案）》《成都市城乡规划条例（修订草案）》等地方性法规的立法、修订开展调研和意见建议的收集整理工作，完成市人大交办的开展对地方立法与创建国家中心城市相关法律法规清理 11 部，涉及相关部门 18 个。全年完成市人大交办的立法修订草案征求意见建议的信息反馈 43 条，配合省人大常委会法工委、省人社厅完成对《四川省创业就业促进条例》的立法专题调研工作。6 月 8 日，省人大常委会法工委副主任杨筠率队到新都区开展《四川省就业创业促进条例（草案）》专题立法调研，法制委协助做好相关筹备工作，组织相关部门和专业人才反馈立法建议 23 条，得到省人大常委会肯定，并将新都区列为全省立法工作调研点。

监督工作 3 月 14 日，常委会组成人员和法制委成员以及部分省、市、区人大代表考察区检察院公诉办案区域，了解公诉工作办案流程、工作制度、公诉检察官队伍建设等情况。4 月 13 日，察看马家镇卫生院、红星老年病医院特殊人群“一站式”医疗救助工作并召开座谈会，提出加强对定点医疗机构管理和医疗救助资金的监管，不断拓宽特殊群体医疗救助途径等意见建议。5 月 19 日，察看新都街道桂东社区法律之家、香城小学法律进校园等示范点，了解新都区“七五”普法工作启动实施情况。8 月 25 日，到区公安分局指挥中心、城东派出所、治安拘留所等地查看了解治安案件办理的全过程，检查区《中华人民共和国治安管理处罚法》执行情况，提出健全完善执法程序，提高执法水平等意见建议。9 月 5 日，现场旁听“轻刑快办”案件审理，听取区法院司法责任制改革工作情况汇报，提出落实举措、配齐机制、强化监督、有效防控审判权运行中的廉政风险等审议意见。

全年督促开展区级宪法宣传日和各镇（街道）、学校、企业等宪法宣传日活动 20 余场。严格执行区人大常委会任命国家机关工作人员法律知识考试办法，对政府组成人员和政府职能部门任命人员进行法律知识培训和考试。做好对国家机关和社会团体、企事业组织以及公民提出的审查建议的研究处理、反馈工作，按照《区人大常委会规范性文件备案审查暂行办法》审查区政府规范性文件 11 份。

法制委到区法院调研司法责任制改革，听取区法院执行工作情况报告，为法院司法责任制改革提出建议。邀请部分市区人大代表到区司法局调研“七五”普法法治宣传工作，跟踪监督《成都市烟花爆竹燃放管理规定》在新都实施情况。

代表建议 2017 年，确定跟踪督办的关于因地制宜、因需而建、因民而建设立社区日间照料中心，关于加强“高校周边环境治理”等建议得到及时有效办理，代表对办理表示满意。高度重视代表在人大常委会组织的调研、视察、检查中提出的意见建议，其中代表在区人大常委会组织的执法检查中提出的关于尽快解决自建房和统建房无产权证相关问题的建议后，法制委跟踪督办，按照法律法规，尊重历史事实，妥善处理代表反映问题，代表对办理结果表示满意。听取社情民意，及时发现并建议属地镇（街道）解决特殊群众的居住困难，其中为龙桥山水村居住困难村民解决修缮漏水房屋实际困难。

【区人大财经委】 强化责任担当，加强经济工作监督，开展执法检查和工作评议，增强监督实效。

经济工作监督　协助区人大常委会听取和审议《关于2017年上半年国民经济和社会发展计划执行情况的报告》，到区发改局、区经信局调研，组织初审并提出审议意见。针对2017上半年国民经济和社会发展计划执行情况反映出的主导产业不突出、要素瓶颈制约、人才引进难、企业融资难等问题，提出了全力稳增长、优化产业结构、全面创新改革、切实保障和改善民生等建议。

对区贯彻实施《中华人民共和国食品安全法》开展执法检查，并听取区创建"国家食品安全示范城市"和"国家农产品质量安全县"的推进情况汇报，提出了新都区贯彻《中华人民共和国食品安全法》执法检查的情况报告和整改意见。视察区轨道交通产业、航空产业园的重点工业企业，并对区轨道交通产业、航空产业园的建设提出三点建议。

预算工作事项监督　持续改进预算预审方式方法，注重提前介入，分别到相关区级部门进行调研，听取2017年区级预算编制工作推进情况汇报，就细化预算编制、完善预算草案内容提出意见和建议。改进审查方法，在集中审查前安排资料审查环节，对报送资料和电子数据进行了汇总分析审查和筛选，为集中审查做好数据准备。做好常委会审查区2016年财政决算和2017年上半年财政预算执行情况的报告、2016年度预算执行和其他财政收支的审计工作报告、2017年财政预算调整的相关工作，提出了切实抓好审计查出问题整改等建议和意见，形成了常委会关于各项报告审查结果的报告和决议。

问题整改工作监督　结合2016年度审计工作报告，常委会预算工委会同财经委就《成都市新都区人民政府关于2016年度财政预算执行情况和其他财政收支的审计工作报告》问题清单中列出问题的整改情况进行督查调研。召开座谈会，听取部门对审计查出问题整改情况的汇报，掌握整改工作进展情况并提出意见。到9月底，存在的问题基本整改完毕。完成《成都市新都区人民代表大会常务委员会关于加强对审计查出问题整改工作监督的决定(草案)》起草工作。起草组在对全国相关省、市已出台的决定和办法全面分析、比较基础上，组织多次研讨，形成征求意见稿、代拟稿，经主任会议审议，提交常委会会议审查通过。从落实整改责任，规范监督方式，明确报告的内容、时间、程序等方面，完善审计查出问题整改报告制度。

对口联系工作　结合年度工作要点，先后到区发改局、区经信局、区市场质量监管局、工业区管委会、区物管委、区统计局、区财政局、区审计局等对口联系部门，调研了解部门围绕区委、区政府中心工作，贯彻落实建设提升北部生态屏障、加快城市有机更新、改善人居环境的工作开展情况及相关法律、法规贯彻执行情况，提高调研、视察工作的针对性、实效性，提升工作质量和水平。

工作评议　协助区人大常委会对区统计局开展工作评议。针对区统计局工作评议中反映出的法律政策宣传还不到位、基层对统计工作重视不够、企业统计人员业务能力有待提高等问题，提出了四点建议：一是积极开展法制宣传，加大执法力度；二是加强统计数据分析，发挥参谋作用；三是切实增强责任意识，提高统计质量；四是着力加强队伍建设，提升履职能力。

自身建设　参加全国人大北戴河培训基地、深圳培训基地组织的专题培训，学习《中华人民共和国宪法》《中华人民共和国各级人民代表大会常务委员会监督法》、人民代表大会制度的理论与实践、中国特色社会主义财政下的预算管理、预算审查与监督、预算编制务实等内容。赴广州市天河区人大对标学习"参与式"预算审查和在线监督、专项资金审查监督的先进经验和做法，完成《"参与式"预算审查监督模式调研报告》。

【区人大社会事业委】　履行《中华人民共和国各级人民代表大会常务委员会监督法》赋予社会事业委员会的工作职责，加强调研、审议、执法检查、交流协作等工作。

依法监督　3月10日，查看区档案局(馆)、区国土局和清流镇档案室，听取情况汇报。对区政府提请常委会审议的报告进行初审，提出依法治档，加快推动档案信息化建设，提高档案利用率的意见建议。5月17日，实地调研蠡都味、大丰街道高家社区便民生活服务中心，并听取区商务旅游局和相关单位的情况汇报，对区政府提请的报告进行初审，完成听取和审议区政府城乡一体化便民生活服务体系建设的情况报告。6月21日，到区人民医院、三河街道卫生院、三河街道三都村卫生站等实地查看、检查《中华人民共和国执业医师法》《医疗机构管理条例》执行情况，形成对医护人员尊重和保护等意见、建议。9月20日，到新都一中、桂林小学、机关幼儿园新城分园、谕亭小学毗河校区进行实地调研，对区政府提请的报告进行初审，提出继续加强对教育经费的管理和监督，不断满足人民群众对优质教育需求的意见、建议，完成听取和审议区政府教育经费投入、管理及使用情况的报告。

专题调研 根据成都市人民代表大会民族宗教侨务外事委员会《关于在区(市)县开展贯彻落实〈成都市宗教活动场所管理规定〉专题调研》的函，组织部分委员、代表对新都区寺、观、堂等宗教活动场所贯彻落实《成都市宗教活动场所管理规定》的执行情况开展专题调研，形成的《新都区贯彻落实〈成都市宗教活动场所管理规定〉调研报告》得到市人大民宗侨务外事委员会的充分肯定。

对外交流 6月7日，接待辽宁本溪满族自治县人大常委会考察组到新都区考察乡村旅游发展情况，就因地制宜，创新发展乡村旅游进行深入交流。9月25日，都江堰市人大常委会副主任殷波率队到新都学习考察名师名校培育工作，考察组对新都区"外引内评"分层组建名师梯队、"菜单培养"加速后备名师成长、以名师培育为突破加快名校建设等经验做法，给予高度评价，并就省市名优教师引进、教育集团考核、教育经费保障、教师激励机制等问题进行了探讨交流。

【区人大城环委】 以助推城市建设管理转型升级，以保护和优化城市生态环境为重点，以保障和改善民生福祉为根本，依法履职，主动作为。

审议视察 3月，听取和审议区政府关于攻坚大气、水、土壤污染防治"三大战役"和省环保督察组查出问题整改情况，向区政府送达了审议意见，区政府在规定的时限内办理并进行了书面回复。6月，对泥巴沱森林公园规划执行情况进行工作视察，区政府对代表们提出的工作建议及意见高度重视，并回复了代表提出的建议。8月，对区城乡环境综合治理和城市管理工作进行视察，代表们结合学习天津城市管理先进经验提出了很好的工作建议及意见。10月，听取和审议区环保局工作情况的报告，并进行现场满意度测评，区十八届人大常委会第七次会议评议了区环保局工作。11月，听取和审议区政府关于保障性住房供给管理及商品房市场管理情况，对提交人大常委会会议前的审议意见进行讨论研究，做到建议准确、意见实在，在区十八届人大常委会第八次会议上进行了审议并形成审议建议。

调研工作 4月，面对区农村环境管理问题参差不齐现状，到新都街道部分村民家详细了解情况，与当地政府商量解决办法，提出建设性意见。6月，参加成都市人大城环委组织视察成都环城生态带，结合新都情况汇报工作。8月，到金堂县学习城市规划及城市打造经验并撰写出简报。李奇志、胡元义副主任率领城环委人员到天津滨海新区，就城市规划、城市管理和土地治理等工作进行学习调研，形成了《对标天津滨海新区调查报告》。

【区人大农业委】 细化工作内容，落实工作责任，明确时间节点，完成常委会部署的各项工作。

区情调研 2月，到石板滩镇了解蔬菜滞销、盐渍加工、食品酿造情况，与农业业主和企业主沟通交流，与当地政府商量解决办法，撰写出调查报告《从生鲜蔬菜滞销问计农业供给侧改革》，促进有关问题受到关注并得到有效解决。下半年，到军屯镇查看清白江军屯段防洪工程，对加固堤防、两岸植绿、险工险段整治提出工作要求。到清流镇调查农业发展，对乡村旅游、农业结构调整、农业环境整治提出具体意见。

学习调研 按照对标工作要求，到天津滨海新区就城市规则、城市管理和土地整治等工作进行学习调研，梳理先进经验，对标找出存在的差距，提出务实整改的具体建议。建议新都区紧抓列入成都市中心城区和全域"中优""北改"的机遇，超前做强做优城市规划，加强土地管理和改革。

涉农工作监督 围绕群众关切问题，协助常委会做好涉农工作监督，推动解决好事关发展的重大民生工作和农民权益问题。4月，组织视察全区赏花基地建设及赏花经济发展，实地考察新都街道方华园农业专业合作社和马家镇鲜花基地，建议区政府将赏花旅游与现代都市农业集成统筹，在机构、项目、资金和政策上进行整合，使农民增收和居住环境改善，用好农村集体建设用地整理和一三产业互动政策，走大园区小业主的发展之路，并将视察组的意见及时转送区政府和相关部门、镇(街道)，努力促进全区乡村旅游发展，推动农村富裕、农民增收。

国土执法监督 5月，组织视察新都区国土资源执法监察工作情况，并在区十八届人大常委会第四次会议上进行了审议。农业委综合审议前的调查和会上审议发言，形成《成都市新都区第十八届人大常委会第四次会议对〈区人民政府关于国土执法监察工作情况的报告〉的审议意见》（简称《审议意见》）。《审议意见》要求，区国土资源执法监察要从制止违法向以预防为主转变，从查处案件向加强平时监管转变，努力构建“预防在先、发现及时、制止有效、查处到位”的执法监察新格局，并提出六条具体意见。农业委及时将《审议意见》向区政府送达，并要求切实办理，区政府在规定时限内进行办理，作了书面回复。

农村环境整治 8月，组织常委会委员和代表进行农村污水治理试点工作审议前调研，区十八届人大常委会第五次会议对该项工作进行了审议，农业委综合调查情况和审议发言，形成《成都市新都区第十八届人大常委会第五次会议对〈区人民政府关于农村污水治理试点工作情况的报告〉的审议意见》，要求在试点取得一定经验基础上逐步推开，并提出六点具体意见推动农村污水治理工作。农业委向区政府送达了办理该项工作审议意见的函，区政府及时办理并作了回复。

农业评议工作 11月，区十八届人大常委会第七次会议评议区农林局工作。会前，农业委组织常委会委员和人大代表到区农林局召开动员大会，并对该局工作和班子履职情况进行了问卷调查，撰写了评议调查报告，形成《成都市新都区第十八届人大常委会第七次会议关于评议农业农村工作的意见》（简称《评议意见》）。《评议意见》指出区政府以推进农业供给侧结构性改革为动力，推进精品型都市现代农业发展取得的成效，指出了存在的问题和不足，并提出七项要求。农业委向区政府送达了《评议意见》，并要求认真进行整改，在规定时间内回复区人大常委会。

机关工作

【概况】 2017年，成都市新都区人大常委会设置工作机构4个：区人大常委会办公室、区人大常委会人事代表工作委员会、区人大常委会预算审查工作委员会和区人大常委会信访办公室。

【区人大常委会办公室】 明晰工作思路，增强责任意识，把服务和保障常委会依法履职作为工作方向，依法履职行权，提高履职水平。

履职服务 组织服务常委会会议6次，听取审议“一府两院”专项工作报告18个，协助开展专项工作评议3次，专题调研34次，集中视察18次，执法检查3次。制发《常委会工作规范化流程图》，制定和完善机关管理制度18项，编印《常委会机关工作制度汇编》，确保常委会规范高效地履职行权。规范常委会机关会风、文风，重新调整拟定了办公室领导班子分工方案，明确班子成员职责，确定了办公室领导班子成员对口服务常委会领导制度。

业务工作 坚持代表联系选民制度、代表学习培训制度、建议意见督办制度“三项制度”，建好代表履职服务平台、代表信息服务平台、代表小组活动平台，做好代表履职效果评价、建议意见效果评价、办理效果评价。建立代表建议意见“1+10+N”督查督办体系，确保每项建议意见有回应，实现“即提即办，办就办好”目标。探索建立“新都人大”微信公众号，摄制报道《新都人大代表履职风采特辑》8期，经验总结报告被省、市人大刊物刊载6篇。

学习考察 组织4个对标学习小组，分别赴上海、杭州等先进发达地区，对标找差距，学习借鉴“民生项目代表票决制”、“代表之家”建设、城市规划等方面的先进经验，形成调研报告4篇。邀请上海市天地健康城项目负责人到新都考察洽谈，助力新都区医养产业生态圈建设。

【区人大常委会人代工委】 履行宪法和法律赋予的职责，发挥人大代表的主体作用，改进联络代表的方式方法，提高服务质量和水平。

人事任免工作 2017年，区人大常委会先后任命国家机关工作人员53人次（其中区政府32人次、区法院14人次、区检察院7人次）；免职14人次（其中街道人大工委1人次、区政府7人次、区法院6人次）。所有被任命人员均颁发任命书。承办补选成都市人大代表1人，接受市代表辞职1人，接受区人大常委会委员辞职2人，接受区代表辞职2人。指导大丰街道、军屯镇补选区人大代表2人，协助代表资格审查委员会对补选代表的代表资格进行审查，终止代表资格5人。

代表建议办理 全年交办111件，按时办结率100%。对答复和办理结果“满意”的104件，“基本满意”的7件，满意率和基本满意率100%。

开展优秀代表建议评比和表彰活动，引导激励代表提出高质量的议案和建议。11月初，下发《关于推荐报送优秀代表建议的通知》，由各镇（街道）人大主席团（工委）围绕建议的选题、内容、效果三个方面，推荐报送优秀建议24条。

联系代表制度 推动“双联系”规范化、常态化，每次邀请人大代表至少6人，列席人大常委会会议，全年邀请列席代表42人次。

代表履职培训 2月28日，组织全区人大代表和各镇（街道）人大工作者以及全体人大干部共257人，召开代表履职培训会，实现培训全覆盖。年内，组织安排常委会全体组成人员和部分人大代表，分批前往全国人大培训中心开展专业培训，提升代表履职的专业化水平。除集中培训外，还订购适合代表、人大工作者学习的报刊，让代表们学习了解全国各地的人大代表工作动态和经验做法。

“代表之家”建设 制发《成都市新都区人大常委会关于深化“代表之家”建设的实施意见》，制定《人大代表履职效果评价制度》。10月31日，在木兰镇召开人大代表述职观摩暨深化“代表之家”建设交流学习会，全区镇（街道）人大主席（工委主任）和联络员现场观摩木兰镇宫王社区人大代表向社区选民代表述职并接受选民询问和履职测评，参观木兰镇“代表之家”规范化建设情况，观看省级首批“代表之家”试点单位的代表履职宣传片，推动“代表之家”规范化建设。

专题视察调研 联络部分市、区人大代表视察区赏花基地建设及赏花经济发展情况，视察泥巴沱森林公园规划执行情况，视察城乡环境综合治理和城市管理工作情况，视察轨道交通、航空产业园，组织参加“绿化全川新都行动”视察活动，共计118人次。联络邀请代表对区档案工作、区检察院公诉工作、区环保工作、区城乡一体化便民生活服务体系建设情况、区国土资源执法监察工作、区农村污水治理试点工程情况、司法责任制改革情况、区教育经费投入管理及使用情况、区保障性住房供给管理暨商品房市场管理工作情况开展专题调研，共计166人次。

执法检查活动 联络邀请代表对贯彻实施《中华人民共和国食品安全法》《中华人民共和国执业医师法》《医疗机构管理条例》情况，执行《治安管理处罚法》情况开展执法检查67人次。联络代表参加对区农林局、区环保局、区统计局的工作进行评议。推荐代表参加区法院第三方测评，共48人次。

“脱贫攻坚”活动 拟定《成都市新都区人大常委会关于深化“脱贫攻坚——人大代表再行动”活动的方案》，以多种形式参与脱贫攻坚活动。截至6月28日，全区代表捐款资金19.14万元，捐赠物品价值约26万元，协调社会资金116万元，争取财政资金104万元，资助贫困学生108人，帮扶贫困户350户，为贫困群众提供就业岗位137个，提出有关议案建议25条。

代表小组活动 全年指导各镇（街道）人大主席团（工委）开展代表小组活动80余次。在全区人大代表中开展“我为新都发展献良策”活动，共收集各级代表献策586条，搜集群众难点问题95个。

【区人大常委会预审工委】 注重抓法定程序落实，改进预算预审方式方法，探索审计查出问题整改工作监督，推进预算审查，强化预算执行监督。

预算审查工作 到相关区级部门进行调研，听取2017年区级预算编制工作推进情况汇报，就细化预算编制、完善预算草案内容提出意见和建议。在集中审查前安排资料审查环节，对报送资料和电子数据进行汇总分析审查和筛选，为集中审查做好数据准备。

根据预算草案预审情况，结合审查组提出的审查问题，预算工委与区财政及部分单位进行沟通核实，形成审查分析报告，为人大财经委的初步审查提供参考。协助人大财经委完成市级财政预算草案的初审，代拟初步审查结果报告和审查决议，为人代会审查和批准预算做好准备工作。

审计整改工作 结合2016年度审计工作报告，预算工委会同财经委就《成都市新都区人民政府关于2016年度财政预算执行情况和其他财政收支的审计工作报告》问题清单中列出问题的整改情况进行督查调研。召开座谈会，听取部门对审计查出问题整改情况的汇报，掌握整改工作进展情况，提出意见。至9月底，存在的问题基本整改完毕。

完成《成都市新都区人民代表大会常务委员会关于加强对审计查出问题整改工作监督的决定（草案）》起草工作。预算工委会同财经委成立草案起草组启动该项工作。在对全国相关省、市已出台的决定和办法全面分析、比较基础上，组织多次研讨，形成征求意见稿。结合反馈情况形成代拟稿，经主任会议审议，提交常委会会议审查通过。

预算执行监督　细化预算调整审查。在常委会会议审查批准之前进行预先审查，提前安排调研，了解可能引起调整的事项，针对重点关注的政府债务限额、财政收入组织和财政资金使用等问题，与市财政部门反复沟通，对调整报告的结构和说明事项完善提出意见，在此基础上代拟审查报告和决议。11月，区人大常委会听取并审议了区政府关于成都市2017年财政预算调整方案的报告。

深化决算审查监督　在制定工作方案的同时与区级部门工作提前沟通，为决算审查掌握了一手资料。结合历年预决算审查情况，完善报审资料体系，为深化审查提供支撑，督促财政部门按照专项资金绩效管理办法实行台账管理。

强化预决算信息公开监督　督促各部门及时公开预决算信息，并对公开情况进行实时监督。在区人大网站开设“部门预决算”栏目，为区人大机关和人大代表查询预决算信息公开情况提供新的平台。　　(景能文)

资料　区人大常委会通报表扬2017年度优秀建议及先进承办单位名单

区人大代表优秀建议名单

1.《关于我区农贸市场管理的建议》(领衔代表梅家琼，附议代表冯丽)

2.《关于改造学院路西段，缓解新、老城区双向交通压力的建议》(领衔代表严波，附议代表曾室净、曾令葵、冯跃福、李万和、黄华军、肖永华、支征兵、史宣惠、周小军)

3.《关于开通北星示范带对接北部新城、地铁五号线旅游公交环线的建议》(领衔代表杨奕，附议代表李建勋、吴克俭、黄庚攀、陈易)

4.《关于编制木兰山生态保护规划的建议》(领衔代表徐礼彬，附议代表钟云、严元福、陈德兵、刘长贵、黄朝荣、何英、曾万福、黄自韬、林跃根)

5.《关于工业东区污水处理厂增容的建议》(领衔代表罗国户)

6.《关于生态护城建设的建议》(领衔代表张厚先，附议代表林开志、胡宗敏、赵兴林、戴昌俊、肖永华、易如勇、左伦全、曾令葵、曾室净)

7.《关于加强老年电动汽车管理的建议》(领衔代表肖永华，附议代表周小军、胡宗敏、任丽、罗清、易如勇、庄波、张厚先、戴昌俊、史宣惠)

8.《关于毗河绿道建设中同步推进物业管理和常态维护工程的建议》(领衔代表胡松良)

9.《关于物流大道火车站旁的101仓库通往新桥村的道路扩宽的建议》(领衔代表易如勇)

10.《关于尽快启动对宝光寺4A级旅游景区提档升级规划建设的建议》(领衔代表刘明英，附议代表余茂飞、阳义霞、胡报春、庞佑华、许多、柳晓燕、陈道福、周俐、任丽、丁继仙)

11.《关于根据因地制宜、因需而设、因民而建原则设立社区日间照料中心的建议》(领衔代表范广成)

12.《关于加强新都区物流园区和货运大道管理和执法的建议》(领衔代表柳晓燕，附议代表龚晓红、刘明英)

区人大代表建议先进承办单位名单

区交通运输局
区公安分局
区规划局
区农林局
区城乡建设局
区卫计局
区水务局
区教育局

成都市新都区人民政府

区长、副区长名录

（2017年1月1日至3月31日）

区　长：李　云

副区长：张吉广　孙　辉　张文豪　吴　昊

陈　志　刘　清（女）

（2017年4月1日至12月31日）

区　长：李　云

副区长：张吉广　孙　辉　张文豪　吴　昊

陈　志　刘　清（女）　秦　天

常务会议

【概况】 2017年，第十八届区政府召开常务会议20次。会议均在区政府第八会议室召开。其间邀请人大代表20人、政协委员20人列席会议。

【第一次常务会议】 1月11日召开。学习《关于完善农村土地所有权承包权经营权分置办法的意见》有关内容；讨论区卫计局《关于审议〈成都市新都区"十三五"期间基层医疗卫生机构硬件提升工程实施方案（送审稿）〉的请示》《关于审议〈进一步推进同级医疗机构医学检验和医学影像检查结果互认工作实施方案（送审稿）〉的请示》，区土地储备中心《关于斑竹园大江片区6号道路设计条件变更的请示》，大丰街办《关于大丰安置房小区电力外线建设的请示》，区民政局《关于审定〈成都市新都区惠民殡葬政策实施细则（代拟稿）〉的请示》，军屯镇政府《关于"桂湖香都"项目基础设施核定及建设费用结算的请示》，兴城公司《关于给予清流镇水梨村、柳泉村、同义村帮扶资金的请示》，区市场质量监管局《关于审议〈成都市新都区质量发展"十三五"规划〉的请示》，清流镇政府《关于解决当前财政经费不足的请示》，区监察局《关于处分工作人员的请示》，区机关事务局《关于区委区政府机关办公区后勤服务实行社会化服务管理模式及所需经费的请示》，区政务服务办《关于报请审议〈成都市新都区行政决策拟发公文类信息公开审查规定（送审稿）〉的请示》，区财政局《关于审议〈成都市新都区行政决策资金来源审查规定（送审稿）〉的请示》《关于审定区级专项资金审批管理办法的请示》和《关于审定区级财政追加预算审批管理办法的请示》；讨论高维波、伍勇、李东亮、游罡、李健、杨大伟、刘全生、马兴华、庄跃林、徐鹏、张汉勇、张启明、张雪梅、王明锐、李育华的职务任免，会后以区政府名义印发；讨论杨永国、李娜、席敏、黄兴文、薛明、黄小敏、潘兴建、张雪梅、刘跃江、向波、邱明、梁毅、张启明、晋鸿、代明海、黄宗林、刘杨军、张平、宋昌文、何宇生、李俊、刘传银、郭亚强、徐鹏、包世福的职务任免，会后提交区人大常委会审议。

【第二次常务会议】 2月10日召开。学习《中华人民共和国公共文化服务保障法》有关内容；举行区人大代表建议交接仪式和区政协委员提案交接仪式；讨论区环保局《关于进一步做好环境保护重点工作的报告》，区审计局《关于审定〈成都市新都区进一步加强政府投资建设项目审计监督的意见（送审稿）〉的请示》，区发改局《关于政府投资项目环评工作有关问题的情况报告》，区审计局《关于开展财政财务收支专项检查工作的请示》《关于招聘社会中介机构参与审计工作的请示》，区文体广新局《关于报请审议〈成都市新都区全民健身实施计划（2016—2020年）（送审稿）〉的请示》《关于报请审议〈成都市新都区文化改革发展"十三五"规划（送审稿）〉的请示》，区卫计局《关于审议〈成都市新都区"十三五"卫生计生事业发展规划（送审稿）〉的请示》，区城管局《关于在桂湖森林广场湖面设置音乐喷泉的请示》，区经信投促局《关于建议尽快签订〈共同推进成都市新都区小城镇（中心村）电网改造升级工程合作协议〉的请示》《关于兑付企业标准制定奖励资金的请示》《关于兑付企业技术中心奖励资金的请示》，区国土局《关于申请拨付"4·20"芦山地震蒲江五个增减挂钩项目指标款的请示》。

【第三次常务会议】 2月28日召开。学习《中华人民共和国大气污染防治法》有关内容；讨论区国资办《关于审议〈新都区国有企业集团化改造方案(送审稿)〉的请示》，区检察院《关于招聘编外聘用制书记员经费的请示》《关于申请拨付办公办案工作经费的请示》，区商务旅游局《关于兑现2016年区级乡村旅游发展扶持专项资金的请示》，区委政法委《关于审议〈成都市新都区国家司法救助实施细则(试行)〉的请示》，新繁镇政府《关于长德新世贸农副产品(物流)批发中心项目财政扶持有关事项的请示》，区委统战部《关于向理塘县捐赠一辆丰田越野车川A6Y07ND的请示》，区城乡建设局《关于墙改基金返退的请示》《关于拨付新都区电子路等4条道路通信线路迁改工程资金的请示》，区城管局《关于为抑尘降尘一线环卫工人发放慰问金的请示》，区公安分局《关于设置“黄标车”限行区域的请示》，区环保局《关于申请环保相关规划编制工作经费的请示》，区经信投促局《关于引进“国际教育园区”项目的请示》。

【第四次常务会议】 3月24日召开。学习《水污染防治行动计划》有关内容；讨论区国土局《关于提请审议〈成都市新都区人民政府购买土地管理相关服务实施办法(送审稿)〉的请示》《关于纳入政府购买土地管理相关服务项目的请示》，区水务局《关于成立毗河流域水环境综合整治指挥部的请示》《关于审定毗河水环境综合治理项目的请示》，区民政局《关于泥巴沱森林公园命名的请示》，家具园管委会《关于核销固定资产的请示》，区交通运输局《关于开展管养县道及干线公路雨污水管道疏掏工作的请示》《关于解决桂湖公交遗留问题的请示》，区财政局《关于2016年预算结转结余资金有关事项的报告》《关于审议2016年度镇级体制分成的请示》《关于审议2017年非税收支细化方案的请示》，区城管局《关于精品桂花鉴赏基地建设第三期桂花种植及环保景观优化工程款的请示》《关于申请追加新都区生活垃圾压缩转运处置税收经费的请示》，区政务服务办《关于审议〈成都市新都区2016年政府信息公开年报(送审稿)〉的请示》，区政府办公室《关于审议〈中共成都市新都区人民政府党组领导班子及其班子成员2017年落实党风廉政建设主体责任清单(送审稿)〉的请示》，区监察局关于行政记过处分的请示，区机关事务局《关于调整区人大、区政府机关办公地点相关事宜的请示》；讨论秦天的职务任免，会后按相关规定办理。

【第五次常务会议】 4月7日召开。学习《中华人民共和国环境保护法》5个配套办法有关内容；讨论区环保局《关于审定〈成都市新都区环境保护工作职责分工方案(代拟稿)〉的请示》《关于建设机动车尾气遥感检测门的请示》，区目督办《关于审议〈2017年新都区区级十大民生实事重点项目(送审稿)〉的请示》《关于审议〈关于表扬2016年第四季度重点目标完成情况较好单位的通报(送审稿)〉的请示》，区卫计局《关于审议〈成都市新都区贯彻落实全国精神卫生工作规划(2015—2020年)实施方案(送审稿)〉的请示》，区农发局《关于召开2017年区委农村工作会的请示》，大丰街道办事处《关于核减固定资产的请示》，家具园管委会《关于家具园区环境管护相关工作的请示》，区教育局《关于妥善处理已移交地方政府管理的原国有企业办中小学退休教师遗留问题和解决退养民师、“115”退休教师退休待遇等问题的请示》，区民政局《关于审定〈成都市新都区人民政府关于印发《成都市新都区困难群众基本生活保障工作协调机制》的通知(代拟稿)〉的请示》。

【第六次常务会议】 4月28日召开。传达全市信访维稳电视电话会议精神；安排部署“五一”劳动节和近期工作；讨论区H7N9防控指挥部《关于成都市新都区人感染H7N9疫情防控工作的报告》，区环保局《关于审定〈成都市新都区环境保护工作网格化监管实施方案(代拟稿)〉的请示》，区经信投促局《关于采取政府购买服务模式实施新都区老城区电力隧道及乡镇场镇电缆下地工程的请示》，区民政局《关于采取政府购买服务模式实施新都香城健康养老中心项目的请示》，区水务局《关于采取政府购买服务模式实施新都区河渠污染治理项目的请示》，兴水公司《关于马超东路东延线与围城路平交道口既有雨水排放工程增资的请示》，物流中心管委会《关于成都传化公路港物流有限公司申请财政扶持政策的请示》，区民政局《关于审议〈关于调整老年人高龄津贴标准的实施方案(代拟稿)〉的请示》；讨论张雪梅、李志明、周源涛、冯艳、邓杰财、杨永国、胡萍、成星莹、王启荣、彭健、郭山鑫、徐教武的职务任免，会后按相关规定办理。

【第七次常务会议】 5月19日召开。学习《四川省行政处罚听证程序规定》有关内容；讨论区环保局《关于审议〈关于做好省环保督察问题整改的通知（代拟稿）〉的请示》《关于审定〈新都区生态文明建设与环境保护专项督察工作方案（代拟稿）〉的请示》，区发改局《关于审议“十三五”专项规划的请示》《关于审议〈关于加快推进市政管线特许还建工程的通知〉的请示》，区河长制办公室《关于审议〈关于进一步深化“河长制”管理工作的实施意见〉的请示》，区人社局《关于拨付员额法官、检察官套改工资的请示》，区教育局《关于审定〈新都区主城区教育资源优化配置方案〉的请示》，区卫计局《关于审议〈成都市新都区妇幼健康优质服务示范工程建设实施方案（送审稿）〉的请示》，区财政局《关于审议〈成都市新都区“政府与社会资本合作”项目管理办法（试行）〉的请示》，斑竹园镇政府《关于安排北新医院土地收益的请示》，物流中心管委会《关于新都区、会东县共建新东物流产业园的请示》。

【第八次常务会议】 6月16日召开。学习《四川省完善国家工作人员学法用法制度的实施意见》有关内容；传达《中共中央办公厅国务院办公厅关于甘肃祁连山国家级自然保护区生态环境问题督查处理情况及其教训的通报》；讨论区发改局《关于审议〈成都市新都区、金堂县对口帮扶甘孜州理塘县规划（2017—2021年）（送审稿）〉的请示》《关于审议〈成都市新都区人民政府区级重大投资项目决策办法（送审稿）〉的请示》《关于审议〈关于进一步优化新都区政府投资项目管理有关事项的通知（代拟稿）〉的请示》《关于审议〈成都市新都区区级重大投资项目决策委员会议事规则（送审稿）〉的请示》《关于审议〈2017年新都区拟新开工区级重大投资项目计划（草案）〉的请示》，区卫计局《关于审议〈成都市新都区创建四川省第三轮结核病综合防治示范区工作方案（送审稿）〉的请示》，区城管局《关于拨付老旧院落改造工程进度款的请示》《关于拨付川陕路流花宾馆段等八段路面维修项目工程款的请示》，区民政局《关于审议〈成都市新都区2017年养老服务体系建设重点任务工作方案的通知（代拟稿）〉的请示》，区水务局《关于审议〈成都市新都区污水处理费征收使用管理实施细则（送审稿）〉的请示》，区审计局《关于社会中介机构参与政府投资审计服务费的请示》，香投集团《关于报废37台老旧车辆的请示》，区监察局《关于给予周启全等人政纪处分的请示》。

【第九次常务会议】 6月20日召开。讨论区发改局《关于审议〈新都区关于推动轨道交通、航空发动机、现代物流三大主导产业发展的实施意见（送审稿）〉的请示》。

【第十次常务会议】 7月18日召开。讨论区环保局《关于成立成都市新都区环境保护督察工作领导小组的请示》。

【第十一次常务会议】 8月22日召开。学习新《中华人民共和国水污染防治法》有关内容；讨论区市场质量监管局《关于审定申报市长质量奖企业名单的请示》《关于审议〈新都区食品小作坊禁止生产加工目录〉的请示》，区公安分局《关于处置执法执勤车辆的请示》《关于对固定资产按清产核资报告进行核销的请示》，工业区管委会《关于拨付成都新誉集团有限公司研发及制造基地项目产业扶持资金的请示》，泰兴镇政府《关于申请拨付土地收益的请示》，区财政局《关于2015年以来违规使用融资资金整改建议的请示》，区国资办《关于审议〈成都市新都区区属国有公司相关管理办法〉的请示》，区地税局《关于减免成都市新都联运总公司等3户企业房产税的请示》，区发改局《关于加强幼儿园收费管理的请示》，区教育局《关于追加2017年下半年新建公办幼儿园和移交教育主管部门的共建配套幼儿园运行经费的请示》，香投集团《关于购买四川现代农机产业园开发建设有限公司股份的请示》，区环保局《关于审定〈新都区大气污染防治“治霾十条”及工作方案（代拟稿）〉的请示》，区河长制办公室《关于审议〈成都市新都区实施“成都治水十条”推进重拳治水工作方案（代拟稿）〉的请示》，北部商城管委会《关于拨付安博项目土地成本的请示》，区规划局《关于增加编制经费预算的请示》。

【第十二次常务会议】 8月27日召开。讨论区监察局《关于给予钟毓平行政警告处分的请示》《关于对邱明、黄宗林、丁勇、刁瑞田、文海云五名同志违纪问题立案调查的请示》。

【第十三次常务会议】 9月2日召开。讨论区监察局《关于给予邱明、黄宗林、刁瑞田、文海云、丁勇政纪处分的请示》。

【第十四次常务会议】 9月5日召开。学习新《中华人民共和国环境影响评价法》有关内容；讨论区安委办《关于报请审议〈新都区安全生产重大事故隐患整治挂牌督办制度的通知（送审稿）〉的请示》，区公安分局《关于审定〈实施成都“治堵十条”推进科学治堵新都工作方案〉的请示》，新都国企薪改领办《关于审议〈成都市新都区关于深化区属国有企业负责人薪酬制度改革的实施意见（送审稿）〉的请示》，区商务旅游局《关于审议〈成都市新都区农贸市场排污整治工作方案（代拟稿）〉的请示》《关于审议〈成都市新都区餐饮、商业服务业“煤改气、煤改电”工作方案（代拟稿）〉的请示》，区卫计局《关于审议〈进一步做好计划生育特殊家庭扶助工作的实施意见（送审稿）〉的请示》《关于解决2017年卫计局下属项目资金的请示》，区扶贫办《关于申请简阳市平窝乡脱贫攻坚对口帮扶资金的请示》，区教育局《关于审定〈成都市新都区人民政府办公室关于印发〈成都市新都区乡村教师支持计划实施细则（2015—2020年）相关项目的实施方案的通知〉的请示》，区城乡建设局《关于启动成都市新都区市政公司改制的请示》。

【第十五次常务会议】 9月24日召开。讨论区目督办《关于审议新都区2016年目标绩效管理有关事项的请示》，区城乡建设局《关于将采取政府购买方式对工程实体和建筑材料进行监督抽查抽测费用纳入预算的请示》《关于支付道路租金的请示》，区教育局《关于核销2016年清产核资盘亏固定资产的请求》，香投集团《关于申请注入注册资本金的请示》，区机关事务局《关于解决中央商务区办公用房2014和2015年度房屋租金的请示》；讨论薛明、刘泽雷、马鲜、任海全的职务任免，会后按相关规定办理。

【第十六次常务会议】 10月11日召开。讨论区财政局《关于审定〈关于新都区2016年财政决算情况的报告〉》，区审计局《关于报请审定〈新都区2016年度区级预算执行和其他财政收支的审计工作报告（代拟稿）〉的请示》。

【第十七次常务会议】 10月16日召开。学习《中华人民共和国统计法实施条例》和《统计违纪违法责任人处分处理建议办法》有关内容；通报新都区2017年第6次、第7次对外开放联席会审议通过的近期新签约引进重大项目相关情况；通报区政府领导分工调整情况。讨论区公安消防大队《关于审议〈成都市新都区镇（街道）园区安全生产工作站暨微型消防站建设实施方案（送审稿）〉的请示》，区残联《关于审定〈关于加快推进残疾人小康进程的实施意见（送审稿）〉的请示》，区林业园林局《关于审定〈实施“成都增绿十条”推进全域增绿新都工作方案（代拟稿）〉的请示》，区卫计局《关于审议〈实施健康新都战略开展健康城市建设的实施意见（送审稿）〉的请示》，区财政局（区国资办）《关于修订〈成都市新都区行政事业单位公有房屋出租管理办法〉的请示》，区商务旅游局《关于审议成都新润酒业有限公司商铺拆迁遗留问题的解决方案的请示》，区城乡建设局《关于审议〈关于加强上市宗地配套公共服务设施建设管理的实施意见（代拟稿）的请示〉》，区交通运输局《关于拨付马超东路延伸线征地拆迁经费的请示》，工业区管委会《关于拨付园区业务费的请示》，区水务局《关于审核〈新都区毗河流域水环境综合整治PPP项目协议〉的请示》。

【第十八次常务会议】 11月16日召开。学习《中华人民共和国中小企业促进法》有关内容；讨论区房管局《关于审议成都市新都区人才安居工程实施细则（送审稿）的请示》，区环保局《关于审定〈成都市新都区重污染天气应急预案（2017年修订）（代拟稿）〉的请示》，区国土局《关于彻底解决泰兴镇和木兰镇地址灾害隐患点受威胁农户避险搬迁事宜的请示》，区扶贫办《关于申请援建岳池县白庙镇郑家村桃树种植项目资金的请示》，区公安消防大队《关于增加政府专职消防队专项经费预算的请示》，区教育局《关于划拨新都区现代学校制度改革试点学校运行经费的请示》，区财政局《关于财政预算大额资金安排的请示》《关于审定〈新都区2017年财政预算调整方案（送审稿）〉的请示》，区政府办公室《关于调整工作作息时间的请示》；讨论许卫东、席敏、钟夏涛、何艳、黄宁伟、陈先伟、李继承、刘维勇、刘杨军、廖方贤、兰波、肖前友、严家林、成星莹、钟玫、陈暾、杨金华、曾胜军、马宗祥、李娜（1976年6月生）、叶双、刘晓艳、兰宜平、钟映红、张平（1976年4月生）、杜俊兵、谢纯、黄宗林、刁瑞田、刘旭华、杨大伟、任开秀、钟炳昌、薛明的职务任免，会后按相关规定办理。

【第十九次常务会议】 12月3日召开。讨论区政府办公室《关于审议〈成都市新都区人民政府常务会议议事决策规则（送审稿）〉的请示》，区发改局《关于审议〈攀枝花西区人民政府　成都市新都区人民政府结对合作战略协议（送审稿）〉的请示》，区水务局《关于审议〈新都区沱江流域综合治理项目合作框架协议（送审稿）〉的请示》，区监察局关于给予行政记大过处分的请示，区财政局《关于2017年区级财政支出绩效评价工作情况的报告》。

【第二十次常务会议】 12月20日召开。学习《中华人民共和国文物保护法》有关内容；讨论区大数据和电子政务办《关于审议〈值班值守工作规范〉等四个制度规范和突发事件信息报告与应急处置流程图（送审稿）的请示》，区财政局《关于审议〈成都市新都区开展企业上市行动实施方案〉的请示》《关于2018年财政收支预算编制相关情况的报告》《2017年底大额资金安排情况的报告》，区房管局《关于采取政府购买服务模式实施成都市新都区2017年棚户区改造项目的请示》，家具园管委会《关于拨付成都市润阳纺织品有限公司土地成本的请示》，区教育局《关于移交5所新建公办幼儿园的请示》，香投集团《关于天府动力新城基础设施和公共服务配套一期项目管线迁改采取特许还建方式实施的请示》《关于新都区花园村三社宗地注资事宜的请示》《关于新都区正因南街169号宗地注资事宜的请示》，大丰街道办事处《关于返还广聚投资公司整合土地出让款的请示》，区城乡建设局《关于墙改基金返退的请示》，区经信局《关于科伦集团政策扶持有关事宜的请示》，区发改局《关于解除鑫丰公司投资协议有关情况的报告》《关于调整区级储备粮油补贴方案的请示》，区城管局《关于核减部分固定资产的请示》。（颜泳航）

区政府办公室工作

【政务工作】 全年区政府下发文件32件，区政府办公室发文97件。坚持每季对区政府部门、镇（街道）上报区政府的公文进行质量测评，提高政府机关办文水平。文件按期办理，急件随到随办，印章保管和使用无失误。做好区政府全体会议、常务会议以及区长办公会议等会议的会务组织工作。加强调查研究和政策学习，做好区政府领导各类会议讲话的起草、修改工作，增强对基层工作的指导性。

【信息调研】 围绕区委、区政府中心工作和阶段性工作重点、难点，收集国内外城市、地区在经济社会发展方面的先进经验和做法，搜集研究机构、专家学者对中央和省、市委重大决策贯彻落实的好点子、好办法，为区政府领导了解重要工作进展情况，指导基层工作提供及时、有效的信息服务。加强信息工作规范化建设，年内向市政府办公厅上报信息381条，被办公厅采编信息85条，采用专刊3篇；上报省政府办公厅信息161条，采用6条。全年编发《新都政务》105期、《新都政务专刊》4期。

【督察督办】 全年受理人大代表建议111件，办结率100%，联系人大代表率、征求人大代表意见率、人大代表意见反馈率均为100%。受理政协提案147件，提案办结率、联系政协委员率、征求政协委员意见率、政协委员意见反馈率均为100%。2017年，向每位区人大代表、区政协委员分别发送《人大代表专递》《政协委员专递》4期，2000余份。办理市长公开电话32084件、区长公开电话951件，办结率100%。印发《要情专报》66期、《公开电话汇报》9期、《公开电话运行分析》3期。

【法制工作】 推进行政许可标准化建设，设置服务大厅建设（维护）类、服务质量类、服务管理类、服务岗位类共1185项标准。对31个部门行政许可前置条件进行清理规范，取消170项，调整57项，精简率23%。精简行政审批办理中的申请材料及证明67项，减少办事环节50个。制发《关于加快推进市政管线特许还建工程的通知》《关于进一步优化政府投资项目管理有关事项的通知》。

【外事管理】 统筹协调全区党政、事业及相关人员因公出访，协调配合全区涉外活动的接待事务，配合上级部门处理涉外事务。加强涉外领事保护体制机制建设，优化完善涉外管理和服务，为全区劳务输出平台、涉外部门、基层社区等人员重点讲解海外安全注意事项、紧急情况处理、涉外法规等领事保护及海外安全相关知识。2017年，办理因公出国157人次，其中党政人员22人次。因公出国(境)人员行前教育覆盖率100%。为民营企业办理APEC商务卡3人次，办理邀请外宾来华5人次。

（颜泳航）

大数据和电子政务管理

【概况】 11月，设立成都市新都区大数据和电子政务管理办公室（简称区大数据和电子政务办），挂区应急办牌子，为设在区政府办公室的正局级行政机构。区大数据和电子政务办(区应急办)内设机构5个：综合科、大数据管理科、政府信息公开科、行政效能建设科、应急值守科，配备行政编制12人。下设事业单位成都市新都区大数据中心，配备事业编制30人。将区应急办所有职责，区政务服务办的行政效能建设、政府信息公开等职责，区经信局承担的信息化建设、政府门户网站管理等职责整合划入区大数据和电子政务办。撤销区政务服务办行政效能建设科、政府信息公开科，撤销区经信局信息化推进和无线电管理科。

【政务公开】 制定《成都市新都区2017年政务公开工作实施方案》，明确政务公开的四大工作方向和35项工作要求，推进区政务公开工作。

强化公开机制 全区各级行政机关共设政府信息公开工作机构58个，其中区政府信息公开工作机构1个，区级部门44个，各镇(街道)13个。建立区、镇(街道)、村(社区)三级政府信息公开工作队伍348人，其中专职工作人员131人，兼职工作人员217人。出台或调整《区委常委会议事决策规则》《新都区人民政府常务会议议事规则》《新都区行政决策拟发公文类信息公开审查规定》《新都区政府信息公开工作管理办法》等10余项专项工作机制。把政务公开工作纳入政府绩效考核体系，分类别制定区级部门、镇(街道)目标任务评分标准，将考核指标量化到日常管理，开展专项检查，定期通报。全年召开部门、镇(街道)各类培训班和座谈会128次。

编制公开内容 编制并公开2017年度全区政府信息公开年度报告；公开2016年决算和2017年预算等财政信息；持续深化行政权力、财政信息、公共资源配置等重点领域信息公开。编制全区统一的优惠政策事项目录，形成事项目录41条、办事指南42项，印制发放2万余份。动态调整新都区行政权力清单，形成行政权力事项及责任事项5803项。推进教育、卫生和食品药品安全信息公开，发放义务教育各类宣传资料4.6万份；发布食品药品、虚假广告宣传等案件处罚、消费警示、监管动态等信息共计3324条。

拓展公开方式 全区各级行政机关通过公开目录、政府网站、政务微博(微信)、新闻媒体、公示栏(屏)、公开资料等渠道和方式，主动公开政府信息334770条。通过成都市政府信息公开目录公开政府信息15185条，比上年增长10.77%。基层公开综合服务监管平台公开各类信息339444条，其中村级专项资金实施项目1601个。依托四川省行政权力依法规范公开运行平台公开行政权力4561项，实现网上办件10万余件。推进“互联网+政务服务”，区级部门提供网上行政许可386项、网上服务337项，各镇(街道)提供网上服务214项，全年网上办事209151件。

规范公开申请 建立健全政府信息依申请公开区领导审核把关制度和多部门协调会商机制，确保全区政府信息公开申请及时规范受理、按时依法回复。全区各级行政机关共收到政府信息公开申请177件，办结176件。因政府信息公开引起的行政复议7件，其中维持具体行政行为5件、被依法纠错2件。全区因政府信息公开引起行政诉讼17起。

【区长公开电话】 2017年，区长公开电话受理群众诉求951件，办理市长公开电话转办件32084件，办结率100%，满意率96%。编辑《区长公开电话汇报》9期、《网络理政平台综合分析报告》3期。

【网站建设】 推进网站集约化建设，区政府门户网站(www.xindu.gov.cn)全面整合区内48家各级各部门政府网站，6月27日正式上线。全年政府网站发布信息20168条，实现了资源集中、数据互通、服务共享。

《在线预约》栏目获国家电子政务理事会“2017年政府网站网上办事精品栏目奖”，实现8年蝉联。在2017年中国政府网站绩效评估中，新都区位列区(县)网站第37名，连续10年保持全国区县政府网站前100名；在2017年度全省政府网站绩效评估中，新都区位列183个县(市、区)网站第9名。

整体框架 设置要闻动态、政务公开、办事服务、政民互动、魅力新都5类板块。删除部门重复的工作动态栏目，增加适应发展需要、网民关注度高的数据统计、政府信息“五公开”等栏目内容。

信息整合 强化政府门户网站信息公开平台作用，整合政府网站信息资源，加强市级政府网站、部门网站之间协调联动。重点整合政府信息公开目录、省市行政审批服务平台的信息资源，将部门网站以内页的形式整合到集约化网站平台，方便“一站式”事件办理与获取信息查询。

政民互动 在政民互动板块设置书记、区长信箱，建言献策以及智能问答等栏目，征集、选登网民意见、建议。

办事服务 在首页视觉活区添加权责清单、重点领域信息公开、财政信息专栏等快速入口；群众、企业办事服务栏目按照“重点领域办事服务”“民生领域办事服务”和市民服务R2G、企业服务B2G全生命周期形式呈现。

内容保障 健全网站栏目，按时保质发布相关信息。全年转载国务院重要信息、省市要文、政策文件等1200余条，政府信息公开目录15185条，政务动态信息3234条。累计上传882项服务事项标准办理规程，网站总访问量379550次。

【行政效能建设】 加强政府自身建设，提高政府效能，推动政府职能向创造良好发展环境、提供优质公共服务、维护社会公平正义转变。

优化发展环境 通过网上联系、定期走访、发放监测点标牌并举行挂牌仪式等线上线下活动，加强相关政府部门、各信息监测点工作协同配合。建立效能督办制度、诉求办理制度、考核奖惩制度，界定有关政府部门、投诉涉及部门工作职责，并将信息监测工作纳入年度目标考核。全年共走访信息监测点425人次，收集并协调解决企业困难需求20余条。

回应群众诉求 健全开门接访、上门走访、定向监测、曝光跟踪的工作机制，完善快速处理投诉、有效解决诉求机制，快速解决群众反映的行政效能问题。全年受理各类投诉35件次，其中市级转办件12件，电话投诉21件，来访投诉2件。办结行政效能投诉35件，办结率100%。

（廖雅玲　王明国　王光福）

应急管理

【概况】 2017年，全区应急管理工作坚持“预防为主、预防与应急相结合”的原则，以应急准备为核心，探索提升基层应急能力，完善市民应急避难体系，构建群众自防自治、社区群防群治、部门联防联治、相关单位协防协治的突发事件防范应对体系。

【应急值守】 全年接报和协调处置突发事件747起，预警类事件71起，编辑《要情专报》66期，突发事件信息报告率100%。

【应急预案】 全年制订或修订区级专项应急预案7件、区级部门应急预案11件、镇（街道）应急预案20件、产业园区应急预案5件，应急预案覆盖率100%。

【应急准备】 区政府投入186.2万元在泰兴镇白鹤岛生态公园和三河街道金河湾生态公园完善避难功能配套应急设施，新建Ⅱ类应急避难场所2个。投入186.2万元，建设应急示范村（社区）20个。

【应急演练】 区大数据和电子政务办（区应急办）

5月8日，欧洲应急专家组到新都街道状元街社区调研社区应急能力建设工作

牵头会同区级有关部门和镇(街道),以检验预案、磨合机制、提升技能、普及知识为目标,以应急联动、快速集结、现场救援、协同配合、善后处置为重点,提升防范应对突发事件能力,有针对性地开展区级综合性应急演练6次。

【应急知识宣传】 区大数据和电子政务办(区应急办)牵头,会同区级各部门,以全国消防日、法制宣传日等主题活动为契机,面向公众开展应急知识宣传普及活动,组织应急知识宣教活动9场(次),制作宣传展板40余块,发放宣传资料7万余册(份),制作宣传标语(横幅)30余条。

【应急知识培训】 采取轮训、集中培训和交流学习等方式,组织应急能力培训15期,先后培训负有处置突发事件职责人员2000余人。

(廖雅玲　王明国　王光福)

人事管理

【概况】 区人力资源和社会保障局(简称区人社局)做好公务员和专业技术人员的管理工作,加强对事业单位人员和人才队伍的管理,加强业务培训和考核工作,推进2017年计划分配军转干部的安置工作及高校毕业生就业创业工作。

【公务员管理】 全区行政机关公务员(含参公人员)1652人参加年度考核,其中优秀318人,称职1310人,不称职1人,不确定等次23人,记嘉奖250人,记三等功68人。办理公务员(含参公人员)及事业人员交流调动手续208人,确定军队转业干部、试用期满等人员38人的非领导职务。完成公务员(含参公人员)登记73人,其中调任1人、选举19人、军转干部30人、考录23人。审核143人拟晋升职级公务员申报材料,其中符合职级晋升条件139人,完善各类手续并兑现工资待遇。招录参照公务员法管理单位工作人员15人。协调区内4个部门21人完成各类培训。完成区政府任命92名副处级以上干部的上会材料,对拟任副处级以下的318名人员做好免去非领导职务的审定与批复。修改公务员年报数据1.2万条。

【专业技术人员管理】 全区224个事业单位和部分企业专业技术人员共7200余人,参加继续教育共需科目学习。选派专业技术人员30人(教育20人,卫生10人)到基层服务。区财政下发专业技术人员生活补贴36万元,转入卫生、教育部门。

【事业单位人员管理】 全区224个事业单位10281人参加考核。其中管理人员1172人,专业技术人员7867人,工勤1242人。优秀1409人,占13.7%;合格8707人,占84.69%;基本合格5人,占0.05%;不合格8人,占0.08%;未确定等次152人,占1.48%。

【人才管理】 2017年,区人才中心接收各类高校毕业生1908人,接收各类人才档案3258卷。

人才引进 面向国内重点高校引进特需人才,完成两批特需人才招聘程序,共20人到岗。

人才流动 通过企业申请,现场实地考核,认定可口可乐(四川)饮料有限公司、成都知睿财税服务有限公司作为2017年度高校毕业生(青年)见习基地。完成2017年度见习基地考评工作,完成目标任务的120%。经企业自主吸纳,共推荐并组织见习生43人,到见习基地参加就业见习。收到中铁建大桥工程局第五有限公司、成都保利投资有限公司酒店分公司提交的见习补贴申请材料37份,审核并通过29份,兑现见习补贴6.96万元。

人才招聘 完成人事考试及专业技术资格考试工作(9场)。完成成都市公开考试录用公务员笔试和2017年新都区面向社会招聘中小学、幼儿园教师考试笔试,共招聘74人。完成2017年新都区面向社会公开招聘卫生专业技术人员考试笔试,招聘37人。完成2017年面向社会考核招聘急需短缺卫生专业技术人员考试,招聘9人。完成2017年藏区"9+3"公招考试和2017年度一级建造师考试。

高校毕业生就业创业 认定高校毕业生就业见习基地12家。本地生源高校毕业生就业率94.9%,有就业意愿的困难家庭高校毕业生就业率100%。

【志愿者管理】 继续做好"高校毕业生服务城乡基层项目""选聘高校毕业生到村任职"等计划的实施,确保全区村(含涉农社区)每村(社区)有1至2人、城镇社区有大学生志愿者1人,"农村中小学特岗教师计划"在岗志愿者人数不低于25人。完成2017年赴四川大学、西南财经大学、四川农业大学现场招募"一村一名大学生"项目志愿者及2017

年成都市服务基层项目志愿者公开招募工作，共招募“一村一名大学生”志愿者86人。完成对2017年在岗志愿者年度考核及续签工作和2017年服务期满志愿者证书办理工作。

【军队转业干部安置工作】 2017年，按政策接收安置计划分配军队转业干部和自主择业军队转业干部。接待来访来电42人次，解答有关安置政策。为失业企业军转干部发放生活困难补助费214.82万元；为符合条件的退休企业军转干部发放生活困难补助1197.37万元。

【工资福利】 2017年度，公务员及参公人员正常晋升级别工资382人，平均月增资46元；正常晋升级别档次工资210人，平均月增资84元；机关（含参公人员）工勤人员晋升岗位工资4人，平均月增资68元；事业人员晋升薪级工资10079人，平均月增资74元。（袁 莎）

政务服务

【概况】 2017年，新都区人民政府政务服务中心(简称区政务服务中心)按功能布局分为综合服务、市民服务、公共服务和经济建设服务四大区，服务窗口198个，工作人员658人，入驻机构72个。区级部门提供行政许可264项、服务事项344个；公共服务部门、中介机构提供服务事项258个。中心大厅日平均办件8000余件。

11月，按照中央、省、市关于相对集中行政许可权改革工作要求，设立成都市新都区行政审批局（简称区行政审批局），挂成都市新都区政务服务中心（简称区政务中心）、成都市新都区公共资源交易工作委员会办公室（简称区公管办）牌子。主要工作有两部分：一是承接全区17个部门划转的200个审批事项（382个小项）。二是负责牵头建立和完善全区政务服务体系，规范行政审批事项、服务事项流程和前置条件，推进市民服务体系标准化建设，负责对区、镇（街道）、村（社区）三级便民服务场所进行指导、监督、检查。共配备行政编制35人。内设机构13个，正科级事业单位2个，编制45人。

【审批事项办理】 在公安、人社、国税、地税、建设等25个部门窗口开设“绿色通道”，为入驻企业审批事项提供“一站式”导办和代办服务。

深化行政审批制度改革 探索“相对集中行政许可权”改革，深化建设项目并联审批制度，按照天府动力新城建设指挥部工作会议精神，开展“园区建设年”活动，制定《关于加快天府动力新城重点项目审批提速的建议》等方案6条，在此基础上将模拟审批和西南石油大学科技园集群注册模式作为产业园区建设项目进行试点探索，逐步在全区范围内推广运用。

“企业服务和项目攻坚年”活动 协调相关部门及时协调解决重点项目建设中遇到的矛盾和问题，建立专业化的投资项目代办队伍，为重点企业在项目实施过程预查、预审、代办等方面提供“贴身”服务。依托行政效能软环境建设，安排专人深入重点项目，发放企业服务联系卡，倾听企业诉求，收集整理企业反馈职能部门工作情况，督促整改“不作为、乱作为、慢作为”现象。

开启优惠政策兑现快车道 按照“一表申请、一口受理、内部流转、限时办结”的服务模式。3月27日，设立“优惠政策兑现服务”窗口，为重点企业和个人创新创业、优势发展提供优惠政策支持。年内印制第一批涉及19个区级部门的41条政策兑现事项目录和办事指南2万余份，向社会公开发布，接受企业、群众申请和咨询。

主动下沉服务企业 建立百家企业信息监测点，为企业发放服务联系卡，制作悬挂信息监测点标牌，建立完善工作联系制度、效能督办制度、诉求办理制度等，提升企业满意度。采取上门走访、电话调查、座谈交流、QQ、微信等形式，搭建与企业之间无障碍沟通模式，加强对窗口单位的首问责任制、一次性告知制、限时办结制等行政效能建设制度执行情况检查，更好地服务企业。

【服务标准化建设】 突出“三个强化”，促进市民服务标准化建设。

强化标准先行 建立通用标准、服务提供标准、岗位工作标准、服务保障标准、服务监督评价标准五大分体系，细化标准构建的市民服务标准体系1185个，初步形成了“服务质量目标化、服务方法规范化、服务过程程序化”的市民服务新格局。11月28日，全省基层政务公开标准化规范化工作研讨会在新都区召开。会议肯定了新都区在市民服务标准化试点和基层政务公开标准化建设方面做出的有益探索，省、市媒体予以报道。

强化服务延伸 构建区、镇(街道)、村(社区)三级服务体系，提升镇(街道)便民服务中心软硬件配套。石板滩镇、大丰街道、斑竹园镇、泰兴镇、新繁镇、木兰镇打造多功能服务中心和便民服务"一条街"。255个村(社区)便民服务室在达到省级标准基础上进行提档升级，完成率96%。2017年，镇(街道)便民服务中心可承办服务事项255个，村(社区)便民中心可承办服务事项60个。拓展镇(街道)便民服务中心"一站式"服务功能，重点推进新繁镇服务功能大集中，并在泰兴镇普河社区、瓦窑社区，军屯镇郭家、东岳综合体片区试点公共服务功能集中。继续推进基层站所和邮政、银行、自来水等公共服务功能向便民中心集中。全区173个基层站所中，已入驻镇级便民中心85个，占总量的49%。

强化需求导向 开展延时服务并建立"周末服务常态化"和"政务夜办"工作机制，将企业、群众长期需求量较大、办事较多的事项纳入延时服务范围，每周二、四夜间和周六白天实行延时服务。在区政务中心设立24小时开放自助服务厅，引入不动产信息自助查询打印、二手房交易合同自助打印、自助办税、社保(医保)信息查询、银行ATM自助服务终端等智能设备20个。自5月开展延时服务至年底，为企业和群众办件16412件。

【服务功能建设】 实施"互联网+政务服务"，拓宽服务渠道。

强化信息化服务功能 政务大厅内设置自助上网服务区，办事区域免费Wi-Fi全覆盖，配合入驻部门窗口设置自助设备，共计16套系统、50多个设备，使群众能更快捷方便地办理业务。开展"24小时政务自助服务区"建设，首批整合引入政务自助服务设备20台，与"香见"APP合作，为群众提供全时段服务。

政务微博服务体系 构建区、镇（街道)、村(社区)三级政务微博服务体系，与区13个镇(街道)、52个与民生相关紧密的区级部门、17个公共服务部门建立微博运营管理联动机制，"新都服务"微博(微信)拥有粉丝9.53万人。1至5月，"新都服务"微博开展线上线下宣传活动80次，发布资讯6115条，各线上平台共收到群众诉求并转派给相关单位156条，其中投诉123条、建议6条、咨询27条，诉求处理率100%。年中连续三个月，"新都服务"微博(微信)考核评分在成都市各区县中名列第一。

移动政务服务手段 区政务服务办与区电视台合作，在"香见"APP上开发优惠政策推送、网上预审等政务服务功能，为企业和个人提供线上优惠政策推送、网上导办、交流互助等聚合式服务，市民还可在手机上将办事材料提交至政务中心预审，预审通过之后预约一次性办理。"香见"APP梳理并提供省、市、区级优惠政策文件72个，优惠政策项目64条，12个部门的83个事项开展网上预审。10月，"成都市新都区人民政府门户网站在线预约"获2017年政府网站网上办事类精品栏目奖。

（游　勇）

机关事务

【公务车管理】 制定《成都市新都区党政机关公务用车制度改革实施方案》和相关配套文件，在2016年公务用车制度改革的基础上，2017年按计划处置公务用车392辆，拍卖成交392辆，拍卖金额1136.15万元。

完善各项车辆管理制度，保证车辆性能良好，保障区委、区政府及相关部门应急用车，保障重大活动、接待及应急处突和抢险救灾用车，保障重要会议人员车辆指引共计1517次。

【会务工作】 规范服务标准，提高服务质量，制订和完善会务工作清单。加强对服务员的思想教育和业务培训工作，所有会务工作均对照清单进行逐项检查，对会场布置和会务服务做到标准化、规范化。全年完成会务保障工作2000次，做到零事故发生。

【公共节能】 根据成都市《关于做好2017—2018年节约型公共机构示范单位创建工作的通知》要求，规范机构设置，推进公共机构节能体制、机制、制度规章和标准体系建设，加强重点用能单位动态监督管理，定期向全区公示主要用能单位名单。推进新都区国家级公共机构节能示范单位建设，确定申报区人民医院为国家级公共机构节能示范创建单位，并获成都市“绿色低碳示范单位”称号。与区水务局对区公共机构开展“节水型”单位创建活动，全年创建节水型单位35家。

搞好节能宣传培训，落实工作信息月报制度，抓好“节能宣传周”“能源资源紧缺体验日”等专题活动。组织参加国家机关事务管理局与清华大学联合主办的“公共机构节能管理远程网络培训”，组织开展全区行政事业单位节能统计员进行新版公共机构能源资源消费统计直报系统培训工作。

【财务管理】 做好机关21个部门财务指标监督、票据审核、账务处理等财务核算及收支工作，严格执行年度财务收支计划，控制、使用好单位的资金。每月按时发放在职、离休、聘用人员工资，退休人员统筹外补贴和遗属生活补贴。按时缴纳本单位住房公积金、社保、个人所得税。按时报送本单位的劳动工资报表、“三公”经费统计表。

【物业管理】 认真履行机关办公设施和家属院生活设施的维护职责，进行各类检查40余次，及时处置各类检查维修9900余次，确保机关的正常办公秩序和家属院的生活秩序。3月，启动对区人大、区政协以及建设大厦等相关单位办公用房调整工作，建设大厦的区城乡建设局、区环保局、区房管局相关单位已全部迁入兴城时代大厦办公。完成区招商服务中心、区目督办、区委巡察办等单位的办公用房调整工作。

2017年，实施老旧家属院落整治的7个院落完成结算审计，正在向区城管局申请拨付相关经费。出租的营业用房共13处（间），实收租金342665.76元。按照全区统筹安排，权证齐全的经营性用房全部移交给国有公司。

【综合管理】 2017年，来访登记1540次、1902人，上访236次、2712人，受理客户报事、报修服务514件，及时率、处理满意率均为 100 %。对办公区的92组灭火器、12个室内消防栓、5个室外消防栓，全部进行检查并张贴封条。机关食堂及新城办公区食堂均严格按照食品卫生标准进行操作，定期对工作人员进行健康体检。新城办公区食堂和机关食堂保障90万人次用餐，保障公务接待餐400桌次。

（杨永明）

台侨事务

【概况】 中共成都市新都区委对台工作办公室（简称区委台办）、成都市新都区人民政府台侨事务办公室（简称区台侨办）开展台侨服务、宣传、经济、交流、管理和调研工作，组织指导区级各部门和各镇（街道）的台侨工作，协调处理台侨重大

9月5日，中国台湾“鲲鹏会”参访团一行15人参观宝光寺

活动和重大事件，负责台侨投诉信访工作，承办上级部门和区委、区政府交办的其他事项。区委对台办、区台侨办与区委统战部合署办公，无内设机构。

【台侨服务】 集中走访侨资企业8家和侨属侨眷11人，介绍新都区最新出台的产业扶持政策，对提出的困难问题协调解决。组织侨资企业代表人士召开区情通报会4次，引导其树立国际化理念和竞争意识，着力扩销增量，做强品牌，不断提升竞争能力和产值效益。倾听侨属侨眷的呼声和要求，做好信访接待，切实维护其合法权益。

【联络联谊】 春节前走访慰问侨资企业和侨胞侨属代表，送去慰问金和新春祝福。国庆、中秋节前，举行新都区港澳台侨界人士庆国庆迎中秋联谊会。9月29日，看望贫困侨眷杨德彬和杨晓娟。全年走访在蓉困难侨胞侨属10人次。9月，在全区范围内进行新一轮涉侨资源调查工作，健全侨企数据管理库和适时更新。在新军街社区侨胞侨属工作试点单位，开展社区为侨胞侨属服务、侨胞侨属为社区贡献的“双向服务”活动，提升侨胞侨属在区内的影响力和话语权，使侨胞侨属更好地融入社区，更好地发挥自身优势。

【宣传活动】 利用QQ群、微信等媒介，发布涉侨相关的法律法规、名词解释和办事指南，为侨界人士提供政策咨询和法律服务。宣传《中华人民共和国归侨侨眷权益保护法》及其《实施细则》，全年共开展侨法宣传4次。3月7日，新都区统一战线第一次“双月会”在宝光寺会议室召开，对重点涉侨法律法规进行讲解。11月，先后在区黄桷树广场、新军街社区开展以“知侨法 护侨益 聚侨心 促和谐”为主题的侨法宣传活动。12月4日，在新都黄桷树广场开展“12·4”全国法制宣传日活动，共发放宣传页1000余份。

【区侨联换届】 6月29日，召开新都区第四次归侨侨眷代表大会，参会代表32人，实际到会39人。会议审议通过《成都市新都区第四次归侨侨眷代表大会选举办法》，选举产生成都市新都区归国华侨联合会第四届委员会主席钟发平、副主席唐茜、秘书长李向东、委员3人。李尚礼代表区侨联第三届委员会作工作报告，钟发平代表区侨联第四届委员会作表态发言。成都市侨联党组书记石敏，区委常委、统战部部长黄安军出席会议并讲话，区工商联主席陈善彬，区总工会等社会团体、区民主党派代表参加会议。区委统战部常务副部长唐军宣读区委书记刘任远，区委副书记、区长李云向大会发的贺信，区总工会薛德先致贺词。

(张明磊)

政协成都市新都区委员会

主席、副主席、秘书长名录

(2016年12月22日至2017年12月31日)

主　席:方正行

副主席:黄泽旭　陈善彬　邓学能　詹友军　余朝琼(女)

秘书长:李传术

主席会议

【概况】 2017年,区政协召开主席会议9次,均由区政协主席方正行主持。

【区政协十一届第一次主席(扩大)会议】 1月11日召开。传达市政协第十四届第五次会议精神。审议《政协成都市新都区委员会2017年工作要点》,《2017年度政协重点协商计划和民主监督计划》,2017年重点督办提案、第十一届区政协各专门委员会组成人员名单,界别委员小组编组方案,副秘书长和各专门委员会主任、副主任名单。协商区政协领导分工。

【区政协十一届第二次主席(扩大)会议】 2月9日召开。传达省政协十一届五次会议精神。审议召开区政协十一届第一次常委会会议事宜。

【区政协十一届第三次主席(扩大)会议】 3月15日召开。协商于3月16日召开全体委员专题培训会事宜,4月23日至28日组织第十一届政协常委赴复旦大学管理学院进行专题培训。协商“对口帮扶简阳市脱贫攻坚”民主监督工作。

【区政协十一届第四次主席(扩大)会议】 4月5日召开。协商视察全区交通网络体系建设工作,市、区两级政协联动视察新都黑臭水体治理工作相关事宜。

【区政协十一届第五次主席(扩大)会议】 5月23日召开。传达市第十三次党代会精神。协商视察中小微企业发展情况、养老服务体系建设情况和推进“我为扶贫攻坚做件事”相关事宜。审议区政协机关开展专项治理“微腐败”工作实施方案、召开区政协十一届第二次常委会会议事宜、《成都市新都区政协协商实施办法(代拟稿)》。

【区政协十一届第六次主席(扩大)会议】 7月20日召开。传达成都国家中心城市产业发展大会精神。协商视察北星示范带建设情况、开展“助推全面创新改革试验”工作。审议关于成立新都区族谱文化研究会的请示、关于政协书画院换届的请示和关于编辑印刷《新都文史》第二十九辑的请示。

【区政协十一届第七次主席(扩大)会议】 9月19日召开。传达成都市城乡社区发展治理大会精神。审议《关于撤销“围绕校地合作打造城北音乐高地”调研课题的请示》、召开区政协十一届第三次常委会会议事宜。

【区政协十一届第八次主席(扩大)会议】 10月25日召开。传达学习中共十九大和十八届中央纪委工作报告精神。审议调研马家镇杨氏宗祠工作方案。

【区政协十一届第九次主席(扩大)会议】 11月22日召开。听取2017年政协委员履职情况的报告。审议《关于建设政协信息化综合管理平台的请示》,关于使用OA办公系统的请示;坚持绿色发展,推进“生态护城”专题对口协商工作方案。听取2017年工作完成情况及2018年工作计划安排。

常务委员会会议

【概况】 2017年,区政协召开常务委员会会议4次。

【区政协十一届第一次常委会会议】 2月22日召开。传达学习省政协十一届五次会议精神及市政协第十四届五次会议精神。审议通过《政协成都市新都区委员会2017年工作要点》《2017年度政协重点协商计划和民主监督计划》、第十一届区政协各专门委员会组成人员名单、第十一届区政协界别委员小组编组方案。审议政协十一届委员会副秘书长、各专门委员会主任、副主任名单。区环保局通报全区环保工作情况。区政协党组书记、主席方正行就如何做好新一届政协工作提出要求。四川信诺达律师事务所律师喻开富就《中华人民共和国环境保护法》相关知识作专题辅导。

【区政协十一届第二次常委会会议】 6月15日召开。传达学习省第十一次、市第十三次党代会精神。通报上半年政协重点协商和民主监督计划完成情况。区公安分局通报全区社会治安状况。审议通过《成都市新都区政协协商实施办法(审议稿)》。区政协党组书记、主席方正行围绕贯彻落实省、市党代会精神，助推区委中心工作提出要求。四川信诺达律师事务所律师喻开富就《中华人民共和国民法总则》相关知识作专题辅导。

【区政协十一届第三次常委会会议】 9月30日召开。副区长秦天通报新都区2017年1至8月经济社会发展运行情况，区规划局通报全区规划大会战工作情况。区政协副主席黄泽旭、陈善彬，党组成员杜光荣分别传达成都市国家中心城市产业发展大会、成都市城乡社区发展治理大会和区委“三破除三主动”专题活动动员大会精神。区政协党组书记、主席方正行对如何履职尽责提出要求。四川信诺达律师事务所律师喻开富就《中华人民共和国城乡规划法》相关知识作专题辅导。

【区政协十一届第四次常委会会议】 11月2日召开。传达学习中共十九大精神，安排部署区政协学习宣传贯彻工作。会议传达学习中共十九大报告、十八届中央纪委工作报告和《中国共产党章程(修正案)》以及省、市、区大会精神。

委员会全体会议

中国人民政治协商会议第十一届成都市新都区委员会第二次会议于2018年2月5日至7日在新都街道召开。会议审议通过区政协常务委员会工作报告和提案工作报告。会议讨论并赞同区政府、区法院、区检察院工作报告和《成都市新都区2017年国民经济和社会发展计划执行情况及2018年计划(草案)报告》《成都市新都区2017年财政预算执行情况和2018年财政预算(草案)报告》，听取《新都区四级规划体系成果》及《新都区分区详细规划(2016—2035年)》的情况说明。大会对2017年度先进委员和优秀提案进行表彰。会议补选十一届区政协常务委员会委员2人。中共成都市新都区委书记许兴国作重要讲话。

主要工作

【工作机构】 2017年，政协成都市新都区委员会(简称区政协)机关内设机构9个：政协成都市新都区委员会办公室(简称区政协办公室)、政协成都市新都区委员会提案委员会(简称区政协提案委)、政协成都市新都区委员会经济(农业)委员会(简称区政协经济〔农业〕委)、政协成都市新都区委员会社会法制委员会(简称区政协社会法制委)、政协成都市新都区委员会教科文卫体委员会(简称区政协教科文卫体委)、政协成都市新都区委员会民族宗教联谊委员会(简称区政协民宗联谊委)、政协成都市新都区委员会文史学习委员会(简称区政协文史学习委)、委员办公室、研究室。

【会议协商】 在区政协十一届一次会议期间，组织委员就政府工作报告等进行协商讨论，归纳整理涉及城市布局、产业发展、生态保护、民生改善等方面的工作建议45条，专报区政府。常委会上，先后同环保、公安、规划等区级部门就环境保护、社会治安管理、规划大会战等工作开展专题协商，所提意见得到区政府和相关部门采纳。

【专题协商】 重点专题协商“坚持绿色发展推进‘生态护城’问症生态环境保护工作”，帮助区级相关部门找问题、谋对策，得到区委主要领导肯定性批示并印发全区，《人民政协报》进行了报道。

【界别协商】 各界别委员小组以视察、调研、社情民意反映等形式，同区经信局、区交通运输局、马家镇、420厂、205厂等，围绕军民融合发展、城乡社区发展治理、航空动力产业培育、升庵文化研究与传承等课题，开展界别协商45次，为相关部门和企业提供意见、建议，供决策参考。

【特约监督】 年内，向市、区有关部门推荐特约监督员42名，组织25名委员旁听市、区法院案件庭审，推荐78名委员参加规划、教育等部门组织的座谈会，推荐29名委员视察为民办实事工程推进情况，推荐40名委员参加“绿化全川·新都行动”视察活动。

【重点视察】 组织委员围绕就业创业、中小微企业发展、新媒体建设、北星都市农业示范带建设、城乡环境综合治理、养老产业发展等工作开展重点视察13次，意见、建议得到区级相关部门采纳，助推重点领域改革和民生事业发展。

【社情民意】 收集社情民意信息65条，编辑印送《社情民意反映》29期，在反映群众普遍关心关注的热点、难点问题的同时，帮助相关部门找不足、补短板，发挥社情民意的民主监督作用。其中关于调整新都一中新校区公交线路、规范三木路道路标识牌等社情民意，得到区政府领导重视，区级相关部门及时予以办理。

【提案工作】 加强提案工作制度化、规范化、程序化建设，优化办前协商、办中协商、办后协商“三步工作法”。区级相关部门协同互动，形成提案办理合力。委员共提出提案161件，经审查立案155件，立案提案全部办复。其中《关于泥巴沱森林公园建设的建议》《关于有序推进“互联网+基础教育”建设的建议》等提案，既抓准了相关工作的症结，又提出了切实可行的建议，受到区级相关部门好评。

【专题调研】 组织委员就航空动力产业发展、就业优先战略实施、校地合作打造成北音乐高地等课题开展实地调研、协商讨论，形成调研报告6篇，其中《关于新形势下推进我区综合交通网络体系建设的调研报告》得到区委主要领导肯定性批示。

【文史工作】 编辑出版《新都文史》第二十九辑。开展族谱文化研究，收集族谱200多本，涉及姓氏60多个，并申报成立新都区族谱文化研究会。区政协书画院作品入展省政协“守墨鼎新”书画展。会同西昌市、会理县等地政协，挖掘收集杨升庵历史文化资料，为“历史名人传承创新工程”献智出力。

4月18日，区政协主席方正行(右)一行视察区交通网络体系建设情况

【对外宣传】 编印《新都政协》年度期刊，开展对外宣传，传播政协声音，做到“报刊有文、电视有影、广播有声、网络有帖、手机有信”，全方位展现委员风采。全年被市级以上媒体

采用新闻稿件74件,其中《经济日报》《人民政协报》、人民政协网采用15件,《四川政协报》、四川政协网采用36件。区政协被四川省政协办公厅评为2017年度新闻宣传工作先进单位。

(李传术　乐惠蓉)

2017年区政协优秀提案名录一览表

表3

提案题目	提案者
关于改善环卫工人工作条件提高待遇的建议	吴　乔
关于加强我区产儿科人才队伍建设的建议	杨大辉
关于进一步完善我区名优教师工作机制的几点建议	唐顺发
关于毗河万科双水岸段绿化绿道改善的建议	方均全
关于支持新都区清流镇建设社会主义新农村综合发展规划建议	张雷等12人
关于打造杨氏宗祠弘扬状元文化的建议	刘　畅
关于加快项目实施,打造两化互动的天府动力新城的建议	彭柳源
关于加大关爱失独家庭的几点建议	李继美等2人
关于政府联合高校搭建大学生创新创业平台的建议	段功胜
关于加快推进"一主两片区"规划建设工作,勇当国家中心城市建设主力军的建议	提案委

民主党派

中国民主同盟成都市新都区总支部委员会

【概况】 2017年,民盟新都总支下设支部4个,总支委员13人,盟员129人。盟员中有区人大代表7人(常委1人)、区政协委员18人(副主席1人、常委2人)、副区长1人。

【学习活动】 3月,组织干部和部分盟员到金堂贺麟故居民盟教育基地学习,邀请民盟四川省委宣传处处长姚军到新都,开展"不忘初心,与日俱进"主题盟史教育。4月,选派盟员9人,参加区委统战部组织的到浙江大学培训。7月,组织骨干成员到华阳成都盟史陈列馆参观学习。同月,骨干成员4人参加盟市委暑期干部会,到邛崃红军纪念馆开展主题教育活动。7月下旬,举办时事热点学习会,学习贯彻中共四川省第十一次党代会和民盟四川省第十三次代表大会精神。11月,召开退休盟员十九大精神专题学习会。同月,选派盟员8人参加区委统战部组织的到深圳培训。12月,组织召开中共十九大精神专题宣讲学习会。

【组织建设】 全年召开主委会及总支委员会(扩大)会议9次。12月21日,召开换届大会,向民盟市委和中共新都区委推荐干部,其中李启华任区政务中心镇村便民服务与公共资源交易指导科科长,杨雪任机关幼儿园副园长,余昌会任中华联合财产保险公司成都中心公司部门经理,李小海当选为新都区工商联副主席、成都市工商联执委。民盟省委换届后,有4人进入盟省委专委会,1人当选盟市委委员,26人次进入盟市委各专委会。全年新发展盟员6人。

【参政议政】 2017年,提交市政协提案1件,市社情民意信息1条,区人大建议件、区政协提案18件,《校地合作搭建大学生创业平台》被列为主席督办提案。参加新都区"我为新都发展献良策"活动,余昌会提出《关于利用社会文化组织培训力量的建议》《关于建立一个高规格的演艺厅的建议》,郭小玮提出《解决新都区老城区停车难问题》等建议。在"新都区党外代表人士座谈会"上,邓学能代表总支作《与党同心　凝心聚力　为新都发展献计出力》专题发言,提出了更加重视民主党派的建设与发展、加快构建产业生态圈、做好珍稀生态资源保护、建设与国家中心城市中心城区匹配的城市环境、坚决淘汰散乱污企业等5个方面的建议。

【调查研究】 3月,到新都区机关幼儿园开展学前教育调研,重点调研志愿服务问题。向区委统战部提交关于新都区志愿服务的调研报告1份。再次承担盟市委委托课题"加强志愿服务制度化建设,促进社会和谐稳定",按时提交报告。

【宣传工作】 向盟市委和区委统战部报送信息。《成都盟讯》2017年第一期,对总支活动作了报道。黄崇超《学习先贤,不忘初心》刊登于《成都盟讯》2017年第二期。刘安祥《在天山看新都》《"五瘴说"之梅挚》刊登于《四川民盟》2017年第二期。新盟员孟庆玲撰写的《天使流眼泪》组诗4首发表于《四川民盟》微信公众平台。向盟市委报送杨海东撰写的《点赞"一带一路"》和《健康与梦想》文章2篇。

【社会服务】 1月,到斑竹园镇丰收社区开展以为居民送春联为主的联系群众活动。5月,组织盟内艺术教育人才与天元小学共建艺术教育合作学校。9月,组织盟员向新都区扶贫攻坚对口县理塘捐助2万多元。11月,盟员在各自单位参加"慈善一日捐"活动。

【盟员成果】 1月,四川省散文学会新都区分会成立,谭宁君任会长,孟庆玲任副秘书长,余昌会任理事。谭宁君出版新书《守望乡愁》,刘安祥出版新书《年轮》,孟庆玲出版新书《心梦》。

(邹聚芬)

中国民主建国会成都市新都区总支部委员会

【概况】 2017 年,民建新都总支下设支部 4 个,有会员 117 人。其中,市政协委员 1 人、民建市委委员 1 人、区人大代表 3 人(常委 1 人)、区政协委员 19 人(常委 3 人)。民建总支获 2017 年度民建成都市委先进集体、宣传思想工作先进集体、组织工作先进集体和参政议政工作先进集体。

【学习活动】 定期与不定期召开总支委员会、扩大会及支部委员会,学习贯彻中共十九大、习近平系列重要讲话、中共中央省委市委统战工作会议精神,按照区委、区政府"加快建设现代化国际化新型卫星城、勇当成都国家中心城市建设主力军"战略部署要求,组织会员集中学习 5 次。组织骨干会员参加民建市委会和中共新都区委统战部会议培训活动。全年召开总支委员会 6 次。总支委员扩大会 7 次、各支部委员会 21 次。组织总支人大代表、政协委员参加人大会 11 人次、政协会 75 人次、区委统战部双月会 48 人次,参加各类培训会 56 人次,组织骨干会员到中央、省市社会主义学院学习 5 人次、专题考察学习 47 人次。

【组织建设】 年初,总支就组织建设、参政议政、社会服务、宣传联络等工作进行具体部署,明确分工,责任到人。及时公开财务、人事、会务活动等信息,使用公章、文秘和档案管理做到规范有序,及时更新和完善会员信息。关爱老龄会员,成立总支老龄组。改善总支会员的年龄结构和界别结构,新发展会员 2 人,考察会员 4 人,平均年龄 29.7 岁,其中经济界 4 人、教育界 1 人、行政事业 1 人。配合民建市委、区委统战部做好党外后备干部推荐培养工作,全年推荐会员 4 人。

【参政议政】 全年会内人大代表、政协委员参加各类视察调研活动 150 人次。"两会"期间,会内代表、委员参政议政,建议采纳率 100%,办理满意率 100%。共提交人大建议 3 件,政协提案 25 件。提交市政府专题协商发言 1 件、市政协专委会重点发言 3 件、社情民意 5 篇。吴泽祥、兰宜平为参加区政协专题协商,牵头调研并撰写《城乡环境综合治理调查及对策研究》《关于传统制造业走低碳绿色发展之路的几点思考》发言材料。庞佑华提交的《关于进一步做好我区扶助失独家庭工作的几点建议》被评为区政协 2016 年度优秀提案。庞佑华被评为十四届市政协履职优秀委员,冯亚林、吴昌信、袁波、罗晓丽被评为区政协 2016 年度先进委员。会员多次参加市政协、区人大、区政协调研视察活动和区委统战部"双月会",提出多条建议意见,受到市政协、区人大、区政协和区委统战部的肯定。

【专题调研】 总支成立专题调研组 5 个,开展专题调研活动,形成《毗河流域水污染现状调查及治理对策研究》《老龄化面临的突出问题》《新都产业园区发展现状的调查研究》《清流艾芜故里特色小镇发展建设路径的调查研究》《提升城乡环境综合治理》等调研报告 5 篇。

【组织活动】 开展集中学习、专题讲座、纪念座谈、考察交流、节庆慰问等活动,会员参与率 85%。先后开展了 2016 年度总结表彰大会暨迎春茶话会、学习贯彻党的十九大精神等专题活动 11 次,各支部开展活动至少 5 次。其中第四支部在龙桥镇开展主题为"远离毒品,珍爱生命"的宣传咨询日活动,发放宣传资料 5000 余份(册),播放禁毒公益视频 4 小时,参与群众 3000 余人次,活动简报被民建成都市委微信公众号采用。第一、第二支部在新繁活水园开展"度中秋、庆国庆、喜迎十九大茶话会"。开展"会员企业服务年"活动,建立会员企业走访联系机制。全年走访会员企业 12 家,成功协调解决企业发展难题 17 件次,组织企业参加各类经济培训 70 多人次

【对外宣传】 以纪念座谈、政治学习和社会服务为重点,撰写信息和简报,反映总支及各支部的工作和活动开展情况。向民建中央、省委、市委和区委统战部报送信息和简报 16 期,被省级媒体采用稿件 3 篇,市级媒体采用 9 篇。

【社会服务】 总支把提升社会服务水平列为全年工作的重中之重,开展社会服务活动,向社会捐款

捐物20多万元。

科教文体活动 张天健带团攻克瞬间切断关键技术，应用到消防、化工、油气、石化等高危领域。开展“运动新都太极香城”运动，在新都社区、机关、校园、企业、公园、乡村院落和家庭持续发展。为木兰中学义务传授太极拳，免费培训太极拳爱好者数百人。开展崇文尚武、送武术书法进甘孜州孤儿学校活动。冯亚林连续8年赞助“天元劲浪杯”网球公开赛，累计捐资40万元。吴昌信、杨波组建民建新都巴瑞克光然足球队，总支会员赞助球队15万余元。曹昌骥长期为中老年和青年学生义务举办书法培训并免费提供书画练习用品，指导的5名学生获区委宣传部、区教育局联合举办的“杨升庵家风家训书法比赛”二等奖3个、三等奖1个和优秀奖1个。向生杰到简阳市进行为期3个月的信息化惠民扶贫攻坚，免费为村民安装宽带电视1200余户。罗春子组织歌舞《共圆中国梦》参加新都区非公有制企业及援藏干部庆祝十九大暨新年文艺晚会演出。黄德善被韩国政府授予中韩民间文化传播大使。

帮贫扶困活动 开展“尚善之都，善行天下”公益捐赠活动暨“理塘暖冬行动”，共计捐款6万多元。参加新都区对口援助理塘县“十百千万”工程活动，定点捐助卓公村络绒8800元。张仕政捐助新民困难家庭大学生1万元。庞佑华向抗战老兵捐款2000元，资助老区贫困大学生1人5000元，赞助马井镇乡村道路建设5000元。冯敏资助贫困大学生2人1.2万元，资助贫困老人2人2400元，援助理塘县9000元，捐助贫困户4000元。刘宏刚为社区美化捐款1.2万元，捐物价值1万元。杨波向公益慈善机构捐款6000元，捐助个人8000元。吴昌信常年资助困难老人(每年捐资1万多元)，连续九年捐资斑竹园镇雷家村重阳节活动。邀请华西专家12人义诊300人，免费化妆300人次，免费提供B超检查200人。

（兰宜平）

中国民主促进会 成都市新都区总支部委员会

【概况】 2017年，民进新都总支设支部4个，会员128人。会员中有省政协委员1人，市人大代表2人，区人大代表2人（常委1人），区政协委员17人（常委2人、副主席1人），18人被区政府职能部门聘任为各级各类特约监督员。12月20日，总支进行换届选举，选举产生了17人组成的第七届民进新都区总支部委员会。

【参政议政】 会员在区政协十一届一次会议上提交提案27件。在区政协第十一届第二次会议上，吴乔的《关于改善环卫工人工作条件提高待遇的建议》、唐顺发的《关于进一步完善我区名优教师工作机制的几点建议》、李继美等2人的《关于加大关爱失独家庭的几点建议》被评为2017年度优秀提案。

省政协委员唐顺发向政协第十一届四川省委员会提交提案6件，其中《关于加快推进全省医保就医“一卡通”建设的建议》《建议给予我省特殊教育教师“特殊”关怀》，获评政协第十一届四川省委员会2017年度优秀提案。

【课题调研】 年初，总支召开调研工作会，精选调研课题。由马宗祥、卿山友、张仲辉、曾艳丽、彭蹊、魏莉、王立正等组成调研组，到区农发局、清流镇就农业污染面源情况进行调研，撰写出调研报告《新都区农业污染现状、治理成效及对策建议》，报送民进市委会和区委统战部。

【社会服务】 总支坚持组织会内教师到泰兴中学对口支教，到新民镇开展“春联迎新春 民俗进万家”送春联活动。吴乔、曾燕丽及曾燕丽名师工作室团队，先后到简阳市等农村学校送教，开展“名师面对面”教育咨询活动。王官凤等到清流镇卫生院、龙桥镇卫生院、新繁中心卫生院进行医学指导。柳晓燕、陈兴龙、徐晓梅等社会服务组成员，参加石板滩镇、木兰镇关爱失独老人活动，并以志愿者的身份参与公益性社会服务。民进新都总支会员为理塘县上木拉乡打哈村阿生家，捐款9500元和家具1套。

（王立正）

中国农工民主党 成都市新都区支部委员会

【概况】 2017年，农工党新都支部有党员36人，其中区人大代表1人、区政协委员8人（常委1人）、省人民监督员1人，培养入党积极分子6人。

支部获农工党成都市委会“先进基层组织”“组织建设先进集体”“思想宣传先进集体”“社会服务先进集体”等荣誉。

【参政议政】 全年提交调研报告、社情民意、征文等7篇。其中杨昌富、唐棕发等撰写的《石板滩镇区域医疗卫生机构配置调研报告》,蒲希贤、唐棕发等撰写的《对新都区水环境治理的调查与思考》提交农工党成都市委会、区委统战部、区政协等部门;周晓蓉撰写《关于规范城区车辆占道停放的建议报告》;杨昌富撰写《以“智慧城市”开启新时代城市创新发展新模式的建议》;唐棕发提交社情民意《关于解决新都城区部分使用电信宽带的电视用户不能收看新都电视台电视节目的情况反映》;康平提交社情民意《多条道路绿化带出现行人横穿公路存在安全隐患》;胡茜向农工党市委会提交《凸显资源人才优势,助推健康中国建设》征文。

【社会服务】 2月22日,在新军街社区开展“农工党新都支部医疗专家进社区义诊活动”,发放疾病防治手册。支部党员参加“慈善一日捐”,捐款总额8000余元。8月4日至13日,主委杨昌富受区卫计局委托,带队前往理塘县,帮助理塘县人民医院创二级甲等医院开展工作。对理塘县卫计系统医务人员开展 “新都——理塘卫计系统集中培训第二期”培训,就创建二级甲等医院评审工作、麻醉和第一类精神药品管理等相关业务知识进行专题分类培训,组织7名队员通过查阅资料、现场抽问等方式就理塘县人民医院创建二级甲等医院工作进行分类指导。援藏队工作受到市政协副主席侯一平、区委书记许兴国赞扬。

【主要活动】 3月16日,杨昌富、周晓蓉、唐棕发等8名区政协委员参加政协成都市新都区委员会第十一届委员培训会。6月9日,周晓蓉、唐棕发、朱永红、方荣军4名政协委员参加由区委组织的“绿化全川·新都行动”“两代表一委员”视察活动。7月26日,支部召开中共省、市党代会精神学习暨农工党党史培训会,农工党省委会党史专家钟华作题为“学党史,继承传统,践行核心价值观”的培训。11月5日至11日,郝跃、吴立志、康平等6名农工党党员参加区委统战部在深圳市公共服务人才学院举办的党外代表人士培训班。11月15日至16日,李国科、蒲希贤参加农工党市委会在郫都区举办的第二十六期新党员培训班。

(曹雪原)

九三学社成都市新都支社

【概况】 2017年,支社有社员48人,平均年龄45岁。社员中有市政协委员2人、区人大代表和政协委员14人、行风监督员3人、副局级领导干部2人。全年发展新社员8人。支社被社省委授予“坚持和发展中国特色社会主义学习实践活动先进集体”称号,被社市委评为“2017年度社会服务先进基层组织”“2017年度宣传信息先进基层组织”。

【参政议政】 支社向社市委、区政协报送《关于建立生态建设从上到下统一协调机构的建议》《关于强化地铁施工弃土管理的建议》《关于在交通结点建立全自动仓储式立体机械停车场的建议》《农村中小学的艺术教育缺失问题应引起政府的关注》等提案建议共30余条。刘畅《关于打造杨氏宗祠弘扬状元文化的建议》被区政协列为2017年重点督办提案。完成《关于推进新都轨道交通产业发展的建议》调研报告,报送《新都区工业产业发展分析报告》《关于摒弃“在世验证”行政行为的建议》等社情民意。《新都区工业产业发展分析报告》被区委统战部采纳并报送市委统战部,《农村中小学的艺术教育缺失问题应引起政府的关注》提案建议被九三学社中央采纳。

【社会服务】 支社发挥科技、医卫、高教等方面的人才优势,服务新都地方发展。

九新合作 围绕新都轨道交通产业发展,支社与九三学社西南交通大学委员会联合调研新都区轨道交通产业生态圈,完成《关于推进新都轨道交通产业发展的建议》调研报告。梅挺牵头与区民政局、青白江区卫计局合作实施智慧社区医养结合项目,在新都街道西街社区、青白江大湾社区卫生服务中心投入智慧医养设备,价值160余万元,分别设立智慧养老基地。支社在新都街道西街社区智慧养老基地设立九三学社新都支社社会服务点,支社医卫社员定期或不定期在此服务。5月25日,特邀四川大学华西医院超声心动图硕士、麻醉学博士宋海波副主任医师，在新都举办“临床超声与医疗安全”培训会。

脱贫攻坚 支社企业家通过参加商会、佛慈会等组织，资助贫困地区720万元。支社被表彰为新都区“2017年度慈善公益之星”先进集体。李春泉、张召全、方均全、张明赴理塘县，捐赠现金3.6万元。李春泉、张召全、方均全等定点帮扶藏区和新都区贫困学生26人，支付生活费、学费。张召全帮扶青海班玛县，捐款5000元，用于解决过冬衣物和学习用品。

义诊活动 携手成都医学院第一附属医院，开展“服务百姓·云端救治”“‘3·5’学雷锋·健康青春行”“云疾救、疾如风”“云首援、助健康”等义诊活动，共为500余人提供义诊服务。

志愿服务 结对成都第八人民医院，加入“关爱老人志愿者联盟单位”，开展“五四”青年“飞扬青春·爱老敬老”、重阳节“善孝为先，情暖夕阳红”活动，走进医院，深入病房，与老人们交流互动，陪伴老人聊天，照顾老人行动，表演文艺节目。

服务培训 支社与区食安办签订《食安新都合作协议》。开展食安新都服务5次。与区直属机关工委联合举办公务礼仪培训班，邀请礼仪专家对区机关党员干部进行“注重细节、稳妥规范——政务礼仪”专项培训。

【社员成果】 李春泉、方均全被区政协评为2017年度先进委员。刘英、袁方被九三学社省委授予“坚持和发展中国特色社会主义学习实践活动先进个人”称号。李春泉被中国轮胎循环利用协会评为“2015—2016年度全国轮胎循环利用行业优秀企业家”。刘娟的教学案例《医学信息检索绪论》获2017年全国高校信息素养教育研讨会三等奖。胡萍在《中国科学技术科学》杂志发表《复杂电网连锁故障预测研究综述》。李敏慧在《中国病原生物学》杂志发表《细胞焦亡的分子机制及其在感染性疾病中的作用》和《灭蚊真菌——贵阳腐霉 Pythium sp.GY1938菌株cDNA文库的构建及鉴定》。王艳在《实用医院临床》杂志发表《射频消融联合肝动脉化疗栓塞治疗原发性肝癌的临床观察》。陈涛在《基层医学论坛》发表《成都市新都地区2012—2014年儿童感染肺炎链球菌的分布及耐药性分析》。刘畅《关于打造杨氏宗祠弘扬状元文化的建议》、方均全《关于毗河万科双水岸绿化绿道改善的建议》被评为区政协十一届一次会议优秀提案。

（袁　方）

社会团体

区总工会

【概况】 2017年，成都市新都区总工会(简称区总工会)有3个内设机构(办公室、综合科、财务审计科)和1个下属事业单位。全区有镇(街道)总工会13个、园区工委1个、园区工会联合会2个、系统工会(委)20个、直属工会41个。至10月30日，全区基层工会组织1247个，覆盖各类企业及个体工商户6642个，职工17.54万人，会员17.26万人。其中企业工会756个，机关工会61个，事业工会135个，个体经济及其他工会组织40个，村社区联合工会255个。区总工会获成都市工会基层组织建设创新奖。

【组织建设】 召开区总工会第十一次代表大会，选举产生新一届区总工会领导班子。全区工会组建率99.96%，职工入会率99.49%；企业工会组建率99.6%，入会率98.16%。新增农民工会员656人。

推进“互联网+工会”建设，推出新都区总工会微信公众号，完成88704名会员实名制基本信息采集。建成物流公路港职工服务中心和高新技术产业园区职工服务中心，新建区级工作室3家。

【创建活动】 申报创建市级模范职工之家3家，创建星级示范乡镇(街道)2家。中汽配等3家企业工会创建市职工之家，新都街道等2家工会创建市三星级示范乡镇(街道)；马家石坝社区等2家联合工会创建市级示范村(社)工会。确定重点创建单位100个，开展“工人先锋号”创建活动。创建活动开展面在90%以上。

【民主管理】 职工人数25人以上，单独建立工会组织的企业参与厂务公开民主管理标准化建设面82%。新增厂务公开民主管理标准化建设单位C级以上达标40家（其中A级5家、B级15家、C级20家）。组织全区近210名工会干部参加厂务公开民主管理标准体系及系列标准培训。推荐厂务公开民主管理示范单位1家、厂务公开民主管理先进单位3家、厂务公开民主管理示范班组5个、优秀职工代表和职工代表提案各3个。

已建工会企业集体协商建制率96%，总结推广集体协商示范单位10个，其中行业(区域)2个。建立健全以职代会为基本形式的厂务公开民主管理制度,已建工会的公有制企业厂务公开、职代会建制率为100%，已建工会的非公有制企业建制率为90%。

【帮困扶贫】 对建档困难职工提供生活救助，救助困难职工475人次，发放救助金26.56万元。资助家庭经济困难大学生107人(其中困难职工子女44人、困难农民工子女63人)，资助金额24.94万元。

在四川省人民医院健康体检中心北区分部，开展建档困难职工和环卫工人免费健康体检，受检建档困难职工与环卫工人650人。开展外来农民

5月23日，成都市百万职工技能大赛新都区汽车维修比赛开幕

工返乡路费补助发放活动，为100名农民工发放返乡路费补助5000元。开展就业创业援助月活动，举办招聘会20余场。开展夏季送清凉活动，为184家夏季户外作业和高温、高湿作业场所，农民工集中的单位和基层工会组织，送去价值32万余元的夏季防暑降温慰问品。

【职工活动】 联合区委宣传部等部门，举办“践行新发展理念建设国家中心城市”群众知识竞赛活动，通过网络有奖趣味竞答、现场互动竞答、电视擂台挑战赛线上线下融合互动。活动历时3个多月，全区参与网络答题的干部职工群众35万人次。开展“中国梦·劳动美”系列主题宣传教育活动，举办学习中共十九大知识互问互答活动。与区文体广新局联合主办新都区第四届运动会，开展禁毒、法治宣传、防邪宣传和安全消防知识演练活动。创建区级职工书屋2个，申报国家级职工书屋1个，培训以农民工为主体的新市民1800余人。

【劳动竞赛】 开展以“技能成就梦想”为主题的2017年成都百万职工技能大赛，举办2017年成都百万职工技能大赛——新都区棕编、汽车维修工、班主任技能、新媒体新技术课例展示、美术教师课堂教学、基本公共卫生技能等6个工种项目的二类大赛，全区有138家企事业单位的450人参加。选拔优秀选手17人，参加2017年成都百万职工技能大赛一类大赛（涉及汽车维修工、塔吊工、焊工、汽车装调工、烹饪等5个工种项目），获得汽车维修工一类大赛团体第一名，个人第二名、第三名，汽车装调工一类大赛团体第一名、个人第四名。（尹昕屹）

团区委

【概况】 2017年，共青团成都市新都区委员会（简称团区委）团结和带领全区各级团组织，按照中共十九大对共青团工作的新要求，以“党政所需、青年所求、共青团所能”为工作着力点，在服务大局上展示新作为，在服务青年上体现新成效，在共青团改革工作中力求新突破。

【组织建设】 新建区金东公益服务中心团总支、柠檬公益志愿服务中心团总支，完成13个团委班子的换届、增补和改选工作，新建“两新”团组织18家。3月24日，团区委在“蜂云谷”组织开展2017年度第一期团干部培训班，全区基层团组织的40余名团干部参加培训。刊发共青团工作简报44期，收集基层工作信息编制汇编11册，在“新都共青团”微信公众号上发布信息52条。

【青年就业创业】 2017年，团区委开展青年（大学生）创业工作，接受青年创业咨询300余次。

升级园区功能 以区4个青年（大学生）创业园区（现代服务业创业园区、家具产业创业园区、鑫新和工业创业园区、百草园农业创业园区）为依托，新征集创业项目21个，入园孵化项目11个。吸引申报入园创业项目203个，入园项目92个，项目涉及农业种植、电子商务、网络平台建设、网络游戏开发、艺术、设计、工业产品研发生产等领域。2017年，在园项目38个，全部完成工商登记注册。入园创业大学生200人，带动就业233人，培育新都人才计划项目2人，报送成都创业新星项目1个。

举办创业大赛 团区委整合区级部门及区内外高校资源，举办第三届成都市新都区青年（大学生）创新创业大赛。吸引全国100余支创业团队参与，收到有效计划书82份，其中创业计划类57份，创业成果类项目25份，参赛项目涉及医药食品、电子商务、共享经济、装备制造、节能环保、文化创意、教育培训、新能源、新材料等领域。大赛邀请国务院政府特殊津贴获得者、省市级青年创业导师、知名企业家、专家学者5人担任评审和导师，经初赛、沙龙、复赛，决出创想类和成果类特等奖2个、一等奖2个、二等奖4个、特别奖1个。颁发奖金38.5万元。

加大培训力度 团区委联合区级相关部门、高校，开展青年（大学生）创业培训活动。通过青年（大学生）创业项目评审、创新创业交流会、春节返乡青年座谈会、创业沙龙等活动形式，对青年（大学生）进行创业指导培训，提高业务能力，帮助其就业创业。全年举办创业培训7场，培训300余人。

【青年志愿者活动】 至2017年底，全区有服务基层志愿者128人，年内招募服务基层志愿者87人。在财政预算中安排一定的工作经费，鼓励各基层团组织建立长期的青少年志愿队伍。联合志愿者开展“党育青年成长·青年跟党前进”法治艺术作品展、青少年普法、青少年维权专项服务月等活动。3月，团区委组织30余名团员青年志愿者代表及社会组织参加“我爱成都·我为成都做公益”学雷锋志愿服务活动新都区启动仪式。各基层团组织开展植树活动13次,765人参加,在木兰镇、新都街道、石板滩镇等地建设“共青林”。

【“青年文明号”活动】 加强对已命名的“青年文明号”的指导,引导各类“青年文明号”志愿服务小分队,到社区、村镇、家庭、敬老院开展义诊、环境整治、交通协管、法律咨询等服务活动。以“青春、文明、服务、和谐”为主题,结合文明城市创建和创先争优工作,开展“青年文明号”创建工作。2017年,全区新命名“青年文明号”创建单位1家。

【青少年文化活动】 1月,团区委联合区关工委、区青少年宫举办“欢乐共庆、喜迎新年”新春关爱留守学生游园活动,参与活动的留守学生100余人。向13个留守学生之家发放青少年读物、文体用品等慰问物资。8月,开展“六问六学,新都怎么干”主题演讲比赛,全区各镇(街道)、区级各部门、企事业单位共14名选手取得决赛资格。9月,承办“月圆人团圆,中秋好姻缘”单身青年联谊活动专场,吸引130余名单身青年参加。12月,承办“不忘初心 牢记使命”主题微党课大赛,9名优秀青年干部取得决赛资格。

【关工委工作】 在全区45个区级部门、13个镇(街道)、255个村(社区)、1796个村(居)民小组和76所中小学及部分企业,建立健全关心下一代工作组织,“五老”志愿者1.8万人。3月,召开创建六好基层关工委迎检培训动员会,对13个镇(街道)关工委和45个参检成员单位开展自查总结。6月和11月,区关工委分别到区工商联、区残联进行调研。开展“关爱情 暖冬行”活动,全区414个关工委班子成员深入基层,走访慰问贫困、残疾青少年,服刑人员未成年子女和“五老”志愿者80余人。区关工委法制维权关爱帮扶专委会先后19次到学校、社区举办法制讲座和专题宣讲,其中党的十九大报告法制新看点专题宣讲2场、家长学校法制讲座7场、社区老年人权益保障宣讲5场,学生、家长、教师共5000余人听取宣讲。图片纪念册《新都关爱行》编辑出版。在《蓉城关爱》用稿10余篇,在《关爱明天》用稿3篇。

【青少年维权】 组织开展“预防青少年违法犯罪法”专题讲座、青少年维权咨询、法律援助以及法治培训等服务,开展青少年法制教育宣传8场,发放资料4000份,接待涉及未成年人就学、抚养等来电来访咨询求助20余次。联合西南石油大学建立青少年维权服务中心。联合区检察院未检科,开展“对校园欺凌说不”的法治宣传活动。以龙桥镇司法所为依托,建立青少年法制宣传教育基地。联合区教育局、少工委等职能部门,在学校建立法律援助工作站,设立“法律咨询信箱”。同澳门特别行政区“追梦·飞翔”青年代表一行就青少年维权、未成年人保护和青年志愿者服务进行交流学习。

【少先队活动】 全区少先队开展的活动主要有“红领巾心向党”活动课赛、“我们是共产主义接班人”主题教育、“生态护城”系列主题队会、“好书伴成长”暑期征文活动以及“红领巾相约中国梦”“少年军校”“核心价值观记心中”“我是向上向善好队员”等活动。

【青少年宫工作】 区少年宫培训少年儿童3000人次。开设“流动青少年宫”进乡村、学校活动2期,培训留守儿童和贫困儿童近700人。为近100名特困家庭和外来务工家庭子女提供免费培训。在乡村学校开展庆“六一”和“迎新年”游园活动2次、“温暖童心”主题慰问活动4次,为全区600余名留守儿童和贫困儿童送去文具用品和生活用品。区青少年宫的中国舞、中国武术和跆拳道为特色科目。区青少年宫学员在各项竞赛活动中获得一等奖12个、二等奖31个、三等奖52个。

【“一村一大”管理工作】 团区委按照《新都区一村(社区)一名大学生志愿者管理办法》,要求各镇(街道)关心其生活、工作和发展,并开展大学生志愿者培训工作,使“村官”能够在基层更好地开展工作,服务群众。全区担任村长助理55人,担任党支部委员13人,其中书记2人。16人担任村委会委员,4人担任主任,22人担任社区劳动保障网络协管员,16人担任社区服务中心专职干事。(曾成林)

区妇联

【概况】 2017年底,新都区有镇(街道)妇女联合会13个、村妇联127个、社区妇联128个、“两新”组织妇委会6个、机关妇委会42个。区妇联获省、市妇联表彰奖励12项,年终被评为成都市妇联目标考核先进单位。

【学教活动】 开展“两学一做”学习教育活动37次、专题学习讨论5次、主题党日活动5次、下基层指导工作6次、专题党课5次。开展“三破除三主动”专题学习讨论7次，主动向上争取支持6项，主动下沉服务解决问题7个。开展廉政文化“进家庭”警示教育活动，向村（社区）“两委”干部家属发放廉政文化进家庭倡议书，开展“最美家庭”评选活动，评选出勤勉廉洁“最美家庭”10户。联合区教育局、区广播电视台承办市妇联“蓉城幸福家——2017好家风·好家规·好少年家庭文化风采大赛”复赛，选送的《莲萧说唱》和《舞韵家乡》两个节目获三等奖，区妇联获优秀组织奖。承办由200名幸福使者参加的成都市“幸福使者·家庭教育”实地参观培训活动。

【组织建设】 完成255个村（社区）妇联组织改建工作。指导13个镇（街道）妇联完成换届选举，选举出主席13人、副主席40人、常委30人、执委340人。新成立区级单位妇委会10个。将妇联组织向新领域延伸，在金东公益中心、中航工业泛华、刘诗昆艺术学校、成都绿乖乖农业科技有限公司和中国人寿新都分公司成立妇委会。打造新都街道状元社区、军屯镇郭家东岳村两个省级“妇女之家”和三河锦门市级“妇女之家”示范基地以及工业东区峰云谷市级群团中心，在蠡都味、天艺琴行、乐学堂新建“妇女之家”“儿童之家”。

【主题活动】 以蓉城女性“三大行动”为引领，实施“关爱女性保障计划”，开展“送技能、送岗位、送健康、送保险”“送法律、送温暖”等主题活动。

“送健康、送保险”活动 举办预防“两癌”知识和女性健康知识讲座44场，为妇女免费“两癌”筛查4302人，为贫困妇女捐赠“关爱女性”保险200人，全区“关爱女性保险”保额比2016年净增130.5%。

“送技能、送岗位”活动 联合区级相关单位及13个镇（街道）妇联举办就业专场招聘会19场，合作企业509家，提供就业岗位2.9万个，介绍女性就业6300人。发挥锦门丝绸有限公司、川妹子家政公司、聪宝家政公司、巧帆棕编专业合作社等家政培训基地成员单位的作用，开展育婴、保洁、蜀绣、棕编、串珠、插花、十字绣等家政、手工技能培训27场。

“送法律、送温暖”活动 开展“三八”维权主题宣传活动13场，“姐妹心灵驿站”共接待来信来访62件，办结率100%。为18人开展心理疏导，帮助29人化解矛盾。拨付“走基层”帮扶资金1.8万元，在春节、母亲节看望慰问贫困社区妇女儿童268人，发放慰问金12.48万元。

【志愿服务】 开展志愿宣传进小区、进楼道、进家庭活动，促进更多社区居民参与志愿服务活动。选派具有丰富基层培训经验的授课老师，以分批培训、集中授课、上门辅导等方式开展培训13场。组建“家庭”巾帼志愿服务队，深入社区开展低碳环保知识宣传指导。开展以“绿色生活大讲堂”“绿色资源回收”为主题的讲座和宣传教育活动34场，以“家庭低碳生活”为主题的社区家庭知识竞赛13场。结合“我们的节日”，举办“童话低碳·共享未来”亲子游园会、“低碳之旅”暑期亲子活动，开设“家庭教育流动课堂”“绿在我家”评选等活动315场。

3月1日，香城妹儿手工生活馆授牌

【妇女创业就业】 搭建“香城妹儿”创业平台，以城乡社区发展治理和乡村振兴为契机，推动居家灵活就业向新民镇天星村、新都街道紫瑞街社区及东环路社区、军屯镇郭家东岳村延伸。开展女性创新创业沙龙、知识讲座、就业技能培训、素质提升培训，在三河锦门举办巾帼云创成果展。承办2017中国(成都)女性文创产业发展论坛暨成都市第六届蜀绣创意大赛颁奖典礼及系列活动，并签署对外战略框架协议3个。

向上争取市妇联专项资金40万元，在三河锦门打造市级女性创业街、市级蜀绣基地、“巾帼云创”基地和“指尖的爱·香城妹儿”手工生活馆。香城妹儿手工生活馆成功申报省妇联妇女居家灵活就业基地项目，争取到省发改、省妇联专项经费100万元。打造区级手工生活馆——蠡都味，举办茶艺、插花、蜀绣等培训17期。在大丰汇融新创谷打造市级“巾帼云创”基地，开展巾帼电商培训7次。在新民镇天星村开展“订单式”手工技能培训8期，培训学员1797人，带动女性就业2742人，人均月增收2780元。

【创建活动】 开展“最美家庭”评选活动，共收到138户“最美家庭”事迹材料，通过线上线下7500余人参与投票，评选出优秀组织奖8个、区级“最美家庭”60户。其中，新都街道廖兴发家庭、中航泛华李直声家庭被评为成都市“最美家庭”；区妇联被市妇联、市委宣传部、市文明办和市城管委评为寻找“最美家庭”活动先进集体。

【家教活动】 依托“儿童之家”“家长学校”等阵地，开展“亲子插花”“创意DIY”“两史教育”“小小志愿者”等活动385场，11万人次参与。邀请各地优秀教师到新都区举办系列儿童安全心理知识讲座8场，到学校、社区、家庭举办各类家庭教育讲座和巡回报告会30场。依托石板滩镇金三角幼儿园，成立新都区明德家庭教育宣传中心，面向农村幼儿家长免费开展家庭教育讲座21场次，免费发放适合农村幼儿家长阅读的家教资料800余册。

【民生工程】 继续巩固已建的81个省、市、区级“儿童之家”示范点和15个院落“儿童之家”，新评定区级“儿童之家”示范点7个，争取到省、市妇联扶持经费25万元。打造新都街道状元街社区和军屯镇郭家东岳村两个省级“妇女儿童之家”。组织开展小组活动32次，参与活动400人次。开设女性疾病知识讲座课堂、女性心理健康咨询室、养生知识讲堂。 (肖 婷)

区科协

【概况】 2017年，成都市新都区科学技术协会(简称区科协)履行“四服务一加强”工作职能，落实《成都市新都区全民科学素质行动计划纲要实施方案(2016—2020年)》，巩固全国科普示范区创建成果，较好地完成了年初制定的各项任务。大丰街道赵家社区被中国科协、财政部评为2017年度全国科普益民计划项目社区科普益民先进单位，被评为“全国科普示范社区”。

【创建工作】 继2016年新都区被命名为2016—2020年度全国科普示范区后，区科协多措并举，实施基层科普行动计划，成立院士专家工作站，构建科技创新体系，提升科普服务效能，巩固创建全国科普示范区成果。军屯镇花木协会被评为省级基层科普行动计划项目先进单位；龙桥镇瑞云社区、军屯镇郭家村、汉城小学被中国科协列为国家级科普信息化建设示范点；大丰街道高家社区和清流镇爱吾源科普示范基地被评为市级基层科普行动计划项目先进单位。2017年，1个街道、1个社区、1个村、1个农技协、1个基地，成功创建市级科普示范单位。

【科普宣传】 利用“科技之春”科普活动月、科技活动周、防灾减灾宣传周、全国科普活动日等活动节点，组织“三下乡”“走基层”、防灾减灾等科普宣传活动。全年开展各类大型科普活动18项，举办科普咨询、专题讲座及各类培训64场次，组织各类慰问演出、科普展览23场次，放映科技电影、录像17场次，发放科普宣传资料5.6万份，受益群众9.75万人次。利用门户网站、微信、电子科普阅览屏等平台，扩大科技信息覆盖面，增强宣传效果。

【科技活动】 会同区教育局组织全区中小学教师参加成都市农村科技教师提高培训班。在全区中小学校开展“科普进校园”等科普体验活动，从全区中小学校选拔作品参加省、市级科技创新大赛、科技作品比赛、电子作品制作比赛等科技活动。指导、组织全区中小学校参加成都市第33届青少年科技创新大赛。

【培训工作】 鼓励各镇（街道）科协、科普示范单位结合当地农业生产、农民生活实际需求，开展培训和教育，利用培训班、科普讲座、科技赶场、现场指导等方式，开展大春备耕、机械化生产等农村实用技术培训，提高农民生产生活技能，提高农民的科学素质。2017年，全区举办各级各类培训班285期、科普讲座62场，播放科教电影电视16部（集），发放培训辅导材料3.32万份，培训受益人数5.64万人次。

【设施建设】 2017年，指导推荐成都凯赛尔电子有限公司、四川兆虹油气田技术有限公司分别成立企业科协。打造了斑竹园镇果树协会澜塔科普大院和大丰街道赵家社区安全生活体验中心。4月，区科协开通科普公众号“新都区科学技术协会”；5月，开通科协门户网站；6月，在区电视台开通《科普天地》栏目每周3次，每天滚动播放科普短语4次，在《新都资讯》开设每月一期的《科普天地》栏目。在村、社区、校园及群团服务中心新设“科普e站”22处，选取23个市级以上科普示范单位安装全媒体科普阅览屏，完成门户网站与LED屏和“科普e站”的数据链接。

【农技协会】 指导推荐军屯镇花木协会申报为省级“基层科普行动计划”项目先进单位。指导各农技协会及时开展科普活动及民政年检登记，全区33家农技协会进行普查和登记。

【咨询活动】 2017年，学（协）会建立基层联系点3个，为企业提供上门服务6次。向科技人员收集关于新都经济社会发展的意见和建议4项，整理出促进科协工作开展的建议9条。

【老科协工作】 2017年4月，新都区老科技工作者协会（简称区老科协）完成第二届换届选举工作。全年，区老科协组织各专委小组开展科普活动35次，其中科普报告3次。各专委小组依据自己的专业优势，撰写出有针对性的调研报告、学术论文、科普文章14篇，被推荐到市科协，其中获奖2篇。建立企业和农村基层联系点12个，联系农户20户。

（唐　文）

区工商联（商会）

【概况】 2017年，成都市新都区工商业联合会机关内设办公室，配备行政编制5人（实有6人），与新都区商会合署办公。区工商联（商会）有执行委员141人，其中主席（会长）1人（兼），专职副主席（副会长）2人，兼职副主席17人，兼职副会长16人，常务委员42人，执行委员63人，会员1810个，基层组织13个。

【宣传教育】 通过主席会、执常委会、基础培训等形式，组织全区非公有制经济界人士学习习近平总书记在全国政协民建、工商联界委员联组会上的重要讲话精神，让广大非公有制经济界人士安心专心谋发展。参与人社、总工会、企业家协会的三方四家协商会议，引导企业主关心、关爱职工，主动维护企业员工合法权益，依法依规履行管理和服务员工的社会责任。“七一”前夕，在黄桷树广场举办非公企业“永远跟党走”文艺晚会，在新都一中礼堂举办新都区非公有制企业与援藏干部庆祝党的十九大胜利召开暨新年文艺晚会。建立新都商会微信公众平台，宣传会员企业27家，推送调研信息、工作动态、政策宣传等123条。建立新都商会门户网站，在《新都资讯》开辟《商会之窗》专栏，宣传会员企业和区工商联（商会）工作19期。

【组织建设】 区工商联（商会）把党建工作列为首位工作，以抓党建促发展，推进非公有制企业党建工作，指导新成立企业党支部2个，推动8个会员企业纳入全区基层党建示范阵地建设。2017年，组织14个部门开展非公经济代表人士综合评价，并以此基础提出执行委员会委员名单。3月21日，召开新都区工商业联合会（商会）第十一次代表大会，选举出新一届领导班子。

【参政议政】 将“新都区非公经济党建引领企业文化发展”作为调研课题，主动“走出去”和“走下去”，到企业摸实情，及时转化成果，向区委、区政府建言献策。在区人代会、区政协会“两会”上，会员中的人大代表和政协委员提出意见、建议和提案共30件。

【经济服务】 走访调研会员企业 65 家,收集意见和建议 23 条,其中工商联解决 8 条,协调部门解决 10 条,形成会员企业意见建议专报 5 期报分管区领导。实现苏建教授与新都迈诺物流有限公司之间的 EHC 美国商业模式优化对接,指导海峡茶城建立茶文化高地,助推企业转型升级。

【光彩事业】 实施对口帮扶理塘工程,在理塘县上木拉乡举办该工程启动仪式,14 家会员企业、3 个民主党派参加, 捐款 23.22 万元, 捐物价值 64.6 万元。会员单位金东公益中心 10 名社工,到理塘开展青少年夏令营活动,为理塘贫困家庭募集过冬衣物 800 余件。

(彭先周　李庆波)

区社科联

【概况】 2017 年,成都市新都区社会科学界联合会(简称区社科联)发挥“联”的优势和“思想库”作用,团结带领全区社科工作者,开展课题研究和学术交流活动,推进社会科学普及,促进社科成果转化。

【社科活动】 组织区委理论学习中心组集中学习、自学 29 场,先后邀请国防大学原战略研究所所长金一南教授,全国工商联副主席、传化集团董事长徐冠巨,中央党校党史部社会主义新时期教研室主任陈述教授, 国家行政学院姜平教授, 东南大学建筑学院副院长段进教授,重庆大学赵珂教授等 14 位专家学者在区委理论学习中心组学习(扩大)会上作专题辅导。发放党的十九大报告单行本和《中国共产党章程》《中国共产党第十九次全国代表大会文件汇编》《党的十九大报告辅导读本》《全面从严治党面对面》 等学习读本 2 万余册。编印《区委理论学习中心组学习参考资料》13 期、《区委理论学习中心组成员学习资料推荐书目》12 期。

【社科普及】 学习贯彻党的十八届六中全会精神、党的十九大精神、省第十一次党代会精神、市第十三次党代会精神,“砥砺奋进的五年” 集中宣讲 300 余场,面向群众“微宣讲”1000 余场。开展“成都学术沙龙”活动 20 场,与区图书馆联合打造“香城讲堂”和“升庵桂湖讲堂”平台,开展各类讲座、培训活动近 30 场。社科联下属协会——桂湖诗书画研究院组织各类书画展 10 余场。依托区图书馆、新都一中铭章纪念堂、棕编基地等,打造区级社科普及基地 4 个。“新都区书香文化社科普及基地”和“抗战文化社科普及基地”被评为成都市社科普及基地。

(曾刚勇)

区文联

【概况】 成都市新都区文学艺术界联合会 (简称区文联)辖协会 9 个:区作家协会、区美术家协会、区书法家协会、区摄影协会、区摄影家协会、区音乐舞蹈家协会、区戏剧家协会、区民间文艺工作者协会、区老年诗书画联谊会。2017 年,参与各级文艺展赛 20 余次,在省(部)级单位举行的展赛中获奖 20 人次, 在市级部门组织的展赛中获奖 40 余人次。

【文艺创作】 组织艺术家集体采风, 创作文艺作品 78 件。邀请中央美术学院知名教授及省内美术名家启动《清白与丹心——升庵故事美术作品长卷》的创作。邀请知名词作者王持久、曲作者朱嘉琪创作新都城市形象歌曲《香城恋曲》。编辑出版小说《故土》,《新都抗战纪实作品选》,诗集《守望香愁》,散文集《雨中桂花落》,歌曲《在你走过的地方》《爷爷的故事》等,作家王刊被评为巴金文学院签约作家。曾元孝、谭宁君等 10 余名作家、诗人在《解放军文艺》《四川文学》《青年作家》《成都晚报》等报刊上发表作品 30 余篇。

【文艺活动】 3 人参与 “绿满蓉城 成都国际踏青大会”北部主会场嘉宾访谈,参加当天采风创作活动的摄影家有 12 人。到泰兴镇义团村,为村部办公室、会议室、图书阅览室、活动室等场所创作书画作品 50 余幅,并帮助装裱上墙。组织 160 余人次到各镇(街道)开展舞蹈培训、节会摄影服务等活动近 50 场,参培艺术骨干 2000 余人。元旦、春节期间,组织近 100 名文艺工作者赴镇(街道)、村(社区)、企业、部队、养老院等 15 个点位,开展送春联、年画,拍“全家福”活动,送出春联 2000 余副、年画 500 余幅,拍摄“全家福”照片 200 余张。12 月 12 日,开展新都区“走基层”文化惠民活动暨廉洁宣传活动。

12 月 12 日，开展新都区“走基层”文化惠民活动暨廉洁宣传活动

【获奖作品】 舞蹈《映山红》获四川省“金秋乐”舞蹈大赛银奖，音乐作品《爱的火焰》获四川省第三届民歌大赛银奖，民俗舞蹈《狮鼓闹春》获“成都文化四季风·民俗闹春”群众文化活动一等奖。国画《空谷皆震·双虎图》、沙画《大美中华·盛世牡丹》入展文化部艺术人才中心举办的“行‘一带一路’品墨韵中华”全国美术人才展并被收藏。楷书作品《劝学篇三则》获中国美术家协会、中国书法家协会举办的“第四届中国廉政文化书画展——习近平引经据典专题展”优秀奖。在 2017 年中孟友好年交流年“中国摄影师镜头里的孟加拉国”摄影比赛中，摄影作品《码头足球队》获优秀奖。在“2017影像成都”摄影作品展、“2017 画意成都”美术作品年度展暨名家名作邀请展、“清廉蓉城”书画展和“翰墨天府”2017 年成都书法年度展中，15 人、16 幅作品参展并获奖。 （赵美发）

区残联

【概况】 2017 年，成都市新都区残疾人联合会（简称区残联）落实市政府《关于加快推进残疾人小康进程的实施意见》和《成都市新都区人民政府关于加快推进残疾人小康进程的实施意见》要求，加强镇（街道）、村（社区）残疾人工作者队伍的管理，培育和壮大助残社会组织，完成民生目标 14 项，落实项目资金 4139 万元。残疾儿童康复项目被评为全区十大群众最满意民生实事项目，5 家助残社会组织通过全市社会组织资格认定，在省市年终工作评比中，获得全省第 17 名、全市第 3 名，并获“量服保障”“量服宣文”“量服维权”等多个单项奖，被市政府残工委评为 2017 年度区（市）县残疾人工作先进单位。

【帮扶残疾人】 全年为 6327 名重度残疾人发放居家护理费用补贴 613.36 万元，为 2072 名困难残疾人发放专项生活补助 385.81 万元。走访慰问贫困残疾人家庭 1800 人，发放慰问金和慰问品 108 万元。为 1578 名重度（一、二级）残疾人购买养老保险 2425.52 万元，为 4062 名贫困残疾成人及少儿购买城乡居民基本医疗保险 149.82 万元，为 2159 名参加 2018 年度大病医疗互助补充保险的残疾人给予补贴 27.15 万元，为 155 户贫困残疾人家庭实施居家无障碍设施改造。

【扶持残疾人就业】 配合相关部门开展就业援助月活动，为残疾人提供就业岗位，帮助 5064 名残疾人实现居家灵活就业。审核认定单位和企业 298 家，安置就业 926 人。就业扶贫基地扶持残疾人转移就业或发展生产、开展农村残疾人实用技术培训，帮扶 438 人。为 350 户农村残疾人家庭发放种养殖业补贴 35 万元，为 613 人居家灵活就业（创业）的残疾人补贴 76.8 万元。建立全市首个残疾人职业技能远程培训基地，参训残疾人 22 人。7 名重度残疾人通过考核，实现足不出户，居家就业。此项工作被市政府残工委作为全市创新项目进行通报表扬。

【残疾人医疗康复】 与区财政局、区教育局、区卫计局共同出台《关于开展残疾儿童少年“送康上门”服务工作的实施意见》，为 45 名残疾儿童提供

上门服务6次。与区卫计局共同出台《成都市新都区困难重度残疾人医疗救助实施方案》和《关于做好2017年基本公共卫生服务项目和家庭医生签约服务工作的通知》，全年有48名残疾人享受3.56万元住院费用减免，家庭医生签约率92.8%。为123名残疾儿童提供康复训练，补贴218.82万元。完成白内障复明手术400例，补贴39.38万元。对124名严重精神障碍患者实施阳光救助，住院补贴24.03万元。为560名精神病人免费发放价值47.6万元的药品，为46名残疾人提供临时救助金22.65万元。为1500名重度残疾人提供73.2万元的康复体育进家庭服务和器材，免费发放（适配）价值72.8万元的辅助器具1356件。

【残疾人教育】 落实残疾儿童少年义务教育扶持政策，协调相关部门做好残疾学生的就学工作，采取随班就读、特殊学校就读、送教上门的方式保障残疾学生接受义务教育。2017年，迁建特殊教育学校，普通学校附设培智班2个（马家小学培智班、木兰小学培智班）。全区适龄残疾儿童入学率为100%。为低保及低收入家庭中的136名残疾学生和残疾家庭子女学生提供自强助学金18.45万元。

【文化宣传活动】 与马家镇党委、政府沟通协调，发展以残疾人旱雪训练为主的特色运动，配合中国残疾人高山滑雪队及单板滑雪队的夏训工作。选送残疾人艺术作品，参加"集善仁美·共享芬芳"中国·成都首届全国残疾人书画精品展，获评组织工作先进单位。组队参加成都市第六届残疾人职业技能竞赛，在计算机项目、竹编项目中获得名次，在组织工作中获得优秀奖。利用"爱耳日""爱眼日""聋人节""盲人节"等残疾人节日举行座谈会、故事会、自强不息先进模范报告会等5次。利用"我们的节日·元旦""我们节日·端午"等传统佳节活动，在全区6个全市残疾人基层文化示范点开展文艺表演、坝坝舞、轮椅操等残疾人文艺体育活动8次。

（苏　东）

区红十字会

【概况】 2017年，成都市新都区红十字会（简称区红十字会）发挥红十字会桥梁纽带优势，以社会工作专业化为抓手，参与城乡社区治理与发展并取得成效。区政府获《中华人民共和国红十字会法》暨全国红十字应急救护知识竞赛最佳组织一等奖，区红十字会获中国红十字总会报刊宣传先进集体二等奖。

【组织建设】 2017年，新都区有红十字会基层组织和团体会员单位142个，其中镇（街道）红会13个、学校54个、团体会员单位75个，成人会员5436人。区红十字会召开了第六届理事会第六次会议，第六届理事会常务理事、理事以及拟增补和更换的常务理事、理事候选人会议。

【传播红十字精神】 2月22日，由区红十字会和区卫计局主办，区红十字医务社工能力建设第六期培训会在区二医院开讲。3月17日，在清流镇举办新都区2017年文化科技卫生"三下乡"活动，为群众带去居民消防急救手册、急救包扎宣传折页、捐髓献血宣传折页，并以知识问答的方式发放生活纪念品。3月24日是第22个"世界防治结核病日"，区红十字会组织红十字志愿者开展防治肺结核宣传活动。4月23日，区红十字会在西南石油大学举行"红

4月13日，区委常委、组织部部长刘恕海（左二）调研残疾人托养基地建设运行情况

十字会法”专题宣讲。5月13日至14日，区红十字会联合懿润百货有限公司开展无偿献血志愿活动。10月27日，区红十字会在北欧印象开展“情暖香城·重阳敬老”志愿服务活动。11月17日，区红十字会组织志愿者参加由区委宣传部在斑竹园镇柏水安置小区开展的“三下乡”活动。11月25日至26日，区红十字会在西南石油大学为该校青年志愿者协会开展应急救护培训。12月4日，区红十字会医务社工志愿者联合西南石油大学朝阳社工协会在金都中学开展“拒绝校园欺凌从我做起”心理成长志愿服务活动。12月20日，在四川省红十字会主办的“我为红十字增光彩”主题征文比赛评选中，区红十字会推送的《志愿心行，从“头”开始》获二等奖。12月21日，区红十字会协同DHL（敦豪物流）公司志愿者为香城中学2017级宏志班开展志愿服务活动。

【助贫济困】 1月，区委常委、宣传部部长郑自强，副区长、红十字会会长刘清，区红十字会常务副会长王明锐分别走访慰问木兰镇贫困户，并带去慰问金、慰问品。全年资助贫困大学生29人，发放助学金9.02万元。

【社会救助】 在木兰镇木锦新城中心广场开展2017年新都区“暖冬行·红十字博爱送万家”启动仪式暨志愿服务活动，活动期间，慰问困难家庭400余户，发放慰问金18.34万元。组织社会各界力量，召开慈善公益活动协调会。开展“博爱送万家”“人道救助”“生育关怀”公益项目和定向救助等系列活动，发放慰问品、慰问金和救助金89万余元，受益困难群众784户。

【依法募捐】 12月1日，区红十字会、区卫计局、区残联、马家镇政府和狮缘天下服务队，在马家镇锦城村举行“守望相依送温暖”捐赠活动。区红十字会通过腾讯乐捐筹款1.7万元，狮缘天下服务队向黄泽基捐款2万元，区卫计局为区残联争取残疾人临时救助金0.3万元。8月28日，区红十字会组织开展2017年“爱心传递·真情助学”公益助学行动，各镇（街道）红十字会、相关部门、香城管家、受助家庭和爱心企业及个人50余人参加，现场捐赠5.62万元，资助贫困学生10人。

【救护培训】 区红十字会开展应急救护知识讲座18场，2.1万人次参加；组织知识竞赛，2万人次参加；举办红十字急救员培训37个班次，合格1605人。

区红十字会运用新媒体面向社会网络招募学员，在区图书馆多媒体阅览室开办应急救护培训班4期。5月12日，区红十字会在黄桷树广场开展“2017新都区红十字防灾减灾宣传活动”。6月，在区体育中心为新都区特巡警大队举办应急救护培训班。11月，区红十字会在新繁镇政府开办第七期网络招募应急救护培训班。

【慈善活动】 8月22日，在区图书馆开展以“阳光雨露，伴我成长”为主题的关爱受助学生暑期活动，成都农商银行新都支行干部职工资助的12名贫困学生和新都画院院长周平资助的6名学生参加此次活动。9月8日，区文明办、区慈善会、区红十字会、区工商联（商会）共同举办“情暖香城·尚善之都”2017年慈善文化月启动仪式暨“世界急救日、‘9·9’公益日”宣传活动。

（李　迅　王肖霞）

法治·军事

政法委及社会治安综合治理

【概况】 2017年,中共成都市新都区委政法委员会(简称区委政法委)、成都市新都区社会治安综合治理委员会办公室(简称区综治办)合署办公。成都市新都区矛盾纠纷“大调解”工作领导小组办公室(简称区大调解办)设在区综治办。成都市新都区维护稳定工作领导小组办公室(简称区维稳办),中共成都市新都区委防范和处理邪教问题办公室(简称区委防邪办)挂靠区政法委。

新都区承担的“人民调解组织、人民调解员等级化管理”创新项目作为四川省唯一试点项目,被中央综治办评为全国优秀项目;承担全省规范化司法所建设试点经验做法印发全省;承担全省寄递物流禁毒试点和省大数据人工智能辅助办案系统建设试点工作成效显著;轻刑快办机制与远程视频庭审系统工作在全省会议上作典型发言。获“2017年人民网网民留言办理工作先进区”称号,被市委、市政府表彰为创建全国社会治安综合治理“长安杯”工作先进区和中共十九大安保维稳信访工作先进区。

【稳定工作】 成立新都区解决信访维稳突出问题领导小组,下设专项工作小组12个。坚持领导接访制度,把矛盾化解在初始,把问题解决在基层,着力解决影响和制约全区社会安全稳定发展的重特大问题。

制发《新都区处置大规模群体性事件A级维稳应急联动工作方案》《新都区处置信访涉稳事件B级应急响应联动工作方案》《新都区解决信访维稳突出问题工作办法》。全区成立督查组15个,对信访维稳工作进行督查。完成“轨道交通产业园配套企业今创集团项目”“地铁三号线三期工程三河段房屋征收”等风险评估项目39项,全部实现风险化解。中共十九大召开前夕,对政治安全隐患、反恐涉稳隐患等方面开展“梳篦式”排查,共排查出不稳定因素153件、涉稳重点人员70人,对7件重大预警性信息跟踪督办。

【“大调解”工作】 推进“诉调对接”“公调对接”,严防小纠纷演化为大矛盾和“民转刑”案件发生。加强工作经费保障,落实调解个案补贴。各级人民调解组织共受理各类纠纷2100件,调处成功2093件;区法院受理各类诉讼纠纷4806件,已结案、调处成功2340件;区公安接访中心受理各类纠纷1770件,调处成功1733件。

【治安防范】 “大联动·网格化”服务体系基本成型,区、13个镇(街道)、255个村(社区)三级中心运转有序。全区800名网格员按照“一日双巡”工作要求在网格中开展工作。全年录入各类基础信息190.2万条,办理各类事件73万件,“雪亮”“天网”工程投用3710个点位,所有监控探头对应接入区、镇、村三级综治中心和公安系统。

【惩治违法犯罪】 2017年,区法院受理各类案件1.6万件,比上年同期上升37%;审执结1.5万件,比上年同期上升33%。区检察院批准逮捕犯罪嫌疑人890人,提起公诉1069人,查办职务犯罪20人。区公安分局破获刑事案件1862起,命案破获率100%,查获“黄赌毒”刑事案件窝点、传销窝点376个。区司法局化解各类矛盾纠纷4800余件,办理法律援助447件,帮教落实率100%。

【院落整治】 按照《成都市新都区“三无院落”治理以奖代补考核办法》规定,推进新都区中心城区“三无院落”整治提档升级。区综治办委托新都区小草公益服务中心每季度对全区已完成整治的新都区中心城区141个“三无院落”,通过现场查看、查阅资料、问卷调查、走访群众等方式进行综合测评,结合第三方机构测评结果评选出该季度在居民自治、平安建设、物业管理、环境卫生、居民满意度等方面表现突出的“优秀院落”。全年评选优秀院落272个,落实奖补资金25.2万元。

【创建活动】 区、镇(街道)、村(社区)三级“一中心、多支点、组团式”联动联勤工作服务格局初步形成。49家区级部门、13个镇(街道)、255个村(社区)、“网格员”、“红袖套”实现联合体运转,建成“96123”服务热线和短信平台。开展“五进活动”,创新“问、诊、融、治、馈、评”六字工作法,对群众关切的29个治安复杂区域挂牌整治。开展集中整治行动287次,日常化、点穴式整治1000余次,取缔违规经营场所12家。

【专项行动】 区禁毒委成员单位、各镇(街道)成立以主要负责人为组长的禁毒工作领导小组,将区禁毒办调整设在区委政法委,抽调专人组建办公室。实现社区戒毒康复工作站全覆盖。投入资金569.1万元,各镇(街道)全部建成社区戒毒社区康复工作站。购买警犬14只,组建禁毒警犬中队。落实寄递物流涉毒整治机制,开展“三个100%”落实常态检查。

【群防群治】 实施“清源固基”工程,对上年整治的重点区域持续巩固,对群众关切的治安复杂区域持续开展挂牌整治。落实镇(街道)、村(社区)、房屋出租者、场所经营者的日常管理职责,运用网格化、“一标三实”、以房以业管事等手段,发挥群防群治作用,落实举报奖励机制。

【执法监督】 全区处置积压涉案物品2196件,涉案款项382.47万元。开展违规查封、扣押、冻结刑事诉讼涉案财物专项整治活动,共检查刑事案件570件,发现问题案件35件,已全部整改。直接接待分流处置涉法涉诉信访14件(来信5件、来访9件)。全年安排律师值班132人次,开展司法救助4件,救助4人,救助金额13.2万元。

(王拓飞)

公　安

【概况】 成都市公安局新都区分局(简称区公安分局)内设机构19个:办公室、指挥(合成作战)中心、政治处、纪检组(监察室、督察队)、警务保障室、法制大队、国内安全保卫大队、治安科、户政管理大队、出入境管理大队、治安大队、禁毒大队、经侦大队、交警大队、特巡警大队、刑警大队、看守所、拘留所、消防大队,派出所15个。

2017年,52个集体、34人受到上级通报表扬。荣立集体二等功1次、三等功3次,嘉奖8次;个人二等功2次、三等功67次,嘉奖155次。

【维护稳定】 搭建派出所、分局两级情报信息搜集研判平台,延伸情报触角,最大限度地获取行动性、内幕性、预警性信息。完善各类涉稳事件处置预案,健全依法维稳的工作机制,规范处置工作,坚持将矛盾化解在基层,解决在源头,处置在萌芽状态。会同主管部门,切实加强对危化、民爆、物流寄递等行业的管控。

【惩治刑事犯罪】 先后开展铁拳行动、缉枪治爆、铁帚2017·打击和整治传销违法犯罪等多个专项行动,挤压违法犯罪空间,成功破获了“5·17”涉恶团伙系列案、“8·23”抢劫出租车司机案等一批恶性刑事案件。

10月19日,区委书记许兴国(中)视察安保工作,实地查看指挥中心建设

【治安整治】 推进落实常态化整治机制,严密阵地控制,保持高压态势。强化对场所的管控力度,依法查处“黄赌毒”违法犯罪,净化辖区治安环境。完善街面立体化防控体系建设,强化信息研判和警情导巡。

【行政管理】 坚持依法行政、依法管理,严格履行公安机关的管理职能，提高办事人员的效率意识。在交警、户政、消防、出入境、派出所等管理服务部门推进“预约服务”“上门服务”等便民利民服务措施。

【户籍管理】 完善考核、监督、管理机制，进一步提升人口管理工作效能。着力抓好户籍制度改革，严格执行户籍制度改革相关配套文件，提升新都区人口服务管理水平。建设“成都公安一站式服务办证点”，完善办证服务实体架构。

1 月 24 日，区法院举行首批员额法官宪法宣誓仪式

【交通安全】 制发《实施“成都治堵十条”推进科学治堵新都工作方案》。通过智慧治堵、工程治堵、依法治堵三大路径，优化交通组织。依法打击酒驾、毒驾、无证驾驶、闯红灯、超载、改型等突出交通违法行为，最大限度减少交通事故。新增非现场执法道路 32 条。

【“110”服务】 建设完成集“110”接处警、应急联动指挥、网络舆情监控、图像侦查、合成作战等功能于一体的应急联动指挥中心，实现警力调度可视化、立体化，提升各部门应急反应速度。强化显性用警，提高接处警效率、街面管事率、街面见警率。

【特色工作】 组建指挥(合成作战)中心。深化警务机制改革，对指挥中心、合成作战室、应急联动中心进行功能改造，改造后结构得到优化，由上述三个部门组建的合成作战中心集成情报研判、视频研判、指挥调度、网络巡查等职能，为案件侦破搭建信息研判、转化平台。 (刘　宇)

法　院

【概况】 2017 年，受理各类案件 16398 件，新受案件比上年同期上升 37.35%；审执结 15346 件，比上年同期上升 33.03%；未结 1052 件，比上年同期下降 17.94%；结案率 93.6%，在中心城区排名第一。员额法官人均办案 334 件。

【刑事审判】 全年审结刑事案件 831 件、1190 人，比上年同期分别上升 20.09%和 24.09%。打击涉黄、涉赌、涉毒等危害社会秩序的犯罪行为，判处 161 件、217 人，其中五年以上重刑 30 件、2 人。推进非法集资、传销、电信诈骗、金融诈骗等涉众涉稳型犯罪案件的审理工作，判处 28 件、85 人，个案金额最高 11 亿元。依法惩治“两抢一盗”等高发财产型犯罪，判处 206 件、292 人。

【民商事审判】 全年审结民商案件 9455 件，比上年同期上升 28.48%。审结涉教育、医疗卫生、劳动争议、社会保障类案件 537 件。探索家事审判改革，配置专门团队审理婚姻家庭类纠纷，注重心理疏导和关系修复，审结该类案件 1049 件。

【行政审判】 交叉管辖龙泉驿区行政案件，审结 163 件，比上年同期上升 181.03%。审慎处理涉政府信息公开、劳动和社会保障、土地、拆迁等社会关注度高的涉民生行政案件 138 件。向龙泉驿区发送行政审判白皮书，定期通报司法审查情况。向行政机关发送司法建议 7 条，其中关于督促行政机关负责人出庭应诉的建议效果明显，出庭应诉率同比增长 127%。深化府院联席会议对接辖区政府，运用审判总结指导行政机关依法行政，联合区环保局制定《关于强化环境保护工作 服务生态新都建设的实施意见》。

【执行工作】 联合区 36 个部门建立常态化执行协作机制，与区内 50 个职能部门建立失信被执行人联合惩戒机制。依托执行案件流程信息管理系统汇编执行制度规范，规范执行流程。运用执行网络查控系统，解决查人找物顽疾。运用网络司法拍卖，入驻淘宝拍卖平台。开展“基本解决执行难集中攻坚年”专项活动及“执行大会战”“失信大曝光”“执行风暴”等活动。全年执结案件4896件，执行到位金额2.92亿元，比上年同期分别上升42.7%和27%。发布失信被执行人名单1759人，公开曝光528人，采取限制高消费、限制出境、罚款等强制措施413人，司法拘留15人，移送侦查10人。拍卖执行财产1.33亿元，溢价率31.34%，为当事人节约佣金531万元。

【司法改革】深化司法体制改革，强化司法责任制，完善人员分类管理，健全职业保障，配合人财物省级统管等改革主体框架基本搭建完成。

人员分类管理 法院人员按员额法官、审判辅助人员和司法行政人员三大类分别管理。完成法官员额制改革，遴选出员额法官46人。严格落实员额法官岗位配置和办案任务，不在司法行政部门配置员额法官，未入额法官不再独立办理案件。择优选聘审判辅助人员29人，员额法官、法官助理、书记员比例1：1：1。

审判权运行机制 构建权责明确、规范高效的审判权运行机制，重新组建以员额法官为核心的专业化审执团队37个。建立专业法官会议制度，为合议庭正确理解和适用法律提供咨询意见。实行随机分案为主、指定分案为辅的案件分配制度。改革裁判文书签署机制，由“审签制”改为“签署制”。裁判文书由独任法官、合议庭自行签发，除审判委员会讨论决定的案件外，院庭长不再审核签发本人未参加审理案件的裁判文书。稳妥推进审判委员会改革，全年召开会议12次，决定审判工作规范45项，讨论个案3件。

监督管理模式 依托信息技术实行“静默化”监管，设置审判执行工作节点183个、监控节点68个，进行实时跟踪、提示、预警和督促。规范院庭长的审判监督管理职责，重点管理涉稳群体性纠纷等四类案件。严格落实审执团队和员额法官“办案、管理、廉洁、作风、报告”五个责任。每月组织全体员额法官召开全院质效分析会，分析审执运行态势，指导审判执行工作。对改判发回重审案件、信访投诉案件、长期未结案件等案件定期进行专项评查。

法官履职保障 严格落实《领导干部干预司法活动、插手具体案件处理的记录、通报和责任追究规定》和《司法机关内部人员过问案件的记录和责任追究规定》，强化信息记录、汇总、分析和通报。成立法官权益保障委员会，加强法官职业安全保障，缓解法官职业压力。构建法官业绩评价机制，引导激励法官办好案、快办案、多办案。

（兰　竹　梁　康　刘淋汭　蒋林森）

检　察

【概况】2017年，全区批捕各类刑事犯罪嫌疑人967人，提起公诉1162人，立案查办各类职务犯罪20人，其中贪污贿赂犯罪14人，渎职犯罪6人。

【刑事检察】全年受理提请批捕各类刑事犯罪嫌疑人967人，提起公诉1162人。批捕故意杀人、抢劫等八类严重暴力犯罪嫌疑人137人。打击群众深恶痛绝的“三盗两抢”犯罪，起诉310人，比上年同期上升9%。依法惩治破坏市场经济秩序犯罪，批捕各类破坏市场经济秩序犯罪嫌疑人170人，比上年同期上升335%。惩治较为突出的传销等涉众型经济犯罪，起诉108人，比上年同期上升240%。起诉涉毒犯罪嫌疑人160人，比上年同期

2月10日，全市检察机关调研座谈会在新都召开

下降 15%。

【诉讼监督】 发挥侦查监督的防错纠错职能，共监督立案和纠正不当立案 10 件，书面纠正侦查活动违法 6 次，纠正漏捕 5 人，依法追诉漏犯 33 人、漏罪 44 笔。推进审查逮捕诉讼化改革，着力构建以抗诉为中心的刑事诉讼监督格局，提出刑事抗诉 6 件。综合运用检察建议等非抗诉监督手段，对 12 件程序违法问题予以监督纠正。维护刑事监管和刑罚执行公正，纠正监管活动违法 3 人，对脱管漏管等监外执行活动违法发出书面纠正意见 50 份。推进民事行政检察监督，办理民事裁判和执行活动、行政审判活动违法案件 10 件。对 7 件行政机关怠于履职或违法行权案件，通过检察建议等方式予以监督纠正。对 2 起生态环境类行政公益诉讼案件启动诉前程序，督促行政机关依法履职，维护社会公益。

【查办和预防职务犯罪】 全年立案查办各类职务犯罪 20 人，其中贪污贿赂犯罪 14 人，渎职犯罪 6 人。创新预防模式，携手区卫计局建立以"法制副院长"为主要载体的检医共建机制。完善社会化预防机制，建立"预防邮路"，拓展预防工作面。深入机关、社区等宣讲 17 场次，受众 2000 余人次。运用微信公众号等新媒体推送预防宣传片，"阅转赞"5 万余人次。

【检察工作改革】 坚持入额检察官精英化，高标准遴选出员额制检察官 26 人，76%配置在办案一线。建立入额院领导办案机制，领导带头办理疑难复杂案件。在省检察院权力清单框架内，将 268 项检察职权进行分级授权，对 1503 份法律文书审批权限进行清理调整，近 60%的办案权限由检察官直接决定，改变传统"三级审批"权力运行模式。建立健全检察官履职监督、质量评价、责任追究等配套机制，确保检察官谨慎行权、权责一致。

适应以审判为中心的诉讼制度改革，健全命案、毒品等重大案件提前介入侦查和引导取证、类案指引等机制，规范退回补充侦查、办案情况评析通报制度，把好刑事案件入口关。贯彻证据裁判原则，证据审查从"在卷证据"扩展到"在案证据"。严格落实非法证据排除规则，明确排除程序和标准，对 30 余件起诉案件开展证据合法性调查，排除非法证据 3 份。加大重大案件庭审多媒体示证力度，申请"四类人员"出庭 30 件次。深化以远程视频庭审为载体的轻刑快办工作机制，其工作经验在全市检察机关交流推广。

（杨　涌　刘彩霞）

司法行政

【概况】 2017 年，成都市新都区司法局（简称区司法局）内设机构 6 个：办公室、政工科、法制宣传科、人民调解工作科、社区矫正帮教安置工作科、公证律师工作管理科。派出镇（街道）司法所 13 个，下辖法律援助中心和新都公证处。区司法局被省人社厅、省司法厅表彰为全省司法行政系统先进集体及全省社区矫正工作先进单位，被成都市委、市政府评为 2011—2015 年全市法治宣传教育先进基层单位。牵头新都区创建全国法治县（市）区工作通过省政府考核组验收，"人民调解" 创新工作获 2017 年成都市司法行政工作十大优秀成果奖。

【依法治区】 制定《成都市新都区关于进一步完善国家工作人员学法用法制度的实施意见》，将学法用法纳入领导干部满意度测评和公职人员年度考核，实行区级部门拟任领导 "任前法律知识考试"制度，30 余人参加考试。在中小学校、中等职业学校开展 "法治安全教育""模拟法庭""法治课赛课"等活动，全年开设"模拟法庭"13 场。每季度组织社区矫正对象、刑满释放人员集中学习 1 次。印发《关于开展残疾人专项普法活动的通知》，开展专项普法活动 16 场，服务残疾人 500 余人。成功争取"成都市创建全国法治示范县（市）区工作会"在新都召开，并通过验收。建成大型法治文化主题公园，在新繁、龙桥、清流打造"法律服务之家"3 家。建成集人民调解、法律援助、社区矫正、多样化学法等职能于一体的综合便民平台。2017 年，"法律服务之家"服务群众 2326 人次，解决问题 1396 件，收集意见建议 50 条，群众满意度 99%。

【法治宣传】 参加市"998 法治大讲堂"活动 2 场，开设"蜂云谷法治大讲堂"2 场，围绕绿色、和谐、创业、平安、诚信等主题，在全区各中小企业、外来务工人员集中地开展法治宣传活动 60 余次。开展"春季惠民普法行动""清流木场会""综治宣传月"

5月10日，省政协主席赵振铣（中）在木兰司法所调研

代表推进“公调对接”两种模式，即采用专职人民调解员入驻模式和购买律师事务所服务方式；“3”是保障每个驻所人民调解工作室有3名人民调解员；“5” 是在新都、大丰、三河、木兰、清流5个镇（街道）开展工作。年内，全区落实专职人民调解员18人，律师兼职人民调解员14人，《人民调解》杂志、《四川法制报》对“公调对接”新都模式予以报道。

“反家暴”“国家安全日”“助残日”“环保日”“三治一增”等普法活动，举办“主任讲法”“杨升庵家训”“最勇敢的人”等法治大讲堂培训活动700余场，开展“1+11+N”法治宣传教育主题活动1000余场。依托香城小学、宝光寺“法律七进”等示范点，开展法律进学校、企事业单位、村（社区）活动1000余场，编写《新都区青少年普法教育读本（初稿）》，申报“成都市普法达人”“成都市法治示范村”“成都市十大法治人物”评选活动。运行“法治香城”微信公众号，优化“小微送法”“法律之家”“公众互动”等栏目。借助《四川法制报》、《成都日报》、“国际在线”等平台，发布法治宣传信息200余条。推出“360法眼看新都”微信公众号，吸引粉丝1.5万人。

【人民调解】 开展“人民调解星级等级管理”试点建设工作，推进区人民调解工作整体提档升级。通过创新人民调解委员会层级推选方式、人民调解员选拔选聘渠道、星级等级制度、奖惩激励机制四种方式，提高调解队伍专业素养。2017年，全区各类人民调解组织共化解矛盾纠纷4878件，较2016年同比增长50.1%。“人民调解组织、人民调解员等级化管理机制”项目被中央综治办评为全国11个优秀项目之一，其经验做法被编入《“矛盾纠纷多元化解工作创新”优秀项目材料汇编》，在全国推广。9月，全省人民调解工作现场观摩会在新都召开，学习新都经验。

采用“1235”模式，保障“公调对接”工作取得进展。其中“1”是指推进“公调对接”工作的目的只有一个，就是整合多方资源、建立多方调处联动联调工作机制、减轻基层民警一线警务压力；“2”则

【社区矫正】 落实对社区服刑人员的监督管理、教育矫正和社会适应帮扶。4月，正式启用新社区矫正中心。5月，省厅社区矫正信息管理系统投入使用，配套采购具备指纹录入功能的高拍仪、高速扫描仪、手写板等，在矫人员全部录入省厅社区矫正信息管理系统，实现了网上同步办案。11月，区委机构编制委员会批复同意局基层工作管理科更名为社区矫正帮教安置工作科。承担省厅“司法慧视云系统”试点工作，发动“老政法”和青年志愿者队伍参与社区矫正工作，与四川师范大学法学院合作，购买“智青年”公益法律服务项目。

【法律援助】 与区公安分局、区检察院、区法院衔接，做好侦查、审查起诉、审判阶段分阶段的法律援助工作。为可能被判处无期徒刑、死刑的犯罪嫌疑人、被告人提供辩护，并指派具有三年以上执业经历的律师承办。探索“法律援助+”模式的具体运作方式，提高法律援助质量。中心2017年办理法律援助案件（包括调解、诉讼、仲裁）447件，其中民事法律援助案件323件，刑事法律援助案件124件。办理其他法律援助事项（包括法律咨询、代写各类法律文书等）3033件。为困难群众提供法律援助服务3927人，完成全年民生工程目标任务的127.5%。

【律师服务】 完成辖区5个基层法律服务所、13名基层法律服务工作者、8家律师事务所和98名执业律师年度考核工作，及时为新成立的四川曙恒律师事务所申办相关手续。持续开展“一村（社区）一法律顾问”活动，到255个村（社区）开

展法律服务1020场次。依托蜂云谷孵化园“双创基地”,建成集法律咨询、法治宣传、纠纷调解、公证服务为一体的“一站式”蜂云谷公共法律服务中心。18名专职律师轮流参与区领导信访接待225人次,7家律师事务所承办法律事务4280件,提供法律援助案件286件,为当事人挽回经济损失5000余万元。

【公证服务】 公证处2017年办理各类公证事项5900余件,其中国内民事类公证事项4700余件,经济类公证事项1200余件。办理涉及建设用地规划竣工、国有土地使用权评估抽签、行政机关强制拆迁、公租房抽签过程的公证100余件。坚持为年老、体弱、重病和残疾公证当事人开设“绿色通道”,实行“上门服务”。通过“绿色通道”办理公证事项160余起,提供公证上门服务12起,提供公证法律援助服务减免公证收费5000余元。继续开办小额继承公证,方便人民群众办理小额遗产继承公证。

【基础建设】 2017年是全省规范化司法所建设“提升年”,区司法局按照“人员管理规范、硬件设施规范、外观标识规范、业务工作规范”的标准,新建马家、新民、新繁、新都等规范化司法所4个,推动最后3个司法所(清流司法所、大丰司法所、石板滩司法所)规范化建设,力争2018年全面完成任务。

5月10日,省政协主席赵振铣到新都调研规范化司法所建设情况。12月22日,山西省司法厅副厅长句铁旺到新都调研规范化司法所建设暨人民调解工作情况。年内接待了广安市政协、夹江县司法局、雅安市天全县司法局到新都交流座谈。组织业务科室和司法所工作人员先后赴南京、上海等发达地区考察学习,吸收借鉴各地司法行政工作先进经验。11月22日,在宜宾市召开的全省司法所规范化建设现场推进会上,新都区司法局进行交流发言,规范化司法所建设成果受到上级肯定。

【创建活动】 按照全国普法办《关于开展法治城市、法治县(市、区)创建活动的意见》精神和全国、省、市创建标准,围绕新都区经济和社会发展目标及特点,开展依法行政示范单位、诚信守法企业、依法治校示范学校、民主法治村(社区)创建活动。制定“法治新都”创建活动实施意见和评估指标体系,印发《成都市新都区司法局基层细胞法治示范创建工作规划(2016—2020年)》,深化部门行政执法责任制示范活动,推进法治政府建设。完善审判管理和案件质量评估指标体系,构建审判权与审判管理权有效运行制约监督工作机制。完善诉讼监督范围、程序、机制和手段,促进司法公正。创建新型村级治理机制,完善村民代表会议、村民议事会议、村民小组会议等制度,提升全区法治化管理水平。

(胡　森)

军　事

【概况】 区人武部围绕新时代强军目标,坚决维护核心,听从党指挥,聚焦主责主业备战打仗。在成都警备区组织的年度军事训练考核中名列前茅,被成都警备区评为安全稳定工作先进单位。

【思想建设】 抓好党的十九大精神学习宣传贯彻,突出抓好领读串讲、讨论交流、检查督导,确保教育“四落实”。抓好“两学一做”学习教育活动常态化、制度化和“维护核心,听从指挥”主题教育,严格政治纪律和政治规矩,强化“四个意识”,坚定“四个自信”。

【应急应战】 修订完善各类方案预案,落实战备工作制度规定。按计划完成区分人武部本级、专武干部和民兵应急分队三个类别组织训练。加强民

4月28日,区人武部邀请国防大学教授李莉在香城中学进行国防教育讲座

兵组织建设，合理调整全区基干民兵布局，优化规模结构和力量编成，顺利完成年度民兵整组任务。4月，区人武部组织筹划学生军训工作，完成省军区赋予的组织民兵应急分队和优秀退伍军人规范开展学生军事试点任务。5月，组织新民镇、军屯镇冲锋舟操作手参加防汛演练，为汛期救灾做好准备。

【国防教育】 通过视频播放、发放宣传手册等传统宣传方式和微信公众号发布信息等方式，开展国防教育。5月，邀请国防大学教授李莉为辖区官兵、青年学生进行国防安全形势教育。9月，围绕全民国防教育日，印发宣传手册和海报上万册，制作展板，深入村（社区）、学校进行宣传教育。

【参建参治】 出动应急民兵执行区委、区政府赋予的应急维稳任务。发挥人武部桥梁纽带作用，全年妥善处理涉军维权案件3起，为复退转军人解决"三补一保"查阅档案1000余人次。

【扶贫帮困】 在警备区统筹精准扶贫20万元资金的基础上，投入4万元对口帮扶。鼓励干部职工积极参与"扶贫日"暨"慈善一日捐"活动，单位捐出一天的办公经费，个人捐赠一天的工资，并申请将所捐款项的30%用于对口扶贫项目。逢年过节，看望慰问离退转老红军、老干部、困难党员和困难群众。

【征兵工作】 全区18周岁男性公民登记率99.57%，居全市前列。抓好兵役征集，完成预定兵员役前训练任务，择优挑选"双合格"男青年应征入伍，其中大学生比例83%，超额完成成都市征兵办下达给新都区的大学生兵员征集任务。聘用廉洁征兵监督员，构建廉洁征兵监督体系。区征兵体检站首次邀请廉洁征兵监督员参观征兵体检站，公开征兵体检项目、流程，营造廉洁征兵氛围。

【后勤保障】 坚持党委理财，及时修订各类保障预案，完善经费预决算管理机制，细化后勤财务管理制度。对电网、视频监控等设施设备进行整治维修，确保武器仓库绝对安全。落实车辆管理规定，全面停止有偿服务工作。

【维稳工作】 结合形势变化、任务特点、季节转换、人员变动、重要时节和敏感时期抓好安全教育。坚持每月党委会分析形势，每月行政办公会讲评，每周交班会，促进安全工作落实。3月，组织开展"条令学习月"活动。9月至12月，组织开展"百日安全活动"。

（周凌云　袁　宇）

人民防空

【概况】 2017年，区人民防空办公室按照"长期准备，重点建设，平战结合"的方针，贯彻与区经济建设协调发展，与城市建设相结合的原则，主要抓好人防项目建设、人防指挥通信、人防工程建设管理、人防执法、人防宣传等工作。

【人防工程建设及管理】 加强对民用建筑的项目审批管理。不定期对全区各人防工程使用单位组织开展消防、防汛等安全隐患检查。推进人防项目建设。

【人防指挥通信管理】 加强人防机动指挥所建设，落实专管人员，加强人员专业培训，对平台系统设备设施操作训练和日常维护保养、管理工作，建立完善的战备值班制度。截至2017年底，有各类警报器98台，各镇（街道）安装警报率100%。在"9·18"警报试鸣演练工作中，警报鸣响率100%。完成市政府下达发放人防应急包1000个的民生目标任务，并讲解人防应急包内所有设备的用途和使用方法，使市民掌握突发情况下的自救互救方法。

【人防执法】 依法加强民用建筑项目审核，实施人防网上办结流程，规范办理行政审批事项。加强在建人防工程质量监督管理，对在建人防工程进行质量监督检查182次，对兼顾人防工程进行质量监督检查38次，责令整改287处质量问题并督促全部整改完成。

【人防宣传】 人防教育纳入党校教学计划，使广大干部了解人防知识，重视人防工作。组织全区初中二年级学生参加人防知识考试，开展人防主题班会、人防知识竞赛等，使学生了解"人民防空"知识，增强国防观念和"人民防空"意识，提高学生自我防范和自我救护能力。利用安全生产宣传月等活动，在社区设置人防宣传板，发放人防宣传资

料，宣传人防知识和政策法规，增强人民群众的国防观念和意识。 （何 刚）

消防安全

【概况】 2017年，区公安消防大队以全面提升部队防火灭火能力、确保全区火灾形势稳定和部队管理稳定为目标，狠抓火灾隐患排查整治，认真做好灭火抢险救援、消防监督检查、消防宣传等工作，消防基础设施建设、消防正规化管理和队伍建设进一步加强，全区消防安全形势持续平稳。大队被评为全省消防部队“2017年先进基层单位”和全市“安全工作先进单位”。

【灭火抢险救援】 全年接处警2903起，其中火警860起，抢险救援552起，社会救助1491起。抢救被困人员78人，疏散人员856人，抢救财产价值5000余万元。

【消防基础设施】 完成营房改造。购置32米举高喷射消防车1辆，消防宣传车1辆，空气呼吸器、防毒面罩、隔热服、消防水带等共计500余套（件）抢险救援器材和常规器材。新增消火栓300余座，建成重点单位微型站173个、社区微型站158个、派出所微型站15个。

【消防监督检查】 在冬春火灾防控、夏季消防检查、高层建筑、仓储物流企业、消防产品等10余项专项整治行动中，建立定人、定岗、定时、定量工作机制，多部门联合排查整治各类隐患，做到严格执法、依法监督、严肃查处。全年检查单位4623家，发现并督促火灾隐患6115个，下发责令改正书3111份，下发行政处罚决定书197份，下发临时查封决定书62份，拘留37人，罚款160余万元。

全年办理审核和审核备案抽查项目208个，建设工程竣工验收和竣工验收备案抽查178个。对113家单位进行开业前消防安全检查，查处消防违法行为举报、投诉114起。大队监督检查数量在成都市公安消防支队名列前茅。

【消防宣传】 2017年，依托宣传中心成立香城消防宣传服务队，配备消防宣传车，进行消防知识宣传。全年印制各类宣传警示资料11万份，在黄桷树广场开展宣传活动3次，利用LED大屏播放公益广告60多场次，利用移动短信平台发布消防安全提示信息13.56万条。推出“消防夏令营活动”，惠及辖区69所中小学，收集绘画作品1200余幅。消防进军训惠及高校2.8万人，“每周一宣”惠及辖区群众20万人。100余个社区配齐了一名“消防宣传大使”。编印万余册消防教材分发辖区中小学。6个消防队站累计开放198次，接待3.4万人次。

制作火灾案例警示教育片1部、专题片3部、消防公益广告1部，邀请社会各界知名人士参与“全民消防我代言”。全省消防“119宣传奖”推出了新都城西派出所、新都街道状元社区书记李文炳消防工作先进典型。拍摄制作的微电影《懂你》获全省优秀奖，在中国消防在线、《四川日报》、四川新闻网、四川广播电视台等省、市新闻媒体发布专题报道300余件。全年在总队、支队发稿量居第一。 （瞿方超）

7月25日，区委副书记、区长李云（前右）率安监、交通运输、环保、消防等部门负责人，对辖区易燃易爆类场所进行消防安全检查

武装警察

【概况】 武警成都支队新都中队担负新都区看守所看守任务，执行押解、逮捕、处置突发事件、维稳巡逻等任务。因新都区看守所重建升级，临时搬迁期间，中队暂担负成都支队机动备勤任务。2017年，中队出动兵力，完成临时勤务10余次，“战备月”、重大节日和敏感时期的城市武

装巡逻勤务70余天，被上级评为2017年度安全工作先进中队。2017年12月31日，武警成都支队新都中队划归部队管理。

【政治教育】 按照“看齐”要求，推进主题教育，将主题教育和开展“两学一做”常态化学习有机结合，开展“争先创优大讨论”活动，推动中队各项任务的完成。抓好部队思想整治工作，打牢部队建设根基，确保部队整治合格、作风优良。

【军事训练】 根据《武警部队军事训练与考核大纲》和《中国人民武装警察部队实战化军事训练实施细则》规定，制定中队全年军事训练计划。中队成立反恐应急班，以任务为牵引，以实战为背景，针对反恐、突击、侦查、解救人质等重难点科目内容进行训练，提高部队实战化训练水平和应急处突能力。全年完成“卫士–17演习”以及各项军事比武竞赛，受到高度评价，其中一名战士代表支队参加全省武警部队反恐比武，取得团体第二名。

【后勤建设】 中队坚持以人为本，搞好后勤建设，保障官兵训练、执勤、处突任务的完成。落实伙食管理“五项制度”，提高官兵伙食满意度，提升中队凝聚力、战斗力，做到后勤队伍素质强、生活设施配齐全、物资管理正规有序。中队在完善后勤各项战备机制、提高多样化任务综合保障能力和标准化建设等方面，完成全年目标任务。

（陈　钟）

城乡建设·环境保护

社区发展治理

【概况】 2017年9月，中共成都市新都区委城乡社区发展治理委员会(简称区委社治委)成立。区委社治委内设机构4个：综合科、社区发展科、社区治理科、改革统筹科，配备行政编制12人。新都区社区治理中心为区委社治委下属的正科级事业单位，配备事业编制5人。建立社区发展治理工作领导小组，由区委书记、区长任组长，下设促进城乡社区发展治理能力提升协调推进小组1个、涉及“五大行动”(老旧城区改造、背街小巷整治、特色街区创建、社区服务提升、平安社区创建)的专项小组5个，构建“1+1+5”城乡社区发展治理工作推进机构。建立党员区领导担任镇(街道)第一书记制度，建立城乡社区发展治理领导小组会、工作联席会、工作调度会、工作现场会、督导通报等制度，构建以“三联+”工作机制(三联+基层中心工作)为引领，以“三治”(自治、法治、德治)建设为支撑，以加密社区三级网格员队伍为基础的工作体系，确保全域协调推进。在全市的年度目标考核工作中位列全市第一名。

【社区发展】 编制《新都区城乡社区发展治理“五大行动”三年计划》《中共成都市新都区委、新都区人民政府关于深入推进城乡社区发展治理建设高品质和谐宜居生活社区的实施方案》，抓实“一张图”“板块式集成化”，推进城乡社区发展治理“五大行动”。2017年，完成城中村改造348户、微循环路网建设5个，启动棚户区改造114户。完成背街小巷整治50条、小游园建设8个。启动“静安路—九街”特色街区项目。社区服务提升行动，区政府购买社会组织服务项目5个，全区专业社工人才增加10%。新建个人调解工作室2个；村(社区)综治中心规范化建设完成20%，逐步梳理建立“大联动·微治理”配套机制；完成“雪亮”工程点位建设2030个并投入使用，完成村(社区)应用平台建设202个。

【社区治理】 统筹推进以党组织为核心的城乡社区治理体系建设，指导基层群众性自治组织规范化建设，推进社区志愿服务体系建设，培育发展社会组织，指导发展社区基金会，推动社会组织、集体经济组织等多元主体参与城乡社区治理。利用手机APP、微博、微信等媒体推送信息，在报刊、广播、电视等媒体开设专栏，制作城乡社区发展治理口袋书、倡议书，宣传开展城乡社区发展治理的意义、思路和举措，提升群众知晓度。开展 “我为社区献一言”“开门行动”“坝坝会”等社区营造活动，搭建三河二台子社区居民馆。“坝坝会” 活动在党的十九大期间被《人民日报》报道。在农民集中居住区开设“无人菜摊”的“德治”营造活动，在中央电视台《新闻联播》中报道。

12月21日，召开新都区城乡社区发展治理“五大行动”工作调度会

【改革统筹】 负责城乡社区发展治理工作理论政策实践的调查研究，梳理出重点难点课题16个，牵头进行研究。针对商住小区党组织缺失、管理无序导致邻里纠纷、利益冲突频发等问题，推广大丰红湖公园城治理模式，以成立小区党支部、引入社会组织协管、建立三级网格员管理体系、强化小区人员信息管理等措施为主要工作路径的经验做法，在全区推广，促进商住小区的科学管理和有效治理。 （王新培）

城乡统筹

【概况】 2017年，区统筹城乡工作以全域旅游、特色镇、美丽新村建设为引领，通过土地整理、林盘院落保护改建，重塑大地景观，深化农村集体产权制度改革，推进城乡基础设施互联互通，提升农村公共服务水平，健全农业农村投入持续增长机制，不断提升城乡统筹发展水平。

【统筹城乡示范建设】 推进市级“小组微生”新农村综合体建设，启动建设市级“小组微生”新农村综合体5个，新建清流镇“三尺新村”。向市国土局报送土地综合整治立项资料，成立土地整理合作社，形成实施方案，基本确定房屋户型。改造点位4个，清流镇飞石村1社林盘整治开展沟渠、道路、改厕等工作；清流镇九龙村安置点开展小区入口景观、沿河景观带配套设施、拆除违章搭建等工作；新繁镇白壁村安置点和新庞村16社、17社林盘整治均开展道路、农渠、绿化和房屋风貌整治等工作。

推进“锦绣田园·花香果居”市级统筹城乡综合改革示范片建设，涉及斑竹园镇回南、檀木、福田、竹友、金文、仁和、三河7个村（社区），新繁镇高院、汪家、世丰、青石和两河5个村（社区），总面积22平方公里。完成市级专项奖补资金项目建设，推动“8+1+N”改革工作，包括农村产权制度改革、探索“多规合一”制度、构建新型农业经营体系、农村金融制度改革、农村土地制度改革、户籍制度改革、村级公共服务和社会管理改革、健全农村基层治理机制8项改革，以及“小组微生”综合体建设和自主创新类改革。

【农村产权制度改革】 制定新都区“农贷通”平台建设方案，完成11个镇级服务中心及37个村级中心服务站挂牌及人员配置工作。制定规范土地流转文件3个，对外发布《新都区农村土地经营权流转基准价格及区域分布》。加强成都市农交所新都分公司建设，引导和鼓励入场交易，新增交易4宗，金额5250万元；新增抵押融资2宗，金额600万元；新增规模流转22宗，面积6434亩，流转履约保证保险参保1.51万亩，已缴保费33万元。

【村级公共服务和社会管理改革】 2017年，市、区配套村公资金9596.5万元，民主决策项目1601个，涉及环境综合治理、社会治安维护、基础设施建设等9类项目，预算资金1.36亿元（含往年结余资金4045.63万元）。设置村公“二维码”，《成都日报》以《扫扫二维码 村公资金使用一目了然》为题进行报道。区级相关部门开展一级廉政风险岗位建设、绩效评价和年度审计工作，完成2015年度审计和整改，开展2016年项目审计。各部门、各镇开展村公资金“微腐败”专项治理工作，形成纪检专报第18期并报市纪委。 （杨林枝）

城乡建设规划

【规划编制】 对标全面体现新发展理念的国家中心城市建设，以“北改”“中优”战略方针为指引，以“存量更新、结构转型”为主线，推进全区城乡建设规划工作。

强化战略引领，优化空间结构 对接市委“东进、南拓、西控、北改、中优”城市发展战略的“十字”方针，对标中心城区建设标准，编制《新都区战略规划及新都区总体规划修编》，初步确定“154”的发展战略，即“成北新中心城区”的总体定位，“现代轨道航空装备研发制造中心、国际商贸创新中心、天府文化音乐文创中心、公铁联运国际物流枢纽、成北生态屏障”五大城市功能，建设“国际开放新城区、装备智造新城区、品质魅力新城区、生态宜居新城区”四大城市发展目标。按照“以轴融城、组团布局”理念，强化新都主城区核心地位，突出新繁和石板滩城市两翼，打造毗河绿谷活力带，并将城市动力发展轴线由四条整合为两条，形成“一城两翼、一带双轴”的城市空间结构。

强化产业支撑，促进转型升级 按照“枕水兴业、产城融合”的理念，优化产业空间结构，形成“一带两圈”的主导产业空间格局。依托37.8公里毗河，整合串联生态基底、产业园区、城市中心等空间要素，形成毗河现代服务业创新发展带；开展“新都区石板滩镇战略及总体城市设计”工作，打造27平方公里的轨道航空动力新城，构建动力新城产业生态圈；开展“北部商城暨物流园区城市设计”等工作，推动传统商贸及物流运输向高端电商物流转型升级，形成现代商贸物流聚集地，构建以信息化为核心，融合创业、生活、文化于一体的商贸创新产业生态圈。

强化生态本底，守住生态红线 依托“风贯南北、水润东西”的生态本底，强化成彭绿楔和新青绿楔两条一级通风廊道，以毗河、清白江等6条水系为生态脉络划定生态控制区，编制完成《新都区生态体系规划》，构建“两楔六脉、多廊成网”的生态格局；对接天府绿道和市域绿道体系，编制《香城绿道总体规划》，形成“一带三网四廊”的绿道体系结构，规划香城一级、二级绿道共460公里；牵头开展“绿化全川·新都行动”，完成顶层设计、实施计划、详细方案三个层级规划设计，制定《绿化全川新都行动实施计划》和成绵高速新都出入口、蜀龙大道转盘等24个重要节点及廊道增绿的实施方案，形成从宏观到微观的生态规划体系。春季，全区栽种各类树木3.48万株，种植面积1081亩。完成泥巴沱森林公园规划方案，并通过区人大常委会专题调研。

强化城乡统筹，优化城镇体系 落实乡村振兴要求，按照“拥绿为核、两翼统筹”理念，通过“拆镇并镇”的策略，将原有的2个小城市和7个特色镇进行空间整合，形成新繁、新军马、石板滩3个城乡统筹单元，并依托新型社区和林盘聚落形成100个聚居点，形成“1-3-100”的城镇体系；编制完成《清流三尺村小组微生新农村建设规划》《清流镇九龙飞三石院落整治提升规划》，推进新农村建设；开展“15分钟公服圈”规划，提升医疗、教育等公共服务能级，提升城市宜居生活品质。按照城乡社区发展治理“五大行动”要求，完成《新都区特色街区创建行动三年计划》《示范社区基础设施提升规划》，为下一步形成有机统一、循环发展、充满活力的城乡社区发展治理生态圈提供参考。

强化城市设计，提升城市品质 按照构建城区“别样精彩”的总体要求，以“三边三节点”为重点，开展“新都区总体城市设计”“新都毗河总体城市设计”等工作，实现城市设计满覆盖，塑造“古蜀新都·香城宝地·大气文气·精致秀美”的风貌格局；保护利用历史文化资源，开展“老城复兴城市设计”等工作，推动城市有机更新，提升城市品质，彰显新都城市风貌特色。

强化交通体系，提升功能承载 按照“多式联运、外联内畅”理念，统筹开展交通体系研究工作，加快形成“7高7快13轨”的内外交通格局；加强地铁3号、5号线各项工作的对接和协同，争取地铁8号、27号线及成南E线等重大交通项目落地，打通与成都主城区及周边地区的主要外通道，加强区域协同发展，突出区域首位带动及辐射作用。

【规划管理】 主动对上争取，落实成都“中优”“北改”的最新要求，先后组织16人次到市规划局学习，加强规划调整程序、城市设计等方面的对接。大天路节点、保利遗留问题等规划调整有序推进。主动下沉服务，结合新都区纳入中心城区规划管理的实际情况，向区委提出《关于新都区纳入中心城区规划政策变化影响新居工程建设的思考与建议》，得到区委肯定。主动服务招商，提前介入重点项目招商，提供规划咨询服务；发挥规划展览馆的对外窗口作用，宣传和展示新都区经济社会建设成就，服务全区对外招商工作。

优化规划管理程序 出台《政务服务标准》，对“一书两证”和规划方案审批流程进一步细化、优化，全年审批建筑面积290.4万平方米；对重大产业化项目实行特事特办，为项目建设快速推进提供保障；主动联系企业，系统梳理项目48个，解决历史遗留问题7个。

完善规划决策机制 完善规委会议事规则，对规委会的职责、议事范围、议事形式与程序等方面进一步优化；完善新都区建设方案专家审查会工作制度，充实城乡规划专家库，完善“网上审查—实地踏勘—专业评审”相结合的建设方案专家审查制度，提升规划方案审查的质量；实施“阳光规划”，扩大公众参与监督力度，形成“政府决策、部门把关、专家咨询、社会监督”的规划决策管理机制；优化建设项目精细化管理流程，对建设用地、建筑方案、绿化景观、夜景照明等进行细化量化，提升城市品质。

加强规划信息化建设 加强地理信息及公共服务平台建设，对现有262平方公里1：500

地形图进行整理入库；完成主城区18.5平方公里地形图测绘工作。开展“新都区综合管廊规划”，对城区范围内的市政管网进行现状梳理、统筹规划，明确全区管网管线的数量、位置，为规划管理提供更加科学的依据。

【规划执法】 依法实施建成区违法建设“五年行动”，拆除违法建设5.27万平方米。抓好住建部卫片督查点位整治，完成卫星图斑67个、“二绕”生态守护图斑3个、“河长制”卫星图斑5个的核查工作。处理环保督查案件54件，其中拆除违法建设2宗，查封小区住改商、违规搭建业主10户，整治非法停车场32处，拆除违法采沙场、商混站96处。全年拆除违法建设点位111处、9.12万平方米。（刘　刚）

城乡建设实施

【概况】 2017年，新都区城乡建设局围绕现代化国际范成北新中心城区“总体定位”，实施“154”总体部署，抢抓“11+2”中心城区战略机遇，推进主城区建设、新型城镇化工作、建筑业管理、北城改造、环城生态区建设等重点项目建设工作。

【主城区建设】 牵头的重点项目16个，完成投资29.2亿元。毗河绿道（万科双水岸段）维修改造工程、五四街已完工，大丰车辆段下穿隧道建设工程等基础设施建设项目加快建设，泥巴沱森林公园毗河南岸启动建设，一中配套道路等14条断头路有序推进。完成文家巷片区156户旧城改造安置工作，完成全区公共服务设施“三年攻坚”行动方案及目标编制。建成中、小学及幼儿园10所，建成农贸市场、社区服务中心、公厕等公建项目22个。

【新型城镇化建设】 全区小城镇重点项目70个，完成投资25亿元。新繁镇获成都市2017年重点支持小城市遴选第一名，争取市级补助资金1500万元；石板滩镇争取四川省“百镇建设行动”奖补资金500万元。木兰、泰兴、斑竹园、军屯、新民等5个市级特色镇加快发展。新繁镇高院村被评为全国“2017年改善农村人居环境示范村”之美丽乡村示范村。

【环城生态区建设】 新都区环城生态区总面积26.32平方公里，涉及大丰街道、三河街道和木兰镇。包括香城湿地、绿道、五龙山百花谷公园，构建具有新都特色的“一带（环城生态带）、一库（北湖水库）、一湿地（香城湿地）”环城生态体系。

香城湿地 占地近4900亩，已建成1680亩。项目实施过程中，充分结合原有地形，依托原有农田、林地、水体等自然资源，呈现集湿地植物、乔木、湖泊、溪流等流动变化的湿地景观，建成混合林、湖心岛、知春台、揽月台、踏莎桥等景点。

绿道建设 完善绿道沿线标识标牌、驿站、休憩娱乐、景观小品、公共服务等配套设施，加强绿道管护。2017年，建成绿道7.6公里。其中，启动高标准毗河绿道双水岸示范段，长2.5公里，总面积14万平方米，项目以“音乐文创、运动休闲、亲子互动”为三大主题功能，结合“十五分钟公服圈”理念，配置服务中心、篮球场、网球场、足球场、儿童

12月26日，建设中的泥巴沱森林公园

游玩设备、厕所等公共服务设施，引进新都商业“一杯时光”咖啡饮品售卖项目，与附近分布的三原外国语学校、农贸市场、商业综合体以及地铁站（建设中）等共同构成“十五分钟公服圈”的示范区。

五龙山百花谷公园 位于万科项目区内，占地近2000亩，已建成668亩。以乔木、花卉和水系打造出森林、花海和湿地的生态环境，分布亲子设施、生态体育运动场地及骑行绿道，突出生态绿色、海绵城市、全民运动和亲子爱家的主题。

【北城改造工程】 2017年，“北改”重点项目54个，完成投资64亿元。竣工项目有南丰大道电力迁改、夏家寺路、幸福街、临河街、旧城改造沪丰领地、大丰社区卫生服务中心、新建大丰北延新居小学工程、成都外国语实验学校新都五龙山校区、佳乐广场、五岳合福地广场三期、菜鸟中国智能骨干网等项目。建设中的项目有地铁3号线（新都段），地铁5号线（新都段），北新上锦、南丰片区城中村改造等项目，南丰农贸市场，新都区第三人民医院，京东现代物流服务业产业园，大丰绿地城，保利·狮子湖等项目。 （乔朝磊）

2017年建成项目一览表

表4 单位：万元

序号	项目名称	建筑规模	开工时间	竣工时间	投资
1	五四街	新建道路长432米，红线宽16米	2017年4月	2017年12月	750
2	桂湖名城东侧道路（电子路—学院路）	道路长508米，宽20米	2016年10月	2017年7月	998
3	万科金域缇香项目配套市政道路C线建	路线长404米，红线宽16~20米	2016年5月	2017年4月	1723
4	消防大道西侧道路	道路长569米，宽24米	2016年5月	2017年4月	2115
5	锦绣前城安置小区西侧道路	道路长296米，红线宽12米	2016年6月	2017年1月	248
6	二台子B区沿河道路	道路长450米，宽4米	2016年6月	2017年5月	126
7	毗河新居	2栋18层住宅，高54米，毗河新居4#、5#住宅楼，建筑面积25103平方米	2016年5月	2017年12月	7158

北部商城建设

【概况】 新都北部商城位于成都市北部新城现代商贸综合功能区核心发展区，是成都市的“北改建新区”，新都充分国际化的先行区。《新都北部商城产业规划》和《新都北部商城产业生态圈》已通过初审，并报送区级相关部门。2017年4月，在全国商品交易市场系统评选中，北管委被评为十佳市场管理委员会。

【经济指标】 2017年，固定资产投资27.93亿元，其中区级重点项目投资8.01亿元。区级税收0.23亿元，社会零售总额23.5亿元。

【基础设施建设】 道路、桥梁项目7个，确定为社会资本合作项目，待确定投资方后启动建设。配套农贸市场正在确定供地方式，待确定后出让给香城公司建设。

【项目建设】 合能珍宝锦城项目一期主体已完成。时代佳欣项目土地已取得，待规划方案审批后建设。成都叠石桥家纺城和天湖豪布斯卡项目分别于2015年10月和2014年10月停工，其中天湖豪布斯卡项目与阳光100已达成定向合作协议。

【招商引资】 2017年，考察、洽谈90余次。落地建设项目1个（由星海教育集团投资的成都新川实验外国语学校），促进签约项目1个（阳光100集团商业特色小镇），加快洽谈项目1个（广州珠江实业开发股份有限公司产业新城项目），跟踪项目4个（浙江乐城集团、欧悦冰雪投资、中联影视项目、北大国际教育集团），推进运营二次招引项目1个（西藏大时投资基金项目）。

【电子商务】 新都区商贸产业孵化基地和创新创业中心（双创中心）于2016年9月28日正式开园，截至2017年年末，引进孵化项目36个，其中注册在新都的项目公司19个，正在申报市级众创空间。北欧知识城电商孵化园入驻网商及服务商152家，其中网商125家，服务商27家。西部家电创想大厦与西南石油大学合作，并被确定为"大学生创业实训基地"，入驻电商165家，逐步实现线上交易平台和线下实体平台融合发展，助力园区传统商贸产业实现转型升级。 （付春燕）

自来水生产与供应

【概况】 2017年，全区共有供水企业3家(新都区自来水公司、利民自来水有限责任公司、大丰水厂)。日供水总量为28万立方米，供水覆盖全区13个镇(街道)、255个村(社区)。供水管网(DN100以上)1522公里。

【饮水安全】 推进水源保护区的划分和管理工作，全年完成一、二级水源保护区巡查205次。建立健全安全管理制度，开展水厂漏氯抢修、防洪、原水污染处置等培训23次，完成水质检测1.32万项(次)。应急检测192项(次)，供水管网冲排92次，冲排水量55764立方米。加强取水口等重要点位、设备巡查密度和力度，全年开展生产检查65次，供水管网大规模探漏4次。

【节水宣传】 贯彻落实《成都市节水管理条例》，以"世界水日"、"中国水周"、"3·15"消费者权益保护日、"三下乡"等为契机，开展节水宣传。

（贯　超）

表5

2017年新都区供水一览表

名称		生产能力(万立方米/日)	供水量(万立方米)		用水人口(万人)
			供水总量	日供水量	
自来水公司		10	8627(向成都购3733)	23.60	75
大丰自来水厂		10(地表水8+地下水2)	1310	3.59	26
利民公司	龙桥水厂	1	304(向区自来水公司购239，向成都购65)	0.83	12
	军屯水厂	0.3	110(向区自来水公司购110)	0.30	2
	竹友水厂	0.2	58(向区自来水公司购58)	0.16	2
	利济水厂	0.2	75(向区自来水公司购75)	0.20	3

表6

2017年新都区自来水水费一览表

用水性质	水费			
居民生活用水	居民生活用水户表	阶梯水量(年用水量·立方米)		水价(元/立方米)
		第一阶梯	0~216	1.56
		第二阶梯	217~300	2.34
		第三阶梯	≥301	4.68
	居民生活用水合表			1.56
非居民生活用水	机关、社会团体等事业单位用水			2.96
	工业用水			2.66
	经营服务用水			3.66
特种行业用水				6.66

电力供应与生产

【概况】 新都供电公司属国网成都供电公司直供直管供电分公司,担负新都区及周边彭州市、青白江区、郫都区和金牛区部分地区的供电任务。

【电网建设】 公司辖区内有变电站28座,变电容量513.6万千伏安(其中500千伏变电站1座,用户变电站7座);35千伏及以上输电线路40条,326.21公里;10千伏配网线路268条,1465.43公里;配网线路联络率42.5%,N-1通过率17.5%,电缆化率19.11%,架空绝缘化率55%。辖区内公用配变1962台,580.86兆伏安(其中,城网公变104台,35.76兆伏安; 农网公变1858台,545.10兆伏安)。2017年,公司解决了500千伏白泉站220千伏配套送出工程施工受阻难题,并在迎峰度夏前投入运行。新都电网3座220千伏变电站自龙团双回形成串供,长期缺额35万千瓦及潮流断面受限问题得以彻底解决。2017年,最大负荷74.75万千瓦,比上年(下同)增长4.6%,最高日供电量1389万千瓦时,均创历史新高,在迎峰度夏、迎峰度冬期间实现"零拉闸、零限电"。

【经营管理】 2017年,售电量31.71亿千瓦时,在全区产业结构调整、压减行业用电量明显减少的情况下,实现逆势增长1.81%。综合线损率5.32%,下降0.62个百分点。城市综合电压合格率100%,农村电压合格率99.937%;城镇供电可靠率99.9885%,农村供电可靠率99.7674%。2017年,公司同业对标在同序列中排名第二,物力管理、建设管理、检修管理3个子项入选标杆项目。

【安全生产】 开展安全监督记录仪视频管控,通过视频监督查处违章29处,破解生产作业现场点多面广的管控难题,获评成都公司2017年管理提升优秀卓越项目,并在周边单位推广运用。执行公司《外委施工单位安全生产违章积分制管理办法》,现场违章下降24.4%。贯彻落实成都公司"双十条"及安全生产问责规定,全年督查现场1073次,发现违章问题137个,处罚典型违章73个,开展"安全约谈"4次。推进资产全寿命周期管理体系建设,2017年清理主网设备台账859条、配网设备台账1177条,率先完成2017年度实物ID安装任务,作为县公司代表接受四川省电力公司交叉审核,获得高度赞誉。截至2017年12月31日,实现连续安全生产4790天。

【市场服务】 推行供电网格化服务,完成"全能型"乡镇供电所初期建设8个,配置片区经理20人和台区经理190人,实现配置率100%、供电客户全覆盖。创建供电服务微信群29个,覆盖13个镇(街道)、226个村(社区)和184个小区,服务客户数26万户。建成新都状元街、北街、大丰赵家村、马家东岳村达标"供电服务示范社区"4个,解决供电服务"最后一公里"问题。配合治理"地条钢"企业及工厂59家、"小散乱污"企业3410家。完成"煤改电"项目5个,改造煤锅炉6.08蒸吨,投运电动汽车充电站2座。拓展超市、银行、"掌上电力"APP等15种缴费渠道,"掌上电力"APP累计注册客户5.2万户。推广配网抢修移动APP接单应用,接单率90%以上,故障报修到达现场时长下降8.33%,故障处理时长下降20.2%,"95598"回访客户满意度100%。

【小水电站运营】 2017年,杨柳堰电站撤除,运营电站3座:雷音电站(发电112万度、收入14.97万元)、高宁电站(发电80万度、收入18万元)、清白电站(发电30万度、收入3.6万元)。全年发电222万度,运营收入36.57万元。 (庄娅敏)

油气供应

【概况】 新都区能源消费以煤炭、电力、天然气和成品油为主。2017年,全区能源消费总量中,煤炭、电力、天然气和成品油所占比重分别是15%、30%、28%、27%。

【油气站管理】 科学筹划全区加油(气)站的配置和建设,完善加油(气)站服务体系,加快区内油气供应基础设施建设,加强安全管理,增强油气保障能力。完成区内56家加油站年审。

【全区供气】 2017年,全区天然气用气人口(含外来人口)超过100万户(居民用户40余万户),天然气气化率94%以上,接近《新都区城市总体规划》中燃气规划的95%。全年总用气量4.20亿立方米,工业用气2.78亿立方米,城镇居民生活用气1.42亿立方米;日供气量达到88万立方米。

(代效孔)

2017年新都区天然气公司一览表

表7

单位：万立方米

公司名称	日供气量	供气范围
四川省明圣天然气有限责任公司	8.17	由蜀龙大道、鸿运大道、毗河合围的新都街道区域，除港华公司、金坤公司、新创公司以外的新都街道区域
成都新都港华燃气有限公司	30.00	蜀龙大道与成绵高速以东、鸿运大道以南的新都街道区域（区政府划给成都市新创燃气有限责任公司特许经营范围除外），泰兴镇、木兰镇和石板滩镇区域，三河街道区域绕城高速以外区域，由蓉都大道、成都绕城高速、蜀龙大道及毗河合围的区域（绕城大道蜀龙大道路口至厚城路口段以北除外），蓉都大道以西、绕城大道以北区域，成发（集团）公司用地红线范围内区域，三原外国语学校用地红线范围内区域（三河街道区域）
成都新创燃气有限责任公司	13.50	新都大道以南、育英路以东、学院路以北以及绕城大道所围成的新都街道区域，成铁北编组站规划红线范围的泰兴镇区域，新都北部商城区域（A区：东临北星大道，西邻商贸大道，北临毗河，南面以金牛区和新都区的区界为界。B区：位于香城大道以南、兴城大道以北的区域），三河街道绕城高速公路以内（成都方向）区域，除港华公司经营区域以外的三河街道绕城高速以外区域
成都市银鹏天然气有限公司	12.33	马家镇、斑竹园镇、新民镇、龙桥镇、军屯镇、清流镇区域，新繁镇原龙安、利济区域，除新创经营区域以外的北部商城区域
成都市新繁煤气有限责任公司	5.29	除银鹏公司以外的新繁镇区域（即不包括原龙安、利济区域）
成都市大丰煤气有限责任公司	9.00	大丰街道区域
四川省金坤天然气有限责任公司	3.00	鸿运大道以北、货运大道（新都段）以东、成绵高速以西的新都街道区域

说明：供气单价为居民用气每立方米1.89元（自2016年起实行阶梯气价），非居民用气每立方米2.50元或3.20元（2016年调整为2.50）

2017年新都区加油站一览表

表8

单位：吨

序号	名　称	地　址	销售量		
			汽油	柴油	合计
1	成都中油能源有限公司成彭高速加油站	大丰街道双林社区4组	4780	1857	6637
2	成都中油西川石化有限责任公司新都崇义加油站	新都街道沱江村10社	4808	2408	7216
3	中国石油天然气股份有限公司四川销售成品油分公司高同加油站一站	泰兴镇高同社区6组	3460	4568	8028
4	中国石油天然气股份有限公司四川销售成品油分公司高同加油站二站	泰兴镇高同社区	4720	2663	7383

续表 8

序号	名　称		地　址	销售量		
				汽油	柴油	合计
5	开源加油站		新都街道瓦店社区	2000	1050	3050
6	龙桥加油站		龙桥镇	1585	574	2159
7	成都市南桥加油站有限公司		斑竹园镇回南社区	868	139	1007
8	新繁农机服务加油站		新繁镇世丰村 5 社	3002	663	3665
9	木兰农机加油站		木兰镇共和村 2 社	1324	250	1574
10	新河农机河屯油站		新民镇金牛村 1 组	246	98	344
11	成都中油能源有限公司天都加油站		大丰街道大天路 1042 号	5014	1279	6293
12	新繁镇农机服务站第一加油站		新繁镇新益村 5 社	1650	480	2130
13	燕塘加油站		金芙蓉大道一段	3017	67407	70424
14	成都永之丰能源开发有限责任公司新都绕城加油站		新都街道学院路东段 1280 号	7990	702	8692
15	中国航油集团四川石油有限公司新都区阳光加油站		兴城大道 669 号	9500	1000	10500
16	中国石化销售有限公司四川成都石油分公司	川陕路加油站	新都街道甘露村 3 社	1485	3780	5265
17		新益加油站	新繁镇李园村 14 社	6000	2200	8200
18	中国石油天然气股份有限公司四川成都销售分公司	新都火车站加油站	新都街道如意大道 161 号	2690	3160	5850
19		新都西北加油站	新都街道新军路	2930	470	3400
20		新都新南加油站	新都工业大道	5300	2000	7300
21		新都城西加油站	新都街道电子路 26 号	4900	0	4900
22		新都山水加油站	龙桥镇鱼龙村	4460	1870	6330
23		新都流花加油站	新都街道同仁村 4 社	8260	3740	12000
24		新都金诚加油站	大丰街道双林社区	5460	3400	8860
25		蜀龙加油站	三河街道花园社区 3 社、4 社、5 社	2320	2120	4440
26		天府加油站	新都街道新东村 5 社	6370	3520	9890
27		石板滩加油站	石板滩镇东风村 7 社	3170	2460	5630
28		繁江加油站	新繁镇水利村 4 社	3090	1190	4280
29		新都新民加油站	新民镇大成村 1 社	4390	2020	6410
30		金三角加油站	石板滩镇金三角社区	2190	860	3050
31		木兰加油站	木兰镇共和村 2 社	5040	3840	8880
32		新兴加油站	新繁镇繁川家具大道 138~140 号	6000	2750	8750
33		新都区香城加油站(甲站)	新都香城大道华桂路段 822 号	4100	1020	5120
34		新都区香城加油站(乙站)	新都香城大道华桂路段 621 号	4280	1520	5800
35		新都北新加油站	大丰街道高家社区 1 社	15880	5400	21280
36		新都腾达加油站	清流镇顺河村	1760	2250	4010

续表 8

序号	名称		地址	销售量		
				汽油	柴油	合计
37	中国石油天然气股份有限公司四川岷江销售分公司	华资加油站	龙桥镇和顺村	1920	940	2860
38		华美加油站	大丰街道华美社区	5010	1809	6819
39	清流镇农机加油站		互助村 7 组	450	255	710
40	桂湖加油站		新都街道新东村 3 社	659	90	749
41	花园加油站		三河街道花园社区 2 社	1400	1500	2900
42	成科皇花加油站		大丰街道南丰大道 1 号	1034	249	1283
43	石板滩加油站		石板滩镇光明村 1 社	429	210	639
44	柏水加油站		斑竹园镇柏水社区	836	368	1204
45	斑竹园加油站		斑竹园镇忠义社区	1506	456	1962
46	中川加油站		新都工业大道	1009	0	1009
47	延长壳牌（四川）石油有限公司	成都新都泰兴加油站	泰兴镇杨河村	1670	460	2130
48		成都新都三河加油站	三河街道花园社区 8 社	300	600	900
49		新都升平加油站	军屯镇升平村 4 社	2031	1721	3752
50		成都新都新繁加油站	新繁镇红花村 1 社	5047	1222	6269
51		大东加油站	三河街道大东村 1 社	17000	700	17700
52		新都新新路加油站	马家镇白螺村 5 组	3056	93	3149
53		成都新都朱王加油站	新都街道桂红路 168 号	2700	2500	5200

交通运输

【概况】 成都市新都区交通运输局（简称区交通运输局）内设办公室、政策法规科（行政审批科）、综合规划科、建设管理科、轨道交通科、公交管理科、安全监督科、计财内审科及区纪委派驻监察室。机关现有职工 85 人。辖事业单位 3 个（交通运输行政执法大队、交通运输管理所、公路管理所），辖交通企业 2 个（交通发展公司、交通驾驶培训学校）。

至 2017 年年底，全区公路通车里程 1095.30 公里。其中国道 54.93 公里，省道 34.44 公里，县道 165.61 公里，乡道 447.24 公里、村道 393.08 公里；高速公路 61.64 公里，等级公路 1005.68 公里，等外公路 27.98 公里。公路网密度为 7.50 公里/百平方公里。全区镇（街道）公路通达率和建制村（社区）公路通达率均达 100%并实现村村通水泥（沥青）路；全区铁路通车里程达 92.1 公里。全区有客运企业 5 家、客运线路 111 条、客运车 1221 辆。公交日均发班 7300 班，日均客流量 17 万人次。公交覆盖全区 13 个镇（街道）255 个村（社区），公交通达率 99%，基本实现“村村通”公交。全区有客运站 4 座，港湾式公交站亭 269 个，公交停靠点 791 处，出租车企业 5 家和出租车 205 辆。

全区有货运企业 2157 家、货车 27897 辆，总吨位 22.48 万吨。日均过境货车 2.16 万辆，日均货物吞吐量 46 万吨。

全区有驾校 20 所，教练车 1192 辆，训练场地 989.1 亩。汽车维修企业 757 家。

【交通建设】 全年实施重点项目 7 个（新建 2 个、续建 5 个），建成项目 4 个。固定资产投资 13 亿元。完成兴业大道下穿成渝铁路立交、大石路延伸线建设和石木路中车项目段综合交通改造、成（金）青路新都段整治，马超东路东延线（香城大道张庵段）道路主体基本形成；加快成彭高速扩容改造进度，推进区内成南高速 E 线、成绵高速第二复线、五环快速、成金简快速、货运大道新都段改扩建、民大路整治的相关前期工作；启动石木路（成青金路至龙石路）改扩建、龙赵路整治。新（改）建农村道路67公里，整治旧危桥13座，建成投用智能公交站亭30座。建成三河长龙公交站、狮子湖公交站，推进大丰等5个新建公交场站前期工作。

【综合运输】 新开行公交线路7条，优化公交线路22条。全年客运量7688.55万人，比上年（下同）增长5.3%；客运周转量179956.3万人/公里，增长3.9%。货运量20071.34万吨，增长1.3%；货运周转量约456102.71万吨/公里，增长15.4%。交通运输服务业营业额增长30%。

【行业监管】 全年共办理行政审批事项31134件。其中行政许可540件（物流企业254件、个体货运经营者286件），营运车辆“道路运输证”年审21290件，许可证到期换件405件（物流企业168件、个体237件），换发区内经营性道路运输驾驶员从业资格证656件。发放县际包车牌808个、市际包车牌576个、县际加班牌102个、市际加班牌70个。全年检查货运企业1283家，合格733家。开展汽车维修行业环保违法违规建设项目清理整顿，完成汽车维修企业环保备案登记200家。完成机动车驾驶人培训考试制度改革以及驾培行业新规的宣传贯彻工作，完成区内出租汽车公司燃油申报、标准化考评等工作。

【公路设施】 投入资金800余万元，完善安装乡村公路标志标牌275套。补划道路标线1.69万平方米，修复道路标志标牌68套。

【交通执法】 结案查处各类违章案件3771件，清障排障146处，清理占道摊点786处。检查客运班车和过境旅游车3180辆、出租车188辆、汽车维修企业1200家和“双超”车1099辆。查处超限运输1099件，卸载、转运超限货物4087吨。

【公路养护】 出动洒水车6.15万辆次、人员5.82万人次，清洗路面10.25万公里，路侧绿化带及灌木冲洗降尘11628万平方米；清洗标志标牌7.60万套、路侧护栏53.43万米。清理路肩、边坡、护坡上堆积物5000立方米，清掏雨水井、水蓖子2.5万个次，清掏道路边沟720公里，处置道路弃土5000立方米。路面沥青混凝土补坑槽5.05万平方米，修复路缘石5250米。为做好安全度汛工作，组织各保洁养护公司完成道路排水设施清掏1311立方米，边沟清掏6723立方米。对新九路、大件路等路段的边沟涵洞进行彻底清掏。完成管养路段裸土补植1.30万平方米，对道路绿化树木进行修枝、清理。

【环境整治】 查处违法修建15件、地面构筑物8件、违法挖掘或损坏公路路产1件、扬尘污染公路车55辆、违章客运出租车16辆、非法营运车472辆和其他运政案件2114件。对乡村公路上的坑凼、车辙、沉陷等病害进行整治维修，完成4万平方米。拆除非法广告46处，清理非法堆积物60处、非法加水点50处和非法道口4处。

【公交改革】 构建“城际+城区+乡镇”三级公交网络体系，按照“对外轨道强衔接、对内公交全覆盖”的工作要求，以地铁3号线、5号线，成绵乐城际列车，有轨电车及BRT衔接至各区域的主要客流通道；对进入中心城区的主要交通走廊蓉都大道、北星大道、蜀龙大道上大容量快速公交覆盖，区内以干线大容量公交为骨干，支线常规公交为主体，建成区公交站点500米实现公交全覆盖；镇（街道）公交按需求和道路具备条件开行公交。

【轨道建设】 配合推进地铁3号线、5号线建设，确保按期通车。完成中车产业园北侧的石木路现代有轨电车展示线建设，全长1.5公里，设车站2个，最高时速可达70公里，单趟最大运载量可达380人，每小时最大载客量1万人。开展轨道交通东西连接线方案编制，围绕“7高7快13轨”综合交通规划体系，加快“快联内畅贯通”工程建设。

【共享单车】 2017年3月，与北京摩拜科技有限公司、北京拜克洛克科技有限公司（ofo）沟通，为全区引进共享单车2万余辆。共享单车采取扫码扣费的方式，用户运用智能手机上的APP软件随时随地定位附近的共享单车，骑行到达目的地后，就近停放在路边合适的区域，关锁即实现电子付费结算。共享单车投放至年底，日均使用数量1.5万辆次。在公交站台地面划有非机动车停车线，规范共享单车停靠区域管理，督促共享单车公司做好共享单车的管理维护。在新都一中、香城中学、宝光大道、金光路、万家和新城花园等主要道路智能公交站台电子显示屏上，呈现共享单车推荐停车点示意图。

【电动汽车分时租赁】 2017年3月，联合环球车享成都汽车租赁有限公司引进电动汽车分时租赁项目。电动汽车分时租赁以分钟、小时或天计算。用户可根据个人用车需求通过刷卡、手机APP等方式在租车网点自助刷卡取车，到达目的地后还车刷卡。已建成网点6个、停车位43个。已投放电动汽车300辆。配合协调相关部门，为电动汽车规划停车选址，加快充电桩网络建设、充电桩安装，督促电动汽车分时租赁公司加强车辆日常维护，在智能公交站台电子显示屏上滚动播放电动汽车分时租赁网点设置情况及公益广告，推进公务领域使用分时租赁汽车。 （陆　勇）

2017年新都区建成村社道路一览表

表9

序号	名称	起点	止点	长（公里）	宽（米）	投资（万元）
1	三河街道龙伏社区香成湿地公园观光道	新三木路	公园北大门	1.5	5.0	800
2	三河街道回龙社区叠秀路	蜀龙大道	绕城大道	1.7	4.0	800
3	新民镇金牛村八金路	新金路	高堰	0.5	3.5	40
4	新民镇金牛村13、18社路	新金路	成环路	1.0	3.0	80
5	新民镇金牛村21社路	陈家祠	新金路	0.6	3.0	48
6	新民镇石庵村14社路	净台路杨	14社院子	0.6	3.0	48
7	新民镇高祖社区10社路	高静路	刘家院子	0.6	3.0	48
8	新民镇高祖社区6社路	高静路	高石路	0.6	3.0	48
9	新民镇华严村25社路	繁环路护国小区	石家院子	0.3	3.0	24
10	新民镇护国村15社路	护国小区	渔场	0.6	3.0	48
11	新民镇护国村21社路	兴曾路	21社院子	0.8	3.0	64
12	新民镇东林村田鹅路	新新路	闵家院子	1.0	3.5	90
13	新民镇禾登社区19社路	繁环路	唐明华院子	0.6	3.0	48
14	新民镇护国村入院道路	护梓路	石油农场	0.6	3.5	30
15	新民镇护国村入院道路	社主道	吴家院子	0.4	3.5	20
16	新民镇华严村22社道路	护梓路	沙场	0.5	3.5	17
17	新民镇华严村13社道路	河湾	四新路	0.5	3.5	15
18	新民镇禾登社区6社道路	禾登路口	蔡家院子	0.5	3.5	16
19	新民镇禾登社区2社道路	新金路口	杨家院子	0.5	3.5	18
20	新民镇九堰村道路建设	新新路	1社	1.1	3.5	38
21	新民镇九堰村道路建设	24社	老新新路	0.9	3.5	31
22	新民镇九堰村道路建设	16社	兰金路	0.9	3.5	31
23	新民镇九堰村道路建设	新新路	12社	1.1	3.5	38
24	新民镇东林村4社路	新新路	赵勤祝家旁	1.5	3.5	14
25	新民镇大成社区道路建设	民大路	13社中沟	0.5	3.5	20
26	新民镇金牛村11社道路	村委会	罗长明家	0.5	3.5	20
27	新民镇金牛村8社道路	二扎道路	蒲家院子	0.5	3.5	20
28	新民镇金牛村7社道路	新军路	林家院子	0.5	3.5	20
29	新民镇金牛村9社道路	陈家祠	陈代田鱼塘	0.7	3.5	28

续表 9

序号	名称	起点	止点	长（公里）	宽（米）	投资（万元）
30	新民镇金牛村 4 社道路	金牛村道	刘家院子	0.5	3.5	20
31	新民镇石庵村 1 社道路	成环路接口	成德大道接口	1.5	3.5	25
32	新民镇天星村村环道 2	天星 7 社	天星 2 社	1.0	6.0	132
33	新民镇天星村村环道 3	天星 3 社	军屯郭家村	0.5	6.0	60
34	新都街道崇义村夹角地带村道	泗崇路	新都绕城路	1.4	3.5	223
35	新都街道西北村北新路改造	624 所大门	西北村宝光桥	0.5	5~9	20
36	新都街道封赐村老封庆路	封庆路	大件路	1.1	3.5	130
37	新都街道龙虎村道改造	3 社	村部	0.9	4.0	60
38	清流镇九龙村通组公路	新九路	九龙村九组	0.7	3.5	28
39	清流镇九龙村通组公路	九龙村三组	九龙村二组	1.0	4.0	28
40	清流镇飞石村通村公路	新九路	清三路	1.4	6.0	150
41	清流镇界牌村通村公路	利永路	彭州百祥	1.3	5.0	100
42	清流镇广泉村通组公路	老新九路	广泉村三组	0.7	3.0	20
43	清流镇飞石村通组公路	新九路	飞石村 7 组	0.9	4.0	40
44	清流镇飞石村通组公路	新九路	飞石村 5 组	0.6	4.0	28
45	清流镇飞石村通组公路	飞石村 7 组	飞石村 8 组	0.8	3.0	30
46	大丰街道高堆、王桥、华王路	丰安路	王桥路	0.7	6.0	150
47	石板滩镇土城村土城路	土城村	土城村	1.5	6.5	180
48	木兰镇共和社区道路	刘光忠屋	刘国廷屋	1.0	3.0	30
49	斑竹园镇大夫村大柏路	大夫村	柏水社区	2.6	6~7	550
50	斑竹园镇雷家村金马路	曾家院子	雷家桥	1.7	6~7	340
51	斑竹园镇檀木村花香路	繁江大道	王家祠	1.0	6~7	200
52	斑竹园镇金文村金三路	民大路	南山路	1.3	6~7	320
53	斑竹园镇金文村金三路	新马路	世安路	0.9	6.0	290
54	斑竹园镇三江村三山路	场镇	龙桥界	2.6	6.0	312
55	斑竹园镇仁和村村道	1 组	2 组	1.0	3.5	50
56	斑竹园镇仁和村村道	7 组	7 组	0.8	3.5	40
57	斑竹园镇仁和村仁和村村道	3 组	3 组	1.2	3.5	60
58	斑竹园镇仁和村村道	5 组	5 组	1.0	4.0	50
59	军屯镇雷大村村组道路	2 社	4 社	1.0	3.5	50
60	军屯镇升平社区升平社道	石化大道	升平 7 社	1.0	4.0	50
61	军屯镇五灵村 8 社至金哥道路	安乐桥	金哥集团	1.3	5.0	40
62	龙桥镇山水村福寺路	6 组	7 组	0.3	5.0	30
63	龙桥镇山水村 8 社村道	李家院子	8 组垃圾池	0.5	5.0	50
64	龙桥镇山水村 5 社村道	村部附近	5 组	0.5	5.0	47
65	龙桥镇山水村三山路	三山路	三水村	0.4	5.0	50
66	龙桥镇场镇社区古窑上街道路	成彭路	场镇村部涵洞	1.1	6.0	80
67	龙桥镇场镇社区 6 社道路	古窑农家乐	6 社	0.4	4.5	50
68	龙桥镇渭水荣垚小区道路	成彭路	渭水 8 社	0.4	6.0	50
69	马家镇骊园村通组道路	3 社	15 社	2.9	3.0	270
70	马家镇升庵村通组道路	10 组	10 组	1.2	4.0	80
71	马家镇骊园村通组道路	1 社	15 社	2.3	3.0	330

蓉桂公司

【概况】 成都市新都区蓉桂运业有限公司（简称蓉桂公司）于2017年3月划为香投集团的一级子公司。公司下辖全资子公司5家：蓉桂公共交通有限公司、香城客运站经营管理有限公司、捷易停城市停车管理有限公司、香城汽车租赁有限公司、兴诚机动车检测有限公司，参股子公司1家（成都市新都巴士公交有限公司）。公司员工1901人。

开行公交线路78条，在营公交车辆932台；香城客运站公司经营管理场站2个（新都客运枢纽站、鸿运大道车站），参营长途班线30条、公交线路26条；停车公司收费管理主城区泊车位3135个；租赁公司拥有承租车辆84台，其中多功能抑尘车10台；机动车检测公司拥有汽车安检线3条、摩检线1条、环检线4条。

【调度指挥中心】 根据智慧公交的总体部署建成调度指挥中心，将控制技术、计算机技术、无线通信技术、全球卫星定位技术、地理信息技术等融合，打造蓉桂运业智能调度指挥系统。该系统具有实时监控公交运营状况，智能调度营运生产，公交线路查询；监控新都占道停车收费运营情况，合理疏导停车流向；监控租赁车辆实时运行情况以及充电桩运营情况等功能。

【汽车客运站】 9月14日，省交通运输厅组织评审专家组对新都客运枢纽站申报一级汽车客运站站级进行核定验收。专家组对照《汽车客运站站级别划分和建设要求》（JT/T200—2004），对新都客运枢纽站基本设备、旅客服务设施、公共信息标志系统、信息化管理系统逐一进行现场查看后，会审讨论形成一致意见，新都客运枢纽站符合《汽车客运站站级别划分和建设要求》（JT/T200—2004）的一级站标准。9月15日，省交通运输厅道路运输管理局批复，同意核定新都客运枢纽站为一级客运站。

【公交“村村通”工程】 对新民片区的公交线路进行调整，新开M3、M4、M5路，M3线路起讫点为新民综合文化站—东林村委会，M4线路起讫点为新民综合文化站—梁家村八组站，M5线路起讫点为新民综合文化站—石庵村四组站。新民镇所有公交线路覆盖全镇11个村社、6个小区。

【“三进”惠民生】 开展以进高校、进工地、进社区为主题的“三进”便民服务活动，在春节、国庆等节假日设立班车客票临时售票点服务，使外地务工人员在当地便民服务中心就能够购买班车客票，到站直接检票上车。在各镇（街道）便民服务中心设立定时公交售卡点，派驻专人在每周固定时间开展公交老年卡、学生卡办理服务。

【抑尘车】 为提高新都区空气质量，公司配置多功能抑尘车10辆，对新都区城区扬尘污染进行综合治理，对景观树木进行辅助浇灌。全年，多功能抑尘车除尘降霾作业16.5万公里。 （李　青）

城市管理

【概况】 成都市新都区城市管理局（简称区城管局）内设机构8个：办公室、发展规划科、综合执法管理科、环境卫生管理科、市容秩序管理科、市政园林管理科、行政审批科、劳资财务科。下属事业单位6个：区城管执法大队、区环境卫生管理所、区市政设施管理维护所、区园林绿化管护队、区公园管理所、区数字化城市管理中心。区城乡环境综合治理工作领导小组办公室、区“四改六治理”领导小组办公室、区扬尘治理指挥部办公室、区老旧院落改造工作领导小组、区深化城市管理体制改革领导小组、区城市道路检查井盖监督管理联席会议领

12月，160台新能源公交车全部交付使用

导小组、区城乡生活垃圾分类推进工作领导小组、区机动车清洗站管理监督考核工作领导小组设在区城管局。

【市容秩序管控】 实施分类管理,突出重点区域、重点地段、重点部位的整治,打造“严管街”。结合网格化管理模式,建立常态化、长效化管理机制。按照“12345”工作法,即“一巡、二看、三先、四勤、五全”方法步骤,实行定人、定岗、定时、定责“四定”管理模式。推进“门前三包”责任制落实工作,与沿街店面、单位签订责任状,发动辖区各单位、沿街店铺自觉参与城市管理,主城区商家“门前三包”责任书履约率 95%。执法大队组建夜间管理中队,采取“疏、堵结合”的原则,加强夜市、露天烧烤清理整治,针对主要街道和广场、学校、市场、医院周边的烧烤饮食占道、油烟、噪音扰民等现象进行专项清理。联合公安等职能部门,重点整治城郊接合部占道经营、占道堆物、私搭乱建等违法违规行为。

【环境卫生管理】 对新老城区 402 万平米道路进行湿法机扫作业,每天不低于 2 次(一级道路 3 次),每天投入洒水车、扫地车、垃圾清运车、道路养护车等环卫专用机械 89 台,投入小型电动快速保洁车 50 辆,累计上路作业 300 余台次,机械化作业率为 90%。全年安排清理人员 1.1 万人次,清理清除“牛皮癣”12.8 万处(张),“牛皮癣”及时处理率 95%以上。新建公厕 2 座,新建环卫工人休息房 3 座,改建环卫工人休息房 6 座。城区 34 座直管公厕免费按时开放,实行一人一厕值守制度,重点公厕延时开放,公厕设施完好率保持在 95%以上,按时开放率为 100%。

【生活垃圾处理】 启动主城区生活垃圾分类实施市场化运作模式,基础设施投入 21.8 万元,垃圾分类服务费 28.25 万元。采用“互联网+”的模式,引导居民主动参与,居民家庭二维码基本信息注册 2.8 万户,设置垃圾分类收集点 143 个,安装智能生活垃圾分类收集箱 143 台,有害垃圾收集容器 31 台,可回收资源计重设备 3 台,生活垃圾分拣房 1 处。每日对城区生活垃圾日产日清,重大节日和重要活动期间增加巡回清运车次,全年清运城区生活垃圾 7.5 万吨,垃圾清运率 100%。农村生活垃圾收运处置按照“户集、村收、镇运输、区处理”的模式,以“减量化、资源化、无害化”原则,农村生活垃圾前端分类收集处置覆盖率在 25%以上。

【市政设施管护】 完成 34 座桥梁管护招标工作及兴业大道、绕城大道检测工作。维修城区 128 条道路、42750 平方米的破损路面;更换破损人行道砖 13541 平方米,拆除 32 条道路上违规接坡 1542 米。完成城区 80 座桥梁的安全检测工作,维修桥梁破损路面 4113 平方米;更换破损护栏 2058 米,更换龙门桥桥面板 6 块。维修光明巷等 127 条背街小巷破损道路 4568 平方米、人行道 1214 平方米。拔除清源路等 13 条街道及南门河桥等 6 座桥梁上因施工遗留的路钉 476 个。整治病害窨井盖 383 座。

【城区园林和绿地管控】 完成绿地裸土覆盖 2.13 万平方米、提档降土 20 万米、树圈树池治理 1097 平方米。开放式公共绿地设施维护管理和绿地垃圾清理做到日巡周检,各类设施设备完好率 95%以上,全年清理各类绿地垃圾杂物 567.5 吨。加强植物肥水管理和病虫害防治,全年施用肥料 49.3 吨,普防 5 次,专防 13 次,植物病虫害防治覆盖面 100%,病虫害发生率有效地控制在 5%以内。在 2017 年成都市中心城区道路绿化增量提质评比中,“蜀龙大道”获第三名,立体绿化增量提质评比“市政广场花墙”获优秀奖,花境(地栽花)增量提质评比“花海游园”获优秀奖。

【户外广告管理】 按照“严控新增、边清理边拆除”的工作思路,建立违法户外广告、招牌档案,明确拆除的任务数量,制发整治方案。针对违法户外广告、招牌业主,区城管局发放整改决定的同时,对相关权责部门也发放协办通知,采取双监双督形式,全年依法清理拆除违规楼顶户外广告、招牌 135 处。

【城区路灯管理】 全年对城区路灯杆保洁 12 次,维修路灯 8976 盏,清理照明设施上张贴的“牛皮癣”小广告 1984 张,恢复交通事故损坏路灯设施 9 处。对背街小巷路灯进行 LED 节能改造,新增五四社区节能路灯 26 盏、紫瑞街 185 号节能路灯 6 盏,维修光明巷、勤俭巷等背街小巷破损路灯 376 盏。拆除城区存在安全隐患的光彩工程灯带 2450 米,维修桂湖森林广场内光彩工程灯带 1240 米。对宝光广场照度进行改造,更换庭院灯 40 套,在木质亭外新增射灯 3 套,增加树上射灯 12 套、草坪灯 4 套。

7 月 18 日，区城管局成立党员先锋服务队

【城区公园管理】 完成精品桂花鉴赏基地建设第三期桂花种植及环境景观优化提升工程、桂湖森林广场智能生态停车场门禁监控系统建设、升庵桂湖公园水景音乐喷泉建设等工程。毗河生态带绿道（万科双水岸段绿道）移交后，对 14.05 万平方米管护范围内的绿化和环卫进行管护。制定城区公园绿化、环卫、湿地养护、安全生产等方面管护标准及考核办法，加强对作业公司的监督检查、考核。开展“厕所革命”，在桂湖森林广场公厕内安置如厕纸篓 32 个、擦手纸篓 6 个、洗手液装置 6 个。

【数字化智能化管理】 数字化城管系统平台全年受理城市管理问题 85427 件，立案 85427 件，处置 84506 件，结案 84503 件。推进“互联网+”模式，对 100 部“城管通”终端进行更新升级，实现专业部门移动处置。通过“天网”探头，对主街干道、风景名胜区（点）、宾馆、工地、车站等区域城市管理事（部）件典型问题进行重点监管。将路灯基础数据库与数字化城管中心对接，建立“城市照明自动化监控系统”，实现城区 13106 套路灯远程遥控、联动管理。建立“车辆 GPS 管理系统”，在数字化中心搭建车辆 GPS 管理平台，在环卫车、执法车安装 GPS 终端模块，实现对全局 88 辆工作用车的实时监控。

【城乡环境综合治理】 完成 3 个棚户区、348 户城中村、50 户老旧院落的改造任务，拆除 25 个违法建设市级目标点位，落实 4 个老旧市场的提质增效。投入 5275 万元，完成城郊接合部环境“连片整治”项目 6 个。完成背街小巷“乱象”整治 74 条，打造特色街区 14 条及综合整治示范街 1 条。投入 3987.76 万元，完成区级示范街整治 6 条和示范村、示范院落各 13 个。整治农村散居院落 9059 个，生活垃圾收运率保持 100%，无害化处置率保持 100%。完成 4 个市级村容村貌薄弱村整治，完成“幸福美丽”新村 38 个，创建省、市、区级“四好村”各 50 个，新繁镇高院村获评全国改善农村人居环境示范村。

【扬尘污染治理】 裸土覆盖完成 11.60 万平方米，道路（接口）硬化完成 7.02 万平方米，树池覆盖完成 3033 平方米，绿化带提档降土完成 21.74 万平方米。检查施工工地 5780 个，查处违规工地 14 个，罚款 23 万元。以建筑工地为监管重点，监督建设单位或施工单位与运输单位签订渣土运输合同，依法办理建筑垃圾处置（排放）证，查处违规运渣车辆 8341 台次，罚款 98.20 万元。

【老旧院落改造】 牵头组织老旧院落改造 50 个，涉及居民 3904 户。坚持“一院一策”，挖掘历史文化底蕴，统一规划，整体打造，突出院落特色。按破产企业院落、公私房院落、行政事业单位院落等不同类型的院落试点改造，以点带面推进。 （范春风）

环境保护

【概况】 成都市新都区环境保护局（简称区环保局）内设机构 7 个：办公室、政策法规科、环境质量监督管理科、污染防治科、自然生态保护科、行政审批科、财务科，局机关在职人员 24 人。所属区环境监察执法大队、区环境监测站。

5 月 27 日，区委、区政府决定成立成都市新都区生态环境保护委员会（简称区生态环境保护委员会），下设办公室，与区环境保护督查办公室合署办公，为区生态环境保护委员会常设机构，负责区生态环境保护委员会日常工作，并制定工作会议制度、公文办理制度、信息通报制度、工作报告制度、约谈和追责制度。

【生态文明建设】 按照《2017年区级部门全面深化改革工作考核细则》中相关要求，强化责任领导，优化组织结构，推进《区委全面深化改革领导小组2017年度工作台账》中工作任务。2017年，生态文明体制改革台账20项，其中省级试点1项，市级试点2项，重大特色改革6项。

【大气环境治理】 编制《新都区空气质量改善方案》《机动车尾气和燃煤污染专项治理工作方案》等专项治理方案6个。划定主城区禁止露天食品烧烤区，对主城区内餐饮店全面实施煤改电(气)，修订《新都区重污染天气应急预案》，拟定重污染天气期间实施限产(停产)名单。加大燃煤锅炉整治力度，成都市对新都区下达燃煤锅炉治理任务134台套，已完成淘汰或改造的锅炉88台，全区范围内以燃煤为燃料的锅炉已全部清零。2017年全区淘汰老旧车4499辆，黄标车全部淘汰。农作物秸秆综合利用率98.38%。在主要交通干道安装固定式机动车尾气遥感监测门4套。在家具园区推行挥发性有机物治理试点工作，完成治理31家，正在治理过程中11家。

成都市新都区银雄建筑材料厂、成都市内聚龙新型墙体材料厂已实施关停，成都川锋栲胶有限公司已完成清洁能源改造。

【水环境治理】 制定《新都区饮用水源保护工作方案》，启动《新都区饮用水源保护规划》编制工作。进一步完善三水厂饮用水源地保护区划分方案，并对保护区现有污染源进行排查，针对大丰水厂水源地再次组织专家进行论证。制定《实施“河长制”的工作方案》，开展巡河14次。编制《清白江“一河一策”工作方案》，启动编制《牟珠堰“一河一策”方案》。编制《未达标水体达标方案及良好水体生态环境保护方案》，累计扣缴资金1448.07万元。

石板滩镇污水处理厂、木兰镇污水处理厂新建减排设施已投运。

【建设项目环境管理】 2017年审批新建、扩建、改建项目238个，项目总投资237.08亿元，环保投资1.66亿元，环评执行率在95%以上。验收新建、扩建、改建项目59个，已验收项目环保合格率100%。

【环境专项整治】 全区完成备案企业1627家，被列入淘汰关闭的1625家(其中，已完成关闭1596家，完成率98.2%)。接处各类环境投诉3770件，其中重复信访件162件，案件办结率100%；受理人大建议5件、政协提案10件，均全部按时办结。

【环保执法】 建立环保、公安、法院环境执法衔接配合工作机制。立案查处环境违法行为440件，立案处罚金额1149.41万元，移送公安机关9件，行政拘留10人，移送法院强制执行4件。实现环境监管网格化管理全覆盖，各镇(街道)均设立环保办，配备环保网格员至少1人。筹建环境社会监督员、环保协管员、环保有奖举报等制度。采用夜间执法、“双随机”抽查执法、“三监联动”执法等环保执法模式，倒逼企业自觉加大环境治理力度。

审核备案各类环境应急预案139个，妥善协调处置环境应急事件2件。

【环保宣传】 以法治宣传月、“进社区、进学校”志愿服务、“4·22”地球日、“6·5”环境日为载体，通过报纸、电视广播、网络多种渠道，组织开展环保宣传活动15次，发放宣传资料2.5万份。通过平台和门户网站推送信息1400余条，回应环保投诉100余条。

【环境质量】 完成各类监测881次。大气环境质量下降趋势得到扭转。2014年优良天数203天，

2月8日，新都区召开迎接环保督察工作专项小组第一次会议

2015年优良天数202天，2016年优良天数167天，2017年优良天数208天，主要污染物PM10、PM2.5下降幅度明显。

毗河拦河堰断面出水平均水质较2016年有所改善，总磷从0.338毫克/升下降到0.217毫克/升，下降36%；氨氮从3.925毫克/升下降到2.296毫克/升，下降42%。清白江出水水质与2016年同期相比，总磷从0.216毫克/升下降到0.164毫克/升，下降23%；氨氮从0.521毫克/升下降到0.344毫克/升，下降35%；高锰酸盐指数从2.032毫克/升下降到1.769毫克/升，下降13%。

【降耗管理】 对省厅新增纳入清洁生产审核的17家企业进行督促指导。已有16家企业完成强制性清洁生产审核，1家企业由于全年一直生产不正常，未完成清洁生产审核。（陈　微）

防震减灾

【概况】 年初制定防震减灾目标责任表，将防震减灾目标任务纳入年终考核。加强防震减灾专用经费管理，列入局年度预算。按要求参加市局组织的“三网两员一队伍”等相关培训会。上报各类工作信息10余条。

【地震监测预报】 坚持台站每月例行巡查1次。制定震情跟踪工作方案，实行节假日和重大社会活动值班制度，每周四运用应急指挥平台与市防震减灾局联系。做好马家镇、石板滩镇等3个地震宏观观测工作登记，做好地震监测设施和地震观测环境的检查保护工作，保证监测数据连续率在95%以上。

【地震灾害预防】 制发《关于征求〈成都市新都区“十三五”综合防灾减灾规划〉和〈成都市新都区“十三五”综合防灾减灾规划目标任务分解表〉意见稿的函》，并完成征求意见。按照省、市建设工程抗震设防的相关规定和技术标准，抽查一般商品房、农民安置房、工业用房等工程项目5个，全部符合抗震设防标准。对可行性研究报告中未包含抗震设防要求的项目，不予批准。指导安全民居的建设工作，严格设防标准，具备抗御7级地震灾害能力。全区建有应急避难场所9个、示范学校5所、示范社区2个。

【地震应急管理】 制定《成都市新都区抗震减灾地震应急预案》，在香城中学、赵家社区等7个示范学校和社区安装海报机、地震预警等设备，进一步加强防震减灾示范学校和示范社区标准化建设。8月，军屯、桂林等中小学校组织全校师生开展地震演练工作。9月，召开培训会，对成都市地震灾情速报应急响应系统手机APP的操作使用进行演练。引导社会组织和公民参与群测群防活动，形成全区13个镇（街道）有防震减灾助理员、地震安全员、宏观观测员志愿者共300余人的群测群防网络。

【防震减灾法规宣传】 与市防震减灾局对接，贯彻落实《中华人民共和国防震减灾法》和《四川省防震减灾条例》。在全国第九个防灾减灾日宣传期间，开展“防灾减灾周”宣传活动，推动防震减灾知识进机关、进学校、进企业、进社区、进农村、进家庭，发送宣传资料4000余份，受教群众1万余人。在黄桷树广场，开展防震减灾宣传活动，发放防震减灾知识手册等各类宣传图册、宣传光盘、宣传资料500余份，接受群众询问咨询100余人。在全区10个社区开展创建全国综合减灾示范社区活动，其中木兰镇狮子社区已通过验收。（何　刚）

5月12日，在全国第九个防灾减灾日，学校组织防震减灾演练

农　业

综　述

【概况】 11月，区农村发展局更名为区农业和林业局（简称区农林局），撤销区林业园林局，区林业园林局机关人员划入区农林局后实行实名制管理。将区林业园林局承担的编制全区林业和城乡园林绿化发展规划，林地、林权的管理使用，陆地野生动植物资源的保护管理，组织开展植树造林，指导森林公安工作，管理城乡“绿线”，承担区绿化委员会日常工作职责划入区农林局。其余职责划入区城乡建设局。区森林公安局划入区农林局；撤销区森林植物病虫害防治检疫站、区林政稽查队，划入区农业林业综合执法大队；撤销区林业和园林工作站，划入区农业林业技术服务中心；撤销新都、新繁、木兰3个林业片站，分别划入新都、新繁、木兰农业综合服务站；四川省珍稀野生动物繁衍救护中心划入区农林局。将区发改局承担的推进统筹城乡一体化工作相关职责划入区农林局。区农林局增设造林绿化科、林政资源科、统筹科。

2017年，全区有10个镇、3个街道，255个村（社区），户籍总数30.60万户，其中乡村户数19.26万户，较上年（下同）增长0.73%；乡村人口 50.75万人，增长0.47%；乡村从业人员32.19万人。年末耕地面积385034亩，比上年减少0.6%。农村用电量 37841万千瓦时，增长3.5%；年末农机总动力27.71万千瓦，上升0.32%；农用大中型拖拉机1639台，小型拖拉机976台。农用化肥施用量10589吨，较上年下降0.64%；农药使用量 207吨，较上年下降0.96%。

【农业经济】 农业增加值28.5亿元，增长3.8%；农村常住居民人均可支配收入22926元，增长8.8%；第一产业投资12.29亿元。实施区级重点农业项目20个，总投资10.29亿元，全年完成投资6.097亿元。农业产业化经营组织加工、营销收入102亿元，其中农产品精深加工营销收入92亿元，出口创汇2080万美元。乡村旅游接待833.4万人次，总收入8.59亿元。

【农业设施装备水平】 启动成都市100万亩菜粮基地高标准农田建设提升行动计划，首批次清流镇全域高标准农田建设规模30682亩，计划投资9700万元。在新民镇建成13.84亩的工厂化育秧基地2个，获市级扶持奖励资金173万元。主要农作物耕种收综合机械化水平84.71%，农机合作社作业面积增长30%。更新改造维修提灌机械30座，提水保灌面积8万亩，设施农业面积3.5万亩。

【农村生活环境】 全区主要农作物秸秆综合利用49.65万亩（其中机械粉碎还田16.82万亩），综合利用率99.38%。禁养区依法关闭养殖场（户）41家，适养区养殖场治理合格129家，规模化养殖场畜禽粪污综合利用率98%。协助处理中央环保督查交办件1起，发出督办通知54期。开展果菜有机肥替代化肥示范，示范区辐射21个新型农业经营主体，示范面积4733亩；开展农药化肥使用量零增长行动，减少本田化学农药施用量2000公斤以上；完成测土配方施肥技术推广面积60万亩。

【农村基础设施建设】 启动清流镇全域高标准农田建设3.07万亩，建立和巩固万亩水稻高产创建示范基地2个、鲜食玉米示范基地5000亩、粮油新品种试验示范基地1000亩。省农科院泰兴科研创新基地和现代农机产业园获农业部农村创业创新园区称号；辰希缘纳米膜栽培技术项目获成都市“十佳”创新创业项目。完成畜禽粪污异地综合利用试点2个，新增省级畜禽标准化示范场2个、市级1个，发展稻田综合种养8000亩。

【农村扶贫开发】 对口帮扶简阳市脱贫攻坚项目财政帮扶资金2000万元（其中望水乡800万元，

雷家乡300万元,平窝乡900万元),两年累计到位财政帮扶资金2700万元,帮助发展优质经果、优质水稻3500余亩,建设现代农业科技园区2个、园区核心示范区3个,落实贫困村集体经济发展项目5个,贫困村文化室、卫生室达标项目6个,新建、硬化村组道路、生产便道39.99公里,9个省定贫困村以及建档立卡贫困户全部通过省、市脱贫退出验收,完成市委、市政府“三年任务两年完成”的对口帮扶简阳市脱贫攻坚阶段性目标。根据成都市“自加压力”缩减相对贫困,按照高于国家和省定标准开展成都市第三轮第二批农村扶贫开发,区内115户相对贫困户和定点帮扶金堂县7个市级相对贫困村全部有序退出。

【移民和毗河工程】 发放移民后扶直补1269人、73.33万元。投入2万元,帮扶移民困难户3户。完成毗河供水一期工程建设征地2966亩,社保安置1134人,房屋搬迁415人,土地移交2501亩,其中永久征地1708亩,临时占地793亩。开工点位17处,完成补偿安置投资3.29亿元。

【农村信息化服务】 申报实施“新都园艺作物智慧农业新技术示范项目”。建成马家镇、斑竹园镇两个市级农业特色农产品电子商务示范镇,依托“云图生活”“菜易通”“蠢都味”等农村电子商务平台,实现农副产品销售2亿元。主动公开政府信息170条。在新浪、腾讯发布微博1056条,在微信公众号发布50条。通过农信机发布短信2万余条,通过“新农通”报送信息160余条,采用96条。向香城新都网、成都农业信息网、西部农业、中国成都在线合计报送信息2000余条。

【新农村建设】 新建幸福美丽新村38个,建成幸福美丽新村59个。新农村建设财政投入专项资金2.78亿元。全区农村生活垃圾收运率保持100%,无害化处置率保持100%。增设垃圾收集箱(桶)288个,改造升级村内道路15.76公里,整治修缮河道、沟渠19.17公里。“四改”(改厨、改厕、改圈、改水)工作及村庄再生资源回收站(点)建设全面完成,打造风貌节点3处,实施立面打造3900平方米,完成农村散居院落环境整治2974个。4个整治村共签订“村规民约”1550户,成立自治组织25个。全区10902个农村散居院落已启动整治9766个,完成整治9015个。全年创建省、市、区级“四好村”数量分别是19个、51个、60个,龙桥镇杏桂村作为全市10个“四好村”代表之一,参加市农委农村工作会并获授牌。

(王俊波　王　强)

2017年新都区财政对“三农”投入统计表

表10　　单位:万元

项目名称		一般公共预算	基金及其他预算
合　计		203256	21041
农业	小　计	40327	3564
	农业综合开发	94	0
	农牧业	24511	374
	其中:重大动植物疫病防制	408	0
	水利及气象	12302	3190
	其中:防汛抗旱	215	0
	林业	2209	0
	农机	57	0
	农业保险和农村金融	204	0
	县、乡土地整治复垦	950	0

续表 10

项目名称		一般公共预算	基金及其他预算
农村	小　计	159063	119
	农村扶贫	1202	0
	农村卫生	497	0
	农村文化	1226	0
	农村计生	2016	0
	其中:独生子女父母奖励	460	0
	独生子女家庭奖励扶助经费	502	0
	农村科技	126	0
	农村教育	144247	119
	其中:农村中小学标准化建设及危房改造	4168	0
	农村家庭学生补助	4228	0
	农村道路	3400	0
	农村旅游	1406	0
	村级公共服务和社会管理	4943	0
农民	小　计	3866	17358
	农民社会保障补助	1608	17358
	农村优抚	989	0
	农村合作医疗	1269	0

农业科技

【农业技术培训】 举办各类实用技术培训班 250 期，培训农民及农民骨干 3.02 万人（其中产业培训 0.15 万人，实用技术普及性培训 2.87 万人），发放实用技术资料 7 万册。农业职业经理人知识更新培训 100 人。培育新型职业农民 343 人(其中粮油专业 172 人，专业技能型 171 人)。

【农业新技术推广】 推广新品种 15 个、新技术 2 项、新机具 5 类。经多点试验，深两优 0858、泰优 1060、川麦 612 等品种可以实施推广，水稻机直播技术、玉米套种大豆技术成效显著。重点在辰希缘农业公司和优耕农业公司示范西甜瓜新品种，进一步优化品种结构和满足市场。重点推广水稻直播机、激光平地机、精耕地机等新型机具，提高生产效率，降低用工成本。

【农业科技宣传】 举办农业科技知识宣传、科技现场会 4 次，制作农业科技知识宣传展板 20 个，参加科技人员 60 人次，参与农业专家 10 人次，现场咨询人数 4000 人次，发放各类农业技术资料 8000 份。

【农业科技协作】 深化院区农业科技合作，在省农业科学院泰兴基地，建设现代农业创新创业孵化基地和建立科技沙龙制度，在泰兴镇宏亮农机合作社开展优质高效水稻新品种展示示范，为规模粮食种植户提供品种选择。以“玉稻菜”为主的甜糯玉米粮经复合模式，在成都平原稻作区对于茬口衔接、结构性调整、绿色生产(水旱轮作)方面有其独特优势，有利于推进整村制粮经复合高效现代农业发展。　（王俊波　王　强）

农业质量安全

【农产品质量安全监管】 持续深化国家农产品质量安全区和四川省农产品质量安全监管示范区工作，全区农产品质量安全工作进入常态化监管模式。开展农业标准化生产，宣传科学使用农业投入品，执行农药的安全间隔期和兽药的休药期，推行绿色防控和测土配方施肥工作。各农产品生产经营主体(专业合作社、大户)配备了农产品质量安全人员，签订《农产品质量安全责任书》《农产品质量安全承诺书》，带动面90%。发布病虫害信息12期，电视报道12期、短信2000条。拍摄农事天地20期。建成村级农产品检测站61个和基地农产品检测室14个，村级协管员(183人)和镇农质员(22人)上传移动监管信息3170条，上传农产品检测信息3800条。举行新都区绿色农业暨检测室开放日活动。11月2日，新都区接受四川省农产品质量安全监管示范区资格复审并合格。

【农产品生产基地及认证产品】 全区共有种植业生产经营主体及种植大户223家，种植面积5.10万亩。无公害农产品4个，面积37.2万亩；绿色食品产品12个，面积4.1万亩；有机产品60个，面积0.88万亩；国家地理标志农产品2个。兑现“三品一标”创建奖励资金130万元。投资35万元、占地80平方米的新都农业公共品牌“蠡都味”实体店二店在新都区中央商务区一楼正式开业，30家区内农产品生产企业入驻其中。开展“新都造”专销活动，建立“蠡都味”农产品网络电商平台，在线交易户30家。强化证后监管，开展“三品一标”专项检查7次。

【农产品质量检测】 全年农产品快速检测样本101328头(份)，合格101322头(份)，合格率98%。与区市场和质量监管局联合发文开展委托检验，完成各市场监管所委托检测农产品3200个，合格率100%。建成新都检测中心和新繁检测中心，投入540万元，投入检测经费86万元，完成项目审计和项目验收工作。 （王俊波　王　强）

种植业

【概况】 2017年，种植业总产值28.16亿元，比上年增长9.5%。粮食播种39.98万亩，总产量19.33万吨，其中水稻27.16万亩，总产量15.16万吨；小麦8.68万亩，总产量2.89万吨。杂粮(玉米、红苕、豆类、马铃薯)1.66万亩，总产量0.57万吨。经济作物播种13.62万亩，总产量19.25万吨，其中油菜10.62万亩，总产量1.73万吨。蔬菜13.72万亩，总产量30.09万吨。瓜类总产量1.22万吨，花卉产量1.41万支，观赏苗木33.7万盆(株)。

【农业龙头企业】 全区有农业产业化经营组织469家，其中有6家(泡菜加工企业)提档升级，规模较上年均提高15%。培育全省同行业龙头企业(国酿、北峰、达利、盈宇)4家。全区有国家级重点龙头企业1家、省级重点龙头企业11家、市级重点龙头企业30家(新增1家)。获得四川省著名商标企业3家、获得HACCP食品安全管理体系认证企业3家。

【农村专合组织和家庭农场】 2017年底，农民专业合作社261个，其中国家级示范社2个，省级示范社14个，市级示范社13个，区级示范社27个。合作社拥有注册商标14个，获得质量认证58个，其中无公害48个，绿色认证2个，有机认证8个。合作社拥有成员66005户，联系带动农户37937户，带动面83.8%。全年销售收入10.66亿元。

家庭农场79家，其中省级示范家庭农场4家，市级13家，区级10家。家庭农场劳动力550人，其中家庭成员252人，常年雇工298人；经营耕地面积6817.5亩，其中流转期限5年以上的6728.2亩。家庭农场经营收入6230万元。

【农业项目招引和建设】 新引进项目10个，总投资3.38亿元。其中投资3000万元以上的项目7个，包括顺锦花卉园、禾淦香城竹韵等项目。在第五届成都国际都市现代农业博览会上，总投资6000万元的顺锦花卉园项目参加2017年“成都+‘一带一路’”农业推介活动成功签约。全区实施区级重点农业项目20个，其中续建项目7个，新开工项目13个，总投资10.29亿元，年度计划投资5.923亿元，全年完成投资6.097亿元。其中“辰希缘”生态农业园一期、恒丰蓝莓园、绿湾生态农业、南三农业创业园、爱吾生态源4个续建项目和艺之蓝养生花卉种植繁育基地、和淦·香城竹韵等新开工项目已建成并投用。

【土地规模化经营和农村改革】 完成土地承包经营权证书信息变更登记1160件次。全区累计流转耕地面积31.32万亩，新增规模流转面积2112亩，规模化率80%。办理“农村土地经营权证”221宗，办理“农村土地经营权证”抵押贷款4宗、249万元，办理“农业设施所有权证”抵押贷款1宗、40万元。下发《成都市新都区人民政府办公室关于进一步加强农村土地流转管理工作的意见》，对农村土地流转准入制度进行规范，对违反农村土地法规、政策的行为建立通报制度。下发《成都市新都区开展农村土地经营权流转履约保证保险业务方案的通知》，全面推进土地流转履约保证保险业务工作，进一步完善土地流转风险防范机制。下发《关于建立农村土地流转风险防范机制的实施意见》，就如何防范农村土地流转中的风范及采取的措施提出具体要求。推进“农贷通”建设工作，11个镇级服务中心及172个村级中心服务站开始运行。基本完成新民镇天星村、斑竹园镇竹友社区等13个农村集体资产股份化改革试点工作，建立农村集体资产管理、经营、利益联系机制。

【农业惠农政策】 核实兑付农业保持补贴资金2704.68万元。巩固开展传统农业保险9个：水稻、玉米、小麦、油菜、商品猪、能繁母猪、奶牛、生猪价格指数、森林，特色农业保险10个：食用菌、水产养殖、猕猴桃、农机农业、蔬菜、水果、农村居民住房、小家畜禽、蔬菜价格指数、生猪价格指数，农业政策性保险共计19个。中国人保新都公司、锦泰保险新都公司、安盟保险新都公司等承保公司对全区受灾种养业和水产业兑付理赔款453万元。落实土地流转奖励扶持资金457.77万元。农村土地经营权流转履约保证保险已缴保费54万元，投保面积2.27万亩，全区申报“一事一议”财政奖补项目7个，总投资523.62万元，申请财政奖补资金345.42万元(其中省级172.71万元、市级69.08万元、区级103.63万元)，整合资金5.50万元。

【农业行政执法】 以春秋两季农资打假，禁渔期禁渔执法行动及渔政专项执法，绿剑护农行动，农药兽药专项整治，禁限用农业投入品专项整治，农产品质量安全执法监管，露天焚烧秸秆产生烟尘污染等开展专项行动。农资日常执法检查400余次，及时处理涉农投诉25起。检查农资门市700个次，农资生产厂家30家次，农产品基地30个次。查办结案12个，没收过期农资产品0.2吨，处罚现金2.5万元。设点宣传农业相关法律法规5次，印发宣传资料0.60万份，涵盖人数2600人次。

(王俊波　王　强)

畜牧水产业

【概况】 2017年，肉类总产量2.02万吨，出栏生猪18.58万头，出栏牛248头，出栏羊655只，出栏兔25.83万只，出栏禽407.84万只，禽蛋产量1.21万吨，奶产量1.07万吨。

【畜禽标准化规模生产】 完成优胜猪业省级畜禽标准化示范场复核工作。完成新都鸣耀禽业蛋鸡场、新华猪业省级畜禽标准化示范场，胜可家庭农场市级畜禽标准化示范场创建工作。全区畜禽标准化示范场6个，其中部级1个(牧星)，省级4个(高祖、新华、鸣耀、优胜)，市级1个(胜可)。完成高祖养殖场市级畜禽标准化规模场设施设备提档升级项目验收工作，总投入155.14万元，其中申请市级财政以奖代补资金45万元，业主自筹资金110.14万元。

【动物防疫检疫】 全区常年存栏生猪保持在5.25万头，免疫(包括加强免疫)猪口蹄疫、免疫猪瘟、免疫猪高致病性蓝耳病各11.56万头/次，占应免数的100%。存栏羊702只，羊小反刍兽疫免疫702头/次。存栏家禽80.80万羽，免疫高致病性禽流感80.80万羽/次，占应免数的100%。免疫犬55855只，城区免疫率99.9%，农村免疫率95.8%。使用专用消毒药12吨，消毒76.5万平方米，消毒面积100%。采集猪、鸡的血清样本1024份，分别对口蹄疫、猪高致病性蓝耳病、猪瘟、禽流感进行免疫效果评价和测定。

【生猪屠宰管理】 生猪屠宰检疫110万头，检疫申报率100%，受理率100%。屠宰检疫开展面100%。与区内两个生猪屠宰厂签订“屠宰检疫工作管理目标任书”和“瘦肉精自检责任书”，派驻两个检疫组实施24小时驻厂检疫管理，监管率100%。进入屠宰厂的生猪耳标佩戴率100%。生猪养殖场开展“瘦肉精”检测2023头(次)，屠宰厂环节实施“瘦肉精”尿检51205(次)，检测结果全部为阴性。屠宰厂年屠宰检疫生猪110万头，生猪入厂前产地检疫证回收率100%，产品出证率和规范率100%。

【政策性养殖保险】 全年农业保险培训353人次，稻田综合种养及渔业安全生产培训212人次。全区水产承保381亩，水产保费16.53万元，理赔18件、13.2万元；小家禽承保65.1万羽，保费96.53万元，理赔94件、63.53万元；生猪保险，母猪投保2052头，农户自缴2.46万元，理赔147件、15万元；育肥猪投保49330头，总保费138万元，农户自缴27万元，理赔1614件、124万元。生猪价格指数1户，保额8.8万元。

【养殖污染综合治理】 根据相关镇（街道）养殖污水直排问题整改进度，对新增、复养、扩养加强监管，对已建设养殖污染治理设施而未正常运行的养殖场及时处理。全区禁养区关闭养殖场（户）41家，适养区养殖场治理合格129家。接到畜禽养殖污染信访件47件，并现场核查处理。协助处理中央环保督查交办件1起，发出督办通知54期。

【兽药与饲料监管】 全区兽药生产GMP认证企业3家、兽药GSP经营企业22家；饲料和饲料添加剂生产企业9家，饲料经营企业26家。开展兽药、饲料专项整治活动19次，未发生重大兽药饲料质量安全事故。

【养蜂业】 养殖蜂户547户，养殖西蜂3.62万群、中蜂3.74万群。产蜂蜜238.48吨、蜂王浆13.3吨、蜂花粉296吨、蜂胶0.35吨。在全区大面积推广应用大棚草莓、番茄、黄瓜等农作物蜜蜂授粉技术试验示范，开展“意蜂转地放蜂路线技术培训”，受到省市重视与好评。

【水产养殖】 水产品产量2570吨，比上年增加250吨。渔业生产产值3870万元，渔业总产值9180万元。开展“白碾渔村”等稻田养鱼基地建设项目23个，完成稻田综合种养面积8000余亩。养殖黄辣丁、鲫鱼、裸斑等鱼类，生产鱼600吨，全年增产3452万元。

对渔场的水产投入品（鱼药、鱼饲料等）、索票索证情况和生产记录进行监督、检查，未发现养殖户有购买和使用违禁药品、不合格饲料情况。

【禁渔期及水生野生动物保护】 在禁渔期间，印发禁渔通告和宣传单1000余份，对清白江、毗河、农贸市场、鱼类餐馆等场所开展检查32次，开展夜间巡查12次。劝阻非法游钓人员62人次，处理野生鱼举报事件5起。对天然水域、涉鱼餐馆进行执法检查，加强水生野生动物经营管理，保护水生野生动物资源。新办及年审水生野生动物经营利用许可证、水生野生动物驯养繁殖许可证共12本。

（王俊波　王　强）

农业机械

【概况】 2017年，全区拥有农机总动力27.7万千瓦，各种农机具19.4万台件，农业机械原值1.76亿元。主要农业机械：各类拖拉机2615台（其中大中型拖拉机1639台），配套农具2200台（套），联合收割机328台、插秧机294台、秸秆粉碎还田机565台，农副产品加工机械2460台（套），机电提灌机械970台（套）。主要农机作业：机耕51万亩，机播33.5万亩，机收42.5万亩，机械化秸秆还田10.6万亩，农机化作业总收入4.5亿元。全区主要农作物耕播收机械化水平84.71%。

【农机服务体系】 全区农机生产企业6家，农机维修网点19个，农机销售网点4个，各类农机从业人员5500人。采取政策、资金倾斜，技术、信息服务等措施引导扶持农机专合社发展，新成立6家，全区农机专业合作社21家，社员311户，从业人员442人。有各型农机具1034台（套），资产总额5014.5万元，作业服务面积29万亩。新都宏亮农机合作社被农业部评为国家级示范社。

【农机科技】 推进机插秧技术，以稻松、丰收、宏亮、保丰等农机合作社为水稻育插秧作业主体，以农机购置补贴政策为契机，集中连片推进水稻育插秧技术。争取到市级农机化试验项目资金，分别在新民稻松农机合作社和斑竹园丰收农机合作社开展水稻机械化直播试验。示范推广油菜播种机和收割机，以农机合作社为作业主体，在新都、新繁、清流等镇（街道）开展油菜生产全程机械化示范推广，并引导跨区作业的外地机具参与油菜机械化收割作业。推广机械化秸秆粉碎还田技术，继续实行“购机”和“作业”双补贴，在原有基础上，整村连片实施机械粉碎还田的，每亩再补贴50元，全区机械化秸秆粉碎还田8万亩。开展蔬菜机械化生产试验示范，争取到市上蔬菜机械化生产试验示范项目，落实试验示范资金 40 万元，分别由建利蔬菜合作社和宏亮农机合作社在军屯镇和泰兴镇实施。继续开展高效植保和粮食烘干机械的引进示范推广，加大对新型高效植保和粮食烘干机械的补贴力度。

【农机技术培训】 利用农机校及各类现场会等形式，对全区拖拉机驾驶员、联合收割机手、机动插秧机操作手、农机从业人员进行机插秧、油菜机械化收获播种、高效植保、粮食烘干等技术培训。全年培训各类农机技术人员 1000 余人次。

【跨区作业】 为参加跨区作业的机手办理 2017 年联合收割机跨区作业证 39 份，组织新都地区收割机到西昌、眉山、陕西、浙江等地参加跨区作业，机收小麦、水稻 5 万余亩。引进省内外高性能联合收割机 200 余台次，到新都区收稻麦 9 万余亩。

【农机安全】 与各镇(街道)农业综合站、农机企业、农机合作社签订 2017 年农机安全责任书，培训驾驶(操作)人员 600 人次。定期检查和不定期检查相结合，重点加强大小春农机作业的安全检查。严把拖拉机准入关、检验关、驾驶人办证关和档案管理关，检验道路运输拖拉机 597 台。对辖区内的变型拖拉机进行调查统计，统计信息与政务服务中心进行分类处理，省内号牌通过“四川省农机监理”业务办理系统进行比对甄别，省外号牌向号牌核发地农机监理机构发送协查函件和电话询查。与区公安交警部门配合，开展联合执法行动，查处变型拖拉机路面违法行为。

【农机工业】 区内农机工业产品涵盖拖拉机、烘干机、水泵、微耕机等，拥有以川龙拖拉机制造有限公司为代表的农机生产企业 6 家，总产值 10 亿元。四川现代农机产业园建设引入项目 19 个，规划净地 1136.6 亩，计划总投资 50.2 亿元。川龙、孵化园、俊马、蕙紫晨、文阳、钢联建、科腾、森宁 8 个项目竣工，中国农机(成都)国际展示交易中心、吉峰全球运营总部、省农机研究院、省农机鉴定站 4 个项目一期工程竣工，园区累计完成投资 21.5 亿元。

【农机购机补贴】 重点补贴科技含量高和适应现代农业发展的农业机械，如水稻插秧机、粮食烘干机、高效植保机等。全年完成中央购置补贴 344.68 万元、市级补贴 142 万元、区级累加补贴 90 万元。引导农户投入 800 万元，新增各类农机具 269 台套。

（王俊波　王　强）

林业园林

【概况】 2017 年，管护国有林 600 亩、公益林 15 亩，加强对已建成的 2000 亩龙泉山脉生态植被恢复林的管护。义务植树 119.6 万株(含管护)。成立新型经营主体 31 家(专业合作社 17 家、森林人家 3 家、家庭林场 2 家、林业职业经理人 9 家)。规划建设大熊猫国际旅游目的地。在木兰山种植芙蓉花树 2.40 万株，建设面积 600 亩。新增森林面积 50 亩，新增森林蓄积 300 立方米，森林覆盖率 20.59%。年森林采伐限额指标控制在 381 立方米以内。查处林业行政案件 5 件，对区内 273 家木竹材经营加工企业进行实地检查和随机抽查。查处破坏野生动物案件 10 起，野生动物救助 6 起，救护野生动物 41 头(只)。

【义务植树】 “3·12”义务植树节，全区设置宣传点 14 个，发放宣传资料 3000 余份，发放林业宣传环保袋 1000 个，有关义务植树的电视新闻宣传 5 次，书写标语 200 幅。省、市、区党政军领导在香城生态湿地开展主题为“坚持绿色发展，建设美丽四川”的义务植树活动，规划 56 亩，种植桂花、银杏、红豆杉、芙蓉、香樟 350 株。区“四大班子”领导、全区机关事业单位分别在斑竹园镇万石桥生态公园、马家镇双龙村村道、清流镇、新民镇开展春季义务植树活动，种植桂花、银杏、香樟、紫薇、杨树、柳树等 1 万余株。13 个镇(街道)种植紫薇、香樟、银杏等 1.6 万株。新都区道德模范·新都好人、志愿者代表、最美家庭、三八红旗手、团员青年在新都泥巴沱建立“党员示范林”“劳模林”“好人林”“共青林”“三八纪念林”等基地。

【天保工程管护】 编制完成《新都区 2017 年天然林资源保护工程森林管护作业设计》，对各管护片的实施情况进行全面检查，确保天保工程森林管护工作落到实处。

【野保工作】 利用各种媒体开展“爱鸟周”“湿地日”“保护月”等宣传活动，确保候鸟迁徙和湿地安全。新办四川省陆生野生动物驯养繁殖许可证、四川省野生动物及其产品经营利用批复各1份。加强对宠物鸟、野生禽鸟的检查和管理,做好重点区域排查巡护,发现鸟类不正常死亡等现象及时取样送检,并及时向防控指挥部报告。对市场、农家乐等餐饮经营单位开展野保执法检查6次,查处破坏野生动物案件10起,接书记信箱、区长信箱及转交的野生动物救助6起,救护野生动物41头(只)。

【行业服务】 在新都政务服务中心和家具园区免费开展办证服务。四川省木竹材经营加工许可证办理截至9月份。木竹材运输许可证在家具园区办证点实行24小时办证服务。在大丰街道、新繁镇、石板滩镇、新都街道、新民镇开展林木种子生产、林木种子经营、产地检疫、木材经营、木材加工五类事项服务。

【新农村绿色家园建设】 在三河街道花园社区建成新农村绿色家园1个,占地60亩,建筑面积1万平方米,能容纳1286户,绿地1.20万平方米,绿地率30%,栽植桂花、银杏等苗木,苗木成活率95%。

【森林资源管理】 依法办理采伐许可证2份,采伐蓄积4.66立方米。完成净增100亩森林面积核查工作。

【森林病虫害防治】 对区内80家30亩以上苗圃和500家木材家具企业上门检疫,检疫合格者签发产地检疫合格证。办理苗木产地检疫合格证153份,苗木产地检疫率100%,签发检疫证书4700份。开展松材线虫病春季普查工作和摩托车等产品使用松木包装材料单位检疫登记。加强对区内7家松木企业和电力、邮政、广电松木电缆盘使用情况的监管。

【林权制度改革】 全区颁发成都市经济林木(果)权证31本、31宗,颁证面积10045.10亩。建成森塘农业、芳华园、沁彩苑农家乐、四川茗铂(森林人家)、花朝间(森林人家)、千村百味休闲庄等专业合作社20余家。成都市爱吾源生态农业有限公司、成都市锦瑞雪园林绿化有限公司、廖胖娃家庭农场和成都方华园农业专业合作社融资贷款2000万元。

【古树名木保护工作】 聘请专业设计公司对全区100年以上的古树名木进行调查,建立二维码管理系统,进入调试阶段。对460株名木古树开展常规保护管理,重点对新繁镇石云村红道寺楠木林古树群进行修复复壮。

【林地变更调查工作】 为贯彻落实《全国林地保护利用规划纲要(2010—2020年)》《四川省林地保护利用规划(2010—2020年)》《新都区林地保护利用规划(2010—2020年)》,2017年3月,按时完成林地年度变更调查任务,提交年度变更成果报告,实施林地变更调查常态化管理。 (王俊波 王 强)

水 务

【概况】 区水务局内设办公室、河长制办公室、规划建管科、水资源科(挂成都市新都区节约用水管理办公室牌子)、防汛抗旱科(挂成都市新都区政府防汛抗旱指挥部办公室牌子)、供排水管理科、水利水保科、水环境治理科、计划财务科、政工人事科(挂机关党委办公室牌子)等10个科室及纪检监察室。下属区水务综合监察执法大队、区抗旱服务队、区供水总站、区自来水公司及基层水务片站7个(新都、新繁、斑竹园、龙桥、泰兴、木兰、军屯水务片站)。

【水利建设】 2017年,投入7969.21万元,重点实施生态渠系建设、节水渠道改造和高效节水灌溉建设。完成马家镇、斑竹园镇高端经济作物示范基地农田水利设施综合配套工程和新民镇高标准农田水利设施综合配套工程,整治渠道167.3公里,改善灌溉面积5.11万亩。农业灌溉水有效利用系数0.568。

【水政执法】 立案查处水事案件14件,处罚26.6万元,追缴水资源费29.75万元,纠正违法行为19起,结案率100%。专项整治砂石场,依法关停砂石场51家,还耕308.11亩,平整场地540.2亩。

【防汛抗旱】 修订《2017年新都区防汛预案》。调整防汛指挥机构,形成以行政首长负责制为核心,属地负责、分级负责、部门负责、技术负责、岗位负责的防汛责任体系。疏浚大河和沟渠357公里,清掏雨污管网373公里,拆除行洪障碍11处。19处重点防汛点位监控系统投入使用。储备应急抢险物资价值1000多万元，组建防汛应急抢险队伍328支(其中水、电、气、交通等专业抢险队伍7支)，落实各类机械、车辆352台。全年召开防汛调度会59次，开展防汛综合演练5次、防汛拉网大检查15次,发布防汛预警信息42次。

5月26日，新都区召开“河长制”管理工作培训会

【水资源管理】 2017年,新都用水总量市控目标值4.92亿立方米。全区实际用水总量3.72亿立方米(地下水0.11亿立方米)。其中,生产用水3.12亿立方米,生活用水0.55亿立方米,生态用水0.05亿立方米。严格控制地下水取水审批,在城市公共供水管网覆盖范围内,不再批准新建自备水源。推进水资源在线监控能力建设,已建成国控取水户水量监测点位2处、地下水监测点位10处(其中,水位监测点位9处,流量监测点位1处)。

【水环境治理】 投资2860万元,完成军屯镇五灵村和龙桥镇山水村农村污水综合治理试点项目。投资1864.28万元,完成老锦水河生态整治工程,修复河岸12.74公里,建设滨水生态绿地10公顷。完成凤凰河二沟黑臭水体治理项目。对毗河、清白江、东风渠、锦水河、杨柳堰分干渠、17条支渠、122条斗渠、13条重要排水沟实行网格化管理,专业化管护。

【污水处理项目建设】 完成金海、工业东区、马家、木兰、石板滩等5座污水处理厂扩建工程,扩建规模分别为2.5万立方米/天、1.5万立方米/天、0.1万立方米/天、0.4万立方米/天、0.3万立方米/天,出水标准一级A标。

【毗河整治】 引进社会资本，启动新都区毗河流域水环境综合整治PPP项目。项目总投资46.66亿元,建设内容包括截污治污、内源治理、生态修复、景观提升、应急管理,分三年实施。2017年4月26日,区毗河流域水环境综合整治指挥部和办公室正式成立。11月15日,PPP项目正式签约。12月16日,PPP项目准经营性SPV公司（成都香城中水水环境治理有限公司)组建完成。12月12日,四川省2017年第四季度重大项目暨污染防治“三大战役”重大项目集中开工,副省长杨洪波在新都区毗河分会场发表讲话。

【“河长制”工作】 2017年1月10日,区委、区政府联合发文《关于实行河长制管理工作的意见》。4月,建立区、镇(街道)、村(社区)三级“河长”体系。区委书记、区长担任“总河长”,区级“河长”(区级领导担任)15人,镇级“总河长”26人,镇级“河长”121人,村(社区)级“河长”510人。建立总河道“警长”领导下的二级河道“警长”管理体系,设置区级河道“警长”2人、二级河道“警长”15人。印发《关于进一步深化河长制管理工作的实施意见》和《成都市新都区全面实行河长制管理工作方案》,配套出台会议制度、信息通报制度、巡查督办制度、考核办法等管理制度。设置“河长”公示牌1127个(区级“河长”公示牌354个,镇级“河长”公示牌773个)。全年区级“河长”进行河道巡查、工作调研78次,镇级“河长”巡河3711次,村(社)级“河长”巡河40628次,区级河道“警长”巡查河道9次、二级河道“警长”巡查河道559次;各镇(街道)召开各种推进会159次，巡河过程中发现问题1604起,处理完成1476起,问题处理率92%。

(贯　超)

气象监测

【概况】 区气象局属成都市气象局和区人民政府双重领导,承担新都区天气预报预警、气象服务、气候评价、地面气象资料收集、人工影响天气、防雷减灾和升空气球的安全管理工作。内设机构有办公室、防灾减灾科,直属事业单位有气象台、环境生态气象中心,归口管理区人工影响天气办公室和区防雷中心。

【气候概况】 2017年,全区年平均气温17.4℃,较历年同期平均气温16.4℃偏高1.0℃。年内极端最高气温36.7℃,出现在7月28日,较历年极端最高气温38.2℃偏低1.5℃;年内极端最低气温0.4℃,出现在12月19日,较历年极端最低气温-5.4℃偏高5.8℃。

全区总降水量615.9毫米,与历年平均812.8毫米相比偏少24%。2016年12月至2017年2月,出现一般性冬旱;3月1日至4月2日,出现一般性春旱;5月1日至6月3日,出现严重夏旱,未出现伏旱。未出现区域性暴雨天气过程。9月中旬,秋绵雨气候特征明显。

日照时数为1020.0小时,与历年平均1073.2小时相比偏少5%。

【气候特点】 2017年,平均气温偏高,降水偏少,日照略偏少,降水分布不均,高温日数多,旱重于涝。出现一般性冬旱、一般性春旱和严重夏旱,初秋连阴雨气候特征明显。

【气象灾害】 2017年,新都区出现的气象灾害主要有雷雨大风、干旱。

雷雨大风 7月13日、7月16日,部分地区出现明显的强对流天气过程,局部地区出现7级以上阵性大风,但无明显灾害发生。

干旱灾害 2016年12月至2017年2月,出现一般性冬旱,3月1日到4月2日,出现一般性春旱,5月1日到6月3日,出现严重夏旱。春旱、夏旱对农作物生产影响不大,光、热条件能满足作物需求。

【气象服务】 先后为“一带一路”国家形象与城市品牌论坛暨新都“升庵文化城市品牌与文化产业发展”“2017年四川省重大招商引资项目集中开工暨安博新都国际物流港项目开工”等重大活动提供气象保障服务。

通过电视天气预报栏目、香城新都网、新都党政网及微信微博等新媒体发布各类气象信息。制作发布短信120万余条,微博、微信近1000条;接受电视台记者采访20人次;电话咨询160余人次。

【人工影响天气】 按照《“生态护城”治理雾霾科技增雨降尘行动工作方案》,做好重污染天气应急人工增雨保障工作,抓住可能的降水天气过程,开展地面和空中结合的立体式增雨作业,最大限度地增加降雨量。严重夏旱期间,及时抓住有利天气,组织作业,消雹增雨,为农服务。

【防雷减灾】 对全区范围内油(气)库,加油加气站,烟花爆竹等易燃易爆和火灾危险场所,学校、医院等人员密集场所,危险化学品生产和存储场所等重点单位进行防雷安全督查,对存在的防雷安全隐患进行排查并提出整改意见。利用“3·23”世界气象日、“5·12”防灾减灾日、普法宣传月、科技“三下乡”等活动,设置法律咨询台,印发宣传材料,制作宣传版面,发放《防雷知识》和其他宣传材料1.5万份、环保购物袋5000余个。

【气象业务现代化建设】 贯彻落实《成都市新都区全面推进气象现代化工作实施方案》,统筹推进落实气象现代化目标任务,与区目督办联合下达2017年全面推进气象现代化工作专项目标考核任务,建成新都区气象监测预警中心并投入使用。在重要交通道路建设大气雾霾监测站2个,建设易淹易涝区域城区内涝两要素监测站2个。

【依法行政】 按照《中华人民共和国气象法》《四川省〈中华人民共和国气象法〉实施办法》赋予社会管理职能,严格执法程序,明确执法责任,完善执法制度,实行过错责任追究,进一步规范部门行政执法工作。组织开展法律知识培训、执法现场培训,不断提高执法水平和能力。对拒绝防雷检测、违规施放系留气球、违法发布气象信息等违法行为及时进行行政执法。

(郑　俊　叶如辉)

工业·建筑房地产业

工业综述

【概况】 11月8日,区经济科技投资促进和信息化局更名为区经济科技和信息化局(简称区经信局),原区经信投促局承担的牵头推进全区对外开放、投资促进和服务工作相关职责转到区投促中心。撤销原经信投促局内设机构投资促进项目管理科、农业投资促进科、工业投资促进科、服务业投资促进科、外资服务科5个科室,并撤销区信息化技术应用发展中心。区经信局内设机构12个:办公室、政策法规科、工业运行科(挂成都市新都区民营经济领导小组办公室牌子)、工业投资科、行业管理和安全生产科、能源管理科、环境和资源利用科、科技创新与成果转化科(挂成都市新都区科技工作领导小组办公室牌子)、知识产权科、信息化建设科(挂无线电管理科牌子)、新经济工作科、财务人事科。机关配备行政编制26人。所属公益一类正科级事业单位1个,即中国成都(家居鞋业)知识产权快速维权中心。

2017年,全区工业涵盖轨道交通、航空、能源装备、机子信息、食品、医药、家具、包装印刷、化工、建材等20余个行业,年销售收入2000万元以上的规模工业企业340家。新都工业依托成发集团、624所、泛华航空等的科技资源、品牌优势和产业基础,形成航空发动机产业园、轨道交通产业园"双园共兴",不断优化发展能源装备、汽车(新能源汽车)、生物、医药食品等优势产业,工业经济平稳增长。

【工业集中发展】 工业东区和工业西区,重点发展精密机械制造、商用车整车及关键零部件制造、石油钻采设备制造、医疗器械产品制造。石板滩镇工业集中发展区(新都高新技术产业园)主要包括中车成都轨道交通产业园、军民融合航空产业园,是未来新都工业发展空间的主要拓展区域。物流园区正建成以公路港、电子商务物流、高端城际城市配送、物流总部经济等功能为核心的产业转型升级的示范标杆。有标准仓储109万平方米,配套设备齐全。现代商贸产业新城规划总面积26平方公里,起步区约7平方公里,涉及皮革、汽车、化妆品、家电、茶叶等10余类产品。园区累计完成固定资产投资207.37亿元,完成区级重点项目投资169.4亿元,商品交易额154.28亿元,税收12.07亿元,接待游客1500万人次。

【运行态势】 全区规模以上工业总产值911.7亿元,比上年(下同)增长17.2%;规模以上工业增加值增速9.0%;规模以上主营业务收入891.6亿元,增长17.7%;利润54.4亿元,增长12.4%;入库税金18.5亿元,增长11.1%。汽车及汽车零部件产值116.2亿元,增长59.5%。食品工业总产值84.9亿元,增长2.3%。医药规模工业总产值65.3亿元,增长14.6%。电子工业总产值19.51亿元。

【企业融资】 开展"壮大贷"项目试点,并与市经委、银行、担保公司签订四方协议,成立6000万元的风险资金池,对接银行及担保公司,定期交流企业情况,召开银企对接会。为企业融资牵线搭桥,落实"壮大贷"贷款2.47亿元。

【企业培训】 举办培训11期,培训1319人次。内容包括:劳动法和劳动合同法解读、企业内部创业创新、经济形势下的企业战略、安全生产及职业病防治。

【工业投资】 全区工业投资173.3亿元,技术改造投资130.7亿元;列入1亿元以上的重大工业项目25个,计划总投资30亿元,实际投资49.9亿元。其中竣工投产项目14个,投资24.9亿元;加快建设项目4个,投资6.8亿元;促进开工项目7个,投资18.2亿元。

【节能技改】 实施节能技术改造7家,淘汰落后产能企业4家。通过清洁生产审核3家,完成全区燃煤锅炉淘汰或清洁能源改造206台。累计节能量 1.81 万吨标煤，减排二氧化硫 94.57 吨、粉尘 3.76 吨、有机废气 8.42 吨、挥发性有机物 8.46 吨，减少煤炭消耗 6.15 万吨。新增省级企业技术中心 6 家、市级企业技术中心 5 家，总数 77 家。

【扶持地方名优产品】 继续加大对名优产品的扶持力度，从政策层面帮助企业拓展市场。2017 年，全区进入“成都市名优产品推荐目录”的企业有 71 家。

【民营经济】 全区民营经济增加值 459.3 亿元，增长 9.0%，占 GDP 比重为 63.6%，较上年提高 0.3 个百分点，对 GDP 的贡献率为 64.4%。（李　乔）

机械工业

【概况】 机械工业是成都市工业布局规划中优先鼓励发展的全区主导支柱产业。2017 年，年销售收入 2000 万元以上规模企业 119 家。产品涉及城际地铁车辆整车、轨道交通客运装备关键零部件、航空发动机零部件、中重型卡车、小型拖拉机、发动机缸体、量刃具、基础件、压力容器、石油钻井专用设备等 200 多个类别数千种产品。新都机电装备产业具有国内外先进水平的加工中心，中重型卡车、轮式拖拉机等机械主机及配件的生产企业，拥有中车成都公司、中航发成发公司、一汽解放汽车有限公司成都分公司、成都量刃具公司、成都工具研究所、成都银河动力股份有限公司、中汽成都配件公司、成都正恒动力配件有限公司等机械类龙头企业。

【行业发展】 行业内规模以上工业总产值 328.9 亿元，增长 27.1%；入库税金 4.8 亿元，增长 13.1%。汽车及汽车零部件产值 116.2 亿元，比上年增长 59.5%。中车成都公司产值 17.4 亿元，比上年增长 18.2%；成发集团销售收入 22 亿元，被列入成都市首批大企业大集团培育名单。一汽解放汽车有限公司成都分公司是一家生产“解放”牌中重型卡车的生产企业，具备月单班生产二类车 1000 辆、月改装车 500 辆的能力，年产值 49.5 亿元，比上年增长 233.8%。中汽配的凸轮轴生产规模全国第一，市场占有率 20%。“红石”牌气缸套、铝活塞，“川”牌量具、刃具获中国名牌产品称号。“川龙”牌拖拉机生产规模西部第一。成量“川”牌量具刃具 6 种产品获国家金质奖、银质奖，数控孔加工刀具为中国名牌产品，绝大部分产品获部、省优质产品称号。产品畅销全国 30 多个省、市、自治区，远销美国、欧洲、日本等 20 多个国家和地区。成都工具研究所是工具行业重要的科研机构，是中国金属切削刀具技术协会、中国工具工业协会理事长单位。国家精密工具工程技术研究中心依托该所而建。

【骨干企业】 中车成都机车车辆有限公司、中国航发成都发动机有限公司、一汽解放汽车有限公司成都分公司、成都量刃具集团公司、成都银河动力股份有限公司、中汽成都配件有限公司、成都工具研究所有限公司、成都正恒动力配件有限公司、成都宝钢制罐有限公司、成都成缸液压设备制造有限公司、四川川龙拖拉机制造有限公司、成都青特车桥有限公司。（马　强）

食品工业

【概况】 全区有食品工业企业 300 余家，其中规模以上企业 40 家，2017 年总产值 84.9 亿元，比上年增长 2.3%，税收 5.2 亿元。著名品牌有雪花啤酒，可口可乐饮料，达利园、好吃点、可比克、和其正系列饼干、面包、饮料，新繁泡菜，瑞玉大米，盈棚调味品等。

【行业发展】 以达利、可口可乐、华润雪花为代表的食品工业企业不断加强自主创新能力建设，改造和淘汰落后生产线，确保每一条新建的生产线实现自动化、智能化。达利食品集团用于生产技术改进和工艺革新的资金占销售总额的 3%以上。可口可乐分公司是其在中国的第二大投资项目，是西南地区最大的饮料罐装厂，拥有两条世界先进的注塑生产线和一条生产能力为 4.2 万瓶/小时的可口可乐系列饮料生产线。华润雪花啤酒（四川）有限责任公司实现以雪花炫彩、雪花纯生、雪花特纯、雪花勇闯天涯、精制雪花为主的高、中、低档优势互补的产品结构体系，辐射重庆、云南、贵州、西藏、陕西、甘肃等地市场。

【骨干企业】 华润雪花啤酒（四川）有限责任公司、可口可乐（四川）饮料有限公司、成都达利食品有限公司、四川老川东食品有限公司、成都国酿食品股份有限公司、成都香贝儿食品有限公司。

（张西贝）

医药工业

【概况】 2017年,规模以上企业13家,规模以上工业总产值65.3亿元,比上年增长14.6%;入库税收4.8亿元,增长47.8%。主要产品有大输液、中成药、胶囊、制剂、粉针剂、片剂、颗粒剂、药品包装及保健器械等300余个,加工药材品种1000余个。

【行业发展】 行业龙头科伦药业产品涵盖普通电解质输液、治疗性输液、营养性输液三大类型,年生产能力10亿瓶以上。公司拥有博士后科研工作站、国家企业技术中心、国家大容量工程技术研究中心。“科伦”商标为中国驰名商标。科伦药业研发的双室袋于2017年5月获得GMP证书并在新都投产,是国内首家双室袋产品,符合临床上安全、迅速、方便的输液治疗要求。同仁堂健康药业等一批企业正加快技术改造和市场开拓,推动医药企业转型升级、提质增效。

【骨干企业】 四川科伦药业股份有限公司、北京同仁堂(四川)健康药业有限公司、四川中庸药业有限公司、四川千方中药饮片有限公司等。

(张西贝)

电子工业

【概况】 主要产品有金属陶瓷电真空器件、电子整机、高低压成套配电装置、开关电器、片状电阻器、电位器、安全电子技术产品、传感器、光纤通讯电缆等130多种。销售收入2000万元以上的规模企业16家,总产值19.51亿元,规模以上工业入库税金5614.9万元(不含中电锦江、旭光电子、永星电子数据)。

【行业发展】 成都中电锦江信息产业有限公司主营业务分布在预警探测、气象水文、电子侦察三大领域。成都旭光电子股份有限公司以金属陶瓷发射管的生产为基础,拥有一系列发明专利和具有自主知识产权的核心技术,“钼筒旋压引伸”“精冲技术”“热解石墨栅极制造技术”等均为独家所有。四川永星电子有限公司是专业电子元器件研发生产的企业,拥有自动化生产线28条、省级技术中心1个、国际标准化检测中心1个,年产量100亿只以上。

【骨干企业】 成都旭光电子股份有限公司、成都中电锦江信息产业有限公司、四川永星电子有限公司、成都光明光学元件有限公司等。

(张西贝)

家具工业

【概况】 2017年,成都家具产业园区规模以上工业企业57家,规模以上商业服务业企业35家。工业总产值247亿元,固定资产投资25.87亿元。商业销售额16亿元,税收6856万元,区本级税收3074万元。解决就业5万人。

【环保治理】 按照分类指导、典型示范、逐步推进的工作方针,发挥网格化联系人的作用,逐户深入企业进行巡查。园区内通过环保验收35家,申请待验收50家,补办环评手续39家。整治挥发性有机物(VOC)治理,应治理企业42家,已完成或部分完成治理企业28家,正在安装设备6家,已签约待安装3家。涉及有机固废的企业63家,均与有资质的处置公司签订废固回收处置协议。

增挂园区安委会牌子,明确企业主体责任、政府监管责任和组织引领责任,重点抓好企业消防、职业卫生、粉尘燃爆、危化品等问题的整治工作。金虎家具、千树家具通过国家安监总局交叉检查,千树家具通过安全文化示范企业的专家验收。16家木质粉尘整治企业对标金虎家具进行改造,33家企业的职业卫生专项整治已进行专家现场问诊。对存在消防安全隐患的瑞嘉木业、峰悦木业、新跃海绵、聚典家具等10余家企业负责人进行约谈,突出的安全隐患均已得到整治。

【项目推进】 已签约的帝标家居总部基地及生产项目、上海区诚床垫生产线项目、柏林源高端实木基地,总投资13.6亿元,协调推进实施。加快洽谈中的补短板专业家具物流项目招商推进。商贸区重点项目有香江、中润·欧洲城、家和家园、爱灯堡、大煌宫、家百年。制造区重点项目有成都好迪家具有限公司、成都帝标家具有限公司、成都市金亿家具有限公司、成都新港海绵有限公司、成都市三叶家具有限公司、成都华信阳光家具制造有限公司、成都市万好家具有限公司、成都中环家具有限公司、成都瑞升木业有限公司、成都金度家具有限公司、成都八千里家具有限公司。

【营销宣传】 首届成都（国际）家居创新博览会和第二届成都（国际）家居创新博览会分别于4月20至24日、11月25—29日举行，同期举办大型家居产品促销活动，签约55亿元。组织企业参与行业内广东、成都家具展会及活动。结合“一带一路”战略，组织企业赴俄罗斯、哈萨克斯坦等地开展家居商贸交流活动，拓展家居外贸市场。

【管理服务】 企业服务中心设立市场监管、劳动保障、工会、林业办证、木材运输等服务窗口12个，建立“一站式”服务机制。按照网格化管理的要求，家管委领导和每名员工都定点联系企业，涵盖安全、环保等方面工作，掌握企业情况，规范企业生产经营行为，帮助支持企业发展。 （邹 兵）

其他工业

【概况】 其他工业主要有包装、印刷、建材、冶金、化工、纺织服装、塑料制品和金属制品等行业。

【行业发展】 四川新图新材料股份有限公司实现数码印刷技术（CTP）开发与生产，开发出Fit、Fit-Xtra、Fit-Eco系列CTP版材，自主研发和生产的“FIT”系列产品，被全球40多个国家和地区的高端印刷企业所认可。

成都悦得包装材料有限公司生产的bopp薄膜在业界被誉为“包装皇后”，应用于粘胶带基材、医用包装、日用化工品、大米包装、食品包装、真空镀铝、高档饮料、商标印刷、电子电器、服装、印刷复合、香烟、农副产品、水产品、激光防伪及其他工业用途。

成都宝钢制罐有限公司拥有既能生产钢制二片易拉罐，也能生产铝制二片易拉罐的两用生产线。公司与可口可乐、百事可乐建立战略伙伴关系。

成都金百利包装用品有限公司拥有五层纸板生产线、三层纸板生产线以及德国海德堡彩印机，八色预印机，四色、五色、七色环保水性印刷机，全自动粘箱机、压痕机、打钉机、瓦裱机等生产设备。与达利食品集团、香飘飘食品、青岛啤酒等企业建立包装物供应关系。

【骨干企业】 四川新图新材料股份有限公司、成都悦得包装材料有限公司、成都宝钢制罐有限公司、成都金百利包装用品有限公司、成都市诺博特机械设备有限公司、紫荆花制漆（成都）有限公司、四川省宏源防水工程有限公司。 （李 乔）

2017年新都区地方名优产品推荐名录一览表

表11

序号	产品名称	企业名称
1	直流高速断路器	成都本固电气设备有限公司
2	轨道交通车辆牵引系统	四川省英威腾交通技术有限公司（深圳市英威腾交通技术有限公司）
3	铜材、铝材、pvc塑料、聚氯乙烯塑料	成都利康线缆有限公司
4	明装箱、暗装箱、防雨箱（柜）、表箱（柜）、XL-21柜、GGD、GCS、仿威图柜、环网柜、防爆箱、消防箱、箱变、水箱	四川天硕电气设备有限公司
5	家具、办公家具、木门、地板、楼梯、墙板、定制衣柜、木制品	四川省鸿基木业有限公司
6	光缆接头盒、光缆交接箱、通信户外机柜、光缆耐压固定装置、光分路器箱/终端盒、热缩套管	成都前宏通讯有限责任公司
7	金属陶瓷发射管 、陶瓷真空开关管、高低压成套配电装置及电器元件、固封极柱	成都旭光电子股份有限公司

续表 11

序号	产品名称	企业名称
8	真空灭弧室	成都凯赛尔电子有限公司
9	紫荆花牌内外墙涂料、溶剂型木器漆涂料	紫荆花制漆(成都)有限公司
10	20-130马力轮式拖拉机,旋耕机、烘干机、微耕机、播种机、农用挂车、沼渣沼液抽排机	四川川龙拖拉机制造有限公司
11	电梯、电扶梯	四川永大电梯设备有限公司
12	伸安牌液压油缸	成都成缸液压设备制造有限公司
13	固定敷设用布电线、屏蔽线、电力电缆、控制电缆、射频电缆、公路车辆用低压电线、计算机电缆、阻燃电缆、耐火电缆、预分支电缆、橡皮电缆、矿用电缆、氟塑料绝缘耐高温电线电缆、硅橡胶电缆、补偿导线等	四川省新都美河线缆厂
14	硅橡胶开关管包胶、电力电缆附件、电力绝缘件、密封○型圈	成都森发橡塑有限公司
15	800千伏特高压输电线路铁塔、500千伏超高压输电线路铁塔、220千伏输电线路铁塔、钢管杆、钢管塔	成都市东方电力线路构件厂
16	高低压电线电缆	四川正方高压线缆有限公司
17	“塔”牌450/750V聚氯乙烯绝缘电缆电线	成都三电电缆有限公司
18	红帆牌帆布、坯布、三防涂塑布、有机氟防水布、帐篷、篷布制品	成都康博多彩帆布制品有限责任公司
19	针织布	四川金哥针织有限公司
20	西服、衬衫、制式服装、职业装、劳保工作服、校服	成都市鸿舟圣比特服饰有限公司
21	办公家具、钢制家具、教学家具、酒店家具、实木门、转椅沙发	四川省创新家具有限公司
22	精艺办公家具	成都精艺家具有限公司
23	钢木家具、办公家具、板式家具、教学设备及用品、实验室设备	成都胜源鑫钢木家具有限公司
24	华鑫办公家具 华鑫钢制箱柜 华鑫教学设备	成都华鑫凯美佳科技有限公司
25	巴蜀天骄牌家具	成都天骄家具有限公司
26	学生公寓床、课桌椅、实验室家具、图书馆家具、办公家具、实训家具	成都永业有限公司
27	办公家具、钢制文件柜、学生公寓床系列	成都市新都区海涛钢木家具厂
28	浪度真皮沙发系列、浪度布艺沙发系列、浪度板木结合和实木雕刻系列两大系列、浪度餐桌、茶几系列、浪度软床系列、木门系列	成都浪度家私有限公司
29	U&U千唯	四川兴睿龙实业有限公司
30	美丽雅甩水拖把、垃圾袋、垃圾桶、保鲜膜、保鲜袋	四川鸿昌塑胶工业有限公司
31	高铁、石化新型密封材料	成都俊马密封科技股份有限公司
32	铝硅中间合金	四川兰德高科技产业有限公司
33	锤头、各型衬板、轮毂	成都兴锐新材料有限公司
34	CTP印刷版材	成都新图新材料股份有限公司
35	电子汽车衡(SCS型)	梅特勒-托利多(成都)称重设备系统有限公司
36	卫浴柜:A2155-311A-1、A2156-321-1、A2163-011A-1、A2098-313C-1、A1139-013A-1、A1139-033C-1	九牧智能厨卫成都有限公司

续表 11

序号	产品名称	企业名称
37	智能化开关柜（低压环控柜 SIVACON 8PT）、低压成套开关柜(GCM、GCMG、GGJ、MSDY)、低压配电箱柜(XM、XL)、低压控制箱柜、箱式变电站、数字无功发电机(DVG)、有源电力滤波柜(APF)、混合型无功发生装置(DVGC)、12 千伏中压开关柜（环保气体绝缘开关柜 MGD/S、KYN44A、HXGN-12）	成都麦隆电气有限公司
38	电容储能系统（DHES-MT-1000/1500）、逆变回馈系统（DHBW-MT-2000/1500）、接触网动态检测设备（CRWM 型）、轨道动态检测设备(CRTM 型)、限界动态检测设备(CRCM 型)、电客车在线弓网检测装置(CRAM 型)、受电弓滑板监测装置（CRSM 型）、轮对检测装置(CRRM 型)、接触网视频巡检装置(CRWI 型)、轨道视频巡检装置(CRTI 型)、接触轨动态检测装置(CRJM 型)、电客车在线轴箱检测装置(CRBM 型)、城市轨道车辆空调系统（CRH6 城际高速动车组空调系统，KL29HA、KL37HA、地铁车辆变频节能空调系统，DLD40K(I)、地铁车辆定频空调系统，DLD29K、DLD29I、DLD40K(IV)、单轨车辆变频节能空调系统，DL22、DLR22 、现代有轨电车 DC750V 直接供电变频节能空调系统，KL42YTH	成都鼎汉轨道交通设备有限公司
39	沥青防水卷材	四川省宏源防水工程有限公司
40	隧道窑烟气除尘脱硫系统、气箱式脉冲收尘器、双轴破碎机、可逆式破碎机、砖瓦自动打包机、高细破碎机、颚式破碎机、弹簧圆锥破碎机、液压圆锥破碎机、反击式破碎机、立式冲击破碎机、高效滚式破碎机	成都市新力设备制造有限责任公司
41	节能环保高强高导铝合金电缆	明达线缆集团(成都)有限公司
42	高炉煤气余热回收透平发电装置(TRT)、CTC 三机同轴机组、高效烟气轮机、大型轴 流压缩机、单级高速离心风机、MVR 机械式蒸汽再压缩机组	成都成发科能动力工程有限公司
43	钢质路灯灯杆、太阳能路灯产品、光彩照明产品，通信铁塔及桅杆	四川天剑机械设备制造股份有限公司
44	汽车发动机缸体	成都正恒动力股份有限公司
45	解放 J6 系列牵引车	一汽解放汽车有限公司成都分公司
46	防盗安全门、钢质隔热防火门 、钢质门	成都富象门业有限公司
47	龙虎牌塑料门窗型材、钢制焊管、冷轧钢带	成都市龙虎型材有限公司
48	预应力钢筒混凝土管、钢筋混凝土排水管	四川国统混凝土制品有限公司
49	方形钢筋混凝土电杆、环形混凝土电杆及水泥制品	成都银线电杆有限公司
50	铝合金模板	中建铝新材料成都有限公司
51	金言铝塑板铝单板	成都中美吉祥金言装饰建材有限公司
52	鼎上牌肉苁蓉、沉香、檀香、降香、蒲黄、海金沙、青黛、乳香、没药、制何首乌、西红花、三七粉、降香粉、雷丸粉、苏木粉、血竭粉、阿胶珠、炒建曲、炒六神曲、灵芝粉、灵芝孢子粉、桑螵蛸、乌梢蛇、制川乌、制草乌、制天南星、姜半夏、红花、五味子、乌梅、桔梗、大黄、白鲜皮、黄柏、黄连、延胡索、猪苓、石斛、菟丝子、大菟丝子、姜黄、白芍、重楼、枳实、枳壳、苍术、麻黄、骨碎补、山药、防己、藁本	四川中庸药业有限公司
53	建曲、六神曲、半夏曲、胆南星、水牛角浓缩粉、青黛、银耳、制何首乌、灵芝、枸杞子、金银花、菊花、大枣、姜半夏、法半夏、制川乌、制草乌、附子、制天南星、黄连、白术、穿山甲、川芎、羌活、延胡索、天麻、白芍、川贝母、麦冬、茯苓、黄芪、丹参、地黄、栀子等中药饮片	四川千方中药股份有限公司

续表 11

序号	产品名称	企业名称
54	冬虫夏草、天麻、麦冬、党参、当归、川贝母、制何首乌、乌梅、赶黄草、炒番石榴叶、枸杞、山药	成都通灵中药饮片精选有限公司
55	床单位消毒机、臭氧空气消毒机、空气净化消毒机、空气消毒机、紫外线杀菌器、干热灭菌箱、毁形机、低温等离子消毒机、等离子空气净化消毒机、污水消毒机、臭氧水消毒机、内镜清洗设备、臭氧消毒柜、负压空气净化消毒机、多功能消毒救护仪	成都天田医疗电器科技有限公司
56	医用中心供氧（KY/ZY-20）、医用中心吸引(KY/ZX-1.5、KY/ZX-3)	成都康宇医用设备工程有限公司
57	一次性使用精密过滤输液器带针、真空采血管、无菌注射器带针、无菌配药注射器带针、输液器带针、输液贴、一次性使用无菌配药针、静脉输液针、无菌注射针	四川科伦实业集团有限公司
58	直立式聚丙烯输液袋产品、头孢粉针类产品、奥硝唑氯化钠注射液、甘露醇注射液、碳酸氢钠注射液、果糖氯化钠注射液、果糖注射液、甲磺酸帕珠沙星氯化钠注射液、葡萄糖注射液、氯化钠注射液、葡萄糖氯化钠注射液、复方氨基酸注射液、羟乙基淀粉 130/0.4 氯化钠注射液 、盐酸左氧氟沙星氯化钠注射液、丙氨酰谷氨酰胺注射液、复方醋酸钠林格注射液、脂肪乳注射液、氟康唑氯化钠注射液、康复新液、注射用阿奇霉素、脂溶性维生素注射液(Ⅱ)、福多司坦胶囊(片)、拉呋替丁胶囊(片)、氯化钾注射液(塑料安瓿)、葡萄糖注射液(塑料安瓿)、灭菌用水(塑料安瓿)、聚维酮碘溶液、利巴韦林注射液(塑料安瓿)、氯化钠注射液(塑料安瓿)、注射用氨曲南、草酸艾司西酞普兰片、氢溴酸西酞普兰胶囊(片)	四川科伦药业股份有限公司
59	盈棚牌泡青菜、泡豇豆、泡小米辣、泡野山椒、泡红椒、泡仔姜、泡萝卜、风味豆豉、酸菜鱼调料、火锅底料	成都市盈宇食品有限公司
60	木兰北锋牌小麦粉	成都北峰面粉有限公司
61	雄健丰田牌精制小麦粉系列产品	成都雄健粉业有限公司
62	建华牌小磨芝麻香油、玉米油、花椒油、藤椒油、芝麻酱,拉妃牌橄榄油、核桃油、头道黑芝麻香油	四川成都建华食品有限公司
63	蛋制品(松花皮蛋、油心咸蛋/咸蛋黄/卤蛋)、糕点(粽子、月饼)	成都市环丰食品有限公司
64	酱油 400 毫升/500 毫升/800 毫升/1800 毫升/5000 毫升/20000 毫升) 食醋(400 毫升/500 毫升) 复合调味品(50 克/150 克/200 克/240 克/260 克/270/400 克) 香肠酱腊肉调料(200 克/220 克/270 克) 豆腐乳(70 克/120 克/130 克/200 克/270/2000 克) 豆豉(200 克/260 克/270 克)	成都国酿食品股份有限公司
65	“辉煌”牌糕点(250 克/150 克/380 克/225 克/125 克/360 克/428 克/826 克/378 克)	成都康达养生食品厂
66	果仁酥脆糖果、果仁软糖	成都市新都区一品旺食品厂
67	月饼、粽子、麻饼	成都中冠食品有限责任公司
68	老川东牌灯影牛肉丝、龙须牛肉、灯影牛肉、麻辣牛肉、牛肉干、牛肉粒、香茶牛肉、豆干	四川老川东食品有限公司
69	咸干花生、五香胡豆、酥脆黄豆、香酥豌豆、香瓜子、米麦饼、坚果等	成都海湾食品有限公司
70	5H-10 型循环式谷物干燥机	四川奥凯川龙农产品干燥设备制造有限公司
71	久森马铃薯	成都久森农业科技有限公司

新都工业区

【概况】 成都新都工业区由新都高端装备制造产业园区、新都高新技术产业园区和蜂云谷新经济双创中心三大板块组成，其中高端装备制造产业园区规划面积23.9平方公里已全面建成；新都高新技术产业园位于石板滩镇，总规划面积21平方公里，是2017年《成都市产业发展白皮书》确定的66个重点产业园区之一，主导产业为轨道交通和航空产业，打造产城相融、生态宜居的轨道航空产业新城。

【企业效益】 2017年，工业园区有企业385家，其中规模以上企业160家，世界500强企业8家，中国500强企业10家。园区内有上市公司25家，其中本土上市公司5家，上市企业子公司20家。国家认证的高新技术企业45家。

园区企业税收17.9亿元，比上年（下同）增长9.1%。规模以上企业总产值546.64亿元，增长18.33%；工业增加值157.54亿元，增长14.6%；入库税收15.61亿元，增长9.83%。固定资产投资110.63亿元，增长38.46%，其中工业投资105.29亿元，增长32.89%。

【产业发展】 规模以上高新技术企业产值234.9亿元，增长22.93%；营业收入249.63亿元，增长25.07%；利税25.99亿元，与上年持平。出口2.9亿元。战略性新兴产业企业31家，产值133.82亿元，利税23.2亿元。

【轨道航空产业新城建设】 轨道航空产业新城总规划面积27平方公里，其中产业片区21平方公里，产城服务片区6平方公里。

遵循“一个产业类别就是一个主题城市社区”的原则，聘请新加坡邦城规划顾问有限公司完成总体性城市设计，同步开展产业发展规划、总规、控制性详规的方案编制，由成都规划设计院开展产业功能区规划编制。围绕轨道交通九大核心技术和十大关键零部件，以中车成都公司为核心，引进今创、新誉、鼎汉、中车电机等轨道交通产业配套项目24个，总投资133.01亿元，占地2199.82亩。

5月25日，成都市新都工业区创建省级高新技术产业园区专家论证会

【科技创新】 利用科伦药业、成都发动机集团等企业的博士后工作站、院士工作站的设备和研发力量，构建科技创新公共服务平台，开展仪器设备共享、校地合作、专利交易等服务。依托蜂云谷创新创业中心“Node-Space”创业孵化器、西南石油大学“飞翔创新创业中心”等中小企业孵化园以及大学生创业园，引进研发孵化、知识产权咨询、法律援助、商标申请、人才培训等服务，为自主创新的中小企业提供孵化平台。截至12月底，建成国家级企业技术中心2家、省级企业技术中心15家、市级企业技术中心24家，国家级重点实验室4家、省级重点实验室3家，省级以上工程技术中心7家、工程实验室9家，博士后工作站1家。

【基础设施建设】 编制完善园区能源、交通等专项规划以及公共配套规划，配备商业、医疗、教育、文化等公共服务功能载体。园区已形成日供水10万立方米、供气50万立方米、污水处理13.6万吨的能力，建成110千伏变电站4座，骨干道路110公里。建成中学、小学、幼儿园各1所，布局超市、公厕、餐馆、公交线路等便民服务点，各类管网、通信、光纤均实现全覆盖。轨道交通产业园已启动投资35.78亿元道路、管网、通信等基础设施建设和69亩轨道产业园配套中心前期工作，一期20万平方米标准化厂房已开工建设。

【招商引资】 一次招商招引项目15个,计划总投资47亿元;二次招商引进企业69家,涉及机械加工、轨道交通、包装印刷和电子等产业,总投资10.14亿元,其中投资5000万元以上企业7家。

【项目建设】 实施重点项目41个(工业东区22个、石板滩工业集中发展区19个),项目总投资325.28亿元,年度投资92.42亿元。今创、新誉、特隆美等15个项目开工建设,城投城建、中电锦江等14个项目建成试生产。

【劳动保障】 定期对辖区内企业的非法用工、工资拖欠、参加社保等情况进行排查,帮助企业整改。规模以上企业全部成立企业劳动争议调委会,80%的劳动争议都能在企业内部解决。依托"互联网+劳动监察"业务,推广监察微信运用,在网上进行投诉举报接件及协调。全年接到线上和线下劳动投诉案件7件,结案率、满意度均为100%。全年举办劳动法律法规培训会3场。

【规范服务】 建立重点项目服务管理台账39个,由班子成员及相关科室包干负责,定期跟踪收集项目问题和意见。走访调研40余家企业、50余次,收集各类问题25件次,并逐一进行办理。设置"一站式"政务服务大厅,方便企业办理各项手续。依托"工业区重点企业服务微信群""新都工业区企业联系QQ群""新都工业园区党群服务中心微信公众号"等,实现多维支撑的园区企业服务体系。

【环境保护】 严格执行环境影响评价制度及环保"三同时"制度,建设项目环境影响评价执行率为100%。园区实现雨污水管网全覆盖。成立园区突发事件应急组织,完善园区内各高危重点企业自身应急防控体系建设。重点排污企业安装在线监控系统,并在四川省环保网上进行排污信息自行监测以及相关信息公开。2017年,规模以上企业单位工业增加值能耗0.117吨/万元;规模以上企业单位工业增加值水耗4.7吨/万元。

【创建和谐劳动关系企业】 与西南财经大学建立"项目+课题"的合作关系,探索"企业劳动关系法治化建设"。11月,与西南财经大学合作的结项成果2项。组织参加劳动关系协调师培训,确保各企业的持证劳动关系协调师至少1人。完善预警机制,从源头上做到依法用工,推动企业劳动关系法治化建设。

【安全生产】 制定《安全生产管理制度》《安全生产检查制度》,加强重点时节、敏感时段进行安全生产检查,消除安全隐患。全年检查企业400余家,排查安全隐患3500余处,复查企业350余家,安全隐患整改3200余处。

【接访回复】 回复市长公开电话63件、市长信箱12件,区委书记信箱32件、区长信箱4件,成都市信访信息系统平台接访35批次、250余人次。

(徐玲燕)

2017年新都区重点优势企业一览表

表12

序号	企业名称	序号	企业名称
1	中国燃气涡轮研究院(624)	11	可口可乐(四川)饮料有限公司
2	成都发动机(集团)有限公司(420)	12	四川科伦药业股份有限公司
3	四川泛华航空仪表电器有限公司	13	北京同仁堂(四川)健康药业有限公司
4	轨道交通企业	14	四川千方中药饮片有限公司
5	中车成都机车车辆有限公司	15	成都中电锦江信息产业有限公司
6	一汽解放汽车有限公司成都分公司	16	成都旭光电子股份有限公司
7	中汽成都配件有限公司	17	四川永星电子有限公司
8	成都正恒动力配件有限公司	18	成都好迪家具有限公司
9	成都达利食品有限公司	19	成都市帝标家具制造有限公司
10	华润雪花啤酒(四川)有限责任公司	20	成都天骄家具有限公司

2017年新都区四川名牌产品一览表

表13

序号	企业名称	产品名称
1	成都成量工具集团有限公司	川牌量具刃具
2	四川科伦药业股份有限公司	脂肪乳注射液(C14–24)、盐酸左氧氟沙星氯化钠注射液
3	成都市新都化工股份有限公司	“桂湖”牌复合肥
4	成都新图新材料股份有限公司	Xingraphics 牌 CTP 版材
5	成都金度家具有限公司	“宝莱佳”牌系列家具
6	成都永业有限公司	“圣罗兰”牌教学家具
7	成都好风景实业有限公司	好风景家居
8	成都列维士家具有限公司	“列维士”牌酒店家具
9	成都好迪家具有限公司	“好迪”牌民用家具
10	成都金虎家俱有限公司	家具
11	四川创新家具有限公司	“闯新”牌家具
12	成都杏田木业有限公司	家具
13	成都洛漫家具有限公司	“洛漫”牌系列家具
14	成都华信阳光家俱制造有限公司	“华信阳光”牌家具
15	成都瑞升木业有限公司	“派尼尔”牌木家具
16	成都金亿家具有限公司	金亿民用家具
17	成都三叶家具有限公司	民用家具
18	成都(台资)先驱实业有限公司	“先驱”牌板式家具
19	成都圣吉尔建材有限公司	人造板
20	成都中美吉祥金言装饰建材有限公司	金属装饰板
21	成都市新都蜀绣工艺制品有限公司	“蜀丰”牌系列床上用品
22	四川川龙拖拉机制造有限公司	(CL)“川龙”牌拖拉机
23	成都天骄家具有限公司	“巴蜀天骄”牌办公、教学家具
24	四川省今龙头实业有限公司	“今龙头”牌防火门
25	成都桂湖防水保温工程有限公司	“成桂”牌防水保温材料
26	成都旭光电子股分有限公司	金属陶瓷发射管、真空灭弧室、高低压成套装置、真空断路器、固封极柱
27	成都新炬化工有限公司	气体(溶解乙炔、丙烷、工业氧、医用氧、小型医用吸氧器)
28	成都市三宇仪表科技发展有限公司	“三宇语表”牌膜式燃气表、“锦城”牌水表
29	四川亨博门业有限公司	防盗安全门
30	成都市新湖装饰材料有限公司	铝单板
31	成都市龙虎型材有限公司	龙虎型材
32	成都利康线缆有限公司	“利康”牌35千伏及以下电线电缆
33	成都麦隆电气有限公司	“MOLO”牌高/低压开关柜
34	成都市蓉丰床上用品有限公司	“蓉丰”牌系列床上用品
35	四川兴睿龙实业有限公司	“千唯”牌千唯纸、生活用纸
36	紫荆花制漆(成都)有限公司	溶剂型木器涂料
37	四川省新都美河线缆厂	“美电”牌额定电压35千伏以下电线电缆
38	四川国统混凝土制品有限公司	预应力钢筒混凝土管
39	四川鸿昌塑胶工业有限公司	“美丽雅”牌家居用品

续表13

序号	企业名称	产品名称
40	成都成发科能动力工程有限公司	高炉煤气余压透平发电装置(TRT)、烟气轮机、轴流压缩机
41	四川成都建华食品有限公司	“建华”牌食用油
42	成都新繁食品有限公司	“新繁”牌泡菜
43	成都北峰面粉有限公司	“北锋”牌小麦粉
44	成都市盈宇食品有限公司	“盈棚”牌酱腌菜
45	成都中冠食品有限责任公司	月饼、粽子、休闲食品
46	成都香贝尔食品有限公司	蛋茹酥、米麦通
47	成都市环丰食品有限公司	仟味坊蛋制品、仟味坊粽子
48	成都国酿食品股份有限公司	“蜀香”牌调料、“大王”牌酱油、“海会寺”牌豆腐乳
49	成都银河动力有限公司	“红石”牌气缸套、铝活塞
50	成都千树家具有限责任公司	酒店家具
51	成都市新力设备制造有限责任公司	可调式高细破碎机
52	成都鑫川电电缆有限责任公司	“晋川”牌电线电缆
53	四川中庸药业有限公司	中药饮片
54	成都三电电缆有限公司	450/750伏及以下聚氯乙烯绝缘电线电缆
55	四川兰德高科技产业有限公司	有色金属熔体材料(新材料)
56	成都凯赛尔电子有限公司	真空灭弧室
57	四川省鸿基木业有限公司	木地板
58	四川省宏源防水工程有限公司	防水系列产品

2017年新都区主营业务收入和利税总额前20名工业企业一览表

表14

序号	主营业务收入	利税总额
	企业名称	企业名称
1	四川科伦药业股份有限公司	四川科伦药业股份有限公司
2	一汽解放汽车有限公司成都分公司	中车成都机车车辆有限公司
3	中车成都机车车辆有限公司	成都达利食品有限公司
4	成都达利食品有限公司	华润雪花啤酒(四川)有限责任公司
5	成都浪度家私有限公司	成都浪度家私有限公司
6	成都市银丰铜业有限公司	成都新图新材料股份有限公司
7	成都好迪家具有限公司	成都正恒动力配件有限公司
8	华润雪花啤酒(四川)有限责任公司	成都悦得包装材料有限公司
9	可口可乐(四川)饮料有限公司	可口可乐(四川)饮料有限公司
10	成都新图新材料股份有限公司	四川省新都美河线缆厂
11	成都市帝标家具制造有限公司	成都好迪家具有限公司
12	四川省新都美河线缆厂	成都合兴包装印刷有限公司
13	成都悦得包装材料有限公司	一汽解放汽车有限公司成都分公司
14	成都天骄家具有限公司	成都青特车桥有限公司
15	正兴集团成都车轮有限公司	成都天骄家具有限公司
16	成都成发科能动力工程有限公司	成都市帝标家具制造有限公司
17	成都青特车桥有限公司	成都新港海绵有限公司
18	成都新港海绵有限公司	成都运城制版有限公司
19	四川鸿昌塑胶工业有限公司	成都成量工具集团有限公司
20	成都合兴包装印刷有限公司	北京同仁堂(四川)健康药业有限公司

四川现代农机产业园

【概况】 四川现代农机产业园位于新都区石板滩镇，是四川省新型职业农民（农机）实训基地、中国农业机械化创新示范园区、四川省特色产业基地。6月，被列入全国农村创业创新园区（基地）目录。

12月4日，四川现代农机产业园管理委员会正式合并到工业区管委会。

【经济指标】 固定资产投资30661万元，重点项目投资10.09万元，税收865.58万元，园区累计完成投资20.5亿元。

【基础设施建设】 4号至8号道路绿化工程、路灯及变压器建成投用，马家冲沟、水库中沟清淤工程竣工验收，完成园区3个道路交叉口交通信号灯安装，完成马家冲路延伸段绿化工程建设。园区配套设施累计投资1.72亿元。

【招商选资】 配合区经信投促局引入轨道交通配套项目2个。青岛恒新轨道交通装备有限公司计划用地51亩，总投资5亿元；成都金越交通设备有限公司计划用地一期50亩、二期57亩，总投资10亿元。截至2017年底，园区签约入驻项目19个，规划净地面积1136.6亩，计划总投资50.2亿元。

【项目促建】 截至2017年，重点项目累计投资20.5亿元。南铁、圣通两个轨道交通配套项目动工建设，川龙、农机孵化园、俊马、吉峰全球运营总部一期工程、钢联建5个项目建成投产，科腾、蕙紫晨、省农机鉴定站、文阳、森宁、西部农机展示展销中心一期工程、省农机研究院科研和试制基地一期工程、川龙奥凯一期工程8个项目竣工。农机孵化园中的10个项目投产，其余项目有序推进。

（陈　曦）

招商引资

【概况】 11月8日，设立成都市新都区投资促进服务中心（简称区投促中心），内设机构5个，核定员额控制数40人。原区经信投促局承担的牵头推进全区对外开放、投资促进和服务工作相关职责转到区投促中心。

2017年，签约引进市级重点项目14个，总投资149.95亿元。其中世界500强企业投资项目5个，总投资43亿元。实际到位内资293.05亿元，比上年（下同）增长11.01%；实际利用外资2.00亿美元，增长16.59%。实现“2017中外知名企业四川行”签约项目履约率、开工率、投产率100%，“第十六届中国西部国际博览会”签约项目履约率、开工率100%。

【招引项目】 围绕轨道交通、航空航天、现代物流三大主导产业，新签约引进北京鼎汉、吉林金越、中车时代电气、江苏纳博特斯克、川音文创园、传化物流、安博国际物流港、新川实验外国语学校等项目30个。

7月5日，四川省首届农机职业技能竞赛及第四届“吉峰杯”久保田农机服务技能竞赛开幕式暨颁奖典礼举行

【体制改革】 7月，区委、区政府成立新都区投资促进服务中心筹备组，创新人员管理办法，实行身份封存、全员聘用、按岗定酬的“员额制”管理。制定《进一步加强和改进投资促进工作的意见》，构建全域招商联动体系，强化全区招商工作的统筹化水平。实施“一个项目、一名包干领导、一个责任单位、一张任务清单”的重大项目包干推进工作责任制，保障项目顺利推进。

【招商措施】 小分队招商。“一把手”带队赴外招商，加大登门促进力度，开展“多层次、精准化、点对点”外出招商活动。外派驻点招商，选派7名工作人员到上海、深圳等重点城市及省、市投促部门驻点招商。活动招商。举办“中国西部国际投资大会新都推介会”“国际轨道交通产业发展峰会”等投资促进活动，两次承办全省重大项目集中开工仪式。以商招商，发挥安博集团、前海金控等在客户资源方面的优势，深入对接，加强合作，储备一批项目资源和投资信息。 （陶朝安）

2017年新都区引进投资5亿元以上工业项目一览表

表15 单位：亿元

序号	企业/项目名称	投资方背景 / 项目简介	投资
1	中铁二局集团新运工程有限公司/成都地铁盾构管片生产基地项目	投资方背景：中铁二局集团新运工程有限公司是公路工程施工总承包一级、房屋建筑工程施工总承包一级、市政公用工程施工总承包二级，地基与基础、桥梁、隧道、建筑装修装饰及特种设备安装工程专业承包一级企业，通过了国家质量管理体系、环境管理体系、职业安全健康管理体系认证及国家计量认证。项目简介：建设成都地铁盾构管片生产基地项目，主要产品为预制管片、预制短轨枕、预制管廊及其他小型预制构件	11
2	中铁一局集团有限公司/绿色新材料生产基地项目	投资方背景：中铁一局集团有限公司是大型、综合型建筑业企业，具有铁路工程及公路工程总承包特级资质，市政、房建总承包一级资质，铁路铺架、公路路面、隧道、水工隧洞、城市轨道专业承包一级资质，是集科研与技术开发、建筑施工、设备安装、加工制造、工程机械和汽车修理、物资供销、工程监理和技术咨询、多种经营为一体的技术密集型集团型企业。项目简介：建设绿色新材料生产基地项目，主要产品为绿色新型建筑材料	11
3	北京鼎汉技术股份有限公司/车辆高端装备、地面机电系统项目	投资方背景：北京鼎汉技术股份有限公司是一家从事轨道交通高端装备研发、生产、销售和服务的高新技术企业。2009年10月30日，公司在深圳证券交易所创业板上市，成为中国第一批创业板上市企业。公司主要产品分为轨道交通车辆设备和轨道交通地面设备两大类。项目简介：用地190亩，投资建设车辆高端装备、地面机电系统项目。其中车辆高端装备指车载空调系统、车载电源系统和车载线缆系统；地面机电系统指地面专用电源、制动储能系统和检测系统等	10
4	株洲中车时代电气股份有限公司/轨道交通关键子系统、新能源装备西南生产基地项目	投资方背景：株洲中车时代电气股份有限公司于2005年9月26日设立，公司注册资本117547万元。2006年12月20日，中车时代电气在香港H股上市，主要从事轨道交通牵引变流装置等产品的研发、制造、销售和技术服务。项目简介：一期形成城轨车辆电气牵引系统（含列车网络控制系统、PIS系统）的生产能力和机车车辆检修能力；二期形成城轨信号系统、屏蔽门系统、地面牵引供电系统等产品的能力	10
5	吉林省金越交通装备股份有限公司/贯通道、不锈钢座椅、内装项目	投资方背景：吉林省金越交通装备股份有限公司是轨道车辆内饰产品和风挡产品的专业化生产厂。已经成为中国北车集团、中国南车集团、庞巴迪全球采购运输集团、阿尔斯通运输股份有限公司、长春长客-庞巴迪轨道车辆有限公司、青岛四方庞巴迪铁路运输设备有限公司及澳大利亚 Downer EDI Rail Pty Ltd 的供应商。项目简介：占地50亩，配套成都当地车辆贯通道、座椅、内装产品以及高铁车辆维修（座椅、贯通道等）	10
6	新誉集团有限公司/西南总部研发及制造基地项目	投资方背景：新誉集团有限公司是一家民营股份制企业集团。集团专业从事轨道交通、新能源、数控设备、现代物流、办公设备、航空航天六项核心业务。集团总部及下属子公司共有员工4000余人，总资产80亿元。项目简介：用地190亩，拟投资建设西南总部研发及制造基地	8

续表 15

序号	企业/项目名称	投资方背景 / 项目简介	投资
7	浙江永贵电器股份有限公司/轨道交通装备(第一期)受电弓等生产及维保基地项目	投资方背景：浙江永贵电器股份有限公司是一家专业从事连接器产品的研发、生产和销售的国家级高新技术企业，是国内轨道交通连接器制造的龙头企业之一，公司生产的连接器产品供应给中国南北车集团、十八个铁路局以及建有轨道交通的省份和城市，出口到亚、欧、美等国家和地区。项目简介：永贵电器计划与日本东洋电机合作，在新都投资轨道交通受电弓等零部件生产项目。永贵电器已在石板滩镇租用 3280 平方米厂房，计划用于生产受电弓。	6
8	青岛恒新轨道交通装备有限公司/轨道交通配套装备西南生产基地项目	投资方背景：青岛恒新轨道交通装备有限公司是经铁路总公司认证的一级配套供应商。专业生产铁路客车、地铁、动车组、高铁等所需的各种钣金冲压件、复合材料地板、风道等配套产品。公司 2016 年完成产值 2.12 亿元，其中成都项目下的成都 7 号线、10 号线已完成产值 1500 万元。项目简介：占地 51 亩，建设轨道交通配套装备西南生产基地，主要产品有线槽、分线箱、穿线管、地板、车体骨架、风道、防雪板等地铁、高铁配件	5
9	江苏纳博特斯克今创轨道设备有限公司/轨道交通、城轨车辆、地铁车辆、高速列车配套产品生产基地项目	投资方背景：江苏纳博特斯克今创轨道设备有限公司由纳博特斯克株式会社与今创集团共同出资成立，主要生产城际轨道和地铁的制动系统和车门系统，是轨道车辆的最核心零部件，以制动系统和门系统两大主力产品开拓国内轨道交通市场。在制动系统方面，是国内制动系统领域的三强之一；在门系统方面，其瑞克之星车门产品是国内目前公认的优质产品。项目简介：生产铁路车辆用制动系统、车门开关系统及门板的设计、生产、试验、销售、售后服务	5
10	青岛博宁福田智能交通科技发展有限公司/博宁福田智能交通项目	投资方背景：青岛博宁福田智能交通科技发展有限公司自 1993 年创始以来已荣获 70 余项国家专利和软件著作权，并通过德国 TUV 的 CE 认证、ISO9001 管理体系认证、ISO14001 环境管理体系认证、OHSAS18001 职业健康安全管理体系认证，被评为青岛市高新技术企业和双软认定企业。项目简介：建设博宁福田智能交通项目，主要业务为轨道自动售检票系统(AFC)和弱电系统运维服务	5

建筑业

【行业管理】 2017 年，受理建筑业资质类申请 274 件。全区有建筑企业 191 家(其中一级房屋建筑总承包企业 12 家)，房地产企业 150 家。新报建项目 74 个，面积 385.75 万平方米，房地产新开工 243 万平方米，报建非税收入 5.7 亿元。建筑业产值 195.58 亿元。开展环保督查迎检治理工作，集中整治商混站 51 家，关闭搬离 40 家，安装工地扬尘在线监测系统 75 套，完成文明施工工地达标验收 147 个。

【工地监管】 全区在建工程项目 169 个，在建工程面积 905.35 万平方米；新增受监工程项目 61 个，面积 431.80 万平方米，报监工程监督覆盖率 100%。2017 年，派出 3400 余人次，对报监工程的地基验槽、验桩、钢筋隐蔽、基础和主体结构隐蔽、单位工程竣工验收进行监督检查，对 68 个工程项目进行竣工验收，竣工面积 425.26 万平方米，工程合格率 100%；对监督检查和监督抽测中发现的质量问题签发整改通知书 111 份，均进行整改。

【扬尘治理】 全年出动执法人员 2082 人次、车辆 808 台次，检查工地 1142 个。治理工地打围不规范 80 余处，治理扬尘控制设施不到位 90 余处，对 200 余处施工现场存在的扬尘污染责令施工单位改正。下达限期整改通知书 13 份、停工整改通知书 7 份和调查通知书 24 份，对 4 个违法违规项目实施行政处罚，对 3 家企业进行文明施工约谈告诫。处理扬尘督办通知 5 起、扬尘投诉 10 起，整改回复率 100%。

落实《新都区建设工程安全文明工地创建工作管理办法》的要求，深化建筑工地“网格化”分区、黄线管理和“差异化”管理，利用数字化平台全时段监控等手段，加强标准化施工过程监管，推进建筑施工安全文明工地过程化创建工作。从安全文明工地过程化创建入手，建立安全文明工地过程化评审办法，逐步改变标准化创建工作形式化、片段化的状态，促使全区建设工程安全文明施工向常态标准化管理发展，从根本上提升区建筑工地安全文明施工水平。2017 年，创建省、市优质结构工程 4 个，省、市标准化工地 16 个，绿色施工工地 4 个。

【民工权益保障】 开设用工单位民工工资支付专户 66 个，预缴专户民工工资 2062 万元，发放民工工资 123497 万元。 （乔朝磊）

房地产业

【概况】 2017 年，新都区商品住房供求关系处于供不应求态势，办公楼和商业营业用房整体库存高企、结构性过剩的问题依然存在。

【商品房市场】 2017 年，房地产销售面积 355.02 万平方米，比上年增长 7.74%，销售金额 238.52 亿元。全年办理商品房预售许可证 87 个，批准预售房屋面积 278.27 万平方米，商品房住宅 17357 套；启动商品房现售备案工作，办理商品房现售备案申请 21 个，批准备案面积 27.02 万平方米；办理合同备案变更申请 371 件，办理注销合同备案申请 1104 件，办理注销合同备案按揭信息申请 2941 件。启动存量房资金监管服务，截至 12 月底，监管 1988 笔，监管资金 3.03 亿元。

【房地产开发】 完成房地产固定资产投资 189.6 亿元，全区商品房可销售面积（商品房存量）为 548.11 万平方米，比上年下降 4.31%，库存量同比减少 24.72 万平方米。商品住房销售周期为 3.20 个月，超额完成“销售周期保持在 7~14 个月”的目标。

【房屋交易中介机构管理】 从 4 月起，对全区 180 余家房地产开发企业和中介机构进行集中专项检查，主动约谈 49 个预售项目的监管银行，并发放告知函，要求监管银行切实履行监管义务。加强与新都广播电视台合作，每月推出一期《香城房产》栏目，宣传新都区区位优势、优质楼盘和品牌项目。 （谭潇蒲）

2017 年新都区房地产开发商销售金额前 20 名企业一览表

表 16

序号	开发商名称	金额(亿元)	面积(万平方米)
1	成都万科新都置业有限公司	20.46	18.38
2	四川华宇房地产开发有限公司	17.02	20.36
3	成都市保利兴北房地产开发有限公司	12.23	14.58
4	成都市保新房地产开发有限公司	11.39	15.20
5	成都文旅熊猫小镇投资有限公司	11.11	12.45
6	成都龙湖锦铭置业有限公司	9.63	8.19
7	成都市新都区保利投资有限公司	8.51	12.86
8	成都市保都房地产开发有限公司	8.47	9.16
9	四川新宝地房地产开发有限公司	7.50	10.19
10	成都富力地产开发有限公司	7.44	11.32
11	成都天合瑞通投资有限公司	7.33	11.22
12	四川同泰置地有限责任公司	6.83	11.39
13	成都传化置业有限公司	6.69	15.15
14	成都玖源化工有限公司	5.62	7.32

续表 16

序号	开发商名称	金额(亿元)	面积(万平方米)
15	成都汉嘉房地产开发有限公司	5.46	9.31
16	成都荣盛华府置业有限公司	5.46	7.76
17	四川家益石油房地产开发有限责任公司	5.36	7.83
18	成都市佳乐房地产开发有限公司	5.10	7.76
19	成都富博房地产开发有限公司	4.71	7.20
20	绿地集团成都新都置业有限公司	4.47	6.67

2017 年新都区房屋中介机构规模前 20 名一览表

表 17

序号	机构名称	序号	机构名称
1	四川链家房地产经纪有限公司蜀龙大道分公司	11	成都仁宏房地产经纪有限公司汉嘉营业部
2	成都市新都区宏盛发房地产经纪有限公司	12	成都万科物业服务有限公司双水岸物业服务中心
3	成都宏洋房地产经纪有限公司新都分公司	13	成都晟大房地产经纪有限公司
4	新都区大唐房屋中介经纪服务部	14	四川邦投优源房地产营销策划有限公司新都分公司
5	成都市新都区新都街道德仁和房屋中介所	15	成都房邻居地产经纪有限公司
6	成都精卫房地产经纪有限公司	16	新都区凯瑞房产经纪服务部
7	成都搜房房天下房地产经纪有限公司赵家寺路店	17	新都区三河街道康居房地产经纪服务部
8	成都房都房地产经纪有限公司新都分公司	18	新都区新都街道德仁和房产经纪有限公司
9	成都云东房地产经纪有限公司新都分公司	19	新都区大丰裕鑫房产中介信息部
10	成都世居房地产经纪有限公司新都万和北路第二分公司	20	成都丰伟房地产经纪有限公司

房产管理

【概况】 成都市新都区房产管理局（简称区房管局）内设机构 9 个：办公室、纪检监察科室、房政法规科、物业管理科、住房保障科、市场管理科、房屋安全鉴定管理科、行政审批科、计划财务科，下属事业单位 7 个。

【住房保障】 加强公共租赁住房建设，制定《关于加强新都区公共租赁住房管理实施办法》，将组织人事部门认定的特殊专业人才纳入公共租赁住房保障范围。截至 12 月底，工业东区 2 号楼已竣工验收，投入使用。3 号楼 100 套公租房建设完工，等待验收。为 167 户低收入家庭提供住房保障，其中实物配租 103 户，发放租赁补贴 64 户。制定《新都区人才安居工程实施细则》《新都区青年人才公屋管理办法（试行）》等相关人才安居配套政策，并筹集到“学府苑”小区 34 套房源作为人才公寓房、三河街道 “二台子 B 区”30 套房源作为青年人才公屋。已审核配租农村务工技能人才、企业引进的各类外来务工人才 139 户，配租公共租赁住房 135 套。审核 D 类以上人才 28 户，摇号配租人才房 28 套，为全市第一个实现人房关联的区县。

新建人才公寓位于木兰镇三木路红石社区段，用地面积 329.6 亩，第一批人才公寓用地 66.7 亩已完成供地，2017 年 12 月动工建设，拟建人才公寓房 720 套，定向供应引进的 D 类以上人才。

【房地产市场管理】 完成了七一广场、圣桦公馆、佳乐国际四期等11个项目的投资入库。制定《新都区商品住房销售申报价格指导会商规则》,召开会商会议12次，对33个预售项目申报价格进行会商,确保商品住房价格稳定。

【农村房屋产权制度改革】 完成农村房屋各类登记300件，其中查漏补缺农村房屋确权登记71户,复核纠错、挂失、变更等其他登记229件。协调处理853厂职工集资建房和区农林局单位9户职工房改遗留问题,解决企业和群众的实际困难。完成3家申请房改维修金的单位的资料审查、查勘工作,拨付房改维修基金16.6万元。

【房屋安全管理】 分层级签订2017年安全生产目标责任书,梳理领导干部安全生产职责清单,全面完成安全生产目标任务。开展老旧危房排查、整治,对排查的严重安全隐患,下发危险房屋通知书12份,协助房屋使用安全责任人及时申请房屋安全鉴定。至年底,全区排查城镇老旧危房507处,存在安全隐患的房屋有26栋。对全区62个项目的玻璃幕墙进行安全排查，排查出6个项目存在安全隐患,督促企业整改落实。开展所辖公房小区及物业小区消防、汛期等安全生产巡查检查。

【房屋维修资金监管】 新建楼盘归集维修资金8400万元,归集率100%。60个老旧院落缴存维修资金,归集率100%。物业保修金应缴尽缴,缴存516万元。办理房屋专项维修资金使用备案项目21个,拨付使用资金75万元。拟定了维修资金账户清理方案。

【物业管理】 按照“封闭式管理,开放式服务”的要求,全区商品房小区全面实行市场化、专业化的物业管理等级服务,实现了物业管理全覆盖。开展住宅小区平安治理,健全工作机制,构建物业小区平安治理常态化机制。开展区域差别化试点,引入社会组织参与社区、小区治理工作。推行便民服务“一站受理、一站办结”模式,提升社区和物业小区的居民自治组织能力。建立物业矛盾调处台账,落实物业矛盾三级调解机制,指导督促各镇(街道)建立物业矛盾纠纷台账及销案制度,有效化解物业群体性矛盾。建立老旧院落物业管理长效机制,实现改造后的老旧院落物业监督、管理、指导全覆盖。

2017年,全区执业物业企业214家,物业管理项目460个，管理面积4447.5万平方米。组织物业管理工作人员培训350人次。 (谭潇蒲)

2017年新都区物业管理资质一级、二级公司一览表

表18

序号	公司名称	等级	序号	公司名称	等级
1	成都嘉诚新悦物业管理有限公司	一级	16	四川鼎晟资产管理有限责任公司	一级
2	成都德昌行物业服务有限公司	一级	17	珠海市丹田物业管理有限公司分公司	一级
3	广州天力物业发展有限公司成都分公司	一级	18	成都市嘉德联行物业服务有限公司	一级
4	成都万科物业服务有限公司	一级	19	保利物业管理有限公司成都分公司	一级
5	成都家园经营管理有限公司	一级	20	成都宜居资产管理有限公司	一级
6	四川民兴物业管理有限公司	一级	21	广州香江物业管理有限公司成都分公司	一级
7	成都浩佳物业管理有限公司	一级	22	成都众和为物业服务有限公司	一级
8	成都合力物业服务有限公司	一级	23	长城物业集团股份有限公司	一级
9	成都金房物业服务有限公司	一级	24	成都和顺物业服务有限责任公司	一级
10	成都卓望嘉物业服务有限公司	一级	25	成都北新物业服务有限公司	一级
11	成都尚品物业管理有限公司	一级	26	成都交大智能物业管理有限公司	一级
12	成都市居安乐物业服务有限公司	一级	27	成都忠信物业管理有限公司	一级
13	成都和佳物业管理有限公司	一级	28	成都鼎瑞物业服务有限公司	一级
14	四川悦华置地物业管理有限公司	一级	29	广西银湾物业管理有限公司成都分公司	一级
15	成都蜀信物业服务有限公司	一级	30	深圳市彩生活物业管理有限公司	一级

续表 18

序号	公司名称	等级	序号	公司名称	等级
31	四川兴顺物业管理有限公司	一级	55	成都市银林物业有限公司分公司	二级
32	成都威尔斯普物业管理有限公司	一级	56	成都万昊物业管理有限公司	二级
33	四川佳乐物业服务有限公司	一级	57	成都睿恒物业管理有限责任公司	二级
34	成都凯旋物业服务有限责任公司	一级	58	成都市恒德物业服务有限公司	二级
35	四川嘉宝资产管理集团股份有限公司成都分公司	一级	59	成都中塑物业服务有限公司	二级
36	四川申安物业服务有限公司	一级	60	成都宏润市场经营管理有限公司	二级
37	深圳市花样年国际物业服务有限公司成都分公司	一级	61	四川舜苑资产经营管理有限公司	二级
38	廊坊荣盛物业服务有限公司成都分公司	一级	62	成都市恒泽物业管理有限公司	二级
39	成都市仕和物业服务有限公司	一级	63	四川瑞天物业服务有限公司	二级
40	成都金房物业集团有限责任公司新都分公司	一级	64	广州海伦堡物业管理有限公司成都分公司	二级
41	成都合能物业管理有限公司	一级	65	成都市嘉晋物业管理有限公司	二级
42	金碧物业有限公司成都分公司	一级	66	四川亚新亚物业管理有限公司	二级
43	成都龙湖物业服务有限公司	一级	67	成都大成英联华经营管理有限公司	二级
44	成都汇融物业服务有限公司	一级	68	成都市典恒物业服务有限公司	二级
45	成都坤和物业咨询发展有限公司	一级	69	成都美佳服务有限公司	二级
46	成都莱斯物业管理有限公司	一级	70	四川省川港物业服务有限公司	二级
47	成都市永发鑫乐鑫物业服务有限公司	二级	71	成都润祥物业管理服务有限公司	二级
48	成都好当家物业服务公司	二级	72	成都孺牛物业服务有限公司	二级
49	四川环城物业管理有限公司	二级	73	成都明远物业发展有限公司	二级
50	四川蜀府东润物业服务有限公司	二级	74	成都市乐业安居物业有限公司新都分公司	二级
51	深圳市中洲物业管理有限公司成都分公司	二级	75	成都倍斯特物业服务有限责任公司新都分公司	二级
52	成都川信物业管理有限公司	二级	76	成都湖景湾物业服务有限公司	二级
53	成都市安和物业服务有限责任公司	二级	77	广元八二一物业服务有限公司	二级
54	成都腾兴物业管理服务有限公司	二级	–	–	–

住房公积金管理

【概况】 成都住房公积金管理中心新都管理部在成都住房公积金管理中心授权下，负责新都区内的住房公积金归集、提取、贷款等业务的承办和管理工作。内设工作管理岗位 3 个：管理部负责人、综合业务管理岗、综合业务受理岗，在编人员 1 人，聘用人员 7 人。

【公积金运行情况】 2017 年，新增住房公积金归集 8.44 亿元，历年累计归集 51.76 亿元；提取住房公积金 5.59 亿元，历年累计提取 28.10 亿元，历年归集余额 23.58 亿元。向 1804 户职工新增发放住房公积金个人贷款 6.26 亿元，历年累计住房发放住房公积金个人贷款 47.37 亿元，贷款余额 32.34 亿元；公积金个贷率 146.25%，资金使用率 146.86%。

【窗口服务】 9 月，区住房公积金管理中心贷款“一站式”服务窗口正式进入区政务服务中心，实现服务窗口整体搬迁入驻，集中办理住房公积金各项业务。

【住房保障】 累计提供保障性专项资金 7736 万元，为助推新都区房地产业健康发展及经济社会发展，服务地方统筹城乡、服务民生保障做出贡献。

（何婷婷）

商贸业·信息业

商贸业

【概况】 成都市新都区商务和旅游局（简称商务旅游局）内设机构8个：办公室、综合科、商贸科、外贸科、规划建设科、市场秩序科、电商科、旅游科，辖行政执法大队、服务业发展促进中心。实有编制人员43人。

【主要经济指标】 2017年，全区第三产业增加值264.8亿元，比上年（下同）增长11.5%，位列全市第四；社会消费品零售总额176亿元，增长14.6%，位列全市第二。第三产业固定资产投资（扣除房地产住宅）219.7亿元，第三产业重大项目投资72.5亿元。外贸进出口总额27亿元，增长13.4%。第三产业占GDP比重36.6%，增长0.2个百分点。

【商贸流通业运行态势】 2017年，全区社会消费品限额以上零售总额77.35亿元，按消费形态分，批发业0.05亿元，下降91.78%；零售业71.92亿元，增长22.56%；住宿业0.81亿元，增长4.49%；餐饮业4.57亿元，增长17.13%。全区社会消费品零售按经营单位所在地分，城镇社会消费158.14亿元，增长15.1%；乡村社会消费17.9亿元，增长10.7%。销售额上亿元限上企业54家，其中5亿元以上企业10家。

【服务业】 交通运输、仓储和邮政业收入增加值43.4亿元，增长14.6%。其中，规模以上交通运输业主营业务收入7.1亿元，增长41.07%；规模以上营利性企业主营业务收入5.0亿元，增长95.1%；房地产业增加值26.6亿元，下降3.8%，其中商品房销售面积340.2万平米，下降9.5%。金融业增加值29.95亿元，增长9.7%，其中金融机构人民币各项存款866.9亿元，增长3.4%，金融机构人民币各项贷款424.8亿元，增长9.2%。

1月4日至26日，举办“2017成都新都新春欢乐购暨‘新都造’品牌联展”活动。

组织区内企业参加“成都造·中国行”北京站和广州站等联展活动，与663家客商签约金额1701万元。

【电子商务】 全年，电子商务交易额450.7亿元，中小企业电子商务应用普及率85%。4月，新都区被评为成都市农村电子商务示范县。

大丰汇融“新创谷”入驻大学生创业企业、电商企业、服务企业等40余家，举办培训活动13场次。北欧E中心举办电商应用技能提升、新经济时代产业转型、品牌创建等专场培训8场次，参加人员400余人。

云图生活、科伦医贸2家企业成功申报市级创新型企业提升发展项目，科伦医贸获评四川省电子商务骨干平台企业。

龙和茶城与成都信息工程大学签约共创电子商务创新创业推广实习基地，成立小帮手科技公

8月25日，“2017新都农村电子商务产业体验周”在新都区龙和茶城正式启动

司，为25户商家提供微信小程序开发、淘宝代运营等服务。

安博新都国际物流港项目于6月开工，京东“亚洲一号”项目正进行主体施工，菜鸟骨干网项目12月中旬建成投运。

8月，举办“生态明珠，创‘新’智农——2017新都农村电商体验周”，30家本地农村电商企业、农产品企业开展“互联网+农产品”、“O2O”产品展销、“二维码”扫码互动等活动。实施新都农村电商创业帮扶计划，开展专场培训8场次，培训1200余人。

【商贸流通体系】 2017年，大丰街道高家社区完成成都市第一批社区便民生活服务体系综合试点任务，新繁镇通过一年时间完成商贸镇建设示范，2个示范试点通过市商委专家评审组验收。

【连锁超市】 引导和支持红旗连锁、舞东风超市等连锁企业开设直营店86家，其中红旗连锁84家、舞东风超市2家。经营品种6000余种，涉及日用品、副食品、小家电等。所有商品实行统一采购、统一配送，质量得到可靠保证。为消费者提供水、电、气缴费、手机话费、公交卡充值、移动支付等叠加增值服务。

【再生资源市场】 对区内再生资源回收站(点)进行整顿，规范提升64家。配合相关部门取缔2家，责令搬迁5家，责令限期整改10家。

【安全工作】 邀请安全专家、区消防大队对商旅行业企业负责人、安全管理人员开展《中华人民共和国安全生产法》、防火防洪等安全培训71人次。联系专家对永辉超市、懿润百货等11家大型超市提供上门安全生产标准化企业创建辅导服务。采取联合执法、节前检查、专项督查等进行安全检查39次，查出安全隐患161处，隐患整改完成率100%。

【信访工作】 初步解决78户信访主体安置工作，兑现被欠薪资240万元，引导100多家商家、近300名职工进行司法维权，并为其提供法律援助4次。处理市、区两级网上信访310件，办结率100%，满意度98.5%。

【商贸市场】 全区有专业市场28个，规划占地4813.64亩，已供地3397.6亩；总建筑面1048.5万平方米，已建面积545.26万平方米。种类有五金机电、医药贸易、家居灯具、家具材料、酒店用品、皮革家纺、电器交易等。其中开业运营(含分期建设项目)市场24个，在建市场4个。

全区有农贸市场57个，其中新都街道19个，大丰街道8个，新繁镇、龙桥镇、新民镇、三河街道、斑竹园镇各4个，其余各镇(街道)有1至3个。均为综合性农贸市场，兼营有调料家禽、腌醋肉品、日杂副食，半数的市场还兼营小百货、服装鞋帽、灶具、日用小商品等。市场经营面积1000至5000平方米的28个，5000至10000平方米的16个，1万至1.5万平方米的7个，1.5万至2万平方米的4个，2万平方米以上的2个。（赵凯明）

2017年新都区农贸市场一览表

表19

序号	市场名称	地　址	经营特色	市场所有权及投资主体
1	新民综合市场	新民镇	百货副食水产	新都市场开发有限公司
2	新民贸易市场	新民镇	农副产品	新都市场开发有限公司
3	新都高祖综合市场	新民镇高祖社区	百货、干杂、副食	新都河屯供销社
4	新都区润民综合市场	新民镇新民社区	综合	润民综合市场有限公司
5	新繁繁江市场	新繁镇繁清路	百货、干杂、副食、水产	成都万联投资有限公司
6	新繁东湖综合市场	新繁镇金龙街	蔬菜、水果、肉类、干杂、腌卤	新繁房地产开发公司
7	新繁新街菜市场	新繁镇	蔬菜、水果、肉类、干杂、腌卤	成都市繁江房地产开发有限公司
8	卧龙桥农贸市场	新繁镇龙安社区	农贸	卧龙桥农贸市场(金叶彩砖厂)

续表 19

序号	市场名称	地 址	经营特色	市场所有权及投资主体
9	电子路市场	新都街道电子路 64 号	百货、副食、蔬菜、水产	新都街道施营村 5 社
10	新都正因综合市场	新都街道正因社区	综合	新都富强市场开发有限责任公司
11	万和临时市场	万和小区	农贸	成都建城投资有限公司
12	马超综合市场	新都街道桂水路 33 号	蔬菜、鲜肉、水果	马超农贸市场管理有限公司
13	团结综合市场	新都街道工业大道西段 296 号	百货、副食、蔬菜、鲜肉、水果	成都市建城投资有限公司
14	民康综合市场	新都街道天元路 3 段 390 号	百货、副食、蔬菜、鲜肉、水果	民康菜市
15	新都贸易市场	新都街道西街 153 号	百货、副食、蔬菜、鲜肉、水果	瑞杰市场经营管理有限公司
16	天元综合市场	新都街道天勤路 126 号	蔬菜、鲜肉、水果	成都市建城投资有限公司
17	紫瑞市场	新都街道东环路五巷 6 号	蔬菜、鲜肉、水果	成都万联投资有限公司
18	新新市场	新都街道桂湖东路 126 号	蔬菜、鲜肉、水果	成都市荣宣市场经营管理有限公司
19	成都市时林蔬菜批发市场	运力大道	蔬菜、鲜肉、水果	成都市时林蔬菜批发有限公司
20	金都市场	新都街道金光路 1 号附 217 号	蔬菜、鲜肉、水果	成都金叶红商贸有限责任公司
21	泗义民苑综合市场	泗义村	蔬菜、鲜肉、水果	崇义市场经营管理有限公司
22	新都区农产品批发市场	新都街道运力大道	蔬菜、鲜肉、水果	成都超杰物资装饰工程有限公司
23	龙门市场	新都街道湖滨路 321 号	百货、鲜肉、蔬菜、干杂	瑞杰市场经营管理有限公司
24	城北市场	新都街道新新路	百货、鲜肉、蔬菜、干杂	西北村 2 社、7 社、9 社
25	新都区川音综合市场	新都街道川音小区	百货、副食、蔬菜、鲜肉、水果	新都街道马超社区
26	双河鹭岛农贸市场	润扬双河鹭岛	农贸	成都乐蓉市场经营管理有限公司
27	新都区锦水苑综合市场	新都街道锦水苑小区	蔬菜、鲜肉、水果	新都街道建成市场服务部
28	泰兴综合市场	泰兴镇观东村六社	百货、副食、蔬菜、鲜货、水果	新都市场开发有限公司
29	泰兴普河农贸市场	普河社区	农贸	成都市普河农贸市场经营管理有限公司
30	石板滩螺丝坝农贸市场	石板滩镇	综合	石板滩镇光明社区
31	石板滩蔬菜市场	石板滩镇	蔬菜	合兴市场经营管理有限公司
32	毗河苑综合市场	三河街道	农贸	成都新桂投资担保有限公司
33	198 二台子综合市场	三河街道二台子社区	百货、副食、蔬菜、鲜肉、水果	成都众盛市场经营管理有限公司
34	回龙综合市场	三河街道回龙社区	综合	成都回龙市场经营管理有限公司
35	三河农贸市场	三河街道江陵路 252 号	综合	成都回龙市场经营管理有限公司
36	清流农贸市场	清流镇	粮食、仔猪、禽蛋	新都市场开发有限公司
37	利济市场	清流镇	农副百货	新都市场开发有限公司
38	新都清流市场	清流镇	百货、副食、蔬菜、鲜肉、水果	新都区市场开发有限责任公司

续表 19

序号	市场名称	地 址	经营特色	市场所有权及投资主体
39	马家石坝综合市场	马家镇石坝社区	农贸	新都区成德市场经营管理服务有限公司
40	木兰综合市场	木兰镇文化西街 8 号附 80 号	百货、服装、干杂、副食、鲜肉、蔬菜、水产	成都市荣宣市场经营管理有限公司
41	军屯综合市场	军屯镇	百货、干杂、副食、水产	新都市场开发有限公司
42	龙桥市场	龙桥镇	百货、鲜肉、蔬菜、干杂	新都市场开发有限公司
43	龙桥渭水综合市场	龙桥镇渭水村	综合	渭水市场经营管理有限公司
44	青桥农贸市场	龙桥洪山堂西路 156 号	综合	宗光房屋拆迁有限公司
45	龙桥龙腾综合市场	龙桥镇龙腾大道	综合	成都市丰赢市场管理有限公司
46	石犀市场	大丰街道桂蕊街 39 号	百货、副食、蔬菜、鲜肉、水果	成都石犀市场经营管理有限公司
47	黄花市场	大丰街道三元大道 107 号	百货、服装、干杂、副食	新都区大丰黄花市场
48	北延新居市场	大丰街道振兴街	百货、副食、蔬菜、鲜肉、水果	新都区兴丰城建投资有限公司
49	南丰市场	大丰街道铁路社区二社	百货、服装、干杂、副食	成都市南丰市场经营管理有限公司
50	高堆市场	大丰街道高堆社区	农贸	成都市高堆市场经营管理有限公司
51	华美市场	大丰街道华美街 53 号	百货、副食、蔬菜、鲜肉、水果	成都华美市场经营管理有限公司
52	灌蜀农产品配送中心	大丰街道方营村五社、六社	农贸	成都灌蜀科技有限公司
53	大丰玖高盛菜市场	大丰街道博雅新城 266 号	副食、蔬菜、鲜肉、水果	四川玖高盛商贸有限公司
54	新都柏水市场	斑竹园镇柏水街道	百货、肉类、蔬菜、水果	新都市场开发有限公司
55	成都红光农贸市场	斑竹园镇鸦雀口社区五社	百货、副食、蔬菜、鲜肉、水果	成都红光农贸市场管理有限公司
56	斑竹园镇综合市场	斑竹园镇忠义一社	百货、肉类、蔬菜、水果	新都市场开发有限公司
57	斑竹园忠义农产品综合市场	斑竹园忠义社区三社、四社	百货、副食、蔬菜、鲜肉、水果	斑竹园镇忠义社区

外贸出口

【概况】 2017 年，新都区外贸经营备案企业 420 余家，其中进出口实绩企业 70 家。全区进出口累计 27 亿元，比上年（下同）增长 13.36%。其中，出口 23.4 亿元，增长 10.02%；进口 3.6 亿元，增长 40.82%。一般贸易出口占全区出口总额的 92%，较上年下降 2 个百分点。

【出口结构】 出口上亿元的企业 3 家，国有集体企业、民营企业和外商投资企业出口分别占 14%、66%和 20%，民营企业仍然是出口的绝对主力军，而国有企业和外商投资企业出口比例有所回升。

出口产品中，机电、高新技术产品占生产型企业出口总额的 70%左右，出口产品逐渐由劳动密集型向技术密集型转变，产品附加值和企业效益稳步提高，形成以机电、高新技术产品为主导，农产品、医药等特色产品为补充的出口格局。

出口市场除进一步巩固传统欧美、中国香港市场外，开拓“一带一路”沿线国家和地区新兴市场。

【出口管理】 按行业、产品组织区内 50 余家企业 200 余人次参加第 121 届、第 122 届广交会及省商务厅组织的“万企出国门”、市商务委组织的“成都造全球行”和“成都造全国行”系列活动，参加东盟系列经贸促进活动、日韩经贸促进活动、德国汉诺威工业展、美国高点家具展、美国(休斯敦)国际石油展览会等。组团参加2017年第15届哈萨克斯坦—中国商品展览会，举办“中国(四川)—中亚(哈萨克斯坦)企业经贸对接洽谈会。将中央、省、市各级优惠扶持政策和专项资金用好、用足，引导企业参与国际竞争。(赵凯明)

2017年新都区主要外贸出口企业一览表

表20

序号	企业名称	所在地	业务国家或地区	主要出口产品
1	成都旭光电子股份有限公司	香城大道电子路段	美国、法国、韩国	电子管
2	四川科伦药业股份有限公司	新都工业区	哈萨克斯坦	大输液产品
3	四川昆仑石油设备制造有限公司	新都工业东区	中亚、西亚、俄罗斯	石油机械
4	成都丰盈天然肠衣有限公司	斑竹园镇	欧洲、美国	盐渍肠衣
5	成都通灵中药饮片精选有限公司	斑竹园镇	日本、美国	中药材
6	瑞美(中国)热水器有限公司	新都工业区	韩国	热水器
7	巴鲁夫传感器(成都)有限公司	新都工业东区	欧洲、韩国	传感器
8	成都协力魔芋科学种植加工园有限公司	斑竹园镇	日本、欧洲、美国	海绵胶、魔芋粉
9	成都市汇洋纺织有限公司	新都街道新广路219号	美国、日本	纺织品、针织品
10	四川富民化工有限公司	新都工业区	日本	钡盐
11	成都新图新材料股份有限公司	新都工业区炬光路	欧洲、东南亚	ctp版
12	四川兰德高科技产业有限公司	新都工业东区	欧洲	金属添加剂
13	成都前宏通讯有限责任公司	新都工业东区	欧洲	通信线材
14	中铝铝箔有限公司	新都工业东区	美国、希腊、阿联酋	铝箔产品
15	成都三可实业有限公司	新都工业区	美国	食品制造、包装机械
16	成都银河动力有限公司	龙桥镇	日本、美国、东南亚	机械配件

粮油购销

【粮食收购】 对收购的原粮进行送检，重点检测农药残留物、微生物、黄曲霉素以及重金属，防止不符合卫生标准的粮食流入口粮市场。抓好国家最低收购价政策和临时收储政策落实情况的监督检查，为保证正常和良好的收购秩序，会同相关部门对区内粮食收购市场进行检查、监管。

【储粮安全】 国有粮食企业饮马河公司承担全区粮油政策性收储工作，保证各级储备粮食安全。集智能和低温库为一体的现代粮食仓库月波桥中心储备库建成投运，新增仓储能力3万吨。在落实水稻规模化种植补贴工作中，核定水稻种植户60户、玉米种植户3户、小麦种植户45户。2017年，检查粮食库存企业4个，经核查，账实相符、粮情稳定、储存安全、制度健全、管理规范，无安全隐患。

【驻军粮油供应】 在军粮供应工作中牢固树立“以兵为本，服务至上”思想，严守保密制度，严格执行国家军粮供应政策，不断提升军粮供应管理和服务水平。落实军队(含武警)的粮油供应计划并组织实施，加强全区军粮供应管理和军供网点建设，严格军供粮油的财务管理和统计工作，完成各类军粮供应任务。

【粮食企业监管】 饮马河粮油购销有限责任公司实现销售收入12143万元，利润49.4万元；新都区粮食局月波桥食品厂收支平衡，略有盈余。协调处理历史遗留问题，解决了瑞玉农业公司股权转让后应收款项、新繁面粉厂和饲料厂的后续工作、成都粮食物流园区建设协调、解除成都鑫丰市场投

4月27日，四川省粮食局副局长王海林（右一）一行到新都区调研

资公司投资协议等事宜；配合审计做好区粮食局往来账款清理工作。做好涉粮企业安全生产工作，未发生安全生产责任事故。　（黄平娟　代　琳）

供销合作商业

【概况】 成都市新都区供销合作社联合社（简称区供销社）内设机构4个：综合业务科、集商管理科、财会审计科、办公室，机关干部职工19人，离退休干部职工32人。下属企业23个（直属公司8个、股份公司5个），基层供销社16个，集体商业管委会29个，农资配送中心2个。全区有农资放心店97个、庄稼医院18个、农民专业合作21个、蠡都味实体馆2个、行业协会2个、农民专业合作社联合社1个、社区综合服务社2个、现代农业综合服务中心1个，有农村再生资源回收镇级回收站13个、村级回收网点198个。系统在册聘用职工10人。

2017年，被评为省、市供销社安全稳定、综合改革、基层组织建设、综合业绩考核先进单位。

【新网工程建设】 调整农资放心店15个，新建蠡都味实体馆1个，完善蠡都味网上交易平台1个、农产品流通信息发布平台2个。现代生态农业示范基地1个（50亩），农产品现代流通龙头企业6家，社区蔬菜配送点22个。供销社现代经营服务网络覆盖率镇级100%、村级95%。

【供销经营服务】 冬储尿素2000吨。全年销售化肥11930吨、农药12吨、农膜18吨，农资销售总额2730万元，比上年增长20%；再生资源交易总额3962万元。“蠡都味·精品农业网上商城”实现线上交易42万元，线下交易110万元。组织农资放心店经营业主培训2次，参训300人次，培训率100%。对农资放心店所售农资商品的价格、质量检查4次。

【安全工作】 与各公司、基层社、集商管委会签订安全稳定目标责任书，全年召开安全生产党组、领导小组、专题例会8次，排查、整改安全隐患6处。开展安全生产法律、法规和安全职业技能教育培训3次，参训200余人次；开展应急和消防演练3次，参与人数70余人次；发放和张贴各种安全宣传资料300余份，安全标语100余条。安全稳定工作连续15年被省、市供销社评为先进单位。

【信访工作】 全年受理社情民意信访事项18件，网上信访事项3件，接待群众来访300余人次，调处稳定事件2件，来访来信回复率100%，矛盾纠纷化解率98%。

【创建工作】 区供销社探索出“蠡都味公用品牌+农产品流通O2O公共平台+社团（农业联合社/流通协会）+各农业生产基地+城乡社区营销店+运营综合服务+小区配送服务点”的农业经营模式，通过服务市民有效地服务农民，既为市民提供安全放心的农产品，又引导农业企业、农民专业合作社、家庭农场、种植养殖大户按照农产品质量要求进行生产，通过“蠡都味品牌+蠡都味平台”的现代流通与服务方式实现产品的价值。2017年，蠡都味共建共享的新型农业经营主体50余个，产品500余种，通过线上线下综合营销，推动农业生产主体实现农产品良好有序交易3600万元，交易价值提升30%。　（周厚彬）

2017年新都区三星级及以上农资放心店一览表

表21

序号	名 称	星级	序号	名 称	星级
1	新繁桥北村农资放心店	三	33	泰兴镇杨河社区农资放心店	三
2	新繁镇天星街农资放心店	三	34	新繁镇花红村农资放心店	四
3	新都街道桂林村农资放心店	三	35	石板滩镇合兴场农资放心店	四
4	新民镇高祖七社农资放心店	三	36	石板滩金三角社区农资放心店	四
5	新都街道红星村农资放心店	三	37	木兰镇长宁村农资放心店	四
6	新都街道新桥村农资放心店	三	38	三河街道互助村农资放心店	四
7	新都街道崇义村农资放心店	三	39	清流镇利济场门市农资放心店	四
8	新都街道施营村农资放心店	三	40	新繁镇金龙村五社农资放心店	四
9	斑竹园镇福田村农资放心店	三	41	泰兴镇新店子社区农资放心店	四
10	斑竹园镇福田村(街村)农资放心店	三	42	泰兴镇关东村农资放心店	四
11	斑竹园镇金马村农资放心店	三	43	新民镇九埝村农资放心店	四
12	石板滩镇新谊村农资放心店	三	44	马家镇石坝村农资放心店	四
13	清流镇利济顺河村农资放心店	三	45	马家镇石坝村九组农资放心店	四
14	新繁镇公义村农资放心店	三	46	龙桥镇杨建村农资放心店	四
15	新繁镇外南街农资放心店	三	47	新都街道新泰西路农资放心店	五
16	新繁镇两河村农资放心店	三	48	斑竹园镇公益村农资放心店	五
17	新繁镇梁家村农资放心店	三	49	斑竹园镇街区农资放心店	五
18	新繁镇龙安锦河村农资放心店	三	50	斑竹园镇檀木村农资放心店	五
19	新繁镇清镇村农资放心店	三	51	斑竹园镇竹友供销社农资放心店	五
20	新繁镇天星市场农资放心店	三	52	斑竹园镇金文社区农资放心店	五
21	新繁镇李园村一社农资放心店	三	53	清流镇供销社农资放心店	五
22	新繁镇大墓山村农资放心店	三	54	新繁镇高宁场农资放心店	五
23	新繁镇西街社区农资放心店	三	55	新繁镇青石村农资放心店	五
24	新繁镇金龙村农资放心店	三	56	新繁镇民印村农资放心店	五
25	新繁镇金龙街农资放心店	三	57	新繁镇西街农资放心店	五
26	新民镇八字村农资放心店	三	58	泰兴镇高同村农资放心店	五
27	新民镇街村农资放心店	三	59	新民镇新河村农资放心店	五
28	新民镇高祖村农资放心店	三	60	新民镇大成村农资放心店	五
29	军屯镇文昌村九社农资放心店	三	61	新民镇高祖庙农资放心店	五
30	军屯文昌村七社农资放心店	三	62	军屯镇文昌村三社农资放心店	五
31	龙桥镇杏桂村农资放心店	三	63	龙桥供销社农资放心店	五
32	新繁镇世丰村二社农资放心店	三	64	大丰街道东街农资放心店	五

盐 业

【概况】 四川省盐业总公司新都支公司是国有非独立核算食盐批发AA级企业，隶属四川省盐业总公司成都分公司。下设经理室、副经理室、副书记室、综合办公室、营销部、新繁批发部，职工11人。

【经营管理】 2017年，商品盐销售13101.56吨，食用盐销售1197.64吨，非盐产品销售737.97万元。经营毛利17万余元，租赁收入14.5万元。

口盐销售市场全面放开，小盐厂和外省盐低价进入新都区食盐市场冲销，造成食盐价格混乱，特约经销商和销售商由于价格因素大量从其他渠道进购食盐，造成支公司口盐销售下滑严重。全年建立零售终端756家，二次及以上销售的719家。未加碘盐全年销售7901.8吨，加碘盐销售2230.75吨，肠衣盐销售84吨，都呈下降趋势。

开展国家储备盐储备工作，支公司有新都、新繁两个国家储备库。

【盐业管理】 2017年是盐政执法工作的最后一年，12月31日执法主体移交。为了站好最后一班岗，盐政所全体执法人员继续坚持市场检查，维护新都区盐业市场稳定。对市场具体分析，重点检查手续不齐备、来路不明的食盐，根据盐业管理条例，在调查取证的基础上，对当事人进行警告，责令退回所购盐产品。对虚假合同、虚假配送、虚假自建销售渠道等违反盐政法规的食盐经营行为采取暂扣盐产品的方式，进行深入调查，全年查处违规经营者9家，暂扣盐产品10余吨。检查学校食堂41个、餐饮店54家、农贸市场58个、超市和零售店565家、行业用盐单位48家。

（魏盛文）

烟草专卖

【概况】 成都市新都区烟草专卖局(分公司)隶属成都市烟草专卖局(公司)，受上级烟草专卖局和新都区人民政府的双重领导。下设部门6个：办公室、综合科、市场营销科、营销片区、专卖管理科、物流园区专卖管理所。在岗员工66人。

【卷烟营销服务】 2017年，销售卷烟39051箱，比上年(下同)增长4.0%。其中一、二类烟22837箱，占比58.5%；川烟15784箱，占比40.4%。娇子12631箱，增长7.1%，占比32.3%；一类娇子2444箱，增长25.8%。税利41703万元，增长5.87%；单箱销售收入(含税)37721元，增长2.24%。

【烟草市场管理】 全年查获各类涉烟违法案件531起，“三烟”(假烟、非渠道烟、走私烟)查缉量5484.26万支，涉案总金额5169.23万元，分别上升1.92%、30.35%、29.67%。查获持证大户案件101起，5万元以上案件160起，其中国产真烟案件20起，辖区自查案件数147起。在成都市烟草专卖局组织的全市专卖稽查小组卷烟市场监管竞赛中获组织奖、团体二等奖和专项竞赛三等奖。

（何 瑛）

8月28日，国家烟草专卖局(总公司)专卖司副巡视员白明(左二)在省市烟草专卖局(公司)领导的陪同下到新都区调研

物流业

【经济指标】 2017 年,新都物流中心完成固定资产投资 15.53 亿元,完成年度目标任务的 194.09%;营运收入 205 亿元,比上年(下同)增长 27.97%;全口径税收 4.06 亿元,增长 32.25%;税收收入 1.71 亿元,增长 22.72%,完成年度目标任务的 126.93%。

【项目建设】 阿里巴巴菜鸟项目于“双 11”试运营,富森汽配二期项目已竣工验收。京东项目、安博项目相继于 2 月、6 月动工建设。

引进传化智联成都北部物流中心项目(计划总投资 18 亿元)、京东物流子集团四川区域总部项目等。

【转型升级】 A 级物流企业 51 家,占成都 A 级物流企业总数的 48%。拥有成都城市集中配送试点企业 18 家,占新都、龙泉、双流 3 个示范区的 39%。协助企业争取四川省促进现代物流业发展专项资金 550 万元。

【物流研究】 与每日财经新闻、京东集团组建三方物流研究院,创建汇聚产业、专家智库和媒体资源的行业高端物流智库平台,强化人才智力支撑,加强集聚区建设研究。围绕产业集聚区生态圈建设,组织四川中智(物流)投资咨询公司等第三方智库机构,撰写《关于建设公铁联运国际物流枢纽的思考》。新都国际公路港物流产业生态圈被纳入成都市临港现代物流产业生态圈三大布局之一。

【园区治理】 深入实施污染防治“三大战役”,开展园区污染源成因科学分析。承办中央生态环保督察督办件 5 件,取缔商混站 1 家、非法停车场 4 家,整改资质不全的汽修商家 127 家。 (黄小梅)

旅游业

【概况】 全区有国家 AAAA 级旅游景区 2 个:宝光桂湖文化旅游区、锦门丝绸商贸旅游小镇;国家 AAA 级旅游景区 3 个:“花香果居”旅游景区、新繁东湖、清流镇“泉映梨花”景区。旅行社 1 家,即鹏程旅行社。星级酒店 3 家:保利皇冠假日酒店(五星级)、桂湖国际大酒店(四星级)、川视宾馆(二星级)。

2017 年,全区接待游客 1445.45 万人次,比上年(下同)增长 11.61%;收入 32.17 亿元,增长 21.44%。其中,乡村旅游人数 833.4 万人次,增长 19.41%;收入 8.59 亿元,增长 22.54%。

【旅游业管理】 常态化开展旅游安全检查,重点开展节前、节日期间旅游安全巡查。加大文明旅游、“防艾”意识、法律法规的宣传力度。组织旅游从业人员 200 余人参加技能培训,组织乡村旅游优秀代表赴中国台湾培训。完成旅游厕所新建 3 处、改建 1 处。制定农家乐排污治理工作方案,进一步完善“农家乐”信息与管理台账。截至 12 月,264 家农家乐中排污达标 202 家。

【旅游项目建设】 马家镇北星花博园、尖峰四季旱雪场等一批项目相继对外开放营业。泥巴沱森林公园项目,建设集生态涵养、运动休闲、防灾避险等功能于一体的综合性、复合型的城市森林公园,年内完成投资 13.52 亿元。五龙山百花谷项目,结合农业生态观光、科研、科普教育、花卉、花展、户外运动、航空主题餐厅、游乐园等功能,建筑面积 1.2 万平方米,年内完成投资 1.30 亿元。

【旅游宣传】 对接新华社,推出新都旅游形象、旅游品牌和旅游产品的宣传;与新都广播电视台合作,在乡村景点取景拍摄,制作新都旅游宣传片。组织全区重点旅游企业参加广州国际旅游展览会,通过推介会,对接江西南昌、景德镇和江苏南通、连云港、扬州的旅行商洽谈合作。以“新都名优产品进市级机关”和“川货全国行”,以专场推介、产品介绍、文化宣传等形式开拓成都和广州客源市场,开启以新都为旅游目的地的产品开发模式。区领导带队拜访驻川领事馆,对接加拿大、波兰等入境游市场开发,开拓以波兰为代表的欧洲客源市场。投入 160 万元,谋划《惬·新都》宣传营销推广项目,立足从吃、住、行、游等方面宣传新都。11 月 22 日,在成都国际旅游展世界旅游宣传推广平台,推介新都区旅游资源,招引特色旅游项目。

【旅游线路】 新都区一日游线路 2 条:蜀龙历史文创旅游专线(成都大熊猫繁育研究基地—沸腾小镇—漫花庄园—锦门—宝光桂湖),北星干线乡村旅游专线（花香果居—尖峰旱雪—樱薇花美—宝光桂湖）。

【主要旅游产品】 新都姜糖、桂花糕、新繁泡菜、新繁桃片(获天府食品博览会金奖)、叶儿粑(四川名小吃)、新都柚(获全国柚子类"金杯奖"、国家银奖)、新繁棕编(国家级非物质文化遗产)、清流板鸭、新都七珍、宝光禅茶、锦门丝绸等。

【品牌创建】 在北京举行的第三届"全国百佳生态文明城市与景区"评选活动中，新都区获"中国十佳特色文化名区"称号，清流镇"泉映梨花"景区评定为国家AAA级旅游景区。

【旅游节庆活动】 举办新都第23届荷桂生态文化旅游节、第13届柚花节和第4届清流梨花节等品牌节会，提升游客活动参与性、体验性。

（赵凯明）

2017年新都区境内星级农家乐一览表

表22

序号	单位名称	地址	星级
1	姊妹庄园餐饮管理有限公司	新都街道督桥河村	五星
2	成都爱吾源生态农业有限公司	清流镇	五星
3	新都区海龙餐饮娱乐有限责任公司	斑竹园镇雷家村	四星
4	新都区新民镇沁彩苑农家乐	新民镇高祖社区	四星
5	都都区新繁镇北湖活水园休闲庄	新繁镇高墙村3社	三星
6	新都区新都街道华利园	新都街道新军路岷风园艺场	三星
7	四川卧牛餐饮有限公司	木兰镇木兰社区	三星
8	双车坊清源农庄	清流镇广泉村	三星
9	新都区大丰银杏山庄	大丰街道赵家社区	三星
10	新都区新都街道金博庄休闲庄	新都街道西北村8社	三星
11	佳和	新都街道西北村九组	三星
12	澜塔苑	斑竹园镇花香果居花香路	二星
13	果居苑	香城大道果香路段北侧花香果居	二星

邮政业

【概况】 中国邮政集团公司成都市新都区分公司(简称新都区邮政分公司)，2017年在岗人员174人。设综合办公室(安全保卫部)、市场营销部、金融业务部、包裹快递业务部、渠道平台业务部、文化与集邮传媒业务部；下辖新繁、大丰、龙桥、三河、新民、太兴、石板滩、斑竹园、城区(辖西街邮政营业部、电子路营业部)邮政支局9个，爱莲春、石油大学邮政所2个；木兰、马家、军屯、龙藏寺、龙安、清流、利济、竹友委代办邮政所8个。全年邮政业务收入6815万元。

【经营业务】 国内、国际邮件寄递业务，机要通信业务和义务兵通信业务，邮政储蓄代理、汇兑业务，保险兼业代理，国内报刊发行，批发国内图书、期刊，邮票和集邮品销售，第二类增值电信业务中的信息服务火速代理，票务代理，商务服务业，商品批发与零售。

【经营管理】 继2016年在西街、斑竹园、三河、新繁4个代理金融网点试点的基础上，对余下的泰兴、龙桥、石油大学、石板滩、新民5个代理金融网点全面推开网点转型和效能提升工作。通过开展代理保险业务管理、代理金融检查一系列金融网点规范化合规经营专项检查整治活动，提升风险防控能力。分公司加强与区政法委、区公安分局禁毒办、区交通运输局合作开展交通行车安全、邮件收寄验视制度检查、禁毒联合检查等一系列安全专项活动，防范禁限寄物品从邮政渠道流通。

【提升服务】 大丰、三河、斑竹园、龙桥、新繁5个新兴城镇，因城市化发展进程较快，外来人口多，存在用邮难的问题，在对大丰支局低效网点转制业务外包、三河支局投递业务外包的基础上，在斑竹园、三河、龙桥3个网点增设投递部，投入硬件、软件设施，提升服务能力。对马家、军屯、新民、石板滩、泰兴、木兰、清流、龙安、龙藏寺等邮政服务点推进业务外包，提升“服务最后一百米”的能力和水平。基本达到全区广大人民群众对邮政普遍服务的用邮需求。继续与区商旅局开展邮政农村便民服务店，与区办证中心、区交警大队开展交罚业务。截至12月，建成邮政便民服务站85个、邮件自提点85个、智能包裹柜69组4410个格口的社会平台。开办水、电、话费充值、邮件收取、代办车险证照年审和交罚处理等便民服务。

（汪文华）

电信业

【概况】 中国电信股份有限公司成都新都区分公司（简称中国电信新都分公司）设综合支撑部、客户经营组、门店运营组、网络运营分局4个职能部门，下属分支局21个，员工99人。2017年，中国电信新都分公司固话用户42万户，宽带用户数35万户，天翼用户数52万户，电信电视用户36万户，营业网点220余家。年收入5.5亿元，向地方缴纳税金3700万元。

【优化服务】 推行“首问负责制”，按照“预警—拦截—分析—整改”管控投诉。采用“分支局—服务质量管理—分管副总”，将用户问题尽量拦截并解决在当地。建立服务质量典型案例分析制度，及时改进服务中的问题。明确投诉派单、投诉处理、服务回访等各环节的流程、时限和要求，将普通投诉的考核时限缩短为20小时，金、银类工单缩短为16小时，钻类缩短为6小时。投诉处理及时率95%，用户满意度90%。

【基础服务】 提高资源利用率，为市场作好有力的后台支撑，提高网络运行质量，确保通信畅通。提升宽带维护团队水平，提升装移机及时率和投诉处理完结率。以市场需求为导向，加快工程建设，保证网络能力，实现无条件装机，网络端到端通畅服务零容忍。定期对所使用的设备进行预检预修工作，设备故障处理及时率保持在95%以上，基站断站历时小于240分钟，基站工作完好率平均在99.5%以上。在节假日、汛期等专门制定应急预案，组织应急抢修队伍保障，党政军重要通信良好。定期开展基站、设备检测，提前消除各种隐患。

【网络建设与维护】 2017年，新增4G基站217个，年末基站达到5312个，4G用户上网下载速率50M以上。继续打造热点WI-FI覆盖和家庭WI-FI建设，全面支撑高带宽用户家庭WI-FI功能，提供全方位的自由互联基础。完成所有端局模块局传统设备退网。城区98%的FTTB设备退网和电缆退铜，在部分高端小区推进建设千兆光网。推进FDD基站建设。截至2017年年底，有FTTH端口66万个。

【通信市场经营】 2017年，通信市场经营收入4.26亿元，综合用户规模提升54696户。电视用户突破28万户，规模提升33%；宽带突破27万户，规模提升23%；天翼突破40万户，规模提升18%。

【信息化工作】 2017年，以“智慧监管”“智慧公交”“智慧教育”等行业信息化项目获得上级表彰。同步验收高清电子警察抓拍系统95套。“综治平台”对接“天网平台”。重点突破以物流、酒店、物管为代表的信息化应用，推进“智慧酒店”“智慧商圈”“智慧餐饮”等项目建设。

电信天翼云为用户提供“云网融合、安全可信、专项定制”服务。为用户提供云主机、云存储、桌面云、专属云、混合云、CDN、大数据、云专线、云间高速等全线产品，区教育局、中小学校教育云落地试点。7月5日，电信新一代物联网（NB-IoT）正式商用，在远程抄表、智能停车、智慧消防等领域推广。

（周　玉）

移动通信

【概况】 新都区境内经营移动通讯业务的公司有移动新都分公司和联通新都分公司。

【移动新都分公司】 中国移动通信集团四川有限公司新都分公司（简称移动新都分公司）设置职能

部门4个、营销中心11个,在岗员工166人。2017年,营业收入9亿元,4G客户76万户,上网用户113万户。宽带端口26万户,全网基站2320个。

(陈艺旋)

【联通新都分公司】 2017年,联通新都分公司月度绩效、月度客服指标、线上渠道移网用户新增完成率及月销量、自有营业厅重点产品合约及普通单卡完成率、2G、3G转4G用户名列全市前列。完成校园秋促项目、2I2C项目。原移网用户某公司400户,续约302户担保合约。原固网专线用户某公司,提升为智慧园区(在谈)用户。原固网专线用户某公司通过光改薄覆盖。发展智慧类校园业务1家。与核心代理商签订合作代理协议,天猫活体认证上线后,签订代理授权书,通过天猫店铺发展用户。

在全区设立自有厅10个、合作厅13个、店家联盟网点202个。营业人员、客服服务经理100余人,负责对口营业厅管理,宣传新业务,代客户缴费、送账单、送发票,处理客户业务问题等。

(宁　红)

有线广播电视网络

【概况】 四川省有线广播电视网络股份有限公司新都分公司是从事广播电视网络建设、广播电视信息传输以及基于广播电视网络为基础的其他综合信息业务的国有企业。

2017年,经营收入1.6亿元,有线数字电视用户25万户,宽带用户11万户。

【广电网络公共文化服务】 加快有线广播电视网络数字化、双向化、智能化改造,优化网络骨干节目,扩容有线电视骨干网络。全年投资3000多万元,投建项目163个。

全区有线电视通达地区免费提供有线电视节目6套。至2017年底,除困难家庭继续享受外,不再免费提供。城乡低保家庭、城填"三无人员"和农村"五保"对象免费收看高清数字电视。增加内容供给,缴纳最低收视费用户收看节目增加到215套,包含高清频道68套。完成8.5万户家庭第二台收视终端数字化、高清化、双向化转换。投资约1700万元。

【智慧广电融入社会信息化】 加大电视"户户通"、广播"村村响"工程维护力度,提高网络维护服务质量。助推数字文化馆建设、雪亮工程建设、农民集中安置小区安防建设。开发上线"新,都在这里"智慧电视服务平台,开设本地新闻咨询、政务信息、生活便民、雪亮监控、一键报警等栏目,并同步开发上线"智慧香城"手机APP软件。平台上线成为区文化产业资金扶助项目。

【安全播出保障】 按照《广播电视管理条例》《广播电视设施保护条例》的要求,为确保安全播出工作落到实处,年初,公司将安全播出责任和任务层层分解,重点抓工作落实,完成全年任务和"十九大"等重要安全播出时段保障任务。 (廖静思)

金融业

中国人民银行新都支行

【概况】 2017年12月末，新都区各项存款余额866.87亿元，较年初增加28.78亿元，增长3.43%；各项贷款余额424.79亿元，较年初增加35.86亿元，增长9.22%。其中涉农贷款175.56亿元，比年初增加12.16亿元，增长7.44%。

【货币信贷政策传导】 牵头组织召开金融联席会，指导金融机构贯彻执行稳健中性货币政策，引导辖区信贷合理适度投放，加大对实体经济，特别是对“三农”和有市场竞争力小微企业的支持力度。响应人民银行成都分行关于应收账款融资平台推广工作，联系区财政局、区商务旅游局等有关部门以及全辖金融机构参加电视电话会议，学习“长虹模式”试点经验和政策。

【农村金融综合改革】 中国人民银行新都支行（简称人行新都支行）辅导金融机构拓展农村产权抵押融资业务，用好农村产权抵押贷款风险基金。截至12月末，全辖农村产权抵押融资余额2.29亿元，涵盖农村集体建设用地使用权抵押、农房直接抵押、林权质押、生产设施抵押等贷款方式。

人行新都支行与农口部门、涉农金融机构和成都金控集团加强沟通协调，推动“农贷通”网络平台建设。截至12月末，新都区“农贷通”网络平台采集新型农村经营主体信用信息105户，建成“农贷通”重点项目库56户，受理线上贷款申请57笔，实现融资212万元。

落实中国人民银行支农再贷款政策，全年向村镇银行发放债券质押式支农再贷款3000万元，累放1.1亿元，余额6000万元，引导其通过“农贷通”平台将资金投向“锦绣田园”精品农业园区以及北星线都市现代农业高端经济作物种植示范基地。推进农村信用体系建设，评定信用镇13个、信用村123个、信用新型农业经营主体9户、信用户690户。

【维护金融稳定】 开展存保机构评级工作，指导村镇银行完成投保办理和保费缴纳，监测分析其运行情况。做好法人机构MPA考核和风险监测，2017年村镇银行经营状况保持稳定。提高开业管理效能，辅导华夏银行、长城华西银行加入人民银行金融服务体系。督查金融机构执行重大事项报告制度，实时了解金融机构各类重大事项变动。

【金融统计】 组织辖内金融机构贯彻执行2017年金融统计制度，及时、准确、真实、完整地上报各种统计报表。加强对村镇银行、小贷公司的数据审核，按时生成各类统计报表，满足当地政府与辖内金融机构对支行金融统计服务需求。根据调整的金融统计制度，有针对性地关注新都桂城村镇银行同业业务和理财业务。贴近微观经济主体，完成制度性、临时性调查，掌握“三农”、企业景气、房地产、民间融资、商品价格等情况，为上级行决策收集第一手资料。

【窗口服务】 全区完成预算收入57.23万笔，金额157.32亿元；完成预算支出2.7万笔，金额125.60亿元，支付财政库款利息415.4万元。全年直拨惠民资金7140笔，金额2722万元。深化财税库银横向联网建设，创新国债销售渠道，国库服务核算质量稳步提高。提升人民币流通管理水平，完成各项执法检查13次。规范假币收缴、投诉处理，组织业务培训及资格考试，在“反假小超人”答题活动中获成都市区县答题人数绝对值第一名。办理个人、企业征信查询分别为26866笔、1715笔，比上年增加40.76%、50.78%。开展反洗钱走访、考核评级、宣传和培训等，防范洗钱风险，维护社会稳定和群众财产安全。

【支付便民】全区设立助农取款服务点 399 个，其中农业银行 326 个，农商行 73 个，主要设立在村农家店、小超市、百货商店、村委会等处。申报农村金融综合服务示范站 2 个，助农取款优质服务点 7 个。全年助农取款点办理业务 2.68 万笔、1579.54 万元。规范银行结算账户行政许可，全年完成核准类单位银行结算账户业务 17300 户，空头支票行政处罚 2 次。加强与交通部门、蓉桂公交公司的交流协作，完成“金融 IC 卡”接驳地铁站公交车应用全覆盖，将与“小码联城”公司（阿里巴巴与蚂蚁金服合资公司）合作，在区内 64 条线路安装具备支付宝、金融 IC 卡支付功能的新刷卡设备。

【金融宣传】开展反假币、金融消费者权益日、信用记录关爱日和金融知识普及月等主题宣传活动，开展公益电影放映活动，以群众喜闻乐见的方式，自制“快闪 H5”征信微电影，放映 500 余场，总时长 1000 分钟以上，观看群众 10 万人次。牵头创作国债动漫宣传短片，在社区、学校、影院和银行网点循环播放，在影院播放 160 余场，网点播放 9665 次，受众 4 万余人。履行金融消保职责，督促各金融机构及时受理投诉咨询，维护群众合法权益和财产安全。

（魏　军　李景君）

新都银监办

【概况】中国银行业监督管理委员会新都监管办事处（简称新都银监办）是四川银监局经中国银监会批准，在成都市新都区设置的办事机构，由四川银监局直接管理。新都银监办在四川银监局的授权范围内，履行对新都区、青白江区银行业金融机构的监督管理职责。

【银行概况】2017 年末，新都区辖内有银行业金融机构 24 家，其中法人机构 1 家、分支机构 23 家，营业网点 137 个。

【法人监管】新都银监办以辖内法人银行业金融机构为监管重点，履行属地监管第一责任。引导和督促辖内村镇银行坚守“支农支小”市场定位，开展与风险管控能力相匹配的业务。通过现场检查、非现场监管、准入初审和巡查等方法，督促村镇银行防控风险，促进其安全稳健运行。

【风险监管】新都银监办指导和督促辖内银行业金融机构做好服务实体经济和风险防控工作，守住风险底线。收集所管辖区域有关金融风险信息，发现重大风险，及时向四川银监局和地方党委、政府报告并妥善处置。（李和平）

2017 年末新都区银行机构一览表

表 23

机构类型	机构名称	网点名称（简称）	网点地址
村镇银行	新都桂城村镇银行有限责任公司（6）	新都桂城村镇银行有限责任公司	新都街道清源路状元府邸 66 号
		大丰支行	大丰街道方元路 222 号附 14~17 号
		三河支行	三河街道互江路 277 号 1 幢 1 楼 3 号、4 号
		天缘路支行	新都街道天缘路 213 号
		新繁支行	新繁镇正东街 88 号
		石板滩支行	石板滩镇东风西街家园路一巷 79 号、81 号
政策性银行	中国农业发展银行	新都区支行	新都街道东环路五巷

续表 23

机构类型	机构名称	网点名称(简称)	网点地址
国有大型银行	中国工商银行股份有限公司(10)	新都支行	新都街道小北街一巷附 2 号
		城东支行	新都街道兴业北路 151~163 号
		大丰支行	大丰街道铁石板街 86~92 号
		桂湖西路支行	新都街道桂湖西路 32、34 号
		花都大道支行	大丰街道花都大道 789 号 10 幢 1 层
		马超西路支行	香城大道马超西路 128~132 号
		物流大道支行	新都区物流大道 88 号招商楼 1 层
		西南石油大学支行	新都街道新都大道 8 号校研发大楼附楼 1 层
		新繁支行	新繁镇正东街 64 号、66 号
		工业大道支行	新都街道工业大道东段 363 号 1 栋 1 单元 1 层
	中国农业银行股份有限公司(15)	新都支行	新都街道新中路 122 号
		斑竹园分理处	斑竹园镇 227 号
		城南分理处	物流大道 573 号 19 栋 01~03 号
		大丰南街分理处	大丰街道互惠大道 35 号、37 号
		大丰支行	大丰街道南街 171 号
		电子路分理处	新都街道电子路 101 号
		龙桥分理处	龙桥镇南街 59~77 号
		马超东路分理处	香城大道马超东路 557 号附 101~106 号
		三河支行	三河街道厚诚路 8 号 2 栋
		石板滩分理处	石板滩镇东街 40 号
		太兴分理处	泰兴镇
		新繁西街分理处	新繁镇西街 98 号
		新繁支行	新繁镇正南街 7 号
		新民分理处	新民镇正街
		新中路分理处	新都街道新中路 122 号
	中国银行股份有限公司(7)	新都支行	新都街道圣谕亭巷 80 号
		博海路支行	新都街道博海路 83 号 1 幢 5~7 号商铺
		大丰支行	大丰街道花都大道 789 号 10 幢西侧底层
		建设路支行	新都街道建设路 24~32 号
		马超西路支行	香城大道马超西路金冠华庭 12 幢 1 楼 4~6 号
		石油大学支行	新都大道 8 号西南石油大学研发楼附 1 楼
		新繁支行	新繁镇繁江中路 143~147 号

续表 23

机构类型	机构名称	网点名称(简称)	网点地址
国有大型银行	中国建设银行股份有限公司(10)	新都支行	新都街道桂湖东路 58 号
		新都大丰支行	大丰街道花都大道 783 号
		新都新城花园支行	香城大道电子路新城花园二幢 1 楼 8 号
		东环路支行	新都街道东环路
		桂湖支行	新都街道桂湖西路 114~120 号
		国际广场支行	香城大道马超东路 380 号新都国际广场底楼
		三河支行	三河街道厚诚路 8 号
		西街支行	新都街道西街 62 号、64 号
		香江支行	家具产业园区列维士路 562 号、564 号
		新繁支行	新繁镇繁江大道与东街交汇处
	交通银行股份有限公司(3)	新都支行	香城大道马超东路 289 号 1 楼
		大丰支行	大丰街道花都大道 696 号 17 栋 1 层
		下南街支行	新都街道外南街 56 号、58 号
邮政储蓄银行	中国邮政储蓄银行股份有限公司(12)	新都区支行	香城大道电子路段 10~24 号
		大丰镇支行	大丰街道花都大道 783 号
		斑竹园镇营业所	斑竹园镇文锦街 184~190 号
		龙桥镇营业所	龙桥镇龙桥场镇九组 240~246 号
		三河大道营业所	三河街道三河大道 48~52 号
		石板滩镇营业所	石板滩镇东风东街 68~74 号
		石油学院营业所	蜀龙大道中段 1088 号 1 栋 1 层 1~4 号
		泰兴营业所	泰兴镇泰北街 8 栋 1 层 4 号
		新繁镇营业所	新繁镇正西街 260 号
		新民营业所	新民镇大成街 61~65 号
		清源路支行	新都街道清源路 201 号
		西街营业所	新都街道西街 6 号
全国性股份制银行	广发银行股份有限公司	马超东路小微支行	新都街道兴乐北路 93 号、95 号
	华夏银行股份有限公司	新都支行	新都街道桂湖东路 214 号
	平安银行股份有限公司	新都支行	香城大道马超西路 299 号 1 栋 1 楼 1 号、3 号
	上海浦东发展银行股份有限公司	新都支行	香城大道马超东路 266 号“新城市中心”第一层 1110 号
	兴业银行股份有限公司(4)	双河鹭岛社区支行	毗河东路 99 号附 26 号
		天府江南社区支行	三河街道天海路 58 号
		保利 198 社区支行	三河街道银杏路 55 号、57 号
		马超路社区支行	香城大道马超西路 298 号
	中国光大银行股份有限公司	新都支行	香城大道马超西路 299 号附 14 号、15 号、143~147 号

续表 23

机构类型	机构名称	网点名称(简称)	网点地址
全国性股份制银行	中国民生银行股份有限公司(8)	新都支行	香城大道马超西路 28 号龙虎大厦 1 层、2 层
		保利公园 198 社区支行	三河街道银杏路 51 号、53 号
		新都传化国际新城社区支行	物流大道 664 号附 3 号
		新都繁江北路社区支行	新繁镇繁江北路 2 号
		新都家具园小微支行	新繁镇繁川家具大道南段 219 号
		天府江南水岸阳光社区支行	三河街道浣纱路 75 号 4 栋 1 层 75 号
		新都物流园小微支行	物流大道西段 181 号
		新都汇社区支行	新都街道桂水路 421~425 号
	中信银行股份有限公司	新都支行	香城大道马超东路 559 号附 110~115 号、附 211 号、213 号、311 号
城市商业银行	成都银行(3)	新都支行	香城大道马超西路金荷大厦一单元一层
		成都达令港社区支行	大丰街道方营路 537 号
		新繁支行	新繁镇繁清大道 222 号“全球家居 CBD 项目”一期四栋 B-8018 号、8019 号
	四川天府银行股份有限公司(3)	新都支行	香城大道马超西路 1 号
		宝光大道小微支行	新都街道宝光大道 492 号、494 号
		大丰小微支行	大丰街道赵家寺路 60 号附 6 号、7 号
	长城华西银行股份有限公司	新都支行	香城大道马超西路 269 号、271 号
	重庆银行股份有限公司	新都支行	新都街道育英路 470~474 号
	贵阳银行股份有限公司	新都支行	香城大道马超东路 555 号附 37~41 号
	哈尔滨银行股份有限公司	新都支行	香城大道马超东路 518 号汉嘉国际社区
	浙江民泰商业银行股份有限公司	新都支行	香城大道马超西路 298 号
农村商业银行	成都农村商业银行股份有限公司(44)	新都支行	香城大道马超东路 289 号
		柏水分理处	斑竹园镇柏水场镇
		斑竹园支行	斑竹园镇竹园大道 39 号、41 号
		斑竹园桥头分理处	斑竹园镇复兴街
		大丰东街分理处	大丰街道新街 118 号、120 号
		大丰三元分理处	大丰街道三元大道 85 号、87 号
		大丰支行	大丰街道方元路 60 号、62 号
		高宁分理处	新繁镇王家船街
		公园路分理处	新都街道公园路 83 号、85 号
		桂湖分理处	新都街道东环路 74~80 号
		桂林分理处	新都街道桂湖东路 144~152 号
		桂林路分理处	新都街道桂湖东路 281 号

续表 23

机构类型	机构名称	网点名称(简称)	网点地址
农村商业银行	成都农村商业银行股份有限公司(44)	海宁皮革城分理处	斑竹园镇柏水村“成都海宁皮革城”内北京路63号
		汉嘉分理处	香城大道马超东路518号汉嘉国际社区23幢1层2~6号
		锦水分理处	新都工业大道西段279~283号
		军屯分理处	军屯镇环城西路16号附7~9号
		利济分理处	清流镇利济场济兴街
		龙安分理处	新繁镇桥北街127~135号
		龙虎分理处	新都街道龙虎大道2015~2025号
		龙桥分理处	龙桥镇场镇社区八社17号
		马家分理处	马家镇石坝社区
		木兰支行	木兰镇同兴街196号
		清流分理处	清流镇清渔街
		清源路分理处	新都街道清源路
		蓉北分理处	大丰街道蓉北大道一段180~184号
		三河支行	三河街道三河大道61~69号
		石板滩东风街分理处	石板滩镇东风街西街76号
		石板滩分理处	石板滩镇正兴街361~365号
		石木路分理处	木兰镇芦竹路311~315号
		太兴农南街分理处	泰兴镇农南街
		太兴支行	泰兴镇泰北街220号
		天元支行	香城大道电子路500~504号
		外南街分理处	新都街道外南街29号、31号
		物流园区分理处	物流大道199号天旭汽配城办公楼底楼
		香城分理处	新都街道东街276~280号
		新繁曼时分理处	新繁镇荣军路97~101号
		新繁外西街分理处	新繁镇繁川家具大道370~376号
		新繁正西街分理处	新繁镇正西街193号、195号
		新繁支行	新繁镇繁清路89~99号
		新民分理处	新民镇福新街27~33号
		义和分理处	石板滩镇金山角社区万源大道30号
		正因分理处	新都街道正因南街西二巷1号
		竹友分理处	斑竹园镇西街24号
		状元街分理处	新都街道状元街91号、93号

证券营业部

【概况】 新都区境内有国金证券营业部和中投证券营业部等，各证券营业部都有较好的交易环境，基础设施完备，设施设备先进。拥有研究咨询团队，为客户提供投资咨询服务，提供现场、自助、电话、网上、手机等多种交易委托方式。

【国金证券】 国金证券股份有限公司成都新都区马超西路营业部，地处新都街道马超西路298号5楼，营业面积890平方米。新都营业部下设财富管理中心、销售管理部、业务运行部、人事行政部。营业部员工26人，有客户3万余户。2017年，新增客户1000余户，掌握的客户市值规模约21亿元，在新都地区的经纪业务市场占有率超过50%。

交易场所配有投资者培训室，定期免费举办投资者入市培训、投资分析报告会、理财沙龙等活动。 （汪艳萍）

【中投证券】 中国中投证券有限责任公司成都新都桂湖东路证券营业部，地处新都街道桂湖东路58号建行大厦12楼。营业面积550平方米。员工14人。2017年，新增客户400户，开户股民总数1.71万户，客户托管资产总值11.52亿元，A股和基金的交易额221.97亿元。在全国证券市场中市场份额为万分之0.81。营业部定期免费举办投资者讲座、投资分析报告会、理财沙龙及现场分析解盘等活动。 （魏 崴）

人保新都支公司

【概况】 中国人民财产保险股份有限公司成都市新都支公司（简称人保新都支公司）位于新都街道桂湖东路210号。下设新繁三农营销服务部、石板滩三农营销服务部、大丰三农营销服务部。2017年，新设立龙桥三农服务站、斑竹园三农服务站、柏水三农服务站、泰兴三农服务站。

【保险业务】 在已开办的车险、财产险、货运险、农险、意外险、责任险、意外健康险等险种基础上，2017年新推出家财综合险、人人安康、支农融资、首台套、人保V盟等具有惠民意义的非车险险种。涵盖短期人身、三农融资、企业、机动车、货物运输等各个领域。2017年，保费收入13664万元，其中农险保费收入251万元。赔付支出6998万元，其中农险赔付支出147万元。向新都区地税和国税缴纳税金共计1806万元。

【保险服务】 出单中心坚持节假日值班制度，全年每天可签单。理赔分部24小时内可以查勘定损，做到随时出勘。支公司推广“人保V盟”，抓紧直销渠道，做好每一笔业务。巩固与政府机构、企业、学校以及医疗机构的合作项目，参与政府、企业的各项招标。与金东公益组织合作公益项目、支农融资项目。 （孙 露）

寿险新都支公司

【概况】 中国人寿保险股份有限公司新都区支公司（简称寿险新都支公司）内设机构6个：经理室、综合部、客户服务中心、个险部、团险部、银保部，个险部下辖营销部9个、收展团队2个。员工1820人，其中合同制员工43人。2017年，获总公司“全国实力百强县支公司”称号。

【业务发展】 年度总保费4.79亿元，占新都寿险市场70%以上份额。全年给付各类保险金额2.29亿元，为地方创造税收889.04万元。

【保险服务】 与政府建立良好的合作关系，参与各类公益事业。依托服务团队开展各类保险公众宣传活动，将保险惠民政策广泛传播。支公司坚持“领导为员工服务，二线为一线服务，全员为客户服务”的服务理念，探索彰显人性关怀的高品质服务。推出“国寿客户节”活动，开办“国寿大讲堂”“客户沙龙”“公益讲座”等活动，组织高端客户进行健康体检，推进客户服务升级。建立良好的银行保险合作新关系，方便客户在银行就近投保，增加客户投资理财渠道。

【队伍建设】 从创新人力资源管理机制入手，坚持靠机制引才、制度用才、培训育才、环境育才、完善市场化的人才选聘机制。员工诚信教育制度化、日常化和规范化。加强柜面人员服务素质培养，提升柜面整体服务形象和服务质量。加强营销员队伍建设，举办新人职前教育、扬帆训练营培训班，全年累计参训1000余人，为1700余人提供就业岗位。 （李 强）

香投集团

【概况】成都香城投资集团有限公司(简称“香投集团”)是区委、区政府于3月成立的国有独资公司,公司注册资本50亿元,下辖成都市新都香城建设投资有限公司(简称香城公司)、成都市新都区兴城建设投资有限公司(简称兴城公司)、成都市新都区兴水投资有限责任公司 (简称兴水公司)、成都市新都区蓉桂运业有限公司(简称蓉桂公司)、成都香投房地产开发有限公司(简称地产公司)等一级子公司5家及镇属公司10家、部门委管公司1家。总资产规模547亿元。香投集团围绕区委、区政府对集团公司提出的“资源统筹、自主经营、协调发展、做强做优”总体目标,秉持“投资新都、建设新都、服务新都”企业价值观和“遵理明志、精诚善施、高效务实”企业发展理念,践行“融资平台、产业龙头、建设先锋、民生抓手”四大职能,开展资本运作、对外投资、项目招标、项目投资咨询,区内土地整理与开发,市政基础设施与环境治理的投融资、建设和管理,房地产开发与销售、物业管理,教育、文化、医疗、体育等项目投资,城市公交客运、客运站经营管理、人力资源等业务。

完善公司法人治理结构 制定《公司章程》《党委会议事规则》,明确党组织在公司法人治理结构中的法定地位,集团公司和所属子公司各司其职,各负其责,协调运转,有效制衡。核定各子公司内设机构与岗位设置,开展岗位培训。聘用重点高校硕士毕业生11人,公开招录招商投资促进人员1次,指导子公司举办招聘会5次。

对外合作 香投集团与中建西南局在工业东区建立的绿色新材料项目生产基地投入生产。与保利(成都)公司合资成立香投新时代发展有限公司,共同开发泥巴沱城市新中心项目。抓住“中优”“北改”机遇,组建香投房地产开发公司,汇集区内优质资源,参与房地产市场竞争。利用外部资本撬动作用,培育区内高科技创新型企业。新申创业基金一期自2011年成立以来,累计投资项目5个、0.9亿元,其中投资的爱乐达航空于8月22日在深交所创业板上市。

项目管理 2017年,香投集团承担新开工项目157个,总投资292.17亿元。公开招标聘用中介机构组建“造价咨询库”,建立全过程工程造价管理。成立安全生产委员会,落实安全生产责任制,开展安全生产隐患排查12次,参与子公司安全检查20次,挂牌督办重大安全隐患4起,消除安全隐患135起,下达隐患整改通知书15份。

融资项目 香投集团通过政府购买服务、债务融资工具(PPN)、中票、企业债、PPP、永续债、基金运作和资产证券化(ABS)等融资模式,实施融资项目40个。2月9日,香城公司向中国银行间市场交易商协会申报的中期票据接受注册,这是全省区县级平台公司首单注册的中期票据。

(陈思宏)

【香城公司】主要承担城市基础设施项目的投融资及管理、项目投资咨询、项目招标,融资性租赁、咨询服务等。下辖子公司6家:盛丰邦瑞投资有限公司、香城中小企业融资担保有限责任公司、金亨融资性担保有限责任公司、浦银城市发展投资有限公司、香融创业投资有限公司、香锐创业投资有限公司。6月30日,并入委管镇属公司5家:竹韵投资有限公司、兴龙源投资有限公司、百泉投资有限责任公司、兴丰城建投资有限公司、三河互助建设投资有限公司。公司管理的资产包括房产、土地、道路、自来水管网等,评估价值59.61亿元。

承担项目 2017年,承担项目73个,如马超东路东延线、新洛路下穿、香城体育中心等均为区、省、市重点项目,总投资118亿元。其中拟建项目58个,总投资85亿元;已开工项目9个,总投资30亿元;完工项目6个,总投资3亿元。

融资规模 在中国银行间市场交易商协会注册中期票据和短期融资工具,注册金额分别为10亿元和8亿元,首期分别发行5亿元和4亿元,成为全省首家中期票据注册发行的区级平台公司。中标区国土局的12个土地拆迁及整理项目,签订政府购买服务协议,并以这些项目在银行贷款,开创成都地区国有公司以“政府购买服务”形式融资先例。以政府购买服务、拨改租、中期票据、短期融资、融资租赁等方式,通过15家金融机构融资,审批金额113亿元,实际到账84.8亿元。

融资担保 子公司“香城中小企业融资担保公司”“金亨融资担保公司”主要为新都中小企业提供融资担保。截至11月底,两家公司在保企业30家,在保金额18824万元,担保费收入397.22万元。成都伦慈仪表有限公司进入上市辅导期。

能源效益 子公司成都盛丰邦瑞投资有限公司主营能源投资业务。2017年,对外投资能源企业8家,其中参股控股企业7家。截至12月底,盛丰公司投资总额10979万元,实现利润862万元。

（杜 齐）

【兴城公司】 主营业务主要包括房地产开发经营,投融资管理。拥有全资子公司7家:新居工程建设投资有限公司、经济适用房发展中心、桂城文化传播有限公司、家具产业园建设投资有限公司、神龙投资有限公司、香都投资有限公司、市政工程公司;控股公司1家,为新申创业投资有限公司;参股公司2家:兴城凯瑞石化有限责任公司、西部建设香投新型材料有限公司。

项目建设 承建区内工程项目83个(在建31个,拟开工52个)。其中,教育项目14个(长龙小学、毗河中学、天元小学迁建工程等)、医疗卫生项目4个(中医医院扩建用房、区妇幼保健院二期工程、区人民医院生活配套用房建设工程等)、新居项目14个(成青苑、桂荷馨苑、柏盛苑四期建设工程、新东小区二期建设工程等)、公建项目24个(中国航发四川燃气涡轮研究院研发总部建设工程、看守所建设工程、泥巴沱森林公园等),道路项目27个(鑫福路、鑫旺路、电子路下穿隧道建设工程等)。在建项目中,中国航发四川燃气涡轮研究院研发总部建设工程作为省重点工程,泥巴沱森林公园按计划完成原始苗木的梳理、土方堆坡造型、游步道路路基、廊架主体结构等,香乐天下改造工程作为招商引资项目,引进成都大蓉和餐饮集团入驻。

成都医学院北门道路绿化风貌整治工程以两周时间保质竣工,政府B栋危房利用周末两天时间拆除,中国航发四川燃气涡轮研究院研发总部建设工程地块内35千伏线路迁改工作原计划1年,实际3个月完成。

融资工作 重点选择低成本、期限长的金融产品,探讨并尝试私募债、表外银证理财、理财直融、融资租赁、拨改租、政府购买服务、债务融资工具(PPN)、发行企业债、PPP、永续债、基金运作等融资模式。采用PPN、发行中票、公司债等方式拓展融资渠道,与50多家金融机构接洽,累计完成40亿元融资任务。

国有资产保值增值 公司控股新申创投公司所投资的公司中,成都爱乐达航空制造股份有限公司经历6年的完整周期,成功登陆创业板,当日涨幅44%,实现国有资产保值增值。

资产管理 公司实际管理中央商务区(金融中心、文广中心、建设大厦、兴城大厦、香投大厦)、万和商业广场、毗河印象、金沙元年、龙虎小区商铺、香乐天下、天元三期商铺等资产,全年共完成租金收入1亿元。

资金使用 全年现金流量200亿元。规范项目资金安排、资金拨付和费用报支等各个环节,做到专款专用;加大项目实施和资金使用过程中的日常监督、资金审计。在春节及9月开学前,按照工程款支付节点支付应付工程款,保障各个项目民工工资发放到位。

安全生产 推进企业安全生产标准化体系建设,健全对工程质量、安全、进度、成本的安全管理制度和绩效考核办法。每月召开一次安全生产委员会例会,每季度召开安委会,部署次月安全生产工作,将各类事故隐患消灭在萌芽状态。全年组织汛期防汛演练4次,安全检查7次,专项检查10次。

（邓 怡 曹砾文 杨 琴）

8月22日,爱乐达航空制造股份有限公司成功登陆A股市场

6月14日，兴水公司在香城大道张庵段南门河旁开展防汛暨安全生产应急演练活动

【兴水公司】 主要职能是构筑投融资平台，承担全区水务建设项目的投融资任务及规划建设、管理。内设机构6个：办公室、财务（投融资）部、排水设施运营管理部、工程建设部、项目部、安全生产办公室；代管镇属公司2家：新民禾登公司、新繁锦水公司。

融资工作 2017年，完成融资9.07亿元（建行1.07万元、农商行2.5亿元、兴业银行2.5亿元），采用融资租赁方式取得贷款3亿元。与川江投资、华夏银行、兴业租赁和中铁城建等金融机构进行接洽，计划安排2018年的建设资金。

项目建设 2017年，承建项目建设19个，其中在建17个（25个施工标段）、拟建2个。

管理维护镇（街道）污水处理厂9座、污水处理站37座、污水提升泵站18座、人工湿地27座，主城区雨污管网407公里，运行状况较好。镇（街道）污水处理厂处理规模为4.58万吨/天，污水处理站处理规模为4825吨/天，提升泵站提升规模为2.5万吨/天，人工湿地处理规模为171吨/天。

（刘　刚　薛　敏　蔡春新）

【地产公司】 成都香投房地产开发有限公司成立于2011年12月，原名四川现代农机产业园开发建设有限公司。是由四川现代农业园区投资经营有限公司、成都盛丰邦瑞投资有限公司、四川昊昇投资有限公司和四川川龙农业装备有限公司4家股东共同发起设立，注册时间2011年12月29日，注册资本金1.5亿元。2017年9月，香投集团在西南联合产权交易所购买该公司66%股份，并于10月完成相关工商变更手续，正式更名为成都香投房地产开发有限公司（简称地产公司）。公司经营范围：房地产开发经营；机电产品销售；工程机械设备及配件制造、加工及销售；投资管理；企业营销策划；企业管理咨询；文化教育信息咨询；展览展示服务；会务服务（不含餐饮、住宿）；仓储服务（不含危险品）；国内户外广告的设计、制作、发布、代理；物业管理。内设职能部门6个：综合办公室、财务融资部、投资发展部、工程管理部、营销策划部、资产管理部。

11月，按照《推进国有资产优化布局工作方案》，集团公司全面启动11宗资产的权证办理工作。启动饮马河仓库、崇光寺仓库、工投、成配成保、三水厂、康瀛驾校6宗土地使用权证的办理工作，完成规划调规（饮马河仓库、三水厂、工投）、工业用地变性（三水厂、成配成保、工投）等相关工作。12月，经土管会审议通过，根据集团公司资产配置方案，相关单位分别与区国土局签订上述6宗土地的国有建设用地使用权出让合同。

（李金芳）

财税·审计

财政管理

【概况】 成都市新都区财政局(简称区财政局)内设科室16个:办公室、监察室、综合科、预算科、国库科、行政和教科文科、会计管理科(行政审批科)、经济建设科、农业科(农业综合开发办)、社会保障科、企业科、国资科、监督检查科、财税法规科、金融科、政府采购监督管理科;直属事业单位4个:国库集中支付中心、国有资产投资经营管理中心、政府非税收入解缴中心、金融服务中心。全局有干部职工85人。

2017年,地方财政收入104.9亿元,增长28.2%。其中一般公共预算收入54.4亿元,同口径增长12.1%(地方税收37.5亿元,同口径增长5.5%;非税收入16.9亿元,同口径增长30.0%);基金预算收入50.5亿元,增长51.7%。

财政支出111.7亿元,增长25.9%。其中一般公共预算支出67.7亿元,增长20.0%;政府性基金预算支出44.0亿元,增长36.2%。

【三次产业】 投入2亿元,支持花香果居、泉映梨花等项目发展。投入2.8亿元,助力中航发涡轮研发总部等项目建设,轨道交通、航空产业集群加快构建。投入0.9亿元,支持电子商务和现代物流业融合发展,促进安博、京东亚洲一号等项目建设。投入0.5亿元,推进创新驱动发展。

【培植财源】 全年采集涉税信息122万条,通过平台查补税款6556万元。实施过渡期(2017年)镇级财税激励机制,调动镇(街道)狠抓零散税收、建安税收征管积极性。争取上级转移支付资金7.5亿元,争取中航发涡轮研发总部建设项目资金3亿元。

【环境建设】 投入9.1亿元,提升城市功能品质,优化城乡环境。改造老旧院落50个,整治背街小巷74条。新增绿化面积68.6万平方米,加快推进生态项目43个。建成村组道路67公里。实施"安居工程百日攻坚行动",解决过渡人员安置安居问题。

【国有资产监管】 试编政府资产报告,摸清政府资产"家底";开展国有资产清理,优化资产配置,盘活低效闲置资产,处置国有资产4.8亿元。打造国企改革"新都样板",构建以"管资本"为主的国资管理体系,制定国有企业改革方案,整合区内国有企业54家,组建香投集团。向国有公司注入资本金、优质资产,支持国有公司做大做强。对国有公司投融资实行年度计划管理,出台国有公司投融资监督管理办法、工资总额预算管理暂行办法、资产损失财务核销工作规则、出资人审批事项清单管理办法。

【财政改革】 加强预算编制管理,落实部门预算编制主体责任,细化项目预算编制,提高年初到位率;严格预算追加,制定《区级财政追加预算审批管理办法》。

强化绩效预算管理,构建评价结果与项目预算编制、执行相结合的运用机制,绩效评价全覆盖,财政评价扩面增量、拓展领域,试点开展财政政策评价,重点评价金额10.2亿元。

制定《行政决策资金来源审查规定》,在全市首创行政决策资金来源审查制度;严把财政资金安排审核关口,出具审核意见307份,为区委、区政府科学决策提供支撑。制定《区级财政专项资金审批管理办法》,强化专项资金管理。

将全区行政事业单位595个银行账户纳入统一账户系统监管,清理撤并财政专户2个。镇级财政管理成效明显,区财政局和斑竹园镇财政所在全省乡(镇)财政规范化管理考核中名列前茅,受到省财政厅通报表扬。

推进电子招投标,利用电商平台开展政府集中采购,降低采购成本,提高采购效率。加强事中、事后监督,推进审计问题整改。规范公积金缴存,纠正违规行为。依法促进财政行政权力合规运行,在全市率先建立财政监督“双随机”(随机抽取检查对象，随机选派执法检查人员)工作机制。

【民生工程】省、市民生实事工程投入9亿元，完成预算的142%。

投入16亿元，促进高中教育、义务教育、学前教育均衡发展。保障教育各阶段生均补助，支持现代学校制度改革试点扩围，落实民办教师待遇；保障义务教育、中职教育学费减免和发放困难学生生活补贴等，惠及学生2.7万人次；新都一中、北延新居小学等建成投用。

投入0.9亿元，补助文体场所免费开放，保障文化活动阵地建设。修复整理马家杨氏宗祠历史文化遗存，支持“快乐周末·百姓舞台”“街头音乐会”等群众文化活动开展，举办新都区第四届全民运动会；资助香迪红馆家居产业园、海峡文化交流中心等20个文创项目发展。

投入6.1亿元，推进公立医院法人治理结构改革；落实基本药物补偿经费，基本公共卫生服务经费保障标准提高到年人均不低于60元，分级诊疗制度初步形成，新都中医医院业务用房等项目建设有序推进。

投入5.6亿元，在全市率先建立城乡困难群众购买意外伤害保险全额资助机制，惠及6250人；城乡居民基本医疗保险财政补助每人提高30元，补助标准达到每人每年460元；开展长期照护保险试点，建成日间照料中心57个，提高高龄补贴标准，香城健康养老中心建成投用；实施重度残疾人“康复体育进家庭”工程，资助重度残疾人参加养老保险、医疗保险，惠及7158人。

投入3201万元，帮扶经济发展缓慢村，困难群众就医、就学有保障，发放困难家庭补助，开展住房、医疗、助教临时救助，改善相对贫困人员的生活质量。

投入3757万元，支援理塘、简阳、金堂帮扶项目顺利推进。

投入7.3亿元，完善社会治安综合防控体系，加大安全生产监管、药品食品安全、消防安全等方面的投入，提升村(社区)公共服务、公共管理等社会治理能力。

【金融保障】推动政府和社会资本合作，成立工作领导小组及PPP中心，制定PPP项目管理办法；有序推进天府动力新城PPP项目3个，总投资81.3亿元，入库数量和投资金额名列全市前茅，毗河流域水环境综合整治、泥巴沱森林公园项目签约落地；出资1.5亿元参与组建成都发展基金，深化政银、政企合作，区政府分别与成都农商银行、成都金控、川投航信、工行四川省分行营业部签署战略合作协议。

修订金融业发展专项资金管理办法，支持金融机构增加网点、加大贷款投放、创新金融产品和激励企业直接融资等；制定新都区企业上市行动实施方案，组织企业开展资本市场专题培训5次。全区新增“新三板”挂牌企业2家，“新四板”挂牌企业15家。

全区银行机构存款余额867亿元，贷款余额425亿元，存贷比49%，比上年末提高3个百分点。

【“双随机一公开”执法检查】在全市财政系统率先运用“双随机一公开”执法检查方式开展财政监督检查。将全区81个一级预算单位和4个国有平台公司全部纳入随机抽查对象，建立被检查单位名录库；以区财政局取得执法资格的工作人员56人为基础，建立财政执法检查人员名录库。4月20日，召开“双随机一公开”现场抽取会，摇号随机抽取被检单位10个、财政执法检查人员20人，抽取结果现场公示。7至9月，对被取被检的10个单位进行检查。发现问题87个，涉及金额6550.38万元，查补财政收入（非税收入未及时上缴）1502.87万元。87个违规违纪问题已全部整改。工作动态相继被成都市财政局、四川省财政厅、财政部刊载。（张之军　陈少銮）

国家税务

【概况】四川省成都市新都区国家税务局（简称区国税局）内设机构12个：办公室、政策法规科、征收管理科、人事教育科、监察室、财务科、纳税服务科、机关党委办公室、离退休干部科及税源管理科3个，派出税务分局2个，事业单位1个(信息中心)。干部职工129人。担负着全区283412户纳税人的国税征收任务。

【国税收入】2017年，税收收入58.3亿元，比上年增长(下同)37.6%，收入规模居全市第十位。地方公共财政收入16亿元，增长41.7%，增收4.7亿

8 月 18 日，新都区国税局与天府新区国税局共同举办以“兴家风 助税风”为主题的道德讲堂活动

元。国内增值税收入 46.3 亿元，增长 33.3%；企业所得税收入 6.7 亿元，增长 76.2%；消费税收入 1.2 亿元，增长 13.7%；车辆购置税收入 4.1 亿元，增长 48%。

【国税征管】 召开国税、地税联席会议，完成基础合作事项 31 项，创新合作事项 9 项。召开财政、国税、地税、房管等部门座谈会，建立数据共享机制，推行销售不动产项目涉税信息传递单。全年完成风险应对 474 户次，风险应对收入 2.14 亿元。

【依法治税】 统筹使用法律人才，加强公职律师培养，建立法律顾问制度，及时更新相关法律顾问合同。深化国税、地税合作，贯彻落实行政处罚自由裁量权统一规定事宜、联合执法机制建立、法律服务等工作。落实内部外部监督工作要求，提升自我监督效能，抓实对税收执法行为的分析、考核、监督和改进工作的同时，主动向人大常委会报告工作并接受法制监督，自觉接受政协民主监督，法院、检察院司法监督，各级政府依法实施的监督和媒体监督。

【税制改革】 成立“转方式，提效能”领导小组和统筹团队，做好方案制定、人力保障、政策支撑、部门协同等工作。截至 2017 年年底，已前移票种核定、变更税务行政许可等 14 项涉税业务至服务大厅办理，并初步梳理出清税注销、非正常户认定、注销税务登记操作等涉税事项的规范流程。

【纳税服务】 打造“网上办税为主，自助办税为辅，窗口办税为补”的纳税服务格局，压缩办税时间。推行“非接触式”服务（网上办税、自助办税），培育纳税人使用习惯，“非接触式”服务推行率 85.26%。全年开设纳税人学堂 12 期，培训纳税人 2100 户。结合纳税人业务量、办税方式、生产经营等指标，分类分级进行需求调查，依法依规满足纳税人需求，提升纳税人满意度。10 月 23 日，实现国税、地税办税服务“一厅通办”。纳税人满意度测评在全市国税系统排第十位，较上年提升 2 位。

（杨　洋　赵修荃）

2017 年新都区国税纳税额前 20 名企业一览表

表 24

单位：万元

序号	企业名称	税 额	序号	企业名称	税 额
1	四川科伦药业股份有限公司	38348	6	成都东骏房地产开发有限公司	9460
2	华润雪花啤酒（中国）有限公司四川分公司	19965	7	成都市新都区神龙投资有限公司	7950
3	成都达利食品有限公司	17532	8	成都市新都区保利投资有限公司	7442
4	华润雪花啤酒（四川）有限责任公司	17486	9	成都市新都香城建设投资有限公司	6644
5	成都万科新都置业有限公司	10978	10	中粮可口可乐饮料（四川）有限公司	6531

续表 24

序号	企业名称	税 额	序号	企业名称	税 额
11	国网四川省电力公司成都市新都供电分公司	5737	16	四川鸿昌塑胶工业有限公司	4677
12	成都市新都区新繁镇锦水新居工程投资有限公司	5599	17	成都富博房地产开发有限公司	4260
13	四川科伦医药贸易有限公司	5277	18	成都龙湖锦铭置业有限公司	3671
14	四川华宇房地产开发有限公司	5111	19	成都市保利兴北房地产开发有限公司	3653
15	成都市保新房地产开发有限公司	4846	20	一汽解放汽车有限公司成都分公司	3578

地方税务

【概况】四川省成都市新都区地方税务局(简称区地税局)内设科室8个:办公室、政策法规科、综合税政科、服务征管科、收入核算与财务科、人事科、监察室、机关党委办公室,下设税源管理所6个、征收所1个、风控所1个、督审所1个、稽查局1个。主要负责新都区34000户纳税人地方各税和基金附加的征收管理与纳税服务工作。在职干部职工147人,其中大学专科以上学历140人,研究生14人。取得注册会计师、税务师、律师资格证12人。2017年,在全市地税系统绩效考核中位列第十,1人被四川省人力资源和社会保障厅、四川省地方税务局评为全省营改增试点工作先进个人。

【地税收入】2017年,区地税局组织各项收入35.27亿元,剔除上年营业税和价调基金基数同口径(以下简称“同口径”)增收2.78亿元,增长8.56%。入库税收收入32.08亿元,同口径增收2.38亿元,增长8.01%。入库区级税收21.48亿元,同口径增收1亿元,增长4.88%。税收收入地税贡献率57.28%。

【税收征管】以行业和规模为依据,划分重点税源和一般税源,整合优化现有资源,设立风控所、重点税源所、房地产所、个体所各1个,一般税源所3个。探索建立“一归口、两统筹、三分离”风险管理模式,承接市局风险应对任务,开展本级风险识别和应对工作,全年累计下发风险任务83批次,涉及纳税人602户,查补税款2621.38万元。全年完成数据清理58批次、3.23万条。推广使用省局电子征管档案系统,实现纸质资料与电子档案同步传递和归档,全年扫描资料2.26万份。加强房地产税收一体化管理,重点跟踪项目投资计划、工程进度及预交税款情况,强化房地产项目成本比对和清算审核,优化土地增值税清算管理模式,全年完成23个项目的清算,清算入库税款857.92万元,其中土地增值税555.62万元。推进存量房评估工作,完善非住宅类房产的数据,推进非住宅类房产交易评估系统上线。

【税务稽查】依法查处税收违法行为,全年立案检查企业25户,约谈检查70户,查补税款2520

4月12日,区国税局、地税局联合税法宣传走进航空产业基地问计问需

万元。推进国税、地税联合稽查，联合稽查立案12户，查补入库税款516万元。

【纳税服务】 实现午间、晚间、周六三时段延时服务常态化和制度化。简化增量房交易涉税业务办理流程，提供预约服务，全年办理3.18万件。在办税服务厅新增行政处罚窗口，全年办理简易处罚880件。与区国税局共同打造联合办税大厅，实行“一人一窗双系统”办税模式，全年联合办理税务登记证件6781件，协同受理注销登记申请2265户次。开展第26个税法宣传月活动，举办木兰“二月二”个税宣讲、单车骑行预热环保税、国地联合走进航空产业基地、千名党员进企业等个性化税法宣传活动，被《中国税务报》《成都日报》报道。联合房管、不动产交易中心，共同定制二手房交易业务联合培训，国税、地税共同举办纳税人学堂22期，培训纳税人1700人次。对符合条件的6779户纳税人进行信用等级评价，评定A级纳税人310户。与银行开展“银税互动”工作，帮助“小微企业”贷款1105万元。全年受理并回复咨询259件，“12366”远程坐席排名位列全市第二，在省局对成都市地税系统纳税人满意度调查中，区地税局位列第八。 （蒋德光）

2017年新都区地税纳税额前20名纳税户一览表

表25

单位：万元

序号	纳税户	税 额	序号	纳税户	税 额
1	四川科伦药业股份有限公司	7953	11	西南石油大学	3452
2	四川华宇房地产开发有限公司	6275	12	成都市佳乐房地产开发有限公司	3268
3	成都市保新房地产开发有限公司	5037	13	成都传化置业有限公司	3150
4	成都市保利兴北房地产开发有限公司	4968	14	成都荣盛华府置业有限公司	3114
5	成都和信利维房地产开发有限公司	4765	15	四川科伦医药贸易有限公司	3009
6	成都龙湖锦铭置业有限公司	4294	16	华润雪花啤酒（中国）有限公司四川分公司	2963
7	成都万科新都置业有限公司	4280	17	成都市保丰投资有限公司	2825
8	成都市保都房地产开发有限公司	3632	18	成都融辉桥宇置业有限公司	2777
9	成都市新都区保利投资有限公司	3540	19	成都铁路局成都机务段	2768
10	绿地集团成都新都置业有限公司	3526	20	成都市新都香城建设投资有限公司	2681

审 计

【概况】 成都市新都区审计局（简称区审计局）内设机构8个：法规科、财政审计科、行政事业审计科、固定资产投资审计科、经济责任审计科、政府投资审计中心（审计信息中心）、办公室、监察室。在职干部职工34人，其中会计师、审计师、造价师等22人，研究生3人，本科15人。

【财政预算审计】 关注“八项规定”等政策措施落实情况，对“三公”经费、会议费等审计内容，开展数据对比，分析支出比例和时间，重点抽查、优化支出结构。深化“全口径”预算管理审计，对项目预算编制、项目预算执行情况、项目预算执行效果等方面加大审计力度，促进规范预算编制管理，加强预算执行的均衡性、有效性，提高项目执行的质量。关注财政资金结余结转情况，促进减少财政资金沉淀，盘活存量资金，推动财政资金合理配置、高效使用。

【政府投资审计】 根据全国人大法工委及国务院法制办通知精神，按照四川省审计厅投资三转工作要求，废止《成都市新都区政府投资建设项目审计监督实施办法》（新都府办发〔2013〕76号），代区政府拟定《成都市新都区政府投资建设项目审计监督办法》（新都府办发〔2017〕15号）。组建政府投资审计专家库，在遇到争议大、难以解决的问题

5月9日，区审计局召开财政财务专项检查工作推进会

时，邀请专家集体会商。全年完成政府投资审计项目192个，送审金额23.98亿元，审定22.42亿元，核减（节约财政资金）1.56亿元。

【经济责任审计】 健全经济责任审计工作联席会议机制和议事决策制度，推进领导干部经济责任审计全覆盖，全年完成对61名领导干部经济责任审计。制发《新都区领导干部经济责任审计工作读本》，提交审计报告和审计结果报告各29份，审核意见及审核意见报告各32份，提出审计意见、建议86条。把经济责任审计与财政、投资、政策跟踪审计有机地结合，实现成果共享，提高经济责任审计效率。

【民生资金审计】 将与民生息息相关的政策落实情况纳入审计重点，围绕推进供给侧结构性改革，按照省上的统一部署，对全区2017年贯彻落实国家重大政策措施情况进行跟踪审计。开展对保障性安居工程、财政支持稳增长政策、生态环保政策、简政放权等情况展开审计调查，查出未按规定时间完成工程项目等7类问题，提出审计建议4条，促进相关单位加强民生资金管理，保障民生资金安全。

【审计整改落实检查】 采用听取整改情况、查看整改资料、深入项目现场实地回访等方式，开展2015—2016年审计查出问题整改“回头看”工作，督促整改到位问题291个，整改到位率90%，整改金额12.26亿元。通过对审计整改的检查，力促审计整改落实到位。（钟金良）

公共资源交易服务

【概况】 2017年，成都市新都区公共资源交易服务中心（简称区交易中心）完成交易530件，交易总额7.95亿元，节约资金3737.23万元。成交项目中，资产类12件，交易总额5.91万元；国有建设用地10件，面积564.85亩，交易总额1.23亿元；建设工程类项目217件，交易总额4.37亿元，节约资金2200.50万元；政府采购221件，交易总额1.86亿元，节约资金1102.59万元；社会项目19件，交易总额4824.87万元，节约资金434.14万元；服务类项目51个。

【资产类交易】 按照《公共资源交易管理办法》和《公共资源交易目录》对国有公房租赁，废旧、淘汰物资处置，行政事业单位资产出租等进行竞价、拍卖等交易，共交易12件，交易总额5.91万元。根据党政机关公务用车改革工作要求，对区级党政机关取消的公务用车进行3批次拍卖，共拍卖车辆392辆，成交金额1136.15万元。

【政府集中采购】 执行政府采购的法律、法规和规章制度，严格执行政府采购节能、环保、支持中小企业发展、支持监狱企业等政策。按照《新都区政府集中采购目录及采购限额标准》实施采购，规范操作程序，依法依规开展政府采购工作。按照区财政局审批的政府采购资金计划表和采购人的委托，采用公开招标、竞争性谈判、竞争性磋商等方式，组织开展采购活动，完成采购221件，交易总额 1.86 亿元，节约资金 1102.59 万元，节资率 5.58%。

【建设工程交易】 为项目业主、招投标代理机构构建供需企业开发、规范、安全实用的在线招投标交易业务平台。完成建设工程类项目 217 件，交易总额 4.37 亿元，节约资金 2200.50 万元，节资率 4.79%。

【土地拍卖】 贯彻执行《中华人民共和国土地管理法》等法律法规，遵循“公开、公平、公正、诚实信用”的原则实施土地资源交易。成交国有土地 10 宗，面积 564.85 亩，成交金额 1.23 亿元。

【电子交易服务平台建设】 与市交易服务中心同步建设全市统一的成都市公共资源电子交易云平台，设置统一交易规则、门户网站，统一用户注册、管理、登陆、报名，统一音频、视频，实现硬件统一部署及运行维护等，于 6 月 30 日建成使用。与市交易服务中心同步建设电商模式的网上直购商城，国内知名电商京东商城、办公伙伴、晨光科力普、苏宁云商、史泰博为等入围竞价供货电商。10 月 26 日，电子商城采购平台上线运行，试点台式计算机、便携式计算机、平板式微型计算机、打印设备、扫描仪、复印机、投影仪、多功能一体机、速印机、空调机和传真通信设备品目 11 个。

（张锦勇）

综合管理

发展改革工作

【概况】 成都市新都区发展和改革局（简称区发改局）内设机构15个：办公室、国民经济综合科、经济体制改革科、投资科、项目管理科、环境保护和资源节约科、社会发展科、价格管理科、价格监测和成本监审科、收费管理科、军粮供应管理科、粮食收储管理科、粮食企业监管科、人事财务科、成都市新都区价格监督检查分局。下属事业单位3个：区经济发展研究所、区价格认证中心、区政府投资项目评审中心。代管下属企业2个：饮马河粮油购销有限责任公司、月波桥粮油食品厂。

【综合经济指标】 2017年，全区完成地区生产总值722.67亿元，比上年（下同）增长8.9%。其中，第一产业增加值27.88亿元，增长3.8%；第二产业增加值429.95亿元，增长7.6%；第三产业增加值264.84亿元，增长11.5%。固定资产投资525.24亿元，超计划60.24亿元。社会消费品零售总额176.01亿元，增长14.6%。一般公共预算收入54.43亿元，增长12.1%。农村居民人均可支配收入22926元，增长8.8%；城镇居民人均可支配收入40149元，增长8.1%。

【计划管理】 牵头完成新都区"北改""中优"方案产业板块五年行动计划。牵头抓好产业规划新编修编工作，新都区轨道交通产业发展规划等8项产业规划通过专家评审。按照"差异协同、集聚集群集约、产城人融合"原则，确定"一带三圈"产业空间布局，明确轨道交通、航空和现代物流三大主导产业。抓好国民经济发展年度计划工作，形成《2017年国民经济和社会发展计划执行情况及2018年计划》。完成经济运行分析报告4期。

【项目管理】 全区重点项目361个，完成投资270.7亿元。新开工项目116个，竣工项目77个。其中省市重点项目48个，完成投资208亿元，超目标30个百分点。争取科伦、嘉民等14个项目年度用地指标632亩。

评审项目158个。其中可行性研究项目27个，概算项目68个，预算项目63个。暂列金额备案46次。

【调查研究】 出台《成都市新都区加快构建产业生态圈工作方案》，形成产业生态圈建设研究成果10项。其中，《打造世界轨道交通之都的新都思考》获市委书记范锐平肯定。贯彻落实"产业新政50条"，制定全区任务分解方案，出台《关于加快轨道交通、航空、现代物流三大主导产业发展的扶持政策》。牵头起草的《新都区贯彻落实全市新经济发展大会精神的报告》获市委书记范锐平肯定性批示，《供给侧结构性改革背景下产业补短板》被省社科院评选为2017年优秀科研成果三等奖。

（黄平娟　代　琳）

物价管理

【收费管理】 印发《关于加强城区机动车临时占道停放服务收费管理的通知》，转发《成都市发改委、成都市经信委、成都市财政局、成都市交委、成都市公安局交管局关于新能源汽车停放收费实施减免的通知》，印发《新都区发改局、区教育局、区财政局关于加强幼儿园收费管理的通知》，调整7所民办学校学费标准。转发《成都市发改委、成都市财政局关于我市行政事业性收费执行标准的通知》，清理、规范涉企经营服务性收费，中介机构、行业协会通过降低收费标准、取消收费项目或减收费用，可减轻企业和群众年负担566万元。

【价格监测】 按照上级要求，按时完成基础农产品、主要副食品、货运价格、重要工农业生产资料、特色经济作物、重要商品和服务收费等价格监测的周报、旬报和月报以及应急监测工作，全年上报监测337期。每周三在新都电视台《今日资讯》栏目发布新都城区主要农贸市场销售的粮、油、肉、

12 月 28 日，国家发改委价格监测中心综合业务处处长刘刚（前左二）一行到新都区检查价格监测质量及工作开展情况

蛋、禽、鱼、蔬菜等 13 个品种的集市价格走势，全年上报主副食品价格走势 49 期。

【价格管理】 按照省发改委统一部署，新都区非居民用天然气销售价格从 2.50 元/立方米降低为 2.38 元/立方米，从 2017 年 9 月 1 日零时起执行，降低非居民成本负担 4.8%。由于中石油、中石化上游天然气供应商对今冬明春（2017 年 11 月 1 日至 2018 年 3 月 31 日）非居民用天然气基准门站价格进行调整，指导区内 7 家天然气燃气公司按上级要求进行相应调整。参照市发改委有关制度，经区政府同意，从 2017 年至 2020 年，经核实的每个采暖户从当年 12 月至次年 2 月将增加二阶气量 1200 立方米，限在此期间使用。落实《成都市发展和改革委员会关于我市电动汽车充电服务费有关问题的通知》（成发改价格〔2017〕611 号），规范电动汽车充电服务费用。按照国家、省、市发改委通知，从 2017 年 12 月 1 日起，临时用电的电力用户不再缴纳临时接电费，为企业减负。依据《关于藏区留存电量和电能替代输配电价有关问题的通知》（川发改价格〔2017〕380 号）、《关于 2017 年我省直购电输配电价等有关事项的通知》（成发改价格函〔2017〕344 号）等文件要求，推动企业实施燃煤锅炉改造用电，已完成 4 家企业的电能替代工作，用电成本较一般工商业用电每度电降低近 50%。

【价格监督】 对农资价格、砂石钢材市场价格、节日市场价格、旅游价格、燃气延伸服务收费、房地产价格等进行专项检查，及时妥善处置汽车清洗行业的价格违法苗头。开展惠民殡葬政策贯彻落实与收费政策执行情况的调研，开展价格法律法规宣传与服务。

全年处理价格投诉、举报、咨询 396 件，其中市长公开电话、书记信箱、区长信箱等渠道信访件 200 件，价格咨询 80 件，全国价格投诉举报网站“12358”116 件。立案 20 件，结案 20 件，实施行政处罚 9 件，罚款 8500 元。

【价格认定】 受理涉案财物价格鉴证 173 件，标的金额 1927 万元。做好罚没财务和房改房等标的的价格认证工作，受理价格认证 8 件，标的金额 40 万余元。

【成本监审】 根据有关规定，完成 4 所民办学校学历教育生均培养成本的监审以及 8 所公益性幼儿园生均培养成本监审。根据学校诉求，完成民办学校成本测算项目 1 个。按四川省农业水价改革任务，完成全区农业水价成本测算项目 1 个。

按照上级要求，完成生猪屠宰流通环节成本调查季报工作任务，按时将《生猪流通环节调查季报表》上报成都市成本监审调查局。

（黄平娟　代　琳）

国土管理

【概况】 成都市新都区国土资源局（简称区国土局）挂区不动产登记局牌子，内设科室 9 个：办公室、法规监察科、规划科、地籍科、耕地保护科、土地利用科、矿产资源管理科、行政审批科、财务审计科。下设国土资源执法监察大队，下设机关直属事业单位 4 个（不动产登记中心、征地事务中心、土地复垦整治中心、土地储备中心）和国土片所 6 个（新都、新繁、斑竹园、军屯、大丰、石板滩国土资源所）。设新都区国土资源局新繁分局、石板滩分局。在编职工 114 人。

【用地保障】完成全区土地利用规划优化调整工作,并获省、市批复。做好招商工业项目用地选址和城南高速扩容项目(新都段)、京昆高速绵阳至成都段扩容项目(新都段)用地预审,确保依法依规用地。建立联动工作机制,向上争取年度计划指标。取得2016年7个批次的用地批文,面积2032.87亩;跟踪已上报11个批次用地,面积3510亩;正在组件报征10个批次,面积3779亩。

【耕地保护】全区耕地保有量38.5万亩,基本农田保护面积31.04万亩。与13个镇(街道)签订耕地保护目标责任书,落实保护责任。建立健全永久基本农田"划、建、管、护"长效机制,完成全域永久基本农田划定和数据入库,完成标志牌4个、界桩50个。有偿调剂异地指标,落实耕地占补平衡。完成高标准基本农田建设项目6个,建成面积39349.72亩。健全耕地保护动态监管机制,完成2015年度全区1.08亿元耕保金的变更审核工作,做好2016年度耕保基金发放的前期工作。

【土地整治】全年上报增减挂钩立项项目7个(斑竹园镇仁和村,清流镇柳泉村、界牌村,清流镇三尺村,泰兴镇观西村,新繁镇世丰社区,斑竹园镇檀木社区、回南社区、竹友社区,木兰镇江西社区、泰兴镇张庵社区地灾避让搬迁),预计产生挂钩周转指标402亩。

上报验收项目7个(石板滩黄果长林、石板滩园林石桩、马家锦城、新民石庵、新繁汪家高院、清流黄龙、军屯郭家东岳),通过市级初审,省国土资源厅完成现场踏勘和技术审查,待省厅终验。

【土地经营】梳理2005年至2017年已征未供和收购储备的经营性地块情况,合理安排用地时序,确保项目"随用随供"。完善市政基础设施、公建配套设施建设,提升土地资产价值。全年土地收益47.08亿元,其中经营性用地出让9宗、645.89亩。

【地籍管理】完成2016年度土地变更调查,开展2017年度土地变更调查工作。完成城镇地籍调查数据更新汇总上报。按省厅、市局部署,完成区域内75个村、532户农村土坯房现状调查。

【国土执法监察】将预防和查处土地违法行为纳入全区专项目标考核,做好对2016年度卫片图斑涉及的违规违法用地查处。全年开展土地动态巡查620次,立案查处各类违法违规建设26宗,拆除21宗,拆除建(构)筑物361.36亩。向各镇(街道)发出关于制止违法用地的函43份。与相关部门、镇(街道)配合,推进老锦水河污染源治理,发出督办函10件。环保督查期间,关闭砂石加工企业50家、商混站33家,办理上级交办件51件(主办2件、协办49件)。

【国土改革】继续开展确权颁证"查漏补缺"和"复核纠错"工作,开展社区养老等产权办理情况的清理上报。继续做好2016年市农交所挂牌流转的龙桥镇青桥村18社李家院子项目后续工作,协调公共基础设施及配套费的收取,准备资料进行产权变更登记。

【地质灾害防治】修订地质灾害防治预案,完善应急值守制度,成立应急抢险队。健全区、镇、村、组、点五级监测体系,对泰兴镇、木兰镇两处隐患点落实监测负责人,选定应急避难场所,对涉及的25户、79人,发放地质防灾避险"两卡一表"(地质灾害防灾工作明白卡和地质灾害防灾避险工作明白卡,主要地质灾害危险点防御预案表)。"6·24"茂县特大山体滑坡灾情发生后,对两处隐患点农户启动主动紧急避让。将两处隐患点农户纳入2018年避险搬迁目标。

【不动产登记】通过建立会审制度、请示汇报制度,完善部门协同机制,推进地房数据整合,实现登记工作协调衔接、有序过渡。全年办理各类业务129006件,发出不动产权证书53023本、不动产权证明52515份。（何松华）

统计管理

【概况】成都市新都区(简称区统计局)内设机构6个:办公室、综合核算科、农业与投资统计科、工业与能源统计科、服务业统计科(挂统计执法队牌子)、监察室,局机关配备行政编制12人。下设事业单位2个:区统计局普查中心(配备参照公务员管理事业编制9人)、区统计监测服务中心(配备事业编制5人)。

【统计基础】探索建立统计数据"三比二审"工作

机制，在数据上报审核过程中坚持做好三个比对：纵向、横向、匹配性比对；报送前要进行二级审核，杜绝随意报送数据。建立“1+3”部门联席工作机制，每季度由区政府定期主持召开经济运行分析会，每月由区发改局组织经济主管部门召开联席工作会，加强部门信息共享对比，及时沟通反馈、预测预警，共同做好部门统计。下发《关于做好一套表调查单位管理和固定资产投资项目管理工作的通知》，梳理“四上”（规模以上工业企业、资质等级建筑业企业、限额以上批零住餐企业、限额以上服务业企业）企业入库条件、投资项目入库清单和时间节点，规范方法制度流程。推行领导层层包保联系制度。

推进统计机制现代化，提升统计能级。建成镇（街道）10M、汇聚点 100M 的新都统计专网，专网经费纳入本级财政预算。依托专网将 13 个镇（街道）、4 个园区 5 个专业的近 60 名统计专业人员全部接入新都统计 OA 系统。探索建立电子档案管理系统。

【统计监测】 自建动态数据运行监测体系，通过设置每月、全年经济运行走势分析模块，对工业、投资等目标运行实时监测，及时预警；通过动态数据库，查询全市数据，以图表形式直观呈现全市及区（市、县）发展情况。

构建监测预警“四平台一机制”，搭建工业动态数据运行监测体系，投资运行监控平台、服务业经济运行发展监控平台、房地产和建筑业监测平台，建立“1+3”部门动态调控联席会议机制，发挥参谋助手作用。

2017 年，撰写信息简报 261 期、分析 25 篇、专报 9 篇，其中获得领导批示 30 篇。根据运行监测情况形成《图说新都工业》《投资运行监测报告》等系列统计产品。

【统计服务】 紧扣监测报告、数据公布、资料汇编、调研文章、统计展示“五条主线”，不断丰富、拓展统计成果。

以监测报告为主线 围绕区委、区政府的中心工作、发展大局和热点、难点，开展预测预警和分析服务。区委书记对统计工作给予肯定性批示 2 次，区委副书记、常务副区长等区领导就统计工作给予肯定性批示 14 次。

以数据公布为主线 在《新都资讯》上刊登《2016 年新都统计公报》，编印《新都统计年鉴 2016》《新都统计月报》，每月按时通过新都统计外网完成相关数据信息更新，及时公布数据，满足公众的知情权。

以资料汇编为主线 围绕国家、省、市工业统计工作会议精神及要求，形成《省、市统计局工业统计资料汇编》。收集整理近年来 10 多种统计法律、法规形成资料汇编，编印《统计法宣传手册》300 余册，推进依法统计、科学统计。

以调研文章为主线 通过对国外及杭州等特色小镇调研形成的对策建议文章《国内外特色小镇建设对新都的启示》被成都市委党校采编，并呈送市委、市政府主要领导。

以统计展示为主线 《四川省情》2016 年第 179 期刊发《新都：创新培育城市新动力》，2017 年第 191 期刊发《新都：打造主导产业生态圈》。《华西都市报》刊登《新都区用数据“电子眼”防“微腐败”》《新都区强化专项资金监管 杜绝农业普查经费“微腐败”》。

【统计执法】 区政府常务会上专题学习《中华人民共和国统计法》《统计法实施条例》等统计法律法规制度，将统计知识和统计法知识纳入区委党校领导干部及公务员培训课程，把《中华人民共和国统计法》及《统计法实施条例》作为镇（街道）分

10 月 26 日，成都市统计局党组书记、局长王永新（右二）调研新都统计工作

管统计工作领导的主课。2017年，全体人员通过统计执法考试，配备统计执法证。面向区领导、各镇(街道)、部门及所有联网直报企业统计人员，印发《统计法宣传手册》300余册。该手册包括《中华人民共和国统计法》《统计法实施条例》《四川省统计管理条例》《统计违纪违法行为处理规定》等。与电台、影院等合作，开展新都“学法用法小能手”“法治动漫”等活动，强化社会宣传氛围。制作一批体现行业特点的宣传语，通过局内LED屏、局域网、宣传栏等载体，在全局投放。利用“四上”企业培训会对企业、基层统计工作人员共1000余人宣讲统计法律法规，利用各专业专题培训会开展统计法制培训工作，推进依法统计、科学统计。

【普查工作】 完成第三次全国农业普查。2017年1至3月，全区1000余名普查员通过掌上电脑对全区13万余户农户、600余家规模户、400余家农业生产单位进行普查。4至5月，完成农业普查数据录入、汇总、处理。自主开发新都区第三次全国农业普查数据处理软件，对普查数据以区—镇(街道)—村(社区)—社(村民小组)四级汇总的形式进行数据处理，实现了数据质量实时监测、层层把关，保证了农业普查数据的真实可靠。5月，新都区代表成都迎接四川省第三次全国农业普查省级事后质量抽查，获得好评。通过第三次全国农业普查摸清了新都农业、农村、农民基本情况，掌握了农村土地流转、农业生产、新型农业经营主体、农业规模化和产业化等新情况，为科学制定“三农”政策、促进实现农业现代化提供了翔实的数据资料。正在与四川农业大学共同进行第三次全国农业普查数据后期开发。

【统计改革】 贯彻《中共中央办公厅国务院办公厅关于深化统计管理体制改革提高统计数据真实性的意见》和国家统计局相关要求，落实省委、省政府、市委、市政府决策部署，以“制度规范化、法治常态化、服务精准化、机制开发现代化”为切入点推进统计管理体制改革工作，在提升服务水平、提高数据质量、夯实基础建设和加强队伍建设等方面，主动作为、锐意改革。

新都区物价指数核算监测站更名为新都区统计监测服务中心，增加事业编制3人。拟增设总统计师岗位1个，拟增设执法队。引进重点大学硕士研究生1人，招录公务员1人，从区内其他部门调入事业干部1人。探索临聘人员劳务外包模式。

（杨　丽　曹雪原）

社会经济调查

【概况】 国家统计局新都调查队既是国家统计局的派出机构，又是地方政府统计系统的组成部分。新都调查队内设立机构4个：办公室、综合科、农村调查科、城市调查科。有正式职工9人，聘用人员8人。

【常规调查】 2017年，新都调查队完成定期抽样调查17项：城乡居民收支与生活状况、规模以下工业、县级粮食产量、粮食产量对地遥感、农作物播种面积产量、农民工监测、农产品中间消耗、农产品生产价格、主要畜禽监测、生猪预警监测、农户固定资产投资、工业生产者价格、采购经理、规模以下服务业、限额以下批发零售住宿餐饮行业、新设立小微企业、建筑业小微企业。

【调查服务】 全年共撰写并报送信息分析182篇。其中，成都调查队采用信息分析163篇，四川调查总队采用信息分析122篇，国家统计局采用8

6月21日，国家统计局四川调查总队党组书记、总队长丁远忠(左一)到新都调研

篇次，《中国信息报》采用 3 篇次，省“两办”采用 6 篇次，中共中央办公厅、国务院办公厅采用 3 篇次，领导批示 6 篇次。四川调查总队采用市县动态 42 篇，被采用数量列全省县级队第一位，经济信息分析采用得分 95 分。

加强对宏观经济形势的预测预判，强化城乡居民可支配收入、规模以下工业增加值等经济运行指标完成情况的适时研判，按季为区委、区政府和区目督办等相关区级部门提供指标运行分析，报送《2017 年上半年新都城乡居民收入持续增长》《2017 年前三季度新都城乡居民收入持续增长》《2017 年新都城镇居民人均可支配收入突破 4 万元大关》《居民收入持续向好 生活质量明显提高——2017 年新都区城乡居民人均可支配收入简析》《新都区春耕备耕调查报告》《新都区 2017 年秋粮生产形势简析》《新都区畜禽养殖成本效益调查》等调查分析资料。

与区统计局联合发布 2016 年度统计公报，配合、协助成都调查队搞好对区级的公共服务满意度测评、党风政风行风调查测评、文明指数和城乡环境综合治理测评等。与区统计局和区科技开发中心共同承担科技项目课题“农普数据处理系统开发与应用”。

【专项调查】 与上级部门沟通，特别是成都市考核新都区的专项测评工作，及时汇报相关工作开展情况，争取上级支持。同时围绕社会热点、难点开展调查，并撰写《受多因素制约 成都大爱养老院经营举步维艰》《轨道交通配套企业助力新都工业再发力》《新都区“快马加鞭”多措推进“河长制”工作》等调研报告。 （陈 霞）

市场和质量监管

【概况】 2017 年，成都市新都区市场和质量监督管理局（简称区市场和质量监管局）被评为省工商系统“红盾春雷行动 2017”先进集体、“2015—2016 年度‘十佳案件’及办案单位”，成都市工商系统“2017 年度小额备案经营社区备案试点工作先进单位”，成都市质监系统“2017 年成都市特种设备安全保障工作先进单位”，成都市食药系统“2016 年度餐饮服务食品安全监管工作先进单位”等 32 项。

【工商行政管理】 2017 年，新增各类市场主体 17665 户，比上年增长 64.8%；新增内资企业 4210 户，新增注册资本 203.1 亿元。办理“五证合一、一照一码”营业执照 16395 份，个体工商户“两证合一”加载统一社会信用代码执照 16131 户。办理“个转企”86 户、集群注册企业 103 户、小额经营社区备案 63 户。对依托“科伦药业”的 300 余户个体工商户入驻“蜂云谷”项目试行企业集群注册登记。办理企业服务“绿色通道”68 件，协助“成都货车兄弟”等 5 个重点项目落户新都。

商标品牌战略 截至 2017 年年底，全区商标有效注册量 11034 件。结合省、市工商局开展的“商标助企专家服务”集中走访活动，走访企业 20 余户。四川成都建华食品有限公司入选“品质成都双创标杆”成都品牌形象暨成都品牌发展故事宣传企业，四川科伦药业股份有限公司和成都好迪家具有限公司被分别选中在春熙路人行天桥和顺城街沿线展示新都区品牌形象，成都香贝儿食品有限公司被省工商局选中参加在桂林市举办的“2017 中国国际商标品牌节暨中华品牌博览会”，四川科伦药业股份有限公司的品牌战略电视宣传短片在成都电视台播出。区财政局安排 2016 年新认定驰名商标企业（9 户）奖励金 294.1 万元，助推企业提升品牌战略意识。全年查办商标类案件 24 件，案值 63.92 万元，结案 15 件，罚没金额 11.57 万元。

广告监管 科、所、队联合执法，在全区范围内开展涉嫌非法集资广告资讯信息排查清理，治理家居行业虚假违法广告行为，共开展专项行动 10 次。

开展“超标”电动自行车专项整治 为完成“超标”电动自行车三年过渡期的工作目标，制定《2017 年电动自行车销售环节治理工作方案》，对电动自行车市场开展整治行动。全年检查电动车经营户 106 户次，受理咨询 5 件，处理率 100%。对 46 户电动自行车经营商开展经营教育和引导工作。

开展非法生产销售改（拼）装货车专项整治 采取明查与暗访相结合、日常排查与突击行动相结合、联合检查与专门督导相结合等形式，掌握企业情况。重点对机动车销售企业（含品牌汽车 4S 店）和交易市场进行全面排查整治，依法查处违法违规销售行为。取缔无照无证经营机动车销售企业，督促机动车销售企业守法经营、诚信经营。

开展寄递物流专项整治 重点检查营业网点

落实“三个100%”(即寄递物流活动100%实名制，寄运物品100%先验视、后封箱，邮件、快件100%通过X光机安检)制度情况、使用“寄递E通”上传数据情况、营业网点实名制登记册建立情况及使用情况、网点视频监控是否24小时正常使用、监控记录是否保存30天以上等。对泰兴圆通快递营业网点、木兰天天快递营业网点、石板滩中通快递营业网点存在的问题，要求商家立即整改，并要求当地政府加强监管，督促商家在规定时间内整改到位。

开展成品油市场监管专项整治 制定《新都区市场和质量监督管理局进一步加强成品油质量升级及市场监管工作方案》，重点对城乡接合部、农村加油站(点)进行排查，对成品油经营企业是否具有消防安全许可证、危险化学品经营许可证、成品油零售经营批准证书、营业执照等资质证件，加油站的标示、标牌是否转换为国V标识，成品油经营企业是否销售符合国V标准的车用汽、柴油等，实施全覆盖、全过程监管。

推进企业信用体系建设 全年考评、复查“守合同 重信用”企业34户，其中市级企业25户，省级企业8户，国家级企业1户。

对68家经营性民办培训机构自制格式合同是否存在不公平不合理格式条款免除自身责任、加重消费者责任、排除消费者权利，是否无证无照、超范围经营开展检查，未发现存在“霸王合同”的经营违法行为。

宣传咨询 全年在广场、超市、企业、社区等地举办“3·15”系列宣传活动、“安全生产月”宣传活动等活动404次，受众6.32万人次，发放资料11.24万份，发放科普书籍4370本，制作宣传展板1478个，设置宣传横幅644幅，发放科普宣传纸杯2.54万个，播放公益广告84条，发放环保袋6245个。

2017年新都区“守合同 重信用”企业一览表

表25

序号	企业名称	级别	序号	企业名称	级别
1	成都家有喜事家纺有限公司	市级	18	成都合力防腐有限责任公司	市级
2	成都铁欣商贸有限公司	市级	19	成都市龙虎型材有限公司	市级
3	四川国统混凝土制品有限公司	市级	20	四川科华展示设备有限公司	市级
4	成都和佳物业管理有限公司	市级	21	四川省鸿基木业有限公司	市级
5	四川省洁宏洁清洁服务有限责任公司	市级	22	成都市三河建筑工程有限公司	市级
6	四川华业房地产开发有限公司	市级	23	成都桂湖防水保温工程有限公司	市级
7	成都市翔宇房地产开发有限公司	市级	24	成都市三宇仪表科技发展有限公司	市级
8	成都川虎电缆有限公司	市级	25	成都中美吉祥金言装饰建材有限公司	市级
9	成都北峰面粉有限公司	市级	26	成都永业有限公司	省级
10	成都锦龙物流有限公司	市级	27	成都天骄家具有限公司	省级
11	成都市环丰食品有限公司	市级	28	成都市宏升建筑工程有限公司	省级
12	成都西油华巍科技有限公司	市级	29	四川科伦医药贸易有限公司	省级
13	成都森发橡塑有限公司	市级	30	成都市东方电力线路构件厂	省级
14	成都市峰源塑胶有限公司	市级	31	中国人民财产保险股份有限公司成都市新都支公司	省级
15	成都市新都蜀绣工艺制品有限公司	市级	32	四川亨博门业有限公司	省级
16	成都华鑫凯美佳科技有限公司	市级	33	四川大丰建筑工程有限公司	省级
17	成都亿洲塑料制品有限公司	市级	34	四川泛华航空仪表电器有限公司	国家级

【质量技术监督管理】 推进全国质量强市示范城市建设和质量强区工作,夯实标准化、计量工作基础,提高全区企业的产品质量和企业竞争力。加强特种设备监督检查,杜绝重大特种设备安全事故发生。

质量管理 制订《成都市新都区质量发展十三五规划》《关于全面推进质量强区工作的意见》等文件,细化2017年质量强区目标分解方案,召开质量工作推进会,督促并指导各成员单位围绕目标,结合职能开展质量强区工作。

组织区内15户企业、17名企业质量负责人参加省、市举办的“首度质量官”培训,组织12家企业参加市质监局举办的“卓越绩效评价”培训,促进企业提高质量意识和管理水平。

组织企业参加“对标先进提品质瞄准一流树品牌”活动,鼓励企业申报省、市政府质量奖,指导企业争创四川名牌产品。2017年4月,全区58家企业的73项产品获第十二届“四川名牌产品”称号。科伦药业获第四届四川天府质量奖提名奖。截至2017年年底,3家企业进入第二届成都市市长质量奖提名公示名单。

利用“3·15”“质量月”“安全月”、“5·20”世界计量日、“10·14”世界标准日等,开展质量宣传活动。在《新都资讯》、新都广播电视台及质量强区成员单位电子显示屏等媒体开展质量宣传,营造政府重视质量、企业追求质量、人人关注质量的氛围。

计量管理 在元旦、春节、“五一”节、端午、中秋、国庆期间开展节日期间计量器具监督检查,维护买卖双方利益。对全区卫生院、社区卫生服务中心、村卫生站的B超、彩超、血压计、体重秤等4种计量器具进行免费周期检定,检定率100%。对卫生院、社区卫生服务中心每季度开展一次计量监管巡查。组织区内38家医疗卫生机构的计量管理人员64人,参加计量知识业务培训。对城区固定集贸市场在用计量器具实施免费检定,受检率100%;对城区固定集贸市场每月开展一次计量巡查和监管。

组织23家企业、单位(医院13家、加油站5家、眼镜店3家、超市1家、餐饮店1家)开展诚信计量承诺活动。

贯彻落实上级关于“从2017年4月1日起,强检计量器具免费检定”的精神,全年共有482家企业完善备案手续。

质量认证 下发《关于做好2017年强制性认证产品执法和监督检查工作的通知》,确保辖区内强制认证生产企业做到100%取证、100%监管、100%建档。下发《关于开展2017年食品农产品认证监督检查及执法工作的通知》,完成2017年度食品农产品认证企业监督检查工作。按照《成都市质量技术监督局关于开展2017年有机产品质量安全监督抽查的通知》要求,协调解决检测机构抽样、买样。完成12家认证企业的评审活动。配合市质检院开展流通领域插头插座获证产品现场检查,提高获证产品3C认证有效性。

按照市质监局《关于进一步扎实做好全市电线电缆生产企业专项监督检查工作的通知》要求,先后对四川正方高压线缆公司、美河线缆、川虎线缆、三电电缆、成都利康线缆公司等单位进行专项督查。召开全市电线电缆产品监管工作培训会,邀请CQC成都分中心专家在成都三电电缆公司对监管人员进行现场指导,提高监管人员监管水平。

标准化建设 开展国家级市民服务标准化试点项目建设,清理前置事项170项,调整前置事项57项,简化省略申报材料74项,48项承诺件改为即办件;搭建覆盖区、镇、村三级的“新都市民服务标准体系”,包括通用基础标准4项,服务提供标准1116项,岗位工作标准20项,服务保障标准31项,服务监督评价标准14项;在区政务服务中心网站、政务微信、微博上开辟《市民服务标准化建设》专栏,在《中国质量报》《四川日报》《成都日报》等媒体报道工作开展情况。开展标准化基础知识宣传、世界标准化日主题宣传、废纸回收标准宣传等现场宣传活动3次。

指导紫荆花制漆(成都)有限公司、成都川虎电缆有限公司的5项标准申报,并通过了采标认可。至2017年末,全区有1家企业参与1项国际标准制定,1家企业参与1项国家标准制定,17家企业参与93项国家标准制修订,12家企业参与77项行业标准制修订,2家企业参与3项地方标准制定,成立标准化专业技术委员会2个。帮扶、指导53家企业自行上网公开标准278项,涵盖494种产品。

组织区内俊马密封制品公司、优胜猪业专业合作社、斑竹园镇竹友社区分别申报成都市标准化良好行为企业、农业标准化示范项目、社会管理和公共服务标准化示范项目。10月18日,斑竹园镇竹友社区“社会管理和公共服务标准化”示范项目通过成都市标准委委派的专家组验收。12月7

日，明学川芎合作社申报的石斛栽培市级农业标准化示范项目通过验收。

指导区人社局制定《劳动关系和谐程度评价规范》。为做好国家级市民服务标准化示范点项目的建设工作，制定《市民服务标准化市民服务机构基础设施建设规范》《市民服务机构基础管理规范》《市民服务机构基服务规范》地方标准3项，已获省质监局批准发布。

特种设备安全监察 全区注册登记特种设备15725台，其中锅炉369台，压力容器1607台，电梯9355台，起重机2357台，厂车1156台，大型游乐设施7台，其他特种设备874台。工业压力管道9900米。

制定《2017年度特种设备现场安全监督检查计划》，在元旦、春节、“五一”、国庆等节前后以及“两会”和党的十九大期间，开展特种设备安全监察指导工作。加强对公园、学校、宾馆、超市、商场、医院的特种设备安全监察，全年检查特种设备生产和使用单位800余家，检查特种设备1600余台，发现安全隐患213处，下达特种设备安全监察指令书213份，消除事故隐患207起，立案查处非法使用、超期未检等违法案件23起。

根据国家质检总局和省、市质监局的安排部署，在全区开展特种设备安全隐患排查整治工作。督促使用单位按要求开展安全隐患自查，对自查出的问题及时整改到位，并建立整改台账。

元旦、春节、“五一”、端午节等节庆活动前，开展游乐设备生产企业和游乐设施使用单位安全专项检查4次。对生产企业的生产许可证、安全生产管理、产品质量控制进行检查，对旅游景点的大型游乐设施使用单位安全责任落实、人员持证、设备注册登记、设备检验、安全装置、警示标志、运行情况以及应急救援预案及演练等情况进行检查。

加强锅炉节能管理，提升锅炉系统运行水平和安全节能标准化管理。完成额定蒸发量(热功率)10吨/时及以上在用燃煤工业锅炉的能效测试工作，开展四川科伦药业公司安全节能标准化管理达标示范锅炉系统建设工作。

依法行政 开展特种设备等重点领域专项整治，检查各类经营单位1638家。对烟花爆竹经营店、加油站、寺院及景区等场所安全制度落实情况、安全设备等情况进行排查，消除安全隐患。抽检手机充电器、厨房电器、儿童用品、钢材、消防用品、润滑油、女鞋53批次，对27家销售不合格商品的经营者进行立案查处，查处晨旭电气设备有限公司、美景家具有限公司等销售不合格家具典型案件。开展成品油市场专项检查，执法抽样12批次，查处销售不合格柴油案2件。质检类案件立案67件，结案50件，罚没49.99万元，罚没款入库38.03万元。

普法宣传 开展“特种设备监察法律法规及现场监督检查实务”“职业打假人投诉处理”等培训活动27期。组织参加省市专题教育培训30人次，组织系统内人员培训28次、3260人次。局长办公会会前学习《中华人民共和国特种设备安全法》《产品质量监督抽查管理办法》等25次。

组织普法宣传活动178次，发放宣传资料14.86万份，设立宣传展板374个，发放法制宣传实物15.17万件，接受群众咨询2.78万人次。

【食品药品监管】 坚持源头严防、过程严管、风险严控，不断提高食药安全保障水平和人民群众满意度。

食品安全目标绩效考核 区政府将食品安全纳入目标绩效考核、干部综合考核评价，各镇(街道)将食品安全纳入对各村(社区)的目标考核，所占权重不低于3%。构建“地方政府守土有责、党政同责、一岗双责、部门履职尽责、企业主责”的责任体系，与镇(街道)食药安委成员单位签订目标责任书，以目标促进食品安全责任落实。召开食品安全季度工作会4次，开展食品安全第三方测评2次。

食品安全整治 开展学校卫生防病与食品安全、农村集体聚餐风险防控、重大节假日期间食品安全、经营环节进口食品安全、冷冻食品贮存和运输环节食品安全、夏秋季节预防食物中毒等专项整治23项。开展为期三个月的食品安全风险隐患排查整治工作，截至2017年底，检查食品经营1.63万家次，排查生产企业6109家次，餐饮单位1.29万家次，排查隐患301个，专项约谈156次，行政处罚158件，责令停产停业7家。全年未发生食品安全系统性风险问题，通过成都市国家食品安全示范城市创建绩效评估。

与区农发局联合印发《关于建立食用农产品产地准出与市场准入衔接机制的意见》《2017年食用农产品质量安全快速检测方案》，由区市场质量监管局实施抽样及检验结果的公示和不合格后处理工作，区农发局负责检测。与区教育局联合印发

5月9日，全国人大教科文卫委员会主任委员柳斌杰(右三)率检查组到新都区开展《中华人民共和国药品管理法》执法检查

《鼓励和引导学校食堂纳入食品流通溯源电子商务平台的工作方案》，实现食品来源可溯、去向可查，全区公立中小学幼儿园、驻区大专院校、60%以上的私立学校纳入食品流通溯源电商平台管理。

制定《新都区食品小作坊禁止生产加工目录》《新都区食品摊贩登记与监督检查工作方案》《新都区食品小经营店备案与监督检查工作方案》，确定马家镇作为“食品三小”备案登记试点镇。

修订《成都市新都区食品安全突发事件应急预案》，印发《新都区餐饮环节食物中毒应急处置程序》《新都区食品安全突发事件应急处置工作手册》。开展2017新都区食品安全突发事件应急演练，邀请国家食药监总局高级研修学院专家担任总演练师，各成员单位、各镇(街道)、公立医院、学校(含幼儿园)食堂、餐饮单位、农村自办群体性宴席专业加工服务者代表200余人现场观摩。

餐饮服务监管 督促餐饮服务者落实主体责任，全年共查餐饮单位524家，督促162家落实各项制度规范。

实施“互联网+智慧监管”模式，建立“食安新都”微信公众平台，全区有840家餐饮单位安装了“食安新都”摄像头。

承担木兰“二月二”、升庵论坛、2017中国佛教讲经交流巡讲、全球创新创业交易会以及“2017联合国世界旅游组织第22届全体大会”等活动的餐饮保障51餐，保障就餐人数35.56万人。

加强食品安全防控，对发现和排查餐饮服务环节存在的食品安全隐患，移交执法大队不合格后处理案件64件。

召开学校(幼儿园)食堂安全培训会、“中考高考”保障培训会、流动厨师培训会、餐饮单位“明厨亮灶”培训会等40次，强化餐饮单位食品管理和从业人员的食品安全意识、主体责任意识及法制意识。

药品监管 5月、9月，开展飞行检查(跟踪检查的一种形式)2次，采取“双随机”方式检查药品零售单位30家，撤销GSP证书14家。对药品批发环节、药品零售终端、中药材及中药饮片开展“回头看”专项检查，收到批发企业59家、医疗机构23家、诊所131家的自查报告213份。开展抗生素类处方药专项整治，全区零售药店734家，检查率100%。因不凭处方销售处方药品被处以责令整改的药店66家，罚款6家、3万元。

对辖区内药品批发企业销售疫苗情况进行全面检查，对全区7家有麻醉药品和精神药品经营的企业、1家咖啡因使用单位进行检查，覆盖率100%。

医疗器械监管 对14家医疗器械生产企业进行检查，对12家存在问题的企业下达责令整改通知书。全年检查医疗器械生产企业105家次，其中对省重点企业监管2次，对普通二类企业监管至少1次。

与区卫计局联合开展医疗机构使用医疗器械质量管理专项整治行动，做到日常监督检查覆盖率100%、建档率100%、器械管理人员培训率100%。

农村食品药品监管网络建设 印发《新都区食品药品安全三级监管网络建设实施方案》和《新都区加强食品安全组织管理体系建设的实施意见》。构建新型“信息员”监管体系，将各监管所网格和村(社区)信息员网格整合。制定《食品生产流通环节日常监管工作制度》《日常监管量化分级评定工作制度》《食品监督抽检不合格后处理制度》等制度11项。

加强农村药品监管网络建设，组织各监管所执法人员开展农村药品质量监管员培训4次。对城乡接合部和农村20家零售药店进行整治，其中14家被立案查处并撤销GSP证书。

依法行政 全年处理行政复议案件11件、行政诉讼案件6件、行政听证案件6件。邀请人民监督员、人大代表、政协委员、法律专家、企业代表和新闻媒体参加案件讨论会，确保重大案件调查处理合法。全年审核执法案件691件，提出补充证据、规范文书等意见建议389件。食药类案件立案417件，结案239件，罚没634.31万元，罚没入库424.67万元，移送公安机关追究刑事责任3件。

惠民工程 搭建以成都医学院检验医学院为依托，以各食品生产企业为主体的政校企合作平台。委托重庆食品工业研究所指导企业研发功能性食品，促进企业拓宽发展领域。区委、区政府印发《关于推动产业转型升级的意见》，对新获得ISO22000、HACCP认证的食品企业奖励20万元，已有4家企业获得奖励。推进家宴管理“制度化”、家宴场所“集中化”、家宴消费“多元化”、家宴监管“网格化”，建立家宴管理制度13项，建成家宴集中点6个。开展食品安全第三方测评2期。开展“你点我检”活动2次，由群众投票选取抽检品种、抽检区域、抽检领域，邀请4名群众代表全程参与抽检过程。抽检食品55个批次，检验结果通过《新都资讯》、“新都香见”微信公众号进行公示。会同成都市食品药品检验研究院开展“你担心、我检测”活动，原价回购市民自购食品，或市民自愿提供样品，免费为市民购买的存疑食品进行风险监测检验，抽检保健产品40个批次。

（朱月　黄伟　陈飞　谭静）

安全生产监管

【概况】成都市新都区安全生产监督管理局（简称区安监局）挂区安委办牌子。内设机构6个：安全生产监督管理科、危险化学品监督管理科、职业安全健康监督管理科、政策法规宣传科、办公室（行政审批科）、安全生产监察执法大队。在职人员19人。

【安全生产责任制】制发《成都市新都区安全生产“十三五”规划》《成都市新都区职业卫生“十三五”规划》《关于建立安全生产职责清单和履职档案进一步压实安全生产监管责任的通知》《关于建立安全风险分级管控和隐患排查治理双重预防工作机制防范和遏制重特大事故的实施意见》《新都区安全生产重大事故隐患整治挂牌督办制度》，有章可循。区政府安委会每季度召开安全生产形势分析会，建立事故责任部门及属地镇（街道）主要负责人“反思”述职制度。

【执法监察和事故查处】全年检查企业1655家，排查发现一般事故隐患4178处，完成整改4149处，整改率99.3%。区委、区政府成立28个督导组，对全区13个镇（街道）、4个产业园区党（工）委进行督查，抽查企业34家，发现一般安全隐患75处，责令企业限期整改。依法惩处违法违规行为37起；查处非法储存危险化学品2起，转移暂扣非法储存剧毒危化品汞1000克，行政扣留2人，立案查处企业12家，共处罚款82.1万元；治理重大事故隐患3处；通报曝光违法违规企业9家。

【安全隐患排查治理】完成“四上”企业446家和“四下”企业2544家的基础信息采集工作，信息采集率100%。2990家企业隐患自查覆盖率100%，全年排查录入隐患225270条。

【安全专项整治】全区粉尘企业280家，其中粉尘作业场所30人及以上企业28家完成全面排查工作。国家安监总局对新都区粉尘防爆专项整治工作进行明察暗访1次，对四川省鸿基木业有限公司、成都浪度家具有限公司下达现场处理措施决定书。完成37处一般电力设施隐患整治，对5家涉氨制冷企业开展专项治理。完成学院路与博海路交叉路“T”型路口和大天路与寸龙路“十”字路口道路交通安全隐患整治。

制发《新都区2017年工贸企业有限空间作业专项治理工作方案》，对全区泡菜、造纸、通信、燃气等行业开展督查。联合多部门完成对西街2号和北街23号老旧危楼的整治。开展防高坠专项检查，检查企业41家，安置小区2处、商品房小区3处，发现隐患17处，已整改完毕。军屯镇开展专题培训1次。

【安全生产宣传教育和培训】宣传、贯彻落实《中共中央国务院关于推进安全生产领域改革发展的意见》，从7月起，利用安全生产经营单位安全生产负责人培训，分5个批次进行主题宣讲，受宣讲者1200人。将国家安监总局制作的《改革发展的

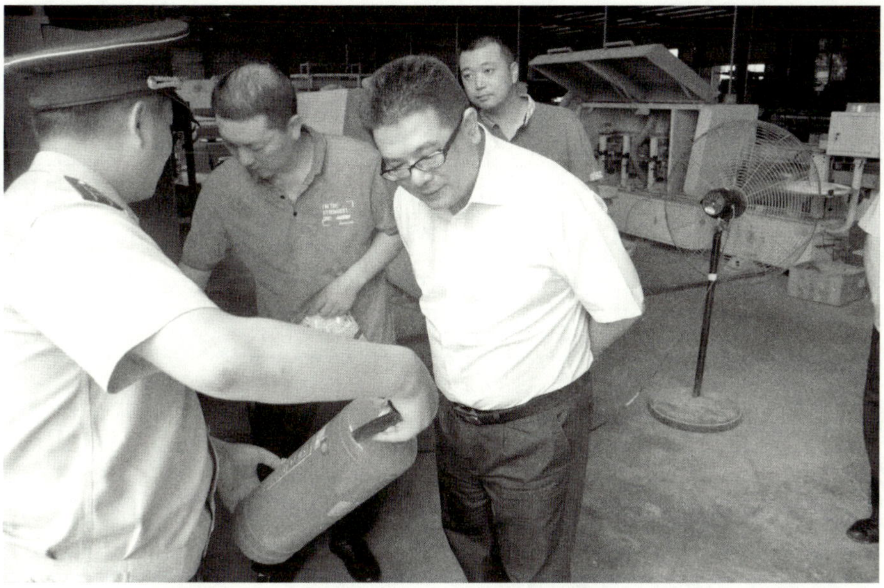
7月25日,区委副书记、区长李云(右一)一行到马家镇恒源木业检查安全生产情况

意见》PPT放入香城安全生产微信群,要求群内的200多名领导和工作人员学习。6月16日全国“安全生产月”咨询日,通过横幅、展板、视听,发放宣传资料,突出宣传《中共中央国务院关于推进安全生产领域改革发展的意见》。

新建“安全生产网络化体系微信平台”,“香城生产安全工作群”有199人,从区领导到一线工作人员,均统一按职务和真实姓名修改群名片,从上到下各司其责,及时更新上报各类安全生产信息。投入专项经费70余万元,制作《安监在行动》电视宣传片,已制作25期,在新都电视台每周播放。

【安全生产标准化企业和安全社区建设】 泰兴镇、石板滩镇通过省级安全社区考评专家组评审验收,大丰街道通过省级安全社区复评。全区安全生产标准化任务29家,实际验收达标工贸企业30家、危化企业10家、交通运输企业13家,完成2家小微企业标准化创建现场评审工作,标准化建设到期的企业均通过复评。

(杨　兆)

2017年新都区安全生产标准化建设三级企业一览表

表26

序号	企业名称	序号	企业名称
1	成都蜀冶新材料有限责任公司	14	成都工具研究所有限公司
2	成都和信房地产有限公司酒店管理分公司	15	成都市何香逸苑餐饮有限公司
3	成都合兴包装印刷有限公司	16	成都市新都金海污水处理有限责任公司
4	四川省川西风机有限公司	17	成都市天雅水质净化有限公司
5	成都新图新材料股份有限公司	18	四川省宏源防水工程有限公司
6	四川科华展示设备有限公司	19	四川兆虹油气田技术有限公司
7	成都市新都蜀绣工艺制品有限公司	20	四川省成都市饮食公司赖汤圆食品厂
8	成都紫江包装有限公司	21	成都屏荣食品有限公司
9	成都闽航食品厂	22	成都俊马密封科技股份有限公司
10	成都紫泉饮料工业有限公司	23	成都莱恩假日酒店有限公司
11	四川富达食品工业有限公司	24	成都米乡食品有限公司
12	成都市新都冠美园食品有限公司	25	四川良益商品混凝土有限公司
13	成都市盈宇食品有限公司	26	华润雪花啤酒(四川)有限责任公司

续表 26

序号	企业名称	序号	企业名称
27	成都成量工具集团有限公司	41	成都一站销售有限公司
28	成都茵普精密机械有限公司	42	成都市新都巴士公交有限公司
29	成都前宏通讯有限责任公司	43	成都市香城客运站经营管理有限公司
30	四川华西绿舍建材有限公司大丰混凝土搅拌站	44	成都合富物流有限公司
31	四川富民化工有限公司	45	成都浩然至成物流有限公司
32	成都市科龙化工试剂厂	46	成都钰蟒物流有限公司
33	成都市创辉压缩天然气有限责任公司	47	成都神鹏物流有限公司
34	紫荆花制漆(成都)有限公司	48	成都长运朗博集装箱运输有限公司
35	成都中川天然气有限公司	49	四川万联达物流有限公司成都分公司
36	成都市新都区石板滩加油站	50	成都奇捷物流有限公司
37	成都驰兴化工有限公司	51	成都林都物流有限公司
38	成都金威达实业有限公司	52	成都明勇物流有限公司
39	新都区斑竹园加油站	53	成都庄吉物流有限公司
40	成都市新都区柏水加油站		

2017 年新都区生产安全事故统计表

表 27

类 别	总 计						一般事故						较大事故			
	事故起数(起)	与上年比		死亡人数(人)	与上年比		事故起数(起)	与上年比		死亡人数(人)	与上年比		事故起数(起)	比上年增(起)	死亡人数(人)	比上年增(人)
		±	±%		±	±%		±	±%		±	±%				
合 计	25	-9	-26.47	29	-7	-19.44	24	-10	-29.41	26	-10	-27.78	1	1	3	3
建筑施工	4	1	33.33	4	1	33.33	4	1	33.33	4	1	33.33	0	0	0	0
冶金机械等	3	1	50.00	3	1	50.00	3	1	50.00	3	1	50.00	0	0	0	0
工商贸其他	0	-1	-100	0	-1	-100	0	-1	-100	0	-1	-100	0	0	0	0
道路交通	18	-9	-33.33	22	-7	-24.14	17	-10	-37.04	19	-10	-34.48	1	1	3	3
农业机械	0	-1	-100	0	-1	-100	0	-1	-100	0	-1	-100	0	0	0	0

社会事业

教育事业

【概况】 2017年，新都区有成都电大新都分校(新都社区教育学院)1所，中等及以下公办学校59所(中等职业学校1所，高中5所，初中17所，九年一贯制学校4所，小学28所，幼儿园3所，特殊教育学校1所)，事业单位2个。中等及以下民办学校、幼儿园217所(中等职业学校3所，民办中小学17所，民办幼儿园197所)。中等及以下学校在校学生164690人，中等及以下公办学校在编在岗教职工5842人。

司法部、中国关心下一代工作委员会、中央社会治安综合管理部委员会联合授予新都区"全国青少年普法教育先进单位"称号，被评为全省依法治校示范校3所。

【重点项目建设】 实施基础教育提升工程、公办幼儿园标准化项目17个，前期准备项目8个。建成项目11个：新建大丰北延新居小学、迁建桂林小学、新建工业东区小学、新建北部商城小学、迁建新都一中、改扩建新都二中、迁建特殊教育学校、木兰中学教育综合楼、新建新繁高院幼儿园、成都实验外国语学校五龙山校区(高中、初中)、成都实外新都五龙山学校(小学)等，新增学位9907个。

【学校安全管理】 组织学习《中华人民共和国安全生产法》《中华人民共和国食品安全法》《中华人民共和国消防法》《中华人民共和国反恐怖主义法》等法律法规，开展"全国中小学安全教育日"、"防溺水安全教育""5·12"防震(灾)减灾日、"11·9"消防安全日、"平安寒(暑)专题活动"等活动，10名学生获得"2017年全国首届中小学生消防安全知识网络大赛"优胜奖，获奖人数居全省、全市首位。开展全区学校应急响应能力示范培训演练观摩活动，实行"排查隐患(建立台账)—研判隐患—整治隐患—整治验收"四步工作法，推进学校安全标准化建设，基本实现全区学校安全教育与管理工作信息化、安全隐患排查整治常态化、安全信息报送及时准确化。

【教师队伍建设】 在全市率先引入第三方机构对名优教师队伍建设工作进行评估，举行新都区名优教师激励政策经费发放仪式暨《新都区名优教师队伍建设工作评估报告》发布会。制定《成都市新都区关于加强名优教师队伍建设的实施细则》，完善名师工作室管理办法、定点服务办法和市级及以上科研课题认定办法。26个名师工作室和82位名师开展"名师面对面"5次、"名师传道"25次、"名师送教"150余次等活动，定点帮扶学校26个。

进一步落实职称评聘等10项鼓励乡村教师的具体措施，获城乡学校从教30年教师荣誉证书的乡村教师2951人，获"四川省优秀乡村教师"称号3人，补充乡村教师90人。选派教师20人赴康定市支教。

【教育科研】 全区教育科研课题有国家社科基金项目1项("学术性拔尖创新人才培养计划"探索实践)、省级课题2项、市级课题10项、区级规划课题130项、区级教师小专题150项。省级课题"区域三层联动式集团教研体系研究"获二等奖。获全省教学成果二等奖2项、三等奖1项，获成都市教学成果二等奖2项、三等奖1项。

【体育卫生艺术教育】 开展全区中小学生朗诵比赛、表演唱比赛、合唱比赛、群舞比赛，选送11个艺术作品参加成都市艺术节活动。获得全国啦啦操冠军赛3个项目冠军，香城小学建成省艺术教育特色学校。推进"大课间"活动，开展"阳光体育行动""太极进校园"活动，落实"体育一小时"锻炼。排球、拔河、太极拳等项目获全市小学生综合运动会一等奖。加强学生健康教育，聘请区疾控中心专家对全区学校卫生工作人员和分管行政人员进行业务指导，组织健康教育教师专项培训。开展地方常见病、流行性传染病、艾滋病等的宣传及防治工作，通过省级血吸虫病防控检查验收。

【学前教育】10所公办幼儿园建设竣工。新增公益性幼儿园7所，共82所，提供公办和公益性学位19470个，公益性学前教育覆盖率86.1%。完成学前教育三年（2017—2020）行动计划公办园建设规划编制工作，规划建设公办幼儿园27所。开展全区“游戏——点亮儿童快乐童年”主题学前教育宣传月，宣传正确的儿童游戏观和教育观。在学位紧张区域采取网上公开报名、微机派位的方式进行招生，化解招生矛盾。获得2017年成都市一级园园本课程方案评选一等奖1个。

【九年义务制教育】依法保障新都户籍适龄少年儿童免试就近入学，接收小学新生13941人、初中新生9588人入学。新登记并安置符合条件的外来务工人员随迁子女5011人入学，实现应入尽入。依法保障进城务工人员随迁子女46789人接受义务教育。学生巩固率100%，流失率控制在0.5%以内。成都市新优质学校11所。

【普高教育】对标全市教育现代化监测指标和督导评估细则，结合新都城市整体规划，推进新都一中迁建、新都二中繁江书院建设，香城中学、泰兴中学、升庵中学体育场馆、多功能教室、实验室等19个项目建设。实施“9331教育集团工程”、名校教育集团工程、名师名校长工作室跨校服务工程，实现高中优质师资、优质资源、优质课程共享。新都一中的“三优”理念和“铭章班”管理影响和带动香城中学“宏志班”，香城中学、新都二中的网班建设联通共享，升庵中学的排球优势项目和新都二中的健美操影响全区艺体教育。2017年，高考一次性本科上线率上升到76.00%，实现一次性本科上线率5年翻番的目标，连续第四年获全市普通高中教育教学质量评估“优秀等级”，被评为全市“进步最快单位”。

【职业教育】启动“工业文化特色”职业院校建设，加强数字化校园建设、实训基地建设，实训基地专业覆盖率81.8%。教育部职成司对新都区中职学生实习管理工作给予充分肯定，“四川省现代学徒制试点工作经验交流会”在新都区召开。2017年，中职学校毕业生就业率100%。承办成都市中职学生技能大赛加工制造类竞赛项目。

在九年义务教育的基础上，对藏区孩子提供三年的免费中职教育（简称“9+3”），2014级学生毕业29人，全部就业。2017级录取藏区新生22人。

【成人教育和社区教育】开展村（社区）专干培训3期，组织赴上海开放大学专题培训1个星期，达到社区教育管理干部培训全覆盖。建成市级优质社区教育学校2所、市级示范社区教育工作站2个，区级规范化社区教育工作站评估验收46个。新建成规范化社区教育学校1所（清流镇），东环路“三香”体验馆建成投用。评选出“全国百姓学习之星”1人，“香城社区讲坛”成为四川省终身学习品牌项目。编写市民读本6本。与西南石油大学合作开展“市民自主学习团队培育策略”课题研究，研究成果获得成都社区大

12月27—29日，新都区香城中学通过四川省二级示范性普通高中评审

学表扬。670个项目活动申报成都第二期“社区雏鹰”公益活动，6个镇(街)、73个村(社区)获先进组织奖。评选出成都市学校体育设施向市民开放优质学校3所。

【教育惠民】 特殊教育学校迁建竣工，设计15个班，提供学位450个。特殊教育学校、培智班及随班就读共接收残疾儿童314人入学。为残疾儿童送教上门700余人次，形成以特殊教育学校为骨干，以普通学校“随班就读”为主体，以“送教上门”为补充的特殊教育体系。教育精准扶贫资助4.07万人次、2779.56万元。“帮困助学”“蛋奶工程”、学前“三儿”资助和“普高国助金、免学费”实现全覆盖。对口援助理塘县教育，设立“高原情·教育梦资助奖励基金”，投入100万元，资助奖励教师123人、学生350人。

【教育国际化建设】 推进新都一中与新西兰ICL教育集团联合举办的“国际课程实验班”建设，加快三原外国语学校ESL教程实施。新都一中、三原外国语学校、西街小学、新都一中实验学校被市教育局评为“教育国际化窗口示范学校”。实施“外籍教师进乡村”，全区公办中小学均开设国际理解课程。

【教育信息化】 开展电子书包培训、录播系统培训、班班通多媒体系统培训，组织现代教育信息与学科融合现场会，提高教师对信息技术手段的运用意识，促进现代教育信息技术手段与学科融合。香城中学、新都二中、石板滩小学开展市级数字学校试点，旃檀中学开展成都市未来学校试点，开展电子书包班级试点的中小学15所，2900余名教师参加“一师一优课、一课一名师”活动，获“新媒体新技术教学应用研讨会暨第十届全国中小学创新课堂教学实践观摩活动”一等奖3个、二等奖9个、三等奖33个。

【创新推进现代学校制度改革试点】 按照国家、省、市中长期教育改革发展规划纲要和省、市《关于深化教育领域综合改革的实施意见》文件精神，为解决新都区教育发展的实际问题，聚焦教育“管、办、评”分离改革，以“依法治教”为核心，做优顶层设计，专题研究出台关于深化教育领域综合改革的两个实施意见，先后在新建的旃檀中学、旃檀小学(2016年)、北星小学(2017年)实施。初步实现办学治校权力的有机融合和相互制衡，形成依法办学、自主管理、民主监督、社会参与的现代学校制度的基本框架，构建起以“三统三放，六有四评”(统筹发展规划，统筹资金保障，统筹监管指导；下放人事自主权，下放资金使用权，下放治事决策权；教有高标，管有特效，育有良法，学有良教，校有优品，生有广途；政府督评，学校自评，社会广评，机构专评)为核心，涵盖教育经费拨付、人事制度改革、育人方式转型、多元教育评价等各方面系统的现代学校新样态发展模式。试点工作受到教育部、省教育厅、市政府、市教育局、区委、区政府肯定，社会好评。

【电大新都分校】 成都广播电视大学新都分校有教职员工16人，在校生667人。开设本、专科专业16个。所有专业均免试注册入学，实行学分制管理，实行网上自主学习与面授相结合的教学模式，面授课教师均由大专院校的教授、副教授或具有中高级职称的教师担任。 (邓　韦)

2017年新都区教育经费收支统计表

表28　　单位:万元

项　目	收　入	项　目	支　出
合　计	152750.21	合　计	156541.05
一、公共财政预算安排	149359.53	一、工资福利支出	72536.57
二、政府性基金预算安排	118.33	二、对个人和家庭的补助支出	15236.02
三、事业收入	3183.80	三、商品和服务支出	40270.77
四、其他收入	88.55	四、其他资本性支出	28497.69

2017 年新都区高考各校上线情况统计表

表 29　　　　单位：人

学校	参考人数	上线人数	上线比例%	文科上线					理科上线				
				小计	本一		本二		小计	本一		本二	
					应届	往届	应届	往届		应届	往届	应届	往届
一中本部	1561	1379	88.34	337	95	25	105	112	1042	548	96	222	176
一中城北	296	255	86.15	23	3	0	17	3	232	128	2	86	16
新都二中	678	440	64.90	110	10	6	67	27	330	115	5	185	25
香城中学	953	555	58.24	139	24	4	84	27	416	87	16	239	74
泰兴中学	77	8	10.39	4	0	0	4	0	4	1	0	3	0
升庵中学	249	85	34.14	45	6	0	38	1	40	6	2	32	0
三原学校	154	145	94.16	49	23	0	26	0	96	56	0	40	0
合　计	3968	2867	72.25	707	161	35	341	170	2160	941	121	807	291

驻区高校简介

【西南石油大学】 学校入选国家“双一流”建设高校，石油与天然气工程学科进入世界一流学科建设序列。工程学学科进入 ESI 排名世界前 1%。20 个学科参加全国第四轮学科评估，12 个学科进入学科的前 70%。学位授权审核公示博士点 1 个、硕士点 3 个。制定《西南石油大学博士研究生指导教师岗位聘任及管理办法》，新增博士研究生指导教师 27 人。获批中国学位与研究生教育学会研究课题 8 项。南充校区获批教育部“互联网+中国制造 2025” 产教融合促进计划试点院校（全国 17 所）。

人才与师资队伍建设 引进国家“千人计划”专家 1 人，入选国家“百千万人才”工程 2 人，入选“长江学者”讲座教授 1 人，入选“第三批国家科技创新领军人才（万人计划）”1 人，入选 2016 年国务院政府特殊津贴专家 3 人，入选“科学中国人 2016 年度人物”3 人。入选首批四川省优秀科技人才创业典型 1 人，入选 2017 年“四川教师风采”典型代表 1 人。获首届全国创新争先奖 1 人，获国家留学基金委西部项目资助 36 人，获 2017 年中国产学研合作创新奖 2 人，获第二十六届孙越崎青年科技奖 1 人，获德国洪堡基金资助 1 人。获第十四届四川省青年科技奖 2 人，获四川省五一劳动奖章 1 人。获 2017 年全国高校思想政治理论课教学骨干荣誉称号 1 人。学校在“全国高校教师教学竞赛状态数据（2012—2017）”中位列全国第八。

教育教学 全面修订本科学生学籍管理办法及配套制度。出台《西南石油大学国际学生本科专业人才培养实施意见》，制定专业国际学生人才培养方案 8 个。首次评选颁发本科生校长奖学金、奋进奖学金和笃学奖学金。新增本科专业 3 个、省级精品在线开放课程 7 门、省级创新创业示范课程 3 门。学校获第八届四川省教学成果一等奖 6 项。完成南充校区 6 个专业、13 门课程的检查性评估。2 个专业申请工程教育专业认证被受理，1 个专业完成四川省专业评估。获教育部首批“新工科”研究与实践项目立项 2 项。作为四川省审核评估工作办公室单位，完成省内 4 所高校的审核评估工作。

科学研究 实到科研经费 4.27 亿元。获国家技术发明奖 2 项。获省部级以上科技成果奖 30 项，其中国家一等奖 1 项、省部级一等奖 1 项。获国家自然科学基金资助项目 60 项，获国家社科基金资助项目 2 项，获省部级人文社科类基金资助项目 23 项。获授权发明专利 389 件。SCI 收录论文 760 篇，人文社科 SSCI 收录论文 2 篇，CSSCI 收录论文 57 篇，A 级 1 篇。学报（自然科学版）再次入选 CSCD 核心期刊，被评为 RCCSE 中国权威学术期刊，《Petroleum》入选中国科技期刊国际影响力提升计划。学校教师在西南石油大学学报（社会科学版）上发表的 1 篇论文被《新华文摘》全文转载。1 篇论文入选 2016 年度“领跑者 5000——中国精品科技期刊顶尖学术论文”。1人获教育部2017年度在线教育研究基金项目立项。

新增科研基地(平台)15个,新建科技创新团队18个,组建校级研究院(中心、所)8个。获准立项建设四川省页岩气产业发展研究院。建成海洋非成岩天然气水合物固态流化开采实验室,具有自主知识产权的全球首次“海洋非成岩水合物固态流化开采技术”试验成功。四川石油天然气发展研究中心通过四川省评估。

学生工作 招收全日制博士生145人、全日制硕士生1361人、普通本科生7889人。毕业生整体就业率95.27%。新增优质生源基地25所,共40所。招收国际留学生252人,留学生人数共283人。

组建“党的十九大精神学生宣讲团”。实施首批“学生领袖双百工程”。与新都区共建“新都区创新创业学院”。获批“全国高校实践育人创新创业基地”。获全国易班十佳工作站(全国10个),再次以总分第一获评四川省易班建设示范高校(全省6个)。1人获第三届四川省高校辅导员年度人物,1人获四川省第五届高校辅导员职业能力大赛一等奖。获首届高校“电子信息+学生工作”创新论坛一等奖(全国6项)。1支大学生社会实践团队获“2017年全国百强暑期实践团队”荣誉称号。1名研究生获SPE亚太地区学生论文竞赛博士生组冠军。

校地合作 与德阳市、南充市、巴中市、新都区等地方政府以及国内三大石油公司、通威集团等知名企业签署各种战略合作协议近20个。学校加入“一带一路”科技产业投资发展联盟。争取到中央支持地方专项资金2970万元。南充校区通过市校合作争取到南充市科研专项经费、学科专业建设、学校设施建设经费1200多万元;落实顺庆区政府资金2000多万元,在校内建设南充高新孵化园(二期)。 (邓大庆)

9月18日,西南石油大学学生获得第三届中国“互联网+”大学生创新创业全国总决赛银奖1项、铜奖3项

【四川音乐学院新都校区】 完善与新都区校地合作框架,商定依托川音新都校区为中心,共建5平方公里的融音乐、艺术、旅游于一体的成都城北音乐产业园,以演艺中心“一院四馆”为载体,拓展成都城北音乐产业园辐射区。新都区把文化音乐产业作为重点产业予以支持,设立产业扶持基金,为川音学生实训、师生开展“双创”和成果转化提供优惠的政策扶持。

参与新都区的经济文化建设,编写出剧本《杨升庵》。参加新都区各种大型活动9次,帮助新都区艺术培训400多人。与西街小学共同打造四川省少儿艺术培训基地,与区广播电视台共同培养播音、编导人才,推选优秀毕业生10多人,到区广播电视台、区文体广新局、区文化馆、中小学就业,提供学生实训的舞台,搭建学生就业的平台。

参与新都区泥巴沱森林公园规划设计,帮助新都区整体规划设计城市雕塑,为区供销社“蠢都味”特色产品设计商标、包装。

接待国外专家、代表团到新都校区访问交流活动46次、200多人次,如国际音乐产业协会美国代表团、澳大利亚悉尼大学青年艺术家访学15天、阿拉伯知名雕塑家访华采风活动11天。承办公安部、省公安厅举办的四川省高校禁毒联盟启动仪式。

美术学院 在由四川网络广播电视台主办的“第四届新媒体新导演扶持计划”微电影大赛中,刘乔西、邓乔夫、张财广、杨博剑、赵冰清、林湘媛、尚雪娇等获大赛组三等奖,张帅获优秀指导老师奖。在全国“金土豆奖”土豆短视频大赛中,刘乔西、卫炜月、姜志恒、胡皓萌、杨博剑等获最佳纪录片奖。在2017年四川省网络视听作品征集推送和展播活动中,姜山、裴一凡、张恺、杨雪儿、袁雪尔等获优秀作品奖。在第十一届亚洲青年动漫大赛中,周柏林的作品《填》获银尊奖，朱瑞琪、姜南杰的作品《迷失的指针》获入围奖。在“2017CCIF 中国卡通产业论坛”暨“2017 第六届中国西安国际原创动漫大赛”中，教师陈惟、李志国，学生孙茂钟的作品《天尘炽》获最佳漫画新人提名奖。在第二届中国民族题材原创动漫作品大赛中，动画系学生作品获三等奖 5 个、优秀奖 2 个、入围奖 7 个。在全国高校艺术与设计作品大赛中，教师作品、学生作品分别获三等奖。在“国青杯”心艺人生全国高校艺术与设计作品展中，教师高中立、李志国的作品获一等奖 2 个、优秀创作一等奖 1 个、二等奖 1 个，学生作品获一等奖 16 个、二等奖 33 个、三等奖 15 个。在全国美育成果展演中，雷雁沙作品《儿戏》获教师组一等奖。在“国青杯”全国高校艺术与设计作品展中，雷雁沙作品《等待》获教师组一等奖。在第十一届“创意中国设计大赛”中，学生王嘉秀、张璐、周帅杰的作品《徒·筑——湿地观鸟掩体》获环艺设计类一等奖，学生王嘉唯、刘佳琪、沙益超的作品《愿——伤残人士体验中心》获环艺设计类二等奖。在第六届“中国营造”2017 全国环境艺术设计双年展中，学生张乐弦、何飞阳、雷小滢的作品《麓·林中书屋》获建筑创意设计本科组铜奖。在第八届四川省高校学生环境艺术设计大赛中，学生陈露、袁凤、陈宇新的作品《向日·小筑》获二等奖，刘丽娜获一等奖，何柳、何慧婷获二等奖，吴开阔获三等奖。在 2017 第七届国际园林景观规划设计大赛中，田勇、唐毅、赵亮的作品《成都火车北站站前广场改造》获年度优秀景观设计奖。在第十三届全国高校景观设计毕业作品展中，学生何柳、何慧婷获 LA 先锋奖。在第五届中国西部陶艺作品双年展中，申明的作品《矛盾的趣味》由四川美术馆永久性收藏。田野主持编著的教材《UI 界面设计》被评为全国“十三五”规划精品教材。

流行音乐学院 在 2017WOD 国际街舞齐舞比赛中，教师黄潇带领的团队获中国赛区冠军，教师杨超带领的团队获中国赛区亚军、世界总决赛最佳主题奖。在全国“2017 虾米·滚石原创歌手”大赛中，学生高翔获冠军及最佳作曲奖。在 2017 第二届“弹唱巅峰决”全国总决赛中，学生杨念慈获南方冠军。在 AUDC 亚洲高校街舞大赛中，学生刘奕君组建的 SOULKILLER 街舞团队获四川赛区冠军。在 2017 年蓉城之秋金芙蓉音乐比赛中，教师涂浩林获金奖。

舞蹈学院 在四川省舞蹈新作比赛中，双人舞《你是我的山》获创作一等奖。在四川省第八届大学生艺术展演活动中，双人舞《你是我的山》获二等奖。在第十一届中国舞蹈“荷花奖”民族民间舞比赛中，群舞《瓦尔俄足》获提名奖。在中国国际标准舞总会“院校杯”全国邀请赛中，1 人进入摩登舞国家青年队。

国际演艺学院 在四川省大学生微电影大赛中，学生王帅兵获三等奖、雷川渝获优秀奖。在腾龙杯“青春的态度”四川省首届青少年摄影大赛中，学生张振杰获一等奖，李珂获二等奖，张艺娴获三等奖。在第四届西南高校摄影联展中，学生李珂、唐纯镁、韩芸齐获三等奖。在四川高校摄影大赛中，学生陈琦获三等奖。在中央人民广播电台第五届“夏青杯”朗诵大赛中，学生郭一凡获四川赛区一等奖。

戏剧系 在《中国大能手》第三季全国形象设计大赛中，学生白平获婚礼组第二名。在第十一届中国音乐金钟奖四川赛区选拔赛中，王雪慧获民族组金奖。在 2017 年四川省大学生校园戏剧展演季暨首届“国立剧专在江安”戏剧文化活动周期间，话剧《家》获最佳指导教师奖、最佳舞美设计奖、优秀演员奖；王小知的原创音乐剧《你好青春》获最佳导演奖；原创话剧《戏出江安》获最佳展演短剧奖。在

7 月，四川音乐学院团队获 2017WOD 国际街舞齐舞比赛世界总决赛最佳主题奖

2017 中国(张家港)长江文化艺术节小剧场艺术荟萃展演中,原创话剧《孟婆》获话剧类一甲第二名。在四川省第八届大学生艺术节期间,原创话剧小品《我将真心付给了你》获二等奖。在 2017 蓉城之秋·金芙蓉音乐比赛中,原创作品《草原的女儿》获演唱铜奖,《想念》获演唱优秀奖。

继续教育学院 郑仁清作曲、王持久作词的大型交响声乐套曲《岷江上下》及其创作团队入选中国文联 2017 年文艺创作资助项目之青年文艺创作扶持计划,获中国文学艺术专项发展基金资助。

(林中泉)

【成都医学院】 成都医学院设新都、天回两个校区,设置教学院系 11 个,本科专业 19 个、专科专业 5 个、硕士专业 4 个。全日制在校生 11863 人,其中硕士研究生 239 人,本科 10639 人,专科 985 人。学校拥有:虚拟仿真实验教学中心、临床医学实验教学示范中心 2 个国家级实验教学平台。有教育部医学人文素质教育基地 1 个、四川省实验教学示范中心 5 个、四川省特色专业 3 个、四川省精品课程和精品资源共享课程 12 门、四川省高校优秀教学团队 1 个。

9 月,省教育厅、市政府在学校举行“厅市共建成都医学院”启动仪式,三方签署《四川省教育厅成都市人民政府共建成都医学院战略合作框架协议》,围绕服务国家中心城市建设、医药卫生资源共建共享、人才培养培训、科研成果转化等展开深度合作。

教学工作 完成 219 个教学班的教学任务,引进东西部课程联盟、超星尔雅通识课堂共 23 门MOOC 课程。建设简阳市人民医院和中西医结合医院(成都市第一人民医院)2 所非直管附属医院教学基地。新增 6 门省级在线开放课程(含创新创业示范课程)。校级教改项目立项 35 项,结题 98 项。

开展校内本科专业评估工作,形成各专业评估意见反馈报告。“儿科学”专业经教育部批准,成为学校第 19 个本科专业。撰写《成都医学院临床医学专业认证中期检查报告》提交教育部,完成认证整改第一阶段任务。

科研工作 科研项目立项 285 项,其中国家自然科学基金项目 13 项、国家社会科学基金项目 2 项、教育部人文社科项目 1 项,获省科技厅、省社科联立项资助 17 项、省教育厅项目 75 项。争取校外科研合同经费 1072 万元。发表科技论文 716 篇,其中被 SCI、EI(含共同第一作者、共同通讯作者)收录 85 篇,在中文核心期刊、中国科技核心期刊(统计源期刊)、CSSCI 和 CSCD 期刊上发表科技论文 448 篇。获专利授权 7 项、软件著作权登记 2 项。大学科技园正式入驻新都区“蜂云谷”。

师资队伍建设 引进骨科团队 1 个。为临床医学院补充专家 11 人,引进博士和副高级教师 25 人。2 人入选第二届四川省卫生计生领军人才,3 人入选第十三批四川省有突出贡献的优秀专家,1 人入选第十二批四川省学术和技术带头人。成功申报“2017 年西部地区人才培养特别项目”的教师 2 人。

学生获奖 28 人获四川省大学生综合素质 A 级证书。军乐团获四川省“意林杯”器乐大赛三等奖。在“挑战杯”全国大学生课外学术科技作品竞赛中,获全国赛三等奖 1 项,省赛一等奖 2 项、二等奖 3 项、三等奖 7 项。入选“国创计划十周年”庆典暨第十届全国大学生创新创业年会的学生论文 2 篇。

创新创业教育 获批国家级大学生创新创业

9 月 23 日,省、市、区、校有关领导一起启动水晶球,开启“四川省教育厅与成都市共建成都医学院”新篇章

训练计划项目 55 项、省级项目 100 项。在全国和四川省“互联网+”大学生创新创业大赛中，获全国赛铜奖 3 项，省赛金奖 3 项、铜奖 6 项，学校获优秀组织奖。建成创业实践基地 2 个，校内入驻项目 3 个，校外入驻项目 7 个。举办第三届大学生创新创业论坛。开办 SYB 免费创业培训 3 期，累计培训在校生 330 人。学校获批成为四川省第二批省级深化创新创业教育改革示范高校。

老年健康研究与实施　设立老年健康研究院，牵头成立中国老年医学学会院校教育分会，设四川省老年医学学会健康养老与医养结合、健康管理、老年心理健康 3 个专委会。学校编纂的《中国老年医疗照护》教材于 4 月 15 日在江苏泰州发布，现已在全国医学院校和养老机构使用。设立中国社会工作联合会医务社会工作专业人才培养基地。获批成为四川省卫计委成都医学院养老与老年健康服务人才培养基地，获省财政补助 400 万元。2017 年，中心招标课题立项 55 项。

教育交流与合作　成都市、内江市、川投集团、藏格集团等 14 家政府部门及企业先后到校调研、商谈合作。新签订校地合作协议 3 份、校企合作协议 9 份。英国约克大学、澳大利亚悉尼大学、意大利第一公共医疗卫生中心、中国台湾中山医学大学等高校到校交流访问，部分高校与学校达成合作意向，签订合作框架协议。13 名学生被“新加坡护理医科奖学金”项目录取。与荷兰南方应用科技大学在老年健康人才培养领域开展学术交流和深入合作。

附属医院工作　第一附属医院通过三甲等级评审及医院巡查。内分泌代谢科乙级重点学科获省卫计委批准立项建设，心血管内科、呼吸内科通过省卫计委验收并授牌。第一附属医院老年疾病临床医学研究中心获批四川省首批临床医学研究中心。派驻对口支援单位的专家和技术骨干 21 人，开展省、市、区卫生人才培训 400 多人次。

第二附属医院在四川省 2017 年医院等级评审中获批三级甲等医院。附属妇女儿童医院启动国家重点研发计划“精准医学研究”重点专项课题“西南区域自然人群出生队列研究”。

5 月 23 日，成都医学院与成都市中西医结合医院共建成都医学院附属中西医结合医院，举行揭牌仪式。成都医学院附属中西医结合医院成为市级医院首家独立授予硕士学位、博士学位的医院。

成都医学院联合附属医院共同设立成都医学院专项科学研究基金，2017 年共筹集基金 433.3 万元。

（范方仕）

科学技术

【概况】　2017 年，全区科技项目 58 个，争取国家、省、市科技项目经费共计 1800 余万元。获国家、省科技进步奖 14 项，其中国家级 2 项、省级 12 项。高新技术企业 75 家，实现产值 256.25 亿元。专利申请 7638 件，其中发明专利申请 2006 件。科技进步对经济增长贡献率为 62.40%。

【科技项目管理与实施】　围绕都市农业、特色农业建设，提升农业综合生产能力和可持续发展，建设现代农业科技应用示范工程。加速农业新品种、新技术的引进试验、示范推广应用。与四川省农科院、省林科院等科研院所合作，加速新都区现代农业发展。支持成都国酿食品有限公司等农业加工生产龙头企业发展，以农业科技示范、农产品加工生产推进农村新型经济科学发展。

【发展科技企业】　加强对科技型中小企业的培育，增强企业的创新力，为中小企业的发展提供指导帮助，保障中小企业的顺利发展；加强对高新技术企业、科技领军企业的培育，提升企业行业核心竞争力，带动区域经济结构优化升级。围绕轨道交通、航空两大战略新兴主导产业，鼓励军工企业开放研发制造、检验检测设施设备，对外提供有偿服务，帮助民营中小航空企业成长，形成航空产业集群。围绕中车集团，抢占产业价值链高端，加速构建新都区轨道交通产业生态圈。

【科技宣传和科教兴区】　5 月 20 日至 27 日，科技活动周期间，组织全区有关单位，围绕突出科技创新发展的新进展、新成效，着力提高全民科学意识和科学素养，营造浓厚的创新创业氛围，激发创新创业活力。参与宣传的单位有 10 余个，参与宣传的科技人员有 200 余人；举办专题讲座 3 次，参加人员1000 余人；举办实用技术培训 10 余期，培训 2800 余人；接待各类咨询 1000 人次，赠送技术资料、科普书籍等1.1万份。利用文化、科技、卫生“三下乡”活动,开展宣传咨询、科技培训、专题讲座、科技进社区等活动。在军屯、斑竹园等镇开展科技下乡活动,发放种植养殖技术资料1000余份,通过展板挂图、实物展示、科学咨询等形式,宣传最新科技知识,介绍农作物优良品种、栽培技术、病虫害防治以及新农药、专用肥料、新农机使用等科技知识。

【创新创业】 打造环西南石油大学知识经济圈,支持西南石油大学国家大学科技园建设,园区现已拥有企业156家,其中高新技术企业7家,大学生创业企业51家。建设政府主导的创新创业平台,推进蜂云谷“创业苗圃+孵化器+加速器”梯级孵化体系建设,已聚集孵化器5家、研发实验室3家,入驻创业企业93家,创业项目14个,常驻企业33家。

围绕成都市“创业天府 菁蓉汇”活动品牌,先后举办“创业天府·菁蓉创享会——企业研究开发经费税前加计扣除及小微企业税收优惠政策解读”专场活动、“创业天府·菁蓉训练营——新都专场活动”等“菁蓉汇”系列活动5场。举办“第三届新都区青年(大学生)创新创业大赛”、第三届四川省“互联网+”大学生创新创业大赛等创新创业活动20余场。

【知识产权保护】 推进“国家知识产权强县工程示范区”建设。完善知识产权服务体系,建立完善的服务体系,做好企业知识产权服务工作。推进中国成都(家居、鞋业)快速维权中心新都分中心的建设工作。成都海宁皮革城获全国知识产权保护规范化市场。

利用科技活动周等活动,安排部署区知识产权工作成员单位进行知识产权宣传、展示活动,展出宣传板30块、挂图15幅,发放各类宣传资料1000份,接受现场群众咨询200人次。举行全民阅读活动暨“4·23”世界读书日、“4·26”世界知识产权日宣传活动,宣传知识产权方针政策,讲解“识假辨假”知识,发放资料2000份,接受现场咨询230人次。

与省、市知识产权相关部门,市知识产权维权援助中心开展知识产权联合执法行动。与区市场质量监督管理局、区公安分局、区文体广新局签订目标责任状,开展知识产权联合执法,查处假冒伪劣产品、盗版刊物及音像制品、假冒专利案件。开展打击侵权盗版专项行动16次,收缴侵权盗版图书500余册、音像制品400余盘。 (肖 强)

9月5日,新都区“三下乡”活动在军屯镇郭家村文化广场举行

2017年新都区获国家级、省级科技进步奖一览表

表29

序号	项目名称	主要完成单位	主研人员	颁奖单位	奖级
1	南海高温高压钻完井关键技术及工业化应用	中海石油（中国）有限公司湛江分公司、中海油研究总院、中海油田服务股份有限公司、中国石油大学（北京）、中海油能源发展股份有限公司、西南石油大学、长江大学、深圳新速通石油工具有限公司、华油阳光（北京）科技股份有限公司、深圳市远东石油钻采工程有限公司	李　中、刘书杰、董星亮、黄　熠、杨　进、李炎军、齐美胜、罗　鸣、谢仁军、张　智、孙东征、张　勇、王尔钧、周建良、黄凯文	国务院	国家科技进步一等奖
2	高效切削刀具设计、制备与应用	上海交通大学、成都工具研究所有限公司、上海飞机制造有限公司、上海电气电站设备有限公司、上海工具厂有限公司、恒锋工具股份有限公司	陈　明、孙方宏、安庆龙、沈　彬、明伟伟、田　良、张烘州、葛春新、薛　锴、陈子彦	国务院	国家科技进步二等奖
3	分子势能建模及其在气藏开发中的应用	西南石油大学	贾春生、张烈辉、彭小龙、唐洪明、刘建仪	省政府	省科技进步二等奖
4	工业余能高效回收利用多机联轴透平机组研制与应用	成都成发科能动力工程有限公司、四川大学、北京石油化工学院	师亚洲、郭定义、杨　屹、逯广平、杨　刚、宋宜成、薛芳涛、谭　兴	省政府	省科技进步二等奖
5	低产低效油气井高效开采技术及配套装备研制与应用	西南石油大学、成都烃源科技有限责任公司	梁　政、邓　雄、李旭春、蒋宝云、刘帮华、苏卫平、蒋发光、张　梁	省政府	省科技进步二等奖
6	非离子型嵌段聚醚类清水剂的设计与合成新工艺	西南石油大学、鑫统领建材集团有限公司	段　明、方申文、施　鹏、熊　艳、朱鹏飞、曾　君、龙卫红	省政府	省科技进步二等奖
7	衰老与老年功能促进创新研究及成果转化	四川大学华西医院、成都医学院	董碧蓉、岳冀蓉、杨　茗、郝秋奎、李茂全、唐　平、王艳艳、葛　宁	省政府	省科技进步二等奖
8	高品质石墨烯材料的宏量制备技术	大英聚能科技发展有限公司、西南石油大学	漆长席、李　星、蒋虎南、王明珊、林元华、周宝珠	省政府	省科技进步三等奖
9	具有防控病虫害功能的双膜缓释肥技术研究与产业化	成都云图控股股份有限公司、眉山市新都化工复合肥有限公司、嘉施利（宁陵）化肥有限公司、嘉施利（平原）化肥有限公司、应城市新都化工复合肥有限公司	柏万文、阎应广、唐　雷、蒋天举、张鹏程、张　军	省政府	省科技进步三等奖
10	浅海石油导管架平台延寿关键技术	西南石油大学、中国石油化工股份有限公司胜利油田分公司技术检测中心、烟台大学、中国石油川庆钻探工程有限公司安全环保质量监督检测研究院、江苏建筑职业技术学院	邵永波、杨冬平、曲　慧、张志东、宋生志、敬佳佳	省政府	省科技进步三等奖

续表 29

序号	项目名称	主要完成单位	主研人员	颁奖单位	奖 级
11	采掘工作面超前多场联合探测技术及突水灾害源预报研究	四川省煤炭产业集团有限责任公司博士后工作站、西南石油大学、北京工业职业技术学院、达竹煤电有限责任公司、宜宾芙蓉地勘设计公司	占文锋、刘建军、张晓龙、武玉梁、李 文、武 超	省政府	省科技进步三等奖
12	高温高压含硫气井完井及完整性关键技术与应用	中国石油天然气股份有限公司西南油气田分公司工程技术研究院、西南石油大学、中国石油天然气股份有限公司西南油气田分公司、国家能源高含硫气藏开采研发中心、中国石油天然气股份有限公司西南油气田分公司川中油气矿	马辉运、张华礼、张 智、李玉飞、张 林、张新兰	省政府	省科技进步三等奖
13	四川省结核病流行特征与防治策略研究	川北医学院、成都医学院、四川省疾病预防控制中心、重庆医科大学	高晓凤、陈 建、张佩如、刘 琴、谢勇恩、许 平	省政府	省科技进步三等奖
14	核设备管束结构流固耦合振动预测与控制关键技术及应用	西南石油大学、中国核动力研究设计院	柳 军、姜乃斌、冯志鹏、臧峰刚、张毅雄、王 川	省政府	省科技进步三等奖

2017 年新都区境内高新技术企业一览表

表 30

序号	企业名称	序号	企业名称
1	成都兴锐新材料有限公司	20	成都惠灵丰金刚石钻头有限公司
2	成都佰椿石油科技有限公司	21	成都金创立科技有限责任公司
3	成都迪普金刚石钻头有限责任公司	22	成都佳士科技有限公司
4	四川兆虹油气田技术有限公司	23	成都宁水科技有限公司
5	成都三电电缆有限公司	24	成都市卓新实业有限公司
6	成都坤宝石油科技有限公司	25	成都三可实业有限公司
7	四川兰德高科技产业有限公司	26	四川固特阀门制造有限公司
8	成都银河动力有限公司	27	成都成量工具集团有限公司
9	中汽成都配件有限公司	28	成都凯赛尔电子有限公司
10	成都工具研究所有限公司	29	四川正方高压线缆有限公司
11	四川国统混凝土制品有限公司	30	成都新图新材料股份有限公司
12	四川川龙拖拉机制造有限公司	31	四川天剑机械设备制造股份有限公司
13	华西铝业有限责任公司	32	成都旭光电子股份有限公司
14	成都旭光光电技术有限责任公司	33	四川科伦药业股份有限公司
15	成都西南电工有限公司	34	成都正恒动力股份有限公司
16	成都市新力设备制造有限责任公司	35	成都国酿食品股份有限公司
17	四川良川机械设备有限公司	36	成都光明光学元件有限公司
18	成都工投电子设备有限公司	37	成都皓瀚完井岩电科技有限公司
19	成都德兴磁业有限公司	38	四川川钨硬质合金有限公司

续表 30

序号	企业名称	序号	企业名称
39	成都牛途科技有限责任公司	58	四川泛华航空仪表电器有限公司
40	成都银线电杆有限公司	59	四川兴良川深冷科技有限公司
41	成都新炬化工有限公司	60	成都精密电机厂
42	成都麦隆电气有限公司	61	成都齐沃农业科技有限公司
43	成都俊马密封科技股份有限公司	62	四川兴睿龙实业有限公司
44	成都云图生活电子商务有限公司	63	紫荆花制漆(成都)有限公司
45	成都创源油气技术开发有限公司	64	四川永星电子有限公司
46	四川中曼电气工程技术有限公司	65	成都西油华巍科技有限公司
47	成都博昱新能源有限公司	66	成都市三海热缩制品有限责任公司
48	成都市永申线缆有限公司	67	成都焕越科技有限责任公司
49	四川杨氏达防水材料有限公司	68	成都鸿泰机械有限公司
50	成都伊斯顿过滤器有限公司	69	成都成保发展股份有限公司
51	成都前宏通讯有限责任公司	70	成都成发科能动力工程有限公司
52	成都伦慈仪表有限公司	71	四川昆仑石油设备制造有限公司
53	成都市三宇仪表科技发展有限公司	72	成都蜀冶新材料有限责任公司
54	成都优品涂料有限公司	73	成都永业有限公司
55	成都市金臣环保科技有限公司	74	成都若克石油技术开发有限公司
56	四川华益隆环保科技有限公司	75	中车成都机车车辆有限公司
57	成都天田医疗电器科技有限公司		

文化艺术

【概况】 成都市新都区文化体育广播电视和新闻出版局(简称区文体广新局)内设机构 9 个：办公室、文化科、文物科(挂非物质文化遗产科牌子)、体育科、广播电影电视管理科、新闻出版(版权)科、政工人事科、纪检监察室、财务科，局机关行政编制 20 人，实有在编在册 28 人。成都市新都区文化市场综合执法大队为直属副局级参照公务员法管理行政执法机构，配备行政执法类事业编制 12 人，实有在编在册 10 人。下属直属事业单位 4 个：区文化馆(挂川剧团牌子)、区图书馆、区文物保护所(挂新都杨升庵博物馆、新都博物馆牌子)、区体育中心。归口管理金沙公司新都分公司。

【文化服务设施建设】 区图书馆为国家一级馆，区文化馆、新都博物馆为国家二级馆，区体育中心为区级全民健身活动中心。全区 13 个镇(街道)综合文化站(活动中心)中，成都市一级文化站 9 个(大丰街道、新繁镇、木兰镇、龙桥镇、马家镇、清流镇、泰兴镇、新民镇、石板滩镇综合文化站)，成都市二级文化站 4 个(新都街道、三河街道、军屯镇、斑竹园镇综合文化站)，均配置市民文化艺术学校基层辅导站。全区村(社区)文化活动室 254 个，农家书屋 254 个，各级群众文化活动广场 276 个，青工文化驿站 2 个，新建区图书馆政务中心分馆 1 个。建成公共文化服务标准化示范点 22 个，基层综合性文化服务中心 19 个。

【群众文化活动】 全区群众文化队伍 347 支，其中区级 15 支、镇级 46 支、村级 286 支。群众文化协会 10 个，专业文艺团体 1 个。全年开展群众文化惠民活动 3382 场，其中区级群众文化惠民活动 178 场。参与演出 6.76 万人次，观众 101.46 万人次。全区书画摄影展 30 次，义务书写春联 16 次。举办 2017 年成都市首届青年流行歌手大赛、北京阳光艺术团“阳光之歌”公益演出活动、第六届成都国际非物质文化遗产节新都分会场活动、2017年成都国际友城青年音乐周新都分会场活动、2017年新都区第二届全民文化艺术周、“音约香城·乐动新都——新都区街头音乐会”、第三届“群星璀璨”四川省群文美术书法摄影优秀作品进基层巡展。

6月12日，文化部非遗司副司长王晨阳(左二)到新都区考察非遗文化创意情况

【文化下乡】 开展各类文化下乡活动131次。其中集中活动5次，分散活动126次。出动文化下乡车辆252辆次、1260余人次，发放文艺宣传资料（含图片、手册等)1.2万份。组织“成都文化四季风”“快乐周末·百姓舞台”“走基层”等文艺演出178场，举办市民艺术学校培训117个班次，培训3500余人次。

【文艺创作与获奖】 原创小品《生日》获成都百姓故事会“十佳故事”，原创歌曲《爱的火焰》获“天籁之音·石海之约”四川省第三届民歌大赛银奖。《战之殇》在第四届西南地区四城市“风·雅·颂——国学经典诵读”成都地区决赛中获三等奖。

【对外文化交流】 11月，应莫桑比克马普托市政府和南非和平统一促进会邀请，受区委、区政府派遣，新都区芙蓉川花剧团一行11人，代表成都市赴莫桑比克马普托市和南非开普敦市参加“PANDA成都走进非洲”之“成都日”活动。

【文物保护】 全年投入专项保护经费1314万元，对文物古建进行保护维修。其中，用于宝光寺古建筑进行白蚁防治保护160万元、古建筑保护维修580万元，用于新繁东湖古建筑及草亭抢险维修35万元、旃檀寺古建筑保护维修140万元、白水寺古建筑方案设计9万元、龙藏寺古建筑抢险加固保护20万元、艾芜纪念馆环境改造325万元、10处历史文化地标建设25万元、文物保护单位测绘20万元。

【非遗保护】 新繁镇被评为成都市第一批非物质文化遗产特色小镇。开展第二批区级非物质文化遗产代表性传承人的申报，经省、市专家组评审通过，李春惠、何洪英、王一、王忠述、廖万金等15人被评为第二批区级非遗代表性传承人。完成第六届非物质文化遗产节新都区分会场主题活动、传统表演艺术进社区交流展演活动28场。组织开展“畅想成都·体验非遗”系列展演活动40场，展出“新繁药浴”“新繁泡菜”“川西婚礼”“桂花糕姜糖”“清流板鸭”“宝光素食”等国家、省、市、区各级非物质文化遗产项目，市民现场体验。

【考古发掘】 11月，配合成都市文物考古工作队对位于新乐北路与学府路交会处，西邻新都桂林小学的新都移动公司建设工地600余平方米的新石器时代、商代遗址进行发掘，清理灰坑40余个、房址5座、墓葬2座、窑址1座。出土大量陶器、少量石器，出土玉锛1件，发现少量早于宝墩时期陶器，意义较重大。遗址的时代在新石器时代至商。

（刘立昭）

体　　育

【体育设施】 全区体育场地1005处，健身绿道126.5公里，镇(街道)和村(社区)体育设施覆盖率100%，人均拥有体育场地面积1.6平方米。建成石板滩镇、马家镇全民健身活动中心。在区体育中心内新建1000平方米综合训练馆，推进香城体育中心进入打围施工建设阶段。引导社会资金，建成各类公益示范性足球场13个，其中，十一人制1个，七人制2个，五人制10个。引入社会资金建设尖锋旱雪四季滑雪场,包括四季滑雪场、潜水、飞伞等项目3个。滑雪项目于10月向市民开放部分已经建成的零基础滑道、初级滑道、中级滑道,先后接待残奥会国家高山滑雪队和单板滑雪队训练。

【体育组织】 全区有区体育总会、区老年人体育协会、区门球协会、区武术协会、区乒乓球协会、区篮球协会、区棋类协会、区网球协会、区足球协会、三河村农民健身足球俱乐部等体育类社会组织27个,协会会员5500余人。13个镇(街道)和255个村(社区)均配备有专(兼)职体育工作者。全年培训社会体育指导员110人,全区共有社会体育指导员1165人。

【体育活动】 以"运动新都·活力香城"全民健身活动为主线,以"乒出精彩·快乐万家"乒乓球系列健身活动为特色,依托体育社团开展足球、羽毛球、网球、棋类、太极拳、健步跑等活动和竞赛,全年开展区级体育活动和竞赛20余次,各镇(街道)、区级各部门、村(社区)开展太极拳、乒乓球等体育活动和竞赛300余次。全区经常参加体育锻炼人数40余万人。体育中心向社会免费开放,全年接待锻炼的市民70余万人次。

【体育产业】 全区有健身房、游泳池、体育用品销售、体育彩票销售等体育经营场所200余处,2017年体育彩票销售额1.42亿元。尖锋旱雪四季滑雪场于11月承办平昌2018冬奥会旅游推介暨滑雪项目体验活动,累计接待1万人次。

【青少年体育】 在全区中小学校开展乒乓球活动月、排球活动月、百日游、田径班级赛等青少年主题体育活动。区体育中心青少年俱乐部在全区建立分部(活动点)8个,发展会员2000余人。开设乒乓球、武术、网球、排球、足球、田径等训练项目,全年参加活动的人数7万人次以上。在蜀龙学校、繁江小学、谕亭小学、香城小学、西街小学等6所小学开展棒垒球进校园活动。

【体育赛事】 2月,组队参加成都市第四届全民健身运动会拔河、跳绳、平板支撑、广场健身操、羽毛球团体赛等5个项目比赛。参加成都市车迷健身节、成都市太极拳比赛等赛事活动。依托海峡茶城承办成都市"幼芽杯"棋类比赛并承办4场全国围棋和象棋甲级联赛。10月28日至11月4日,举办新都区第四届运动会,69个代表团2500余名选手参加14个大项、62个小项的比赛。

在"运动成都"成都市第四届"安利纽崔莱"全民健身运动会中,获广场健身操(舞)比赛一等奖、第二名,获健身秧歌、健身腰鼓、第九套广播体操总决赛、第七套健身秧歌规定动作一等奖,获柔力球比赛三等奖。在2017"太极蓉城"成都市"七进"太极拳展示活动集体自选太极拳项目中,获一等奖。在2017年"高新杯"成都市区(市)县业余网球团体赛中,获甲组第二名。

【惠民健身工程】 投入60万元,安装农民健身工程设施51处,维修和更换全民健身器材150余处。7月,启动毗河绿道双水岸段2.5公里示范段提升改造工程,面积14万平方米。项目布局有音乐文创、运动休闲、亲子互动三大主题功能,结合毗河水环境整治,配置服务中心、篮球场、网球场、足球场、儿童游玩设施、厕所等,引进新都地区商业"一杯时光"售卖咖啡饮品。成为周边7个小区6万余人休憩、运动、体验的场所,构成十五分钟公共服务圈示范区。

【体质监测】 常年开展国民体质监测工作,全年监测2400人。 (刘立昭)

广播电影电视

【广播电视民生工程】 推进"高清新都智慧广电"建设,全年完成广播电视公共服务网点建设10个,有线电视"标清用户"转化为"高清用户"2.4万户,发展互联网用户1.2万户。以购买服务的方式加强农村广播室的规范化管理和常态化运行,完成全区232个村(社区)广播室台账的建立,现场指导培训102次,全区村(社区)广播室通响率为90%。发放"成都市宣传工作下基层"DVD广播节目光盘6264张。

【公益电影放映】 开展农村中小学爱国主义教育电影放映和电影"八进"活动(进校园、广场、部队、社区、留守儿童、敬老院、企业园区、工地),全年放映公益电影3054场,观影人数50万人次。映前宣传2600余次,组织数字节目100余部。在新都街道庆元村、石板滩镇文化站、木兰镇文化站、木兰镇天宫社区、新民镇护国村、清流镇柳泉村、龙桥镇瑞云社区、斑竹园镇大夫村、军屯镇郭家村、大丰街道高家社区建设固定放映点 10 个。实施“电影人人看”——新都区“公益电影进影院群众免费观影”活动,为部队、教师、医护人员、志愿者、环卫工人、企事业单位员工等群体提供包场电影服务,放映同期院线上映的影片,全年提供电影包场放映 138 场。 (刘立昭)

新闻出版(版权)

【印刷业管理】 全区印刷企业 84 家,印刷企业工业总产值 21.12 亿元,工业增加值 2.95 亿元,上缴税金 0.12 亿元,从业人员 3449 人。印刷总产值超 5000 万元的企业 9 家:成都新图新材料股份有限公司、成都宝钢制罐有限公司、成都市金百利包装用品有限公司、成都统实企业有限公司、成都市兴恒泰印务有限公司、成都合兴包装印刷有限公司、成都万昌印刷包装有限公司、四川省新都永志印务有限公司、成都市粘冠塑胶制品有限公司。

【出版物市场管理】 完成出版物经营单位核验 66 家。其中,实体书店 17 家,商超网点 28 家,书刊报亭 16 家,音像制品零售 5 家。出版物发行业年销售总量 199.58 万册(盘),年销售总额 3125.28 万元,资产总额 2121.12 万元。其中,5 家音像制品经营单位年销售量 2.75 万册,销售额 16.5 万元。

【版权保护】 全区机关、国企计算机实现正版化,设立成都家具产业园版权服务工作站,为各企业做好版权登记服务,完成版权登记 2372 件。制作《版权小知识》宣传册、版权知识宣传展板,借助民俗节气,开展版权知识进镇(街道)、进社区、进农村系列宣传活动,扩大群众知晓率。

【农家书屋】 全区建农家(社区)书屋 254 个,补充更新图书 17018 册,规范“农家书屋”村(居)民的借阅行为。军屯镇郭家村农家书屋被评为“全国示范农家书屋”。

【工地书屋】 区文体广新局与区城乡建设局、区总工会在新都街道境内建设工期在一年以上的七一国际广场和汇锦广场分别建成“工地书屋”,配送图书 2000 余册、报刊杂志 10 余种,区图书馆定期对图书进行流转更新。 (刘立昭)

文化市场执法管理

【文化市场专项整治】 开展“二月二木兰会期间出版物市场专项整治行动”“出版物市场及网络文化环境专项整治行动”“安全隐患大检查”“印刷复制企业和出版物市场集中专项整治行动”“暑假期间文化市场集中整治行动”“打击非法安装和使用卫星电视广播地面接收设施专项整治行动”“扫黄打非”等各类专项整治行动 11 次,检查各类文化经营场所 400 家次,责令整改违规经营行为 61 起,查处文化市场违规经营案件 36 件。

【网吧专项整治】 按照上级统一部署,对全区近 200 家营业中网吧统一安装“文网卫士”监管软件,并保持 24 小时不间断正常运行,对正常营业中的网吧实行后台实时监管。安排专人对网吧中出现擅停、违规接入、疑似未成年上网、疑似认证不符等行为的报警项目做到及时依法处理。

【“双随机”抽查机制】 全年开展“双随机”(随机抽取检查对象、随机选派执法检查人员)抽查行动 24 次,按比例抽查文化市场经营场所 254 家,整改违规经营场所 57 家,立案调查网吧违规经营案件 7 起,检查过程及结果都在平台上公开。

(刘立昭)

新闻媒体

【概况】 成都市新都区广播电视台(简称区广播电视台)内设机构 11 个:办公室、总编室、新闻部、新闻评论部、文艺专题部、制播部、广告部、资讯新闻部、资讯专题部、新媒体发展部、监察室。原代管兴城公司下属子公司的桂城文化传播有限公司,从 2017 年 12 月起不再代管。全台职工 120 人,其中事业编制 57 人,聘用人员 50 人,退休职工 13 人;研究生学历 2 人,本科学历 67 人,大专学历 12 人。

【新都电视台】 2017 年,综合频道播出 5986 小时,平均每天播出 16.4 小时;影视文艺频道播出 5530 小时,平均每天播出 15.15 小时。制播《新都新闻》《特别关注》《农事天地》《家住新都》《乐享香城》等电视专题节目240期，播出电视剧近3800集。

制作《新都新闻》240组，播出960组次，播出电视新闻2888条。重点做好学习贯彻省第十一次党代会、市第十三次党代会、成都国家中心城市产业发展大会、社区治理大会、香港回归祖国20周年、建军90周年、党的十九大会议精神、“微腐败”专项治理、绿化全川等重点工作的宣传；先后开设“2017撸起袖子加油干”“绿化全川 新都在行动”“对标先进 加快发展”“加快建设美丽中国典范城市”“全力促进作风大转变 加快推进发展大提速”“奋进新时代 开启新征程”等系列报道。在服务“三破除 三主动”专题活动、“微腐败”专项治理、学习贯彻党的十九大精神、“四改六治理”交通治理、人才工作、社区治理等重点工作中，电视台全程参与。

总编室重点做好省第十一次党代会、香港回归祖国20周年、建军90周年、党的十九大会议精神等宣传报道方案，策划“爱上这座城 全民摄影大赛”、“梦幻美食灯光节”、“赤足乡土”乡村旅游季暨油菜花节、“绿色香城·我爱我家”少儿书画大赛、“泉映梨花 醉美清流”梨花节等活动的宣传方案。发挥“香城管家”的作用，及时联系主管部门为投诉群众排忧解难。牵头负责整理和撰写《传媒动态》，撰写的《深耕本土为民生 奋勇争先拔头筹》传媒动态获得区长李云的批示表扬。

文专部开始策划实施系列化选题报道，制作播出电视专题240期。《农事天地》栏目收到良好的社会反响；《家住新都》栏目中的“香城管家”系列、探索小区管理之路系列等，增强了宣传效果。

新闻评论部《特别关注》，完成节目96期，其中《上了锁的休息室》《百年传承的好家风》等节目播出后，在社会上引起极大反响。新闻评论部发挥舆论监督、引导作用，推动政府职能部门改进工作。

【《新都资讯》】 全年编发《新都资讯》144期，赠阅435万份。打好服务全区打造现代化、国际范“成北新中心城区”的主动战，打好重大项目、重大活动的新闻宣传攻坚战。按照上级要求，努力把区“四大班子”相关活动报道好。

推出《人勤春早 推进“五大行动”——2017撸起袖子加油干》《新常态 新起点 再出发 奋力攻坚“六个新都”》《香城人才之声》《保护环境 新都在行动》《我爱成都·我为新都添光彩》《对标先进 加快发展》《重拳出击 专项治理“微腐败”》等专题专栏。

利用策划会，完善记者、照排、编辑学习交流、读者意见反馈制度，做好报栏进社区、进企业、进宾馆工作，解决服务群众“最后一公里”问题。推动与新都视界网合作，提升新闻的传播力和影响力。

【新都人民广播电台】 全年播出7665小时，平均每天播出21小时。广播电台在《新都新闻》的基础上，运用《阳光政务·政风行风》热线，以书记、区长信箱为依托，反映群众关心的热点难点问题。进入《阳光政务·政风行风》热线直播间的单位47家，现场、线下接听听众热线，回答和解决群众的热点难点问题。

每周一到周五的17:30至18:00，新都人民广播电台FM90.5播出《家有宝贝》《谈笑风生》《音乐带回家》《耳朵想旅行》《阳光小屋》5档节目。

【新都视界网】 栏目主要有《视频广播》《新闻资讯》《热点报道》《视界探索》《视频新闻》《视频专题》。继续融合运用“香见APP”图、文、视频等多种手段，突破广播电视地域和空间上的限制。借助“这里是新都”微信公众号，以“视频+图片+文字”的形式对外推送新都的同时，实现了新技术的升

11月10日，区广播电视台全体职工齐聚一堂，庆祝记者节

级换代。在新都区重大工业项目集中开工仪式的宣传中,首次采用“手机视频直播+无人机航拍”的形式,对现场进行全程网络直播。在“一带一路”城市品牌暨升庵文化论坛的报道中,运用超媒体技术,实现多设备跨平台直播。

新都视界网、“香见 APP”、“这里是新都”微信公众号与电视、广播、报纸等传统媒体融合,实现群众与政府零距离沟通,扩大新都的传播力和影响力。

【桂城文化传播公司】 公司策划、实施以下项目:由区广播电视台主办的《艺术现场》杂志,邀请国内文艺界著名专家、教授 15 人,研讨编纂方案,2017 年出版 2 期,刊登艺术家和艺术机构人员 16 人。由区精神文明办、区教育局、区电视台、区团委、区妇联共同主办新都区第二届少儿书画大赛获奖作品展,在区文广中心金色大厅开展。获奖作品到谕亭小学、新新路小学、繁江小学、大丰小学等校巡展。由区文联主办,桂城文化传播有限公司承办的“美了我的国——汤苏勇摄影展”在区文广中心金色大厅开展,展出摄影作品 60 余幅。由桂城文化传播有限公司主办、《艺术现场》杂志支持的“心往山林——鞠传勋书画小品展”,在海峡茶城朴园艺术馆开展,展出区内艺术家鞠传勋作品 50 余幅。由《艺术现场》作为学术支持单位的“抱朴守真——陈十田书画印作品展”在海峡茶城艺术馆开展,展出作品 30 余幅。

【香城管家】 “香城管家”见证以“便利交通出行、提升市容环境质量、促进就业创业、帮扶困难群众、加强养老服务、改善教育医疗条件、保障食品安全、改善居住条件、实施文体惠民、推进便民服务”为主要内容的民生实事,见证“中心城区学校食堂明厨亮灶”“新建公办幼儿园”“打造 15 分钟养老服务圈,新建社区养老院”等一批关于民生热点难点项目的进展情况。“香城管家”只要接到群众的求助,或直接发现民生问题,都及时转给有关对接部门,协助、协调、解决、解释。先后受邀参加多个部门的专项治理“微腐败”工作座谈会,受邀参加区中医院骨科公益医疗健康知识讲座,参加“摩拜单车”管理讨论会,定期参加“红十字”志愿者活动。

【新闻作品创优】 选送广播、电视、报纸作品参加全国、省、市广播电视节目奖、成都新闻奖、成都市新闻工作者协会新闻奖以及各级影视协会的评选,获 22 个奖项。其中 3 件作品获全国市县电视台推优及二十强市县电视台评选活动一等奖,1 件作品获四川省广播电视优秀广播专题提名奖,5 件作品获成都市新闻奖,12 件作品获市广播电视节目奖,1 件作品获绿色频率频道创建活动作品大赛提名奖。

在第五届全国市县电视台推优活动中获奖

《农事天地》获电视栏目类一等奖

《春天来了》获电视专题类一等奖

《新都区第三届道德模范新都好人颁奖晚会》获电视综艺晚会类一等奖

2016年度四川广播电视节目奖

《高原上的“好门巴”》(张璐玮　唐斌　刘成)获优秀广播专题提名奖

2016年度(第34届)成都新闻奖

电视专题《高原上的好“门巴”》(张璐玮　唐斌　刘成)获广电媒体三等奖

电视短消息《首列“新都造”地铁下线》(包瑞雪　罗瑞)获区(市)县广电媒体专项奖

消息《村村联合授权群众也可以跨社区办事了》(张运玮　黄浩)获区(市)县刊专项奖

新闻专题《连〈人民日报〉都关注的新都 90 后“最美女警”,她是谁,她为何赤脚执勤,原来……》(张晓迪　郑雪　李劲)获区(市)县新媒体专项奖

网页设计《新都征集 2017 年为民办实事工程项目!赶快说出你的想法,大声告诉我吧~》(集体)获区(市)县新媒体专项奖

2016年度成都市广播电视节目奖

广播类(优秀奖 2 件,提名奖 4 件)

《首列“新都造”地铁车辆今日下线》(罗瑞　包瑞雪　罗岚)获优秀广播消息优秀奖

《农民夜校创新学习新模式》(谢丰骋　贺珊娜　罗瑞　文佳)获优秀广播消息提名奖

《高原上的“好门巴”》(张璐玮　唐斌　刘成)获优秀广播专题优秀奖

《民谣里的城市》(张璐玮)获优秀广播音乐节目提名奖

《绿之恋》(余新蓉　李嵘　张璐玮)获优秀原创歌曲节目提名奖

《今日新闻》(王敏　张茜　罗瑞　崔沐婵)获广播十佳新闻栏目(含新闻节目编排)提名奖

电视类(提名奖6件)

《首个农民夜校在马家村开学》(谢丰骋　贺珊娜　文佳)、《关注网络外卖》(罗瑞　许广　郭薇)获优秀电视消息提名奖

《新都新闻》(罗瑞　崔沐婵　陈琪　郭薇)获电视十佳新闻栏目(含新闻编排)提名奖

《新都新闻》(崔沐婵　郭薇)获优秀播音与主持作品提名奖

《庆国庆·花飞香城演唱会》(余新蓉　李嵘　谢迅)获优秀电视综艺节目提名奖

《绿之恋》(余新蓉　李嵘　谭立鹏)获优秀电视原创歌曲提名奖

四川省第四届绿色频率频道创建活动“浓浓亲情　暖暖家风”广播电视作品大赛评奖

《百年传承的好家风》(许思思　李晓明　文佳　刘成)获提名奖

（魏　楪　陈兆刚）

医疗卫生

【概况】 2017年，区内有各级各类医疗卫生机构617个，其中综合医院20个，中医医院1个，妇幼保健院1个，专科医院5个，社区卫生服务中心(站)8个，卫生院11个，村(社区)卫生室(含卫生服务站)287个，诊所、卫生所、医务室284个。共有床位5880张。全区有老年病医院3家，设置病床321张。全区卫生技术人员7588人，其中执业(助理)医师2787人，注册护士3586人。全年医疗机构门(急)诊628.65万人次，比上年增长4.92%；出院19.70万人次，比上年增长8.84%。出院患者平均住院日8.7天，与上年缩短0.21天。病床使用率83.33%，比上年增长4.41%。

【医改工作】 在5家区级公立医院开展医院法人治理结构建设，引入城市三级医院管理专家进入区级医院理事会，探索建立现代医院管理制度。

构建分级诊疗秩序　区政府与城市三级医院签订合作办医协议，以区级公立医院为枢纽建立综合医联体4个、专科医联体2个。区域医学影像阅片中心覆盖所有基层公立医疗卫生机构和部分民营医疗机构，连通对口支援的甘孜州理塘县人民医院，探索“基层检查+区级医院诊断+华西疑难会诊”远程协作模式。聘请城市三级医院专家担任区级公立医院学科主任，实施“在位+在线”模式。

家庭医生签约服务　优化团队结构，实施多专业融合，将群众信任、熟悉基层的村妇女主任引入团队，配强区级公立医院专科医生下沉加入团队进行专业督导。优化服务方式，开展巡回式健康服务，固化“健康小屋”、微信客户端等服务载体。在6家基层医疗卫生机构（城东社区卫生服务中心、蜀都社区卫生服务中心、斑竹园镇卫生院、新都中心卫生院、木兰镇卫生院、清流镇卫生院）试点有偿签约服务，开展签约患者快递寄药服务。

推进国家中医药综合改革试验区建设　举办“健康新都——中医药文化节暨治未病大型公益活动”，成立混合所有制中医治未病医院，启动中医医院中医药特色示范街和中医药文化广场建设，将中医治未病供给端联盟扩展到中医诊所、民营医院。贯彻落实《中华人民共和国中医药法》，推进中医诊所备案管理。探索中医治未病服务保障，多方协调并拟定《新都区治未病健康保险保障方案》。倡导成立个体诊所协会，发挥其行业自律作用。

【人才队伍建设】 全区卫计事业单位有专业技术人员4428人，其中研究生学历129人，本科学历1343人；高级职称242人，中级职称675人。将卫计系统干部管理、人才培养纳入新都区人才基金计划。结合城乡中医药一体化管理试点工作，组织各镇(街道)卫生院和村卫生室中医专业技术人员进行中医技术专业知识培训。

【医政管理】 在全区14家基层医院、区三医院、成都泰兴医院和241家村(社区)卫生服务站推行国家基本药物制度。全年基本药物销售7976.82万元，“零差率”让利于民2393.05万元。

对口帮扶　区级医院新增诊疗项目52项，派出业务骨干到基层医院50余人，为基层医院诊疗患者1400余人次。区内基层医院上转区级医院1367人，区级医院下转基层医院1423人，区影像中心出具诊断报告12948份。派出外科、急诊科、妇产科等专业医务人员16人，对口支援理塘县卫计系统。开展科技、文化、卫生“三下乡”活动7次，组织医疗队13支，义诊群众1870人次。

无偿献血　全区献血7613人次，献血271万毫升。其中应急献血1879人次，献血72万毫升。

医疗质量管理　邀请省市三甲医院专家，对29家医院开展医疗服务与质量督查。开展抗菌药

物专项整治、医疗行业综合整治、改善医疗服务行动、控制医疗费用增长、行风督查等专项治理工作。发生医疗纠纷 97 起，赔偿金额 146.76 万元。受理医疗投诉 321 起。

科研继续教育管理 刊授学习 5906 人，一卡通补录学习 237 人。承办国家级继教项目 1 项，举办省级继续教育项目 18 项、市级继续教育项目 6 项、区级继续教育项目 37 项，参训人数 6000 人次。获批专利技术 2 项。参与编写著作 8 部。

卫生应急管理 组织卫生应急培训 3 次，培训 500 人次。根据风险评估，做好重点环节防范工作，在全区地图上标注危化点位 4 个，指定卫生应急力量集结点 2 处，完成了医疗机构卫生应急能力调查。组织各类保障 96 起，出动救护车 110 台次。

【公共卫生】 全年无甲类传染病报告，乙类传染病报告发病 1295 例，报告发病率 128.36/10 万，比上年增加 5.63%；丙类传染病报告发病 1262 例，报告发病率 225.59/10 万，比上年下降 23.52%。全年登记活动性肺结核患者 482 例，涂阳肺结核患者 128 例，耐多药可疑筛查 102 例，涂阳患者密切接触者筛查率 100%，总体到位率 98.49%，结核病人筛查率 98.76%。艾滋病初筛实验室和艾滋病检测点开展抗体检测 4.53 万例，其中阳性 144 例。开展感染者和病人随访检测比例 91.74%，配偶检测比例 92.42%，结核筛查比例 93.59%。接受免费抗病毒治疗在治 962 人，覆盖率 86.38%。完成查螺面积 972 万平方米，灭螺面积 414 万平方米。查病 5.23 万人，其中免疫诊断阳性者 973 人，扩大化疗 8951 人。血吸虫病消除达标工作达到国家标准。霍乱病原学采样 74 份，监测任务完成率 100%。全年无狂犬病疫情报告，处理犬伤患者 1.18 万人，疫苗接种率 100%，犬伤规范处置率 100%。居民盐碘监测 326 份，碘盐覆盖率 99.39%，合格碘盐食用率 90.85%。全年疟疾患者 12 例，均为输入性病例。土源性线虫监测采集样品 1000 份，查出有钩虫卵 25 份。常住儿童免疫建卡率 100%，国家免疫规划疫苗接种率逾 95%。完成 60 岁及以上老年人肺炎疫苗接种 1.22 万人次。

食品安全风险监测 203 件；饮水卫生监测 186 件，合格率 95.7%；公共场所共检测 413 家，合格率 95.41%；监测学校 9 所。

全年监测镇（街道）卫生院及社区服务中心 15 个，合格率 83.3%；民营医院 5 个，合格率 83.3%；村站 20 个，区级医疗机构 15 个，合格率 83.3%。

检测职业病危害岗位 39 个，合格率 91.18%；监测职业危险重点人员 599 人次。放射监测 36 家，放射工作人员个人剂量监测 138 人，监测率 100%。从业人员预防性健康体检 4.41 万人次。

基本公共卫生服务 居民健康档案建档率 95.03%，65 岁以上老年人健康管理率 74.23%，高血压患者健康管理率 91.88%，Ⅱ型糖尿病患者健康管理率 87.61%。严重精神障碍患者登记在册 3721 人，检出率 4.38‰，管理率 94.52%，规范管理率 93.50%，服药率 68.4%，精神分裂症治疗率 76.77%。监测报告脑卒中 7491 例，急性心梗 447 例，高血压 9595 例，糖尿病 6026 例，死亡监测报告 4835 例，死亡率 6.18‰。组建家庭医生服务团队 108 个，签约服务率 51.11%，其中重点人群签约服务率 82.16%。

突发公共卫生事件 全年发生食源性疾病 7 起、疑似传染病疫情 21 起、磷化氢中毒 2 起，确定诊断 14 起，排除 16 起。开展应急处置演练 7 次。

【妇幼保健】 孕产妇 10727 人，其中新都户籍 5044 人，流动人口 5683 人；高危孕产妇 6673 人，重点高危 93 人。急救危重孕产妇 136 人，转诊 13 人，孕产妇系统管理率 97.56%。剖宫产率 46.28%，非医学指针剖宫产率下降到 12.63%。婴儿死亡率 3.17‰，比上年下降 2.2%；出生缺陷发生率 86/万，比上年下降 0.31%。

开展新生儿代谢性疾病筛查 10948 例，筛查率 99.4%；新生儿听力筛查 10952 例，筛查率 99.4%；耳聋基因筛查 9184 例，筛查率 83.4%。转诊 0 至 6 岁残疾儿童 28 例。托幼机构集体儿童体检率 98.4%。

孕产妇艾滋病病毒抗体筛查 11548 例，早期诊断率 100%，HIV 阳性孕妇、婴儿管理率100%。孕产妇艾滋病病毒抗体检测率 100%，阳性孕产妇及所生婴儿预防母婴传播干预率 100%，梅毒感染孕产妇及所生婴儿接受规范诊疗率 90%，12 月龄随访率 80%。乙肝表抗阳性孕产妇所生新生儿注射乙肝免疫球蛋白率 100%。新增叶酸服用人数 5689 人，叶酸服用率 98.35%。叶酸服用依从率 94.0%，知晓率 98.4%。

免费婚前保健 4225 对，婚检率 80.01%，检出疾病 1866 人。孕前免费检查覆盖率 110%，检出高危人数560人。

产前筛查3734人，其中21-三体高风险率5.31%，18-三体高风险率0.08%，NTD高风险率0.59%，总高风险率5.98%，追踪应答率93.67%。

办理出生医学证明1.14万份，首发率95.7%，废证率低于0.18%。

新都区被省卫计委评为“四川省妇幼健康示范区”。

【中医药工作】巩固“全国基层中医药工作先进单位”创建成果，区中医医院完成三级甲等中医医院创建申报，区中医医院与成都中医药大学、四川省中西医结合医院、四川省中医医院共同完成四川省临床医学研究中心申报。启动中医特色街区建设。

全区各卫生院和社区卫生服务中心均建成中医集中诊疗区（中医馆），全部纳入一体化管理的社区卫生服务站、村卫生室能提供中医药服务，完成成都市“示范中医馆”及15家“规范化中医角”建设。基层中医药服务率57.33%，比上年增长15.63%。正式启动社会办中医馆备案程序。

开展中医临床路径56条，优质护理科室15个，覆盖率100%。多专业中医诊疗护理一体化服务模式获得2017年中国医院管理案例评选“学科管理组十大口碑案例”。开展11类78种共计368项中医医疗技术。65周岁及以上老年人和0~36个月儿童中医药健康管理覆盖率均在55%以上。

完成省、市、区各级调研课题25项，《推进县乡中医药一体化管理的政策研究》获中华中医药学会政策研究奖。发表学术论文135篇，其中核心期刊刊载12篇。

【卫生执法监督】监督检查各级各类单位2276户，开展专项整治15次，开展生活饮用水水质三方检测。召开区级“打非”联席会4次，联合行动56次。取缔无证行医单位及摊点64户次，立案查处有证医疗机构违法行为5起。受理举报投诉91起，处理率100%。立案查处各类违法违规案件98起，罚款22.71万元。

【行政许可】办理行政许可3177件。其中医生注册865人，护士注册1041人，公共场所、供水单位卫生许可435件，放射诊疗许可31件，母婴保健服务许可76件，麻醉药品精神药品购用印鉴卡38件，医疗机构许可691件。

【爱国卫生】全区爱国卫生工作纳入目标管理。大丰街道、三河街道创建国家卫生镇工作通过技术评估，石板滩镇、新民镇创建为省级卫生镇。结合爱国卫生运动65周年和第二十九个爱国卫生月，组织全区各镇（街道）、区级部门开展爱国卫生巡展活动。各级各类学校、幼儿园均开设健康教育课。在城区居民院落设置健康教育专栏671个，每季度定期更换。11月14日，成都市纪念爱国卫生运动65周年暨新农村居民健康知识大赛决赛在石板滩镇土城村举行，大丰街道代表新都区获第一名。各医疗机构达到无烟医院标准，全区各级各类无烟单位96家。区政府安排48万元，对病媒生物进行以环境治理为主的杀灭工作，“四害”密度控制在国家标准范围内。完成院落改造15个、农村改厕800座。

（瞿家松　何　昆　陈冬梅　曾艳梅）

11月28日，开展“健康新都——中医药文化节暨治未病大型公益活动”

2017年新都区民营医院一览表

表31

序号	医院名称	执业地址
1	四川爱琪康医疗投资管理有限公司新都东湖康复医院	新繁镇繁清路386~412号
2	成都新都河屯医院	新民镇高祖庙北街28号
3	成都新都西桥医院	石板滩镇万源大道87号
4	成都新都利济医院	清流镇利达北街166号
5	新都华美口腔医院	新都街道桂湖东路214号
6	成都新农医院	新繁镇外东街88号
7	成都新都竹友医院	斑竹园镇竹友社区南街22号
8	成都新都大爱老年病医院	马家镇锦城村二组
9	成都新都恒福创伤手足外科医院	龙桥镇瑞云社区1号楼、5号楼
10	成都泰兴医院	泰兴镇兴业大道二段186号
11	成都新都南丰康复医院	大丰街道三元大道9~15号
12	成都欣元医院	新都街道自富路156号
13	成都宝康医院	新都街道湖滨路272~284号
14	成都北新医院	斑竹园镇柏水路638号
15	成都新都高霖医院	新繁镇王家船路2号
16	成都红星老年病医院	新都街道北新路中段135号
17	新都静雅老年病医院	新都街道居安路99号
18	成都市新都区新繁镇龙安医院	新繁镇桥北街一巷31~43号
19	成都市新都区桂湖医院	新都区蓉都大道北一段23~49号

社会生活

人口与计划生育

【概况】2017 年，出生 9658 人，其中一孩 5242 人，二孩 4385 人，多孩 31 人，政策外生育 34 人，按政策生育率 99.65%；死亡 4377 人，自然增长率 6.63‰。审批再生育 1 件，回复信访件 16 件。办理生育服务证 9650 个，其中一孩 5302 个，二孩 4348 个。

【计划生育奖励扶助】农村计划生育家庭奖励扶助对象资格确认 42253 人，计划生育家庭特别扶助对象资格确认 2002 人，完成奖特扶金 5485.164 万元。发放独生子女父母奖励金 652.43 万元。

【计划生育“三结合”】新增帮扶户 195 户、联系户 299 户、帮带户 910 户，巩固成片基地 13 个，新建区级“三结合”基地 1 个。13 个镇(街道)各完成新增帮扶户 15 户，资金投入每户不低于 500 元；联系户 23 户，资金投入每户不低于 300 元；帮带户 70 户；巩固“三结合”基地 1 个。区级帮扶部门 39 个，给予资金、技术等重点支持，每个部门投入新建帮扶基地资金 8000 元。

【计生服务】全年计划生育服务率 100%。开展春秋两季生殖健康普查，普查率 92.33%。安装第二代身份证刷卡避孕药具领取智能机 64 台，避孕药自取箱 195 个，免费避孕药具发放率 95%，育龄群众使用满意率 98%，药具随访率 85%。

【流动人口服务管理】全区流动人口 16.45 万人，其中流出 1.64 万人，流入 14.81 万人，流出办证率 99%，流入验证率 92.8%、登记率 90.0%。流动人口计划生育基本公共服务均等化服务率 90%。新成立流动人口计划生育协会 13 个，帮扶流动人口计生困难家庭 65 户。

【区计划生育协会】2015 年 5 月 29 日，按照区政府办公室文件精神，成立成都市新都区计划生育协会，挂成都市新都区流动人口计划生育办公室牌子，为区卫计局所属公益一类正科级事业单位，经费由财政补助。区计划生育协会利用“5·29”协会会员日、“7·11”世界人口日等开展宣传教育。常年开展“暖心行动”和“生育关怀”帮扶慰问活动，对全区 64 户计划生育困难家庭进行慰问，投入经费 14 万元。

(陈冬梅　曾艳梅)

人力资源和社会保障

【概况】成都市新都区人力资源和社会保障局(简称区人社局)内设机构 13 个：办公室、财务科、基金监督科、行政审批科、公务员管理科、工资福利科、事业单位人事管理科、政策法规科、信息化建设科、政工人事科、军队转业干部安置科、新都区协调劳动关系三方委员会办公室、就业促进和社会保险管理科；下属事业单位 7 个：区就业服务管理局、区社会保险事业管理局、区医疗保险事业管理局、区人才流动服务中心、区劳动监察大队、区劳动人事争议仲裁院、区就业创业服务中心。

【就业与再就业工作】为 165 人创业人员发放补贴 170 万元。联合团区委举办以“奋斗的青春最美丽”为主题的第三届成都市新都区青年(大学生)创新创业大赛。建立劳动力就业和企业用工动态监测管理制度，城镇新增就业 6030 人，农村富余劳动力向非农产业转移就业新增 6013 人，城镇登记失业率控制在 4%以内，动态消除“零就业”家庭。

【社会保险工作】城镇职工养老保险参保 19.30 万人，缴费 17.35 万人，基金征缴 18.83 亿元。城乡居民养老保险参保 23.19 万人，缴费 5.55 万人，覆盖率 90%。做好重度残疾人参加养老保险工作，各项社会保险待遇均按时按规定支付。规模参保单位社保业务网上经办 519 户，网上经办率54.23%。

10 月 24 日，新都区困难群众贷款缴纳城乡居民养老保险费签约仪式

【医疗保险工作】 城乡居民基本医疗参保 47.66 万人，其中农村居民 31.32 万人、城镇居民 16.34 万人，参保率 99.96%。参保农民住院费用实际报销比例 75.1%。城乡居民基本医疗保险补助标准年人均 460 元。整体推进城乡居民大病保险，开展特殊门诊疾病的智能审核，对医保基金涉及的医疗住院、门诊、工伤、生育并发症等进行大数据审核。委托“第三方”审计机构对定点医疗机构进行专项审计检查。

【劳动监察】 向用人单位与劳动者宣传《中华人民共和国就业促进法》《中华人民共和国劳动合同法》《中华人民共和国劳动争议调解与仲裁法》《中华人民共和国社会保险法》等劳动保障法律法规，宣传劳动者维权的成功案例，让双方认识到“有法可依、违法必究”。

受理处置无故克扣、拖欠工资案 764 件，比上年下降 27%，涉及 2150 人，追收工资 962 万元；非法收取风险抵押金案 21 件，涉及 21 人，清退风险抵押金 5.89 万元；补缴社会保险费案 124 件，补缴 604 人，补缴金额 334.6 万元；不依法签订劳动合同案 67 件，督促用人单位补签劳动合同 437 份。受理劳动争议案件 585 件，结案 527 件，结案率 90.08%。

【企业最低工资保障】 企业最低工资标准为每月 1500 元(每日 69.0 元)；非全日制用工小时最低工资标准 15.7 元。通过和谐劳动关系考核评价体系，掌握企业执行最低工资标准情况。根据“家具行业劳动定额基本标准指引”课题成果，为家具行业提供最低工资标准指引。

【人力资源市场】 举办招聘会 52 场，达成意向性协议 6000 余人。公共职介机构和入驻人力资源市场的民营职介机构共登记招聘单位 700 余家，办理招聘 5836 人次，办理求职登记 4167 人次。对低保家庭、残疾人等人群实行“一对一”帮扶，解决就业难问题。定期发布就业失业动态监测数据分析，将全区重点企业和园区内规模以上企业纳入用工动态监测，对已登记入库的 58 万名劳动力的信息实行动态管理，对失业人员建立登记、回访、跟踪制度，形成了跟踪回访次数每人不少于 3 次的长效帮扶机制。

【和谐劳动关系创建】 新都区采取“部省共建、省市共推、市区共创”方式，构建全国和谐劳动关系综合试验区。全区劳动人事争议案件比上年下降 25%，劳动监察受理案件比上年下降 26%，企业在职职工养老保险参保率提升 29.3%。区协调劳动关系三方委员会撰写的调研文章《新都区劳动力市场灵活性与安全性的思考》《新都区劳动关系调整机制运行现状分析》被《四川劳动保障》杂志刊载。《中国劳动保障报》全文刊载《砥砺奋进的 5 年——新都区构建和谐劳动关系综合试验区创新实践》。新都区参加人社部组织的全国和谐劳动关系经验交流会和研讨会，并介绍经验。新都经验先后被新华网、人民网、人社部官网等媒体报道。

(袁　莎)

2017 年新都区境内职业介绍机构表

表 32

序号	职业介绍机构名称	序号	职业介绍机构名称
1	新都区新都街道东方职业介绍所	8	新都区宏盛发职业中介服务部
2	新都区信誉职业介绍所	9	新都区幸达职业介绍所
3	新都区如意职业介绍所	10	新都区新联劳务有限公司
4	新都区鑫三龙职业介绍有限公司	11	成都乐邦人力资源服务有限公司
5	新都区双盛职业介绍所	12	成都鑫麒麟劳务有限公司
6	成都市卓越人力资源服务有限公司	13	成都市新都区人才市场
7	新都区金都职业介绍所		

民政事务

【概况】2017 年,成都市新都区民政局(简称区民政局)内设机构 10 个:办公室、救灾救助和社会福利科、优抚科、基层政权和社区建设科、区划地名科、计划财务科、安置科、社会事务科、民间组织管理科、双拥工作科。区老龄办设在区民政局。下属事业单位 7 个:婚姻登记处(社区服务中心)、军队离休退休干部服务管理中心、综合社会福利中心(社会救助管理站、儿童福利服务中心)、新繁中心敬老院、三河中心敬老院、新民中心敬老院、殡葬管理所。共有在编人员 83 人。

成功创建全国综合减灾示范社区,获民政部“2017 年度民政新闻舆论宣传工作先进单位”、“四川省卫生先进单位”、成都市“民政工作先进单位”等国家、省、市、区奖项 34 个。

【最低生活保障】低保标准为每人每月 630 元,实行低保补差制。截至 2017 年 12 月,全区城乡低保对象 3384 户、5098 人,其中城市低保家庭 759 户、964 人,农村低保家庭 2625 户、4134 人。累计保障 63814 人次,发放低保金 2228.48 万元。

【社会救助】特困供养人员 1062 人,供养标准为每人每月 819 元。特困供养人员新增 70 人,退出 11 人,死亡 60 人。发放集中供养人员供养金 7736 人次,金额 507.87 万元;发放分散供养人员供养金 4985 人次,金额 338.28 万元。累计发放 12721 人次,发放金额 846.15 万元。

门诊和住院医疗救助累计救助 7180 人次,发放救助金额 329.64 万元。

临时困难救助 478 户、1146 人次,救助金 67.49 万元。救助流浪乞讨人员 558 人(男性 383 人,女性 175 人。少年儿童 50 人,老人 170 人,残疾人 31 人,精神病人 78 人,痴呆傻 59 人),救助率 100%。救助农村住房困难群众 64 户。

【专项社会事务管理】办理结婚登记 6445 对、离婚登记 3380 对,补发结婚证书 2385 对,出具婚姻证明 4 人次。依法办理收养登记 20 件,办理解除收养登记 2 件,全区困境儿童 21 人分类发放生活补贴费,合格率 100%。

做好清明祭祀的应急预案和安全措施,确保春节、清明期间的祭祀活动有序、安全开展。全年火化遗体 7103 具,火化率 100%。

【社会组织管理】全区依法登记社会组织 466 家,其中社会团体 95 家,民办非企业单位 371 家。区民政局管理的社会组织 76 家,党员 31 人,建立党支部 8 个,派出党建指导员 29 人。对脱钩行业协会商会开展守法整改工作,完成自查阶段,开展检查 6 家。

【区划地名管理】全区道路命名、起止点变更 10 条,建筑物名称备案 24 件。第二次全国地名普查工作有序推进。

【双拥工作】重点推进“军人子女入学升学关爱行动计划”和“为驻区基层部队办实事关爱计划”

这两个特别行动项目。

2017 年，接收离退休干部和退役士兵，安置少量转业士官，大部分退役士兵自主就业，发放补助费 298.7 万元。为拓展城乡退役士兵的就业渠道，采取愿培尽培的方式，投入 22.99 万元培训退役士兵。

对全区义务兵家庭发放优待金 1249.37 万元。对烈属发放优待金 29.48 万元。对重点优抚对象减免医疗补助经费 23 万元。对 1 户重点优抚对象维修改建住房。烈士纪念日期间，区委、区政府主要领导走访慰问红军遗属、抗日老战士。同时，区领导、区民政局和区双拥办以及各镇（街道）领导分别组团，到各镇（街道）上门走访慰问重点优抚对象，送去慰问金和大米、面条、菜油、猪肉等慰问品。

5 月 5 日，观音寺迁建落成开光庆典活动

【优抚安置】 按照《军人抚恤优待条例》和各级优抚相关政策要求，做到定时、足额、兑现优抚对象抚恤金和生活补助。通过银行代发优抚对象 4606 人的抚恤金和生活补助 3428.81 万元。资助优抚对象参加城乡居民基本医疗保险和城镇职工医疗保险，资助 95.64 万元。为优抚对象实施住院、门诊、临时医疗补助 876 人次，发放补助 96.25 万元。为入伍的大学生发放一次性奖励金 154 万元。

完成 2017 年退役士兵的档案审查、情况登记、报到接收、办理落户手续等工作。

【基层政权和社区建设】 探索社工专业人才队伍建设模式，确立了社会工作专业人才优先和重点发展的新布局。2017 年，推进全区村(社区)党群服务中心“提档升级”，拥有持证专业社工人员 553 人。 （袁永康）

民族宗教

【概况】 2017 年，新都区共有少数民族常住人口 3000 余人，族别 32 个，其中回族人数最多，有 800 余人，主要分布在新都街道、新繁镇、泰兴镇和大丰街道。全区宗教主要有佛教、伊斯兰教、天主教、基督教。新都区民族宗教事务局（以下简称区民宗局）被市民宗局评为 2017 年度综合绩效管理工作先进单位。

【民族事务管理】 到社区、学校、清真寺、清真食品生产企业、民族特需品定点生产企业开展民族团结进步宣传活动，发放《成都市清真食品管理规定》《成都市少数民族服务指南》《四川省城市少数民族流动人员服务指南》等书籍和宣传资料。开展各民族相互嵌入式示范社区创建活动。完善全区清真食品企业台账，规范“一企一档”档案管理。抢修清真寺回民公墓围墙，长 325 米、高 2.2~2.4 米。投入 16.25 万元，其中市民宗局拨款 10 万元，区委统战部拨款 1 万元，清真寺自筹 5.25 万元。

【宗教事务管理】 继续开展民间信仰专题调研工作，历时 1 个月，对全区 13 个镇（街道）的民间信仰情况进行实地调查，发现民间信仰点 4 处，登记建账。指导天主教堂配合相关部门做好场所迁建工作。协调、推进木兰寺地质灾害隐患的管控、预防工作，实施宝光寺白蚁灭治工作。推进“法律进寺庙”活动，组织全区宗教场所教职人员集中开展法制学习活动 1 次。开展以“规范”为主题的和谐寺观、教堂创建活动。5 月，在全区佛教场所启动文明敬香、建设生态寺观工作。对全区宗教场所实施财务审计，指导各场所健全财务管理制度。12 月 8 日，新都区佛教协会第二次代表大会召开。

【宗教文化活动】 加强对宝光寺、观音阁等场所官方微博、微信、网站等新媒体的监督和规范力度。4 月 25 日，由中国佛教协会主办、宝光寺承办的 2017 中国佛教协会讲经交流巡讲活动（四川站）在宝光寺举行，市佛教协会各片区法师、僧、尼、佛学院学僧以及省内各地的佛教信众共计 500 余人参加活动。5 月 5 日，举行观音寺迁建落成开光庆典活动。（谢会明　廖品才）

离退休干部管理

【概况】 2017 年底，区委老干部局管理服务的离休干部 43 人、区级退休干部 51 人、易地离休干部 7 人、局级退休干部 735 人、副高及获市以上先进退休干部 695 人。离休干部平均年龄 87.3 岁，区级退休干部平均年龄 70.8 岁，局级退休干部平均年龄 72.3 岁。

【政治待遇】 组织老干部参加情况通报会 2 次，举办理论学习会 10 次，组织实地调研新都检察院廉政文化建设、石板滩镇乡村旅游发展等活动 5 次，1100 余人次参加。组织老干部学习上级党委政府和部门的重要会议精神，编印《精读十九大报告》《省第十一次党代会》《市第十三次党代会》等口袋书 5 期，党的十九大报告全文、中国共产党章程等工作微刊 3 期。坚持"送学上门"，将学习资料送到老干部家中，方便其学习。

【生活待遇】 离休干部的"三个机制"有效运行，离休费按实发放，医药费按规定实报实销。会同区医保局与四川大学华西医院等 14 家医疗机构推出"一站式"便捷就医通道。对全区副局级以上的离退休干部及遗孀近 1100 人、离休干部和区级老干部 103 人进行慰问，发放慰问金 62 万余元。组织离休和区级退休老领导 113 人，到区医院进行体检。全年看望住院老干部 56 人次。为生活困难的离休干部和去世离退休干部无工作遗孀、中华人民共和国成立初期参加革命工作的退休干部 14 人，发放特殊困难救助帮扶资金 12 万元。为中华人民共和国成立初期参加革命工作退休干部 78 人发放门诊医疗补助费 31.20 万元。

【文体活动】 组织棋牌、门球、外出踏青、心理辅导讲座、医疗健康讲座、文艺演出、知识竞赛、观看红色影片等活动 30 余次，参与老干部 2300 余人次。

举办"大手"牵"小手"老少同乐庆元宵、"五老"关注"430"驿站打造孩子们的"第二个家"、老干部携手留守儿童拓展训练活动、端午联欢活动、浓情中秋欢度国庆老干部趣味游园会、"不忘初心跟党走"欢度重阳节庆祝十九大专场活动等主题活动。组织离休老领导为西南石油大学学生上微党课 5 次。组织老干部参加市委老干部局开展的"喜迎十九大　永远跟党走"文艺会演，获组织奖，歌舞《映山红》获优秀节目奖。蓉城金秋新都法制宣传志愿服务小队队长陈玉芳被评为第三届"新都好人"。（周　明）

11 月 30 日，区老干部活动馆为创省级老干部学习活动阵地示范单位，向省委老干部局检查验收组汇报建设情况

老龄工作

【概况】 至 2017 年 11 月底，全区户籍人口 77.23 万人。60 岁以上老年人口 15.82 万人（其中 80 岁至89 岁16116 人，90 岁至 99 岁 2117 人，100 岁及以上57 人）。60 岁以上老

年人口占全区户籍人口的20.48%,80岁以上高龄老人占全区老年人口的11.56%。

全区养老机构、城乡社区日间照料中心(含农村居家养老服务中心)等养老设施208处,养老床位2386张。其中,养老机构21处(国办9处、公建民营1处、民办11处),城乡社区日间照料中心(含农村居家养老服务中心)157处,农村幸福院(老年活动中心)30处。

【社会养老服务体系建设】 区政府下发《成都市新都区2017年养老服务体系建设重点任务工作方案的通知》,明确各镇(街道)的建设任务,并纳入区级目标考核管理。全区规划新增筹建养老床位800张,建设社区养老院2个,建设城乡社区日间照料中心57个,为60岁以上特定对象提供居家养老服务1700人次以上。

养老机构床位建设 至11月,石板滩镇新谊社区新民街27号的成都康桥养老服务有限公司新增养老床位88张,新繁镇石云村王家船路2号的成都石云养老服务有限公司新增养老床位88张,分别核发养老机构设立许可证,新增民办养老床位176张,拨付一次性建设补贴资金247.6万元(省级96.8万元、市级119.2万元、区级31.6万元)。

社区养老院建设 区民政局印发《2017年社区养老院建设方案的通知》,指导养老院兴办机构、相关镇(街道)依照《老年人居住建筑设计标准》等相关要求建设社区养老院。

城乡社区日间照料中心建设 区民政局印发《2017年城乡社区日间照料中心建设方案的通知》,建成城乡社区日间照料中心57处。拨付一次性建设补助资金2170万元(省级560万元、市级1040万元、区级570万元)。

居家养老服务 各镇(街道)采取政府购买服务的形式,以向城乡社区日间照料中心等各类养老服务组织购买服务和开发公益性岗位等方式,为1704名60周岁以上居家养老的特定对象提供助餐、助浴、助洁、助急、助医等居家养老支持服务,发放居家养老服务补贴资金51.12万元(省级17.85万元、市级33.15万元、区级0.12万元)。

经济困难养老服务补贴 按照《老年人能力评估标准》,区民政局对符合条件的1496名60周岁及以上经济困难老年人采取政府购买服务的形式,由辖区卫生站、社区日间照料中心等有资质的社会组织提供服务。1月至11月,发放经济困难失能半失能老年人护理补贴和经济困难老年人基本养老服务补贴资金164.188万元(市级82.094万元,区级82.094万元)。

【老年优待工作】 对新都区户籍年满80周岁及以上老年人高龄津贴进行提标,将80岁至89岁、90岁至99岁、100岁及以上的老年人高龄津贴由每人每月50元、200元、500元分别提高到80元、300元、600元,新的标准自2017年5月起执行。1月至11月,全区为18266名高龄老人发放高龄津贴1806.24万元(市级541.87万元、区级1264.37万元)。按照新的高龄津贴标准,全年高龄津贴发放比年初预算增加702.86万元,增幅67.58%。

走访慰问老年人 区老龄办下发《关于做好2017年元旦春节期间走访慰问送温暖活动的通知》,区委、区政府领导班子,各镇(街道)、区级各老龄委成员单位相继开展入户探视、召开座谈会、举办坝坝筵等活动,走访慰问敬老院及低保、孤寡、贫困、高龄和困难家庭的老年人共1.50万人,送去慰问金和生活物资等日常用品,折合人民币共计323.78万元。

办理老年人优待证 全年为60周岁以上老年人免费办理老年人优待证15864件(省证7950件、市证7914件)。

服务性床位补贴 1月至11月,对6处养老机构申报符合享受服务性床位补贴4142人次,补贴62.13万元(市级41.42万元、区级20.71万元)。

基层老年活动中心建设 区委目督办、区政府目督办、区老龄办联合印发《关于将村(社区)老年活动中心建设纳入对镇(街道)工作目标考核的通知》,统一制定村(社区)老年活动中心六大建设标准(办公室和维权调解室、图书阅览室、服装道具保管室、舞蹈排练厅、老年文化茶园、健身广场兼室外健身器材),拟通过5年努力,各镇(街道)80%的村(社区)建有统一标准的老年活动中心。2017年区级建设的13个村(社区)老年活动中心(互助养老服务站)已全部建成,并按照六大标准通过区老龄办、区老协的实地验收。

基层老年人协会规范化建设 全区13个镇(街道)、255个村(社区)的老年人协会相继成立,70%的村(社区)老年人协会都建有办公和活动场所,活动场地1.6万平方米。区老协、老体协集中培训镇（街道）老年协会和区级部门老协、老体协会长、副会长、秘书长 60 余人，年内以会代训 3 次，培训 110 余人。各镇（街道）老协、老体协培训村（社区）老协、老体协会长、副会长 42 次、1710 人次。

市老协第三期为老服务项目建设 市老协下达新都区第三期为老服务项目 4 个，11 月对项目进行现场验收，拨付一次性建设补助经费 20.88 万元（市级 12.88 万元、区级 8 万元）。

空巢（留守）老人和特殊困难老年人关爱服务工作 区老龄办下发《关于印发成都市新都区加强空巢（留守）老人关爱服务实施方案》，开展对空巢（留守）老人的摸底排查工作，建立动态台账，每半年更新一次。为空巢（留守）、失能、高龄、独居老人提供就近便利的社会交往活动场所，为行动不便的空巢、留守老人提供巡访探视服务。

【维护老年人权益】 区司法局、区老龄办、各成员单位举办老年维权专题法制宣传活动，举办宣传板报 192 个，设置宣传点 256 个，开展专题讲座 185 场，服务老年人 9.13 万人次。组织培训 138 次，参加培训人员 1.58 万人次，发放《中华人民共和国老年人权益保障法》等宣传资料 5.13 万册，举办文艺演出 251 场。

开展老年人防电信诈骗宣传活动 区老龄办下发《关于开展加强老年人防范电信网络诈骗宣传教育活动的通知》，要求各镇（街道）、区级各成员单位采取联动、互动等方式，充分利用广播、电视等媒体，相继开展“谨防电信诈骗、提高老人防骗意识”宣传活动，张贴海报 3000 余张，开展专题讲座 200 余场次。

开展老年人防非法集资宣传活动 根据市老龄办《关于开展老年人防范非法集资宣传活动的通知》精神，要求各镇（街道）、村（社区）、区级各成员单位以宣讲、发放宣传单、书写标语等形式加强宣传，增强老年人的防范意识。

开展特殊困难群体老年人意外伤害保险工作 根据市老龄办等部门下发的《关于推进老年人意外伤害保险工作的通知》，全区选 50 名特殊困难老年人参加投保。9 月，区民政局协调区财政拨付专项资金 22 万元，为 6250 名困难老人购买意外伤害保险。

【争先创优工作】 由区老龄办牵头，成立“敬老文明号”创建活动领导小组，指导各基层涉老部门、为老服务组织以及公共服务窗口行业参与“敬老文明号”创建活动。

开展“2017 年度孝亲敬老好家庭、好公民”评选褒扬工作，推荐木兰镇中心小学校高级教师牛小红家庭为“2017 年成都市孝亲敬老好家庭”、区二医院主治医师唐吉旭为“2017 年成都市孝亲敬老好公民”。区老龄委表彰了廖兴发等“孝亲敬老好家庭”2 家、罗霞等“孝亲敬老好公民”3 人。新都、大丰、马家、新民、泰兴、木兰等镇（街道）还开展“好儿媳、好公婆、好公公”评选活动。

组织开展四川省第五轮敬老模范县（市、区）、乡镇（街道）和村居（社区）创建工作，区老龄委制定下发敬老模范村（社区）创建考核验收标准，推进创建工作。

【“敬老月”活动】 区老龄委制发《成都市新都区老龄工作委员会关于开展 2017 年“敬老月”活动的通知》，要求各镇（街道）、各老龄委成员单位结合辖区（系统）实际，制定活动计划和安排，搞好“敬老月”活动。

传统家庭美德宣教宣讲活动 升庵桂湖深入挖掘杨升庵家族廉洁家风家训的社会价值及家风家训中所包含的廉洁和传统文化内容，通俗易懂地呈现杨升庵家族优良家风家训。杨升庵博物馆作为青少年德育教育基地，对青少年进行中华民族优良传统教育和敬老主题教育，培育敬老家风，提升尊老敬老意识。区图书馆邀请现代职业技术学校的高级教师郭萍，教授 30 余名小读者制作手工捧花送给爷爷奶奶、外公外婆。

高龄老人免费体检 通过政府购买服务的方式，为全区 90 周岁以上的新都籍老人开展免费上门体检，并为每名高龄老人建立健康档案。

文化惠老活动 13 个镇（街道）、255 个村（社区）、区级各成员单位开展老年文艺进社区活动，全区共演出 300 余场次，展演节目近 2000 个，惠及老年群众约 10 万人，上报相关简报信息 120 余篇。

老年书画作品展 10 月 28 日，由区老年大学牵头，在黄桷树广场举办“庆重阳”书法绘画教学成果展，展出书画作品 300 余幅。

第三届村（社区）老年人文体健身项目展演 10 月 28 日下午，由区老龄办主办，区老协、老体协承办的第三届新都区村（社区）老年人文体健身项目展演在黄桷树广场举行。全区 22 支队伍，展示自编自排文娱体育节目。

【老年教育工作】 区老龄委制发《关于印发成都市新都区老年大学建设工作方案的通知》，指导各镇（街道）开展老年教育需求调查工作。2017 年，区老年大学继续开设医疗保健和膳食营养必修课，开设专业课 20 余种，下设有诗书画联谊会、太极拳研究会、理论研究小组、艺术团。专业教学班 40 个，报名 2924 人，学习专业人次 3672 人。学校组队参加市体育局主办的第十四届太极拳锦标赛，获一等奖 2 个、个人一等奖 22 个；参加第十三届全运会西北、西南赛区的太极拳比赛，获集体一等奖第五名，个人获 1 金 1 银 2 铜。6 所镇（街道）老年学校相继开展适老专业课堂，2400 人次参加学习，全区正式注册学习 3500 余人。区老年大学新校舍的装修改造工程即将竣工，正在进行教学设施设备的采购工作。 （韦学骏　姚军利）

2017 年 12 月新都区百岁老人一览表

表 33

序号	姓 名	性 别	年龄(岁)	家庭人数(人)	户籍所在地
1	李昌和	男	103	5	新都街道新中路 64 号
2	简正珍	女	103	6	新都街道甘露村七组
3	范先芝	女	102	5	新都街道宝光社区文家二巷 9 号
4	陈园清	女	102	5	新都街道宝光社区宝光大道 172 号
5	黄德琼	女	102	7	新都街道马超西路 18 号附 195 号
6	徐光从	男	102	2	新都街道桂东社区青海干休所
7	朱绍清	男	101	6	新都街道慈板村六社
8	雷仲贵	女	101	3	新都街道新兴社区金光路 1 号
9	江素荣	女	101	5	新都街道瓦店社区五社
10	包昌林	男	101	2	新都街道城守村八社
11	熊富昌	男	101	6	新都街道紫瑞小区
12	谭玉如	男	101	4	新都街道万和村一社
13	范翠华	女	100	4	新都街道君跃社区一组
14	陈德俊	男	100	2	新都街道东环路社区桂东路 1 巷 1 号
15	许桂芳	女	100	4	新都街道西街社区桑园街 13 号
16	乔显秀	女	100	5	新都街道同仁村四社
17	吴良云	女	100	2	新都街道正兴社区
18	陈德琼	女	100	3	新都街道五桂村三组
19	张锡清	女	100	2	新都街道湖滨路 321 号
20	钟丙详	男	103	2	新繁镇汪家村九社
21	代云珍	女	100	3	新繁镇新庞村十组
22	刘文辉	男	101	3	新繁镇公毅村十二组

续表 33

序号	姓 名	性 别	年 龄(岁)	家庭人数(人)	户籍所在地
23	赖术云	女	101	2	新繁镇清凉社区八社
24	徐守清	女	102	4	新繁镇同心村十二组
25	杨正玉	女	101	2	新繁镇清白街村十组
26	张李氏	女	105	5	石板滩镇集体村四社
27	钟秀清	女	101	7	石板滩镇光明社区三社
28	刘业康	男	101	2	石板滩镇东风一期
29	温福香	女	100	2	石板滩镇园林村一社
30	骆国清	女	100	6	石板滩镇解放村八社
31	黄素华	女	100	2	石板滩镇建设村三社
32	罗青容	女	100	3	大丰街道赵家社区九社
33	周淑义	女	103	2	三河街道互助社区六社
34	黄秀珍	女	101	4	三河街道龙伏四社
35	李贵香	女	103	2	三河街道碑石堰四社
36	陈素芬	女	103	3	三河街道松柏七社
37	潘志清	女	101	2	龙桥镇山水村三社
38	沈明清	女	103	2	斑竹园镇莲塘社区十社
39	刘克银	男	102	3	斑竹园镇竹韵大道 846 号
40	周德芬	女	103	3	新民镇石庵村十三社
41	吴大秀	女	102	4	新民镇金牛村十七组
42	曾永先	男	101	2	新民镇石庵村七组
43	曾秀华	女	102	3	马家镇升庵村四组
44	简福修	男	103	2	马家镇双龙村八组
45	刘兰清	女	102	3	马家镇北星村三组
46	罗长贵	男	101	2	军屯镇深水社区十七社
47	王麟先	女	102	2	军屯镇文昌社区十二组
48	王洪珍	女	101	2	军屯镇雷大村四社
49	李文全	男	101	1	军屯镇静平村三社
50	许育珍	女	102	3	泰兴镇高筒社区十四组
51	张跃文	男	101	2	泰兴镇新业花园十六栋
52	陈顺秀	女	100	3	泰兴镇普河社区四组
53	马国成	男	100	3	泰兴镇观西村十组
54	巫仕清	女	100	3	木兰镇永宁社区九组
55	刘甫云	男	102	2	木兰镇十里社区五组
56	梁耀川	男	100	2	清流镇黄龙村十组

妇女儿童维权保护

【概况】 区妇联法律服务中心、新都区"姐妹心灵驿站"、13个镇(街道)"蓉姐对你说"维权工作室及全区13个镇(街道)和255个村(社区)、42个党政机关(事业单位)妇女儿童维权服务点,通过开展法治宣传活动、困难妇女儿童救助活动和信访工作,做好全区妇女儿童的权益保护工作。

【法治宣传】 全区各妇女儿童维权服务点利用"三八"维权周、"6·26"禁毒日、"12·4"宪法日等节日,开展"关爱儿童 送法先行""幸福新都·家和万事兴""建幸福家庭 创和谐社区""建设法治新都·巾帼在行动"等宣传活动13场,提高妇女学法、用法意识,引导广大妇女群众办事依法、遇事找法、维权用法。

【困难救助】 在春节、母亲节、"六一"儿童节期间看望慰问贫困妇女儿童268人,发放慰问金12.48万元。免费为妇女进行"两癌"筛查4302人,为贫困妇女赠送"关爱女性保障计划"保险200份。开展"1+3"对口帮扶和城乡环境整治帮扶,为大丰王桥社区、教堂社区拨付帮扶资金1万元,为新都街道马超社区拨付城乡环境整治资金8000元。

【信访工作】 继续发挥"姐妹心灵驿站"的作用,通过购买社会服务,聘请心理咨询师和专业律师,为有需求的妇女儿童提供心理咨询和法律援助服务,构建信访接待、法律援助、人民调解、心理疏导"四位一体"维权服务模式,对妇女儿童开展实事维权帮扶,为40余名妇女儿童提供心理疏导和法律服务,举办涉及心理健康、预防犯罪、儿童安全和法律法规等相关内容的讲座12场。依托"12338"维权热线和"姐妹知心话室",接待来电、来信、来访85件,其中来电45件,来信2件,来访38件。12月,大丰街道高家社区"李大妈评理工作室"被市妇联命名为成都市"蓉姐对你说"示范工作室。 (肖 婷)

消费者权益保护

【受理投诉】 受理投诉举报6357件,其中市长公开电话5174件,香城新都网224件,"12315全国平台"143件,"12331食药平台"196件,市场质量监管局受理来电、来信、来访、各单位转办件620件。从诉求性质上看,投诉举报类5528件、咨询类538件、求助类291件;从诉求内容上看,食品916件、药品131件、传销100件、电梯249件、保健品34件、消费纠纷2474件、产品质量723件、虚假宣传384件、无证经营257件、其他1089件。

【商品质量监督】 对流通领域的婴幼儿用品、消防用品、钢材、厨房电器、成品油、润滑油、手机充电器、燃香、日化用品、家具、电动自行车、化肥、汽车配件和车用尿素等商品质量进行抽检,抽检179个批次,合格146批次,不合格33批次,不合格的商品责令经营者立即下柜,并移交综合执法大队依法调查处理。针对重点商品、重点区域、重点场所开展流通领域商品质量专项执法检查23次。主要是针对电取暖用品、煤炭、石油焦、钢材、铝合金型材、校园周边"三无产品"、电线电缆、"整你没商量"系列危险玩具、消防产品、珠宝玉石、成品油、美容行业、空气净化器、"瘦身"钢筋、"磁性笔"等重点商品的专项执法检查。国家质检总局执法司副司长马雪冰一行对新都区电线电缆专项整治工作给予肯定。

【维权站建设】 在懿润百货、餐饮协会、新都客运枢纽站新设立"12315"消费维权服务站,指导"12315"消费维权服务站完善工作规范,传授解决技巧,帮助其提升解决消费纠纷的能力。督促经营者完善首问制度,健全商品质量和服务规范承诺、不合格商品退市、消费纠纷和解与消费侵权赔偿等制度。引导大型商场、市场经营者完善赔偿先付制度,让消费者放心消费,舒心体验。

【打假治劣】 开展"红盾春雷行动2017"、"质检利剑"秋风行动、"晚霞消费维权"等专项行动20余次。全年立案查处商标广告、食品药品、特种设备等违法案件602件,结案363件,罚没入库603万元,移送公安机关追究刑事责任9件。查办的"四川奥洁消毒设备有限公司虚假宣传案"被评为"2015—2016年度四川省十佳案件";连续四年获得省"红盾春雷"先进集体表彰。成都电视台等多家媒体对新都"红盾春雷行动2017"进行专题报道。

【打击传销】区市场质量监管局、区公安分局、区房管局、区城管局、区交通运输局、区民政局等单位和新都、大丰、三河街道办事处开展取缔传销窝点的“3·21”“8·23”“9·21”专案行动，查处传销窝点285处，刑事拘留144人，对达不到追究刑责的传销人员706人依法予以行政处罚，并将传销人员信息及时录入数据库。加大网络传销打击力度，对吴某某、陈某及韦尔资本亚太发展有限公司官网进行立案调查，申请法院冻结涉传资金1200万元。创建无传销社区2个。（谭　静）

残疾人权益保护

【关爱残疾人】1月5日，市残联副巡视员汤大清、办公室主任卢汉东一行到新都区慰问贫困残疾人10户。1月13日，区残联在龙桥镇举行2017年“温暖万家行”慰问活动启动仪式，向全区1800户贫困残疾人按照每户600元标准发放慰问金，共计108万元。1月18日，副区长、区残工委主任刘清在区残联党组书记、理事长谭小琳，新繁镇党委书记钟毅的陪同下，走访慰问新繁镇贫困残疾人。1月19日，区委常委、组织部部长刘怒海在区残联党组书记、理事长谭小琳，清流镇党委书记肖玉华的陪同下，看望慰问清流镇三尺村贫困残疾人。在“六一”儿童节来临之际，5月25日，区委常委、组织部部长刘怒海看望慰问新都区特殊教育学校残疾儿童，送给孩子们节日礼物。5月31日，区委常委、宣传部部长郑自强，副区长、区残工委主任刘清到木兰小学培智班向特殊学生表达节日慰问和祝福。5月27日，区残联到木兰小学培智班慰问学生。7月4日，西南石油大学化工院志愿者一行10余人到蒲公英自闭症康复中心，开展“关爱残疾儿童，携手一起成长”志愿服务活动，为儿童辅导功课、手工拼图、康复训练、清洗教学用具等，并为每位儿童写了一封鼓励书信。11月8日，成都医学院心理系志愿服务队到蒲公英自闭症康复中心开展志愿服务活动，与接受康复训练的自闭症儿童开展以“心连心，助成长”为主题的志愿服务活动，利用心理学知识，通过自画像和房树人投射测验的方法，了解孩子在认知方面的具体缺陷，向家长们介绍培养和教育孩子的知识。

【法律援助】与区依法治区领导小组学法用法工作组、区司法局制发《关于开展残疾人专项普法活动的通知》，为全区残疾人开展普法教育，并将残疾人的普法教育纳入全区法治大讲堂工作内容。残疾人普法教育覆盖面96%。在全国助残日、“8·25”残疾预防日，开展《中华人民共和国残疾人保障法》等法律法规的宣传，维护残疾人合法权益。及时处理残疾群众反映的问题，做到分级负责、归口处理、件件有回音、事事有着落。全年，处理来电160次，接待来访135人次，办理率100%。规范化运行残疾人维权示范岗、法律援助站，为残疾人开展法律宣传，发放宣传资料2.3万份，接受残疾人的法律咨询1.6万人次，开展法律咨询1200人次，保障残疾人合法权益。（苏　东）

镇(街道)

新都街道

【概况】 新都街道是区委、区政府所在地。街道与青白江区祥福镇、弥牟镇接壤,与泰兴镇、马家镇、斑竹园镇、军屯镇和三河街道相邻。面积79平方公里,耕地38627亩。辖36个村、34个社区,户籍人口23.84万人,流动人口22.00万人。成绵高速公路、成德大件路、北星大道二段、川陕复线、宝成铁路穿境而过。辖区内宝光寺、杨升庵祠及桂湖为全国重点文物保护单位,宝光桂湖文化旅游区是国家AAAA级旅游景区,驻有西南石油大学、四川音乐学院新都校区、成都医学院3所高校。

【农业】 农业增加值31752万元,比上年增长3.3%。农村常住居民人均可支配收入24680元,比上年增长8.9%。种植水稻30580亩,产量17048吨;小麦16556亩,产量5624吨;油菜15073亩,产量2422吨;蔬菜2780亩,产量6389吨。新增流转土地991.24亩。加快芳华桂城、都正达葡萄园、黑湾滩等农业项目向精品型都市现代农业转型升级。建成村级农产品监测室8个。投入330万元,清淤河渠、排水沟7.06万米,清淤4.95万立方米。完成第三次全国农业普查工作。

【经济发展】 一般公共预算收入2.79亿元,规模以上工业总产值7.03亿元。固定资产投资6.60亿元,其中农业投资1.10亿元,工业投资3.50亿元,服务业投资2.00亿元。

【项目促建】 保障泥巴沱森林公园、香城体育中心、624所、特隆美、川音文创园、苏宁生活广场、毗河引水工程、京东亚洲1号库、500千伏电力线、七一国际广场、恒大御府、特殊学校、马超东路东沿线等省市重点项目建设,以及全省第四季度重大项目集中开工暨“三大战役”防治现场会等活动开展。

【拆迁安置】 完成泥巴沱森林公园、天元小学、地铁3号线、红星变电站等7个重点项目拆迁工作,面积2100亩,涉及1300人。完成“安居工程百日攻坚行动”,新青连片安置小区新安置7825人,消耗房源4570套。完成鸿运小区和新东小区剩余房源的安置,新安置约1000人。完成文家巷小区安置,新安置宝光一社旧城改造过渡人员235人。完成新青连片15个项目征地“农转非”1309人,参保946人,2017年申报征地已批准征地所涉及的居民参保1249人。完成泥巴沱森林公园项目征地“农转非”780人,参保680人,福元五社征地参保119人,624所、看守所项目征地参保122人。

【基础设施建设】 完成新桥村部到马家界、新龙路、北新路、崇义村夹角地带公路等约7公里乡村公路提档升级。启动建设桂香路。完成团结社区低沟和五四社区清源路口雨污混流改造工程。文家巷群众活动广场基本竣工。文家巷3号楼已完成机关食堂装修,其余办公区装修正有序推进。

【社会保障】 城乡居民养老保险参保率在95%以上,城乡居民基本医疗保险参保4.65万人,参保率99.98%。举办招聘会,开办创业培训班,新增就业2188人。为低保户、特困户、孤儿等困难人员1000余人发放低保金、救助金578万元。节日慰问1500余人,发放慰问金(含慰问品)38万余元。

【社会事业】 义务教育阶段初中、小学学龄儿童入学率在99%以上,进城务工人员随迁子女1097人接受义务教育登记,符合条件的残疾儿童少年全部接受义务教育。投入315万元,完成施营、正因等8个村(社区)日间照料中心建设,面积6510平方米,覆盖17个村(社区)近12万人。投入200余万元,推进新青联片发展小区,泗义、庆元等村(社区)4200平方米党群服务中心建设。

【精神文明建设】 启动督桥河罗氏兄妹故居爱国

主义教育基地、党史教育基地建设工作。依托高校音乐人才及区域产业资源，打造集创意、产品、发行于一体的川音文创园区。东环路“三香”教育基地竣工，新青联片基层综合文化服务点装修完毕。新建全民健身路径6处，维修更换文体设施32处，添置图书3240册、报刊30种，形成15分钟公共体育服务圈。举办第六届中国成都国际非物质文化遗产节新都分会场新都街道专场活动3场。举办文体活动30次，参加全民健身操及健身秧歌比赛，获成都市一等奖。

【生态文明建设】 完成中央、省环保督查迎检工作，完成各级各类信访督查环保问题整改176件，依法关闭各类违法违规企业897家、非法砂石场5家、商混站3家和非法货运停车场19家。开展燃煤大气污染物排放综合整治、洒水降尘、砂石场商混站整治等各类专项行动，主要污染物PM10、PM2.5分别下降30.7%、23%，空气质量优良天数较2016年增加46天。35条主要河渠总长176公里，实现“街道‘总河长’、街道‘分河长’、村（社区）级‘河长’”三级“河长”管理全覆盖，整治河渠30条，实施黑臭水体治理项目16个。依法拆除各类违法建设74起，面积18.41万平方米。完成新都东客站警务室空置地块、624所周边、文家巷活动广场共15亩空地植绿工作，种植苗木200余株。

【城乡环境综合整治】 启动老旧院落改造29个，整治农村散居院落536个，清理垃圾1.62万吨，冲洗道路1050万平方米，清理水面漂浮物620余吨，清淤4.95万立方米，规范占道经营6100处，规范流动商贩6400起，拆除违规广告招牌、横幅215处，清除“牛皮藓”1092处。投入200余万元，推进督桥河示范村建设和古家院子示范院落建设。创建区级“三美”（风尚新美、环境秀美、生活富美）示范村13个。

【党建工作】 坚持干部标准，选拔任用正科级干部3人、副科级干部12人，探索建立机关中层后备干部选任培养机制。完成70个村（社区）的“两委”换届选举，培养村级后备干部210余人（其中书记后备干部70人）。选聘兼职委员140人，打造以东环路社区为代表的全区区域化党建联席制度样本。通过单建、联建等形式实现规模以上企业党组织覆盖率88.5%。在博海城、聚贤雅丽园等矛盾纠纷较大的楼盘成立党支部，以“三联+”机制为基础，实现党员联系服务群众全覆盖。探索桂湖商圈党建试点，整合各方资源，构筑共建共治共享的基层党建运行机制。打造“一村一品”党建项目，依托督桥河村革命先辈罗氏兄妹故居，打造红色党建之品；依托东环路社区“三香”文化基地建设，打造“三香”文化之品；依托芳华桂城项目，打造农业党建之品。结合“三破除三主动”专题活动，深化“微腐败”专项治理。全年完成案件查办20件，给予党纪处分21人。打造五里村、新桥村2个廉政文化示范基地。在《廉政瞭望》杂志、四川电视台等刊登或播放党风廉政建设工作经验信息10余篇。

9月13日，新都街道召开专项治理“微腐败”工作警示教育大会

【法治建设】 推动事权划分和行政审批制度改革工作，促进政府机构职能法定化，理顺街道、社区事权，明晰职责定位。执行新都街道党工委重大问题议事制度，落实重大决策和重大事项报告制度。建立重大行政决策的合法性审查制度，保证决策程序的民主化、合法化。开展法治宣传活动112场，接待咨询5000人次，派发法治宣传资料20余万份。桂东路社区公共法律服务中心工作经验向街道各村（社区）推广。

【规范化服务型政府建设】 全年接待群众10万余人次,受理并办结服务事项12.3万件,按时办结率和群众满意率均达100%。70个村(社区)全部建成标准化的便民服务室,实现村级代办服务全域覆盖。建立"成都市户外劳动者15分钟之家",为户外劳动者提供免费的饮水、热饭、休息等服务。推进"政务服务+互联网"平台建设,通过"香城宝地新都街道"微信公众平台,提供计划生育、社保医保就业等各项业务办事指南。

【公共服务资金】 新都街道作为成都市2017年度城市社区公共服务资金跨社区调剂试点单位,在新都区内率先探索城市社区公共服务资金跨社区调剂事业,首次将收回的城市社区公共服务调剂资金73万余元,用于面向全街道公开征集的"奏响社区旋律 舞出新中风采"等12个城市社区"公益创投"项目,提高了城市社区公共服务资金的使用效率。

【社会治安综合治理】 推进综治中心和"雪亮"工程建设,建成监控点位380个。安装高空瞭望系统,重点加强对城郊地区的实时监控。在物业小区探索"党支部+业委会+物业公司"的三合一治理机制,健全网格员、楼栋长、单元长、志愿者四支队伍,提升居民安全感。办理征地拆迁、工业环保、城镇建设等信访1680件,化解信访积案、拆迁涉稳风险点、问题楼盘涉稳风险点和小区问题业委会涉稳风险点13个。

【城乡社区发展治理】 制定全域规划"一张图",选取16个规划片区和7个试点社区,设计"庵帅"和"香妹儿"两个卡通形象代言人,创新宣传工作载体,推进各个规划片区和试点社区资源集中优化和工作集成推进。启动正因片区示范段、紫瑞片区"一广场两中心"、新桂东片区"一街三巷五站"建设,肖林和燕塘"小区治理"、锦水苑"综合治理"、东环路"三香文化"、新中"商圈党建"、马超"小城故事"、督桥河"黄霖故居"等7个示范点位各具魅力。推进各大规划片区资源集中优化,成立社区服务企业,增强社区造血功能,实现社区治理可持续发展;助推正因片区成立行业协会,紫瑞片区成立商家联盟,平台资源共享,推动行业规范发展。

【督桥河"红色家族"党性教育项目】 在督桥河村3组革命先辈黄霖兄妹旧居所在的罗家院子建红色教育基地。项目由区委组织部牵头,新都街道党工委实施,区委党校、区委党史研究室、新都广播电视台等单位参与。规划建设督桥河"红色家族"陈列馆,拍摄督桥河"红色家族"文献纪录片,编写督桥河"红色家族"教材读本,开发督桥河"红色家族"课程。8月,举行缅怀罗氏兄妹活动暨《八一征程路漫漫——黄霖参加南昌起义自述》赠阅仪式,举行罗氏兄妹生平事迹图片展。《成都日报》《华西都市报》《西南商报》、新华网、四川新闻网等媒体先后以题为《在革命先辈旧居开起坝坝组织生活会》《提升精神区位,勇当国家中心城市建设主力军》予以报道。 (王颖华)

新繁镇(新繁街道)

【概况】 新繁镇是四川省历史文化名镇,与新民镇、斑竹园镇、龙桥镇、郫都区、彭州市、清流镇相邻,面积82平方公里,城区面积13.1平方公里。辖42个村(社区),户籍总人口9.57万人,其中,城市人口3.13万人。清白江、毗河、锦水河贯穿全境,成彭高速、成绵高速复线、成都市第二绕城高速、香城大道果香路段、新新路、新郫路、成彭路交会于此。

2017年,一般公共预算收入9237万元,固定资产投资15亿元,农村常住居民人均可支配收入23460元,比上年增长8.8%。

【农业】 耕地总面积7万余亩,农业增加值5.07亿元,农业总投资4000万元。镇域内有农业专业合作社24家、家庭农场11家。"锦绣田园"片区规模流转土地5000余亩,建成繁尚农业、优耕农业、长德"菜易通"现代农业示范园、辰希缘生态农业园等,被列为成都市七大都市现代农业精品园区之一。循环农业发展区建成稻米基地2万亩、韭菜基地2000亩、花卉基地1000亩、食用菌基地500亩。新九路连片发展区建成粮经基地2000亩、蕹菜基地500亩、泡菜原料基地1万亩。

【工业】 规模以上工业总产值24.14亿元。主要产业有新繁食品、家具、机械、医药、建工建材等,工商注册企业500多家,其中规模工业企业85家,拥有泡菜(食品)园区和家具园区两大产业集群。新繁泡菜（食品）产业园已引进入驻新繁食品、国酿食品、台湾统实企业、建华香油、回头客食品、台湾罗莎蛋糕、长德新世贸农副产品物流（批发）中心等企业 20 家，投产企业 16 家，总投资 17.5 亿元。新繁泡菜（食品）产业园总产值 22.13 亿元，税收 8204.3 万元。家具园区规模以上企业有 8 家，产值过亿元的企业有 6 家。

【第三产业】 拥有长德新世贸农副产品（物流）批发中心等一定规模的专业市场 11 个，从事商业、服务业的人员 6600 人。一般服务业投资 3.09 亿元，社会销售品零售总额 5.1 亿元。城区形成以“繁湖盛肆”商业街区为主体，集购物、餐饮、娱乐、休闲、商务办公等于一体的核心商圈。农村现代农业旅游业和乡村生态旅游蓬勃发展，“锦绣田园”现代农业示范园实现一、三产业互动发展，乡村旅游接待游客 20 万人次，总收入 0.52 亿元。

【新农村建设】 42 个村（社区）决策村级公共服务项目 218 个，使用专项资金 1500 万元，用于城乡基础设施建设和文化设施建设。建成通村道路 17 条、24.196 公里，社道 13.8 公里，院户道路 43 公里。高院、汪家土地综合整治完成复垦、验收，高院二期新型社区 76 栋房屋完成主体建设，高院村被评为全国改善农村人居环境示范村、2017 四川百强名村。完成梁家村叶家院子示范院落整治，完成白壁村安置点及新庞村十六社、十七社陶家河坝院落整治立项。

【环境保护】 依法关停砂石场、商混站 27 家，整治环保违法违规企业和“三无”企业 755 家。制定养殖污染“一户一策”治理方案，关闭养殖户 6 户，治理合格 194 户。对 37 条渠道下河排污口进行治理，对 131.48 公里河道实施社会化清扫保洁。农作物秸秆粉碎还田 1.5 万亩，秸秆综合利用率 95%。

【拆迁安置】 区二医院迁建项目征地拆迁涉及李园村 11 社、17 社、18 社土地 187.6 亩，涉及 75 户、275 人，签订拆迁协议 75 户，房屋拆除完毕。成彭高速公路（新繁段）扩容改造工程涉及 10 个村（社区）、27 个社（组），签订拆迁协议 27 户，房屋拆除完毕。三邑至天府新区输气管道工程新繁段涉及白壁村、清白街村、新庞村、锦河村等 8 个村，长 12 公里，除新庞村外，均完成管道埋设。

【社会保障】 城乡居民养老保险参保覆盖率 90%，城乡居民基本医疗保险参保率 99.99%。完成 4.95 万人数据采集和金融社保卡核发工作。为重点优抚对象 398 人购买基本医疗保险，发放优抚保障金 850 余万元。城镇低保户 121 户、165 人，农村低保户 588 户、955 人，发放保障金 617 万元。分散管理“五保”77 人、城镇“三无”人员 5 人、孤儿 5 人，发放保障金 86 万元。80 岁以上老人 2745 人，发放高龄补贴 277 万元。临时困难救助 41 户、103 人，发放救助金 10 万元。医疗救助 34 人、3 万元。重度残疾人 1112 人享受护理费用补贴，重度残疾人 305 人申请参加养老保险。资助残疾儿童 47 人，为符合条件的 593 名残疾人购买 2017 年城乡居民医疗保险，为参加大病互助保险的 398 名残疾人申领补贴。

【计划生育】 依法实施“全面两孩”政策，全镇出生 1131 人，性别比为 113:100，政策外生育 3 人，符合政策生育率 99.7%。计划生育独生子女父母奖励 14772 人，农村计划生育家庭奖励扶助 8973 人，特别扶助 348 人，地方扶助 406 人，政策兑现率 100%。购买计划生育家庭综合保险 7100 份。发放妇幼健康保健知识宣传资料 3.6 万份，婚检、孕检率 99%。计生“三结合”帮扶户 15 户、联系户 23 户，帮扶基地 1 个（汪家村番茄蔬菜种植基地），发放帮扶金 1.44 万元。

【教育】 加强对 10 所中小学（其中民办学校 1 所）、20 所幼儿园（其中民办幼儿园 19 所）的食品卫生、安全监管，未发生食品卫生和安全事故。繁江中小学、龙安中小学等学校组织学生到四川省革命伤残军人休养院爱国主义教育基地接受教育。资助贫困和残疾学生 750 人。

【食品安全】 利用食品安全宣传周和市民开放日等活动，开设食品安全咨询点，现场发放食品安全方面的法律、法规宣传资料 1.80 万份。检查食品生产企业 61 户次，检查市场内经营户 228 户次，检查校园周边食品药品经营户 276 户次，取缔无证无照豆腐干小作坊 9 家，处理食品安全投诉举报 36 起。建立流动厨师信息备案制度，农村家宴申报率 99%。

【医疗卫生】 开展灭鼠、灭蝇、灭蚊等除害防病活动,发放药物800公斤。举办健康教育讲座23次,开展健康宣传、义诊、健康咨询活动38次,发放宣传资料13.8万份。发放居民健康卡4.97万张,发卡率52.8%。监督检查医疗机构107家、药品经营单位46家,依法取缔游医8家、坐诊2家。加强艾滋病、H7N9禽流感、血吸虫、狂犬病等疾病防治工作。

【就业工作】 引导大学生创业8人。召开招聘会3场,解决就业653人。在便民窗口LED屏、QQ群、微信群、公示栏等平台发布用工信息,为就业困难人员24人安置公益性岗位,引导就业困难人员13人实现灵活就业。农村富余劳动力向非农转移就业800人。举办计算机、中式烹饪等培训班5期,培训300余人次。建成"繁湖盛肆和谐劳动关系一条街"和高院村和谐劳动关系模范新村。处理劳动争议案件52件、群体性案件6件,结案率100%。对企业、农业项目、土地整理项目等领域进行联合监管,"欠薪案"发案率较上年同比下降20%。

【精神文明建设】 高院村、青石村、汪家村获"成都市文明村镇"称号,和平村、两河村、黄泥村、两河村、世丰社区、大墓山村、蓟家村、蓥水村通过区文明办"三美"示范村验收。利用百姓故事会、道德讲堂、法制大讲堂等宣传社会新风尚,开展寻找"最美家庭""好家风好家规好少年"等评比活动。妥善处理"96110文明热线"群众投诉40余条,办理结果群众满意。

【党建工作】 推进"两学一做"学习教育常态化、制度化,开展"三破除三主动"专题活动。推进"先锋·南街""共享·和平""家园·梁家""锦绣·汪家"等基层党组织品牌化示范建设。42个村(社区)均完成"微党校"(农民夜校)挂牌工作。通过笔试、考察等环节统筹选拔出村(社区)党组织书记后备干部14人。转正党员32人,考察培养发展对象27人。在东湖公园廉洁文化教育基地举办"2017年清风正气·五瘴说"党风廉洁文化系列活动。开展"微腐败"专项治理工作,探索"三权共治微腐败"工作机制,查办党员违纪案件16件,党纪处分16人。

新繁镇城区鸟瞰图(5月3日航拍)

【规范化服务型政府建设】 办理区人大代表建议2件、镇人大代表和群众建议74件,区政协委员提案2件,办结率、满意率均为100%。深化行政管理体制改革,依法取消95%以上的证明,仅保留婚育证明、亲属证明等15个必要事项。镇便民服务中心启动延时服务,在正常办公时间不变的情况下,周一至周五中午(12:00—13:00)、周六(9:00—17:00)为延长办公时间。在成都市政府网站公开政务信息78条,在香城新都网公开信息80条,在成都市基层公开综合服务监管平台公开信息551条。

妥善处理群众信访2095件,调处化解重大矛盾纠纷25件,引导"东湖郡"民工工资问题通过司法途径得到有效解决。

【社会治安综合治理】 全镇建立农村综治工作片站5个、城市综治工作片站1个,专职巡逻队员233人,专(兼)职"红袖套"队伍1300人。发现非法传销、涉黄涉赌、车辆盗窃等案件线索24条,挡获涉嫌违法犯罪人员158人。在金龙社区建立戒毒(康复)暨社区矫正基地,加强对社区戒毒(康复)人员、社区矫正人员等重点人群的监管。将水利社区、金龙社区、南街社区作为治安环境重点整治区域，加强巡逻警力，对黄、赌、毒等突出治安问题进行集中治理。2017年刑事案件发案率比上年下降18.6%。

【工会工作】 举办村（社区）和企业工会干部培训班2期，培训400余人。开展群众性岗位练兵、技能培训、劳动竞赛和创建“工人先锋号”活动，竞赛活动全覆盖。完善工会救助帮扶机制，建立困难职工的详细档案，利用元旦、劳动节、春节等节日，对企业困难职工、留守儿童进行帮扶救助，全年送温暖152人次。

【共青团工作】 组织入团入党积极分子、团干部、团员青年开展学习活动，组织60余名优秀团员干部开展以“凝心聚力，砥砺前进”为主题的素质拓展活动。指导42个村(社区)建立团组织微信公众号。开展“关爱留守儿童·愉快一夏”夏令营活动。

【妇女儿童工作】 完成村（社区）妇联组织改建工作，选出村（社区）妇联主席42人、副主席84人、执委170人。以“三八”妇女维权周、“12·4”宪法宣传日为契机，开展妇女儿童维权宣传活动，发放《中华人民共和国妇女权益保障法》《中华人民共和国反家庭暴力法》等宣传资料4000余份。为妇女提供免费维权法律咨询12次。接待因家暴来访妇女8人，成功调解4起。完成“两癌”筛查1000余人。“三八”妇女节和“六一”儿童节期间，走访慰问贫困妇女、贫困儿童家庭。

【农村文化活动】 镇文化站实行不定时开放工作制，通过错时、延时增加开放时间，每周开放64小时以上，村（居）综合文化活动室每周开放42小时以上。市民艺术学校举办广场舞、乐器、歌唱、诗词等培训班15期，培训文艺团队5个，辅导员培训520余人。举办“成都文化四季风”等文化惠民演出活动8场、群众性文化活动89场。举办全民健身趣味运动会、单项全民健身活动50余场，免费放映公益电影400余场次。新繁诗词楹联协会连续12年出版诗词文集《东湖新咏》，繁江书画院举办书画展3次，5月举办的廉洁文化系列书画展得到中纪委肯定。新都武协新繁镇太极总协获“太极蓉城”成都市第十四届太极拳锦标赛一等奖。

（千　波）

石板滩镇（石板滩街道）

【概况】 石板滩镇与成华区、龙泉驿区、青白江区、泰兴镇、木兰镇接壤，面积43平方公里。辖17个村、5个社区，户籍总人口5.55万人（广东客家人占95%），城区常住人口3.32万人。城区面积8.29平方公里。镇内有成南高速、兴业大道、新洛路、石木路、石龙路、大石路、云石路等主要公路，成渝铁路、成达复线穿城而过。

2017年，一般公共预算收入2837万元，农村常住居民人均可支配收入22983元，比上年增长8.8%。

【农业】 耕地面积4.0万亩。农业总产值3.6亿元，农业增加值2.16亿元。产粮食1.46万吨，水稻1.19万吨、小麦0.12万吨；油菜0.26万吨；蔬菜4.74万吨；肉类0.53万吨。农业机械化综合水平60%，农产品精深加工率55%。完成对12597户农户、54个规模农业经营户、28个农业经营单位的农业普查和验收工作。

【工业】 工业投资及技术改造投资3.05亿元，比上年同期增长62.78%；规模以上工业总产值3.45亿元，主营业务收入1.95亿元。

【服务业】 加快西部农机展销中心和合兴商业街建设，推动外滩逸景、蓉海东悦华府等房地产项目建设。个体工商户登记1800家。限上社会消费品销售额7579万元，比上年同期增长15.01%；限上社会消费品零售额4240万元，比上年同期增长12.35%。

【轨道航空产业新城建设】 完成新誉、活力公园等六大类3800余亩土地拆迁，其中，10天完成新誉项目拆迁，50天完成活力公园等4个项目拆迁。轨道动力园入驻新誉、今创、鼎汉、金越等轨道交通项目23个，占地2198亩，总投资132亿元。其中，包括加拿大庞巴迪、德国克诺尔、瑞典丹纳等行业内全球前10名的企业。另有跟踪项目22个，预计投资136亿元。中车实现年产值17.37亿元，地铁7号线铝合金A型车辆交付使用。

【环境治理】 完成东风东街等示范街建设和标准

化改造，打造环境治理示范村1个，新建林盘便道，融入客家传统元素，打造示范院落曾家院子。完成兴业大道、西江河滨河绿地区域内违法建设整治。

依法整治“散乱污”企业291家，关闭非法砂石场和商混站8家。办理环保问题32件次，清理环保违规违建项目82家，完成率100%。

开展畜禽粪污循环综合利用工作，填埋整治盐渍池526口。落实“河长制”工作要求，建立网格化管理体系，将西江河、北支一渠、东干渠、新河堰、坛罐窑渠、湖江河等6条河流纳入镇级“河长”管理。河渠清淤疏掏26.2公里。成功创建省级“四好村”(好房子、好日子、好习惯、好风气)2个、市级示范院落2个，畜禽粪污循环综合利用作为全区试点。

【民生事业】 完成居民健康卡信息采集53599人，常住人口居民健康卡发放率60%，城乡居民健康档案规范化电子建档率95%。完成婚前医学检查325对，孕前优生健康检查235对。发放低保、五保、城市“三无”(无劳动能力、无收入来源、无法定赡养人)等民政救助对象救助金231万元，医疗救助54人次，完成困难群众住房救助9户。土城村成功创建国家级防灾减灾示范社区，并获市级“学习型社区”称号。

开通“便民服务直通车”，试点周末延时服务、政务夜办服务，协调开展“金融下乡服务”，获评“五星”政务服务窗口。对接区政务服务中心等单位，申请绿色服务通道，发放便民服务宣传资料1.40万份。新农村获批市级“微党校”(农民夜校)示范点。

开设就业培训班8期，培训失地农民465人，培训红十字救护员50人。举办“春风行动”现场招聘会，组织33家企业进场，提供岗位1700个，吸引求职者2700余人，初步达成就业意向700余人。调解劳资纠纷21起，涉及34人、金额9万余元，调解率100%。

【社会治安】 接到信访案件628件，办结622件。受理、调解纠纷335件，调处325件，成功率97%。刑事案件立案比上年下降42%，治安案件发案率同比下降64%。“雪亮”工程投入使用，监控区域覆盖街道主干道和22个村(社区)。成功创建市级“三星级”平安镇，获评全市党的十九大安保维稳信访工作先进集体并受嘉奖，社会治安满意度测评位居全区第一。

中国中车(2月28日航拍)

【社区治理】 创新建立以小区党组织为核心的新型基层治理体系。光明社区获市级最佳党建引领示范社区称号。启动文昌宫修缮、和平社区滨河文体广场建设等项目。整治背街小巷5条，梳理雨污管网，规范设置机动车停车位150个、非机动车停车点25个。

【基层党建】 开展“三破除三主动”活动，落实党风廉政建设主体责任和“一岗双责”。办理人大代表建议26件，办结率100%，满意率97.4%。执行政府信息公开，各类平台公开信息3.48万条次。

“两学一做”学习教育常态化制度化，推进“微腐败”专项治理，立案查处违纪案件10件、11人。运用“三联+”“大走访”、坝坝会等，收集意见、建议227条次，整改到位。通报批评28人次，批评教育2人次，诫勉谈话3人次。

【“双向移送”机制】 成立信访受理与处置领导小组，定期召开信访工作协调会议，加强纪检监察信访举报与政府工作信访之间的协调对接。制定《纪检信访举报与政府信访双向移送工作办法》(即“双向移送”机制)，规范部门自办、相互转办、交叉协办相关流程。通过“双向移送”机制，镇纪委接收镇信访部门移送信访举报6件，向镇信访部门移送业务外信访13件，与镇信访部门共同办理信访举报6件，办结率和群众满意率均为100%。“双向移送”经验受到市纪委肯定。（喻 成 罗 丹）

大丰街道

【概况】 大丰街道东依金牛区天回镇街道和凤凰山街道，南连金牛区沙河源街道，西接郫都区安靖镇和团结镇，北靠斑竹园镇和龙桥镇，面积18平方公里。城市建城区面积11平方公里，辖城市社区2个、涉农社区13个，居民小组208个，常住人口30余万人，其中户籍人口5.82万人。2017年，一般公共预算收入4.07亿元，固定资产投入49.86亿元，限上商品销售额151.36亿元，限上商品零售额13.14亿元。农村常住居民人均纯收入25728元，比上年增长8.7%。

【农业】 农业增加值9425万元。耕地面积3517亩，主要分布于双林、教堂、华美、王桥、高堆5个社区。产水稻717吨、小麦153吨、油菜205吨、蔬菜5500吨，推广蔬菜新品种2个。农产品抽检合格率98%，农业机械化综合水平90%。农村实用技术培训2100人次，培训新型农民60人。

【工业】 规模以上工业总产值52011万元。规模以上工业企业有7家，主要生产汽车配件、阀门、食品、油漆、仪器仪表等，其中汽车配件、阀门、食品、仪器仪表各1家。南丰工业城片区34家企业自主改造方案通过审批，部分企业主体已完工。

【第三产业】 第三产业主要有金融、房地产、医贸、餐饮业等，其中银行有8家。福地广场二期（福地金钻）项目已竣工投运，正在进行招商；汇融生活广场二期正进行主体建设；优品道时代广场项目住宅部分已交房入住，二期商业部分正在进行设计方案优化；城北门廊·新都大丰城市综合体商业部分设计方案已报区规划局审查；保利爱尚里项目在建设中。

【新农村建设】 南丰大道改造工程已形成通车能力，人行道铺设到位，完成电力线迁改下地、行道树栽种工作。中央公园南路按计划推进。市民服务中心项目已完成主体封顶，正在进行砖砌体安装，以及二次装修设计。大丰社区卫生服务中心项目主体已完成，正在进行二次装修，景观工程完成招标。完成南丰大道二巷的雨污水管网施工、铁石板街的水稳层检测。加强村级公共服务和社会管理专项资金的管控，民主决策公共服务项目64个。完成社区、居民小组财务代理工作。

【环境治理】 对辖区内16条背街小巷开展市容秩序、环境卫生集中整治，推进“门前三包”管理工作。逐步实现垃圾处理资源化、无害化、减量化，推进垃圾分类覆盖。建立“河长”领导下的街道、社区“河长管理体系”，加大对河道周边违章建筑、河道护岸乱搭乱建设施的清除力度。加强道路扬尘综合整治，推行道路机械化清扫等作业措施。在辖区内实现全域截污、全域禁养、全域禁煤、全域禁烧、全域禁放烟花爆竹“五大全域治理”生态建设和环境保护目标。

【拆迁安置】 完成地铁5号线皇花园站项目建设用地拆迁，签订个人国有土地上房屋拆迁合同18户、企业3家，签订集体土地上房屋拆迁协议15

4月14日，市政协、区政协联动视察黑臭水体治理工作

户。与拆迁户商谈成彭高速公路扩容改造项目建设拆迁工作,完成农村集体土地上的房屋拆迁70户、国有土地上房屋拆迁14户。华美片区签订拆迁协议8户,三元社区签订拆迁协议3户,方营社区签订拆迁协议10户,太平片区区间道路建设用地拆迁签订拆迁协议64户。

加强安置小区管理,开展安全检查、抽查80余次。督促施工单位做好文化街片区改造项目三期的建设工作,总平已进入收尾阶段;和信·沪丰领地项目完成建设,已交房入住;北新上锦项目一期已交房入住,二期进入总平施工;蜜立方项目已入住;北城首座项目已入住。

【社会事业】 辖区内有公立大丰中学、大丰小学(大丰中心小学和大丰小学三元校区)、石犀小学、北星小学;民办学校有扬帆学校、新徽鸿儒学校、雨禾学校、甫家学校。2017年,外来务工人员随迁子女入学登记1623人。

完善就业服务平台的人员、场地、经费和设施设备,多渠道开发就业岗位,组织辖区失地农民和就业困难人员参加技能培训班,培训青年劳动力109人,服务“北改”就业培训182人,实现农村富余劳动力向非农产业新增专业就业226人、城镇新增就业381人、城镇失业人员再就业192人、就业困难人员再就业49人次,动态消除“零就业”家庭。组织63家用工企业举办用工现场招聘会,提供空岗2140个,现场达成意向性用工协议416人。

城乡居民医疗保险新增参保1209人,参保率99.72%;新增办理养老保险778人,失业保险新增参保436人,工伤保险新增参保98人,生育保险新增726人,审核领取养老保险资格证人员7200人。

检查食品、餐饮1500余户,责令整改32户,取缔无证餐饮17户。开展学校食堂及周边食品安全等专项检查230户次。制定2017年食品安全培训计划,组织食品安全监管人员、学校食堂负责人、大中型餐饮单位负责人、流动厨师及社区信息员,举办食品安全培训会11次,签订食品安全承诺书418份。检查零售药店130次,检查集贸市场、企业和个体户285户次。治理违法建设112处,拆除违法建筑1.9万平方米。

符合政策生育率为99.58%,人口出生率为20.99‰。

【精神文明建设】 开展“道德模范·新都好人”的推荐评选表彰和学习宣传活动,以“仁、义、诚、敬、孝”为主题,组织辖区4名“中国好人”开展道德模范先进事迹进机关、进社区、进学校、进企业巡讲和现场交流活动。大丰街道道德讲堂和北延新居道德讲堂、双林社区道德讲堂全年共开展活动36次,各道德讲堂“每月一讲”“一堂一档”。利用各社区宣传栏、LED显示屏、《大丰人》小报、门户网站、官方微博、“爱大丰”微信公众号、“大丰便民服务”微信号等传统媒体和新媒体平台宣传社会主义核心价值观。开展文明户、文明院落、好公婆、好儿媳等创建评选活动,发挥典型示范带动作用,不断提高公民文明素质。在春节、元宵、重阳等中华传统节日期间,开展“我们的节日”主题活动,形成弘扬中华传统美德的良好氛围。依托成都志愿者网和成都志愿者APP,开展志愿服务活动463次。2017年,高家社区志愿服务站被评为成都市学雷锋社区志愿服务一级示范站。

【党建工作】 完成社区党组织和自治组织换届工作。开展“三破除三主动”专题活动,提高党员干部的思想认识,主动下沉服务197次,解决群众问题174个。落实党风廉政建设“两个责任”,开展层层签字背书和约谈。开展专项治理“微腐败”工作,将从严治党向基层一线延伸,立案查处5件、5人。

按照“支部同行,党建同兴”的思路,引导南丰社区、崇义社区率先建立党建联盟体系,不同隶属关系的党组织联动,通过信息联网、资源联用、活动联办、服务联享等方式,增强社区群众的获得感。

14个“两新”组织已有9个建立党组织,“两新”党支部探索“三合三促”“三线五家”工作法,把党建工作有机融入到企业生产经营、服务群众工作中,实现党建工作与企业经营生产“双提升、双促进”。

【规范化服务型政府建设】 完成街道便民服务中心和社区便民服务室的标准化建设。深化“放管服”改革,推进便民服务“大集中”和“一站式”服务,加强便民服务供给侧改革探索,完善街道、社区、小区(片区)三级便民服务体系建设,推行“阳光政务”。探索便民服务向小区院落再延伸,让群众办小事不出小区,办大事不出社区。常态开展错时延时服务和“村村快办”服务,解决“上班族”办事难和多跑路的问题,实现“零距离”便民服务。街道便民服务中心全年受理并办结服务事项26.93万件，社区便民服务室全年受理并办结服务事项9.12万件。

【信访工作】 强化矛盾纠纷和不稳定因素排查，采取"人民调解、行政调解、司法调解"有机结合，开展矛盾纠纷风险评估，建立"公调对接"机制，街道部门、社区、物业企业、开发商、区级部门、"李大妈评理"等志愿服务平台多元参与纠纷调解。化解钰邸华府、亲河名居等小区物业纠纷问题和保利停车位涨价、民生新干线产权证办理、联合100超市聚集等纠纷。适时开展政策宣讲和沟通，按上级要求及时派员开展非访劝返和教育说服工作。全年受理市长公开电话信访件2161件、市长信箱信访件378件、市长短信信访件10件、"96110"热线信访件235件、区长公开电话信访件50件、大数据平台信访件71件、网络理政信访件80件、区长信箱信访件78件、书记信箱信访件153件。

【社会治安综合治理】 制定《大丰街道小区治理方案》，按照先易后难，将全街道119个商品楼盘进行分类，制定五年规划，有步骤地将小区治理工作全面铺开。推进重点区域整治，完善立体化防控，率先建成街道和社区两级综治中心，创新开展治安联防联控和小区治理等社会治安综合治理工作，全年开展综治与平安建设宣传活动40场次。在建立大丰法律服务中心的基础上，完成9个社区法律服务室建设，为辖区群众提供"一站式"法律服务。安装"天网"186个、"雪亮"工程150个，建立小区治安联防联控联络点126个，在重要道口建立多功能治安岗亭9个。建立三级网格员服务管理体系，把格内人、房、业纳入信息采集与管理范畴，对重点人员、特殊群体实行分类管理，做到"信息准、底数清、情况明"。重点开展寄递物流暨危爆物品清理整治、防范打击入室盗窃和机动车盗窃、制贩毒窝点清理排查整治等专项整治行动，全年开展集中整治10余次。在红湖小区成立小区党支部，引入社会组织，设置"三室两站一中心"，实现组织进小区、干部下小区、服务在小区、文明浸润小区，形成"党建引领、政府主导、多方参与、融合共治"的治理经验。区委理论学习中心组现场学习红湖小区治理经验；10月，《四川日报》以题为《党员带头干社区由乱到治大转变》进行报道。

【妇女工作】 依托春节、"三八"节、母亲节、"六一"儿童节等节日开展系列活动。参与调解家庭纠纷5件，开展评选"文明家庭""最美家庭""清洁之家"等活动。组织巾帼志愿者服务队慰问贫困妇女儿童28人。

【共青团活动】 发挥"青年文明号"的示范带动作用和"何律师说法"等本土青年志愿服务品牌作用，提高青少年依法维护自身合法权益的意识和能力。建立"社工+志愿者"的人才队伍，以"邻里守望"为主题，以社区服务为重点，围绕空巢老人、留守儿童等人群开展志愿服务活动。在传统节日期间开展走访、慰问活动，帮扶留守儿童等困难人群30人。5月，大丰街道团委被团市委评为成都市五四红旗团委。

【农村文化活动】 辖区内社区公共文化阵地15个，"'民'星'丰'采秀，快乐你就来"文化品牌，开展"一月一主题"活动。管理网吧、音像店、书刊点、娱乐场所等文化场所49家，组织文体活动12场。街道文化活动中心免费开办舞蹈、腰鼓、声乐、太极、电脑培训班，报名1295人，实际参训1170人。以"农家书屋"为平台，在全街道返乡农民工、放假大学生、留守学生中开展以"我的书屋我的梦""快乐假期，快乐阅读"为主题的阅读活动。

（王　婷　叶　丹）

三河街道

【概况】 三河街道东与泰兴镇、木兰镇接壤，南与成华区青龙街道为邻，西与金牛区天回镇街道相连，北与新都街道隔河相望。紧邻大熊猫基地和成都植物园。面积27平方公里，辖8个社区，常住人口12.2万人，其中户籍人口4.64万人。成都绕城高速、蓉都大道、蜀龙大道、货运大道等在此交会。

2017年，一般公共预算收入3.03亿元。固定资产投入22.5亿元，其中农业投入1亿元，工业投入1亿元，一般性服务业投入1.54亿元，房地产投入18.96亿元。规模以上工业总产值1.86亿元。农村常住居民人均可支配收入25137元，比上年增长8.8%。

【三产服务业】 拥有润茂酒店用品城、海峡茶城、锦门、厚诚汽车4S园区、五龙山百花谷二期、中洲

GuGu 农庄等旅游与服务业和现代商贸业企业。“漫花庄园”成为成都市民赏花目的地之一,“玛歌庄园”成为区域餐饮消费品牌,厚城汽车 4S 园引进高端汽车零售企业 3 家。

【劳动保障】 以街道便民服务中心,花园社区、二台子社区劳动保障工作站为重点,继续加强对 9 个基层劳动就业社会保障公共服务平台标准化建设。基层平台办理事项 1.23 万件,城镇新增就业 521 人,失业人员再就业 422 人,就业困难人员就业 82 人,动态消除“零就业家庭”。城镇登记失业率控制在 3.5%以内。农村富余劳动力新增转移就业 162 人。

【社会保障】 开展城乡居民全民参保登记工作,逐户调查 3011 人。开展具有金融功能的二代社保卡办理工作,完成信息采集 1.3 万份。养老保险新增 632 人,医疗保险新增 1121 人,失业保险新增 560 人,工伤保险新增 560 人,生育保险新增 172 人。城乡居民养老保险征收 120 万元,办理退休 730 人。城乡居民基本医疗保险 7417 人,筹资 175.94 万元,筹资参保率 99.95%。开展创建全国和谐劳动关系综合试验区工作。

【教育卫生】 通过全国卫生城镇检查。社区教育学校举办培训班 24 期,参培 2268 人;社区教育工作站举办培训班 138 期,参培 9732 人。完成对外来务工人员随迁子女入学登记、审查和资料报送工作。

【文化体育】 投资 90 万元,修建互助、花园、龙伏社区活动站,完成 6 个社区广播室建设。惠民演出 5 场,配合区文体广新局开展送电影到社区 98 场。新添健身体育设施 4 套,培训体育辅导员 8 人,培训太极养生操及太极拳 45 人。举办全民健身活动 12 次,参加区级文化体育活动 20 场,配合开展“非遗”演出 8 场。

【环境综合整治】 依法关停“散乱污小”企业 22 家。成立“河长制市民观察员队伍”。完成国家级生态区创建工作,补植绿化带 800 平方米。推进城郊接合部连片整治,整治背街小巷,完成示范街区打造工作。启动环城生态带拆迁工作。

【社区发展治理】 坚持区域化大党建思路,以二台子社区为试点,形成发展需求清单 51 项、具体工作措施 23 项。投入 400 余万元,布设垃圾箱 40 余个,补植绿化带 1300 平方米,优化绿化草坪 3400 平方米。整治河岸 430 米,新增停车位 200 余个。打造“丝绸之路古驿站,欢天喜地二台子”先锋模范样板社区。

【综治维稳】 开展安全检查 200 余次,排查隐患 300 余处,全部整改到位。化解积案 3 件。收到市长公开电话信访件 392 件、市长信箱信访件 61 件、市长短信信访件 1 件、区长公开电话信访件 15 件、区长信箱信访件 43 件、书记信箱信访件 49 件、人民网留言信访件 7 件、大数据平台信访件 19 件、网络理政平台信访件 8 件、香城网市长信箱信访件 6 件,办结率均达 100%。完成 4 个社区综治分中心建设。推进“雪亮”工程,布局视频监控点 80 个。突出重点区域社会治安整治,处理 170 余人,铲除惠民二巷的“黄赌毒”问题。

【党的建设】 共有党员 1205 人。“两学一做”学习教育常态化、制度化,推进“微党校”建设。推进万科物业、安和物业等建立党支部,推进海峡茶城、

6 月 2 日,三河街道河长制市民观察员现场签名

锦门、厚诚汽车4S园等建立联合党支部，实现24家规模以上企业党组织全覆盖。专项治理“微腐败”，查处案件9起，处理问题党员11人。

（谢　潇　刘　艺）

龙桥镇(龙桥街道)

【概况】 龙桥镇东邻斑竹园镇，南接大丰街道，西与郫都区团结镇接壤，北连新繁镇，面积23平方公里。亚洲野生动物基金会黑熊救护中心位于龙桥薛家船风景区内。龙桥镇辖5个社区、4个村，户籍总人口2.7万人。全镇总体空间规划为“一带两轴三片”：毗河生态带，成彭路提升轴、龙腾大道发展轴，北部国际智能家居制造中心、中部美丽乡村示范区、南部医贸宜居片区。

2017年，一般公共预算收入3483万元。农村常住居民人均可支配收入23602元，比上年增长8.9%。

【农业】 耕地面积14459亩，农村劳动力1.8万人。种植小麦4255亩、油菜4395亩、水稻9500亩、玉米230亩、蔬菜1868亩。举办农技培训班16期，培训农民骨干4500人次。秸秆粉碎还田6800亩，秸秆综合利用率98.5%。建成“山水花海”芍药和场镇“艺之蓝”养生花卉种植首期工程，促进鱼龙农业科技园、杨建“优果居”农业合作社、杏桂“稻田可视种养”项目落地，新引进粮道合作社等现代农业企业3家，启动千亩蔬菜湿地公园项目规划，融入“花香果居·锦绣田园”连片发展。

【工业】 有银河动力、川泰线缆等规模以上企业14家，规模以上工业产值7.86亿元。助推银河动力“光束军刀”项目研发投产，引导基准实业、长城食品厂、享口福食品厂等重点企业进行技术改造。

【商贸服务业】 依托成都家具园区产业体系，错位发展商贸配套服务。银龙国际医贸交易中心入驻医贸企业50余家。引导香迪红馆整合家具展览、文化交流、创意设计等功能，打造“西部家居创意展示中心”，塑造“匠心文化”品牌。依托亚洲黑熊救护中心资源，启动黑熊文化特色小镇文旅项目规划。

【基础设施建设】 全年完成固定资产投资8.7亿元。响水湾半岛“云著”项目完成一期主体工程，“古窑新苑”安置小区完成主体建设，场镇利民农贸市场建成投用。龙腾国贸广场项目完成土地出让，龙腾大道北沿线建设项目完成前期规划工作。

【环保治理】 健全镇、村、社环保三级网格化管理制度，推进环保清违和“散乱污”企业清理整治工作，关停“三无”及违法违规企业427家，完成环保整改企业319家。完成燃煤锅炉企业的清洁能源改造31家，对涉及VOCs排放的企业均已按环评备案要求增设了环保设施设备。落实“河长制”管理，完成“一河一档”立卷。镇、村两级“河长”巡河918次，发现并处理问题65处。推进山水村市级农村污水治理试点项目建设，完成南二支渠等8条河道排污口治理，协调规划杨建村省级农村污水治理项目和镇规划区内全域污水治理等水环境项目6个。

【城乡社区发展治理】 编制瑞云小区、场镇建成区和毗河新居3个片区整体建设方案。启动毗河新居“孝心文化”小区建设，探索完善公共服务市场化、居家养老等社区治理新业态、新模式。试点建设普文社区“圆桌会议”模式，引导群众参与社区治理共建共享共治。推进成彭高速扩容改建工程，完成水厂改造、桥北片区燃气管道改扩建工程，新建村社道路3.7公里。治理散居院落23个、背街小巷26条。在古兴路、龙兴大道、毗河绿道等重要节点栽种树木3000株，完成绿化30余亩。

【平安建设】 “雪亮”工程实现立体化监控全覆盖，网格化管理模式构筑起社会防控网络，群防群治参与率全面提高，平安建设“三级治安响应机制”在全区推广。推进安全生产专项整治，检查整改“三合一”场所（住宿与生产、仓储、经营一种或一种以上使用功能违章混合设置在同一空间内的建筑）35个，10家企业完成粉尘收集系统安装。

【市场监管】 做好“一企一档”收集归录工作。全年监督检查食品生产流通企业和餐饮服务单位450家、农贸市场4个。推进质量授权人制度落实、HACCP及ISO22000认证，25家企业完成风险等级评定。全年受理农村家宴申报备案277起、5762桌。重点整治违反处方药和非处方药管理规定销售药品、经营来源不明中药材、执业药师不在岗等问题。对公众聚集场所特种设备(电梯)进行全覆盖检查。

【公共服务】 投入村级公共服务专项资金268.54万元,在9个村(社区)完成43条沟渠修缮、院落保洁等村级公共服务项目建设。全镇9个村(社区)便民服务室均完成标准化建设。镇、村两级便民服务中心(室)共计办理各项业务12万件,办结率100%。新增城乡居民医保银行代扣签约服务,办理新型社保卡13208张。做好“减证便民”引导宣传,实施“24小时政务自助服务”体系。

【社会保障】 优抚低保全面覆盖,城乡居民基本医疗保险率99.95%,规模以上参保社会保险业务网上经办新增企业数5家。完成困难群众住房改造3户,落实瑞云社区“新市民健康小屋”试点建设,“量体裁衣”式助残康复服务526人。完成失地农民技能培训126人,年度“春风行动”招聘会参会企业68家,达成就业意向协议148人。调解农民工维权案件31起,调解成功率98.9%。

【计生服务】 全镇出生婴儿318人(其中一孩167人,二孩146人,多孩5人)。流动人口12131人。落实计划生育特殊家庭扶助74人,享受独生子女父母奖励金4729人,地方扶助111人。新增“三结合”帮扶户15户、联系户23户。完成婚检145对、孕检126对,春秋两季为包括流动人口在内的已婚育龄妇女提供免费生殖健康普查服务14658人次。镇流动人口计生协会被评为市五星级流动人口计划生育协会。

【法治建设】 开展“法律七进”“七五普法”宣传活动48场,建立电话预约法律上门服务模式,接受法律咨询和法律援助128人次。镇、村人民调解委员会调解矛盾纠纷55件,成功率100%。

【文化教育】 镇综合文化服务站举办文艺辅导班,培训1000人次。开展迎新春文艺汇演、新春游园、“红红火火闹元宵”、重阳节文艺汇演等文艺活动,每周开展百姓故事会、道德讲堂等活动。协助新都区社区教育学院在龙桥镇瑞云社区举办成都市全民终身学习周暨成果展,组织参加“传承龙藏文脉·相约农耕村趣”新都区2017年青少年书画展活动,镇机关合唱团获全区“喜迎十九大 共筑中国梦”歌咏比赛二等奖。接受符合条件的外来进城务工随迁子女就读198人。加强对镇内民办幼儿园的布点规划和日常管理,促进26所幼儿园规范办学。

【党的建设】 开展“专题活动+走基层、精准服务”工作,党员干部下沉一线,收集解决民生服务、环境整治等诉求50条,完成13个规模以上企业“两新”组织建设。“两学一做”学习教育常态化、制度化,完成9个村级“微党校”规范建设,开展固定党日、坝坝会等形式“微党课”90期,培训党员3000人次。公开选拔村级后备干部27人,选聘兼职委员10人。新任党支部成员岗前培训,无职党员设岗定责对点联系。

拓展“温暖28·七彩瑞云+精准服务”、十九大精神宣讲、社区治理,搭建毗河新居党群服务站,落实孝道文化主题小区创建方案,争创“家门口党建”品牌。指导香迪红馆党支部建设“不忘初心、做文化传承者”党建载体,将志愿服务、文化熏陶与党建工作有机结合。推动“微腐败”专项治理向基层延伸,在普文社区试点开展“圆桌会议”和“五化”治理模式,其工作在省级以上媒体报道7次。

6月11—17日,“蜀水润心·中国当代女性艺术展”在龙桥镇香迪红馆举行

【妇儿工作】 完成全镇9个村(社区)妇联组织改建工作,选举产生妇联主席9人、兼职副主席18人、执委委员37人。举办妇女健康知识讲座2次,培训妇女干部、妇女代表等70人。“蜀水润心·中国当代女性艺术展”在龙桥镇香迪红馆举行,展示约100位中国当代女艺术家的绘画作品150余件。龙桥镇被评为四川省妇联基层组织示范乡镇,瑞云社区睦邻中心被评为成都市优秀妇女儿童之家。

【共青团活动】 完成全镇9个村(社区)团委班子换届工作,选举产生团支部书记9人、团支部委员18人。与司法部门合作,完成杏桂村青少年法制宣传教育基地建设。开展团委“一学一做”教育实践活动,组织团员、青年参加植树节活动、春节文艺汇演活动,累计参加活动1200人次。完成瑞云社区睦邻中心“青少年之家”建设,拓展团组织活动阵地载体。 (陶 峥)

斑竹园镇(斑竹园街道)

【概况】 斑竹园镇东与新都街道及三河街道为邻,南与大丰街道、金牛区天回镇街道相连,西与龙桥镇接壤,北与新繁镇、马家镇、新民镇毗邻。成都北部商城大部分区域处于斑竹园镇。面积47平方公里,辖17个社区、7个村,户籍总人口5.53万人。北星大道二段、香城大道、兴城大道穿越其间,成都绕城高速、成彭高速、新崇路、民大路、斑龙路横贯全镇。毗河在镇内流程9.75公里。

2017年,斑竹园镇被列为四川省“十三五”规划中的成都市唯一商贸物流型特色小城镇。一般公共预算收入1.4亿元。农村常住居民人均可支配收入23890元,比上年增长8.8%。

【农业】 农业固定资产投资1.50亿元。耕地面积36544亩。水稻26474亩,产量14720吨;小麦10894亩,产量3649吨;油菜13010亩,产量2108吨。按照省、市、区有关粮食直补、综合补贴和良种推广补贴的发放要求,核实耕地地力保护补贴面积32331.64亩,发放补贴309.69万元。农村专业合作社13个。新引进农业项目3个:成都市双钟农业专业合作社、合长种植场、九新高科农业有限公司,面积321.8亩。引进“和淦·香城竹韵”、辰东李子、廖胖娃无花果、福丰无花果、丰收农机粮油种植等项目。

配合区农林局,制定“新都柚”种植标准,挖掘“新都柚”国家地理标志品牌内涵和外延,打造精品旅游线路和精品景点,力争创建国家AAAA级景区。引进社会资金1亿元,“和淦·香城竹韵”200亩公共生态公园于5月建成运营。举办成都“北超”足球联赛,打造三河村精品院落旅游区和农业观光区,拉动田园观光、水果采摘、农事体验、餐饮娱乐等都市现代农业发展。推动“檀木蔬菜湿地公园”建设,“菜园变花园,花园变公园”的乡村旅游绿地。举办2017四川花卉(果类)生态旅游节分会场暨新都“花香果居”第十三届柚花节、2017四川花卉(果类)生态旅游节暨第十三届新都柚生态旅游节、“和淦·香城竹韵”2017成都足球第一村第三届“宝柚杯”足球超级联赛。“花香果居”受邀参加第五届成都国际都市现代农业博览会“全国休闲农业和乡村旅游示范市”展区,并参加此届成都农博会上举办的第二届都市现代农业发展(成都)高峰论坛和“2017成都+”“一带一路”农业推介活动,获得“成都50佳休闲农业与乡村旅游目的地”荣誉称号,同时被成都市农委确定为全市2017年赏花基地建设实施单位。“花香果居”田园综合体、三河村田园综合体被命名为成都市首批50家“田园综合体”示范单位。

【新农村建设】 根据《新都区锦绣田园产村相融现代农业精品园区项目实施方案》,调整2017年建设实施内容,主要涉及“花香果居”景区提档升级、竹友西路南路改建等7个项目,投入1510.70万元。按照以“住上好房子、过上好日子、养成好习惯、形成好风气”为主要内容的“四好”村创建活动要求,争取创建区级“四好”村4个、市级“四好”村13个、省级“四好”村13个。在建的“小组微生”新农村综合体4个:仁和新居、竹柚塘居、檀木社区李家院子、魏家院子。

暮云路、天斑路延伸段,石华路、新丰路一巷、三山路、益民路、花香路改造已建成通车,完成旃檀寺维修保护工程。修复破损道路大江路、金三路(金文社区段)、踏水村道、回南村道、雷家村道等,对南三支渠上存在安全隐患的桥梁安装护栏。投资1200万元,改造民大路(竹友段)道路3000米。投资350万元,改造檀木蔬菜基地村道1580米、宽5米,已完成招标。投资300万元,改造大江路800米,宽6米,已完成道路设计。顺江村33亩、旧城改造73亩的土地资料已齐备,待市交易中心拍卖。白云社区医疗用地8亩选址调规,已通过区规委会审批,正在办理规划手续;杨柳社区居住用地12亩和忠义社区18亩土地,正在办理供地手续。竹柚塘居、仁和新居、檀木蔬居、回南尚居等土地整治项目正在建设中。申请改造危旧农房150余户,办理121户,改造面积1.1万平方米。完成地铁5号线征地拆迁,基本完成天柏路等配套项目拆迁。协助地铁施工单位完成通信、电力、自来水管线迁改,协助对锦水河分干渠、柏水河、五斗渠、六斗渠的临时保护,确保汛期泄洪安全。

【工业商业】 规模以上工业企业15家,产值29.51亿元,增长8.02%。工业技改投资3.70亿元。限额以上商业企业6家,规模以上服务业1家。限额以上商业企业社会消费品零售总额4930.3万元,固定资产投资3.00亿元。

区级重点项目7项,总投资2.91亿元。其中新开工项目5项,投资1.21亿元;结转历年项目2项,投资1.70亿元。

【安全生产】 关闭违法违规和不符合安全生产条件企业25家。每月召开一次安全例会,每季度召开一次安委会成员单位会,做到安全检查全覆盖。开展烟花爆竹、石油液化气、危险化学品、粉尘涉爆、高层建筑、有限空间作业、木质制造企业等职业病危害专项治理,取缔非法储存易燃易爆危险品窝点1处,排查、整改安全隐患253处。6月16日,斑竹园镇设立安全生产宣传咨询日活动分会场,开展以“全面落实企业安全生产主体责任”为主题的安全生产宣传咨询日活动。

8月3日至18日,采取理论讲解、现场演示、受训人员实际操作等方式对微型消防站人员开展业务技能培训。9月22日,镇安办联合镇政府专职消防队、派出所消防队队员在大夫村开展消防安全培训活动。

【环境保护】 与全镇1000余家企业签订环保责任书,编发《斑竹园镇环保蓝皮书》,开展环保进机关、进企业、进学校、进社区、进院落等“七进”活动。关停环保违法违规的“小散乱污”企业779家,禁燃区内所有燃煤锅炉停止使用。整治并关停存在直排污物的畜禽养殖企业13家,关闭商混站、砂石场7家,30座以上餐饮单位36家,全部安装油烟净化设施。环境信访举报195件,全部办结。

首创“河长”签到制,先后迎接省内外考察学习团体10余次,在人民网、东方网、腾讯大成网、今日头条、四川新闻网等网络媒体宣传报道10余篇。12月25日,代表成都市迎接省河长办公室副主任、省水利厅副厅长李勇蔺一行检查,对“河长”签到制创新工作予以表扬。

针对全镇36条河道,编制36份“一河一策”清单。查清全镇沿河污染源排口592处。清理河面漂浮物、杂草,河岸积存垃圾、建筑垃圾等8000余吨;清掏疏浚沟渠及农渠20万余米;各村(社区)完成支渠、农渠整治30余条。禁止露天焚烧小春农作物秸秆,秸秆综合利用面积26652亩,利用率100%。全年完成空地植绿100余亩。

【党建工作】 坚持“两学一做”学习教育常态化,开展“三破除三主动”、惩治“微腐败”专题学习,各党组织开展学习累计280余次,参加学习的党员3000人次。全镇16个村(社区)均建设“微党校”,开设农民夜校,参加旃檀党校学习的党员1100人。

为配合地铁5号线建设,成立地铁5号线项目临时党委,下设党支部6个,党员329人,建立联合党委议事协调、信息沟通、联系服务等制度,得到市委组织部高度肯定。在鸦雀口社区建立企业联合党支部,8家企业的14名党员加入联合党支部。探索“1+1+N+N”(即企业联合党支部+社区党支部+企业+镇级服务部门)联合组织生活会制度,解决企业党组织覆盖、党员教育管理等问题。

【规范化服务型政府建设】 镇便民服务中心设立服务窗口10个,专职工作人员17人。大厅集中办理的行政审批事项和社会服务事项251项,全年办理2.69万件。在全区率先实现公共服务功能大集中,镇便民服务中心、建行(ATM)、就业创业服务超市、交警执法中队、广电网络、城管执法中队、法律服务中心、镇综治中心、中国人寿保险分公司等部门入驻便民服务一条街,全年服务事项7万余件。

由镇财政以奖代补形式对村级便民服务室规范化建设和制度打造进行补贴,全镇24个村(社区)于6月完成标准化建设。实现村级代办服务全覆盖,全年代办1.07万件。全年办理人口计生法律法规政策咨询、养老金领取资格审查、失业保险登记等快办件2.94万件。

贯彻市政府办公厅《成都市村（社区）证明事项保留清单》，对未列入清单（15 项）内的村（社区）证明，一律不得要求办事群众提供。对于在成都市以外的地区或省级部门办事过程中确实要求办事群众提供的村（社区）证明，由镇指导所在村（社区）本着方便群众和酌情合理的原则予以出具。

【信访工作】 与四川师范大学法学院进行院地合作，把法学院志愿者成立的智青年公益服务中心纳入镇大调解组织，拓宽第三方参与纠纷化解的渠道。全年受理群众来信来访 1062 件，其中书记信箱信访件 110 件、区长信箱信访件 47 件、市长公开电话信访件 710 件、区长公开电话信访件 24 件、市长信箱信访件 13 件、大数据平台信访件 42 件、信件工单信访件 59 件、短信工单信访件 5 件、网络理政平台信访件 3 件、网络理政督办件 10 件、网络理政来信 2 件、区督办件 2 件、群众来访 33 起、化解积案 2 件。镇党委、镇政府领导带头受理矛盾纠纷，全年调解 360 件，调解成功率 98%。

【城乡环境综合整治】 投入 60 余万元，将仁和村作为市级村容村貌示范村进行建设。投资 60 万元，整治新崇路达利段。投资 50 万元，安装交通导视系统。投资 15 万元，对响水园街 76 号公厕进行标准化改造。打造樟树巷作为背街小巷特色街区。投资 1300 万元，把竹韵大道作为示范街建设。金文社区十社白家院子作为示范院落创建，对道路基础设施、绿化节点、市政设施、环境卫生、风貌塑造、生活垃圾分类收集等方面进行整治和提档升级。建立数字化管理平台和微信公众平台，受理有效立案 3085 件，结案率 99%。

对 756 个散居院落开展集中整治，已完成 657 个。在三河村实施农村生活垃圾分类收集，通过发放宣传画、宣传单和入户宣传等形式，向村民宣传介绍垃圾分类、分投、回收等相关知识与方法，提高村民对垃圾分类的认识和自觉性。

【计生工作】 符合政策生育率 99.5%。新增计划生育“三结合”户 15 户，帮扶资金全部到位。稳妥推进“全面二孩”政策。简化生育服务登记办理程序、独生子女光荣证补领程序。联合镇卫生院、区妇幼保健院在全镇为 24 个村（社区）育龄妇女进行春秋两季的生殖健康普查活动。组织免费孕前优生健康检查。做好农村计划生育家庭奖励扶助、计划生育家庭特别扶助、计划生育特殊困难家庭地方扶助和独生子女父母奖励金工作。

【卫生工作】 依法惩治非法行医，召开联席会 2 次，组织开展联合“打非”行动 4 次。做好艾滋病防治宣传工作，加强重型精神病排查诊断工作，开展犬只免疫工作。召开“血防”工作会 2 次，与各村（社区）签订目标责任书。与镇卫生院配合完成基本公共服务项目，家庭医生签约 3.32 万人，建居民健康档案 6.16 万人，60 岁以上老年人肺炎疫苗接种 5131 人。慢病筛查 2 万余人，重型精神病线索调查 25 例。完成村卫生站标准化建设 5 个。居民健康卡办理 5.51 万人。

5 月 18 日，斑竹园镇与四川师范大学法学院在镇政府举行共建法学教育实践基地签约仪式

【民政工作】 全镇低保户 272 户，发放低保金 206.17 万元。解决了低保户及特殊困难户医疗救助。发放伤残军人、老复员军人、参战涉核等优抚对象生活补助 370.88 万元。救助农村住房困难群众 5 户，补助 16.30 万元。春节期间慰问救助对象、优抚对象，发放慰问金及慰问品折价合计 16.00 万元。“八一”期间，慰问部队官兵，赠送价值 2.40 万元的慰问金及慰问品。为 80 周岁以上老年人

1349人发放高龄津贴152.93万元。新建日间照料中心9个。完成14个村(社区)党群服务中心提档升级、回南社区综合减灾标准化建设。

【社会治安综合治理】 聘请诚伦律师事务所钟庆林和信诺达律师事务所陈玉芳、谢丽为镇政府法律顾问。新建立95人的村级综合巡逻队伍,完善800余人"红袖套"分类管理、分级响应的工作机制。完成"雪亮"工程监控探头170个,实现监控全覆盖。投入13万元,打造标准化镇综治中心。建立了檀木、杨柳、柏水小区等综治中心6个。镇、村(社区)两级网格调整为39个,配备专业网格员40人、兼职网格员1120余人。举办"基层公职人员法律意识的价值"主题讲座4场,"预防欺凌·共建安全校园"等校园主题活动6场,"6·26"禁毒宣传定向越野赛等法治宣传活动10场,"环保法"等主题法律知识竞赛6场,法治微课堂46场,以案说法进村(社区)活动82场。发放法治宣传资料8万余份、宣传品2.02万份,制作宣传展板12个,设置宣传栏48个,悬挂宣传横幅465条,播放法治电影106场。

【社会保障】 政府出资6万元购买社会服务,引进新都街道宏盛发职业中介服务部。举办招聘会3场,为900余家单位进行登记,为1000余人提供岗位咨询,为300余人找到工作。城镇登记失业率控制在4%以内。开发公益性社保补贴和岗位补贴2人。城镇职工养老保险新增530人、医疗保险新增960人,失业保险、工伤保险、生育保险新增320人。城乡居民养老保险缴费人数5600人以上,规模以上参保企业社会保险业务网上经办完成30家。城乡居民基本医疗保险参保27631人,参保率99.5%。

基层劳动就业社会保障公共服务季度巡查及考核达标。更换具有金融功能的新型社会保障卡信息采集率60%,镇村就业和社会保障站窗口规范化建设100%。镇出资6.78万元,对村(社区)安装社保专网,确保部分社保业务下沉到村(社区)便民服务室。对辖区内企业的非法用工、工资拖欠、参加社保情况进行排查,全年排查200余家。受理辖区内举报投诉案件,处理率97%。采集用人单位的信息完整率90%。劳动保障年度书面审查,参审率90%。企业集体合同签订率95%。配合重点项目建设,为京东、地铁5号线、土地储备中心等项目失地农民1000余人办理社保手续,为"散乱污"企业失业人员开展专场招聘会1次。

培训农村技能劳动者970人,实用技术培训1.1万人。

【文体工作】 全镇建成文艺队伍26支。开展公众教育15场、读书活动10次、文体活动6次、一般活动32次、文化志愿服务活动69次。建成农民科技书屋24个,建立科普教育基地2个,建立科普宣传栏24个。协助组织科技文化下乡活动5次。送乡村图书1.5万册。

【妇儿工作】 以"指尖的爱·香城妹儿"品牌系列活动——"送技能、送岗位、送健康、送保险"活动为载体,开展女性就业技能培训,参训158人。建立妇女干部维权读书会制度,提高依法维权和学法用法的本领。换届后的新一届村(社区)妇联主席平均年龄42岁,其中最年轻的28岁。村(社区)妇联主席进"两委"班子24人,进"两委"班子率100%,村(社区)妇联副主席48人、执委178人。

建立农村留守儿童巡查台账,落实监护责任人。"三八"节,镇妇联联合"大观轩田园生态火锅"寻找到"巾帼英雄候选人"10人,镇妇联为每一位候选人颁发证书及奖品。母亲节,会同中小学举办"亲子情书"活动。接待来信来访10余人次,均得到及时处理。

【共青团工作】 全年青年劳动者技能培训120余人,引领90名大学生创新创业,促进10名大学生实现创业。抓好一村一名大学生工作,大学生志愿者到村(社区)工作,为基层工作注入活力。安排学科有专长的大学生志愿者到留守儿童之家、蒲公英之家辅导孩子们学习。创建柏水社区、忠义社区志愿者服务站。

【残联工作】 走访残疾人1300余人。组织24个村(社区)的基层残疾人工作者进行业务培训3次。为160户低保户残疾人家庭申请生活补助金27.52万元,为35户农村贫困残疾人申请种植养殖业扶持金3.50万元。为残疾人联络家庭医生签约,签约率98.7%。为残疾人(1人)发放机动车燃油补贴,为4名残疾人申请紧急救助金、2.66万元。为226名眼病患者进行白内障免费筛查,其中免费复明手术22人。资助重性精神病患者享受免费住院治疗10人次,资助贫困精神病患者享受门诊救助35人次。为残疾人120人免费发放用品用具,为10户残疾人家庭申请进行居家无障碍改造,为418名重度残疾人申请护理补贴38.49万元,资助52名残疾人购买养老保险250余万元。新办理残疾证96人,在大夫村建成七彩阳光残疾人康复托养就业服务基地,在柏水小区新建社区康复站。

【红会工作】 开展红十字博爱送万家活动,元旦和春节慰问贫困家庭30户,发放慰问金1.20万元。举办急救员培训班,培训70余人。大病救助3人、1.20万元;公益助学1人、4000元。 (卫 勤)

新民镇(新民街道)

【概况】 新民镇北毗彭州市,西北隔青白江与清流镇相望,西南与新繁镇、斑竹园镇接壤,东南与马家镇、军屯镇近邻。主要干道北星大道二段和新新路在新民镇呈十字形架构,形成北连德阳、南到成都主城区、西接新繁与彭州、东至新都主城区的交通网络。面积37平方公里。辖4个社区、7个村、225个村(居)民小组,户籍总人口3.88万人。

2017年,一般公共预算收入1385万元。农村常住居民人均可支配收入22706元,较上年增长8.7%。

【农业】 全镇耕地38884亩。形成"一带四片"的农业发展格局。"一带",指现有落户北星大道两旁的9个现代农业项目:茗铂农业、滨江农业、锐杰·科教体验基地、美盈农业、北新生态园、首诺农业、沁彩农庄、鸟语花香、聚乐缘;"四片",指稻松农机优质粮油示范基地,华严绿色蔬菜种植基地,东林村川芎大蒜、葱种植基地,天星花卉基地。建立院地合作基地4个,开展各类培训5场次。

进行农业入户普查,完成对11个村(社区)、42户规模经营户、52户农业生产经营单位、12165户农户的登记、数据审核和传输上报工作。

清淘河道、农毛沟渠、斗渠24.3公里,清淤9000立方米。投入4200万元,实施高标准农田水利配套工程,整治沟渠85公里,清淤1.2万立方米。实施金龟滩斗渠新新路和老新新路涵洞工程、护国村龙家碾改造工程、北三支渠二斗渠东林段便桥改造工程、北二支渠三斗渠护国村段护岸加固工程,督促村(社区)开展春季农毛渠掏修工作。

区投资1200万元,于10月启动场镇老街等区域截污工程。新建桥4座,改造机耕桥30座,改造渠系100.6公里。新建污水处理站3处,年处理污水量共计700吨。

固定资产投资1.6亿元。新引进华双达农业、禾泽农业。指导传统粮经作物种植项目成立"联佳"合作联社。指导"萄醉天下"景区农业项目成立"萄醉天下"果品协会。

【工业】 全镇社会固定资产投资5.10亿元,其中工业投资1.85亿元。拥有工业企业45家,从业人员2135人。其中规模以上工业企业3家,产值1.1亿元,税收271.5万元。

【第三产业】 以2000亩葡萄种植为基础,发展都市现代观光农业,形成成都近郊"一日休闲圈"。盛果区每亩利润4万余元,吸纳当地富余劳动力90余人,带动周边农家乐客源增加25%。3月举办第三届"赤足乡土"乡村旅游季活动,7月举办第四届新都(新民)葡萄采摘季活动,吸引游客32万人次,沿线农业服务业营业额增加150万元。

【基础设施建设】 完成国家电网500千伏电网塔基建设和挂线49座,完成四川广播电视台520传输台线路改造,铺设天然气管道9公里。投资2100余万元,建设镇、村道路23.2公里。由区交通运输局牵头改建旧危桥3座。投资100余万元,安装道路波型护栏1700米;维修、安装金属警示桩800根、水泥警示桩200根;安装村组路减速埂150米、交通标线4500平方米;设置和更换交通标志标识牌100面,增设凸镜6处、金属隔离网200米;维修、制作桥涵护栏、挡墙10处。

【新农村建设】 东林村、大成社区、九堰村被评为区级"四好"村。完成九堰村村容村貌整治试点、天星村示范院落建设。新建垃圾中转站15个,推进九堰村、天星村农村生活垃圾分类收集。整治福中路一巷背街小巷。种植乔木1.2万株。投资25万元,改造护国小区排水管网,于5月完工。投资135万元,实施石庵复垦工程,已通过验收。

【环境保护】 组织清违行动15次,关停、整治环保违法违规企业204家,关闭、治理畜禽养殖场(户)16家,关闭砂石场11家、商混站2家。建设污水收集管网11.7公里,新建微型污水处理站3个,日处理能力700吨。实施污水处理厂扩建工程,日处理能力提升到1500吨。完成秸秆禁烧工作。全年妥善处理群众环保举报事件129件,整治率100%。

【劳动保障】 开展"春风行动"现场招聘会和"就业援助服务月"专项活动,帮助农村劳动力向城镇企业就业。完成48家用人单位的劳动保障年检工作。通过"农民工工资支付专项检查",维护农民工合法权益。举报投诉案件12起,均已处理。收集企业用工信息,及时在镇便民服务中心大屏幕发布,同时在各村(社区)文化活动中心张贴宣传单,解决企业用工和农村富余劳动力转移输出问题。天星村便民服务室成立新都天禾就业服务中心,成功推荐就业120余人。

实现动态消除"零就业"家庭。新增就业登记、求职登记、培训登记968人,失业登记125人,农村富余劳动力向非农产业新增转移711人,城镇登记失业率控制在4‰以内。新增公益性岗位6个。

【社会保障】 城乡居民基本养老保险参保缴费8147人。完成离退休人员2017年年检工作,年检8122人。城乡居民医疗保险参保27381人。

【民政工作】 城镇低保18户、20人,发放金额9.68万元;农村低保162户、251人,发放金额96.09万元。资助五保人员参加合作医疗64人次,资助金额5.44万元。给国家抚恤、补助各类优抚对象发放抚恤金195万元。为80岁以上老年人发放生活补贴1122人次、112万元。

对12户困难户进行住房改造。在高祖社区、禾登社区建立老年人日间照料中心。

【残联工作】 为残疾人提供"量体裁衣"式服务,发放居家护理补贴、专项补助金,安置或扶持残疾人就业,实施居家无障碍设施改造。为21名白内障患者补贴手术费2.02万元,为1名残疾人装配假肢,为120名残疾人发放辅助器具。走访慰问残疾人140户。

【学校教育】 辖区内有幼儿园5所、小学1所、初级中学1所。3至5岁幼儿入园率99%。符合入学政策的小学学龄儿童入学率100%,符合入学政策的初中学龄儿童入学率100%,小学毕业生升学率100%。为外来务工人员子女76人办理接受义务教育的审核登记。

【医疗卫生】 截至12月末,建立居民健康档案42595人。其中0至6岁儿童1663人,孕产妇288人,65岁以上老年人4905人,高血压患者3868人,糖尿病患者1624人。对低保对象269人、严重精神障碍患者186人、肺结核患者18人,均建立健康档案。家庭医生签约21984人,签约率51.10%。其中重点人群签约12882人,签约率93.99%。

开展联合打击非法行医活动8次,检查医疗机构、美容院、药店等17户次。查处非法行医摊点11个,没收非法行医药品5箱。对7所学校及周边进行检查2次,对2个医疗机构检查1次。

3月8日,新民镇第三届"赤足乡土"乡村旅游季暨油菜花节在新民镇高祖社区昌平油菜花基地开幕

投放灭蚊蝇、灭蟑螂药物100公斤，灭鼠药物100公斤。查螺63.09平方米，灭螺42万平方米，查病3500人。全镇共有犬只4748只。春季犬只免疫4585只，免疫率96.57%；秋季犬只免疫4162只，免疫率99%。

开展省级卫生镇创建工作，绿化整治1500平方米，清理积存垃圾3.72吨，冲洗背街小巷及道路2.4万平方米，清除乱张贴“牛皮癣”小广告180处，整治车辆乱停乱放312车次，拆除乱牵挂横幅广告20处，治理灯箱广告78处。取缔流动商贩120个，整治占道经营130处，整治流动商贩40起。清理水面漂浮物7吨，更新破旧安全设施10处，整治病害窨井盖10座。安装市场雨棚240米，铺设雨水管道280米，改造沥青混泥土路面1200平方米，整治市场乱象20起。补植行道树247株。与商家签订“门前三包责任书”494份。

【计划生育】 1至11月，出生378人，政策外生育1人，符合政策生育率99.74%。办理计划生育服务证一孩325人、二孩129人，补办独生子女光荣证248人。对享受计划生育家庭奖励扶助政策的3775人、享受计划生育家庭特别扶助政策的121人进行年审，新增奖扶人员229人、特扶人员5人。发放奖扶金362.4万元、特扶金88.764万元。实施新都区地方扶助政策，对76户计划生育家庭，死亡或伤残子女121人进行帮扶。新增“三结合”帮扶户15户、联系户23户，镇计生办与15户“三结合”户和5户流动人口困难家庭签订“计划生育帮扶协议和帮扶记录”，并发放启动资金6000元。巩固“三结合”帮扶基地1个。

【安全生产】 开展安全、消防、应急演练，开展“安全生产月”活动。新建微型消防站4个。镇政府与11个村（社区）、重点企业以及事业单位签订安全生产目标责任书110份。排查整治33次，发现并整改隐患528处，领导带队检查19次。召开安全生产会议9次，参加人员300余人次。

【食品药品安全】 开展食品药品专项整治行动5次，检查单位87家。受理群众举报3起，查处食品药品违法案件6起。监督检查农村家宴259起，开展“红盾春雷行动2017”商品质量清查7次。

【党建工作】 开办贴近党员群众的“五彩田园课堂”，将课堂搬到田间地头、乡村院落，探索建立“三位一体”教学管理制度，推进党员教育常态化、全覆盖。领导班子成员履行“一岗双责”。召开专题研究党建工作会议5次，专题调研7次，督查督办3次，领导带头讲党课4次。

组建“萄醉天下”果品协会党支部。深化天星村“一型三化”党建模式，以合作社党支部为引领，整合花卉、果蔬、田园风光等7家农业项目，把党支部、合作社、企业、农户有效联结。调整11个村（社区）党组织，设立党委9个、党总支2个。

镇党委调整干部5批、20人次，完成村（社区）两委班子换届选举工作。组织村级干部培训6次，安排村级党组织书记外出培训3次，召开现场观摩会2次，开展谈心谈话20余次，督查纪律作风10余次。按照“区选镇管村用”三级联配机制，储备后备干部27人、后备党组织书记11人。

开展廉政警示教育16次。召开“听民情、解民忧、顺民意”坝坝会，收集群众对专项治理“微腐败”工作意见、建议52条，全部整改到位。落实“固定党日”、“三会一课”、民主评议等组织生活制度。查处党员干部违纪案件9件，问责9人，诫勉谈话10人，停职1人。

【精神文明建设】 护国村、天星村、禾登社区被评为区级文明村，九堰村、东林村、金牛村、禾登社区、华严村被评为区级“三美”村。开展“身边好人”推荐评议活动，提供线索900余条。志愿者开展文明劝导、文化科普宣传、环境卫生治理、困难帮扶等活动232次。联合司法所开展法制进学校和禁毒宣传活动。

【规范化服务型政府建设】 实行便民中心中午延时服务和周末延时服务，延时服务接待群众200余人次，办理各类业务120余件。

建立辖区内的QQ群，发布各类政策法规及政策咨询500余条。镇政府主动公开信息4729条。其中，政府网站公开3681条，政务微博公开663条，微信公开326条，其他方式公开59条。新民镇在成都市基层公开综合服务监管平台（简称基层平台）的信息总量为14608条。

【社会治安综合治理】 镇应急联动指挥分中心投入运行,推进6个村(社区)综治中心规范化建设。"雪亮"工程安装高清摄像头110个,并入应急指挥分中心的天网摄像头25个。印发《致全镇人民的公开信》3万份。开展以平安建设满意度测评、社会治安问卷调查、防邪、禁毒等为内容的宣传活动4次,更新宣传栏45个,制作宣传标语282幅、平安提示牌43个、网格员(调解员、社区民警)公示牌232个,发放宣传资料2万余份。

【工会工作】 镇总工会和镇劳动保障所联合开展对女职工、未成年工用工情况专项检查行动。督促企业实行厂务公开、职代会民主管理。开展劳动技能培训、竞赛等活动。做好对贫困职工的送温暖活动,为贫困学生捐资助学。

【共青团工作】 开展主题团课和组织生活会。"五四"青年节组织团员青年开展杨升庵家风家训教育。镇团委与团区委签订党风廉政责任书。开展关爱留守儿童和走访帮扶等活动7次,慰问留守学生28人次。

【妇联工作】 开展节日活动16场次。完成"精彩人生女性终身学习计划"注册学员163人,建镇、村(社区)妇联学习交流工作微信群,参与100余人。开展寻找"最美家庭"活动,推选的5户家庭被区妇联和区精神文明建办评为"最美家庭"并获表彰。培训村(社区)妇联主席16场次。完成区级"妇女之家""儿童之家"建设,并通过区妇联验收。

举办居家灵活就业培训、家政和种植技术培训班10期,培训妇女600余人次。建设居家灵活就业基地3个、居家灵活就业示范基地3个、种植业专业合作社2个,发展以种植粮油、鲜花栽培为主的新增"妇字"号基地1个。举办招聘会,解决妇女就业300余人。

【农村文化活动】 投入200余万元,对镇文化站及周边环境进行改造。九堰村文化活动室进行提档升级。组织镇级活动24场,承办区级文化惠民活动9场,参加区级文体活动14场。组织文体培训25期,培训600余人。放映公益电影135场。

(陈国湾)

马家镇(马家街道)

【概况】 马家镇与新都街道、斑竹园镇、新民镇、军屯镇相邻,面积24平方公里。辖5个村、2个社区、128个村(居)民小组。户籍总户数9496户、总人口2.62万人,其中农业人口1.45万人。2017年,一般公共预算收入2462万元,固定资产投资4.78亿元,规模以上工业总产值4.10亿元,社会消费品零售总额2150万元,引进内资3.23亿元。农村常住居民人均可支配收入22451元,比上年增长8.8%。

马家镇是明代状元杨升庵的故里。12月,升庵村13组杨升庵第十四代孙杨德力家庭被评为四川省文明家庭。

【景区建设】 创建升庵故里国家AAA级旅游景区,已完成起步区建设。主要集中在锦城村丁家大院片区,建成恒丰蓝莓园、绿湾农业、农业科技创业草莓基地、大爱城、春色花园、久森农业、北星花博园等农业项目和尖锋旱雪、足球场等运动产业项目。完成游客接待中心的升级改造,新建景区厕所、花海大地景观、文创驿站和观景亭廊等节点。成立锦文浩专业合作社,利用老百姓宅基地、林园地吸纳社会资金,启动夏河溪文创聚落。

【尖锋运动特色小镇】 围绕乡村振兴,以户外运动为特色和支撑,打造集运动体验、康体休闲、文创产业于一体的运动、健康、休闲的特色小镇。项目以北星大道为界,分为东部尖锋运动小镇和西部配套服务区域两个板块。东部尖锋运动小镇占地面积2825.85亩,西部配套服务区域占地面积2939.95亩。区域内已入驻尖锋旱雪、北星足球场、绿湾农业、北星花博园、久森农业、春色花园、长生生态园等项目。政府投入2000万元,打造尖锋运动小镇大门入口、运动景观、标志建筑、绿道、大地景观、星级厕所等项目。

【升庵书香小镇】 依托马家镇悠久历史和明代状元杨升庵的故居、杨柳河、丽阳山、白螺泉等历史古迹,打造涵盖状元文化、家风文化、廉政文化等为主题的书香研学旅行小镇。规划占地面积1500亩。拟通过改扩建、新建方式预计建设规模为5万平方米,包含杨氏宗祠、杨升庵博物馆、战国墓、温泉、家风堂、廉政学院等为主题的建筑群和以研学旅行、休闲度假为主的建筑群。2017 年，完成核心区农户搬迁工作。

【民生事业】 编制并推行《马家镇农房建设规划管理技术导则》，规范农村房屋原拆原建，遏制乱搭乱建。启动锦城 10 千伏外部电力迁改、污水外排工程等基础配套建设，新（改）建农村道路 6.5 公里。完成升庵特色街区风貌打造，石坝社区、锦城安置小区等 6 条背街小巷整治，升庵村、石坝社区、双龙村等 15 个林盘院落综合整治。成功调解壹品檀、泽瀚小区矛盾纠纷。依法关闭“散乱污”企业 97 家。推行“河长制”，完成河道清淤 48 公里。

完成道路交通、排污整治、综合服务站、村级标准化文体中心建设、助困助学等 8 项惠民工程。城乡居民养老保险、医疗保险实现全覆盖，城镇登记失业率控制在 4%以内。总投资 2 亿元的成都大爱颐养中心形成基本接待能力。举办村级篮球、足球联赛，组织参加第四届新都区运动会。

【基层党建】 开展“六进宣讲”“庆七一微党课大赛”等系列活动，推动党的十九大精神深入人心。“两学一做”学习教育常态化、制度化，开展“三破除三主动”专题活动。遴选村级后备干部 14 人、村级党组织书记后备干部 3 人。吸纳镇域内优秀党员 17 人，担任镇党委、村级党组织兼职委员。贯彻中央八项规定和省市区相关规定，“四风”问题有效遏制，“三公”经费下降 74.02%。推进“微腐败”专项治理，立案查处违纪案件 9 件。 （陈 娟）

马家镇尖锋旱雪场（7 月 1 日摄）

军屯镇（军屯街道）

【概况】 军屯镇东与青白江区弥牟镇毗邻，西与新民镇相连，南与马家镇接壤，北与彭州市濛阳镇和广汉市广兴镇隔河相望。面积 17 平方公里，耕地 17116 亩。辖 6 个村、3 个社区，114 个村（居）民小组。户籍总人口 2.0 万人。

2017 年，一般公共预算收入 1036 万元，固定资产投资 5.68 亿元，限额以上企业销售额 2116 万元，其中零售额 2102 万元。农村常住居民人均可支配收入 23154 元，比上年增长 8.8%。

静平村被评为“2017 四川百强名村”。

【农业】 入驻农业项目 88 个，流转土地 14556.96 亩。新增市级家庭农场 1 个。以稻田蛙、稻田鱼、生态大米为代表的农产品品牌初步形成，白碾村万粮农场、先农农场实施稻田综合种养，中央电视台农业财经频道、《四川日报》等媒体进行报道。全镇稻田综合种养面积 3347.88 亩，其中 2017 年新建 651 亩。建成东岳、雷大、深水、五灵、白碾 5 个村（社区）农产品质量安全检查站，农产品样品检测 1625 个（枚），合格率 100%。完成 5582 户农户、34 个经营单位、21 个规模户的农业普查任务。协调完成有机粮油和绿色蔬菜认证。

【工业】 辖区内有工业企业 91 家，其中农产品（食品）加工企业 49 家，占地 600 余亩。规模以上工业企业 9 家，年产值 14.58 亿元，其中农产品加工企业 5 家，年产值 11.08 亿元。投入 2.67 亿元，雄健粉业、康越食品、香贝儿食品、金豆饲料、稻香村食品、益康堂药业、武冠食品、天田医疗、木艺堂家具等 9 家企业进行技术改造项目 9 项。

【第三产业】 推动樱薇花美主题公园创建国家 AAA 级旅游景区，举办“2017 中国紫薇小镇爱情季”活动、静平村“三国文化灯会节”。食品行业与乡村旅游互动发展，探索观光互动型和“互联网+”生产、“互联网+”销售模式，带动周边群众就业致富。

【新农村建设】 拆除违法建设1000平方米,启动"两拆一增"项目3个。完成文昌社区紫坪苑"微绿地"建设,启动五灵村邱家院子和廖家院子院落整治,完成生态广场规划。

投入477万元,实施村级公共服务和社会管理改革项目77个;实施城镇通信线缆下地1.9公里,完成光纤改造。投入490万元,完成电管站低沟、污水管网建设和清掏,加强物业管理和垃圾分类处置。完成五灵村市级农村院落污水综合治理示范项目,启动升平社区省级院落污水综合治理示范项目点建设。投入100万元,安装波形护栏、标示标牌等交通安全设施,整治道路交通安全隐患38处。完成5公里农村道路建设、1.8公里清白江临河道路工程前期手续、5000平方米公交车站工程论证,推动1.1公里城环路及川浙道路改造工程进入招标程序,开通郭家东岳至新都公交线。

【环境保护】 加强水环境治理,成立"河长办",构建三级专管网络,落实"三巡治三污"举措,发现并解决问题100余个,依法关闭"散乱污"工业企业27家,环保行政处罚10件,行政拘留2人。开展"一河一档"调查河道12条、38.9公里。加强土壤污染防治,推进9家涉及固体废物企业进行无害化清运处置。完成中央、省环保督察迎检工作。

落实《新都区生态环境损害责任追究实施细则》,在"清江原野·花香军屯"旅游总体规划下,按照城市绿化"全面增绿、应栽尽栽、见缝插绿"工作要求,分别对静平桂园节点,雷大村、石化大道沿线6个节点进行绿化,对郭家村、东岳村集中居住区进行绿化提升,栽种树木7500余株。完成一处30余亩经济林木的确权颁证。

【社会事业】 新增市级青少年农事教育实践基地1个,提供进城务工人员随迁子女接受义务教育学位14个,家庭贫困学生教育资助实现全覆盖。

实施居民健康卡工程,落实"全面二孩"和计划生育惠民政策,零差错兑现农村计划生育家庭奖励扶助、计划生育家庭特别扶助资金。

城乡居民养老保险参保率保持在95%,城乡居民基本医疗保险参保率99.96%。举办"春风行动"招聘会,新增就业200余人。发放低保、特困供养等救助金55万元,社区快速救助31户、101人,为残疾人提供"量体裁衣"式个性服务1026人。

【精神文明建设】 开展文明军屯系列行动和文明示范村创建活动,截至年末,创建四川省美丽乡村1个,市级"三美"示范村4个,区级"四好"村2个,幸福美丽新村覆盖率100%,文明村覆盖率50%,市级"三美"示范村覆盖率44%。

【规范化服务型政府建设】 推行"互联网+政务服务",受理群众来电来信136件、人民网网民留言6条,办结率100%。投入200余万元,建成2000平方米的新便民服务中心(含镇综合文化站)。周末、节假日延时服务。承接事项251项,完成行政审批事项29532件、村村代办事项6116件、村村快办事项2753件,办结率100%。公开政务信息10367条,利用"党旗下的军屯镇"微信平台等新媒体发送政务信息200余条,利用政府短信平台发布政务信息100余条,发送群众15万人次。

接收各类信访件139件,结案137件,结案率98.5%。

7月22日,2017四川花卉(果类)生态旅游节分会场暨新都紫薇赏花节——中国紫薇小镇爱情季开幕式

【社会治安综合治理】 推进“雪亮”工程，建成并投用监控点位90个。推进立体化治安防控体系建设，初步建立专职与群众结合、区域联防的治安巡逻机制。完善“大调解”体系常态运行机制，开展镇综治中心统一指挥的信息联动平台平安社区创建行动。开展消防、生产、交通、建设专项治理120余次，举办专项知识讲座28次，开展应急演练7次，组织督导检查153次，获成都市“安全生产单位”称号。

【妇联工作】 完成村妇代会改建为村妇联工作，选举或协商推荐产生妇联主席9人（其中党支部委员8人，占比89%）、兼职副主席13人、执委委员41人和妇女代表，各村（社区）女干部配备率100%。选举产生军屯镇妇女联合会第十四届妇联主席1人、副主席4人、常务委员4人、执委27人。联合《成都商报》等媒体，携手区妇联、团区委、区残联举办“缘起紫薇情定香城”新都区单身男女联谊活动。

【农村文化活动】 综合文化站完成提档升级，建成“紫薇·幸福里”群团活动中心。制定“一村一品”文化特色，每村一支队伍，每村一个特色文艺节目，对每支队伍进行有针对性的培训。组建象棋队、广场舞队、腰鼓队、羽毛球队、龙灯队、骑游队等文体队伍15支，文化体育指导员20人，文化辅导员9人，文化志愿者320人。举办紫薇花节、紫薇欢乐颂、群众舞蹈大赛等文体活动50余场，开展2017“最成都·市民课堂”12场。

（沈大明　陈冬梅）

泰兴镇（泰兴街道）

【概况】 泰兴镇东接青白江区祥福镇、龙王镇，南邻石板滩镇、木兰镇，西交三河街道，北连新都街道，面积29平方公里。镇辖5个村、6个社区、153个村（居）民小组。户籍总户数13493户、总人口34549人（另有外来流动人口6961人），总劳动力2.04万人，常年外出务工劳动力1.27万人。

镇政府机关行政人员32人、工人2人，事业人员11人、工人1人，临聘人员100人，大学生志愿者8人。

2017年，一般公共预算收入4217万元。镇财政收入5069.06万元，支出5069.06万元。农村常住居民人均可支配收入23138元，比上年增长8.8%。

【农业】 耕地20853亩。粮食总产1.1万吨，油菜总产1812吨。农村经济总收入50634.77万元，其中种植业收入5391.55万元，养殖业收入2916.61万元。出栏生猪8510头，年末存栏6110头；禽类养殖18.34万只，其中鸡场养蛋鸡4.20万只，产蛋780吨；奶牛92头，产奶210吨。宏亮农机合作社先后参与省农科院、市农委、区农林局实施的川麦10.4万亩示范点试验示范项目、成都市蔬菜机械化生产示范试验项目、成都市农机推广总站的小麦全程机械化生产示范项目、区粮油高产创建项目。与农科院签订26个小麦新品系筛选。承接省农科院33个水稻新品系直播科技转化基地建设项目。合作社经营土地1732.12亩，利润320万元。

合作社获省市农民专业合作社示范社、成都市农机社会化服务“十佳”单位等称号，农业部颁发的全国农民合作社示范社证书和铭牌。

新引进规模种植羊肚菌和黄秋葵等项目，农业固定资产投资8096万元。

【工业】 工业企业31家，其中规模以上2家。固定资产投资17499万元，规模以上工业产值15661万元。

【商贸服务】 农贸市场3个，个体工商户1042户。商铺1360多间，零售从业人员近2000人。社会商品零售总额33236万元。服务业固定资产投入16473万元。

【招商引资】 晨鑫维克工业科技等在谈项目26个，签约耀利科技等项目9个。在建的恒大上林苑等房地产新投入12.23亿元。引进各项投资16.43亿元。

【新农村建设】 年底，先锋花园安置小区完成分房工作。成青苑安置小区开建。九官村党群服务中心，普河、凉水、新店子老年活动中心投入使用。泰兴中央休闲公园开建，白家林盘升级打造正在进行。通站路、先凉路市政段、核心示范区道路等13条20公里道路基本建成，整治张庵社区到高筒社区约2公里的排水沟，九官村到杨河社区1.5公里排灌沟整治基本完成。做好香城大道张庵段、成青

(金)快速路泰兴段扩建工程施工保障。

【环境保护】 召开环保专题会议13次，形成镇、村(社区)两级责任清单和实施方案各19份。建立“一档案、一台账、一平台”摸排体系，落实河长责任制。完成464个污染源整治。完成裸土覆盖1.60万平方米，拆除违建2.5万平方米。成青(金)路泰兴段沿线污水管网建设有序进行。

【党政建设】 开展“两学一做”学习教育，落实“三会一课”“固定党日”、民主评议党员等党的组织生活制度。完成11个村(社区)党支部换届。新建“两新”党组织3个，创建“两新”党建示范点1个，规模以上企业的党组织实现全覆盖。镇党委下辖支部20个。

贯彻中央八项规定，纠正“四风”。进行督查56次，下发作风督查通报17期、镇情通报8期。立案10件，结案9件。开展专项治理“微腐败”工作，每个村(居)民小组设治理“微腐败”专栏。

迎接市、区督导检查7次，承接全区现场推进会3次，开展“三破除三主动”专题活动。组织镇、村(社区)干部到金堂群众廉政文化基地接受警示教育。构建纪检信息化监管体系，按时间节点和工作进程，全程监控重点工作。

完善村(社区)政务(便民)服务体系建设，镇便民服务中心受理并办结事项59073件。

【综合治理】 按照“七五”普法规划，年内开展法治宣传40余场，制作法治宣传栏12处，发放普法宣传资料7万余份。受理矛盾纠纷136件，调处成功130件，调解回访率100%。提供法律咨询165次，合同初审22件。矫正对象28人，及时掌握动态。议团村人民调解被确定为省级试点，承接省、市、区领导多次调研和全省调解工作现场会，被四川省列为十一个改革创新项目之一。

建成接访调处网格化服务管理、数字化城市管理平台，全镇主要路口和重要节点实现192个电子监控全覆盖。各村(社区)按标准建立村级综治中心，并规范工作流程。成立500余人的专职和志愿者群防队伍，形成镇、村(社区)两级巡防体系。排查并整改安全生产隐患70余条。投入150万元，建成村(社区)微型消防站11个。

【老龄工作】 60岁以上老人7000多人，其中80至89岁756人，90至99岁106人，100岁以上4人。老人优待金均按标准如期发放。

组织老年文体骨干参加区老协举办的文体培训，镇内组织文体骨干培训2次。联合镇文化站举办乡土文艺展演2场，太极剑队参加区老协举办的文体展演获一等奖。组织各村(社区)老协会会长和为老服务志愿者外出参观学习2次。开展第二届孝亲敬老模范评选，表彰第一届为老服务先进个人。镇老协(老体协)被评为成都市先进集体。新建成老年活动中心3个、老年人日间照料中心6个。各村(社区)老协共举办文艺演出等活动40余场。镇老协慰问失能老人和部分为老服务志愿者2次，慰问金近2万元。镇、村(社区)老年协会和为老服务志愿者26人被镇政府聘为老年人义务河长，参与域内水域治理。

【妇女工作】 各村(社区)“妇女儿童之家”开展常规活动。村(社区)换届中，妇女进入“两委”班子人数占33.9%；后备干部22人，妇女占59%。

镇、村(社区)妇联干部参加区培训会4次，镇举办基层女干部培训11期。镇妇联依托劳务站，组织21家企业参加“春风行动招聘会”，有200多人与企业达成就业意向，30多人登记培训。组织

6月5日，省农科院处长刘永红在宏亮农机合作社现场办公，共商院地合作

已婚育龄妇女免费健康体检7100多人次，举办“两癌”预防讲座，参与妇女150多人，查出呈阳性反应者50人。联合团委、老协、关工委，于清明节开展“两史”教育。开展现代农业科普教育，慰问孤寡老人、贫困母亲、留守儿童、病残儿童、特殊人群未成年子女。联合综治办、司法所，开展维权宣传活动8次，发放宣传资料6800余份；在泰兴中学开展法治宣传2次。

【共青团工作】 开展“3·15”志愿者宣传服务、“生态护城”义务植树、“6·26”禁毒宣传。联合镇关工委开展青少年“两史”教育。为留守儿童赠送青少儿读物500余册和羽毛球等文体用品30多件。调查留守学生、残疾儿童、服刑人员未成年人子女、“五失”（失足、失管、失学、失业、失亲）青少年基本情况，开展“六一”“暖冬行·关爱情”慰问活动。

【教育培训】 镇内幼儿园4所、31班、幼儿1346人，教师112人。小学2所、35班，学生1899人，教职工107人。高级中学1所，教职工98人。高中部9班、426人，毕业3班、143人。高考专科上线135人，本科上线8人；初中部11班、435人，毕业3班、148人。升普高29人，升技职高119人。依托幼儿园开展亲子运动会4次，参加的家长和幼儿400余人。开展舞蹈、书法、插花、读书等青少年学生活动，500余人参加。开展镇、村（社区）教育干部培训4次，从业人员培训20多次，共1500余人参加。

【文化体育】 开展文艺活动5场，3300多人参加；配合区文化馆“走基层”文艺演出3场，观众2000多人；协助区文体广新局开展第六届成都国际非遗节传统表演进社区活动2场，观众800余人。完成普河、瓦窑、杨河、新店子的公共文化标准化示范点建设。检查音像经营场所4次，收缴违规光碟200余盘。组队参加区第四届运动会，获女子100米短跑第一名。

【医疗卫生】 泰兴医院职工56人，床位50张。住院4700余人次，门诊2.10万人次。院属白鹤岛老年病医院改为老年理疗院，收住镇内外残疾、神经错乱、瘫痪老年人。

针对艾滋病、结核病、狂犬病、血吸虫病防治召开专题会议2次。开展预防艾滋病培训1次，发放宣传资料1500余份；在娱乐场所开展预防干预10次，检测261人。犬只免疫2153只。犬只伤人367次，100%就诊和防治。春秋查螺33.91万平方米，灭螺3.73万平方米，查病2512人。居民健康档案建档32568人，建卡15525张，发卡100%。开展爱国卫生宣传8次，发放宣传资料800份。投放鼠药160千克，灭蚊蝇药550包，灭蟑螂药550包。

【计划生育】 至11月底，办理生育服务证437例，其中一孩200例，二孩237例；补办独生子女光荣证11例，换证84例，注销280例。全年发放计划生育扶助金6.23万元，6050人享受独生子女父母奖励金36.90万元。已婚育龄妇女体检2次、17065人次。省内流入育龄妇女786人，电子婚育证明查验率99.87%；省外流入育龄妇女98人，查验率96.94%。新建流动人口协会1个。

【残疾人工作】 残疾人1351人。白内障免费手术15人，救助听残儿1人、脑瘫自闭儿4人。重型神经病患者救助6人，神经病患者免费服药22人。家庭医生签约859人。安装假肢3人，享受康复体育进家庭70人。残疾人居家灵活就业250人。扶持农村困难残疾人发展种养业30人，每人补助1000元。为残疾人提供灵活就业16人，补助1.92万元。资助重残人参加社保75人。为残疾人购买医保132人。残疾人护理补贴301人、21.32万元，困难残疾人补贴107人、12.27万元，补助困难学生10人、1.20万元。

【民政工作】 新增低保对象11户，取消21户，低保185户、308人，较上年减少15户。提高低保人员医疗救助比例，报销后自付部分由民政救助。为符合条件的困难户21户救助危房改造53万元。资助11.73万元，为困难群众348人购买养老保险。

各村（社区）配兼职民政协理员1人，在凉水社区建成综合减灾标准化社区。开展防灾减灾救助演练，提高群众自救、互救，科学逃生能力。

完成第十一届村（居）民委员会换届选举，修订村规民约。建立留守儿童台账，21名留守儿童都已签订《留守儿童委托监护责任确认书》。

为209名优抚对象发放补助170余万元，发放援助金、资助金、烈士遗属慰问金、义务兵优待金，共45.3万元。

（刘继镛）

木兰镇(木兰街道)

【概况】 木兰镇东邻石板滩镇，南接成华区龙潭街道、青龙街道，西连三河街道，北靠泰兴镇。面积35平方公里，辖15个社区居民委员会、159个居民小组。户籍总户数1.59万户，总人口4.26万人。客家人占98%以上。北干渠流经境内长14公里，北支一渠流经境内长11公里。成渝线、北环线(宝成复线)、成达线等铁路穿境而过，成都绕城高速、成绵高速、成金(青)快速通道、泰龙路、石木路、三木路等公路贯穿全境。

农历二月初一至初三(2月26至28日)，举行木兰寺庙会。

2017年，一般公共预算收入7250万元，农村常住居民人均可支配收入21783元，比上年增长8.9%。

【产业经济】 耕地面积28363亩。农业投资7100万元。工业投资2.1亿元，规模以上工业总产值6.2亿元。房地产固定资产投资3.1亿元。限额以上服务业销售额8.8亿元，工商税收7300万元。

开展招商引资活动12次，盘活存量土地近700亩，为中车配套的新誉、活力公园、石木路改扩建项目拆迁土地近200亩。推进重点工作36项，推进人才公寓、科伦医贸、狄邦教育等项目建设。

【环境整治】 突出抓好35家重点环保巡查对象和21家一般环保对象，关停“散小乱污”企业112家。完善镇、村、组“河长制”管理体系，建立巡查、发现、监管、建档、治理工作机制。投入50余万元，对编组站沟渠、场镇主排水渠、羊叉河、农渠毛渠等38.9公里的河渠进行清掏，关闭禁养区养殖户18户，对限养区33户规模养殖户进行规范化治理。

【城镇建设】 完成长林小区二期和木锦新城三期分房工作，木锦新城四期安置点选址和同兴小区二期安置点选址已确定。完成同兴小区杆、管、线改迁，木锦新城自来水加压站完成预算清单编制和打围，永宁村道已立项，杨永路开始设计，泰二路一段、泰二路延伸段、农和村道完成竣工验收。“雪亮”工程安装探头66个，中车110千伏输变电线路木兰段完成塔基建设及架线工作，420专线木兰段完成塔基建设。养护村组道路80公里，修补水泥路面1000平方米。增设公路限高架2套，增画交通标线8000平方米，增设道路交通标牌90余套，对幼儿园、学校和重要交通路口增设减速带40余米。

【文体活动】 举办“遨游书海·沐浴书香”读书活动、“感恩亲情　温馨木兰”文艺活动、“细品翰墨·重温书香”活动、“乒出精神·乒出健康”比赛活动，以及“锦绣木兰·花开客家”主题走秀、摄影灯展等活动。

【社会民生】 完成第十届村(社区)自治组织换届选举工作。江西社区综合减灾示范社区建设通过验收。建成社区日间照料中心10个，完成困难群众住房改造6户、重建3户。城镇低保户6户、7人，农村低保户251户、389人。按照程序清退30户、63人，新批准低保户16户、低收入家庭6户。在木锦新城举办“春风行动”用工现场招聘会，参加招聘企业53家，提供岗位2500个，参会3000人，达成用工意向600余人。举办技能培训班3期，培训166人，农村富余劳动力转移360人，引导大学生就业创业30人，城镇失业人员再就业

11月27日，省政府办公厅副主任刘向鸿(前排中右一)到木兰镇便民服务中心调研政务公开工作

110 人。完成成都市社会保障卡申办登记工作,办理 1.45 万份。城乡居民养老保险缴费 1505 人,完成率 55%。

镇老年大学建成投用,梁胜社区创建市级学习型社区,完成同心街东二巷店招及文化墙改造工程。为考上大学的 72 名学生发放奖励金 10.30 万元。小学入学率 100%,小学毕业生升学 100%,向学校兑现教育奖励金 18.13 万元。木兰二小、卫生院迁建等工程加快实施,荣宣木兰邻里中心在建设中,完成天宫、共和、长林社区共计 2 公里道路建设。对临街建筑立面进行改造,完善雨水、污水管网、人行道路及街道路面修复。

【社会治理】 成立“红袖套”群防群治队伍,完成“雪亮”工程公共视频监控的建设任务。人民调解创新试点项目被中央综治办评为十一个优秀成果之一。全镇村(社区)调委会共受理民间纠纷 358 件,调处成功 356 件。在党的十九大召开前夕,化解了涉夷、龙河茶城、中塑、“198”拆迁安置、银雄砖厂关闭等矛盾纠纷。推进社区综治中心建设,镇综治中心整合信访、司法、应急、维稳等职能。共办结网上接访件 566 件、香城新都网信访件 98 件、全国信访网站信访件 21 件。

【政务服务】 结合“三破除三主动”专题活动,坚持以人为本、执政为民、主动作为。11 月 28 日,承办全省基层政务公开标准化规范化工作现场会。“村村快办”等便民利民举措颇受居民欢迎,镇便民服务中心获得区“五星级窗口”称号。全年办件 11.39 万件,接待咨询 1.07 万人次。

【法治建设】 司法所建成全省标准化司法所,兼职司法助理员、法律服务社工、社区矫正辅助人员履职到位,采纳司法所提供的法律意见、建议14 条。开展法律“七进”活动,在社区开展律师讲课、主题法治宣传教育 37 场次,法律“进机关”5 次。全国政协常委、省政协副主席赵振铣率队调研指导司法所规范化建设工作,对司法所规范化建设工作给予高度评价。

【基层党建】 中心组开展学习 15 次。镇领导班子成员组成宣讲团,分赴各社区宣讲 45 场次;成立宣讲小分队,开展“微宣讲”60 余场。

利用“三联+”、党代表工作室、“27 学习议事”固定日等工作机制,开展学习讨论。全镇特色工作相继被《四川日报》、四川电视台、《成都日报》、成都电视台、“廉洁四川”等媒体宣传报道。贯彻落实中央八项规定和省、市、区相关要求,推进“两学一做”学习教育常态化、制度化。规范公车管理,严控“三公”经费支出。镇纪委受理群众信访举报 12 件(次),处理率 100%;立案查处违纪案件 11 件、12 人。 (刘峰廷　许万福)

清流镇(清流街道)

【概况】 清流镇东与彭州市濛阳镇相邻,南以清白江与新繁镇、新民镇为界,西至彭州市致和镇,北与彭州市九尺镇、濛阳镇接壤。从彭州流经全镇的水系支渠 7 条,清白江过境 11.8 公里,渠系硬化 200 公里。老成彭路、第二绕城高速穿境而过,与新九路、利清路形成两横两纵交通格局,村道全面硬化。成汶铁路横贯东西,镇内设有火车货运站 1 个。全镇面积 35 平方公里,其中城区建成面积 0.7 平方公里。户籍总户数 1.30 万户,总人口 3.35 万人,辖 10 个村、2 个社区、186 个村(居)民小组。

2017 年,一般公共预算收入 1889 万元。农村常住居民人均可支配收入 21484 元,比上年增加 8.8%。

【农业】 农业投资 9822 万元,初步形成“泉映梨花”农业主题公园、优质粮油规模种植区、精品果蔬种植区“一园两区”布局。推进高标准农田建设 3 万亩、稻田综合种养 1500 亩,推进产油大县项目建设。培植爱吾生态源等现代农业企业 6 家、孝友家庭农场等家庭农场 11 家和壹叁捌、森塘等专业合作社 5 个,壹叁捌合作社富硒稻种植 1140 亩;培育“梨中原”“泉都香”等清流品牌。接受联合国世界粮食计划署对“农户科学储粮仓”项目考察。

【工业】 工业以沥青建材、化工、建筑材料、家具为主。工业投资 23824 万元。规模以上工业总产值 40377 万元,限额以上企业销售额 22918 万元。投资 6689 万元,实施重点项目 5 项。

【第三产业】 服务业投资 16541 万元,社会消费及零售总额 2537 万元。完成黄龙梨花原提升、乌木泉湿地公园、星级旅游公厕、景区停车场等配套服务项目,“泉映梨花” 旅游景区成功创建国家

AAA 级景区。举办 2017 四川花卉(果类)生态旅游节分会场暨新都(清流镇)第四届梨花节和第二届泉水梨采摘季。与腾讯、麻辣社区、川音成都美院视觉传达系、新都广播电视台等媒体及院校进行战略合作。推进艾芜文学生态旅游小镇建设,清流文创园试运行,与川内多所高校、研究所达成合作意向,建立学院创作基地。争取市文化局 325 万元,支持艾芜纪念馆建设。举办“传承艾芜精神 发展天府文化” 艾芜诞辰 113 周年纪念活动暨《艾芜研究(第一辑)》《艾芜故里 明珠清流》发布会。

【生态文明建设】 完成黄龙、飞石示范村、示范院落整治。推进成都第二绕城路清流段两侧飞石村一社院落林盘风貌整治, 完成二绕出口景观节点打造以及镇域绿化。执行新环保法,全面落实“三治一增”四十条,抓好中央、省环保督察问题整改。加大燃煤烟尘、家具行业废气防治力度。落实“河长制”, 推进清流场镇污水处理厂扩容提标工程、农村污水治理与清淤工程。关停“小散乱污”企业 33 家,整改提升 102 家,关闭砂石场 3 家,整改商混站 1 家。清白江断面水质由Ⅳ类提升为Ⅲ类。

【公共服务建设】 梳理 50 余项代办服务事项,全年代办服务事项 5162 件。落实成都市村 (社区) 盖章证明事项保留清单,市 15 项、区 5 类。政府门户网站与网上办事大厅融合对接, 办理事项 3517 件。发挥基层公开综合服务监管平台作为信息公开、交流平台和互动平台的作用, 发布信息 1.21 万条, 对外公开政府信息 90 余条。推进广泉等 6 个村日间照料中心、黄龙等 3 个村卫生站、界牌等 6 个村党群活动中心建设。加强 “红袖套” 巡逻与村级群防群治组织构成治安防控体系,实现“雪亮”工程全覆盖。发生和排查各类矛盾及纠纷隐患 212 件,调解 212 件,调解成功 208 件。为群众提供法律援助服务 127 人次。受理并承办各类信访件 175 件。其中市长公开电话信访件 136 件、市长信箱信访件 9 件、区长公开电话信访件 3 件、书记信箱信访件 8 件、区长信箱信访件 6 件、全国网上信访系统信访件 11 件、网络理政信箱信访件 2 件。接待群众来访 10 件、20 余人次, 群体来访 4 件、55 人次,领导接访 12 件。初信初访、信访积案、上级批交办案和领导批示件的息诉息访率分别为 99.8%、100%、100%。信访件的处理意见书、复查意见书和复核意见书备案率均为 100%,推行“公调联合”试点,受理调解案件 12 件,成功调解 10 件。排查不稳定因素 9 件,及时调处 9 件,有效化解 3 件。在九龙村飞龙苑小区探索农民集中居住区治理,打造民宿村。在翠云村探索散居院落社区治理,打造文化村。实施上中巷子片区背街小巷整治行动。

艾芜故居接待领导、游客等 30 余次、500 余人。开展大型演出活动 8 场次,其中市级演出团队送文化下乡 2 场次,区级演出团队送文化下乡 4 场次、一般群文演出 20 余场次。承办“全民阅读周”启动仪式暨“经典诵读”比赛活动以及“非遗”分会场演出活动。成立艾芜书画社,建成“图书驿站”。

共有学校 11 所,其中,中学 2 所,小学 2 所,幼儿园 6 所,民办中小学 1 所。公立医院、私立医院各 1 家。

【市场监管】 持证企业 147 户, 农业专业合作社

紧邻艾芜故居的乌木泉(8 月 25 日摄)

25 户，个体工商户 598 户。检查餐饮单位及中小学食堂 257 户次、流通单位 279 户次、食品生产企业 24 户次，抽检 190 批次食用农产品。

【党建工作】 落实“三会一课”、“固定党日”、民主评议党员等党的组织生活制度，完成界牌村软弱涣散党组织转化提升，完成同义、广泉等 4 个村（社区）党群活动中心提档升级和规范化建设，完成村（社区）“两委”换届。开展“三破除三主动”活动，解决群众反映问题近 70 个。新建蔬菜基地党支部和爱吾源公司党支部，在黄龙村党总支部开展“功能性党小组”优化整合试点。专项治理“微腐败”，制定领导班子及成员权力责任清单，签订岗位廉政风险防范承诺书。查处违纪违法党员 9 人。

【社会保障】 城镇职工养老保险新增 350 人，医疗保险新增 620 人，失业保险新增 300 人，生育保险新增 80 人，工伤保险新增 300 人。城乡居民养老保险参保缴费 4224 人，参加城乡居民医疗保险 21490 人，参保率 99%。推进“互联网+社会保险”，全镇规模以上企业开通社保业务网上经办。农村富余劳动力向非农产业新增转移就业 500 人，城镇新增就业 140 人，城镇失业人员再就业 50 人，就业困难人员再就业 15 人，城镇登记失业率控制在 4%以内，引领大学生创新创业 80 人。加强对 19580 名农村劳动力和 1270 名的城镇劳动力的动态管理，及时做好劳动力实名制信息数据更新。

【计划生育】 已婚育龄妇女 7008 人，受检率 93.72%。流动人口共 3548 人，其中流入人口 1401 人，流出人口 2147 人。流动人口中已婚育龄妇女 992 人，其中流入已婚育龄妇女 349 人，流出已婚育龄妇女 643 人。新增奖扶对象 3879 人。享受独生子女父母奖励金 5119 人。

【民政优抚】 优抚对象 352 人，清理脱贫、死亡人员 63 人，完成五保户分散供养 35 人的复核。困难户住房改造 1 户。新增广泉、水梨、界牌、同义、翠云、飞石 6 个日间照料中心。

【残联工作】 为 15 名白内障患者免费做复明手术，为 120 名贫困残疾人发放基本型辅助器具（轮椅、拐杖、助听器、盲杖等），为 100 名重度残疾人发放康复训练器材，为 42 名下肢残疾人发放机动轮椅车燃油补贴。救助重度精神病患者（免费住院治疗）4 人，救助 38 名贫困精神病患者免费服药。为 8 名残疾人实施居家无障碍改造。为 35 户困难残疾人发放种养殖补贴。企业按比例安置残疾人就业 11 人。资助重度残疾人参加企业职工养老保险 88 人。为 450 名重度残疾人发放护理补贴，为 136 名低保残疾人发放困难生活补贴。为 12 名低保家庭中的精神、智力残疾人发放居家安养补贴。资助 278 名一、二级重度残疾人参加城乡居民基本医疗保险，资助 58 名精神、智力残疾人参加城乡居民基本医疗保险。为 2 名低保残疾人子女、残疾学生发放助学金。就业培训残疾人 8 人。

（张亚婕）

2017 年新都区镇(街道)、社区、村一览表

表 34

镇(街道)名称	社区		村	
	个数	名称	个数	名称
新都街道	34	北街、东街、南街、西街、东环路、紫瑞街、宝光、新中、桂东路、湖滨路、桂西路、施营、正因、状元街、新军街、金都街、汉城、五四、马超、肖林、板桥、龙虎场、正兴、锦水苑、静安、毗河、新兴、石油大学、西北、新东、沱江、瓦店、团结、君跃	36	五里、山王、高架、督桥河、新桥、甘露、茶店子、城守、封赐、福缘、天元、毗桥、慈义、慈板、燕塘、五桂、同仁、红星、高桥、黄河、泗义、崇义、万和、桂林、永兴、桂溪、寂光、桥楼、龙虎、天官、庆元、朱王、白店、礼拜、褚家、店南
新繁镇 （新繁街道）	13	东街、南街、西街、北街、金龙、水利、三桥、清凉、高墙、世丰、太平、金地、龙安场	29	清白街、李园、倡仪、大墓山、同盟、梁家、兴堰、白壁、黄泥、蓟家、高院、汪家、两河、天君、青石、和平、蓥水、同裕、龙毅、民印、安全、花红、同心、锦河、清镇、公毅、曲水、石云、新庞

续表 34

镇(街道)名称	社区		村	
	个数	名称	个数	名称
石板滩镇(石板滩街道)	5	和平、光明、新谊、东风、金三角	17	建设、马家、土城、集体、新农、光辉、五一、优胜、通顺、解放、友谊、翻身、黄果、园林、石桩、长林、双柏
大丰街道	15	崇义、南丰、教堂、华美、皇花、铁路、甫家、方营、三元、赵家、双林、王桥、高堆、太平、高家	0	—
三河街道	8	江陵路、互助、花园、长龙、龙伏、回龙、二台子、五龙	0	—
龙桥镇(龙桥街道)	5	龙桥场镇、渭水、普文、瑞云、鱼龙	4	青桥、杨建、杏桂、山水
斑竹园镇(斑竹园街道)	17	斑竹园、竹友、雅雀口、忠义、莲塘、柏水、丰收、白云、踏水、杨柳、金文、公益、檀木、福田、旃檀、大江、回南(代新繁镇管理)	7	安乐、大夫、华藏、顺江、雷家、三河、仁和
新民镇(新民街道)	4	新民、禾登、高祖、大成	7	护国、华严、东林、九堰、金牛、石庵、天星
马家镇(马家街道)	2	林泉、石坝	5	骊园、升庵、锦城、双龙、北星
军屯镇(军屯街道)	3	文昌、升平、深水	6	东岳、雷大、静平、五灵、白碾、郭家
泰兴镇(泰兴街道)	6	新店子、普河、高筒、张庵、凉水、杨河	5	瓦窑、观东、观西、议团、九官
木兰镇(木兰街道)	15	木兰场、永宁、分水、木兰、江西、红石、宫王、狮子、梁胜、农和、十里、天宫、石马、共和、长林	0	—
清流镇(清流街道)	2	均田、顺河	10	黄龙、广泉、三尺、飞石、九龙、翠云、同义、水梨、界牌、柳泉
合计	129	—	126	—

2017 年新都区镇(街道)基本情况统计表

表 35

镇(街道)	面积(平方公里)	耕地面积(亩)	户籍总户数(户)	户籍总人口数(人)	人口密度(人/平方公里)	一般公共预算收入(万元)	农村常住居民年人均可支配收入(元)	
							2017 年	比上年±%
合计	496	385034	306048	771534	1556	146539	22926	8.8
新都街道	79	38627	99986	238437	3018	27914	24680	8.9
新繁镇	82	72722	37759	95726	1167	9237	23460	8.8
石板滩镇	43	40014	17451	55456	1290	2837	22983	8.8
大丰街道	18	4088	26997	58152	3231	40657	25728	8.7
三河街道	27	12420	20252	46392	1718	30308	25137	8.8
龙桥镇	23	14459	10470	26529	1153	3483	23602	8.9
斑竹园镇	47	36544	19897	55282	1176	13864	23890	8.8
新民镇	37	38884	13918	38762	1048	1385	22706	8.7
马家镇	24	25359	9496	26228	1093	2462	22451	8.8
军屯镇	17	17116	7494	19997	1176	1036	23154	8.8
泰兴镇	29	20853	13493	34549	1191	4217	23138	8.8
木兰镇	35	28363	15923	42572	1216	7250	21783	8.9
清流镇	35	35585	12912	33452	956	1889	21484	8.8

2017年新都区镇（街道）规模以上工业生产情况统计表

表36　　单位：万元

镇（街道）	总产值	主营业务收入	利　润	镇（街道）	总产值	主营业务收入	利　润
新都街道	70316	86205	9585	新民镇	10301	10086	32
新繁镇	241390	224787	5689	马家镇	41046	38941	817
石板滩镇	24454	19534	495	军屯镇	145766	136210	5029
大丰街道	52011	51640	3247	泰兴镇	15661	15573	1074
三河街道	18606	18544	2070	木兰镇	61629	63017	1190
龙桥镇	78608	79372	-76	清流镇	40377	31221	660
斑竹园镇	298400	296294	49576	总　计	1098565	1071424	79388

先进人物

【曾仲达】 女，汉族，1969年5月出生，新都马家人。民建会员。1988年新都师范毕业，先后在新都河屯小学、马家中学任教，其间，就读西南政法大学，通过全国高教自考(法律专业)，并取得全国律师资格证。1994年，到新都县经济律师事务所任专职律师。1997年，到新都县司法局机关工作。2002年起，先后担任法制宣传科副科长、公证律师管理科负责人、斑竹园镇司法所所长。2010年，担任新都区法律援助中心主任。2014年，被成都市妇联、市精神文明办公室评为“2014我身边的优秀女性”。2016年5月，到区监察局工作，任副局长。同年9月，被司法部评为第五届全国法律援助工作先进个人。

曾仲达是在法律援助岗位上坚守20多年的专职律师，对法律援助工作的重要意义有着深刻的认识：弱势群体，困难群众，是法律援助的工作对象，如何对待他们，体现了一个社会的文明程度，援助工作者尤其要有一颗悲悯之心，才能体现一个人之所以为人的社会定义。

因为法律援助的工作性质而决定了工作对象的特殊性。到援助中心咨询的人群中，大多是因贫困、因弱势或因无知而遭遇纠纷的求助者。那些或悲哀或无奈、或纠结或愤怒的眼神与语气，无不让正直和善良的心感到刺痛。面对这样的求助者，曾仲达总是尽力体谅他们，帮助他们。

一位农村的单身母亲，上中学的儿子不幸患了精神分裂症，要求学校承担责任，却又无任何依据。从法律上讲，学校没有责任，但这确实是一个悲哀的家庭。曾仲达组织当地教育部门、镇政府、学校和一位资深老律师予以协调，落实了这个家庭的低保待遇，申请民政救济，学校为这个家庭组织募捐，挽救了这样一个困难家庭。

有一位女工，因为工伤未获赔偿而申请法律援助。在律师的代理下，诉讼双方在法院达成了以解除双方的劳动关系和厂方给付工伤保险待遇款4万元为内容的调解协议。两个月后，曾仲达带领区法律援助中心人员例行回访，了解到该女工按时收到了厂方分期给付的款项，民事调解书为正常履行状态。照理说，这项法律援助算是圆满解决了。但在交谈中了解到，女工的丈夫患抑郁症休养在家，家里尚有一个8岁女儿在读小学，家景困顿。曾仲达对女工及其丈夫给予心理疏导，诚恳劝慰，深深地打动了当事人，他们含着热泪说，从来没有人说过这么掏心窝的话，也从来没有人能这么劝导他们，使他们的心中不再那么沉重。此后，曾仲达一直关心这个困难家庭，指导其向所属镇申请了低保。

类似这样的法律援助或是“法律外”的援助，曾仲达经办了很多。一位中年妇女，离婚后独自抚养儿子，因抚养费纠纷到法律援助中心求助。该妇女的儿子15岁了，总不听话，逃学、成绩差降级，现在才读初一。曾仲达觉得，抚养案法律关系明确，并不难解决，但是孩子在成长过程中明显遇到了障碍，这才是大问题。曾仲达亲切地与孩子聊家常，列举了很多误入歧途青少年的例子，希望孩子正确对待父母离婚，不应当也不必要为此背上思想包袱，要好好学习。同时，给孩子的母亲指出对孩子教育有失当的地方。孩子承认了自己的不足之处，也懂得了妈妈的艰辛。妈妈也悔恨万分，表示从今以后要重视孩子的教育。曾仲达是在以母亲的心援助母子俩。

法律条文也许是冰冷的，但是人心是温暖的。解答法律咨询，并不是对法律条文的机械适用，而更应该是一种对文明的倡导，对人性底线的坚守。曾仲达总是这样做的。有三兄弟，将80岁的老母晾在一边，争吵着到法律援助中心窗口，咨询怎样分割母亲的房产。曾仲达严肃地指出：母亲的房产属母亲所有，应由母亲自己处理。你们三兄弟在母亲晚年，不思怎样好好孝敬母亲，却只管当老母亲不存在似的争夺母亲的财产，这是不孝行为，该感到羞耻！三兄弟一个个低下了头，临走还感谢律师的教育。

为扩大法律援助的覆盖面，以充分发挥法律援助的作用，曾仲达和援助工作者一道，在各级领导的关心和指导下，建立由区法律援助中心、各镇（街道）及相关部门和工业园区的法律援助工作站、全区256个村（社区）的法律援助联络点所组成的覆盖全区的三级援助网络。在各援助工作站及部分联络点开通视频法律援助，当事人通过视频与律师“面对面”交流，及时打开心结，走上理性维权之路。该举措在成都市全面推广，并被新华网、网易网、《成都日报》《四川法制报》等媒体刊登。

区法律援助中心实行法律援助“点援制”。规定凡是符合法律援助条件的受援人或基于“慕名”或基于“认识”等，均可根据援助中心公示的援助志愿者的基本情况选择承办人，由援助中心指派受援人选择的志愿者办理。

曾仲达经办的一起运用“点授制”化解群体纠纷的案例，分别被四川省和司法部评为法律援助百优案例。因征地，某砖厂的80多名工人前一天还在出窑做工，第二天即被企业老板告知关门走人，且未付任何经济补偿。工人们群情激愤上访，类似情况还有另外四个砖厂，共计500余人。区法律援助中心考虑到砖厂的工人多数属石板滩片区，交流都用客家语言，指派出生于石板滩片区、会讲客家话的泰兴法律服务所主任董永俊为他们提供法律援助。语言的顺利沟通缩短了委托人与代理人之间的距离，在援助律师的多方协调下，工人们拿到了自己应得的经济补偿金。该砖厂的示范效应令一旁关注的四个砖厂的同类问题也得以相应解决。因成功适用“点援制”，被司法部纳入2012年7月1日正式施行的《办理法律援助案件程序规定》，使地方创新经验上升为国家部门新规章的内容之一。

曾仲达在一次“法律援助进社区”的启动仪式上致全区居民的一封公开信中说：“人生于世，难免遭遇纠纷，经历困厄。当人们因纠纷而困惑、因弱小而无助、因不平而愤懑的时候，为了由法治社会的本意所要求的秩序不致遭受破坏而得以普遍遵守，为了法治社会的终极目标——公平正义的实现，法律援助将义不容辞地承载越来越多的解疑答惑、扶助弱小与伸张正义！”曾仲达坚持这样实践着。

【高　秋】 曾用名高继勇，男，汉族，1957年11月出生，山西吕梁人。新繁镇政府文卫专职干事，成都市新都区新繁书画院院长，通过IORC资格认证与注册的美术师。2017年11月，被全民终身学习活动周工作小组、中国成人教育协会评为“2017年百姓学习之星”。

高秋，从小酷爱学习，犹喜书画而为之入迷。1972年跟随邻居段蔚章先生学习书画，高中毕业后下乡当知青的两年里，无论走到哪里都随身携带画笔，无论多么劳累每天坚持练习绘画，从不间断。后拜冯石丘先生为师，习画之余，为当地公社和电影院创作了许多公益宣传海报。1978年至1979年，高秋到西南美术学院进修，师从岭南派著名画家刘春草先生，并深得其精髓。作品以山水画为主，并涉及人物、花鸟、翎毛等13科。在“上法唐宋”“外师造化”相结合“中得心源”的基础上，致力于细腻与放纵的绘画风格。

高秋是中国画院美术师，四川省美术家协会、四川省金石书画研究会、成都市书法家协会会员，成都市新都区美术家协会副主席。他常说：“一个人只要有诚心、信心、恒心这‘三心’，就没有学不好的绘画。”

怀揣“三心”，“在做中学”是高秋植根民间学习绘画的秘诀。为提高自己的书画技艺，持之以恒阅读大量书籍，积极参与各类书法、美术爱好者培训活动，经常外出观摩学习、参加画展。他认为：观摩画展是最好的学习机会，参加画展更是得到大师评议指点的极好机遇。经过多年积累沉淀，高秋在书法和绘画方面取得了成绩，其作品多次在国家级、省市级书画展和书画比赛中获奖。其创作的山水画《巍巍太行》获2010年“中国画·画家乡”全国书画展银奖，《大地情》获2011年“第五届中华名人全国书法美术大赛”优秀奖，2012年、2013年参选的美术作品，分别获四川省美术家协会举办的“四川生态美术展”和“首届农民美术作品展”优秀奖。

高秋自1983年担任新繁镇政府文卫专职干事以来,始终是一个乐此不疲的学者,一位植根民间的百姓画家。工作44年来,每逢元旦、春节,高秋都要和同事们一起,为当地群众和单位送春联、送书画。因为在高秋心中,群众是自己的良师益友。他常对画友们说:"群众是最好的老师,送书画、写春联的过程,就是接受群众批评,向群众学习的过程。"2010年,高秋被评为"新都区新繁镇人民政府先进工作者",2011年至2013年,连续三年被评为"成都市爱国卫生工作先进个人"。

高秋热心于社区教育,利用绘画之长服务社会。2014年,由高秋发起,成立了成都市新都区新繁书画院,并选为院长,先后吸纳社会各界书画爱好者105人。书画院以新繁东湖公园为活动场所,每周开展一次书画交流活动,每年举办两次画展。

书画院成立近3年来,先后开展书画"四进"(进校园、进机关、进社区、进企业)、"家乡梦""繁江墨咏""水墨地标""翰墨廉心""翰墨初心""五瘴说"等主题书画活动130余场次,为新繁法治文化广场、锦绣田园改造,农家书屋创建等创作书画作品500余幅,书写警句140余幅,绘画2000平方米。先后组织举办"两学一做""廉洁文化""治理'微腐败'""传承龙藏文脉·相约农耕村趣""文载千秋·相约木厂会"、中华人民共和国成立60周年"爱我中华"、纪念抗日战争胜利70周年、纪念红军长征胜利80周年等专题书画展8次,编印书画作品集6本,接待前来参观的省、市、区书画爱好者13万余人次,并与四川省革命伤残军人休养院共建爱国主义教育基地。

新繁书画院先后被新都区评为"十佳社会组织""学习型团队""优秀市民自主型学习团队",高秋被评为2016年"新都区百姓学习之星",被成都市终身教育促进办公室、成都市成人教育协会授予2017年"成都市百姓学习之星"荣誉称号。

中纪委、监察部、教育部网站,《人民日报》,廉洁四川网、四川新闻网,四川文化网,《西南商报》等媒体先后采访和报道了高秋的先进事迹及其带领的新繁书画院,开展弘扬社会主义核心价值观,丰富社区居民文化生活的道路上,充满正能量的系列活动。

2017年新都区获部、省级先进个人一览表

表37

姓　名	性别	工作单位	获 奖 名 称	颁 奖 单 位	颁奖时间
徐全英	女	区司法局	全国模范人民调解员	司法部	2017年6月
曹永能	男	区国税局	中国好人	中央文明办、全国总工会、共青团中央、全国妇联	2017年10月
赖振宁	男	区农林局	畜牧业统计检测工作优秀统计员	农业部	2017年12月

2017年新都区获省级部门、市级先进个人一览表

表38

姓　名	性别	工 作 单 位	获 奖 名 称	颁奖单位	颁奖时间
杨　浩	男	区地税局	"营改增"工作突出个人	省地税局	2017年3月
罗　伟	男	区司法局	全市法治宣传教育先进个人	市委	2017年3月
张　敏	女	区司法局	全市法治宣传教育先进个人	市委	2017年3月
李　东	男	区司法局	全市法治宣传教育先进个人	市委	2017年3月

续表 38

姓　名	性别	工 作 单 位	获 奖 名 称	颁奖单位	颁奖时间
骆智英	女	区市场质量监管局	“红盾春雷行动”2017 先进个人	省工商局	2017 年 5 月
骆智英	女	区市场质量监管局	“执法办案能手”	省工商局	2017 年 5 月
龙　江	男	区公安分局斑竹园派出所	四川省公安系统万警进万家亲民助民活动先进个人	省人社、省公安厅	2017 年 6 月
罗文明	男	区政协	新闻宣传工作先进个人	省政协办公厅	2017 年 10 月
钟　睿	男	区政协	《四川政协报》优秀通讯员	省政协办公厅	2017 年 10 月
赖振宁	男	区农林局	农业部六大畜种固定监测及规模场监测工作突出个人	省农业厅	2017 年 11 月
高　秋	男	新都区新繁书画院	“百姓学习之星”	中国成人教育协会	2017 年 11 月
林玉亭	女	区地税局	2017 年四川省地税系统练兵比武纳税服务“专业骨干”	省地税局	2017 年 12 月
雷　婧	女	区地税局	2017 年四川省地税系统练兵比武纳税服务“专业骨干”	省地税局	2017 年 12 月
梁　迅	男	区司法局	四川省社区矫正工作先进个人	省司法厅	2017 年 12 月
曹永能	男	区国税局	四川省十大最美志愿者	省精神文明办	2017 年 12 月

文 存

2017年区委、区委办公室文件目录

文　号	标　　题
新都委发〔2017〕1号	区委区政府关于全面加强环境保护 深入推进大气、水、土壤污染防治"三大战役"的实施意见
新都委发〔2017〕2号	区委区政府关于实行"河长制"管理工作的意见
新都委发〔2017〕3号	区委关于推进绿色发展建设美丽中国典范城市新都样板的实施意见
新都委发〔2017〕4号	区委关于进一步加强和改进机关党的建设的实施意见
新都委发〔2017〕5号	区委区政府关于表扬2016年度落实党风廉政建设主体责任先进单位的通报
新都委发〔2017〕6号	区委区政府区人武部关于表扬2016年度武装工作先进单位和个人的通报
新都委发〔2017〕7号	区委关于认真学习宣传贯彻市第十三次党代会精神的通知
新都委发〔2017〕8号	区委关于设立中国共产党成都香城投资集团有限公司委员会中国共产党成都香城投资集团有限公司纪律检查委员会的通知
新都委发〔2017〕9号	区委关于认真学习宣传贯彻省第十一次党代会精神的通知
新都委发〔2017〕10号	区委区政府印发《关于加快轨道交通、航空、现代物流三大主导产业发展的扶持政策》的通知
新都委发〔2017〕11号	区委区政府关于进一步深化"河长制"管理工作的实施意见
新都委发〔2017〕12号	区委区政府关于印发《实施全面两孩政策改革完善计划生育服务管理的实施方案》通知
新都委发〔2017〕13号	区委关于加强农村基层党的建设工作的实施意见
新都委发〔2017〕14号	区委关于进一步加强和改进保密工作的通知
新都委发〔2017〕15号	区委区政府关于印发《成都市新都区深入推进环境问题整改做好中央环境保护督察工作总体方案》的通知
新都委发〔2017〕16号	区委关于印发《中共成都市新都区委常委会议事决策规则》的通知
新都委发〔2017〕17号	区委区政府关于2017年党风廉政建设和反腐败工作的意见
新都委发〔2017〕18号	区委区政府关于全域幸福美丽新村建设的实施意见
新都委发〔2017〕19号	区委区政府关于表扬2017年新都区优秀教师的通知
新都委发〔2017〕20号	区委关于印发《中共成都市新都区委工作规则》的通知
新都委发〔2017〕21号	区委关于加强和改进新形势下党校工作的实施意见
新都委发〔2017〕22号	区委区政府关于深化"香城人才工程"实施人才优先发展战略的若干意见
新都委发〔2017〕23号	区委区政府关于印发《成都市新都区、金堂县对口帮扶甘孜州理塘县规划(2017—2021年)》的通知
新都委发〔2017〕24号	区委关于认真学习宣传贯彻党的十九大精神的通知
新都委发〔2017〕25号	区委区政府关于印发《新都区法治宣传教育第七个五年规划(2016—2020年)》的通知
新都委发〔2017〕26号	区委关于成立中国共产党成都市新都区离退休干部工作委员会的通知
新都委发〔2017〕27号	区委关于印发《中共成都市新都区第十四届委员会巡察工作规划(2017—2021年)》的通知

文　号	标　　题
新都委发〔2017〕28 号	区委区政府关于深化供销合作社综合改革的实施意见
新都委发〔2017〕29 号	区委关于印发《新都区深化国家监察体制改革试点工作实施方案》的通知
新都委办发〔2017〕1 号	区委办区政府办印发《关于做好全市安全维稳专项督查迎检工作的实施方案》的通知
新都委办发〔2017〕2 号	区委办关于组织开展 2017 年全区党办系统跟班学习的通知
新都委办发〔2017〕3 号	区委办关于 2016 年度党委系统信息工作先进单位先进个人的通报
新都委办发〔2017〕4 号	区委办区政府办关于印发《成都市新都区房地产领域涉稳问题协调处理工作方案》的通知
新都委办发〔2017〕5 号	区委办区政府办关于印发《成都市新都区促进房地产市场健康发展联席会议制度》的通知
新都委办发〔2017〕6 号	区委办区政府办关于印发《成都市新都区迎接环境保护督察工作方案》的通知
新都委办发〔2017〕7 号	区委办关于开展“提升精神区位 勇当国家中心城市建设主力军”大讨论活动的通知
新都委办发〔2017〕8 号	区委办区政府办关于编辑出版《中国共产党成都市新都区委执政实录(2016)》的通知
新都委办发〔2017〕9 号	区委办区政府办关于做好 2017 年卷《新都年鉴》编纂出版工作的通知
新都委办发〔2017〕10 号	区委办区政府办关于 2017 年第一季度应急值守与突发事件信息报送暨应急处置情况的通报
新都委办发〔2017〕11 号	区委办区政府办关于开展矛盾纠纷和不稳定因素排查化解专项行动的通知
新都委办发〔2017〕12 号	区委办关于印发《加强农村基层组织建设着力整治“村霸”问题工作方案》的通知
新都委办发〔2017〕13 号	区委办区政府办关于第一季度主要经济指标完成情况的通报
新都委办发〔2017〕14 号	区委办关于进一步加强和规范公文代拟稿拟制工作的通知
新都委办发〔2017〕15 号	信息 2017 年 1—6 月通报
新都委办发〔2017〕16 号	区委办关于进一步做好地质灾害隐患排查和防治工作的紧急通知
新都委办发〔2017〕17 号	区委办区政府办关于 2017 年第二季度应急值守与突发事件信息报送暨应急处置有关情况的通报
新都委办发〔2017〕18 号	区委办区政府办关于全面实行公文 OA 网上传输的通知
新都委办发〔2017〕19 号	区委办区政府办关于印发《新都区党的十九大信访维稳督导工作方案》的通知
新都委办发〔2017〕20 号	区委办区政府办关于 2017 年第三季度应急值守与突发事件信息报送暨应急处置有关情况的通报
新都委办发〔2017〕21 号	区委办关于调整区委办公室领导班子成员分工的通知
新都委办发〔2017〕22 号	区委办关于认真贯彻落实新都区实施乡村振兴战略工作推进会有关精神的通知
新都委办发〔2017〕23 号	区委办关于进一步明确外出考察学习有关事项的通知
新都委办发〔2017〕24 号	区委办区政府办关于印发《新都区环境保护党政同责工作目标绩效管理实施细则(试行)》和《新都区安全生产党政同责工作目标绩效管理实施细则(试行)》的通知
新都委办发〔2017〕25 号	区委办关于开展“不忘初心　牢记使命”主题微党课大赛活动的通知
新都委办发〔2017〕26 号	区委办关于印发《区委办公室考核镇(街道)、区级部门目标绩效考评实施方案》的通知
新都委办发〔2017〕27 号	区委办关于印发《深入学习宣传贯彻党的十九大精神扎实开展第二阶段“走基层、解难题、办实事、惠民生”活动实施方案》的通知
新都委办发〔2017〕28 号	区委办区政府办转发《成都市关于完善法律援助制度的实施意见》的通知
新都委办发〔2017〕29 号	区委办区政府关于转发《成都市社会稳定风险评估实施办法》的通知
新都委办发〔2017〕30 号	区委办关于印发《新都区 2017 年度党建述职评议考核工作方案》的通知
新都委办发〔2017〕31 号	区委办关于转发《中共四川省委办公厅关于认真做好〈习近平谈治国理政〉第二卷学习宣传工作的通知》的通知
新都委办发〔2017〕32 号	区委办关于切实做好全区困难群众安全温暖过冬工作的通知

2017 年区政府、区政府办公室文件目录

文 号	标 题
新都府发〔2017〕2 号	关于印发《成都市新都区十三五期间医疗卫生机构硬件提升工程实施方案》的通知
新都府发〔2017〕3 号	成都市新都区人民政府关于印发《政府工作报告》的通知
新都府发〔2017〕7 号	关于聘任黄兴文等 24 人为区政府督学的通知
新都府发〔2017〕8 号	关于下达 2017 年度国有建设用地供应计划的通知
新都府发〔2017〕9 号	关于划定成都市新都区黄标车限行区域的公告
新都府发〔2017〕11 号	关于印发《成都市新都区开展商品混凝土搅拌站和砂石场专项整治的工作方案》的通知
新都府发〔2017〕12 号	关于开展商品混凝土搅拌站、砂石场(站)专项整治的通告
新都府发〔2017〕13 号	成都市新都区人民政府征收土地公告
新都府发〔2017〕14 号	成都市新都区人民政府征收土地公告
新都府发〔2017〕16 号	关于扩大成都市新都区黄标车限行区域的公告
新都府发〔2017〕17 号	成都市新都区人民政府征收土地公告
新都府发〔2017〕18 号	成都市新都区人民政府征收土地公告
新都府发〔2017〕19 号	关于印发《成都新都区土壤污染防治工作方案》的通知
新都府发〔2017〕20 号	成都市新都区人民政府征收土地公告
新都府发〔2017〕21 号	关于印发《成都市新都区军民深度融合医联体建设实施方案》的通知
新都府发〔2017〕22 号	关于进一步加强国家中医药综合改革试验区混合所有制中医治未病医院建设的实施意见
新都府发〔2017〕23 号	关于划定公路建筑控制区的公告
新都府发〔2017〕24 号	关于进一步做好计划生育特殊家庭扶助关怀工作的实施意见
新都府发〔2017〕25 号	关于加快推进残疾人小康进程的实施意见
新都府发〔2017〕26 号	成都市新都区人民政府征收土地公告 20 批
新都府发〔2017〕27 号	成都市新都区人民政府征收土地公告 39 批
新都府发〔2017〕28 号	关于加强新上市宗地配套公共服务设施建设管理的实施意见
新都府发〔2017〕29 号	关于新增燃放烟花爆竹禁止区域的公告
新都府发〔2017〕30 号	关于编制区级部门 2018—2020 年三年滚动财政规划和 2018 年部门预算的通知
新都府发〔2017〕31 号	关于印发《成都市新都区人民政府常务会议议事决策规则》的通知

文　号	标　　题
新都府办发〔2017〕1号	关于印发《成都市新都区政府租用企业投资城市基础设施项目管理工作暂行办法补充意见》的通知
新都府办发〔2017〕5号	关于印发《成都市新都区惠民殡葬政策实施细则》的通知
新都府办发〔2017〕8号	关于建立农村土地流转风险防范机制的实施意见
新都府办发〔2017〕9号	关于印发《成都市新都区开展农村土地经营权流转履约保证保险业务方案》的通知
新都府办发〔2017〕10号	关于进一步加强农村土地流转管理工作的意见
新都府办发〔2017〕12号	关于成片成带推进"小规模、组团式、微田园、生态化"新农村综合体建设的意见
新都府办发〔2017〕15号	关于印发《成都市新都区政府投资建设项目审计监督的意见》的通知
新都府办发〔2017〕16号	关于印发《成都市新都区"十三五"卫生计生事业发展规划》的通知
新都府办发〔2017〕17号	关于印发《成都市新都区2017年全面推进政务公开工作方案》的通知
新都府办发〔2017〕19号	关于成立成都市新都区生态守护行动领导小组的通知
新都府办发〔2017〕20号	关于调整部分区政府领导分工的通知
新都府办发〔2017〕21号	关于进一步加强散装水泥使用管理实施全域禁止现场搅拌的通知
新都府办发〔2017〕22号	关于印发《成都市新都区政府购买土地储备相关服务暂行办法》的通知
新都府办发〔2017〕33号	关于印发《成都市新都区未备案机动车停车场整治工作方案》的通知
新都府办发〔2017〕34号	关于加强和规范街巷停车管理工作的实施意见
新都府办发〔2017〕35号	关于印发《成都市新都区贯彻落实全国精神卫生工作规则（2015—2020年）实施方案》的通知
新都府办发〔2017〕38号	关于印发《成都市新都区2017年应急管理工作要点》的通知
新都府办发〔2017〕41号	关于做好2017年爱国卫生工作的通知
新都府办发〔2017〕43号	关于印发《成都市新都区老年人高龄津贴标准调整工作实施方案》的通知
新都府办发〔2017〕44号	关于加快推进市政管线特许还建工程的通知
新都府办发〔2017〕45号	关于印发《成都市新都区政务服务窗口全时段服务实施方案》的通知
新都府办发〔2017〕46号	关于印发《成都市新都区环境保护工作网格化监管实施方案》的通知
新都府办发〔2017〕48号	关于建立安全风险分级管控和隐患排查治理双重预防工作机制防范和遏制重大事故的实施方案
新都府办发〔2017〕49号	关于建立成都市新都区学习型城市建设与社区教育联系会议制度的通知
新都府办发〔2017〕50号	关于印发《成都市新都区创建妇幼健康优质服务示范工程实施方案》的通知
新都府办发〔2017〕51号	关于印发《成都市新都区深化医药卫生体制综合改革试点实施方案》的通知
新都府办发〔2017〕52号	关于印发《成都市新都区政府和社会资本合作项目管理办发（试行）》的通知
新都府办发〔2017〕53号	关于进一步优化新都区政府投资项目管理有关事项的通知

文　号	标　　题
新都府办发〔2017〕57 号	关于印发《成都市新都区气象事业发展“十三五”规划》的通知
新都府办发〔2017〕58 号	关于印发《2017 年全区食品安全重点工作安排》的通知
新都府办发〔2017〕59 号	关于印发《成都市新都区 2017 年养老服务体系建设重点任务工作方案》的通知
新都府办发〔2017〕60 号	关于建立新都区农村留守儿童关爱保护工作联席会议制度的通知
新都府办发〔2017〕61 号	关于进一步做好“放管服”改革涉及的规范性文件清理工作的通知
新都府办发〔2017〕62 号	关于印发《新都区品质提升实施方案》的通知
新都府办发〔2017〕63 号	关于成立成都市新都区清理规范证明材料工作领导小组的通知
新都府办发〔2017〕64 号	关于成立工业园区外工业企业清理整治工作领导小组的通知
新都府办发〔2017〕65 号	关于处理规划条件变更补缴土地价款历史遗留问题的实施意见
新都府办发〔2017〕67 号	关于印发《成都市新都区老旧危房安全应急处置预案》的通知
新都府办发〔2017〕68 号	关于印发《成都市新都区污水处理费征收使用管理实施细则》的通知
新都府办发〔2017〕70 号	关于印发《成都市新都区主城区油烟治理工作方案》的通知
新都府办发〔2017〕71 号	关于印发《成都市新都区公共租赁住房管理实施办法》的通知
新都府办发〔2017〕72 号	关于印发《成都市新都区加快构建产业生态圈工作方案》的通知
新都府办发〔2017〕73 号	关于印发《成都市新都区进一步提升政务服务实效工作推进方案》的通知
新都府办发〔2017〕74 号	关于印发《成都市新都区政府系统公文质量测评办法（试行）》的通知
新都府办发〔2017〕76 号	关于印发《成都市新都区 2018 年社区（村）综合减灾标准化建设工作方案》的通知
新都府办发〔2017〕77 号	关于汉江苑路灯 10 条道路命名的通知
新都府办发〔2017〕78 号	关于印发《成都市新都区餐饮、商业服务业“煤改气、煤改电”工作方案》的通知
新都府办发〔2017〕80 号	关于印发《成都市新都区农贸市场排污整治工作方案》的通知
新都府办发〔2017〕82 号	关于印发《成都市新都区 2017 年工伤预防试点工作方案》的通知
新都府办发〔2017〕83 号	关于印发《成都市新都区乡村教师支持计划实施细则（2015—2020 年）相关项目的实施方案》的通知
新都府办发〔2017〕86 号	关于发布《新都区食品小作坊禁止生产加工目录》的公告
新都府办发〔2017〕87 号	关于印发《成都市新都区机动车环保检测工作规范化管理实施方案》的通知
新都府办发〔2017〕88 号	关于印发《成都市新都区气象灾害应急预案》的通知
新都府办发〔2017〕89 号	关于调整党政机关工作作息时间的通知
新都府办发〔2017〕91 号	关于进一步加强审计查出问题整改工作的通知

说明：根据《区政府信息公开条例》，不予公开文件未录入

关于成都市新都区第十八届人民代表大会第一次会议以来人大代表建议办理工作情况报告

——2018年2月6日在成都市新都区第十八届人民代表大会第二次会议上

成都市新都区人民政府办公室

一、总体办理情况

2017 年，区政府共办理区人大常委会转交区政府办理的区人大第十八届一次会议人大代表建议 111 件，其中，会议期间 100 件、闭会期间 11 件。人大代表建议内容涉及交通邮电方面 27 件，城市建设和管理方面 18 件，社会事务和公共服务方面 18 件，科教文卫体方面 14 件，农村水利方面 13 件，发展规划方面 8 件，资源环境方面 8 件，财税金融方面 5 件。

这些建议所涉及的内容既是群众和社会关心关注的热点，也是区政府的工作重点。区政府高度尊重人大代表权利，按照办实事、求实效的原则，认真做好人大代表建议办理工作，并以办理人大代表建议为契机，切实做好各项民生工作。

区政府根据人大代表建议内容，将办理任务分解下达给 11 个镇（街道）、23 个政府部门、1 个驻区单位承办。截至 2017 年 9 月 30 日，区人大十八届一次会议期间人大代表提出的 100 件建议已全部办理完毕。截至 2017 年 10 月 31 日，区人大十八届一次会议闭会期间人大代表提出的 11 件建议已全部办结。区政府在每件建议的办理过程中，均征求了人大代表对办理结果的意见，在 111 件已办结件中，对答复和办理结果“满意”的 104 件，“基本满意”的 7 件，代表的满意和基本满意率为 100%。

二、办理结果分类情况

在已办结的 111 件建议中，办理类别为 A 类件 42 件、B 类件 66 件、C 类件 3 件。

（一）A类件

人大代表建议涉及问题已解决或基本解决的 42 件，占已办结总数的 37.84%。比如第 95 号建议，人大代表刘娟提出的《关于加强美丽和谐川音小区建设（治安管理）的建议》。

区政府高度重视川音小区的建设，投入大量物力、人力、财力加强小区建设。一是完善小区自治组织建设，增强“四防”力量。新都街道结合农民集中安置小区专项整治行动，加强与民政、公安、房管等部门的配合，完善小区自治组织建设，创新建立“一个主体、三种模式、五方参与”的机制，充分发挥物管、院委会、楼栋长等作用，加强社会参与，增强群防群治力量。建立 16 人的社区巡逻治保队，加强人防力量。设立小区微型消防站，购置微型消防车 1 台，配备消火栓 5 个、灭火器 460 个，完善消防设施。重新安装照明灯 78 盏、临街路灯 185 盏、摄像头 232 个、防爬刺 530 个，增强物防设施。将川音小区监控平台接入街道综治工作中心和所辖派出所，实现技防的互联互通。

二是开展联合执法行动，加强集中监管。新都街道联合区市场监督管理局等相关部门开展小摊贩食品安全整治行动，严厉查处非法经营行为。对存在较大食品安全风险的，由相关部门依法取缔。同时，将小摊贩纳入指定区域，加强对集中区域内摊贩的监管。

三是实施网格化巡逻化重点防控。区公安分局采取车巡、步巡相结合的方式，对川况。率先在川音小区运用出租房屋管理模式试点，开展从业培训，组织出租房屋经营业主和从业人员学习《治安管理处罚法》《出租房屋管理条例》等法规。

（二）B类件

人大代表建议涉及问题正在解决或部分解决或已列入分步解决计划的 66 件，占已办结总数的 59.46%。比如第 70 号建议，人大代表叶巍提出的《关于在全区全面推进垃圾分类工作的建议》。

我区现行的生活垃圾收集处理运行模式是“户集、村收、镇运、区处理”，即村民将生活垃圾投放于垃圾分类池内，镇上组织垃圾清运车辆收集转运至区垃圾压缩中转站，经压缩装箱后集中转运至青白江区祥福焚烧环保发电厂、龙泉驿区洛带长安万兴环保发电厂以及长安垃圾填埋场进行焚烧和无害化处置。

2017年,我区启动了主城区生活垃圾分类实施市场化运作模式,于2017年4月6日开始对主城区生活垃圾分类服务项目进行政府采购招标,2017年6月1日与新蜀环卫工程有限公司签订了成都市新都区生活垃圾分类收集服务合同。此合同分为三个阶段:第一阶段(2017年)主城区发展2.8万户居民家庭参与生活垃圾分类,新增2所学校、1个大型城市综合体实施生活垃圾分类工作;第二阶段(2018年)在第一阶段的工作基础上新增发展2.8户居民家庭参与生活垃圾分类,新增2所学校、1个大型城市综合体实施生活垃圾分类工作;第三阶段(2019年)在第二阶段的基础上新增发展3.9万居民家庭参与垃圾分类,新增3所学校实施生活垃圾分类工作。现已启动第一阶段20个物业小区智能生活垃圾分类工作。完成1.55万户居民家庭二维码基本信息注册,设置安装智能生活垃圾分类点32个,有害垃圾收集容器4个,小区宣传栏33处,可回收资源计重设备3台,生活垃圾分拣房1处,积分兑换超市1个。力争通过三年时间的前期倡导和后续十年的跟踪服务宣传引导,初步实现我区生活垃圾的"减量化、资源化"目的,也让全区居民逐步养成良好的生活垃圾分类习惯。

(三)C类件

人大代表建议涉及问题因政策或财力等条件限制,暂时不能解决,承办单位已在办理过程中向人大代表作出详细解释说明的3件,占已办结总数的2.7%。比如第111号建议,人大代表柳晓燕提出的《关于解决新都一中新址大门道路开口的建议》。

位于鸿运大道、蜀龙大道西南的新都一中新校区共有三个大门,分别为东门、北门和南门。蜀龙大道为新都区城市景观大道,东大门设计为学校形象大门,主要通行方式为人行通道。鸿运大道为贯穿新老城区的货运干道,北大门开口设置为"右进右出"。因此,直接打开新都一中东大门和北大门机非隔离带,存在较大的安全隐患。新都一中南大门位于与蜀龙大道垂直相交的一中配套道路上,目前,区规划局已核发一中配套道路选址意见,并出具设计条件和规划红线等相关规划手续,兴城公司已启动道路建设。待道路建成后,区公安分局将完善该片区主要交通节点的交安设施,优化人行横道信号灯设置,确保广大师生出行安全和方便。

三、主要做法

(一)加强组织领导,明确办理责任

在2017年区人大代表建议和区政协提案交接仪式上,区委副书记、区长李云对建议提案办理工作提出明确要求。一是要进一步增强建议提案办理工作的责任感和使命感,把建议提案办理工作与我区经济社会建设工作相结合。二是要认真采纳合理的意见和建议,努力使建议提案办理过程真正成为助推经济社会发展、了解社情民意、回应社会关切的过程。三是要切实解决一批群众最关心的问题,为人民群众排忧解难。四是要将建议办理工作纳入各单位中心工作,落实"一把手"负总责、分管负责人具体抓、承办科室抓落实、综合科室牵头协调督促检查工作的机制,确保办理过程有人管、办理结果有落实。

(二)强化沟通协商,提高办理质量

一是加强区政府办公室、区人大人代工委与各承办单位的协商。在建议交办之前,区人大人代工委、区政府办公室加强对人大代表建议的初审,并就涉及面较广、部门职能有交叉的人大代表建议征询承办单位的意见,初步确定建议办理单位名单。两会结束后,区政府办公室对每件建议进行逐一登记、解读,与承办单位确认后调整部分办理名单,并通过区人大议案建议网上办理系统进行预交办,要求各部门快速确认承办任务,及时提出改办意见。根据承办单位提交的调整申请,综合承办单位、人大代表各方意见后,对承办单位的合理建议予以采纳。二是承办单位与人大代表的沟通机制日趋完善。区政府建立了建议办理工作三访制度,要求各承办单位办前拜访,听取人大代表对办理工作的意见建议,进一步拓展和深化建议内容;办中走访,及时汇报办理进展情况,采取座谈会、邀请视察等方式加强互动交流;办后回访,开展跟踪问效,将代表反馈的意见建议落实到具体工作中。三是主、协办单位协商机制日趋完善。主办单位积极发挥牵头协调作用,与协办单位共同研究制定解决方案,协同推进各项工作措施。协办单位主动加强与主办单位的工作配合,及时报送办理情况。

(三)强化督促检查,提升办理实效

一是建立健全督办网络。建议交办后,为了解建议在各承办单位的总体办理情况，区政府办公室拟制《建议提案承办单位信息采集表》，通过各承办部门填报的信息与各承办单位迅速取得联系，了解各承办单位的主管领导、分管领导和具体承办科室及承办人，并以此建立上下贯通、责任明确的督办工作网络。二是全面督办和重点督办相结合。在承办过程中，区政府办公室加强与各个承办单位的联系，及时掌握建议办理动态，及时协调、督促解决办理中存在的问题。对工作进展缓慢、办事拖拉的承办单位，通过会议督办、电话催办等形式，督促其限期办理。三是坚持将建议办理工作纳入目标绩效考核。区政府继续将建议办理工作列为全区绩效考核的重要内容之一，将建议办结率、代表满意率、建议落实率列为重要考核要素，建议办理工作由"软任务"变成了"硬指标"，促进建议办理工作落到实处。

尊敬的各位代表，在区人大的关心指导和人大代表的大力支持下，区政府和各承办部门认真开展建议办理工作，取得了一定的成效。但与区人大和代表们的要求相比还存在差距，在办理态度上，少数部门担当意识不强，存在被动应付的情况；在办理方式上，一些部门创新意识不够，沿袭旧的做法多，推出新的举措少；在落实效果上，有些部门忽视跟踪办理，"重答复、轻落实"的现象一定程度上仍然存在。下一步，区政府将在今后的工作中进一步夯实措施，扎实工作，以高度负责的精神，努力把建议办理工作做得更好，让人大代表满意，让人民群众满意。

中国人民政治协商会议第十一届成都市新都区委员会常务委员会关于十一届一次会议以来提案工作情况的报告

——2018年2月5日在政协第十一届成都市新都区委员会第二次全体会议上

成都市新都区政协副主席　詹友军

一、提案工作的基本情况

区政协十一届一次会议以来，政协委员、政协参加单位和政协专门委员会，深入学习贯彻中共十八大、十九大精神，以习近平新时代中国特色社会主义思想为指导，认真贯彻落实省委、市委、区委重大决策部署，紧紧围绕全区中心工作，充分运用提案形式履职尽责，为助推我区经济建设、政治建设、文化建设、社会建设和生态文明建设积极建言献策。区政协共征集到提案 161 件，其中：委员个人提案 140 件、委员联名提案 19 件、全会小组提案 1 件、集体提案 1 件，经审查立案 155 件。截至 2017 年 12 月 31 日，立案提案已全部办复。其中：提案所提问题和建议已经解决或采纳的 A 类提案 88 件，占立案总数的 56.8%；列入计划拟解决或采纳的 B 类提案 57 件，占立案总数的 36.8%；目前不能解决或采纳的 C 类提案 10 件，占立案总数的 6.4%。委员对提案办理结果表示满意的 147 件，占反馈意见的 94.8%；表示基本满意的 8 件，占反馈意见的 5.2%；未立案的 6 件提案，作为社情民意或委员的意见、建议，送有关部门参考。

（一）围绕经济建设，为提升发展质量建言

委员们围绕我区转变发展方式、推进供给侧结构性改革、深化改革创新等方面提出提案 39 件。如关于引领推进传统产业转型升级的建议、关于民营企业推进供给侧结构性改革发展的建议、关于加快打造两化互动天府动力新城的建议等提案，受到区委、区政府的高度重视，区级相关部门在推进工作中予以采纳。

（二）围绕政治建设，为发展民主政治献策

委员们围绕发展社会主义民主政治、推进依法治区、深化社区治理等方面提出提案 12 件。如关于加强基层社会治理体系建设的建议、关于平安新都建设的建议、关于增加村（社区）专职工作者职数的建议等提案，得到区级相关部门的认可，并在改进工作中予以吸纳。

（三）围绕文化建设，为促进文化繁荣谋计

委员们围绕提高公共文化服务水平、挖掘本土文化、发展文化产业等方面提出提案 21 件。如关于加快新都文化演艺场所建设的建议、关于打造杨氏宗祠弘扬状元文化的建议、关于我区文化创意产业融合发展的建议等提案，引起了区级相关部门的关注，并在工作安排中予以采纳。

（四）围绕社会建设，为加强民生改善支招

委员们围绕保障和改善民生、发展医疗卫生和教育事业、提高公共服务质量等方面提出提案18件。如关于改善环卫工人工作条件的建议、关于进一步完善我区名优教师工作机制的建议、关于加强和提升我区产儿科服务能力的建议等提案，与2017年新都区民生实事项目相切合，有的建议被区政协列为专题调研课题，并形成调研报告，为区委、区政府改善民生提供参考。

（五）围绕生态文明建设，为推动绿色发展出谋

委员们围绕贯彻绿色发展理念、加强生态环境治理、提升城市管理水平等方面提出提案55件。如关于泥巴沱森林公园建设的建议、关于改善毗河万科双水岸段绿道的建议、关于城市环境综合治理的建议等提案，为助推区委、区政府科学决策发挥了积极作用，有的建议被区政协列入年度重点民主监督计划，进行了专题视察，充分发挥了民主监督职能。

各位委员、同志们，区政协十一届一次会议以来的提案，内容丰富、重点突出，具有较强的针对性和可操作性，为区委、区政府科学决策提供了重要参考，为助推全区经济、政治、文化、社会和生态文明建设发挥了积极作用，充分体现了委员们坚持围绕中心、服务大局，认真履职的责任感和使命感。各提案承办单位把提案办理工作与推动部门工作相结合，认真采纳提案建议，切实解决实际问题。在此，我代表区政协常委会对各位委员、各参加单位和提案承办单位在过去一年里对提案工作的大力支持和辛勤付出，表示崇高的敬意和衷心的感谢！

二、提案工作的主要做法

一年来，提案工作在区政协常委会的领导下，按照“围绕中心、服务大局、提高质量、讲求实效”的工作方针，加强提案办理协商，提升提案工作科学化水平，提案质量、办理质量、服务质量得到进一步提高。

（一）健全工作制度，完善协商机制

区委、区政府高度重视政协提案办理工作，把政协提案办理工作纳入重要议事日程和目标管理。区委印发了《关于进一步加强和改进人民政协工作的实施意见》，建立了提案办理督查、办理协商和办理目标考核等机制。区政协进一步完善提案工作简则，建立了提案交办、办理、督办协商机制。

（二）强化办理流程，创新协商形式

我们进一步优化了“办前协商、办中协商、办后协商”工作流程，不断创新协商形式，推动提案办理工作有序开展。办前协商。由区政协主席直接与区委、区政府领导面对面交办提案，提高了提案办理协商层面。区政协提案委与区委办、区政府办共同协商确定承办单位，保证确定承办单位的准确性。办中协商。在提案办理过程中，加强承办单位与提案者的沟通协商、加强主办单位与协办单位的沟通协商，促进提案办理协商。办后协商。在提案办理基本结束，承办单位再次与提案者沟通协商后形成正式复文，完成提案办理协商。

（三）突出办理重点，转化协商成果

我们把重点提案、同类提案、B、C类提案的办理作为提案办理工作的重点，加强提案办理协商，促进提案办理落实，转化协商成果。我们把内容涉及人民群众关心的热点、难点问题，办理落实有一定难度的提案，作为重点提案由主席会议成员督办，通过现场督办、组织视察、委员参与等方式进行办理协商。对于委员集中关注同一内容、提案数量较多的同类提案，我们根据提案内容纳入政协年度重点民主监督计划，通过专题调研、召开专题座谈会、开展专题视察的方式进行办理协商。对于B、C类提案办理，我们采取“跟踪办案”的方式进行，与区委办、区政府办加强联系，进行跟踪督办，有效促进了提案办理由“答复型”向“落实型”转变。

一年来，区政协的提案工作虽取得了一定成绩，但也存在一些不足。主要表现在提案质量和办理质量还需进一步提高，提案督办方式还需进一步完善，提案服务的水平还需进一步提升等。这些问题都需要在今后的工作中不断加以改进。

三、2018年提案工作打算

2018年，是深入贯彻落实中共十九大精神的第一年，是我区加快建设现代化国际范成北新中心城区的关键一年。在新的一年里，我们将坚持“围绕中心、服务大局、提高质量、讲求实效”的提案工作方针，把协商民主贯穿于提案工作始终，有序扎实开展提案工作。

（一）进一步强化履职意识，筑牢提案工作基础

我们要以全面贯彻中共十九大精神为契机，

进一步强化委员履职意识，充分认识提案工作的重要性，充分认识自己荣誉、责任和义务，积极利用提案的形式履职尽责。

（二）进一步提高提案质量，提升提案工作水平

我们要进一步加强委员的学习和培训，组织委员开展视察和考察，拓宽委员知情明政渠道，引导委员围绕区委中心工作，精心选题，深入调研，撰写出内容准确、建议可行和操作性强的高质量提案。

（三）进一步推动办理协商，增强提案工作实效

我们要充分认识提案办理协商的重大意义，切实发挥人民政协作为协商民主重要渠道的作用。要准确把握提案办理协商的特点，推动提案工作科学发展。要不断完善主席会议成员督办重点提案制度，坚持办前协商、办中协商、办后协商“三步工作法”，进一步促进提案工作落到实处。

（四）进一步完善工作机制，推动提案工作创新

我们要在加强提案工作“制度化、规范化、程序化”建设的基础上，进一步解放思想，不断创新提案工作的思路和方式。进一步建立健全领导机制和协同互动机制，进一步创新提案审查、督办、协商和宣传机制。

各位委员、同志们，提案工作责任重大、使命光荣、大有可为。让我们在区委的坚强领导下，全面深入贯彻落实中共十九大精神，进一步增强责任感和使命感，充分运用提案履行职能，为高标准全面建成小康社会，高质量建设现代化国际范成北新中心城区作出应有的贡献！

2017年新都区主要数据统计表

国民经济和社会发展总量与速度指标

表39

项　　目	单位	2016年	2017年	比上年±%
一、人口与自然资源				
人口				
年末总人口	万人	74.83	77.15	3.1
城镇人口	万人	49.19	53.01	7.8
自然资源				
行政区域土地面积	平方公里	496	496	0.0
年末实有耕地面积	公顷	25820	25669	-0.6
二、宏观经济				
国民核算				
地区生产总值	万元	6321698	7226659	8.9
第一产业	万元	264162	278771	3.8
第二产业	万元	3754342	4299471	7.6
工业	万元	3487508	4032919	8.6
建筑业	万元	332399	342371	-2.4
第三产业	万元	2303194	2648417	11.5
农业				
农、林、牧、渔业总产值	万元	457753	479140	2.7
主要农产品、畜产品产量				
粮　食	吨	194420	191321	-1.6
油菜籽	吨	20910	17331	-17.1

续表 39

项　　目	单　位	2016 年	2017 年	比上年±%
蔬　菜	吨	304122	300914	-1.1
水　果	吨	26789	26989	0.7
肉　类	吨	21153	20253	-4.3
猪　肉	吨	13605	12896	-5.2
牛　奶	吨	11160	10752	-3.7
禽　蛋	吨	12467	12111	-2.9
水产品	吨	2320	2570	10.8
规模工业企业主要指标				
工业总产值	万元	8201774	9123820	11.2
亏损企业个数	个	34	35	2.9
亏损企业亏损额	万元	16580	53652	223.6
工业产品销售率	%	97.1	99.1	2.1
固定资产投资				
固定资产投资完成额	万元	4748866	5252364	10.6
技术改造	万元	1165804	1307152	12.1
房地产开发	万元	2078840	1843876	-11.3
运输业				
货物运输量	万吨	24344	25680	5.5
货物周转量	万吨公里	482684	499621	3.5
旅客运输量	万人	8640	9522	10.2
客运周转量	万人公里	203803	220974	8.4
邮电通信业				
邮政业务总量	万元	5246	7781	48.3
年末固定电话用户	户	279779	508017	81.6
年末移动电话用户	户	1505946	1866398	23.9
国内贸易与旅游				
社会消费品零售总额	万元	1535877	1760116	14.6
旅游人数	万人次	1295	1445	11.6
旅游总收入	万元	264900	321700	21.4
物价指数(上年=100)				
居民消费价格指数		102.2	102.0	-0.2
食品烟酒消费价值指数		104.0	99.4	-4.4
服务价格指数		103.0	105.4	2.3
商品零售价格指数		100.8	99.4	-1.4
对外贸易				
进出口总额(海关口径)	万元	238050	270151	13.5
出口	万元	212176	233694	10.1
财政与金融				
地方财政收入	万元	818546	1049328	28.2
一般公共预算收入	万元	485691	544334	12.1
地方财政支出	万元	887123	1116758	25.9
金融机构人民币各项存款余额	万元	8380898	8668659	3.4
金融机构人民币各项贷款余额	万元	3889310	4247908	9.2
住户存款余额	万元	5513582	6000032	8.8

续表 39

项　　目	单　位	2016 年	2017 年	比上年±%
三、教育文化				
教育				
专任教师总数	人	8722	10119	16.0
小学	人	2367	2997	26.6
普通中学	人	3429	3727	8.7
在校学生总数	人	154891	164690	6.3
小学	人	68385	73293	7.2
普通中学	人	36419	37623	3.3
文化				
图书馆	个	1	1	0.0
阅览室席数	个	364	406	11.5
总藏量	万册(件)	37.7	39.3	4.2
广播节目制作时间	小时	500	478	-4.4
电视节目制作时间	小时	880	858	-2.5
四、人民生活及其他				
家庭				
总户数	万户	29.5	30.6	3.9
城镇居民平均每户家庭人口	人	3.2	3.1	-3.1
农村居民平均每户家庭人口	人	3.8	3.8	0.0
城乡居民最低生活保障人数	人次	5799	5098	-12.1
城镇	人次	1091	964	-11.6
交通事故伤亡人数	人	55	51	-7.3
婚姻				
结婚数	对	7169	6445	-10.1
离婚数	对	3154	3380	7.2
居住				
人均住宅建筑面积	平方米	43	44	2.5
农村居民人均住房面积	平方米	49	53	8.2
居民收支				
城镇居民人均可支配收入	元	37141	40149	8.1
城镇居民人均消费性支出	元	23731	25510	7.5
农村居民人均可支配收入	元	21071	22926	8.8
农村居民人均生活消费支出	元	14786	15850	7.2
卫生				
医院、卫生院数	个	36	37	2.8
执业(助理)医师数	人	2490	2545	2.2
医院、卫生院床位数	张	5120	5576	8.9
城市建设				
全区用电量	万千瓦小时	332878	336628	1.1
自来水供应量	万吨	7510	10662	42.0
年末公共营运汽车	辆	852	985	15.6
出租汽车	辆	205	205	0.0
铺装道路长度	公里	264	271	2.8
绿地面积	公顷	2995	3024	1.0

说明：年末实有耕地面积按国土数据调整；规模工业含军工；总藏量不含电子图书；2016 年绿地面积数据调整

2017 年主要经济指标占全市的比重一览表

表 40

指　　标	单　位	全　市	新　都	占全市比重%
行政区域土地面积	平方公里	14335	496.0	3.5
年末总人口	万人	1435.3	77.2	5.4
地区生产总值	亿元	13889.4	722.7	5.2
第一产业	亿元	500.9	27.9	5.6
第二产业	亿元	5998.2	430.0	7.2
工业	亿元	5217.2	403.3	7.7
第三产业	亿元	7390.3	264.8	3.6
固定资产投资	亿元	9404.2	525.2	5.6
一般公共预算收入	亿元	1275.5	54.4	4.3
一般公共预算支出	亿元	1759.6	67.6	3.8
金融机构人民币各项存款余额	亿元	34423.0	866.9	2.5
住户存款余额	亿元	11971.0	600.0	5.0
金融机构人民币各项贷款余额	亿元	28359.0	424.8	1.5

社会经济主要指标人均水平一览表

表 41

项　　目	单　位	2016 年	2017 年
地区生产总值(常住人口)	元	72974	80962
农业总产值(常住人口)	元	5284	5368
社会消费品零售总额	元	20728	23162
住户存款余额	元	74412	78958
地方财政收入	元	11247	13809
一般公共预算收入	元	6755	7163
地方财政支出	元	11973	14696
主要农、畜产品产量			
粮食	公斤	262	252
油菜籽	公斤	29	23
蔬菜	公斤	410	396
水果	公斤	36	36
肉类	公斤	29	27
猪肉	公斤	18	17
牛奶	公斤	15	14
禽蛋	公斤	17	16
水产品	公斤	3	3
主要工业品产量			
啤酒	升	602	705
家具	件	4.52	5
汽车	辆	0.05	0.03
非私营城镇地域单位从业人员平均工资	元	64311	68574
城镇居民人均可支配收入	元	37141	40149
城镇居民人均消费性支出	元	23731	25510
农村居民人均可支配收入	元	21071	22926
农村居民人均生活消费性支出	元	14786	15850
固定电话拥有量	部	0.36	0.67
移动电话拥有量	部	2.03	2.46

民营经济增加值及构成一览表

表 42

项　目	绝对值(万元)		构成(%)	
	2016 年	2017 年	2016 年	2017 年
地区生产总值	6321698	7226659	100.0	100.0
公有经济	1884675	2131771	29.8	29.5
民营经济	4437023	5094888	70.2	70.5
第一产业	264162	278771	100.0	100.0
公有经济	185002	197876	70.0	71.0
民营经济	79160	80895	30.0	29.0
第二产业	3754342	4299471	100.0	100.0
公有经济	806464	908443	21.5	21.1
工业	759928	866674	20.2	20.1
建筑业	46536	41769	1.3	1.0
民营经济	2947878	3391028	78.5	78.9
工业	2662015	3090426	70.9	71.9
建筑业	285863	300602	7.6	7.0
第三产业	2303194	2648417	100.0	100.0
公有经济	893209	1025452	38.8	38.7
民营经济	1409985	1622965	61.2	61.3

说明：第三产业公有经济包括工业公有经济中的开采辅助活动，工业公有经济未包括这部分数据，民营经济为非公有制经济数据。

环境卫生及环保情况表

表 43

项　目	单　位	2016 年	2017 年
一、垃圾处理情况			
垃圾清运街道	条	310	311
实际清扫面积	万平方米	819.76	820.47
生活垃圾清运量	万吨/年	32.93	38.9
环卫机械总数	台	210	260
垃圾处(站)数	个	4	4
生活垃圾无害化处理量	吨/日	902.33	1065.83
生活垃圾无害化处理率	%	100	100
公共厕所	座	61	63
二、工业“三废”排放及处理利用情况			
工业废水排放总量	万吨	545.736	534.211
工业废气排放总量	万标立方米	478052.7	5125722.7
工业烟尘排放量达标率	%	97	98
工业二氧化硫排放量	吨	974.87	573.36
工业粉尘排放量(烟粉尘)	吨	1543.924	475.54
工业粉尘去除量(烟粉尘)	吨	6945.89	7699.82
工业固体废物产生量	吨	16557	33525
工业固体废物综合利用量	吨	15178	26302
氮氧化物排放量	吨	543.511	348.81
饮用水源水质达标率	%	100	92
城区空气质量优良以上天数	天	162	208

固定资产投资完成情况表

表 44

项　目	单 位	2016 年	2017 年	比上年±%
固定资产投资总额	万元	4748866	5252364	3.1
一、按经济类型分：				
1.国有投资	万元	632351	956957	51.3
2.民间投资	万元	3301971	3269075	-1.0
3.港澳台商投资	万元	93896	168832	79.8
4.外商投资	万元	98038	167149	70.5
二、按管理渠道分：				
其中：技术改造投资	万元	1165804	1307152	12.1
房地产投资	万元	2078440	1843876	-11.3
三、按构成分：				
1.建筑工程	万元	2816423	3521562	25.0
2.安装工程	万元	552624	351363	-36.4
3.设备工器具购置	万元	676452	638082	-5.7
4.其他费用	万元	703367	741357	5.4
四、按建设性质分：				
1.新建	万元	3162947	3428528	8.4
2.扩建	万元	845860	225516	-73.3
3.改建和技术改造	万元	563807	739730	31.2
4.迁建	万元	10665	418367	3822.8
五、投资效果				
1.本年施工项目	个	493	540	9.5
其中：本年新开工项目	个	337	305	-9.5
建成投产项目	个	264	343	29.9
建设项目投产率	%	53.5	63.5	18.7
2.本年新增固定资产	万元	3154094	1955715	-38.0
3.本年施工房屋面积	万平方米	1754	1975	12.6
4.本年竣工房屋面积	万平方米	204	142	-30.3
六、按产业分：				
1.第一产业	万元	108794	122942	13.0
2.第二产业	万元	1319941	1732951	31.3
其中：工业	万元	1319941	1732951	31.3
3.第三产业	万元	3320131	3396471	2.3
七、按行业分：				
1.制造业	万元	1224852	1676398	36.9
2.电力、煤气及水生产业	万元	95089	56546	-40.5
3.交通运输、仓储和邮政业	万元	41488	100536	142.3
4.水利、环境和公共设施管理业	万元	339700	350011	3.0
5.批发和零售业	万元	200062	113855	-43.1
6.教育	万元	70210	132069	88.1
7.房地产业	万元	2455863	2087689	-15.0
8.其他	万元	321602	735260	128.6

财政收入情况表

表 45 单位：万元

项　目	2016 年	2017 年	比上年±%
全口径财政收入	1286595	1573295	22.3
地方财政收入（含基金收入）	818546	1049328	28.2
（一）一般公共预算收入	485691	544334	12.1
1.税收收入	355481	375025	5.5
其中：增值税	111208	144780	30.2
营业税	29648	1415	-95.2
企业所得税	24662	33918	37.5
个人所得税	13487	13767	2.1
2.非税收入	130210	169309	30.0
（二）政府性基金预算收入	332855	504994	51.7
其中：国有土地使用权出让收入	261786	435416	66.3
国有土地收益基金收入	11025	17031	54.5
农业土地开发资金收入	703	264	-62.5
城市基础设施配套费收入	49092	47276	-3.7

说明：2016 年数据按同口径调整

财政支出情况表

表 46 单位：万元

项　目	2016 年	2017 年	比上年±%
地方财政支出合计	887123	1116758	25.9
一、一般公共预算支出（本级）	563848	676417	20.0
1.一般公共服务	53759	74946	39.4
2.外交	0	0	0
3.国防	236	520	120.3
4.公共安全	40165	58213	44.9
5.教育	129182	144248	11.7
6.科学技术	8318	4626	-44.4
7.文化体育与传媒	8056	9175	13.9
8.社会保障和就业	55329	55846	0.9
9.医疗卫生	65314	93948	43.8
10.节能环保	7110	15054	111.7
11.城乡社区事务	84134	88429	5.1
12.农林水事务	63191	55282	-12.5
13.交通运输	8701	23333	168.2
14.资源勘探电力信息等事务	14090	32635	131.6
15.商业服务等事务	4552	4588	0.8
16.金融支出	6025	1670	-72.3
17.国土资源气象等事务	4646	5397	16.2
18.住房保障支出	914	122	-86.7
19.粮油物资管理事务	1274	1334	4.7
20.其他支出（类）	8852	2254	-74.5
二、政府性基金预算支出	323275	440341	36.2

附　录

成都市新都区人大常委会工作报告

——2018年2月6日在成都市新都区第十八届人民代表大会第二次会议上

成都市新都区人大常委会主任　戴　军

过去一年的主要工作

2017年，区人大常委会坚持以习近平新时代中国特色社会主义思想为指引，认真贯彻落实党的十九大精神，在区委的坚强领导和市人大常委会正确指导下，对标区第十八届人大一次会议确定的各项工作目标，主动立足本职认真干、对标先进加油干、站位高远创新干，推进监督工作增效工程、代表工作拓展工程、自身建设提质工程取得新成果，展现了新都人大新气象。

一、服务大局有新作为，贯彻时代新要求

服务和维护新都经济社会改革发展稳定大局，这是人大工作的根本出发点，也是开展人大工作的基本着力点。过去一年，常委会坚持围绕中心、服务大局、依法履职，主动贯彻党的新精神，为新都人大工作注入新活力。

（一）主动服务中心工作，全面坚持党的领导

常委会坚持把党的领导贯穿于人大工作的各方面、全过程。严格坚持重大事项向区委请示报告制度，常委会2017年工作要点和监督计划均提请区委审定后组织实施，确保人大工作与区委中心工作同心、同向、同力。认真贯彻区委指示要求，专门针对“三大战役”[1]攻坚情况、环保督查发现问题整改情况等重点工作开展持续监督，督促区政府狠抓环保工作，全力打造良好生态环境。坚决按照中央和省、市、区委要求，积极配合做好我区监察体制改革工作，保证我区如期完成重大改革任务。积极服务我区重大产业发展，组织代表集中视察我区轨道交通、航空动力产业园区建设，主动收集企业和代表建议，促进区委各项重大决策部署的贯彻落实。

（二）依法决定重大事项，集中体现人民当家作主

依法讨论、决定本行政区域内的政治、经济、文化、社会、生态等工作的重大事项，是宪法法律赋予人大及其常委会的重要权力。2017年，常委会依法作出决议决定6项。听取和审议区政府关于“七五”普法启动实施情况的报告，作出开展第七个五年法治宣传教育的决议，努力提升我区治理体系和治理能力现代化水平。听取区政府2017年财政预算调整方案的报告，审查并批准预算调整方案，提出应加强预算刚性约束，管控举债规模，有效防范风险的意见。听取2016年区级决算报告及审计报告，审查并批准2016年区级决算。大力推进深化改革工作，作出关于加强对审计查出问题整改工作监督的决定，实现从“用眼监督”到“拿起手术刀监督”的转变，强化对政府财政预算绩效管理的监督。

（三）严格做到依法任免，大力推进依法治区

常委会始终坚持党管干部原则和人大依法任免干部有机统一，全年共任免人大和“一府两院”[2]工作人员68人次；接受5名市、区人大代表辞去代表职务，接受2名常委会委员辞去委员职务；依法补选区人大代表3人；协同区委有关部门，认真做好市人大代表换届选举工作。规范完善了任前法律知识培训考试、任职陈述和宪法宣誓制度，全年累计组织41名干部参加任前法律知识培训考试，26人次参加宪法宣誓，进一步树立领导干部法治意识，为我区民主法治建设夯实了基础。

二、监督工作有新成效，打开工作新局面

常委会依法行使宪法法律赋予的监督权力，突出监督重点、拓展监督内容、完善监督方式、提

升监督实效，有效发挥人大的监督优势。

（一）用好“审议”职能，督促“一府两院”积极履职

常委会完善“审前+审中+审后”的全过程审议机制，做到审议前有专题调研，保证常委会组成人员充分了解情况；审议时有规范程序，保证与会人员充分发表意见；审议后有意见督办，保证审议意见得到充分贯彻执行。一年来，常委会共组织召开会议9次，听取审议区政府国土执法监察工作、区法院司法责任制改革、区检察院公诉工作等专项工作报告18个，听取区政府半年工作报告1次，听取区政府副区长换届后分管工作情况的报告1次；针对教育经费管理、农村污水处理等民生热点问题开展专题调研34次，针对城乡环境综合治理、特殊群体医疗救助等社会难点问题开展集中视察20次；全年累计发出审议意见18件，收回审议意见办理情况报告18个，有效促进了“一府两院”不断改进工作，全面履行好宪法法律赋予的各项工作职责。

（二）强化“检查”作用，督促“一府两院”依法履职

过去一年，常委会组织开展执法检查3次，发出执法检查报告3份，收回执法检查整改情况报告3份，有力督促了区政府及有关部门依法行政。常委会针对食品安全法开展执法检查，深入工厂、食堂，实看细查，大力保障新都人民“舌尖上的安全”；开展执业医师法和《医疗机构管理条例》执法检查，要求区政府加快“区镇村”三级医疗体系建设，严厉打击非法行医，努力为新都人民提供优质医疗服务；开展治安管理处罚法执法检查，要求区政府及公安部门始终做到依法执法、严格执法、文明执法，全力为新都人民营造平安和谐的生产生活环境。

常委会认真做好上级人大的执法检查和立法调研工作。积极配合做好全国人大常委会药品管理法执法检查组到我区开展执法检查工作，检查组组长、全国人大教科文卫委员会主任委员柳斌杰对我区执行药品管理法情况予以充分肯定。主动协助做好省人大常委会关于《四川省就业创业促进条例》的立法调研工作，得到省人大常委会高度肯定，并将我区列为全省立法工作调研点；积极参与做好市人大常委会立法、修法工作，全年提出立法、修法建议43条，为建立同国家中心城市相匹配的法律法规体系贡献了新都智慧。

常委会高度重视备案审查工作，成立专门机构，形成规范制度，拓展审查范围，依法审查政府规范性文件11份，认真履行备案审查职责。

（三）加大“评议”力度，督促“一府两院”充分履职

常委会总结历年专项工作评议经验，明确“一个目标”，督促“一府两院”充分履行职责；建立“一套程序”，规范专项工作评议动员、谈话、测评、表态、整改全流程机制，保证评议工作做到真评、真问、真改。2017年，常委会先后对区统计局、区农发局[3]、区环保局开展专项工作评议，针对评议中发现的问题，及时向有关部门提出意见、建议，推动相关工作的有效开展，充分发挥人大监督的积极作用。

三、代表工作有新举措，焕发代表新风采

尊重代表权利就是尊重人民权利，保障代表依法履职就是保障人民当家作主。常委会始终将代表作为人大工作的基础和依托，引导、支持、规范和保障代表依法履职，充分发挥代表主体作用，焕发我区各级人大代表的新风采。

（一）完善“三个制度”，代表履职使命感更强

一是完善代表联系选民制度。探索实行“选民接待日”，明确代表走基层的方式和职责，促进代表更加“接地气”，更有“知民度”。二是完善代表学习培训制度。采用专家培训、“老代表”讲课等形式，常态化开展好代表培训，实现全区各级人大代表培训全覆盖，代表履职水平明显提升。三是完善建议意见督办制度。自区第十八届人大一次会议以来，区人大代表共提出建议意见111件，已全部办结或答复，办理结果得到了代表的充分肯定。常委会建立起“1+10+N”督查督办体系，每年确定1个“一号建议”，常委会全力推进落实；确定10个重点建议，常委会领导班子成员持续跟踪督办。其中2016年“一号建议”——关于规划建设毗河生态保护区的建议，常委会在2017年继续督办落实，泥巴沱森林公园建设、毗河水环境治理已初见成果，新都城市品质不断提升；大力推进落实2017年“一号建议”——关于加强新都物流园区和货运大道货车管理和交通执法的建议，对物流园区转型升级发展、货运大道及周边交通环境改善，贡献了人大代表的力量。

（二）建好“三个平台”，代表履职归属感更高

一是建好“代表之家”阵地平台。制定《关于深化“代表之家”建设的实施意见》，统一“代表之家”

规章制度、人员配备和管理运行要求，代表履职和活动平台的功能得到显著增强。二是建好信息网络服务平台。在全市率先建立“新都人大”微信公众号，搭建起服务代表的网络平台，打造一条代表知情知政的“高速路”。三是建好代表小组活动平台。常委会划分代表专业小组，增强代表履职针对性；进一步增加代表列席常委会会议和各项活动的人数，制定代表小组活动计划，促进代表小组活动的有序开展。

（三）做好“三个评价”，代表履职成就感更多

一是开展代表履职效果评价。在全区有序推开“代表述职工作”，完善代表履职监督机制，强化评价结果运用，将履职情况作为推荐代表连任和评选优秀的重要依据；联合新都电视台、新都资讯，组织开展“新都人大代表优秀履职典型”宣传，集中展示全区各级人大代表履职新风采，为全区各级人大代表树立学习新榜样。二是开展建议意见效果评价。常委会完善代表建议意见筛选制度，严把建议意见“质量关”，建立优秀建议意见评价制度，鼓励代表深入调查研究，促进代表建议意见质量的不断提升。三是开展办理效果评价。坚持代表直接对建议意见办理情况进行评价，建立优秀办理单位评选制度，促使“一府两院”主动落实代表建议、意见，提高代表履职成就感。

四、自身建设有新跨越，展现人大新气象

顺应人大制度发展完善的新形势新要求，常委会主动加强思想引领、健全制度规范、壮大干部队伍、夯实基层基础，不断提升履职能力，展现新都人大新气象。

（一）转思想，牵紧自身建设“牛鼻子”

思想决定行动。常委会坚持抓好干部队伍思想政治建设，认真按照区委“三破除三主动”[4]专题活动要求，主动开展“三破除三主动·人大对标加油干”和“三破除三主动·人大代表献良策”活动，先后安排4个对标学习小组，分别赴上海、杭州等先发地区，主动对标先进找差距，学习借鉴民生项目代表票决制、财政预算联网监督、城市规划、产业发展等先进经验，形成一批高质量的调研报告和建议意见，为区委决策提供参考，得到区委主要领导肯定性批示；主动加强对上争取，《代表工作“三三制”》等12篇经验总结报告被省、市人大刊物全文刊载；主动推广新都经验，先后有江苏、安徽、海南等地人大来我区考察学习；主动下沉服务群众，努力开展来信来访调研处置工作，全年共接受、处置群众来信来访98件次，有力维护了群众合法权益。

（二）抓规范，绘就履职行权“航线图”

规范化建设是确保人大及其常委会依法履职行权的基础。过去一年，常委会以规范化建设为着力点，制定《常委会工作规范化流程图》，对会议、检查、审议和评议等进行再完善、再规范，确保常委会履职行权的高效运行。新制定和完善机关管理制度18项，编印《常委会机关工作制度汇编》，健全常委会机关管理制度，确保常委会各项工作都有制度可依、有规范可循。2017年，也是我区人大设立专门委员会的开局年，常委会大力支持、认真指导专门委员会开展工作、履行职责，规范专门委员会会议、调研等制度，确保专门委员会规范运作、高效工作。

（三）强队伍，锻造干事创业“发动机”

干部队伍是事业发展的动力源。常委会以“内强素质·外树形象”为主题，全力推进干部队伍建设。积极争取区委支持和保证，配齐配强各委（办）负责人，新引进一批年轻干部，进一步优化人大干部的专业结构和年龄结构。坚持党建带队伍、党建促业务，创新建立“人大代表讲习所”，依托“讲习所”，向全区各级人大代表宣讲党的十九大精神，开展代表培训，提升代表履职能力。以提高人大专业化水平为目标，组织常委会组成人员、机关干部赴全国人大培训基地开展培训，努力打造一支作风好、业务精、能力强、水平高的人大工作队伍。

（四）建基层，筑牢事业发展“压舱石”

针对新形势新问题，常委会切实加强对基层人大工作的领导、指导和支持。按照中央和省、市、区委要求，全面完成镇（街道）人大主席（工委主任）专职化配备；严格按照组织法要求，明确街道人大工委是区人大常委会的派出机构，受常委会领导，对常委会负责；安排不是常委会组成人员的镇（街道）人大主席（工委主任）列席常委会会议，并组织召开全区人大工作推进会，对镇（街道）人大提要求、压担子，各镇（街道）人大工作均实现新进步、新发展，有力夯实人大工作的基层基础，提高了全区人大工作整体水平。

总结成绩的同时，我们也清醒看到，我们的工作还存在不足，主要是：监督方式没有充分运用，监督实效需要进一步加强；代表依法履职意识还不强，建议意见质量还不高，代表主体作用需要进一步发挥；代表建议意见办理工作还不够完善，个

别承办部门对办理工作重视程度不够，办理效果不佳，仍存在代表“被满意”问题；同新时代新要求相比，自身建设存在薄弱环节，常委会和专门委员会组成人员结构需要进一步优化，干部队伍力量需要进一步充实。这些问题，必须努力予以解决。

各位代表，过去一年的成绩，是区委坚强领导的结果，也是区政府、区法院、区检察院积极配合，区政协大力支持的结果，更是全区各级人大代表和人大工作者努力奋斗的结果。在此，我代表区人大常委会，向大家表示衷心的感谢！

各位代表、同志们，进入新时代，以习近平总书记为核心的党中央，对人大工作提了新要求，交了新任务。习近平总书记在党的十九大上明确提出，“要支持和保证人民通过人民代表大会行使权力。发挥人大及其常委会在立法中的主导作用，健全人大组织制度和工作制度，支持和保证人大依法行使立法权、监督权、决定权、任免权，更好发挥人大代表作用，使各级人大及其常委会成为全面担负起宪法法律赋予的各项职责的工作机关，成为同人民群众保持密切联系的代表机关。完善人大专门委员会设置，优化人大常委会和专门委员会组成人员结构”。习近平总书记对人大提出的新论述、新目标，我们必须在今后的工作中深刻领会，不折不扣贯彻落实。

2018 年的主要任务

2018 年，区人大常委会工作的指导思想是：高举中国特色社会主义伟大旗帜，以马克思列宁主义、毛泽东思想、邓小平理论、“三个代表”重要思想、科学发展观和习近平新时代中国特色社会主义思想为指导，全面贯彻落实党的十九大精神，坚定坚持党的领导、人民当家作主、依法治国有机统一，紧紧围绕省委、市委、区委重大决策部署开展工作，不忘初心，牢记使命，依法履职，主动作为，不断完善组织制度和工作制度，继续推进“三大工程”[5]取得新成效，努力建设“两个机关”[6]，奋力为贯彻落实区委“154”[7]总体部署，高标准全面建成小康社会，高质量建设现代化国际范成北新中心城区作出新的更大贡献！

2018 年是全面贯彻党的十九大精神的开局之年，是改革开放 40 周年，也是我区深入落实“154”总体部署，全面开启建设现代化国际范成北新中心城区的关键一年。新时代需要新作为，新要求更需新努力。常委会将从以下三个方面入手，推进新都人大工作和建设与时俱进、完善发展。

一、监督工作瞄准“实”，努力增强监督成效

切实把宪法法律赋予的监督权用起来，始终坚持正确监督、有效监督，增强监督实效。一是加强对重点工作的专项监督。始终围绕区委中心工作、关系全区改革发展稳定大局的问题、人民群众关心关注的热点，开展好监督，提升监督实效；紧扣成北新中心城区这一总体定位，重点对交通快联内畅、音乐文创、环境保护、商贸物流等开展专项监督，促进区委重大决策部署落地生根；针对规划建设、乡村振兴、社区治理、公服配套等开展持续监督，促进城市功能不断完善，城市品质不断提升。二是健全完善监督机制。全面将法律赋予的各项监督手段用起来，加强对“一府两院”的工作监督和法律监督，进一步做好对政府债务、审计整改、诉讼监督、判决执行等工作的监督；支持和监督国家监察机关依法行使职权；健全人大监督“回头看”机制，确保监督工作起实效。三是探索建立“民生实事项目代表票决制”。坚持人民当家作主，探索建立符合新都实际、蕴含新都经验的“民生实事项目代表票决制”，由人大代表投票决定年度重大民生实事项目，监督推进和完成情况，全面提升人民群众获得感。四是依法做好人事任免工作。进一步规范任免工作流程，完善任前陈述和任前法律知识考试制度，积极探索建立人大任命干部任后监督机制。

二、代表工作瞄准“细”，更好发挥代表作用

坚持把更好发挥人大代表作用作为代表工作首要目标。一是进一步健全代表服务平台。探索建立“代表之家—代表工作站—代表联络点”纵向服务体系，完善代表工作“三三制”[8]，提升代表履职服务保障水平，强化代表同人民群众联系。二是进一步完善代表建议意见办理工作机制。开展“代表建议意见质量提升年”活动，大力提升代表建议意见质量；优化“1+10+N”[9]督查督办体系，改进审议意见和议案、建议的办理落实工作，推动办理工作由“答复型”向“落实型”转变；健全代表建议办理落实情况回访督查和办理结果评价机制，坚决杜绝代表“被满意”情况发生，保护和调动代表依法履职的积极性。三是进一步增强代表依法履职意识。制度化、常态化开展好代表履职培训，继续挖掘培养代表履职典型，推动形成代表依法履职、主动履职良好氛围。四是进一步提高闭会期间代表活动质量。加强对代表小组活动的服务和指导，丰

富代表小组活动形式;鼓励和支持代表开展调研,提高代表专题调研质量,引导代表提出更多高质量建议意见,推动相关问题的解决落实,充分发挥代表主体作用。

三、自身建设瞄准“优”,全面夯实前进基础

建设“两个机关”,关键靠自身建设。常委会坚持把自身建设摆在重要位置,不断提高做好新时代下人大工作的能力水平。一是加强常委会规范化建设。进一步规范常委会运行机制和议事程序,不断健全人大工作制度;探索制定《常委会组成人员守则》,明确常委会组成人员在开展调查研究、联系代表和群众、出席会议、审议发言等方面的职责。二是加强人大干部队伍建设。继续按照“内强素质·外树形象”的队伍建设主题,着力抓好人大干部队伍建设;进一步完善组织机构和内设机构设置,调整充实优化人大干部队伍,建立同新时代新要求相匹配的人大组织制度。三是加强区镇人大联动。强化对街道人大工作的领导和对镇人大工作的指导,优化区镇人大联动机制,探索监督工作“区镇协同”,增强联动实效,推动共同进步。四是加强人大党的建设。认真学习贯彻习近平新时代中国特色社会主义思想和党的十九大精神,以党的政治建设为统领,强化机关干部思想政治建设和人大理论学习,推进“两学一做”[10]学习教育常态化、制度化开展,扎实开展“人大代表讲习所”工作,精心组织开展“不忘初心·牢记使命”主题教育,增强党建对人大工作的带动作用。强化党风廉政建设,严格执行中央八项规定,严肃整治“四风”,推进常委会及机关工作作风持续优化。

各位代表、同志们,新时代开启新征程,新征程呼唤新作为,党和人民对我们充满期待,新都再一次腾飞需要我们倍加努力。让我们更加紧密的团结在以习近平总书记为核心的党中央周围,始终在区委的坚强领导下,紧紧依靠全区人民,不忘初心,牢记使命,苦干实干,共同为我区高质量建成现代化国际范的成北新中心城区而努力奋斗!

名词解释

【1】“三大战役”:大气、水、土壤污染防治三大战役

【2】“一府两院”:人民政府、人民法院、人民检察院。

【3】区农发局:2017 年评议区农村发展局时尚未进行机构调整,故沿用原称,现区农村发展局已调整更名为区农业和林业局。

【4】“三破除三主动”专题活动:破除圈层意识、码头意识、将就意识;主动向上争取,主动对外招商,主动下沉服务。

【5】“三大工程”:区第十八届人大一次会议提出区人大常委会要大力推进监督工作增效工程、代表工作拓展工程、自身建设提质工程,努力实现新都人大工作和建设与时俱进、完善发展。

【6】“两个机关”:党的十九大报告中提出的“使各级人大及其常委会成为全面担负起宪法法律赋予的各项职责的工作机关,成为同人民群众保持密切联系的代表机关”。

【7】“154”总体部署:“1”是 1 个总体定位,即成北新中心城区;“5”是四中心一屏障,即现代轨道交通航空装备研发制造中心、国际商贸物流中心、天府文化音乐文创中心、国际智能家居研发制造中心、成北生态屏障;“4”是四大发展目标,即建成国际开放新城区、创新智造新城区、品质魅力新城区、生态宜居新城区。

【8】代表工作“三三制”体系:三个制度,即代表联系选民制度、代表学习培训制度、建议意见督办制度;三个平台,即“代表之家”阵地平台、信息网络服务平台、代表小组活动平台;三个评价,即代表履职效果评价、建议意见效果评价、办理效果评价。

【9】“1+10+N”督查督办体系:每年确定 1 个“一号建议”,常委会全力推进落实;确定 10 个重点建议,由常委会领导牵头督办落实;其他建议由区人大及其常委会各专门委员会和办事工作机构督办解决。

【10】“两学一做”:学习共产党党章党规,学习贯彻习近平总书记系列重要讲话精神,做合格党员。

中国人民政治协商会议
第十一届成都市新都区委员会常务委员会工作报告

——2018年2月5日在政协第十一届成都市新都区委员会第二次全体会议上

成都市新都区政协主席　方正行

2017 年工作回顾

2017 年,区政协坚持以习近平新时代中国特色社会主义思想为指导,在中共成都市新都区委的坚强领导和成都市政协的有力指导下,紧紧围绕团结和民主两大主题,认真履行政治协商、民主监督、参政议政三大职能,充分发挥政协作为协商民主重要渠道和专门协商机构的作用,确保区委中心工作推进到哪里、政协履职就跟进到哪里,有力助推新都经济社会健康协调发展。

一年来,区委把政协工作放在全区大局中来谋划、部署和推进,把政治协商纳入决策程序,把加强政协协商民主建设和改进政协民主监督纳入全面深化改革重要内容,制定年度协商计划。许兴国书记多次听取政协工作汇报,及时阅批区政协的请示、报告,认真研究解决政协工作中的重大问题并对有关工作作出重要批示。区政府大力支持政协履行职能,李云区长参加区政协组织的专题视察活动和专题协商会议,通报相关情况。党委重视、政府支持、政协主动、各方参与的良好格局进一步形成,全区政协事业实现新发展。

一、强化引领,思想基础更加牢固

(一)始终坚持党的领导

毫不动摇坚持中国共产党的领导,切实增强“四个意识”,牢固树立“四个自信”,自觉在思想上政治上行动上同党中央保持高度一致,坚持和完善中国共产党领导的多党合作和政治协商制度,明确人民政协事业的原则遵循和着力方向,进一步提升政治站位、增强政治自觉、强化政治担当,始终保持政协工作的正确方向。

(二)不断增进政治共识

深入学习中共十九大和省、市、区党代会精神,推进“两学一做”学习教育常态化制度化,扎实开展专项治理“微腐败”工作和“三破除三主动”专题活动,通过全体会议、常委会会议、主席会议、专委会会议、界别小组会议等开展学习讨论,坚定政治方向,明确履职重心,切实把思想和行动统一到中央的决策上来,把智慧和力量凝聚到省委、市委、区委的重大工作部署上来,不断巩固团结奋斗的共同思想政治基础。

(三)着力加强理论武装

组织委员认真学习中央、省委、市委、区委关于加强和改进人民政协工作的相关精神,强化统一战线和人民政协理论的学习,组织全体委员、政协常委参加履职能力提升专题培训 2 次,开展常委会会前学法 4 次,分批次组织委员和机关干部参加全国政协举办的培训班,着力提升政协委员和机关干部的思想认识和履职能力,努力做到“懂政协、会协商、善议政”。

二、凝心聚力,政治协商广泛深入

(一)专题协商有重点

在区政协十一届一次会议期间,组织委员就政府工作报告等进行协商讨论,归纳整理涉及城市布局、产业发展、生态保护、民生改善等方面的工作建议 45 条专报区政府,得到区政府及相关部门重视采纳。全年召开常委会 4 次,先后同环保、公安、规划等区级部门就环境保护、社会治安管理、规划大会战等工作开展专题协商,所提意见得到区政府和相关部门采纳。重点专题协商“坚持绿色发展 推进‘生态护城’”问症生态环境保护工作,帮助区级相关部门找问题、谋对策,得到区委主要领导肯定性批示并印发全区,《人民政协报》对此进行了报道。

(二)对口协商重热点

充分发挥专委会特色优势,围绕就业创业、中小微企业发展、新媒体建设、北星都市农业示范带建设等工作与区级相关部门开展对口协商13次，意见建议得到积极采纳，助推重点领域改革和民生事业发展。

（三）界别协商出亮点

各界别委员小组以视察、调研、社情民意督办等形式，同区经信局、区交通运输局、马家镇、成都发动机集团有限公司、四川泛华航空仪表电器有限公司等围绕军民融合发展、城乡社区发展治理、航空动力产业培育、升庵文化研究与传承等课题开展界别协商45次，为相关部门和企业提供了有见地、有价值的意见建议作为决策参考。

（四）提案办理协商抓难点

对涉及面广、承办部门多、办理难度大的提案，实行区政协主席会议成员督办，并会同区政府和区级相关部门召开专题协商会进行协商办理。《关于泥巴沱森林公园建设的建议》《关于有序推进“互联网+基础教育”建设的建议》等提案，既抓准了相关工作的症结，又提出了切实可行的建议，受到区级相关部门好评。

三、关注热点，民主监督扎实有力

（一）注重视察监督的实效性

制定年度重点民主监督计划，就城乡环境综合治理、国家公共文化服务体系示范区建设、养老产业发展等工作，开展监督性视察，发现问题，提出建议，促进党委政府决策部署落实。在迎接中央环保督察工作中，组织市区两级政协委员开展黑臭水体治理民主监督3次，同时由2名副主席带队多次开展环保督察，工作经验得到市政协领导肯定性批示。

（二）注重社情民意的及时性

多形式、多渠道收集社情民意信息65条，编辑印送《社情民意反映》29期，在及时反映群众普遍关心关注的热点难点问题的同时，帮助相关部门找不足、补短板，有效发挥社情民意的民主监督作用。关于调整新都一中新校区公交线路、规范三木路道路标识牌等社情民意得到区政府领导高度重视，区级相关部门及时办理。

向市、区有关部门推荐42名特约监督员，组织25名委员旁听市、区法院案件庭审，推荐78名委员参加规划、教育等部门组织的座谈会，推荐29名委员监督视察为民办实事工程推进情况，推荐40名委员参加“绿化全川·新都行动”视察活动，强化委员民主监督的社会责任，拓宽民主监督领域。

四、聚焦发展，参政议政富有成效

（一）专题调研扎实深入

围绕区委中心工作，精心制定调研课题。组织委员就航空动力产业发展、就业优先战略实施、校地合作打造成北音乐高地等课题开展实地调研、协商讨论，形成调研报告6篇，其中《关于新形势下推进我区综合交通网络体系建设的调研报告》得到区委主要领导肯定性批示。

（二）提案工作高质高效

加强提案工作制度化、规范化、程序化建设，优化办前协商、办中协商、办后协商“三步工作法”。区级相关部门协同互动，形成提案办理合力。委员共提出提案161件，经审查立案155件，立案提案全部办复。提案中的意见建议有的被吸纳并落实到我区相关政策、发展规划及制度文件中，有的助推了部门工作及作风改进，有的增进了各方思想共识，为推动经济社会发展起到了积极作用。

（三）文史工作取得成效

充分发挥文史工作存史、资政、团结、育人的社会功能。广泛发掘史料线索，编辑出版《新都文史第二十九辑》。成立新都区族谱文化研究会，开展族谱文化研究，收集族谱200多本，涉及60多个姓氏。区政协书画院书画家作品入展省政协“守墨鼎新”书画展。会同西昌市、会理县等地政协挖掘收集杨升庵历史文化资料，为“历史名人传承创新工程”献智出力。

五、紧贴民心，服务民生积极有为

（一）心系民生促和谐

区政协主席会议成员开展对口帮扶督导调研13次。组织委员到新都区对口帮扶的简阳市雷家乡、望水乡实地督察帮扶项目进展情况，视察毗河生态带、香城健康养老中心、新都一中新校区建设等区委区政府为民办实事情况。积极开展“我为新都发展献良策”活动，收集民生工作意见建议80条，及时报送区委、区政府。

（二）扶贫攻坚暖民心

全体政协委员积极投身“我为扶贫攻坚做件事”活动，多渠道筹措资金770余万元，受益人数20余万人次。在“1+3”对口联系服务工作中，组织区教育局、区水务局等部门为木兰镇江西社区、永宁社区筹集帮扶资金18万元，走访慰问困难群众12户。组织委员参加市政协对新都区对口支援甘孜州理塘县工作民主监督，动员委员、企业家和民主党派对口帮扶理塘，共捐款捐物87.8万元。《新都区政协开展“我为扶贫攻坚做件事”活动情况》被市政协《政协工作参考》全文转载并印发全市。

六、强基固本，自身建设再上台阶

（一）效能建设显著提升

常态化制度化开展“两学一做”学习教育，落实党建和党风廉政建设主体责任，履行“一岗双责”，严格执行中央八项规定，持续用力正风肃纪。持之以恒加强干部队伍建设，努力打造忠诚干净担当干部队伍，切实发挥政协机关的服务保障作用。《建设务实、规范、和谐、廉洁的“四型”机关，提高服务保障能力》的经验在全市政协秘书长工作会上交流。

（二）服务管理规范有序

建立委员履职档案管理和履职情况定期统计分析通报制度，完善优秀提案、先进委员评选表彰办法，进一步规范委员履职管理。建立“政协综合信息管理平台”，实现流程化提案处理，履职信息自动汇总，信息集成与共享以及手机APP移动办公等功能，进一步提高管理服务信息化水平。

（三）对外宣传亮点纷呈

全方位立体式开展对外宣传，传播政协声音，展现委员风采，做到“报刊有文、电视有影、广播有声、网络有帖、手机有信”。编印《新都政协》年度期刊。全年被市级以上媒体采用新闻稿件74篇，其中，《经济日报》《人民政协报》、人民政协网采用15篇，《四川政协报》、四川政协网采用36篇。区政协被四川省政协评为2017年度新闻宣传工作先进单位。

各位委员、同志们，我们深刻地体会到：坚持党的领导，是发展政协事业的根本保证；服务发展大局，是履行政协职能的重中之重；不断探索创新，是焕发政协工作活力的不竭动力；发挥委员作用，是做好政协工作的坚实基础。

过去一年所取得的成绩，是区委坚强领导和区人大、区政府及社会各界大力支持的结果，也是区政协参加单位、广大委员和机关全体同志共同努力的结果。在此，我代表区政协常委会向大家的辛勤付出表示衷心的感谢！

在看到成绩的同时，我们也清醒地看到工作中存在的问题和不足，主要是：重点调研建言献策的质量还需要增强，协商活动的形式有待创新，协商成果的采纳落实和反馈机制还不够健全，民主监督工作还需进一步加强，发挥界别优势作用不够充分，服务和管理委员的措施有待改进，委员履职的能力水平还需提高等。对这些问题，我们要高度重视，切实改进。

2018年工作意见

2018年是深入贯彻落实中共十九大精神的第一年，是改革开放40周年，也是成都加快建设全面体现新发展理念的国家中心城市、新都加快建设现代化国际范成北新中心城区的关键之年。区政协常委会工作的指导思想和总体要求是：高举中国特色社会主义伟大旗帜，以习近平新时代中国特色社会主义思想为指导，全面贯彻中共十九大精神，按照中共十九大对政协工作的新部署、新要求，紧紧围绕中央、省委、市委重大决策和区委“154”总体部署，扎实履行政治协商、民主监督、参政议政三大职能，为高标准全面建成小康社会，高质量建设现代化国际范成北新中心城区贡献智慧和力量。

一、凝聚共识，始终坚定正确政治方向

加强党的领导，坚持把学习贯彻中共十九大精神作为当前和今后一个时期的首要政治任务，用习近平新时代中国特色社会主义思想武装头脑、指导实践、推动工作，切实把思想和行动统一到中共十九大提出的重大思想、重大观点、重大判断、重大战略、重大举措上来，把维护以习近平同志为核心的党中央权威和集中统一领导作为最高政治原则和根本政治规矩，在思想上高度认同、政治上坚决维护、组织上自觉服从、行动上紧紧跟随。推进“两学一做”学习教育常态化制度化，扎实开展“不忘初心、牢记使命”主题教育，确保新时代党的建设新部署新要求在政协落到实处。深刻认识人民政协是具有中国特色的制度安排，明确政协工作的使命责任和方位重点，把智慧和力量汇聚到区委十四届五次全体会议确定的奋斗目标和具体安排上来，为走好新时代新都“三步走”征程凝聚共识合力。

二、发挥优势，紧扣改革发展献计出力

围绕区委中心工作，凝聚发展共识，汇聚发展智慧。政协参加单位和政协委员要坚持把助推建设现代化国际范成北新中心城区作为履职的第一要务，充分彰显人民政协在服务深化改革和高质量发展中的独特价值。深入践行新发展理念，围绕做强现代轨道交通航空装备研发制造中心、国际商贸物流中心、天府文化音乐文创中心、国际智能家居研发制造中心，筑牢成北生态屏障献智出力。围绕建设国际开放新城区、创新智造新城区、品质魅力新城区、生态宜居新城区履职尽责。紧扣实施产业功能区建设工程，加快迈向高质量发展，就做强先进制造业、做优现代服务业、做精都市现代农业、做大新经济献计献策，促进率先实现经济高质量发展；紧扣实施动力结构优化工程，加快培育竞争新优势，开展专题调研，提出对策建议，助推城市持续发展；紧扣实施城乡融合发展工程，加快建设典范新城区，积极建言，推进乡村振兴战略实施；紧扣实施文化根脉浸润工程，加快塑造城市新品格，创新开展文史工作，助力文化事业繁荣和文创产业发展；紧扣实施民生改善提质工程，加快增强人民获得感，有效开展民主监督，促进民生项目落地和惠民政策落实；紧扣实施社会治理创新工程，加快构建和谐新气象，重点就推进依法治区、开展平安建设和深化社区发展治理等资政建言，不断增强人民群众的获得感、幸福感、安全感。

三、务实创新，推进协商民主广泛发展

充分发挥人民政协协商民主重要渠道作用，精心制定年度政治协商和民主监督计划，通过专题协商会、提案办理会、重大项目通报会等协商程序，听取政协委员、社会各界人士和人民群众的意见和建议，在广开言路、集思广益中形成睿智之言和务实之策，对党委政府重大决策的执行情况进行监督。深化提案工作，全面提升提案质量和办理实效。广泛收集社情民意，及时反映群众诉求。围绕轨道交通、商贸物流、智能家居三大主导产业精心组织协商活动，完善协商成果的采纳、落实和追踪反馈机制，为构建具有新都特色的新经济体系出实招、献良策。践行新人才观，为把新都打造成为具有竞争优势的人才集聚地提出意见建议，同时从政协委员中遴选各界别专家组建政协智库，为改革发展贡献智慧。

四、聚焦聚力，持续深入开展扶贫攻坚

政协参加单位和政协委员要充分发挥代表性强、联系面广、包容性大的优势，持续深入开展“我为扶贫攻坚做件事”活动，紧紧围绕产业、就业、教育、健康、生态、基础设施等方面精准帮扶。区政协主席会议成员根据各自联系的对口帮扶工作，定期深入基层，认真调研督导视察，协调解决扶贫攻坚具体问题。围绕区委、区政府扶贫攻坚部署安排，集中反映贫困地区和贫困群众关注诉求，加强与相关部门的协调联系，做好专题议政协商、重点调研视察，为打赢精准脱贫攻坚战汇聚强大合力。把委员参与扶贫攻坚情况纳入履职考核重要内容，不断激发委员主体意识和帮扶热情，确保政协扶贫攻坚取得更大成效。

五、完善机制，持之以恒加强自身建设

加强制度建设，进一步提升政协工作制度化、规范化、程序化水平。深化党派合作，发挥各民主党派、工商联和无党派人士在政协工作中的作用。强化协同互动，加强与民族、宗教和新社会阶层人士的联系。突出界别特色，不断拓宽界别渠道，努力扩大团结面、增强包容性，进一步发挥界别代表性强的优势。加强专委会建设，突出专业特点，推动专委会工作与全区中心工作同步对接，充分发挥专委会基础作用。加强委员服务管理，完善“政协综合信息管理平台”建设，继续在委员中开展“五个一”活动，对委员履职情况进行量化考核，考核结果作为创先评优和届中调整及换届留任的重要依据，始终保持委员队伍的生机与活力。加强机关干部队伍建设，进一步提升综合协调和服务保障能力。

各位委员、同志们：

新时代要有新作为，新使命呼唤新担当。中共十九大各项理论成果，特别是习近平新时代中国特色社会主义思想为中国特色社会主义伟大事业指明了方向，也为做好政协工作提供了根本遵循。让我们更加紧密地团结在以习近平同志为核心的党中央周围，在区委坚强领导下，同心同德，团结奋进，充分发挥协调关系、汇聚力量、建言献策、服务大局的作用，助推区委“154”总体部署落地落实，为高质量建设现代化国际范成北新中心城区作出新的更大的贡献！

成都市新都区2017年国民经济和社会发展计划执行情况及2018年计划(草案)的报告

——2018年2月6日在成都市新都区第十八届人民代表大会第二次会议上

成都市新都区发展和改革局局长　李　娜

一、2017年国民经济和社会发展计划执行情况

2017年，在市委、市政府和区委的坚强领导下，在区人大、区政协的监督支持下，全区深入贯彻落实党的十九大和省第十一次党代会、市第十三次党代会精神，按照全市产业发展大会、城乡社区发展治理大会、新经济发展大会等系列重要会议部署要求，统筹推进稳增长、促改革、调结构、惠民生、防风险，保持了经济社会平稳发展、各项事业协调并进的良好态势，15项计划指标均实现年度预期目标，其中，GDP、固定资产投资等10项主要经济指标超进度完成计划目标，城镇化率与年度计划目标持平，万元GDP能耗下降、主要污染物排放总量降低均完成市级下达任务，城镇登记失业率、人口自然增长率控制在计划目标内。

——地区生产总值完成722.7亿元，增长(同比，下同)8.9%，超计划目标1.4个百分点。其中，第一产业增加值27.9亿元，增长3.8%，超计划目标0.8个百分点；第二产业增加值430亿元，增长7.6%，超计划目标0.7个百分点，其中规上工业增加值增长9%，超计划目标1个百分点；第三产业增加值264.8亿元，增长11.5%，超计划目标2.5个百分点。

——固定资产投资完成525.2亿元，超计划目标60.2亿元。

——社会消费品零售总额实现176亿元，增长14.6%，超计划目标5.6个百分点。

——一般公共预算收入54.4亿元，增长12.1%，超计划目标4.6个百分点。

——农村居民人均可支配收入22926元，增长8.8%，超计划目标0.3个百分点；城镇居民人均可支配收入40149元，增长8.1%，超计划目标0.6个百分点。

——城镇化率与计划目标持平。

——万元GDP能耗下降3%，完成计划目标。

——主要污染物排放总量降低，完成计划目标。

——城镇登记失业率控制在4%以内，完成计划目标。

——人口自然增长率6.6‰，完成计划目标。

(一)经济质效不断提高

1. 经济保持平稳增长。地区生产总值迈上700亿元台阶，增速超市级目标1个百分点。投资支撑有力，工业投资增幅达31.3%；48个省市重点项目完成投资208亿元，目标综合排名全市第七。消费稳步提升，社会消费品零售总额实现176亿元，增长14.6%，全市排名第二。就业形势总体向好，城镇新增就业6030人，农村富余劳动力新增转移就业5726人，动态消除“零就业”家庭。价格保持稳定，居民消费价格涨幅控制在3%以内。

2. 产业结构优化升级。三次产业结构比由4.2∶59.4∶36.4调整为3.9∶59.5∶36.6，服务业对经济增长的贡献率提高6.1个百分点，金融业、信息服务业等现代服务业保持较快增长。完成高新技术产业产值256.3亿元，科技对经济增长的贡献率为62.4%，新增省、市级企业技术中心11个。轨道交通等高端装备制造业加快发展，战略性新兴产业产值占规上工业总产值比重超过20%。淘汰高能耗、高污染、低效益产能，依法关闭“散乱污”工业企业1025家。农业发展方式逐步优化，农产品精深加工率、土地规模流转率分别达70%、80%，较上年分别提高3个、8个百分点。

3. 发展质效稳步提高。财税收入稳定增长，一般公共预算收入增长12.1%，高于经济增速3.2个百分点；五大园区完成区级税收8.9亿元，增长13.8%。城乡居民收入稳定增长，居民收入比为

1.75，收入差距进一步缩小。企业效益稳步提升，户均规上工业企业主营业务收入、户均限上服务业企业营业收入分别增长18.6%、23.1%。

（二）产业能级加快提升

1. 产业生态圈建设全面启动。坚持以产业生态圈[1]为核心组织经济工作，出台《成都市新都区加快构建产业生态圈工作方案》，编制完成轨道交通、航空发动机、现代物流等10个产业生态圈建设方案。高标准规划建设27平方公里轨道航空动力新城，一期总投资35.8亿元的PPP[2]项目启动实施，20万平方米标准厂房、11.4万平方米人才公寓开工建设。国际公路物流港转型升级，新建投用标准化仓储设施20.2万平方米，传化物流启动整体搬迁。

2. 现代制造业加快发展。实现工业增加值403.3亿元，增长8.6%，新都工业区获批省级高新技术产业园，积极争创国家新型化工业示范基地。轨道交通产业成链发展，实现产值21亿元，增长17.8%；中车地铁7号线44辆铝合金A型车辆全部交付使用，中车轨道交通产业园入驻配套项目23个，今创、新誉等8个项目开工建设。航空发动机产业加快发展，中航发涡轮院研发总部项目开工建设，成为全省第四季度重大项目开工活动主会场。实施“两化融合”[3]项目14个，成量工具、成发科能成为2017年国家两化融合管理体系贯标试点企业。

3. 现代服务业优化提升。现代物流业加快转型，营业收入、全口径税收分别增长28%、30%；传化物流获评国家AAAA级物流企业，累计培育A级物流企业数51家，占全市的48%；全区电子商务交易额突破450亿元，菜鸟项目竣工投运，安博、京东亚洲一号等项目开工建设。金融业稳步发展，金融机构人民币存、贷款余额分别增长3.4%、9.2%，“新三板”[4]、天府（四川）联合股权交易中心挂牌企业分别新增2家、15家。文创产业焕发活力，占GDP比重较2016年提高0.5个百分点。旅游业蓬勃发展，接待游客量、收入分别增长11.1%、21.4%。

4. 都市现代农业稳中向好。农业供给侧结构性改革深入推进，全面建成2个循环农业生产示范基地。农机产业园获农业部“农村创业创新园区”称号，省级农产品质量安全监管示范区通过复查验收，新增市级以上示范合作社8家、家庭农场4家，四川省著名商标3个、有机产品认证12个；建设3万余亩高标准农田、创建2个万亩水稻高产示范基地。产业融合发展取得实效，“云图生活”等农村电商平台实现销售额2亿元，泉映梨花成功创建国家AAA级旅游景区。

（三）发展动能加速转换

1. 创新驱动深入实施。抓牢全面创新改革“一号工程”，成发集团新都军民融合经验入选全国首批推广的13条创新改革举措；国内首个高铁运营安全空间信息技术实验室落户新都，西南石油大学科技园获批国家级科技企业孵化器，“帮创空间”获批国家级众创空间，“蜂云谷”聚集孵化器和研发实验室8家，入驻企业93家。强化知识产权保护，全省第一家知识产权快维中心落户家具产业园，全区专利申请量7638件，其中发明专利2006件。市场活力进一步迸发，新增各类市场主体、注册资本金分别增长64.8%、24.8%。

2. 重点改革取得突破。坚持以供给侧结构性改革为主线，“三去一降一补”[5]扎实推进。降低制度性交易成本经验在全市推广，企业用电、用气成本降低20%以上。投融资体制改革成效显著，香城公司成为全省首家区县级中期票据注册公司；设立政府和社会资本合作中心，引入社会资本81.3亿元。启动新一轮行政体制机构改革，组建行政审批局、大数据和电子政务办、农业和林业局、投资促进服务中心。行政审批体制改革不断深化，获批相对集中行政许可改革试点，“周末服务常态化”和“政务夜办”服务在全市率先实施。现代学校教育制度改革经验被教育部专刊推广。“人民调解组织和人民调解员等级化管理机制”试点获评中央综治办全国11个优秀项目之一。

3. 对外开放纵深推进。实际到位内资293.1亿元，利用外资实际到位2亿美元，分别增长10.6%、15%。深入实施“蓉欧+”战略，荣获“一带一路”物流建设发展贡献奖。构建全域招商工作体系，围绕主导产业开展强链补链扩链招商，成功举办“国际轨道交通产业发展峰会”等投资促进活动，新签约引进北京鼎汉等14个重点项目，总投资约150亿元，项目落地转化率70%以上。区域合作深入拓展，与攀枝花西区建立战略合作关系，与金牛、成华等区域合作持续推进，新青连片一体化发展加快。

4. 人力资源加速集聚。全面践行“不唯地域、不求所有、不拘一格”新人才观，出台“新都人才新政24条”，实施“2017年特需人才引进计划”；在全市率先实行“人才绿卡”制度，开通高层次人才服务“绿色通道”，新引进省、市“千人计划”专家4人，其他领域高层次人才262人，新落户本科大学生1780人。

（四）城市品质明显提优

1. 城市规划体系不断健全。紧扣“北改”“中优”[6]使命，完成五年行动计划编制。在全市率先开展规划大会战，修编新编《新都区空间战略发展规划及分区详细规划（2016—2035年）》等114项规划，确立了以建设现代化国际范成北新中心城区为统揽的“154”[7]总体部署。四级城镇体系建设稳步推进，主城区七一国际广场等18个重点项目完成投资32亿元，小北街旧城改造有序实施。新繁镇获成都市2017年重点支持小城市遴选第一名，70个小城镇建设重点项目完成投资25亿元；建成幸福美丽新村38个，高院村获评全国改善农村人居环境示范村。

2. 城乡基础设施更加完善。综合交通体系不断健全，地铁3、5号线新都段加快建设，7个地铁市政同体工程顺利推进，马超东路东延线、大石路延伸线等项目稳步推进，新都一中配套道路等14条“断头路”建设有序推进，完成新（改）建农村道路67公里。城建攻坚扎实开展，改造老旧院落50个、城中村528户，完成74条背街小巷整治；万科五龙山农贸市场、斑竹园回南社区服务中心等22个公共配套项目建成投用。新建4G基站130个，中车110千伏、新都500千伏输变电线路建设加快推进。

3. 城市生态环境持续优化。扎实推进中央、省环保督察问题整改，深入落实“三治一增”[8]四十条，环境质量持续好转。铁腕治霾，完成家具企业VOC[9]治理31家，关停砂石厂、商混站91家，淘汰老旧车辆、黄标车5300余辆，大气主要污染物PM10、PM2.5分别下降30.7%、23%，空气质量优良天数较2016年增加46天。重拳治水，全面推进“河长制”[10]，整治河渠86条，清白江出境水质由Ⅳ类提升为Ⅲ类；完成金海、工业东区等5个污水厂扩容工程，建成污水管网27公里，城市污水处理率达到92%。科学治堵，稳步推进小街区规制建设，投用2万余辆共享单车、200余辆分时租赁电动汽车。全域增绿，新增绿化面积68.6万平方米，泥巴沱森林公园等43个生态项目加快推进。

（五）社会事业取得实效

1. 社会保障更加务实。社保覆盖面进一步扩大，城乡居民养老保险、基本医疗保险参保率分别达95%以上、99.96%，启动工伤预防和长期照护保险试点。深入开展低保、特困供养等各类救助，发放解困资金3201万元。养老事业加快发展，新建城乡社区日间照料中心57个，新增筹建社会化养老床位1326张，香城健康养老中心项目主体完工。着力开展“安居工程百日攻坚行动”，完成24.2万平方米安置房建设，新安置2万余人。高标准推进扶贫工作，制定对口帮扶理塘五年规划，派驻援藏干部30名，拨付、落实帮扶资金4756万元。

2. 公共服务更加均衡。完成省市区三级民生工程180项。教育事业加快发展，新都一中、成都实验外国语学校五龙山校区等13所新（迁）建学校竣工投用，新增学位13792个。医疗卫生服务水平显著提升，区中医院扩建等14个医疗卫生项目加快建设，成立全国首家混合所有制中医治未病医院，建成四川省妇幼健康优质服务示范区。构建“在位+在线”[11]模式，与华西二院、市二院合作办医，全区家庭医生签约率达50.4%。文化惠民活动扎实开展，举办各类惠民演出153场，新建公共文化服务标准化示范点15个。

3. 社会治理更加精细。实施城乡社区治理“五大行动”[12]，创新“三联+”[13]“红湖模式”[14]党建带社建工作机制，形成以党组织为核心的区域化治理架构。依法治区深入开展，行政机关负责人出庭应诉经验在全省推广，建成全市首个社区公共法律中心、全省首个刑事案件“三地四方”[15]远程视频庭审系统。社会治安稳定有序，“大联动·微治理”综治中心加快建设，2030个“雪亮工程”[16]监控点位建成投用；严厉打击各类违法犯罪行为，入室盗窃、盗窃汽车警情分别下降31.5%、27.2%。多元化解矛盾纠纷，落实信访问题领导包案机制，全力维护群众合法权益和社会稳定。

在看到成绩的同时，我们也清醒地认识到，全区经济社会发展还存在一些问题和不足，主要是：经济增长的新动力尚未形成，主导产业不强、单位产出不高、剩余空间受限、项目落地周期长、科技转化率低等问题较为突出；与主城联系通而不畅，心理距离较远，交通拥堵、环境污染等城市病依然存在；满足群众对生态环境质量的期望任重道远，“散乱污”企业还未完全消除，环境污染治理任务艰巨；保障经济社会发展的维稳压力仍然较大，征地拆迁安置、房地产领域不少遗留问题尚待解决。对此，我们将采取有力措施，切实加以改进。

二、2018 年经济社会发展目标建议

2018 年是深入贯彻落实十九大精神的开局之年，是改革开放 40 周年，也是加快建设全面体现新发展理念的国家中心城市和成北新中心城区的关键之年，发展和改革任务重大而艰巨。按照区委工作部署，2018 年经济社会发展的总体要求是：高举中国特色社会主义伟大旗帜，全面贯彻党的十九大和十九届二中全会精神，以习近平新时代中国特色社会主义思想为指导，全面落实中央、省委、市委重大决策部署，统筹推进“五位一体”[17]总体布局，协调推进“四个全面”[18]战略布局，贯彻落实省委“三大发展战略”[19]，主动服务成都建设全面体现新发展理念的国家中心城市总体目标，坚定践行新发展理念，大力推进“154”总体部署，遵循规律、稳中求进，解放思想、创新竞进，为高标准全面建成小康社会，高质量建设现代化国际范成北新中心城区而努力奋斗！

在综合分析宏观经济形势和自身发展环境的基础上，围绕区委十四届五次全会确定的发展目标，建议 2018 年经济社会发展主要预期目标为：

——地区生产总值增长 7.8%，其中，第一产业增加值增长 3.5%；第二产业增加值增长 7.5%，规模以上工业增加值增长 9%；第三产业增加值增长 9%。

——全社会固定资产投资增长 5%。

——社会消费品零售总额增长 9.5%。

——一般公共预算收入增长 7.8%。

——城镇居民人均可支配收入增长 8%。

——农村居民人均可支配收入增长 8.5%。

——城镇化率提高 0.5 个百分点。

——城镇登记失业率控制在 4%以内。

——人口自然增长率控制在 7‰以内。

——单位 GDP 能耗继续下降，完成市级目标任务。

——主要污染物排放总量继续降低，完成市级目标任务。

三、2018 年经济社会发展主要工作

（一）全面贯彻新发展理念，加快构建现代产业体系

1. 提升主导产业综合竞争力。突出发展轨道交通和航空两大高端装备制造业，实现轨道交通产业产值增长 25%、航空产业销售收入增长 10%以上。轨道交通聚焦高速动车、城际动车、磁浮领域，大力支持中车成都公司能级提升，推动株洲电机、西南铁路物资等项目开工建设，中车电机、新誉等项目加快建设，中车成都公司城际动车生产线落户新都。航空聚焦大型发动机、中小推力通用航空发动机、无人机发动机领域，争创国家级军民融合创新示范区，促进中航发涡轮院研发总部项目加快建设，成飞、成发军民融合产业园开工。转型发展现代物流业，力促京东亚洲一号项目竣工投产，国美、嘉民、传化智联项目开工，安博等项目加快建设，实现物流业营业收入 220 亿元以上。

2. 优化发展都市现代农业。深入实施乡村振兴战略[20]，加快推进农业农村现代化。重点推进檀木蔬菜湿地公园、云野花卉等项目加快建设，加快打造马家尖峰运动、三河天府沸腾、斑竹园乡村音乐等都市农业文体主题项目。加强与省农科院合作，加快种苗基地和高端化种苗中心建设，推进农业标准化、品牌化，新增“三品一标”[21]认证 5 个，新建高标准农田 3 万亩，力争花香果居成功创建国家 AAAA 级旅游景区。实施“百镇千村”建设行动，推进“三美四好”[22]示范村建设，加快 100 个川西林盘整治，打造特色林盘聚落 2 个。

3. 大力发展新经济[23]。构建具有新都特色的新经济产业体系，重点实施“五大行动”[24]。建设轨道交通智造高地，推进西南交通大学国地联合工程实验室、中车成都公司西南研发中心、新誉集团西南技术中心等项目加快建设。加快发展音乐文创产业，培育引进教育培训、动漫游戏、音乐创意等业态，打造环川音音乐中心。大力实施“电竞+”行动，完善电竞产业扶持政策，支持云图控股加快 100 家电竞示范馆布局建设。依托北大资源集团，推动家具产业智能化，提升家居产品综合附加值和市场竞争力。实施新经济企业梯度培育计划，建立新经济企业培育库，力争引进王者互娱、驾了么等新经济企业 10 家以上。

4. 全力打造产业功能区。加快构建产业生态圈，深入落实“五位一体”[25]管理制度，全面完成新都高新技术产业园、国际公路物流港集聚区总规、控规编制工作。高标准建设轨道交通产业园，建成 20 万平方米标准化厂房；加快推进木兰人才小镇建设，全力推进“兴香城”人才公寓建设。强化物流园区和北部商城业态提升、融合发展，着力打造服务成都、面向欧亚的“蓉欧新城”。推动家具产业园等传统园区转型发展，探索工业用地弹性出让制度，为主导产业发展腾退空间。

（二）深化改革开放，加快实现更高质量发展

1. 积极推进供给侧结构性改革。大力推动“破立降”[26]，深化要素市场化配置改革，促进劳动力、资本、土地、技术、大数据等生产要素均衡高效配置。大力破除无效供给，稳妥处置“僵尸企业”，疏解转移企业50家以上。增加有效供给，鼓励传统产业运用互联网、人工智能等新技术，推进达利食品、同仁堂药业等企业技术改造。着力降低企业成本，继续清理涉企收费；支持物流行业技术创新，新增城市共同配送试点企业5户以上。深化投融资体制改革，探索设立产业投资基金，扩大“壮大贷”[27]推广应用，继续推进与社会资本合作。深化区域特色金融，搭建绿色金融[28]载体，加快成都绿色金融中心建设。

2. 有效激发市场主体活力。深化“放管服”[29]改革，建设24小时政务服务中心，构建政务协同办事管理平台，打造“云、网、端、数”为一体的智慧政务云平台；积极开展相对集中行政许可权改革，实现80%以上行政审批和服务事项“最多跑一趟”。创新项目管理机制，建立项目策划储备常态机制，在产业功能区全面实施企业投资项目承诺制。优化市场经营环境，构建亲清新型政商关系，健全社会信用体系，增强企业“安全感”。实施人才优先战略，落实“新都人才新政24条”，深化“人才+项目+资本”协同引才模式，力争引进紧缺型人才、专业型人才70人以上。

3. 着力推动高质量发展。实施“五项制度改革”[30]，构建高质量发展制度体系。打通基础研究、应用开发、成果转化及产业化全流程创新链条，加大研发投入，新增高新技术企业15家，新增市级以上科研机构10家，科技进步贡献率达63%以上。打造环高校知识经济圈，加快西南石油大学国家科技园、电子科大“新都智能制造协同创新中心”建设。充分发挥双创载体作用，开展创新创业活动12场以上；加快国家知识产权示范区建设，力争全年发明专利总量突破2000件。

4. 加快融入全面开放格局。力争完成进出口总额27亿元以上，增长6%；完成实际到位内资333亿元，利用外资实际到位2.2亿美元。继续推进“万企出国门”等系列经贸促进活动，鼓励昆仑石油、科伦药业等企业积极开拓国际市场。狠抓招商引资“一号工程”，瞄准“6类500强企业”[31]、行业龙头、“独角兽”[32]企业，开展产业链、生态圈招商，引进重大项目15个以上，力争在百亿级项目招引上实现突破。务实推进区域合作，加快与青白江合作共建国际物流枢纽和国际贸易平台，与金牛、新津合力打造轨道交通产业集群；发挥成德绵创新带节点作用，促进要素市场和公共服务一体化。

（三）聚焦品质提升，加快建设宜居生活城市

1. 完善城市基础设施。加快构建“7高7快13轨”[33]综合交通体系，规划建设有轨电车示范线，力争地铁3号线新都段建成、地铁5号线新都段加快建设；启动实施金凤凰高架新都段项目，配合实施成南高速扩容、五环快速等高快速路建设，协助成华区开展蜀龙路入城端改造；开展蓉都大道、香城大道提速改造，实现成彭高速扩容建成通车。打造“公交都市”，完成5个公交场站建设，新建公交站亭20个，新增（更新）公交车150辆，实现公共交通出行分担率30%以上。加快光网城市和无线城市建设，新建4G基站110个、公共区域Wi-Fi覆盖点位12个。完成中车110千伏变电站等项目建设，提升能源保障能力。

2. 筑牢成北生态屏障。推动生产绿色化，培育壮大新能源、节能环保等产业，实施电能替代，促进单位GDP能耗和主要污染物排放进一步降低。推动生活绿色化，推广应用新能源公交车，支持共享单车、共享新能源汽车等绿色交通出行方式，创建绿色低碳示范单位1个以上。推动城市绿色化，深入实施“三治一增”，全面深化“河长制”，启动9公里香城绿道建设，有序推进13处城市公园、8处小游园建设，加快推进总投资67亿元的泥巴沱森林公园、毗河水环境综合治理等重大生态环保项目，实现城区黑臭水体消除90%，PM10、PM2.5指数持续下降。

3. 塑造城市特色文化。深度挖掘“三香”文化、红色文化等特色文化内涵，激发文化创造活力。启动升庵祠堂重建、升庵博物馆建设；打造旃檀寺红色遗址公园、督桥河黄霖故居，让优秀传统文化展现时代风采。建设中医院特色街区，着力提升宝光—桂湖历史文化街区、三河锦门特色街区品质，加快打造新繁历史文化小镇、清流艾芜文学小镇、马家“书香小镇”等特色文化小镇。强化优质文化产品供给，加快推进香城体育中心建设，启动香城文化中心建设；大力开展“快乐周末·百姓舞台”“音约香城·乐动新都”等文化活动，不断丰富群众精神文化生活。

(四)坚持民生为本,加快满足美好生活需要

1. 健全社会保障。完善就业创业服务平台,上线"就业直通车",建立"就业专员"制度,做好"小散乱污"关闭企业失业人员等人群就业创业援助工作,力争新增就业5300人。加强社会兜底保障,城乡居民养老保险、基本医疗保险参保率分别保持95%、99%以上。健全社会救助体系,实行贫困住院患者县域内"先诊疗后付费"等惠民政策。加大住房保障力度,工业东区100套公租房竣工交付,启动4个安置房项目建设。打好精准脱贫攻坚战,扎实抓好理塘、简阳对口帮扶工作。

2. 繁荣社会事业。实施"十大民生工程"[34],着力打造"15分钟社区生活服务圈"。优化教育资源均衡配置,构建"区域教育联盟",推进优质义务教育城乡协调发展,加快毗河中学、大丰三小等18个中小学教育项目建设,公办和公益性学前教育学位覆盖率达86%以上。加快建设健康新都,继续深化分级诊疗等医疗卫生体制改革,加快推进区第二人民医院、区妇幼保健院等4个医院配套项目建设,新增床位476张;大力振兴中药事业,基层中医药服务率达48%。全面推进"医养融合"模式,建成2个社区养老院和20个城乡日间照料中心,维修改造办公养老机构床位300张。

3. 强化社会治理。深入推进城乡社区发展治理"五大行动",改造棚户区9.7万平方米、老旧院落10个,整治背街小巷74条,完成60%的村(社区)综治中心规范化建设,力争大丰街道崇义社区、三河街道二台子社区成为全市示范社区。深入推进依法治区,开展法治宣传教育和"七五"普法活动15场以上。深化平安新都建设,实施"1+3+N"专群协作治安联动模式[35],推进综合减灾标准化社区建设。实施食品药品安全战略,持续推进国家食品安全城市创建,守住社会稳定、安全生产、食品药品监管"三条底线"。

各位代表,做好2018年经济社会发展工作,任务艰巨、责任重大,让我们更加紧密地团结在以习近平同志为核心的党中央周围,在市委、市政府和区委的坚强领导下,在区人大和区政协的监督支持下,不忘初心,牢记使命,继续前进,以更加坚定的信心、更加务实的作风,为高标准全面建成小康社会,高质量建设现代化国际范成北新中心城区而努力奋斗!

名词解释

【1】产业生态圈:以某主导产业为核心、具有较强市场竞争力和产业可持续发展特征的地域产业多维网络体系。

【2】PPP:英文"public-private-partnership"的首字母缩写,政府与私营商签订长期协议,授权私营商代替政府建设、运营或管理公共基础设施并向公众提供公共服务。

【3】"两化"融合:信息化和工业化融合发展。

【4】新三板:非上市股份有限公司代办股份报价转让系统。

【5】三去一降一补:供给侧结构性改革五大重点任务,即去产能、去库存、去杠杆、降成本、补短板。

【6】北改、中优:成都市第十三次党代会报告提出,坚持"东进、南拓、西控、北改、中优",促进城市可持续发展。"北改",就是建设提升北部地区生态屏障,保护好历史性、标志性建筑,加快城市有机更新,改善人居环境;"中优",就是优化中心城区功能,降低开发强度,降低建筑尺度,降低人口密度,提高产业层次,提升城市品质。

【7】"154"总体部署:"1"个总体定位——成北新中心城区,"5"大功能支撑——现代轨道航空装备研发制造中心、国际商贸物流中心、天府文化音乐文创中心、国际智能家居研发制造中心、成北生态屏障,"4" 大发展目标——国际开放新城区、创新智造新城区、品质魅力新城区、生态宜居新城区。

【8】三治一增:铁腕治霾、重拳治水、科学治堵,全域增绿。

【9】VOC:挥发性有机化合物(volatile organic compounds)的英文缩写。

【10】河长制:由中国各级党政主要负责人担任"河长",负责组织领导相应河湖的管理和保护工作。

【11】在位+在线:聘请的城市三级医院专家教授以"在位"的方式通过临床带教、业务指导、教学查房、学术讲座、科研和项目协作等形式实现优质医疗资源共享、专科共建,促进专科诊疗水平提升。

【12】社区治理“五大行动”：老旧城区改造行动、背街小巷整治行动、特色街区创建行动、社区服务提升行动、平安社区创建行动。

【13】三联+：党委委员联系支部、支委委员（党代表）联系党员、党员联系群众，“+”当前及今后中心工作和重点工作。

【14】红湖模式：社区发展治理有强有力的基层党组织、服务居民群众的有效载体、交流互动的信息平台，要有一个利益协调的机制，要有一种勇于担当的精神状态。

【15】“三地四方”远程视频庭审系统：在传统庭审的基础上，引入互联网辅助办案的一种庭审形式，其主要运行方式是利用互联网高清同步视频系统让位于审判法庭、公诉机关和看守所等不同地点的诉讼活动参与人可以实时同步参与庭审。

【16】雪亮工程：以三级综治中心为平台、以综治信息化为支撑、以网格化管理为基础、以公共安全视频监控联网应用为重点的群众性综治工程。

【17】“五位一体”总体布局：经济建设、政治建设、文化建设、社会建设、生态文明建设五位一体。

【18】“四个全面”战略布局：全面建成小康社会、全面深化改革、全面依法治国、全面从严治党。

【19】省委“三大发展战略”：多点多极支撑发展战略，“两化”互动、城乡统筹发展战略，创新驱动发展战略。

【20】乡村振兴战略：习近平同志在十九大报告中指出，实施乡村振兴战略。主要包括全域乡村规划提升工程、特色镇（街区）建设工程、川西林盘保护修复工程、大地景观再造工程、农村人居环境整治工程、农业品牌建设工程、乡村人才培育集聚工程、农民增收促进工程、农村文化现代化建设工程、城乡社区发展治理工程“十大重点工程”和农业供给侧结构性改革、农村集体产权制度改革、农村金融服务综合改革、公共产品服务生产供给机制改革、农村行政管理体制改革“五项重点改革”。

【21】三品一标：无公害农产品、绿色食品、有机农产品和农产品地理标志的统称，是政府主导的安全优质农产品公共品牌。

【22】三美四好：“三美”即风尚新美、环境秀美、生活富美，“四好”即住上好房子、过上好日子、养成好习惯、形成好风气。

【23】新经济：一种由技术到经济的演进范式、虚拟经济到实体经济的生成连接、资本与技术深度黏合、科技创新与制度创新相互作用的经济形态。

【24】“五大行动”：实施轨交航空智能制造领先区、智慧物流示范区、音乐文创集聚区、电竞产业样板区、智能家居典范区建设“五大行动”。

【25】“五位一体”管理制度：按照园区城市总体规划、产业招商指导目录、园区设计规划导则、产业引导政务政策和公共服务设施建设规划五位一体管理。

【26】破立降：“破”，大力破除无效供给，把处置“僵尸企业”作为重要抓手，推动化解过剩产能；“立”，大力培育新动能，强化科技创新，推动传统产业优化升级，培育一批具有创新能力的排头兵企业，积极推进军民融合深度发展；“降”，大力降低实体经济成本，降低制度性交易成本，继续清理涉企收费，加大对乱收费的查处和整治力度，深化电力、石油天然气、铁路等行业改革，降低用能、物流成本。

【27】壮大贷：由政府、融资担保公司共建风险资金池，再通过银行授信取得一定额度，面向成长期中小企业的金融产品。

【28】绿色金融：金融部门把环境保护作为一项基本政策，在投融资决策中要考虑潜在的环境影响，把与环境条件相关的潜在的回报、风险和成本都要融合进银行的日常业务中，在金融经营活动中注重对生态环境的保护以及环境污染的治理，通过对社会经济资源的引导，促进社会的可持续发展。

【29】“放管服”：简政放权、放管结合、优化服务。

【30】五项制度改革：以绩效为导向的财政预算制度改革、以效率为导向的国资经营评价制度改革、以产出为导向的土地资源配置制度改革、以利民为导向的基本公共服务清单管理和动态调整制度改革、以成长为导向的企业扶持激励制度改革。

【31】6类500强企业：世界500强、美国500强、中国500强、中国民营500强、中国服务业500强、新经济500强。

【32】“独角兽”企业：指成立10年以内、估值超过10亿美元、获得过私募投资且尚未上市的企业。

【33】7高7快13轨：“7高”，成绵高速、成绵复

线、成青高速、成南高速、成南E线、绕城高速、第二绕城高速；“7快”，成彭快速、货运大道北延、青淮快速、青金快速、成金简快速、五环路、成德大道；“13轨”，3号、5号、8号、16号、23号、27号、28号、32号、34号、36号、40号线、宝成铁路、成绵乐城际铁路(公交化)。

【34】十大民生工程：包括扶贫解困、就业促进、教育助学、社会保障、百姓安居、基础设施、环境提升、文化体育、医疗卫生、社会管理十大领域民生工程。

【35】“1+3+N”专群协作联动模式：“社区民警”+“辅警、网格员、综治队员”+“楼栋长、单元长、平安志愿者等”的“1+3+N”专群协作联动模式。

附件

2018年新都区国民经济和社会发展主要预期目标说明

一、经济发展指标

(一)关于地区生产总值。主要考虑是：中央、省、市经济工作会明确要推动经济高质量发展，2018年全区经济社会发展既要稳速度更要提质量，着力转变发展方式、优化经济结构、转换增长动力。研判2018年国内外宏观经济环境，结合2017年全区经济运行态势，参考成都市和其他中心城区经济增速预期目标，在兼顾目标设定的客观可能性和现实必要性的基础上，建议2018年地区生产总值增速的预期指标略高于全市水平，既可以确保总量在全市占比保持平稳，又能为深化改革、动能转换和结构调整腾出空间。综合考虑，建议2018地区生产总值增长计划目标7.8%。

(二)关于第一产业。主要考虑是：近年来，农业增幅一直保持在3.5%左右，对GDP贡献率在3%左右。随着农业供给侧结构性改革不断深入，乡村振兴战略“十大重点工程”有效实施，有机农业、休闲农业等都市现代农业加快发展，除畜牧业增加值受禁养限养政策影响略微下降外，种业、林业、渔业将稳定增长，白碾渔村、顺锦花卉园等农业项目竣工投运，2018年农业有望保持平稳发展态势。综合考虑，建议2018年第一产业增加值增长计划目标3.5%。

(三)关于第二产业。主要考虑是：近年来，全区工业增加值在经济总量中的占比、贡献率分别保持在55%左右、60%以上，是全区经济增长的主要支撑。随着产业生态圈加快建设，轨道交通、航空动力等补链强链项目加快落地，机电、医药、食品等传统优势产业加快转型，今创等项目竣工投产，工业发展基础持续稳固。同时，规模以下企业基数负担较重、建筑业负增长拉低增速等问题仍然存在。综合考虑，建议2018年第二产业增加值增长计划目标7.5%，规模以上工业增加值增长计划目标9%。

(四)关于第三产业。主要考虑是：一方面，传统服务业支撑作用有所下降，商品住宅销售存量低、市场投资活跃度不高，交通运输业、商务租赁业等规模以上企业营业收入增长8.5%左右；营利性服务业和非营利性服务业保持稳定增长。另一方面，新增长点加快形成，文化创意、电子竞技等新经济逐步兴起，侠客岛等文创产业项目加快建设，云图电竞扩大发展，物流产业加快转型升级，为服务业平稳发展提供有力支撑。综合考虑，建议2018年第三产业增加值增长计划目标9%。

(五)关于全社会固定资产投资总额。主要考虑是：2018年全市固定资产投资统计口径将调整，5000万以下项目按财务支出法报送。结合全市“重智轻资”投资导向及考核要求，2018年全区将着力推进固定资产投资由总量扩张逐步转为效益提升和结构优化，保持投资适度增长、结构优化、效率提升。一方面，轨道航空动力新城等城建攻坚项目加快建设，浙江永贵、青岛恒新等重大招商引资项目逐步落地建设，有望形成新一轮投资支撑；投融资体制改革加快推进，将撬动更多社会投资。另一方面，房地产投资“一业独大”、民间投资积极性不高等问题仍然存在，对投资增长造成了一定困难。综合考虑，建议2018年固定资产投资计划目标5%。

(六)关于社会消费品零售总额。主要考虑是：一方面，“二孩”政策效应逐步释放，流动人口迁入带来更多刚性需求；天府沸腾、马家尖峰运动等特色主题小镇加快建设，乡村旅游消费逐步升温，对消费形成一定支撑。另一方面，网络消费、异地旅游购物导致消费分流，汽车等大宗商品消费需求趋淡。综合考虑，建议2018年全市社会消费品零售总额增长计划目标9.5%。

二、质量效益指标

（一）关于一般公共预算收入。主要考虑是：实体经济逐步回暖，转型发展加快推进，收入结构有望进一步优化；同时，存量优势企业稳定发展，税源监管措施有力，征管型收入平稳增长，对收入形成一定支撑。综合考虑，建议2018年全区一般公共预算收入计划目标增长7.8%，与地区生产总值保持同步增长。

（二）关于万元地区生产总值能耗和主要污染物排放总量降低。主要考虑是：随着淘汰落后产能企业、高污染企业整治、清洁能源推广、节能减排深入推进，单位GDP能耗和污染物排放量将进一步降低。但机动车保有量逐年上升，给节能减排工作造成一定压力。综合考虑，建议2018年万元地区生产总值能耗降低和主要污染物排放总量进一步降低，具体指标按市上下达的目标安排。

三、民生指标

（一）城镇居民和农村居民人均可支配收入。主要考虑是：一方面，实现“两个翻番”是国家“十三五”期间的预定目标，全区城乡居民充分就业、创新创业各项工作的进一步开展，有利于提高城乡居民收入。另一方面，部分企业盈利能力降低、农业生产成本上升等问题仍然存在，对城乡居民收入增长形成较大压力。根据国家关于城乡居民收入与经济增长同步的要求，结合新都区经济总量发展速度与城乡居民收入增速之间的关系，建议2018年城镇、农村居民人均可支配收入增速计划目标分别为8%、8.5%。

（二）城镇居民登记失业率。主要考虑是：近年来，我区大力完善就业援助制度、加强劳动者职业技能培训和创业培训、鼓励自主创业，劳动力就业观念和就业选择更趋于实际。“大众创业、万众创新”深入推进，创业对就业的带动作用逐步显现。另一方面，技能性劳动力和高端人才供应不足所带来的劳动力市场的结构性矛盾仍然存在。综合考虑，建议2018年城镇登记失业率控制在4%以内。

需说明的是，在社会主义市场经济条件下，经济社会发展预期目标主要是导向性的，是政府向社会传递的宏观调控意图，既要兼顾需要和可能，又要适当留有余地。同时，预期目标是动态的，随着经济运行环境和发展趋势的变化，可以进行必要的调整。

关于成都市新都区2017年财政预算执行情况和2018年财政预算草案的报告

——2018年2月6日在成都市新都区第十八届人民代表大会第二次会议上

成都市新都区财政局局长　张雪梅

2017年财政预算执行情况

2017年，在区委的正确领导下，在区人大和区政协监督支持下，全区财税部门认真贯彻落实中央、省、市和区委一系列决策部署，严格执行区十八届人大一次会议审查批准的财政预算，预算执行总体稳健，较好地促进了全区经济社会发展。

一、财政预算执行情况

（一）一般公共预算

收入稳定增长。财政收入运行总体上与经济发展运行趋势一致，稳中有进、进中提质。依法加强征收，圆满完成收入预算任务。全区一般公共预算收入实现54.4亿元，完成预算的104.5%，增长12.1%（同口径增长，下同）。其中，税收收入37.5亿元，增长5.5%；非税收入16.9亿元，增长30%。一般公共预算收入高于GDP增长，经济发展质量提升。

支出保障有力。持续优化支出结构，严格控制一般性支出，强化预算执行力度，集中资金保障区委重大决策部署落地落实。全区一般公共预算支出实现67.7亿元，完成预算的97.4%，增长20%。全区保运转方面支出8.4亿元，占一般公共预算支出的比重为12.4%；保民生方面支出47.4亿元，占比为70%；支持发展方面支出11.9亿元，占比为17.6%。

收支实现平衡。一般公共预算收入加返还性收入5.3亿元、一般性转移支付收入4.8亿元、专项转移支付收入7亿元、一般债券转贷收入5.3亿元、上年结余3.8亿元、调入预算稳定调节基金11.5亿元、从政府性基金预算调入3.9亿元等收入后，可供安排的收入总量为96亿元。当年支出加上解支出4.8亿元、一般债务还本支出4.1亿元、安排预算稳定调节基金16.1亿元后，支出总量为92.7亿元。收支相抵，年终结余3.3亿元，均为跨年实施项目，全部结转下年支出。

一般公共预算收入与年初预算相比超收2.3亿元，主要受区域经济稳中有进和房地产市场回暖的共同影响，实现了超收。

一般公共预算年初安排的预备费1.6亿元，主要用于医疗卫生与计划生育支出。

结转资金主要包括：一般公共服务和公共安全方面5941万元，教育、科技、文化和体育方面3793万元，卫生、计生和社保方面5764万元，农林水和粮油储备方面6626万元，交通运输方面590万元，节能环保、资源勘探和商业服务业方面8855万元，城乡社区支出752万元，其他支出896万元。

(二)政府性基金预算

政府性基金预算收入实现50.5亿元(其中土地类收入45.3亿元)，完成预算的142.3 %，增长51.7%；加上级补助收入5411万元、上年结余1亿元、专项债券转贷收入26.7亿元等收入后，可供安排的收入总量为78.7亿元。政府性基金预算支出实现44亿元，完成预算的147.5 %，增长36.1%，主要用于征地和拆迁补偿、基础设施、社会福利等。政府性基金预算支出加上解市支出5.6亿元、专项债务还本支出24.7亿元、调出资金3.9亿元，支出总量为78.2亿元。收支相抵后，年终结余0.5亿元。

政府性基金预算收入与年初预算相比超收15亿元，主要是房地产市场回暖、经营性用地出让价格上涨，土地出让收入超收15.4亿元。

(三)国有资本经营预算

因2017年不具备编制条件，本年无执行情况。

(四)政府债务及置换债券

截至2017年末，政府债务余额59.5亿元，控制在区人大常委会批准的限额内。用好政府债务资源，有效降低债务成本，争取置换债券28.8亿元，全部用于置换存量债务；已完成置换，累计置换51.7亿元。争取新增债券3.2亿元，对应安排用于泥巴沱森林公园、公办幼儿园等4个区级重点项目建设。

二、财政重点支出情况

加强支出预算执行，深化绩效预算管理，用好用活财政资金，集中财力支持经济社会发展重点领域和关键环节。

(一)推动经济发展增效提质

转变财政投入方式，聚焦发展新兴产业，做强传统优势产业，夯实财源建设本底。

一是促进产业能级提升。投入资金2.8亿元支持先进制造业发展，助力中航发涡轮研发总部等项目建设，轨道交通、航空产业集群加快构建；投入资金0.9亿元用于支持电子商务和现代物流业融合发展，促进安博、京东亚洲一号等项目加快建设；投入资金2亿元用于提升农业生产品质、促农增收增效，支持花香果居、泉映梨花等特色品牌项目发展。

二是推进创新引领发展。投入资金0.5亿元推进创新驱动发展。积极落实创新财税政策，资助奖励企业工业设计中心、技术研发中心等创新载体，着力打通军民融合和政产学研用协同创新通道，支持实施知识产权战略，建设国家知识产权示范区。积极打造创新创业孵化载体，“蜂云谷”等创新平台作用显现。设立0.5亿元人才专项，落实新都人才新政24条，加快人才聚集培育。

三是充分释放制度红利。发挥财政政策资金作用，深化供给侧结构性改革，保障“放管服”等改革顺利实施。全面落实减税降费各项政策，增值税税率简并，取消或暂停征收城市公用事业附加等4项政府性基金、出入境检验检疫费等41项行政事业性收费，为实体经济减负1.1亿元。制定并落实好“一企一策”，兑现产业扶持资金1.3亿元，支持重点优势企业加快发展。“拨”改“投”，放大财政资金效应，转变重大基础设施建设、重大产业化项目投入方式，注入香投集团资本金5亿元。

(二)促进人居环境不断改善

投入9.1亿元，提升城市功能品质，优化城乡环境。开展规划大会战，保障地铁新都段、成彭高速扩建等重大项目加快建设；改造老旧院落50个，整治背街小巷74条，深入推进大气、水环境专项治理，开展“绿化全川·新都行动”，新增绿化面积68.6万平方米，43个重大生态项目加快推进；深入实施“安居工程百日攻坚行动”，切实解决过渡人员安置安居问题；建成村组道路67公里，改善乡村居民出行条件。

（三）保障教育事业改革发展

投入16亿元，促进高中教育、义务教育、学前教育优质均衡发展。保障教育各阶段生均补助，支持现代学校制度改革试点扩围，落实民办教师待遇；保障义务教育、中职教育学费减免和发放困难学生生活补贴等，惠及学生2.7万人次；继续加强办学能力建设，新都一中、北延新居小学等建成投用。

（四）支持文体惠民活动开展

投入0.9亿元，持续开展文体惠民活动，补助文体场馆（站）免费开放，保障文化活动阵地建设。修复整理马家杨氏宗祠历史文化遗存，积极支持“快乐周末·百姓舞台”“街头音乐会”等群众文化活动开展，成功举办区第四届全民运动会；大力促进文化产业发展，资助香迪红馆家居产业园、海峡文化交流中心等20个文创项目发展。

（五）巩固卫生事业改革提质

投入6.1亿元，继续巩固公立医疗机构综合改革，深入推进公立医院法人治理结构改革；落实基本药物补偿经费，基本公共卫生服务经费保障标准提高到年人均不低于60元，公共卫生服务水平提升，分级诊疗制度初步形成；加强医院能力建设，新都中医院业务用房等项目建设有序推进。

（六）深化社会保障体系建设

投入5.6亿元，促进社会保障和就业体系不断完善。在全市率先建立城乡困难群众购买意外伤害保险全额资助机制，惠及6250人；城乡居民基本医疗保险财政补助每人提高30元，补助标准达到每人每年460元；开展长期照护保险试点，建成日间照料中心57个；关爱高龄老人，提高高龄补贴标准；推进养老服务体系建设，香城健康养老中心建成投用；实施重度残疾人“康复体育进家庭”工程，资助重度残疾人参加养老保险、医疗保险，惠及7158人。

（七）扎实推进精准扶贫脱贫

财政投入解困资金3201万元，精准帮扶经济发展缓慢村，确保困难群众就医、就学有保障，发放困难家庭补助，开展住房、医疗、助教临时救助，切实改善相对贫困人员的生活质量；认真落实对口帮扶政策，投入3757万元，支援理塘、简阳、金堂帮扶项目顺利推进。

（八）助力城乡治理能力提升

投入资金7.3亿元，加快法治新都和平安新都建设，完善社会治安综合防控体系，加大安全生产监管、药品食品安全、消防安全等方面的投入，提升村（社区）公共服务、公共管理等社会治理能力。

需要说明的是：以上财政重点支出统计中，部分项目存在归类口径交叉。

三、落实区人大相关决议情况

2017年，政府财政工作认真按照区十八届人大一次会议决议及区人大财经委员会、预算工作委员会的审查意见，全面贯彻落实中央、省、市和区委各项部署，深化财政改革，严格收支管理，支持经济社会健康平稳发展。同时，定期向区人大常委会报告工作开展情况，积极落实人大常委会审议意见和要求，办理人大代表建议、政协委员提案满意率达到100%。

（一）强化收支管理，提高资金使用效益

财税部门始终把组织收入作为工作主线，分解细化收入任务，压实征收主体责任；合理预判宏观经济发展趋势，强化收入运行监测分析；密切国地财协同合作，创新征管方式，发挥综合治税平台作用，全面掌控全区税源状况和行业、企业税收动态；全年采集涉税信息122万条，通过平台查补税款6556万元。实施过渡期（2017年）镇级财税激励机制，调动镇（街道）狠抓零散税收、建安税收征管积极性。在严格执行结构性减税降费同时，圆满完成了全年收入目标任务。强化主动向上争取政策资金动能，争取上级转移支付资金7.5亿元，争取中航发涡轮研发总部建设项目资金3亿元。加强支出预算执行管理，开展预算执行督促通报，财政“八项”支出[1]53.5亿元，增长20.8%。转变财政资金保障方式，将社区公共服务资金由财政拨款改为奖励；建立结转结余定期清理机制，盘活存量资金1.1亿元，安排用于经济社会发展重点项目。从严控制一般性支出，大力压缩运转类支出，全区“三公”经费下降5.7%。优先保障民生投入，持续办好民生实事，省、市民生实事工程投入9亿元，完成预算142%。

（二）聚焦创新动力，强化依法理财意识

一是加强预算编制管理，落实部门预算编制主体责任，细化项目预算编制，提高年初到位率；严格预算追加，明确审批职责、权限和程序，制定了《区级财政追加预算审批管理办法》。

二是强化绩效预算管理，构建评价结果与项目预算编制、执行相结合的运用机制，绩效评价全覆盖,财政评价扩面增量、拓展领域,试点开展财政政策评价,重点评价金额10.2亿元。

三是着力提升政府决策保障和执行效率,制定了《行政决策资金来源审查规定》,在全市首创行政决策资金来源审查制度;严把财政资金安排审核关口,出具审核意见307份,为区委、区政府科学决策提供支撑。强化专项资金管理,加快项目决策和执行,制定了《区级财政专项资金审批管理办法》。

四是完善区委财经领导小组运行机制,进一步加强区委财经领导小组谋大事、议大事职责,修订区委财经领导小组议事规则。

五是深化国库管理制度改革,将全区行政事业单位595个银行账户纳入统一账户系统监管,清理撤并财政专户2个。镇级财政管理成效明显,区财政局和斑竹园镇财政所在全省乡(镇)财政规范化管理考核中,名列前茅,受到省财政厅通报表扬。

六是稳步推进电子招投标,利用电商平台开展政府集中采购,有效降低采购成本,提高采购效率。加强事中、事后监督,扎实推进审计问题整改。规范了公积金缴存,坚决纠正违规行为。依法促进财政行政权力合规运行,在全市率先建立财政监督"双随机"工作机制。

(三)深化国企改革,提升国资监管能力

一是健全国资监管制度,确保国有资产监管有序运行,制定国有资产管理办法、国有资产处置实施细则,修订公有房屋出租管理办法。

二是首次试编政府资产报告,摸清政府资产"家底";开展国有资产清理,优化资产配置,盘活低效闲置资产,处置国有资产4.8亿元。

三是打造国企改革"新都样板"。构建以"管资本"为主的国资管理体系,制定国有企业改革方案,整合54家区内国有企业,实施集团化改造,组建香投集团。向国有公司注入资本金、优质资产,大力支持国有公司做大做强。

四是完善国企激励监管机制,出台国有公司投融资监督管理办法、工资总额预算管理暂行办法、资产损失财务核销工作规则、出资人审批事项清单管理办法;对国有公司投融资实行年度计划管理,切实把控好投融资财务风险。

(四)强化金融工作,促进金融创新增效

一是深化投融资体制改革。大力推动政府和社会资本合作,成立工作领导小组及PPP中心,制定PPP项目管理办法;有序推进天府动力新城3个PPP项目,总投资81.3亿元,入库数量和投资金额名列全市前茅,毗河流域水环境综合整治、泥巴沱森林公园项目签约落地;出资1.5亿元参与组建成都发展基金,全面深化政银、政企合作,区政府分别与成都农商银行、成都金控、川投航信、工行四川省分行营业部签署战略合作协议。

二是推进企业参与多层次资本市场。修订金融业发展专项资金管理办法,充分发挥金融业发展专项资金的引导作用,支持金融机构增加网点、加大贷款投放、创新金融产品和激励企业直接融资等;建立激励机制,制定新都区企业上市行动实施方案,组织企业开展资本市场专题培训5次,激发企业参与多层次资本市场热情。2017年末,全区新增新三板挂牌企业2家,新"四板"挂牌企业15家。

三是打造金融生态圈。依法打击和处置违法违规金融活动,金融业发展态势良好;全区24家银行机构存、贷款余额保持稳步增长,存款余额达867亿元,贷款余额达425亿元,存贷比49%,比上年末提高3个百分点。

成绩的取得,得益于区委正确领导,得益于区人大、区政协监督支持和社会各界关心、理解。在总结成绩的同时,我们也清醒的认识到,当前财政工作还面临一系列矛盾和问题:保持财政收入稳定增长的经济基础还不牢固,财政收入增长放缓,财政刚性支出不断增长,收支矛盾比较突出;预算编制的科学性、准确性还需进一步提高,财政绩效管理有待进一步增强,资金统筹整合使用还需加强力度。对上述问题,我们将采取有效措施努力加以解决。

2018年财政预算草案

2018年预算编制和财政工作要全面贯彻党的十九大和十九届二中全会精神,以习近平新时代中国特色社会主义思想为指导,全面落实中央、省、市和区委重大决策部署,统筹推进"五位一体"总体布局,协调推进"四个全面"战略布局,贯彻落实省委"三大发展战略",主动服务成都建设全面体现新发展理念的国家中心城市总体目标,坚定践行新发展理念,大力推进"154"总体部署,以促进产业发展、实施乡村振兴战略、完善城乡社区发展治理、建设美丽新都为抓手,服务主动招商引资，大力加强财源建设，科学安排财政收支，全面实施绩效管理，着力提升支出绩效，有效防控财政风险，为高标准全面建成小康社会，高质量建设现代化国际范成北新中心城区迈出坚实的步伐。

一、2018 年财政收支政策

根据中央、省、市有关政策规定以及区委的决策部署，2018 年财政收支政策主要包括：

（一）深化财税体制改革，依法依规组织收入

按照中央部署深化增值税等税制改革，扎实推进水资源费“费改税”改革试点，确保环境保护税如期开征。按市政府部署，从 2018 年 1 月起执行中心城区财政体制，将减少区本级财力所得。主动应对财税改革，全面贯彻落实国家减税降费政策，依法依规组织收入，更加注重收入质量，确保完成全年预算任务。

（二）加大产业发展投入，培育厚植优质税源

统筹利用现有财政资金渠道，积极支持供给侧改革，推动经济发展质量变革、效率变革、动力变革。把支持产业发展作为财源建设的首要任务，以提升发展质量和效益为核心，加大产业生态圈、创新生态链、新经济、产业功能区的投入力度，加快发展先进制造业和现代服务业，促进新动能培育和经济转型升级，培植税源增长新动能；以乡村振兴为牵引，支持绿色生态导向农业发展。

（三）聚焦城市功能配套，打造宜居生活城市

积极推动“中优”“北改”，全面促进绿色发展，打好污染防治“三大战役”，加大生态保护修复力度，构筑成北生态屏障。打造全域交通网络格局，强化基础设施配套，配合实施成南高速扩容、五环快速等高快速路建设，推进泥巴沱森林公园等重大基础设施建设，加快特色街区建设和背街小巷、老旧院落改造，提升市容市貌，增强城市综合承载能力，建设“宜居宜业、精致精美”的品质新都。

（四）保障民生事业投入，提升群众幸福指数

坚持民生为重，着力打破支出固化“藩篱”，完善重点支出保障机制，积极保障教育、文化、卫生、就业、社会保障等重点民生之需，支持公立医院综合改革、教育综合改革。完善社会保障体系，健全社会救助体系，切实改善困难群体的生活品质，增进群众获得感，提升群众幸福指数。

（五）加强预算统筹协调，转变财政投入方式

严格支出管理，清理整合现有项目，严控新增项目，压减财政资金二次横向分配规模，加强预算统筹协调，推进财政资金统筹使用。健全转移支付，完善镇（街道）、园区基本财力保障。创新财政资金使用方式，通过产业发展引导基金、财政金融互动、政府与社会资本合作等，增强财政政策和资金的指向性。推进重大基础设施、重大产业化项目投入方式转变，加大向国有公司注入资本资源力度，充分发挥财政资金集成放大效应。

二、2018 年财政预算草案

根据中央、省、市和区委确定的 2018 年经济社会发展预期目标和重点任务，按照“收入预算实事求是、积极稳妥”“支出预算统筹兼顾、突出重点”的原则，合理编制 2018 年预算。

（一）一般公共预算

一般公共预算收入为 59.1 亿元，增长 7.8%；其中：税收收入 40.8 亿元，增长 7.8%。一般公共预算收入加预计的上级返还性收入 5.5 亿元、一般性转移支付收入 4.8 亿元、一般债券转贷收入 1 亿元、调入预算稳定调节基金 17.4 亿元，收入总量为 87.8 亿元，收入总量减去上解市支出 6.9 亿元，当年可安排财力为 80.9 亿元。按照收支平衡原则，相应安排一般公共预算支出 80.9 亿元。

（二）政府性基金预算

政府性基金收入为 54.5 亿元。其中：土地类收入 45.2 亿元。政府性基金收入加专项债券转贷收入 3.4 亿元，政府性基金收入总量为 57.9 亿元。政府基金收入总量减去专项债券还本支出 1.4 亿元、上缴轨道资金 7.2 亿元后，当年可供安排的基金收入为 49.3 亿元，按照收支平衡和列收列支的原则，对应安排政府性基金支出 49.3 亿元。

（三）国有资本经营预算

2018 年，不具备编制条件。

三、2018 年区级支出预算安排重点

围绕区委、区政府的决策部署，2018 年财政支出预算安排重点是：

（一）促进经济结构优化，加快培育产业生态圈

一是安排 4 亿元发展先进制造业，重点支持轨道交通和航空两大高端装备制造产业，持续推动产业园区建设，扶持传统优势企业，提升产业能级。

二是安排 1.2 亿元推动传统物流转型升级，重点支持跨境贸易、电商物流、总部经济、供应链金融，推动物流电商深度融合。

三是安排 1.4 亿元，支持都市现代农业发展，

引导特色产业规模连片发展、整体提升，打造现代农业生态圈。四是加快培育和发展新经济，制定促进新经济发展扶持政策，推动设立新经济创投基金。

(二)保障民生事业发展，持续提升群众幸福感

一是安排教育支出16.3亿元，推动新一轮教育体制机制综合改革实施，发展提升教育能力，推进公办幼儿园建设和基础教育质量提升工程，加快毗河中学、木兰小学等学校建设。

二是安排文化体育事业支出9050万元，确保公共文化投入，促进文化产业发展。

三是安排社会保障和就业促进、人才队伍建设支出6.1亿元，强化社会保障及救助体系建设，落实低保标准自然调整机制，推进医养融合发展；落实人才政策，加快人才公寓建设。

四是安排医疗卫生支出6.4亿元，深化医药卫生综合体制改革，完善可持续补偿机制，全面推进医联体、双向转诊机制建设，提升基本公共卫生服务质量。

五是安排交通运输支出5.9亿元，落实乡村公路建设奖补政策，补助公交运营亏损，推进重点骨干交通路网建设。

六是安排节能环保支出1.8亿元，持续推进污染防治“三大战役”，加强污染源监测、监管、治理。

七是安排征地拆迁安置方面支出16.2亿元，加快落实拆迁安置政策，切实解决过渡群众安置安居问题。

八是安排扶贫帮困资金7067万元，扎实推进对口帮扶理塘等项目，提升困难群众生活品质。

(三)推进城市提档升级，建设生态典范新城区

安排4.2亿元，推动毗河水环境整治、香城绿道等重大生态项目建设，开展“厕所革命”专项行动，新建、改造一批公厕，贯彻“增绿十条”，推进全域增绿，提升人居环境品质。

(四)实施乡村振兴战略，推进城乡融合发展

安排2亿元，推进美丽新村建设，着力打造斑竹园乡村音乐、马家尖峰运动等特色小镇和新型林盘聚落。

(五)加强城乡社区发展治理，建设幸福美好和谐家园

安排2.9亿元，促进城乡社区发展治理能力提升，加快特色街区建设和背街小巷、老旧院落改造；推动村(社区)公共服务和社会管理提质升级。

四、2018年财政工作重点

牢固树立招商引资“生财”观念，提升发展质量和效益，狠抓财源建设，夯实增收基础，深化财税改革，优化财政供给，提升财政保障能力。

(一)狠抓财源建设，打牢财政增收基础

一是围绕招商抓财源。强化招商保障和服务，夯实招商引资“一号工程”基础。按照项目招引、供地、建设、投产四个环节，制定财政保障激励措施；加强项目财税贡献“事前”评估和“事中”监控，动态评估引进项目的税收贡献，推动实施差别化地价、弹性供地和产业扶持相结合的政策，培育新兴财源。构建激励机制，强化主动向上争取政策资金。

二是围绕服务抓财源。立足“中优”“北改”，推进以成长为导向的企业扶持激励制度改革，构建龙头企业做强做优激励扶持体系，完善个性化“一企一策”，加速优势资源要素向优势产业和企业集聚；推动政产学研协同创新发展，提升产业能级。加强对重点税源、重点行业、重点企业的服务，政策落实进企业，切实解决企业发展难题，营造产业发展良好生态。

三是围绕项目抓财源。抓好城市资源再更新、再利用，有序推动低效产业和企业退出，为产业转型发展腾出空间；加快清理闲置工业用地，用好用活土地资源。加大财政对产业发展投入，综合运用投、贷、贴、补、奖等多种手段，支持重大项目招引，加快构建轨道交通、航空、现代物流产业生态圈；发挥财政政策作用，大力培育发展新经济，形成财源新增长点。千方百计筹集资金，推进重大项目建设。

四是围绕创新抓财源。推进建立质量导向财源增长机制，促进区域经济高质量发展；创新财政支持国有企业发展方式，扩大国有资本投资，力促国有公司去杠杆、减负债、防风险，发展壮大国有经济税源；深化财政金融互动，加大信贷投放奖励，强化金融投资激励，推进财政资金竞争性存放；用好产业扶持资金，探索建立产业发展基金、城市建设发展基金，撬动金融资金支持实体经济发展，有效发挥财政资金杠杆作用。

(二)全面深化改革，提高财政管理水平

一是全面实施绩效预算管理。积极推进以绩效为导向的财政预算制度改革，建立从绩效目标、绩效监控、绩效评价到绩效结果运用的全过程闭环运行绩效链，推进绩效管理提质增效，充分运用评价结果考量项目预算安排和执行，动态调整预算项目，强化绩效缺失问责力度。

二是实施非税收支脱钩改革。从2018年起，非税收入征管成本全部编入年初预算，不再与相关收入挂钩，全部纳入预算统筹安排，强化财政统筹力度。

三是深化国库集中支付改革。实施支出经济分类改革，衔接政府预算和部门预算。优化预算执行动态监控，提高有效性和针对性，规范预算单位支付行为。加强结转结余资金清理和统筹，着力提高资金使用效益。

四是推进财政保障机制改革。按照“把招商引资作为‘一号工程’、投资促进作为重中之重”和员额制改革等要求，创新保障机制，优化保障方式，释放发展潜能，确保深化招商引资、投资促进、员额制改革等工作深入推进。

五是切实加强政府债务管理。严格执行政府债务管理有关规定，在区人大批准限额内举借债务，加强风险管控，科学编制偿债计划，平滑债务支出。

六是强化财政监督检查力度。依法合规开展财政监督检查，特别是加大对财税政策执行、民生资金落实、重大项目投入情况的监督检查。坚持问题导向，聚焦问题整改。

（三）优化资源布局，深化国资国企改革

一是压实资产管理主体责任。坚持实物管理与价值管理相结合，完善“财政—主管—单位”三个层次的监督管理体系，进一步夯实财政部门综合监管、主管部门具体监管、单位管理使用的分级主体责任。

二是制定国有资本经营预算管理办法，建立国有资本经营收益利润上缴机制，增加公共财政可支配财力。

三是继续深化国企改革。大力推进以效率为导向的国资经营评价制度改革，着力实现“两降两提”，促进国有公司“做强做优做大”；按照竞争、功能和公益三个类别定位，深入推进国有企业分类改革，分业经营，加速其市场化进程。

四是优化资源布局。大力推进资源赋能，将城市停车、商混经营、加油加气站等特许经营权资源和优质国有资产注入到国有公司，加大向国有公司注入现金资本力度，有效提升企业在市场中的活力和竞争力。

（四）创新金融工作，助推经济社会发展

一是加快推动PPP项目实施。开展政府和社会资本合作，继续推动毗河水环境、泥巴沱森林公园、天府动力新城3个存量PPP项目，有序推进新PPP项目的储备、识别和实施。

二是发展绿色金融。搭建绿色金融载体，构建绿色金融体系，聚集绿色金融产业，发起成立成都绿色金融中心共建联盟，共同推动成都绿色金融中心建设。

三是实施企业上市行动计划。建立拟上市企业后备库，加大企业上市奖补力度，积极引导区域企业参与多层次资本市场，提高直接融资比重，服务实体经济发展。

各位代表，2018年财政改革发展任务艰巨而光荣，我们将在区委的坚强领导下，在区人大、区政协的监督支持下，贯彻落实好本次大会决议，不忘初心，牢记使命，拼搏实干，开拓创新，为高标准全面建成小康社会，高质量建设现代化国际范成北新中心城区提供更加坚实的财力支撑。

名词解释

【1】财政“八项”支出：核算GDP其他服务业中非营利性服务业增加值的基础数据，包括一般公共服务支出、公共安全支出、教育支出、科技支出、社会保障支出、医疗卫生和计划生育支出、环境保护支出、城乡社区事务支出。

在“三破除三主动”专题活动动员大会上的讲话

——2017年9月13日在全区开展“三破除三主动”专题活动动员大会上的讲话

区委书记　许兴国

同志们：

区委、区政府决定在全区范围内开展“三破除三主动”专题活动，其目的，就是要通过对习近平总书记系列重要讲话精神和治国理政的新理念、新思想、新战略，省、市党代会及相关重要会议精神的再学习、再领会、再落实，对新都区情的再梳理、再研究、再分析，进一步解放思想、更新观念、提振精神、创新举措，着力形成主动对表看齐、坚定推动落实的思想自觉、政治自觉和行动自觉，以思想的大解放促进作风的大转变、推动发展的大提速，加快建设成北新中心城区，为全面体现新发展理念的国家中心城市建设做出新都新贡献。刚才，三次产业部门、发改、财政、投资促进服务中心和新都街道、石板滩镇作了很好发言，请各单位相互学习借鉴。

我来新都有两个月了，通过这段时间的调研，我对新都的总体感受是，基础很好、机遇很好，但发展的势头明显不够，当前具体工作中的一些理念、做法很值得斟酌，需要大家一起坐下来，从更深层面剖析一下原因，以找到新的发展思路和办法。下面，我就这个问题，讲三点意见。

一、为什么破？

行动自觉源于认识的深刻。要把这次专题活动组织好、开展好，达到预期效果，首先要准确把握和深刻理解开展活动的根本原因。

（一）这是成都加快建设全面体现新发展理念的国家中心城市重大部署的迫切需要

随着“一带一路”战略的推进，中国逐渐走向世界的中心，成为全球化的引领者和国际规则的制定者；西部正在成为中国经济快速发展的新区域，2017年上半年，31省市GDP增速排名前10中，西部就有西藏、重庆、贵州、云南、四川，占据了半壁江山，而成都更是热点中的焦点，上升为国家中心城市，成为国家城市体系中的最高层级。

省第十一次、市第十三次党代会以来，成都按照中央和省委要求，立足新的历史起点，深化改革开放，聚力创新发展，开启了建设全面体现新发展理念国家中心城市的壮阔征程。从党代会召开，到“十字方针”专题研究部署，再到产业发展大会、城乡社区发展治理大会，国家中心城市建设从顶层设计到具体落实，仅仅用了四个多月时间，推进速度之快、力度之大、要求之高，前所未有。

着眼肩负国家使命，成都在全国率先提出建设“全面体现新发展理念的国家中心城市”目标定位，确立了建设创新驱动先导城市、城乡统筹示范城市、美丽中国典范城市、现代化国际城市、和谐宜居生活城市的目标体系，全面系统地布局国家中心城市建设。着眼构建国家中心城市功能体系，确立了西部经济中心、科技中心、金融中心、文创中心、对外交往中心和综合交通通信枢纽“五中心一枢纽”战略举措。着眼担当国家战略的成都使命，提出了区域中心城市、国家中心城市、世界城市“三步走”的战略路径，并遵循城市、经济、社会发展规律，作出了优化城市空间结构、重塑经济地理，创新要素供给、培育产业生态圈，构建城乡社区发展治理新格局上海（5.23%）、北京（4.38%）等传统一线城市；全球化智库与智联招聘联合发布的《2017中国海归就业创业调查报告》显示，成都在海归创业最青睐的城市中名列第三，仅次于北京、上海；第一财经周刊公布的《2017中国城市等级排名名单》综合考量商业资源集聚度指数，城市枢纽性指数，城市人活跃度指数，生活方式多样性指数，未来可塑性指数5个一级指标、20个二级指标，成都以98.97的综合评分领跑15个新一线城市。

这一喜人局面的形成，是成都自我加压、自提标杆的结果,是主动作为、真抓实干的结果,但最根本的还是市委、市政府自觉学习贯彻习近平总书记系列重要讲话精神和治国理政的新理念、新思想、新战略,勇担政治责任、恪守为民宗旨,以对党的事业、对城市的未来、对人民的福祉高度负责的精神,正确履职、科学作为的结果。作为成都中心城区的新成员,新都要跟上全市的发展节奏,必须树立与国家中心城市相匹配的思想理念、政治站位、境界格局和能力水平。

(二)这是应对区域挑战的迫切需要

正像锐平书记分析的那样,当前,城市发展快者恒快、强者愈强,“标兵渐远,追兵渐近”的态势没有明显变化。以成都为例,与同为国家中心城市的“北上广深”和重庆比,总量差距有扩大趋势,增速也比重庆、广州、深圳慢(2016年,成都GDP增长7.5%,重庆10.5%、广州8.2%、深圳9.0%);与武汉、杭州比,领跑的差距在缩小(2016年,武汉GDP增速7.8%、杭州9.5%),在面临良好发展机遇的同时,成都也面临着激烈的区域竞争和严峻挑战。

具体到新都,来自周边地区和邻近区县的竞争也不容忽视。从市域外来看,川内一些市州,甚至一些市州的区县,区位不如新都好,但都招引有大项目,比如,仁寿,就有一个400亿元的大项目(信利眉山高端显示项目,总投资404亿元)。从市域内来看,周边区县乘势而上的势头明显。天府新区有1个2000亿级项目(紫光IC国际城项目),高新区有2个500亿级项目(格罗方德12寸晶圆制造项目,投资620亿元;京东方第六AMOLED项目,投资465亿元),双流有1个接近300亿元的项目(中国电子8.6代液晶面板生产线项目,投资280亿元),龙泉、青白江、简阳、金堂、新津、邛崃均有1个以上百亿级项目。而我们一个50亿元的大项目都是包装出来的,今年招引的10亿元以上项目才3个,相比之下,让人情何以堪。

其中,双流、龙泉,与新都曾在同一水平线上,现在却是差距越拉越大。双流在12个镇(街道)转划天府新区、GDP砍掉一大截的情况下,上半年完成地区生产总值313.3亿元(我区完成326.8亿元)。龙泉上半年完成478.6亿元。龙泉曾在新都的后面,但紧紧抓住汽车产业发展的机遇,现在已经形成了一个千亿级产业集群,把我们远远甩在了后面。我们要反思,同样都有汽车产业,同样都有医药产业,为什么最终龙泉、温江做大了,而我们却依然在“原地踏步”?

现在,随着市委“十字方针”的落地,以往区(市)县按圈层考核模式的改变,圈层局限正在被打破,未来我们的发展态势有可能连以前的三圈层都赶不上,甚至被赶超。金堂,抢抓“东进”重大战略部署,规划建设了淮州新城。过去在远郊区县排名倒数,现在稳居远郊区县第一,规模以上工业增加值、公共服务群众满意度等很多指标都是全市第一。今年5月份,金堂被确定为国务院重点扶持的13个四川市县之一,予以国家级激励支持,2017年奖励用地计划指标1000亩。新津,天府新区西区产业园规划面积150平方公里,起步区25平方公里,布局发展新能源、新材料、轨道交通产业等战略性新兴产业,推进速度让人震惊,大家都去看过。

面对这种激烈的区域竞争态势,不进则退、慢进也是退。在全市重塑经济地理的大背景下,在新一轮区县实力重新“洗牌”中,新都如果还是自我感觉良好,缺乏危机感、紧迫感,很可能面临“掉队”的危险。

(三)这是新都实现肩负的历史使命和责任担当的迫切需要

在成都实施东进、南拓、西控、北改、中优“十字方针”的重大部署中,新都承担着“北改”“中优”的双重任务,既要建设提升北部生态屏障、加快城市有机更新、改善人居环境,又要优化城区功能、推动“三降两提”(降低开发强度、降低建筑尺度、降低人口密度,提高产业层次,提升城市品质)和“三减三增”(减居住人口、减开发强度、减非核心功能,增文化功能、增旅游业态、增开敞空间)。这是市委对新都发展的要求,也是新都不可推卸的责任和使命。

审视新都现状,我们可以清醒地看到,当前新都的发展距离上级要求和群众期盼,还有较大差距。空间承载上,“三生空间”分布不合理,国土开发强度已达37.4%,接近40%的天花板。产业发展上,作为主导产业的轨道交通,还处于加速聚集和建设时期,GDP占比不到20%,支柱作用还没有发挥出来;机械、家具等传统优势产业仍以中低端制造为主,转型升级任重道远。1月至8月,全区停产、半停产和减产规上企业达到82户,预计减少产值16.5亿元,如果再不采取有效措施,全年预计减少产值36.45亿元。项目招引上,资源准备和信息储备严重不足。截至8月底,库存余量仅有46.5

亿元，大部分都是中小项目，且以政府投资为主，余量上亿的项目仅有9个，缺乏一锤定音式的大企业大项目，百亿级项目至今为零。在生态文明建设、城乡社区发展治理等方面，用中心城区的标准来衡量，都差距明显。

面对新形势、新任务、新要求和亟待解决的现实问题，作为区委书记，深感时间紧、任务重、责任大，迫切需要我们大家一起，调思路、转理念，协力同心推动新都经济社会转型发展。但与当前转型发展的重要性、必要性、紧迫性和面临的严峻形势不尽相符的是，我区广大党员干部的思想站位、眼界格局、落实能力和水平，特别是以"圈层意识、码头意识、将就意识"为代表的一些落后意识，已经成为制约新都加快发展、科学发展的最大阻碍，必须坚决破除。只有这样，才能切实增强使命感、责任感、紧迫感，以思想站位的提升推动发展站位的提升，更好地担负起全面体现新发展理念的国家中心城市建设主力军的重任。

二、破什么？

思想是行动的先导。要"破"还是要着重从思想认识上、意识观念上、思维理念上"破"。这次专题活动分为"三破除"学习大讨论和"三主动"主题活动两个载体。其中"三破除"就是要坚决破除"圈层意识、码头意识、将就意识"，着力解决思想认识问题，给大家醒醒脑、提提神。思想认识上的问题不解决好，就会像锐平书记讲的那样"一些同志虽然看上去很忙碌，但仅仅是低水平的思考、低质量的勤奋、低效率的执行"。

一要破除"圈层意识"。实质上，就是解决站位不高，格局太小的问题。锐平书记曾在对标管理工作会上举例，"三圈层相对于一圈层，确实区位不好，但也比其他市州区位好，为什么其他市州能发展起来，而三圈层发展慢？因此，不是区位问题，是人的问题。"过去成都圈层结构的发展模式，让我们的干部固化了圈层思维，惯性认为，二圈层比一圈层弱是理所应当的，满足于跟圈层内比、跟过去比，在工作定位和标准上要求不高，对于发展上的差距，心安理得，不敢跟强的比、不愿向先进看齐。在大家报的材料中，经常能看到，好的数据就是全市第几，不好的数据就特别注明，原二圈层第几，近郊区第几，这就是典型的"圈层意识"。古人有言："法乎其上，则得其中；法乎其中，则得其下。"圈层意识最大的表现和危害，就是站位偏低、眼界狭窄，自我设限、甘居中游，小富即安、小成即满，不能很好地从战略上把握全局、谋划长远、赢得主动，导致发展的能级层次不高。华为，立足全球市场，对标三星、苹果，现在发展势头强劲，马上要超过苹果，排名世界第二了，业务遍及全球170多个国家和地区，服务全世界三分之一以上的人口。试想当初，华为如果只和中国的联想、OPPO比，结果很可能不一样，这就是站位不一样、眼界不一样带来的。习总书记曾强调，"要增强世界眼光、历史眼光、提高观大势、定大局、谋大事的能力"。成都建设全面体现新发展理念的国家中心城市的实践也充分证明，唯有树立世界眼光、历史眼光、全局眼光，才能放眼全局谋一域、着眼长远强基础、把握大势谋大事。

二要破除"码头意识"。实质上，就是解决被动等靠，坐等发展的问题。自认为口岸好、条件优越，于是坐等项目上门。在具体工作中，存在三种依赖，一方面依赖上级出面统筹布局，一方面依赖企业自己招引配套，另一方面依赖项目主动找上门。客观来讲，新都确实有很好的区位条件，足不出户也会有不少项目找上门来，但来的，基本都是规模不大、品质不高的项目，有的甚至是其它区县都不愿意要的。我们经常讲，发展质效低，为什么？源头就在于招引的项目能级不够，缺大项目、好项目。大家可以看一组数据：工业东区和西区，面积24.9平方公里，3.7万亩，158家规上企业，2016年税收15.81亿元，而其中占地面积共855亩的"三瓶水"（科伦药业、华润雪花、可口可乐），就贡献了8.13亿元，50%以上的税收贡献，只用了2.3%的土地，其它100多家企业情况大家可想而知。2016年，工业园区投资强度217万元/亩，亩平产值176.25万元，亩平税收仅10.1万元，连高新区30万元的入园门槛都达不到（家具园区建成面积4190亩，投资强度260万元/亩，亩平产值634万元，亩平税收1.8万元。农机园区建成面积476亩，投资强度230万元/亩，亩平产值69.9万元，亩平税收2.46万元）。那些占用了大量土地资源而效益不高的企业中，不乏当初来签约圈地的，地占了不投产，或者投产就建一些低级厂房，甚至拿来做仓储，导致现在一些好项目、大项目来了，落不下去，这是我们现在面对的最大问题。斑竹园镇的达利食品一年税收接近2亿元，生产厂区只有200多亩地，产值接近20亿元，就是因为没有空间给它扩大规模，达利在云南那边又建了个厂，现在产值已达16亿元。现在达利还想再投10个亿，税收

8000 万，重庆都在拉它，我们的空间呢？码头意识最大的危害，就是错失发展良机，也挫伤企业投资信心，更损害一方经济发展。

三要破除“将就意识”。实质上，就是解决工作标准不高、责任心不强的问题。主要表现在，有的自我要求不高，缺乏专业精神，工作上应付了事，只求过得去、不求过得硬，满足于一般化，不愿在全市工作中去争上游、当先进；有的不仅不主动争取，就是送上门来，还要嫌麻烦，总觉得多一事不如少一事，最好是无事一身轻；有的不按规律办事，低水平、低效率蛮干，事倍功半，质量不高，各种培训考察参加不少，但思维理念还是“过去式”，工作方式还是老一套；有的不愿担责负责，拍胸口表态快，拍屁股走人也快，稍微有点难度的工作，就你推我、我推你，推不过了，就草草了事。比如，最近成（金）青石木路口路面积水淹车的事情。事前，我和李云区长一再强调当晚有大暴雨，要做好预防，大家也都拍胸口、做保证，结果第二天还是被淹了，而且不是第一次。一问责处理，方案制定了，问题也很快解决了，早干什么去了？这就是将就意识，自以为没有什么大问题，不把事当事，不把老百姓生命财产安全放在心上。“将就意识”最大的危害，就是影响工作质效和发展水平。

三、怎么破？

刚才，我只列举了“三种意识”的部分表现，更多的还需要大家在接下来的专题活动中，结合本单位实际，进一步深挖细查，找准问题、表象、危害以及本质、根源，各个单位自己画像，自己制定好整改措施。

如何从思想上“破”，关键还是要加强学习。对于各级领导干部来说，学习既是政治要求，也是工作所需。“三种意识”的普遍存在，究其根源还是及时系统深入的学习没有跟上。面对大量接踵而来的新理念、新知识、新要求、新标准，大家一时理解不了、吸收不了、适应不了，知识跟不上，能力也跟不上。当务之急，唯有全面深化学习才是最佳破解之道。要紧密结合工作职责，针对思想上的桎梏、理念上的落后、知识上的空白、经验上的盲区、能力上的弱项，不断提升思想认识、完善知识结构、强化能力素质、补上方法短板，掌握推动发展的“金钥匙”和攻克难题的“利器”。

开展此次专题活动，总的要求就是要“对干部有触动、对发展有促进”，要推动大家都来为新都下一步的发展献良策。今天在座的干部有 130 多人，是最为重要的“关键少数”，领导的是全区 130 万人。我们的理念、态度、责任、担当，决定了新都未来发展的方向、目标、能级、地位。我们这三五年的努力，可能影响的是新都未来三五十年。这里，就确保活动达到预期效果，我强调四个方面问题。

第一，要杜绝“浅思维”，做到以立新带动破旧。客观上讲，过去我们经常开展学习教育活动，也取得了一些成效，但总感觉，干部思想上存在的深层次问题并没有得到很好解决。我觉得一个重要原因，就是“浅思维”。学是学了，但缺乏由表及里、由浅入深分析问题、解决问题的理论素养和思维深度，往往知其然不知其所以然，最后，只能“破”在嘴上。锐平书记曾多次强调“深学力行”的问题，在市委十三届常委会第 12 次会议上指出“有的满足于学几个关键词、记几个中心句，没有沉下心来深入学、系统学，对发展理念、战略谋划、重要布置、计划安排浅尝辄止，缺乏深学细悟力行，口号化、标签化普遍。”在市委第一次督导反馈意见会上，又再次反问，省市党代会、产业发展大会召开后，对会议精神认真学习过第一遍的有多少？学习了第二遍的有没有？对系列重大决策部署的内涵实质真正理解领悟的有多少？对于锐平书记罗列的现象、提出的反问，大家可以扪心自问一下，对号入座作个自我检视。在座各位尚且如此，普通干部、基层呢？

要通过“三破除”学习大讨论，特别是对习近平总书记系列重要讲话精神和治国理政新理念新思想新战略，省、市党代会及相关系列重要会议基本内容、精髓以及贯穿其中的立场、观点、方法的深入学习和理解掌握，用观念战胜观念，在思想上立起来，内化于心。要对表上级精神、对照自身实际，认真思考在成都全面建设国家中心城市的大格局下，新都怎么办、怎么干，着力在具体实践中，树立起符合改革发展的新意识、新理念、新作风，特别是形成新制度、新机制，在制度上立起来，外化于形。用思想和制度内外两个方面的立新带动全方位的破旧。

学习过程中，区委将专门组织测试，对大家的学习成果进行检验，对学习态度不端正的、测试不合格的，将采取组织措施予以处理。目的，不是要考倒大家，而是通过这种方式，倒逼大家引起重视，沉下心来学点东西，真正在思想层面，对当前形势有一个深刻认识和准确把握。

第二，要杜绝“形式化”，做到以务虚带动务实。有的同志一听到搞什么活动，就认为是虚的，是形式，这种认识既片面，又错误。虚和实，就是理论和实践、观念和行动，对工作的思考是虚，将思考变为行动就是实；研究工作是虚，工作做成功了是实，将做成功了的工作总结提炼成经验就是虚实结合，两者是相辅相成的。那些一提活动就大谈“务虚论”的同志，根子上还在于不愿下深水学习和研究，所以，这些同志工作就被动、标准也不高。此次专题活动，要坚持用务虚推动务实，把学习讨论的思想成果转化到行动上，落实到工作上。当前，就要从“三主动”做起。

一要全体动员，主动向上争取。我们推进工作、推进项目感觉很难，难在哪儿？关键是支持少了。各区县条件都差不多，你不去跑、不去争，人家凭什么支持你。我们看周边区县，市上都有战略性资源投放，双流的空港、龙泉的经开区、温江的医贸城、青白江的自贸区，这可能是市上统筹安排的结果，但我认为，背后肯定有争取支持的因素。以争取资金为例：现在一谈工作，都喊没钱，都等到区上来解决，市级部门有专项资金，却不主动去争取。我在市农委的时候，一年 10 个亿的资金，只要你把都市现代农业项目策划好、包装好，争取七八千万元应该没有问题，而我们新都争取的资金最高只有 3000 多万元。我最近在接待一位省上领导的时候，这位领导跟我开玩笑，说新都不差钱哦。什么意思？就是我们新都的同志几乎没有主动跟他争取过项目和资金。上面有政策、有资源、有资金，关键要吃透精神，主动去研、主动去跑，积极争取项目、资金，争取试点、创先争优，甚至可以争取上级领导多来调研指导。俗话说，人熟好办事，分管区领导要经常带部门的人去省市对口部门拜访，多沟通多交流。各条线都要在对上争取上力争三个突破，即：在国家部委有工作联络渠道、省级主管部门有专项工作汇报、市级有关部门有具体工作项目，要为我区经济社会发展创造良好的外部环境。

二要自我加压，主动对外招商。前面，给大家讲了很多项目招引的情况，可以说，在重大项目招引这一块，一直是我们的痛点，原因就在于，主动招商的意识不强。没有项目，就没有发展，没有大项目就没有大发展，根本还是要靠招大引强。市上把招商引资作为经济工作的“一号工程”，我们也要把招商工作摆在当前工作的重中之重，按照“三个三分之一”的要求，形成全员全面全域招商的大格局。要吃得了苦，舍得、敢干、放得下架子去招商，要向浙江招商“四千精神”看齐（走遍千山万水、说尽千言万语、想尽千方百计、吃尽千辛万苦），听说哪里有投资信息就去盯，听说哪儿有项目资源就去跑。要创新招商手段，不能再单纯地把资源、成本、优惠作为招商引资的主要手段，这方面的亏，我们以前吃了不少。要着力提高专业化招商能力，以最主动最积极的姿态，迅速打开我区招商引资工作新局面。

三要深入一线，主动下沉服务。要主动为企业解决问题。当前，是做企业、做实体的困难时期，迫切需要政府为他们排忧解难。要继续深化“企业服务和项目年”工作，秉持不叫不到、随叫随到、服务周到的“三到”原则，帮助企业解决项目推进、融资、用工、生产经营等困难和问题，为企业提供“投资落地、项目促建、企业发展、主体退出”等全生命周期服务和全要素保障，营造尊商、重商，专注发展的良好氛围。

要主动为基层解决问题。基层工作难，难在哪里？难在权限小、事情多，难在上面千条线、下面一根针，难在直接和广大群众打交道。所以，大家要树立基层意识，在工作中多理解、多支持，要推动资源下沉、权限下沉，主动到基层中去了解突出矛盾，帮助基层解决实际困难，而不是一味给基层简单下任务、压担子。区委正在研究建立第一书记制度，由党员区领导担任镇（街道）第一书记，变过去的联系制为责任制，切实帮助镇（街道）找政策、找资源，解决实际困难和问题。

要主动为群众解决问题。要在专题活动中不断强化群众观念，真正走到群众中去，了解群众当前最关心的问题是什么？该如何解决？谁去解决？什么时候解决？要加快健全领导包案制，着力化解一批时间跨度长、案情复杂、久拖未结的信访突出问题和信访积案，最大限度地争取群众对我们的理解和支持。

第三，要杜绝“一阵风”，做到以当前带动长远。这次集中学习讨论的时间只有两个月，但活动要长期坚持下去，特别是“三主动”要纳入到日常工作的检查考核当中去。要避免“雨过地皮湿，风过草抬头”，要把活动中一些行之有效的做法和经验上升为制度成果，形成“管长远”的机制。比如，“马上就办”、干部工作日志管理等做法。干部工作日志管理是传导工作压力的一种有效方式。目前，市委对我们区级干部管理采取的就是这种方式。通过这种过程和痕迹管理方式，倒逼干部抓工作落实、提升工作效率。再比如，要积极探索干部激励机制，真正让想干事的有平台、干成事的受重用、不干事的挪位置、乱干事的付代价，激发干部干事创业的活力、事不避难的担当。

第四，要杜绝“走过场”，做到以少数带动多数。效果好不好，关键看领导。在座“关键少数”的重视程度，就决定了这次活动推进的深度。大家要带好头，主动把自己摆进去，既当好“参与者”，也当好“组织者”，动员广大干部积极参与，确保活动一开始就有序推进，收到良好效果。要抓好工作统筹，与常态化制度化开展“两学一做”学习教育相结合，与贯彻落实中央、省委、市委、区委工作部署相结合，与“迎接十九大、做合格党员、当干事先锋”主题活动相结合，做到统筹部署、一体推进。

同时，要加强督导。这次成立了由区委常委和有关区领导带队的15个督导组，在全区抽调了部分区管实改非领导干部参与，充实督导力量。下一步，区委还拟设立督导中心，由区委副书记直接分管。之所以这样安排，就是要充分发挥这些同志，在重要岗位上干过，威信较高、熟悉情况、经验丰富等优势，为他们搭建发挥作用的平台，继续为全区改革发展事业出力出策。各位参与的实改非领导干部，要切实增强积极性和主动性，大胆履职，真督实导，对那些思想认识不到位，走过场、玩花活的单位或个人，要敢于揭短亮丑，该整改的要整改，该通报的要通报，严保活动各项要求落实到位。在督导过程中，也要注意发现有思想、有担当、有作为的优秀干部。

四、关于近期重点工作

开展“三破除三主动”专题活动，最终目的还是为了推动各项工作落地落实落好。当前，要重点抓好以下几个方面的工作：

一要抓好迎接党的十九大氛围营造。做好迎接党的十九大有关工作，是当前一项重大政治任务。全区各级各部门要高度重视，切实树立“四个意识”，确保在思想上、政治上、行动上和党中央、省委市委保持集中统一、步调一致。要紧紧围绕学习宣传贯彻习近平总书记“7.26”重要讲话精神，深入宣传党的十八大以来党和国家事业发生的历史性变革、党的建设新的伟大工程取得的显著成效和人民群众实实在在的获得感幸福感，着力营造积极向上、团结奋进的思想舆论氛围。同时，要进一步加强意识形态阵地监管，确保意识形态领域安全。切实抓好当前安全生产、信访维稳、社会治安防控等工作，着力问题排查和解决，为党的十九大的胜利召开营造良好的社会环境。

二要抓好规划大会战。要坚持以规划为引领，加快重塑城市空间结构和经济地理。按照时序要求，深入推进规划大会战，扎实抓好9月30日规划专题汇报会准备工作，集中力量尽快研究确定新都未来发展的目标定位、功能承载和战略路径等，力争在10月底前完成城市总规修编和“中优”“北改”五年实施计划，11月底前全面完成114项修编新编规划，实现规划“一张图”，构建起城市成长新坐标。

三要抓好招商引资“一号工程”。要坚持大招商、招大商，聚焦轨道交通等主导产业，瞄准主机企业、行业龙头企业、领军企业招商，并以此带动产业链、生态圈招商；要增强项目洽谈出牌能力，强化对目标企业的研究评估，提高招商引资成功率；要强化以资源换项目、市场换投资的意识，做好项目策划、包装和统筹；要加快完善招商责任分工、压力传导和督促考核机制，全面增强招商团队协作能力。

四要抓好项目促建。要加快推进湖北长江电气、南京丰盛集团等33个洽谈项目，跟踪储备航天精工、瑞典斯凯孚等61个目标项目，促进海川、鼎汉、科伦医贸等重大项目开工建设，今创、新誉等9个轨道交通配套项目建成投产，尽快形成实物工作量。力争年底前新引进重大项目10个，确保48个省市重点项目完成投资160亿元以上，确保全年目标任务的圆满超额完成。

五要抓好产业生态圈的研究和建设。加快编制产业生态圈建设方案，分批次分阶段启动10个产业生态圈建设工作，力争9月底前完成轨道交通、航空和现代物流三大主导产业生态圈建设方案。要加快现代轨道产业新城起步区基础设施建设，提前启动标准化厂房、仓库等生产性基础设施建设，加快完善政策支撑体系，力争年底前初见雏形。

六要抓好改革创新。要深入研究市委市政府近期出台的关于行政管理、国资国企改革、土地税收、产业基金、人才保障等一系列政策意见和创新措施，切实把市上的政策措施转化为新都的创新实践。要加快“兴香城”人才公寓建设，推进大部制和专业局等改革；继续深化军民融合创新和政产学研用协同创新，促进中国燃气涡轮研究院研发总部、高速铁路运营安全空间信息技术国家地方联合工程实验室加快建设，增强城市内生动力。

七要抓好城乡社区发展治理工作。要加快构建"1+5+2"的城乡社区发展治理组织领导和工作推进机构，成立各镇(街道)和社区专门机构，实现工作职能向下延伸到村社。要尽快研究制定新都区城乡社区发展治理工作实施意见，加快实施老旧城区改造、背街小巷整治、特色街区创建、社会服务提升、平安社区建设"五大行动"，打造新都品牌社区、特色社区，形成新都实践、新都示范，不断夯实和谐宜居生活城市底色。

八要抓好环境保护及生态文明建设工作。要扎实抓好省督、央督发现问题整改，强力推进"三治一增"，深入实施大气、水、土壤污染防治工程，加快建设泥巴沱森林公园、毗河水环境整治等生态项目，抓紧落实"绿化全川新都行动"秋季行动和"增花添彩"工程，加快构建"成北生态屏障"。

九要抓好干部队伍建设。要着力优化干部队伍年龄、知识结构，强化干部培训锻炼，加快打造一支"懂城市、会经济、善管理"的干部队伍。要坚持把抓落实作为检验干部党性观念、执政能力、工作作风的重要标准，全面推行干部一线考察法；结合市委督导组集中督导调研，重点解决好干部履职尽责的问题，正向激励和反向问责相结合，着力从制度上解决"干多干少一个样、干好干坏一个样"的问题。

十要抓好区级巡察工作。要着眼"微腐败""微权力"等问题，组织好第二轮区级巡察工作，真正把政治监督的要求落实到巡察工作的各个方面，进一步巩固崇廉尚实、风清气正的政治生态。

同志们，开创新都的美好未来，需要心无旁骛的状态、敢于担当的精神、马上就办的态度和一抓到底的韧劲。希望大家以此次活动为契机，在思想上、作风上、行动上重塑自我、超越自我，以敢为人先的冲劲和向我看齐的底气，切实把中央、省市的各项决策部署贯彻好、落实好，把新都的各项工作谋划好、推进好，为全面体现新发展理念的国家中心城市建设做出新的更大贡献。

自学古文　拜师名医　术德兼备　培训村医
非洲大叔迪亚拉来华坐堂二十年

人物小传　迪亚拉，西医出身。33年前从马里来华学中文，并与中医结缘。师从国医大师，学成中医博士。医术精严，赢得患者认可。责任在心，不忘培养村医。除了行医中国，还想把中医诊疗带回非洲，用中医方式开发非洲草药。迪亚拉，一位很有想法的黑人中医。

"有点胀啊，阿姨。"
"大爷，耳朵不能太硬了，要让老伴揪揪。"
"我明天7点半来上班，第一个给你弄。"
"明天请您吃饭，行不？"

针灸、穴位注射……四川省成都市新都区中医医院住院部老年病科，一位中等身材的黑人穿着白大褂，额头突兀如山，眼窝深陷，银框眼镜高高地架在鼻梁上，穿梭在各个病房里，"连哄带骗"地给老人们实施中医外治。他中文说得

迪亚拉正在为病人把脉

非常溜，与患者交流时不时蹦出一句四川方言，气氛十分融洽。

他就是首位外籍中医博士后迪亚拉，来自西非的马里共和国。

西医转身变中医　学技不辍渐痴迷

在马里学西医的迪亚拉，1984年被公派到中国进修普外。然而，学习了一年中文后，他对中国渐渐有所了解，萌生了学中医的想法。“既然来到了中国，就应该学习有中国特色的中医，不然，感觉好像浪费了这次来中国学习的机会。”

迪亚拉的这个想法让人感觉难以理解，连时任马里驻中国大使都觉得不成熟。

“你堂堂一个西医，怎么能放弃西医，去学习巫术？”跟迪亚拉一起到中国、关系最好的同学认为，中医有点像他们国家的传统医学，虽然也有草药，但带有巫术色彩。自从迪亚拉决定要学中医后，“我们两个人变成仇敌了，没机会在一起讨论。只要在一起的话，一定以吵架告终”。

在迪亚拉的坚持下，1986年，他如愿以偿地去广州中医学院学中医。高兴劲还没过，打击就一个接着一个地来了。

“当时跟中国学生一起上课，不像现在的留学生在国际交流中心用英语上，旁边还有人翻译。”像所有留学生一样，迪亚拉也面临语言关。让他更苦恼的是，老师经常讲粤语。“到了广州，老师几乎都是广东人，要么说粤语，要么说广州味的普通话，很难懂。”

第一个学期要学医古文，比一般的古汉语还要难。这对刚学了一年半汉语的迪亚拉来说，简直是听天书。“上疯了，什么都听不懂。”期中考试结果可想而知，不及格！虽然班上有三分之二的人考试都不及格，但这还是让学习成绩从未掉出前三的迪亚拉难以接受，“天塌下来了”。

世上无难事，只要肯攀登。《辞海》《康熙字典》……只要对学医古文有帮助的工具书，迪亚拉全从书店买回来了，翻啊翻，背啊背。老师的指导、同学的帮助、自己的勤奋，迪亚拉终于啃过了这一关，以后考试再也没有不及格。

中医的博大精深让迪亚拉如痴如迷，甘之如饴，坚持留在中国深造。“本科毕业后，我觉得自己才刚迈进中医幼儿园，还想考研究生。研究生毕业后，相当于幼儿园毕业，该读小学了。”迪亚拉两度拒绝回国工作的要求，读完硕士又自费读博士，在广州学了中医的“岭南派”，又到四川拜在“神针杨”杨介宾门下学习“峨眉派”。迪亚拉在中国师从很多名中医，包括国医大师。2012年他又进入了湖南中医药大学博士后流动站开展临床科研。

连过信任考验关　行医有道术精专

一读研究生，迪亚拉就开始跟导师出诊。

“那太多了。”问起行医过程中的趣事，迪亚拉连说了三个“太多了”，边说边笑边摇头。外国人当中医，一要面临信任关，二要过考验关。

在广州，刚开始坐诊，一个星期没病人。“会不会说粤语？”“这个医生水平行不行？”患者们小声嘀咕着都不愿意找迪亚拉看，全找另外一个医生扎针。他一不着急，二不灰心。

一直到一个星期五下午，有一个病人拿着菜篮子，可能因另一个医生那边排队人多，就来找迪亚拉看。扎完针回去，第二周的星期一，这个病人带来了另外一个病人。不到一个月，迪亚拉的病人比对面那个医生多了。

1997年，迪亚拉在成都开始坐诊，三天没一个病人，好不容易来了一个病人，开门一看，“哐”地一声关门就跑了。

“搞什么鬼，我是来找中医的，怎么进去了看到一个黑黢黢的人？”迪亚拉追到门口，正好听见病人在跟护士理论。“我就是中医。我给你看，没有效果，不收钱。”他说。

这位患者再回来时，把妈妈、妹妹都带来了。后来，老公也来了。

“还有病人来看，什么都不说。”上次迪亚拉在云南就碰到一个病人，问候“你好”，他也不回答。迪亚拉明白了：“他说你就给我号脉，看我是什么问题。”

这种考验迪亚拉经常遇到。“也不是说中医没有这个能力。我经常会结合医学知识，通过号脉、望诊，让他心服口服。但这样做比较累。”考验过后，迪亚拉会跟病人解释，中医讲究“望闻问切”，“你们认为，切脉是最重要的。而古人告诉我们，望诊在前面，不能把最重要的忽略掉了”。

除了行医，迪亚拉还在四川和云南参与世界卫生组织和无国界医生组织的艾滋病、大骨节病、麻风病等防治项目。同时，利用做项目之机在云南培养乡村医生。“中医为主，西医也要教。从2001年开始，到现在培训了1000多名，上个星期在云南又培训了30名。”

如今，迪亚拉已是名声在外，慕名来找“黑人中医”的患者络绎不绝。他把西医推崇的希波克拉底誓言和中医的大医精神结合起来，形成了自己的行医准则：像对待父母一样，用心对待每一个病人。

“对一个医生来说，对待每一个病人，一定要当成第一个病人。”迪亚拉解释说，当成第一个病人，对他好，后边会有N个。如果你对他不好，哪怕他是第100个，明天就会99，98……病人数量就会下降。

理论体系学得全 想办非洲中医院

说起喜欢中医的原因，迪亚拉说，一是中医比较接近个人理念，二是中医有其独特的地方。

中医强调天人合一。迪亚拉解释说，只要生活在生物界中，就能够体验和观察到人怎样影响到自然界。“雾霾来了，这是人类造成的。还有，四季变化对人体的影响，等等。”

中医有比较完整的理论体系，在迪亚拉看来：“中医的科学性是根本不需要讨论的事。如果他们认为西医是科学，我就要反过来问，西医在中国才不到200年历史，而中华民族有5000年历史。这个民族发展了这么多年，文明延续不断，如果不是中医，这个民族的生存、健康是怎么实现的？”他认为，能够生存下来就是硬道理。

中医讲究个性化，因时因地因人而治之，迪亚拉认为，这是最早的精准医学。“很早中医就讲，两个病人不能用一模一样的方子。个性化到什么程度，我用的药，跟你用的不一样。中医的辨证论治才是精准医学的理论起源，或者说启蒙。”

“中医治未病是伟大的，能够防患于未然。”迪亚拉博士后课题就是围绕治未病的，研究抗病毒的中药。“中药不仅有治疗功效，还有预防作用。中药，或者中药措施，通过扶正祛邪，就可避免、减少病毒感染。”

“中医迎来了发展的春天。”迪亚拉的理由是，这几年，中国出台的各种政策让中医在国内根越扎越深。而“一带一路”建设，让中医“墙外开花”的时机成熟了。他正打算把在非洲学过中医的人联合起来，成立一个集科研、教学、医疗于一体的中医诊疗中心。“像在中国培养乡村医生一样，在非洲开展此项培训。同时用中医的方式，研究、开发非洲草药。”

一直没有到中国之外开中医馆挣大钱的迪亚拉也不是没有经济头脑：“像云南、四川这样的地方，既拥有得天独厚的旅游资源，又有丰厚的医疗资源，如果发展康养产业，对外国人也有很大吸引力，光成都就有几万名外国人，市场很大。”

摘自《人民日报》2017年2月14日13版

王明峰

新校址 新机遇 续写强大一中梦

——新都一中新校址今日正式开校

9月的新都，伴随着偶尔飘落的丝丝秋雨和不时传来的桂花香味，已然告诉我们，火热的夏季已经结束，收获的季节已经来临。此情此景，已是人所趋之。同时，今天在新都区还有一件大事发生——历时2年多建设的新都一中新校址正式开校。

续写梦想 蜀中名校焕新登场

两年多以前的2015年1月18日，总投资6亿元的新都区民生重点建设项目——新都一中迁建项目正式破土动工。今天，新都一中5000余名师生正式入驻新校址，开启他们新的历史征程。

据了解，今天上午一场以“铭章情，梦起航”为主题的“新都一中2017年秋季开学典礼”将在学校美丽大气的运动场隆重上演。典礼现场，该校的全体行政、年级组长等将悉数登场，与广大新老师生们见面，未来他们将一起在这里书写着青春的梦想和育人的情怀。在校赋朗诵环节，师生们将同台朗诵《新都一中赋》：

依锦绣蓉都，偎魅力香城；枕千秋蜀道，瞻万

新都一中新校(效果图)

仞雪岭。天府名校安在？新都一中是也！抗战烽烟中，序因殉国英烈而启；神州危难日，学为育贤报国而兴。继升庵先贤治学之懿范，承铭章将军爱国之精神，秉盛德兴校、学育兼施之思想，持因材施教、按类育人之准绳，汇八方鸿儒，挂牌授课，掇文明之精而传薪绛帐，彰人本之理念；聚一域青衫，分层走班，撷学术之粹以授业泮宫，显舔犊之深情。溯往抚今，三优创举，务实争先，校誉卓荦，已然同行翘楚；起凤腾蛟，经邦济世，门人珪璋，多为各界精英。洎乎丁酉，校址迁新；荜路宏开，化境日臻：荆莽披而育芷兰，泽霈桑梓；楼台起以折蟾桂，翮凌风云。澄川丝路通内外，秀野袤原证古今；宝塔紫霞焕文采，明湖芳馥馨后生。墨韵融桂香，青史留新绩；书声入廛市，弦歌续韶音。指日待，叶茂根深时，幼树尽栋梁，椽笔书千秋功业；诚可期，日新月异处，后昆皆尧舜，黉楼定四海蜚声！

在典礼上，新都一中校长刘旭东将为新学期致辞，学生、家长和老师代表将发表感言，该校啦啦操表演队也将献上精彩的活力健身操表演。

正如该校校赋所说："青史留新绩，弦歌续韶音"。在新的校园、新的平台，面对新的历史机遇中，新都一中人有了新的梦想，新的行动！

快看新校 想要的这里都有

走进学校，四方合围、小院落状的现代建筑，在红砖青瓦的映衬下，显得格外醒目；标准的400米跑道周围，足球场、篮球场、网球场、羽毛球场、排球场、游泳池等体育运动设施一应俱全；两栋建筑面积超过2.6万平方米的学生宿舍、近8000平方米的教师公寓和近6000平方米的学术报告厅等，为师生们提供了优质的工作学习和生活的环境。据了解，新都一中新校址位于蜀龙大道北段555号，毗邻西南石油大学。学校占地面积近220亩，建筑面积11.5万平方米，可容纳84个教学班，4500名学生。

"新都一中新校址由政府投资6个亿，按省内高规格修建。在这里，校史陈列馆、图书馆追溯着铭章的历史，体育馆、实验室和多功能教室见证学生的成长，学生公寓温馨舒适、学生食堂干净卫生，学校四面绿树成荫，室内恒温游泳池高端大气。在多媒体时代，学校将打造智慧校园，实行全数字化管理，为中学生的多元化个性发展提供良好的学习生活环境。"刘旭东介绍说。

历久弥新 他们将创造新历史

"一犁春雨，满目秋实。我们追求一个活力更加迸发的新都一中，一个发展更加向好的新都一中，一个未来更加美好的新都一中。老师们，让我们从这个充满希望的开学季出发，更有作为，只争朝夕！"日前，在"2017年新都一中教职工暑假培训会"上，刘旭东以"立志须存千载想，凌云壮志写春秋"为题，给全体教职工作了一次报告。

"本次培训的主题是新常态、新规范、新风貌、新希望。我想每位老师都会有很多的感想。过几天，我们新校址的第一批学生将会迈进校园，新高考背景下的走班教学也会悄然而至，老师们你们准备好了吗？"刘旭东在培训会上讲到。

"前几天，我们去看望了新都一中老校长王信道，他拉着我的手说，希望看到新校址的开学庆典。正是这一批批的老同志，为我们创造了如今这所名校。今天，我们也在创造历史，因为我们是首批进入这所学校的老师。今天，我们搬到了这所新

教职工大会上，校长刘旭东激情演说

校址，他既有历史沉淀，也有现代化开放大气的内涵，他的内涵需要我们来沉淀，来发扬。上月29日，我们请来的杨海东老师为我们讲铭章校史，他是我校老铭章中学的学生，也是在新都一中工作的老师，他的亲身经历见证了新都一中的历史，而我们也正在创造历史。”

美丽整洁的校园

虽然已经搬到了新校址，但从该校的校史中，我们依然能品味出这所“老”校的不凡风采。据介绍，新都一中是一所有悠久历史的学校，1941年，爱国将领王铭章将军的遗孀捐建了这所学校。中华人民共和国成立后命名为四川省新都中学，后更为现名。1981年被确认为首批省重点中学，2001年被四川省教育厅正式批准为首批“国家级示范高中”。该校建校已经76年，76年来，一代代新都一中人为新都文化的发展作出了卓越的贡献。同时，一批批新都学子从这里出发，走向世界，走向未来。美国康宁科学院院士贺明谦、乒乓世界冠军陈龙灿、影视明星李宇春、大国工匠谢邦鹏等都是其中的佼佼者。

捷报频传 名校不只是一块牌子

近年，在该校师生们的共同努力下，新都一中一直在高位平台上前行。

1992年至今，该校教育教学质量连续25年受到成都市教育局表彰。在近几年的高中升学考试中，该校的表现也十分引人注目。在刚刚结束的2017年升学考试中，该校本科一次上线1634人，一本上线897人。

中国科学教育研究院杨润勇博士将他的博士工作站设在新都一中，梁鹤博士为该校学术助理，指导教师从事教学科研课题研究。仅2016年，新都一中教师小专题结题10项，省市区级在研课题10余项，国家级在研课题4项。特别值得一提的是：国家社会科学基金“十三五”规划2016年度教育学一般课题“普通高中学术性拔尖创新人才培养的实验研究”成功开题。

在新高考背景下，该校注重学术性人才的培养，充分利用高校资源，聘请中国工程物理研究院马宇翰、赵云赫担任铭章学院首任科学老师。现读高一的铭章学院学生，已在中国核心期刊发表4篇学术论文，5篇被收稿。2017年3月，学校学生在南开大学举行的“CYPT2017中国高中生物理创新竞赛”中获全国一等奖；2017年7月，在南京大学举行的2017年NYPT集体赛中获全国第六名，个人赛一等奖1人，二等奖2人，其中欧仕刚获最佳展示奖。

在科学课堂上，该校的同学们走进清华大学、中国航天航空大学、西南石油大学的实验室，亲自做实验，感受创新的乐趣。同时，该校还聘请石油大学的教授来校作讲座，在高校老师的指导下，孩子们对科学研究产生了浓厚的兴趣。

“今后，学校还将进一步整合资源，充分利用校友、家长及社区资源，以形式多样的学科活动、竞赛活动、文体活动、学生社团活动为载体，让学生有更多的机会收获成功。我们相信，在今后的日子里，铭章学院将会产生更丰硕的成果。”刘旭东表示。

此外，早在20世纪80年代，该校就与海外中学建立友好合作关系，并输送了众多学生到海外交流学习深造。2016年11月，新都一中成为成都市五所“华文教育基地校”之一，与其余四所高中一道，代表成都走向世界；杨俊、唐林等老师将四川文化传播到了海外；夏昆老师也先后到了埃及、荷兰等国家讲学，并带去优美的中国古诗词。据统计，该校每年走出国门讲学和培训的老师有近50人。

迎新机遇 迁校成就更强一中

“在这个大有可为的战略机遇期，我们新都一中人，认真贯彻和落实省第十一次党代会，市第十三次党代会以及成都国家中心城市产业发展大会精神，始终保持专注发展转型发展战略定力，把进作为目标、取向，把握迁校契机，构建创新先发优势，坚定不移地走符合新都一中实际的发展之路，开创学校教育事业发展的新局面。为建设全面体现新发展理念的国家中心城市作出自已的一份贡献。”在教职工大会上，刘旭东深情地对老师们说。

“学校是我们安身立命之本，我们以学校为荣，学校以老师与学生的成功为傲。在座的每一位老师，你都在创造着历史，我们希望大家记住这是我们共同的家园，值得我们每个人衷心地去爱护。因此，我们制定规则，大家共同维护，以主人翁的意识，维护学校的形象。老师们，爱护我们的家，爱护我们的学校，从我们身边的点点滴滴做起，将每一件小事做好，这才能成就自己，成就学生，成就学校。”

新生军训斗志昂扬

在大会上，刘旭东和他的团队还规划出了新学年该校的工作重心：大力推进选课走班，建立完善配套的管理机制。为了达到目标，该校提出：全面修订学校的绩效考核和评优选先方案，力求极大调动老师投身改革的积极性；加大课改经费的投入；建立人人做小课题研究的机制，形成“事事在研究，人人在创新”的风气等措施。

摘自《成都日报》2017 年 9 月 1 日

奚正东　文/图片由新都一中提供

碑刻《新都一中赋》

一线的"博士工匠"，让我们为这个曾在新都求学的娃儿点赞！

成都，一个人杰地灵，英才辈出的地方。自西汉文翁兴学以来，成都教育飞速发展，社会各领域人才不断涌现，在巴蜀地区乃至全国影响深远。这些优秀校友不仅是学校办学成果的有力佐证，也是广大师生学习的楷模与标杆。

为充分发挥优秀校友的引领和榜样作用，"成都教育发布"开辟"厉害了，我的成都校友"系列专栏，展示成都市中小学优秀校友的奋斗历程和成功经验，鼓励莘莘学子见贤思齐，笃力前行。

今天，我们重磅推出"博士工匠"——新都一中99届毕业生谢邦鹏。

谢邦鹏

1999年，年仅17岁的新都一中学生谢邦鹏以高出四川录取线40分的成绩考上清华大学电气工程及自动化专业。从本科到硕士再到博士，谢邦鹏在清华大学一读就是九年，成为了别人口中的"三清博士"。有了这顶"帽子"，很多"高大上"的工作都向他抛来橄榄枝。可2008年毕业时，谢邦鹏却自愿进入上海浦东供电公司，戴上安全帽，当了一名继保工人。

"电力梦"根植少年心

响当当的"博士"成了普通"蓝领"，同伴们总觉得"大材小用"了，可谢邦鹏怀着"用学识创造价值"的信念，扎根于普通的一线岗位，脚踏实地、勇于创新，因40余项"发明创新"，发表EI、核心期刊收录的科技论文10余篇等骄人成绩，先后获得全国五一劳动奖章、上海市劳动模范、上海工匠、上海市十大工人发明家等多项荣誉，兑现了自己当初立下的誓言：

博士生当工人，一样可以出彩！

"电力梦"根植少年心

谢邦鹏老家在成都，父亲是中学老师，母亲是农民。"小时候我就很喜欢和电有关系的东西，用手电筒的干电池搭灯泡，还把电动玩具车拆了看电路。"5岁上小学，高中时数理化都得过奥林匹克竞赛奖项，谢邦鹏从来都是小伙伴口中的"学霸"。

大三时，班上很多同学都在为出国做各种准备，但谢邦鹏对此却兴趣不大，学习成绩优异的他已被保送为中科院院士卢强的硕博连读博士生。"卢老师是电力系统首席科学家，电力行业的泰斗，能做他的学生，我感到非常幸运。"

对于谢邦鹏选择做一名电力工人的决定，父亲很支持，母亲有点小失落，因为她希望儿子回成都。对此，谢邦鹏的回答是："小时候老师问同学们

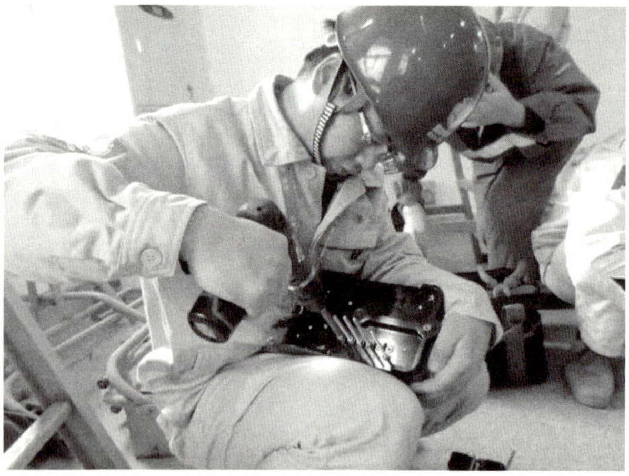

实践掌握工作要领

长大后的梦想时，我的回答是工程师，这个梦想从未改变，只不过，这个‘工程师’要从一线工人开始做起。”

实践掌握工作要领

刚进入浦东供电公司后，谢邦鹏被安排在继保班。一开始，他觉得自己一个堂堂博士生，应付日常工作应该绰绰有余。但第一次参加现场抢修，他的踌躇满志就被打破了。

10千伏李冰哈雷开关站内，分段自切保护屏上“自切未就绪”指示灯始终点亮。谢邦鹏仔细对照图纸查找各个回路，却迟迟查不出故障原因。后来工作负责人只轻轻推上了一枚小开关，就准确无误地说出了问题所在。而这位负责人，只有中专学历。

如同当头棒喝，谢邦鹏明白了现场经验积累与学校理论知识同样重要。于是，他决定沉下心来，重新开始。翻开图纸，学习每一个符号的含义；核对设备，弄懂每根接线的原理；记录下现场工作流程，搞清楚每一个步骤的缘由——谢邦鹏主动向班组长要求派给尽可能多的工作。从那以后，谢邦鹏成了班组里拧螺丝、接线头、看图纸、做笔记最多的人。渐渐地，谢邦鹏掌握了现场工作的要领，也从班员成长为负责现场技术分析的现场工程师。

自己画图设计发明

当真正进入角色后，谢邦鹏开始思考如何发挥出博士生的能力和能量。2011年，谢邦鹏参加一个主变回路的检修。检修中要卸下20多个继电器，拧开400多个螺丝。两三个小时干下来，大伙儿手都抬不起来了。

“现在连汽车换轮胎都用电动工具了，是否可以设计一种专用工具？”带着这个想法，谢邦鹏自己画图纸设计，经过试验，拆装电磁型继电器的组合式电动套筒在2012年投入使用，并获得了发明专利。有了这套工具，即便是女同事，一个人也能完成20多个继电器的螺丝拆卸。

迪士尼站的送电面临新挑战。谢邦鹏和同事们对技术方案和现场情况反复研究，仅用了两个月的时间，就设计并运行了一套110千伏变电站站内微网系统。这项技术在全国是首创，集成了光伏发电、储能、整流逆变、充电桩等多个模块，也是新能源应用于站用电供电的首次尝试。

2016年，自贸区和迪士尼工程建设完成后，在总结经验阶段，班组发现存在FA现场调试同步性和试验内容全覆盖的问题，谢邦鹏又创新性地提出可以使用无线远程调试方法，配以现场多套终端同步执行实验逻辑。他立刻将想法付诸于实际，远程RTDS调试平台应运而生，彻底解决了这一难题，年节约费用550万元。

近年来，谢邦鹏结合世界一流配电网建设，积极组织开展科技创新工作，提出、参与了“大云物移智新技术在电网的应用研究”“基于大数据的深度状态检修”等创新课题，先后荣获上海市科技进步三等奖、国家级企业管理现代化创新成果二等奖、上海市企业管理现代化创新成果一等奖、上海市优秀发明选拔赛职工技术创新成果金奖等诸多奖项，“大电流试验万用组合短接工具”等多项研究成果已在实际生产中应用。同时，他结合实际工作需要，独立提出了“模块化预制式二三次铭牌”“继保设备电动拆装专用成套工具”等创新性内容，作为班组QC项目等进行研究并连续获奖，所

自己设计发明

研制成果也已在实际生产中推广应用，显著提升了现场工作效率。

如今，鉴于出色的工作业绩，谢邦鹏被安排担任公司的运维检修部副主任。在一线管理岗位上，谢邦鹏与他的伙伴们继续着创新实践，为确保浦东乃至上海的供电安全勤勉服务。

摘自 2017 年 10 月 27 日
"新，都在这里"微信公众号

研究图纸

退休老党员夫妇乐于助人 获评成都市"最美家庭"

2016 年，由成都市委宣传部、市文明办、市网信动、市妇联联合开展的成都市"最美家庭"评选活动经过 3 个月的评选，最终获奖家庭名单正式出炉。由成都市新都区红十字会推荐的杜春娃一家被评为成都市"最美家庭"先进集体。

日前，新都区红十字会一行人到杜春娃家中慰问并送上荣誉证书和奖杯，作为新都区百万户家庭的优秀代表，获奖家庭的事迹集中体现了中华民族的传统美德。

邻里和睦热心助人一辈子

据介绍，杜春娃与妻子王双琴是新都区旭光厂的退休工人、老党员。夫妻俩结婚五十余年来，依旧恩爱如初。他们热心助人，邻里和睦，看似平凡而又简单，却为家庭辛勤奉献着爱。年经时，杜春娃在部队当汽车兵，经常帮助当地老乡搭便车。妻子在厂里一直从事妇联工作，遇到事情厂里同事都喜欢找她出出主意；哪家家庭有什么纠纷，她知道后都会出面调解。

杜春娃(右)接过"最美家庭"先进集体的证书

因为二老知足常乐、与世无争、积极向上、乐于助人的好品行，鼓励影响着一个快乐、和睦，充满阳光与正能量的大家庭。邻居们告诉记者，两位老人多年来助人为乐，是大家学习的好榜样。

有个愿望夫妻愿捐献遗体

"我们夫妻俩都愿意在过世后把遗体捐献出来，都已经做好登记了。"将近 80 岁的杜春娃老人对新都区红十字会的工作人员说，尽管上了年纪，但他和他的老伴儿身体都很健康。两位老人早在十几年前就有捐献遗体的意愿。说到遗体捐献，杜春娃说这是他和他老伴儿的心愿，"我们心里很清楚，人去世火化了也就没有了，还不如捐给国家的医学教育事业。我们希望为国家出一份力。"

杜春娃夫妇自己捐献遗体的同时，还在小区大力宣传，发动 77 岁老赵夫妇也来捐献遗体，同时说服自己儿女们并获得他们的支持。

新都区红十字会的工作人员说，杜春娃夫妇不断宣传捐献遗体为医学事业做最后贡献，以大爱之心奉献社会，用实际行动唱响了一名红十字志愿者的无私奉献之歌，他们的愿望是让更多的人参加到善举、善行、善言中来，他们是平凡的家庭，却润育出不平凡的感动，他们是香城幸福、快乐、健康、最美的家庭。

摘自《成都日报》2017 年 2 月 21 日
谭立鹏　文/图

2017 年新都区设置的历史文化地标

【宝光街】 设置在新都街道宝光广场

碑文：南起宝光大道，北止宝光寺，原名光明街，民国年间由宝光寺出资修建。沿直通宝光寺的道路两旁仅有数间铺房，为手工匠人租赁经营。因街口的落魂桥连接老川陕路，交通便利，遂形成推鸡公车苦力揽活的集中地。1981 年扩建改造，取名宝光街。2001 年修建宝光广场，广场左右两侧为宝光街。

【棉花街】 设置在新都街道桂湖中路

碑文：东起谕亭巷口，西止上南街与下南街连接处，东临川主庙，南邻黄州馆。相传清初“湖广填四川”时，移民来此开辟荒地，作为棉纱交易市场，后有商人自龙门街口建住宅，形成小街，居民仍以经营棉花、棉纱和弹棉絮为业。20 世纪 70 年代，川主庙改建为城关初级中学，80 年代建为新都第一职业高中。“文化大革命”中改名幸福街，1981 年恢复原名。90 年代初，旧城改建拓宽街道，棉花街并入桂湖中路。

【上升街】 设置在新都街道上升街

碑文：南起桂湖中路，北止西街，为旧时到县衙的必经之路。此处原为城中桑园林地。明正德年间，建状元杨升庵和黄娥夫妇故第榴阁。清乾隆五十六年（1791），新都知县谌克慎于此建置养济院，商人也随之建住宅商铺，渐成街道，成为城内商业中心，尤以巢丝和蜀锦制造业闻名。因街道可到升庵祠，故以引申之意命名。

【社稷街】 设置在新都街道下南街

碑文：北起清源桥，南至泥巴沱便道。清康熙二十九年（1690），此地建社稷坛。清嘉庆元年（1796），新都知县许源重建此坛，恢复每年祭祀土地神和谷神。清咸丰元年（1851）建观音堂，形成庙会和贸易之地，逐建成街，故名社稷街。社稷街直通毗河泥巴沱水运码头，遂成为本地农副产品输出的主要通道。“文化大革命”合并于南街，更名人民南路。1981年改为下南街，接通往泥巴沱便道。

【新街】 设置在新都街道新中路

碑文：南起光明巷（原天灯巷），北止东街。民国23年（1934）将湖广馆、城隍庙辟通为街，取名“新民路”，俗称新街。旧时天灯巷南有城隍庙、文庙，新街与天灯巷交会处左有都堂府，为杨升庵三叔、明代礼部尚书杨廷仪所建故第。1982年改为新中路一段。

【猫市巷】 设置在新都街道猫市巷

碑文：北起西街，南止桑园街。清末民初，猫贩多在此集中交易，百姓也习惯在此买卖猫只，形成猫市，一直延续至20世纪70年代，故名。此巷南段与天灯巷（现光明巷）西端相接，右边拐角处为杨升庵三叔、明代礼部尚书杨廷仪所建故第都堂府。1952年，都堂府被改建成镇医院和民宅。

【紫瑞街】 设置在新都街道紫瑞街

碑文：西起东环路，曲转北接新光路。清雍正二年（1724），新都知县高尚志奉文建先农坛（现紫瑞小区处），每年立春日祭祀神农氏，劝农春耕，形成路边农具、篾货市场，后建草房，形成小街，始名迎春街。清嘉庆初年扩建，西起东城门外玉皇观，东至牛头桥。清光绪二十九年（1903）建紫瑞门，更名紫瑞街。“文化大革命”时改为人民东路，1981年复名紫瑞街。

【牛头镇】 设置在紫瑞街牛头桥

碑文：位于紫瑞街牛头桥东至新光路，因此地有牛头桥，故名。清嘉庆二十一年修撰的《新都县志》地舆图中，绘有牛头镇位置。相传为县衙征收屠牛厘金之地，并驻戍兵。后有乡民迁此修房贸易，渐成小街。西邻清真寺，回民围寺而居，以制售牛皮为业。1952年，牛头镇并于紫瑞街。

【娃娃堰】 设置在新新街与新军街交接处

碑文：位于新新街、新军街与南四支渠交会处。据传，明代状元杨升庵孩童时，常在此堰水沱内洗澡嬉戏。一天，杨升庵正同十余个娃娃洗澡，恰遇县衙一行人经过此地。孩子们连忙上岸，抱着衣裤躲到远处，只有杨升庵不惊不诧留在河中。县令见杨升庵见官不回避，即命衙役将其放在堰坝上的衣裤高挂树梢道：“你见官不避，如此胆大，本官出副对子，对上还衣裤。”随即说道：“千年古树为衣架。”升庵脱口对答：“万里长江做澡盆。”县官听罢惊叹不已，忙叫差役取衣裤放还堰上。人们为纪念杨升庵儿时胆略才智，遂将此堰起名“娃娃堰”。

【泥巴沱】 设置在泥巴沱老码头

碑文：位于新都街道桂林村毗河下游拐弯处，水深有回水冲击为沱，故名。旧时设桂林场，为毗河重要水运码头，也是农贸物资的集散地。毗河为川西坝黄金水道，下通金堂、赵镇，汇入沱江，直至泸州、重庆，船运繁忙，商贾云集。南岸植柏家竹林50余亩。清光绪十九年(1893)，码头私渡改为义渡。清光绪二十二年(1896)，华籍司铎汪若瑟将县城天主堂迁建于此。1987年，天主堂修葺后开放。

2017 年新都区获部、省级先进单位一览表

表 47

获奖单位	荣誉称号	颁奖单位	颁奖日期
新都区	2016 年县域经济发展先进县	省委、省政府	2017 年 12 月
区委群工局（区政府信访局）	留言办理工作先进单位	人民网	2017 年 9 月
区发改局	国家 2016 年全国价格监测工作先进单位	国家发改委	2017 年 1 月
区工商联	2017 年全国“五好”县级工商联	全国工商联办公厅	2017 年 12 月
区经信局	2017 年政府网站网上办事类精品栏目	国家电子政务理事会	2017 年 12 月
区政务中心官方微博“新都政务”	2017 年全国十大服务中心微博	人民日报社	2017 年 11 月
区政府门户网站“在线预约”栏目	2017 年政府网站网上办事精品栏目奖	国家电子政务理事会	2017 年 10 月
区教育局	《中华人民共和国红十字法》暨全国红十字应急救护知识竞赛最佳组织一等奖	国家红十字会总会	2017 年 8 月
区教育局	全国青少年普法教育先进单位	司法部、中央社会治安综合治理委员会办公室、中国关心下一代工作委员会	2017 年 8 月
省农科院泰兴科研创新基地	全国农村创业创新园区	农业部	2017 年 6 月
现代农机产业园	全国农村创业创新园区	农业部	2017 年 6 月
区总工会	2016 年度基层职工互助保障工作优秀单位	中国职工保险互助会	2017 年 6 月
区红十字会	中国红十字总会报刊宣传先进集体二等奖	中国红十字总会	2017 年 7 月
区红十字会	《中华人民共和国红十字会法》暨全国红十字应急救护知识竞赛最佳组织一等奖	中国红十字总会	2017 年 8 月
新都区	2016 年度服务业重大项目推进工作先进单位	市政府	2017 年 1 月
新都区	县级经济综合评价“十强县”	省统计局	2017 年 1 月
区政协	新闻宣传报道工作先进单位	省政协办公厅	2017 年 10 月
区城管局	2016 年四川省卫生单位	省爱委会	2017 年 1 月
区城管局	2017 年度管理示范公厕（太平洋影城公厕）	省市政市容协会	2017 年 1 月
区城管局	2017 年度管理示范公厕（邻和苑公厕）	省市政市容协会	2017 年 1 月
区城管局	四川省 2017 年环卫行业先进集体	省市政市容协会	2017 年 1 月
区城管局	2014—2016 年度爱国卫生工作先进集体	市政府	2017 年 11 月

2017 年新都区获省级部门、市级先进单位一览表

表 48

获奖单位	荣誉称号	颁奖单位	颁奖日期
区工商联	2017 年度四川省"五好"县级工商联	省工商联	2017 年 12 月
区委统战部	全市民族团结进步模范集体	市政府	2016 年 12 月
区财政局	2016 年度乡镇财政管理工作成绩突出单位	省财政厅	2017 年 7 月
区财政局	首批省级流动人口基本公共卫生计生服务均等化示范单位	省卫计委、省民政局、省财政厅	2017 年 8 月
区经信局	2016 年四川省无烟单位	省爱卫会	2017 年 1 月
区人防办	人民防空先进单位	市政府	2017 年 6 月
区城乡建设局	2016 年四川省卫生单位和屋檐单位	省爱卫会	2017 年 3 月
区法院	2016 年四川省卫生单位	省爱卫会	2017 年 1 月
区法院法警大队	四川省法院系统先进集体	省高院、省人社厅	2017 年 12 月
区法院执行局	全省法院"执行大会战"集中行动先进集体	省高级人民法院	2017 年 11 月
区妇联	2017 年度新闻宣传阵地建设先进单位	省妇联	2017 年 11 月
区行政审批局(政务中心)	四川省巾帼文明岗	省妇联	2017 年 12 月
区教育局	2011—2015 年全市法治宣传教育先进单位	市委、市政府	2017 年 3 月
区教育局	2016 年四川省卫生单位和无烟单位	省爱卫会	2017 年 1 月
区教育局	第三届"关爱明天、普法先行"·青少年普法教育活动先进单位	全国青少年普法教育活动办公室	2017 年 8 月
区农林局	农产品成本调查工作先进单位	省农村经营管理总站	2017 年 12 月
区农林局	农业部六大畜种固定监测及规模场监测工作突出单位	省农业厅	2017 年 11 月
区农林局	植保工作绩效考核突出单位	省农业厅	2017 年 12 月
区农林局	种业工作先进集体	川农业种站	2017 年 12 月
区公安分局警务保障室	成都市爱国卫生工作先进单位	市政府	2017 年 11 月
区公安分局	全省公安机关执法示范单位	省公安厅	2017 年 4 月
区公安分局	2016 年度执法质量考评县级公安机关优秀单位	省公安厅	2017 年 4 月
区公安分局经侦大队	全省公安机关经侦工作成绩突出集体	省公安厅	2017 年 2 月
区公安分局	全省公安基层基础工作成绩突出集体二等功	省公安厅	2017 年 7 月
区纪委	2016 年四川省卫生单位	省爱卫会	2017 年 1 月
区水务局	2016 年四川省卫生单位	省爱卫会	2017 年 1 月
区水务局	四川省城市节约用水工作 2017 年度先进集体	省供排水节约用水工作委员会	2017 年 11 月
区司法局	全国矛盾纠纷多元化解创新项目	中央综治办	2017 年 8 月

续表 48

获奖单位	荣誉称号	颁奖单位	颁奖日期
区司法局	四川省社区矫正工作先进集体	省司法厅	2017 年 12 月
区卫计局	2014—2016 年度爱国卫生工作先进集体	市政府	2017 年 11 月
区卫计局	实施“全面两孩”政策表现突出单位	省卫生计生委	2017 年 1 月
区卫计局	2016 年四川省无烟单位	省爱卫会	2017 年 1 月
区卫计局	2016 年度计划生育家庭保险工作先进单位	省计生协、中国人寿四川分公司	2017 年 9 月
区委群工局（区政府信访局）	2016 年四川省卫生单位和无烟单位	省爱卫会	2017 年 1 月
区人社局	2014—2016 年度爱国卫生工作先进集体	市政府	2017 年 11 月
区人社局	全市就业创业工作先进集体	市政府	2017 年 9 月
区人社局	2016 年度“劳动人事争议示范仲裁院”	省人社厅	2017 年 7 月
区人社局	2016 年四川省卫生单位和无烟单位	省爱卫会	2017 年 1 月
清流镇	四川省乡村旅游特色乡镇	省标准评定委员会	2017 年 1 月
区市场质量监管局	“红盾春雷行动 2017”先进集体	省工商行政管理局	2017 年 5 月
区市场质量监管局	2015—2016 年度“十佳案件”	省工商行政管理局	2017 年 5 月
区市场质量监管局	2016 年度年报工作先进单位	省工商行政管理局	2017 年 7 月
区市场质量监管局	2016 年四川省无烟单位	省爱卫会	2017 年 1 月
区市场质量监管局	四川省档案工作规范化管理二级标准	省档案局	2017 年 12 月
区市场质量监管局	2011—2015 年全市法治宣传教育先进集体	市委、市政府	2017 年 3 月
区市场质量监管局	成都市 2014—2016 年度爱国卫生工作先进集体	市政府	2017 年 11 月
区物流中心管委会	“一带一路”物流建设与发展贡献奖	中国国际物流节组委会	2017 年 6 月
区物流中心管委会	2016 年四川省无烟单位	省爱卫会	2017 年 1 月
龙桥镇	2016 年四川省卫生乡镇	省爱卫会	2017 年 1 月
龙桥镇山水村	2016 年四川省卫生村	省爱卫会	2017 年 1 月
龙桥镇	四川省妇联基层组织建设示范乡镇	四川省妇女联合会	2017 年 12 月
区房管局	2016 年四川省卫生单位和无烟单位	省爱卫会	2017 年 1 月

区级部门及镇(街道)主要领导名录

（2017年12月统计）

区委办公室主任　（暂缺）
区人大常委会办公室主任　杨　静
区人大常委会人代工委主任　吴春华
区人大常委会预审工委主任　周左亚
区人大常委会信访办主任　廖仲芳
区人大法制委主任委员　李敬文
区人大财经委主任委员　李光水
区人大社会事业委主任委员　傅利菲
区人大城环委主任委员　何兴万
区人大农业委主任委员　冯　珂
区政府办公室主任　薛　明
区政协办公室主任　赖德萍
区政协提案委主任　但建华
区政协经济(农业)委主任　刘文康
区政协社会法制委主任　周　江
区政协教科文卫体委主任　谢劲松
区政协民宗联谊委主任　粟　建
区政协文史学习委主任　陈佐国
香投集团　杨永国
区纪委书记　钟思勇
区监察局局长　谢　纯
区法院院长　龚桂莲
区检察院检察长　向　波
区委组织部部长　刘怒海
　　常务副部长　黄礼鐏
区两新党工委专职副书记　高　宇
机关工委书记　（暂缺）
区委宣传部部长　郑自强
　　常务副部长　林　晖
区文明办主任　林　晖
区委统战部部长　黄安军
　　常务副部长　唐　军
区委政法委书记　刘刚毅
　　常务副书记　石　军
区巡察办主任　黄　斌
区社治委主任　刘怒海
　　常务副主任　严建平
区委编办副主任　冯　敏
区委群众工作局(信访局)局长　高应涛
区目督办主任　唐　婷
区委机要局局长　陈　红
区委保密办(局)主任(局长)　陈桂胜
区委政研室主任　（暂缺）
区档案局(馆)局(馆)长　陈全林
区委老干局局长　王　亮
区民宗局局长　张胜利
区委党史研究室(地志办)主任　杨明根
区委党校(区行政学校)校长　刘怒海
　　常务副校长　张　华
区委台办(区台侨办)副主任　丁　勇
区发改局局长　李　娜
区教育局局长　黄兴文
区经信局局长　席　敏
区民政局局长　黄小敏
区老龄办主任　黄小敏
区司法局局长　潘兴建
区财政局局长　张雪梅
区人社局局长　刘跃江
区国土局局长　向　波
区环保局局长　邱　明
区城乡建设局局长　梁　毅
区人防办主任　梁　毅
区防震减灾局局长　梁　毅
区规划局局长　张启明
区城管局局长　晋　鸿
区交通运输局局长　代明海
区水务局局长　李继承
区农林局局长　刘杨军
区商务旅游局局长　严家林
区文体广新局局长　宋昌文
区卫计局局长　何宇生
区审计局局长　李　俊

区市场和质量监管局局长　刘传银
区安监局局长　郭亚强
区统计局局长　徐　鹏
区行政审批局局长　成星莹
区房管局局长　何　军
工业区管委会主任　杨金华
北部商城管委会主任　郑旭恩
物流中心管委会主任　张　谨
家具园管委会主任　许荣椿
区交易中心主任　马宗祥
区投促中心主任　李　娜
区供销社主任　刘全生
区大数据和电子政务办主任　刘晓艳
区工商联(商会)主席(会长)　陈善彬
区总工会主席　刘　斌
常务副主席　薛德先
团区委书记　杜俊兵
区妇联主席　曾义娟
区科协主席　雷友谊
区残联理事长　谭小琳
区社科联主席　郑自强
常务副主席　王　莉
区红十字会会长　刘　清
常务副会长　王明锐
区文联主席　罗朝荣
区公安分局局长　孙　辉
政委　王　力
区国税局局长　冯黎明
区地税局局长　张　伟
区气象局副局长　闵永太
新都调查队队长　巫　韧
区广播电视台台长　刘友聪
四川广电网络新都分公司总经理　戴　泓
人行新都支行行长　张洪功
新都银监办主任　李和平
人保新都支公司经理　周灏波
寿险新都支公司经理　肖　华
新都供电公司总经理　朱世东
新都区邮政分公司　何　阳
区烟草专卖局局长(经理)　王　调
盐业公司新都支公司经理　王小林
电信新都分公司总经理　蒋金成
移动新都分公司经理　周　镇
联通新都分公司总经理　黄海蒙
成都住房公积金新都管理部主任　谭　荣
新都街道党工委书记　陈春地
街道办主任　吴亚军
新繁镇党委书记　钟　毅
镇长　张　平
石板滩镇党委书记　黄君德
镇长　张明忠
大丰街道党工委书记　姚　勇
街道办主任　易维昌
三河街道党工委书记　马兴华
街道办主任　马兴华
龙桥镇党委书记　罗贵文
镇长　刘　驰
斑竹园镇党委书记　刘　洁
镇长　庄跃林
新民镇党委书记　杨天福
镇长　杜俊兵
马家镇党委书记　陈　易
镇长　黄庚攀
军屯镇党委书记　薛　璞
镇长　代　军
泰兴镇党委书记　许玉川
镇长　刘　磊
木兰镇党委书记　黄自韬
镇长　徐礼彬
清流镇党委书记　肖玉华
镇长　李　军